Schriftenreihe
der Juristischen Schulung

Band 209

W0467155

Fälle zur Methodenlehre

Die juristische Methode in der Fallbearbeitung

von

Dr. Carsten Herresthal, LL.M. (Duke)
o. Professor an der Universität Regensburg

und

Ass. iur. Johannes Weiß
Wissenschaftlicher Mitarbeiter
an der Universität Regensburg

2020

C.H.BECK

Zitiervorschlag: Herresthal/Weiß Methodenlehre

www.beck.de

ISBN 978 3 406 74240 8

© 2020 Verlag C. H. Beck oHG
Wilhelmstraße 9, 80801 München
Druck und Bindung: Nomos Verlagsgesellschaft
In den Lissen 12, 76547 Sinzheim
Satz: Druckerei C. H. Beck Nördlingen

CO_2 neutral
chbeck.de/nachhaltig

Gedruckt auf säurefreiem, alterungsbeständigem Papier
(hergestellt aus chlorfrei gebleichtem Zellstoff)

Vorwort

Die Forderung nach einer Ausweitung der Methodenlehre in der juristischen Ausbildung ist Legion. Nicht nur der Wissenschaftsrat hat mit seinem Gutachten vom 9.11.2012 zu den „Perspektiven der Rechtswissenschaft in Deutschland" eine Intensivierung der Methodenvermittlung im juristischen Studium angemahnt, auch im Übrigen findet sich im Rahmen der Diskussion über Reformen und Verbesserungen des juristischen Studiums stets der Hinweis, dass die Vermittlung methodischer Kenntnisse ausgeweitet werden müsse. Das Deutsche Richtergesetz verlangt in § 5a Abs. 2 S. 3 den Erwerb der „rechtswissenschaftlichen Methoden" und nach § 16 der Bayerischen Ausbildungs- und Prüfungsordnung für Juristen (BayJAPO) soll ua die „Fähigkeit zu methodischem Arbeiten" im Vordergrund von Aufgabenstellung und Leistungsbewertung in der Ersten Juristischen Prüfung stehen. Hiermit korrespondiert, dass mittlerweile umfangreiche Werke zur juristischen Methodenlehre in großer Zahl vorliegen. Mit ihnen kann die Methodenlehre als Grundlagenfach gelehrt werden. Weniger Beachtung wurde bislang hingegen einer stärkeren Verschränkung der juristischen Methodenlehre mit der Falllösungstechnik geschenkt. Während sich die Falllösungstechnik im juristischen Studium im Übrigen bewährt hat, blieb sie bei der Vermittlung methodischer Kenntnisse bislang insoweit vielfach außen vor. Indes ist eine Falllösung *lege artis* jene, die die Methoden der Rechtsgewinnung angemessen anwendet. Die Bedeutung der Subsumtionstechnik, die Argumentation mit Wortlaut und Systematik und die Überflüssigkeit des Verweises auf die herrschende Meinung nach der Rechtsquellenlehre können und müssen am Fall eingeübt werden. Das Methodenwissen muss sich in der Falllösung bewähren. Zudem zeigt sich, dass eine vertiefte Auseinandersetzung mit den juristischen Methoden zu einer Schärfung der juristischen Denkmuster führt. In der Folge vermag der Rechtsanwender auch bei neuen Fragestellungen ein methodengerechtes Ergebnis zu formulieren und die Rechtsgewinnung überzeugend zu begründen.

Aus diesem Grund wird mit diesem Lehrbuch eine Kombination aus einer einleitenden Darstellung der Methoden der Rechtsgewinnung und examensnahen Fällen vorgelegt, in denen methodischen Fragestellungen und damit die Anwendung methodischer Kenntnisse eine besondere Bedeutung zukommt. Der Band unternimmt den Versuch, die zahlreichen Forderungen nach einer Ausweitung der Schulung angehender Juristen in methodischen Kenntnissen angemessen umzusetzen. Er geht zurück auf die Vorlesung „Methodenlehre" an der *Universität Regensburg.* Diese Vorlesung war von dem Bemühen geprägt, den Einsatz methodischer Kenntnisse in der Falllösung ebenso konsequent aufzuzeigen wie umgekehrt die Vorgaben für die Technik der Falllösung, die auf den Methoden der Rechtsgewinnung basieren. Zugleich wurde die Vorlesung von Arbeitsgemeinschaften begleitet, in denen die Anwendung der juristischen Methoden am „großen" Fall exemplarisch dargestellt und eingeübt wurde.

Im ersten Teil des Bandes findet sich daher eine ausführliche Einführung in die juristischen Methoden. Diese ersetzt selbstverständlich nicht den Zugriff auf eines der zahlreichen, umfangreichen Werke zu den juristischen Methoden. Sie soll dem mit der Fallbearbeitung befassten fortgeschrittenen Studenten aber die Möglichkeit geben, die für ein erfolgreiches Jurastudium und eine juristische Tätigkeit unverzichtbaren Grundlagen methodischen Wissens zu wiederholen und sich auf diese Weise erforderlichenfalls den Zugang auf die ausführlichen Darstellungen in den grundlegenden Methodenwerken zu eröffnen. Sofern sich der eine oder andere Aspekt der juristischen Methoden findet, mit dem der Student noch nicht vertraut ist, eignen sich die abstrakten Ausführungen als kurze Einführung. Den zweiten Teil bilden neun „große“ Fälle auf Examensniveau mit ausführlichen Lösungshinweisen, bei denen methodische Fragestellungen einen Schwerpunkt der Falllösung ausmachen. Beide Teile sind eng miteinander verschränkt, sodass die in der Falllösung behandelten Methodenfragen auf die Einführung im ersten Teil verweisen, während die Einführung auf die entsprechenden Falllösungen im zweiten Teil hinweist, in denen die dargestellten Methodeninhalte praktisch anwendet werden.

Mit den beiden Teilen des Bandes soll nur, aber immerhin ein Einstieg in die Anwendung der Methoden der Rechtsgewinnung und die Verdeutlichung ihrer praktischen Bedeutung bei der Falllösung erreicht werden. Schon konzeptionell ist der Band daher inhaltlich begrenzt. Die thematischen Lücken der nachfolgenden Darstellung, die dem Umfang und dem Charakter als einführendem Werk mit Grundzügen sowie einem angemessenen Raum für die Darstellung der Methodenanwendung in der Fallbearbeitung geschuldet sind, schmerzen. Freilich wäre eine vertiefte Auseinandersetzung mit Themen wie der Europäisierung der Methoden, der Topik, dem Ge- und Missbrauch von juristischen Methoden in Umbruchszeiten, dem Proprium der Rechtswissenschaft sowie der ökonomischen Analyse des Rechts wünschenswert gewesen. Angesichts des angemessenen Raumes für die Fallbearbeitung sowie der ohnehin kontinuierlichen Ausweitung der Inhalte im Studium kann hier nur ein Einstieg in die Bedeutung methodengeleiteten Rechtsdenkens auch in der Praxis der Falllösung mit der Möglichkeit zur Vertiefung angeboten werden. Auch im Übrigen ist die Darstellung der juristischen Methoden auf die Grundlinien beschränkt. Eine Vertiefung der behandelten methodischen Fragestellungen lässt sich unschwer über das jeweils angegebene Methodenschrifttum erzielen. Die Erfahrungen in der Vorlesung „Methodenlehre“ stimmen hoffnungsvoll, dass der verfolgte Ansatz das Methodenwissen interessierter Studenten nachhaltig steigern kann. Eine wesentliche Hürde dabei ist aber die Erkenntnis, dass die Vermittlung der juristischen Methoden auch die Vermittlung von Wissen und Fertigkeiten umfasst.

Die juristische Methode ist nicht nur auf das Privatrecht bezogen, sondern wird mit gleichem Anspruch auch im Strafrecht und Öffentlichen Recht gefordert. Die besondere Privatrechtsaffinität der nachfolgenden Ausführungen ist dem Forschungsschwerpunkt der Autoren geschuldet. Darüber hinaus hat das Privatrecht auch den relativ größten Anteil an der rechtswissenschaftlichen Ausbildung und Prüfung und bildet zudem nachfolgend das Betätigungsfeld einer Mehrzahl der Studenten. Schließlich lassen sich die vermittelten Kenntnisse im Wesentlichen unschwer auf die übrigen Säulen der Rechtswissenschaft übertragen.

Während der erste Teil mit den methodischen Ausführungen auf die Vorlesung von Prof. Herresthal zur Methodenlehre zurückgeht, haben die Fälle und Falllösungen im zweiten Teil ihren Ursprung in der begleitenden Arbeitsgemeinschaft von Herrn Weiß. Gleichwohl haben wir die Gesamtverantwortung für die Ausführungen im nachfolgenden Band.

Regensburg, im Dezember 2019

Carsten Herresthal
Johannes Weiß

Inhaltsverzeichnis

Abkürzungsverzeichnis

aA	anderer Ansicht
ABl	Amtsblatt der EU
AcP	Archiv für die civilistische Praxis
AEUV	Vertrag über die Arbeitsweise der Europäischen Union
aF	alte Fassung
AGB	Allgemeine Geschäftsbedingung(en)
AGBG	Gesetz zur Regelung des Rechts der Allgemeinen Geschäftsbedingungen
allgM	allgemeine Meinung
Alt.	Alternative
Anm.	Anmerkung
AP	Arbeitsrechtliche Praxis
arg. (e contr.)	argumentum (e contrario)
ARSP	Archiv für Rechts- und Sozialphilosophie
Aufl.	Auflage
ausf.	ausführlich
BAG	Bundesarbeitsgericht
BAGE	Entscheidungen des Bundesarbeitsgerichts
BB	Betriebsberater
Bd.	Band
Begr	Begründung
BGB	Bürgerliches Gesetzbuch
BGBl.	Bundesgesetzblatt
BGH	Bundesgerichtshof
BGHZ	Entscheidungen des Bundesgerichtshofs in Zivilsachen
BT-Drs.	Drucksachen des Bundestags
BVerfG	Bundesverfassungsgericht
BVerfGE	Entscheidungen des Bundesverfassungsgerichts
c. i. c.	culpa in contrahendo
CISG	UN-Übereinkommen über den internationalen Warenkauf
DB	Der Betrieb
DGVZ	Deutsche Gerichtsvollzieherzeitung
dh	das heißt
DStR	Deutsches Steuerrecht
eG	eingetragene Genossenschaft
EuR	Europarecht
EUV	Vertrag über die Europäische Union idF des Vertrags von Lissabon
EuZW	Europäische Zeitschrift für Wirtschaftsrecht
EWiR	Entscheidungen zum Wirtschaftsrecht
f., ff.	folgender, folgende
Fn.	Fußnote
FS	Festschrift
gem.	gemäß
GenG	Genossenschaftsgesetz

GG	Grundgesetz
ggf.	gegebenenfalls
GmbH	Gesellschaft mit beschränkter Haftung
GmbHG	Gesetz betreffend die Gesellschaft mit beschränkter Haftung
GPR	Gemeinschaftsprivatrecht
GRUR	Gewerblicher Rechtsschutz und Urheberrecht
HdB	Handbuch
HGB	Handelsgesetzbuch
hL	herrschende Lehre
hM	herrschende Meinung
Hs.	Halbsatz
iA	im Auftrag
idR	in der Regel
iErg	im Ergebnis
iHv	in Höhe von
InsO	Insolvenzordnung
iSd	im Sinne des
iVm	in Verbindung mit
JA	Juristische Arbeitsblätter
JM	juris – Die Monatszeitschrift
JR	Juristische Rundschau
JURA	Juristische Ausbildung
JuS	Juristische Schulung
JW	Juristische Wochenschrift
JZ	Juristen Zeitung
KG	Kommanditgesellschaft
KOM	(EU) Kommission
KSchG	Kündigungsschutzgesetz
LG	Landgericht
LM	Kommentierte BGH-Rechtsprechung Lindenmaier/Möhring
MDR	Monatsschrift für Deutsches Recht
MittBayNot	Mitteilungen des Bayerischen Notarvereins
MMR	Multimedia und Recht
Mot.	Motive zum BGB
mwN	mit weiteren Nachweisen
NJW	Neue Juristische Wochenschrift
NJW-RR	Neue Juristische Wochenschrift-Rechtsprechungsreport
Nr.	Nummer
NZA	Neue Zeitschrift für Arbeitsrecht
OGH	Oberster Gerichtshof (Österreich)
OHG	Offene Handelsgesellschaft
OLG	Oberlandesgericht
OVG	Oberverwaltungsgericht
PatG	Patentgesetz
ppa.	per procura
RabelsZ	Rabels Zeitschrift für ausländisches und internationales Privatrecht
RegE	Regierungsentwurf
RG	Reichsgericht

RGZ	Entscheidungen des Reichsgerichts in Zivilsachen
RL	Richtlinie
Rn.	Randnummer(n)
Rpfleger	Der Deutsche Rechtspfleger
RPflG	Rechtspflegergesetz
s.	siehe
S.	Seite
s. a.	siehe auch
SeuffA	Seufferts Archiv
SJZ	Süddeutsche Juristenzeitung
sog.	sogenannt
str.	streitig
TzBfG	Gesetz über Teilzeitarbeit und befristete Arbeitsverträge
ua	unter anderem/und andere
unstr	unstreitig
Var.	Variante
vgl.	vergleiche
Vorb.	Vorbemerkung
VVDStRL	Veröffentlichungen der Vereinigung der Deutschen Staatsrechtslehrer
VwGO	Verwaltungsgerichtsordnung
WM	Wertpapier-Mitteilungen
WuB	Entscheidungssammlung zum Wirtschafts- und Bankrecht
ZEuS	Zeitschrift für Europarechtliche Studien
ZfIR	Zeitschrift für Immobilienrecht
ZGR	Zeitschrift für Unternehmens- und Gesellschaftsrecht
ZGS	Zeitschrift für Vertragsgestaltung, Schuld- und Haftungsrecht
ZIP	Zeitschrift für Wirtschaftsrecht
ZPO	Zivilprozessordnung
zust.	zustimmend
ZVG	Zwangsversteigerungsgesetz
ZZP	Zeitschrift für Zivilprozess

Literaturverzeichnis

Adomeit/Hähnchen Rechtstheorie	*Adomeit/Hähnchen,* Rechtstheorie mit Juristischer Methodenlehre, 7. Aufl. 2018
Baur/Stürner SachenR	*Baur/Stürner,* Sachenrecht, 18. Aufl. 2009
Beaucamp/Treder Methoden und Technik	*Beaucamp/Treder,* Methoden und Technik der Rechtsanwendung, 4. Aufl. 2019
BeckOGK/*Bearbeiter*	*Gsell/Krüger/Lorenz/Reymann/Henssler,* beck-online.Großkommentar
BeckOK ArbR/*Bearbeiter*	*Rolfs/Giesen/Kreikebohm/Udsching,* BeckOK Arbeitsrecht, 54. Ed. 1.12.2019
BeckOK BGB/*Bearbeiter*	*Bamberger/Roth/Hau/Poseck,* BeckOK BGB, 53. Ed. 1.2.2020
BeckOK GG/*Bearbeiter*	*Epping/Hillgruber,* BeckOK Grundgesetz, 42. Ed. 1.12.2019
BeckOK HGB/*Bearbeiter*	*Häublein/Hoffmann-Theinert,* BeckOK HGB, 27. Ed. 15.1.2020
BeckOK ZPO/*Bearbeiter*	*Vorwerk/Wolf,* BeckOK ZPO, 35. Ed. 1.1.2020
BK/*Bearbeiter*	*Kahl/Waldhoff/Walter,* Bonner Kommentar zum Grundgesetz, 199. EL. 2019
Brox/Henssler HandelsR	*Brox/Henssler,* Handelsrecht, 22. Aufl. 2016
Brox/Walker SchuldR AT	*Brox/Walker,* Allgemeines Schuldrecht, 43. Aufl. 2019
Brox/Walker SchuldR BT	*Brox/Walker,* Besonderes Schuldrecht, 43. Aufl. 2019
Bydlinski Methodenlehre und Rechtsbegriff	*Bydlinski,* Juristische Methodenlehre und Rechtsbegriff, 2. Aufl. 1991 Nachdruck 2011
Bydlinski/Bydlinski Grundzüge Methodenlehre	*Bydlinski/Bydlinski,* Grundzüge der juristischen Methodenlehre, 3. Aufl. 2018
Calliess/Ruffert/*Bearbeiter*	*Calliess/Ruffert,* EUV/AEUV, 5. Aufl. 2016
Canaris HandelsR	*Canaris,* Handelsrecht, 24. Aufl. 2006
Christensen/Müller Methodik	*Christensen/Müller,* Juristische Methodik, Bd. I, 11. Aufl. 2012
Coing Methodenlehre	*Coing,* Juristische Methodenlehre, 1972
Coing Rechtsphilosophie	*Coing,* Grundzüge der Rechtsphilosophie, 5. Aufl. 1993
Dreier/*Bearbeiter*	*Dreier,* Grundgesetz-Kommentar, 3. Aufl. 2013
Dütz/Thüsing ArbR	*Dütz/Thüsing,* Arbeitsrecht, 24. Aufl. 2019
Engisch Einführung	*Engisch,* Einführung in das juristische Denken, 12. Aufl. 2018
ErfK/*Bearbeiter*	*Müller-Glöge/Preis/Schmidt,* Erfurter Kommentar zum Arbeitsrecht, 19. Aufl. 2019
Erman/*Bearbeiter*	*Erman,* BGB, 15. Aufl. 2017
Fikentscher Methoden	*Fikentscher,* Methoden des Rechts, Bd. I–V, 1975 ff.
Flume BGB AT II	*Flume,* Allgemeiner Teil des Bürgerlichen Rechts, Band 2: Das Rechtsgeschäft, 4. Aufl. 1992

Grabitz/Hilf/Nettesheim/*Bearbeiter*	*Grabitz/Hilf/Nettesheim,* Das Recht der Europäischen Union: EUV/AEUV, 67. Aufl. 2019
Grigoleit/Herresthal BGB AT	*Grigoleit/Herresthal,* BGB Allgemeiner Teil, 3. Aufl. 2015
Hager Rechtsmethoden	*Hager,* Rechtsmethoden in Europa, 2009
Haratsch/Koenig/Pechstein EuropaR	*Haratsch/Koenig/Pechstein,* Europarecht, 11. Aufl. 2018
Hassemer/Neumann/Saliger Rechtsphilosphie/*Bearbeiter*	*Hassemer/Neumann/Saliger,* Einführung in Rechtsphilosophie und Rechtstheorie der Gegenwart, 9. Aufl. 2016
Herresthal Rechtsfortbildung	*Herresthal,* Rechtsfortbildung im europäischen Bezugsrahmen, 2006
Herresthal/Thume ArbR	*Herresthal/Thume,* Arbeitsrecht, 1. Aufl. 2013
HKK/*Bearbeiter*	*Rückert/Schmoeckel/Zimmermann,* Historisch-kritischer Kommentar zum BGB, Bd. 1: Allgemeiner Teil, 2003, Bd. 2: Schuldrecht AT in 2 Teilbänden, 2007
HK-ZPO/*Bearbeiter*	*Saenger,* Zivilprozessordnung, 8. Aufl. 2019
Honsell/Mayer-Maly Rechtswissenschaft	*Honsell/Mayer-Maly,* Rechtswissenschaft, 7. Aufl. 2018
Jarass/Pieroth/*Bearbeiter*	*Jarass/Pieroth,* Grundgesetz für die Bundesrepublik Deutschland, 15. Aufl. 2018
Jarass/*Bearbeiter*	*Jarass,* Charta der Grundrechte der Europäischen Union, 3. Aufl. 2016
Jauernig/*Bearbeiter*	*Jauernig,* Bürgerliches Gesetzbuch, 17. Aufl. 2018
Jung HandelsR	*Jung,* Handelsrecht, 12. Aufl. 2019
Junker GK ArbR	*Junker,* Grundkurs Arbeitsrecht, 19. Aufl. 2020
Kaufmann Rechtsgewinnung	*Kaufmann,* Das Verfahren der Rechtsgewinnung. Eine rationale Analyse, 1999
Kindler GK HandelsR	*Kindler,* Grundkurs Handels- und Gesellschaftsrecht, 9. Aufl. 2019
Koch/Rüßmann Begründungslehre	*Koch/Rüßmann,* Juristische Begründungslehre, 1. Aufl. 1982
Kramer Methodenlehre	*Kramer,* Juristische Methodenlehre, 5. Aufl. 2016
Köhler BGB AT JurKLB	*Köhler,* BGB Allgemeiner Teil, 43. Aufl. 2019
Lackner/Kühl/*Bearbeiter*	*Lackner/Kühl,* StGB, 29. Aufl. 2018
Larenz Methodenlehre	*Larenz,* Methodenlehre der Rechtswissenschaft, 1991
Larenz/Canaris Methodenlehre	*Larenz/Canaris,* Methodenlehre der Rechtswissenschaft, 3. Aufl. 1995
Larenz/Canaris SchuldR BT II	*Larenz/Canaris,* Lehrbuch des Schuldrechts, Bd. II/2, Besonderer Teil/2. Halbband, 13. Aufl. 1994
Larenz/Wolf BGB AT	*Larenz/Wolf,* Allgemeiner Teil des Bürgerlichen Rechts, 8. Aufl. 1997
Loewenheim BereicherungsR	*Loewenheim,* Bereicherungsrecht, 3. Aufl. 2007
Looschelders SchuldR BT	*Looschelders,* Schuldrecht Besonderer Teil, 14. Aufl. 2019
Looschelders/Roth Methodik	*Looschelders/Roth,* Juristische Methodik im Prozeß der Rechtsanwendung, 1996
Lüke ZivilProzR	*Lüke,* Zivilprozessrecht, 10. Aufl. 2011
Mahlmann Rechtsphilosophie	*Mahlmann,* Rechtsphilosophie und Rechtstheorie, 5. Aufl. 2019
Mann Arbeitstechnik	*Mann,* Einführung in die juristische Arbeitstechnik, 5. Aufl. 2015

Manssen StaatsR II	*Manssen,* Staatsrecht II, 16. Aufl. 2019
Martens Methodenlehre	*Martens,* Methodenlehre des Unionsrechts, 2013
Maunz/Dürig/*Bearbeiter*	*Maunz/Dürig,* Grundgesetz, 88. Aufl. 2019
Medicus/Lorenz SchuldR I	*Medicus/Lorenz,* Schuldrecht I Allgemeiner Teil, 21. Aufl. 2015
Medicus/Lorenz SchuldR II	*Medicus/Lorenz,* Schuldrecht II BT, 18. Aufl. 2018
Medicus/Petersen BürgerlR	*Medicus/Petersen,* Bürgerliches Recht, 27. Aufl. 2019
MHdB ArbR/*Bearbeiter*	*Kiel/Lunk/Oetker,* Münchener Handbuch zum Arbeitsrecht, 4. Aufl. 2019
MSKB/*Bearbeiter*	*Maunz/Schmidt-Bleibtreu/Klein/Bethge,* Bundesverfassungsgerichtsgesetz, 55. Aufl. 2018
Musielak/Voit/*Bearbeiter*	*Musielak/Voit,* Zivilprozessordnung, 15. Aufl. 2018
Musielak/Voit GK ZPO	*Musielak/Voit,* Grundkurs ZPO, 14. Aufl. 2018
Musielak/Hau GK BGB	*Musielak/Hau,* Grundkurs BGB, 16. Aufl. 2019
Möllers Methodenlehre	*Möllers,* Juristische Methodenlehre, 2. Aufl. 2019
MüKoBGB/*Bearbeiter*	*Limperg/Oetker/Rixecker,* Münchener Kommentar zum Bürgerlichen Gesetzbuch, 8. Aufl. 2019 f.
MüKoHGB/*Bearbeiter*	*Schmidt,* Münchener Kommentar zum Handelsgesetzbuch, 4. Aufl. 2016
MüKoStGB/*Bearbeiter*	*Joecks/Miebach,* Münchener Kommentar zum Strafgesetzbuch, 3. Aufl. 2016
MüKoStPO/*Bearbeiter*	*Knauer/Kudlich/Schneider,* Münchener Kommentar zur Strafprozessordnung, 1. Aufl. 2014
MüKoZPO/*Bearbeiter*	*Krüger/Rauscher,* Münchener Kommentar zur ZPO, 5. Aufl. 2016
Müller/Christensen Methodik I	*Müller/Christensen,* Juristische Methodik, Band I, 11. Aufl. 2013
Neumann Argumentationslehre	*Neumann,* Juristische Argumentationslehre, 1986
NK-ArbR/*Bearbeiter*	*Boecken/Düwell/Diller/Hanau,* Gesamtes Arbeitsrecht, 1. Aufl. 2016
NK-BGB/*Bearbeiter*	*Dauner-Lieb/Heidel/Ring/Heidel/Hüßtege/Mansel/Noack,* Bürgerliches Gesetzbuch: Allgemeiner Teil – EGBGB Band 1, 3. Aufl. 2016
Palandt/*Bearbeiter*	*Palandt,* Bürgerliches Gesetzbuch, 79. Aufl. 2020
Pawlowski Einführung Methodenlehre	*Pawlowski,* Einführung in die Juristische Methodenlehre, 2. Aufl. 2000
Pawlowski Methodenlehre	*Pawlowski,* Methodenlehre für Juristen, 3. Aufl. 1999
Pohlmann ZivilProzR	*Pohlmann,* Zivilprozessrecht, 4. Aufl. 2018
Puppe Juristisches Denken	*Puppe,* Kleine Schule des juristischen Denkens, 3. Aufl. 2014
Raisch Methoden	*Raisch,* Juristische Methoden, 1995
Reimer Methodenlehre	*Reimer,* Juristische Methodenlehre, 2016
Riesenhuber/*Bearbeiter*	*Riesenhuber,* Europäische Methodenlehre, 3. Aufl. 2015
Röhl/Röhl Rechtslehre	*Röhl/Röhl,* Allgemeine Rechtslehre, 3. Aufl. 2008
Rückert/Steinecke Methodik	*Rückert/Steinecke,* Methodik des Zivilrechts – von Savigny bis Teubner, 2. Aufl. 2012
Rüthers	*Rüthers,* Die heimliche Revolution vom Rechtsstaat zum Richterstaat, 2014
Rüthers Auslegung	*Rüthers,* Die unbegrenzte Auslegung, 8. Aufl. 2017
Rüthers/Fischer/Birk Rechtstheorie	*Rüthers/Fischer/Birk,* Rechtstheorie, 10. Aufl. 2018

Sachs/*Bearbeiter*	*Sachs,* Grundgesetz, 8. Aufl. 2018
Schapp Hauptprobleme Methodenlehre	*Schapp,* Hauptprobleme der juristischen Methodenlehre, 1983
Schapp Methodenlehre	*Schapp,* Methodenlehre des Zivilrechts, 1998
Schaub ArbR-HdB/*Bearbeiter*	*Schaub,* Arbeitsrechts-Handbuch, 18. Aufl. 2019
Schlaich/Korioth BVerfG	*Schlaich/Korioth,* Das Bundesverfassungsgericht, 11. Aufl. 2018
Schnapp Logik	*Schnapp,* Logik für Juristen, 7. Aufl. 2016
Schwacke Methodik	*Schwacke,* Juristische Methodik, 5. Aufl. 2011
Schwarze/*Bearbeiter*	*Schwarze,* EU-Kommentar, 4. Aufl. 2019
Schönke/Schröder/*Bearbeiter*	*Schönke/Schröder,* Strafgesetzbuch: StGB, 30. Aufl. 2019
Spindler/Schuster/*Bearbeiter*	*Spindler/Schuster,* Recht der elektronischen Medien, 4. Aufl. 2019
Stadler BGB AT	*Stadler,* Allgemeiner Teil des BGB, 19. Aufl. 2017
Staudinger/*Bearbeiter*	*Staudinger,* Kommentar zum Bürgerlichen Gesetzbuch, 1993 ff.
Staudinger Eckpfeiler/*Bearbeiter*	*Staudinger,* Eckpfeiler des Zivilrechts, 6. Aufl. 2018
Streinz EuropaR	*Streinz,* Europarecht, 11. Aufl. 2019
Streinz/*Bearbeiter*	*Streinz,* EUV/AEUV, 3. Aufl. 2018
Vesting Rechtstheorie	*Vesting,* Rechtstheorie, 2. Aufl. 2015
Vogel Methodik	*Vogel,* Juristische Methodik, 1998
Vogenauer Auslegung	*Vogenauer,* Die Auslegung von Gesetzen in England und auf dem Kontinent, I und II, 2001
Wandt Gesetzl. Schuldverhältnisse	*Wandt,* Gesetzliche Schuldverhältnisse, 9. Aufl. 2019
Wank Auslegung	*Wank,* Die Auslegung von Gesetzen, 6. Aufl. 2015
Wank Rechtsfortbildung	*Wank,* Grenzen richterlicher Rechtsfortbildung, 1978
Wellenhofer SachenR	*Wellenhofer,* Sachenrecht, 34. Aufl. 2019
Wolf/Neuner BGB AT	*Wolf/Neuner,* Allgemeiner Teil des Bürgerlichen Rechts, 11. Aufl. 2016
Zippelius Methodenlehre	*Zippelius,* Juristische Methodenlehre, 11. Aufl. 2012
Zippelius Rechtsphilosophie	*Zippelius,* Rechtsphilosophie, 6. Aufl. 2011

1. Teil. Einführung in die juristische Methodenlehre

§ 1 Einführung

I. Einleitende Beispielfälle

Fall 1: Die 16-jährige *B* hat von ihren Eltern 1.000 EUR zur freien Verfügung erhalten. Sie kauft sich in einem Computergeschäft einen Laptop zum Preis von 800 EUR und leistet eine Anzahlung von 100 EUR. Den Restkaufpreis möchte sie am folgenden Tag bezahlen, wenn sie den Laptop abholt. Ihre Eltern, denen sie am Abend von dem Geschäft berichtet, bezweifeln die Wirksamkeit des Kaufvertrags. 1

Fall 2: *A* und *B* wohnen in benachbarten Häusern. *A* ist überaus aggressiv und hat seinen Nachbarn *B* mehrfach körperlich angegriffen und misshandelt. *B* wendet sich an Rechtsanwalt R mit der Frage, ob er den *A* auf Unterlassung weiterer körperlicher Angriffe verklagen kann. Rechtsanwalt R sucht eine geeignete Anspruchsgrundlage im BGB. 2

Fall 3: Die Illustrierte Z hat ein mehrseitiges Interview mit der bekannten Schauspielerin *S* veröffentlicht. Auf dieses Interview wurde in besonders auffälliger Form auf der Titelseite der konkreten Ausgabe hingewiesen. Allerdings hatte die *S* der Z kein Interview gegeben; der Inhalt des vermeintlichen Interviews war vollständig erfunden. *S* beauftragt Rechtsanwalt R, von Z zu verlangen, in einem der folgenden Hefte klarzustellen, dass das vermeintliche Interview vollständig erfunden war. Dabei möchte sie von R wissen, ob sie von Z verlangen kann, dass auch auf diese Berichtigung in entsprechend auffälliger Form auf der Titelseite des entsprechenden Heftes hingewiesen wird. Zudem soll R prüfen, ob sie von Z ein „Schmerzensgeld" verlangen kann. 3

Zur **Lösung** der vorstehenden Beispielsfälle ist ua über die Auslegung von Normen des BGB zu entscheiden, so zB im Fall 1 über die Auslegung der §§ 107, 110 BGB. Auch wird die Frage der Schließung einer „Regelungslücke" im BGB aufgeworfen, wenn sich keine unmittelbar einschlägige Anspruchsgrundlage finden lässt, wie zB im Fall 2, in dem die §§ 1004 Abs. 1, 862, 12 BGB, § 823 Abs. 1 BGB zu keinem Anspruch führen. Bei dieser „Lückenschließung" tritt die Frage hinzu, ob und wenn ja, inwieweit die geltenden Regelungen einer solchen entgegenstehen, da zB im Fall 3 der § 253 Abs. 1 BGB gegen eine Ersatzfähigkeit spricht. Die Instrumente zur Auslegung und Fortbildung des geltenden Rechts sind die Methoden der Rechtsgewinnung; mit ihnen befasst sich die juristische Methodenlehre. 4

II. Der Gegenstand der juristischen Methodenlehre

5 Die Methodenlehre wird definiert als die Lehre von den Regeln, die der Interpret, also der Rechtsanwender (vor allem der Richter), bei der Ermittlung des Sinnes von Rechtsnormen zu beachten hat.[1] Es ist also die **Lehre von der Methode der Rechtsanwendung.**[2] Sie befasst sich mithin nicht mit dem spezifischen Inhalt einer konkreten Norm und dem *konkreten* Ergebnis ihrer Auslegung und Anwendung, sondern mit der Art und Weise, wie dieses konkrete Ergebnis zu ermitteln ist. Gegenstand ist der Prozess der Rechtsgewinnung als solcher, also die (vorzugswürdige) Art und Weise der Rechtsgewinnung[3] durch den Rechtsanwender, insbesondere Richter, Verwaltungsjuristen und Anwälte. Die Methodenlehre zielt also darauf ab, die „richtigen" erkenntnisleitenden Elemente zur intersubjektiv nachvollziehbaren Rechtsgewinnung zu identifizieren.

6 Hintergrund dieser Aufgabenstellung sind die mit jedem Normtext verbundenen semantischen Spielräume. Diese werden nicht nur durch die einleitenden Beispielsfälle verdeutlicht,[4] sondern auch durch (nur) auf den ersten Blick „eindeutige" Normen wie zB Art. 22 Abs. 2 GG. Nach dieser Regelung gilt: „Die Bundesflagge ist schwarz-rot-gold". Während es naheliegt, den Inhalt dieser Norm vorschnell als „eindeutig" zu kennzeichnen, kann bei einer präzisen Auslegung unschwer festgestellt werden, dass dem Normtext keine Aussagen zu der Form der farbigen Flächen (Streifen; Felder) noch zu ihrer Anordnung (zB waagerechte Streifen oder senkrechte Streifen) entnommen werden kann. Eine dahingehende Konkretisierung muss durch die Heranziehung weiterer Auslegungskriterien, zB des historischen Willens des Normgebers sowie durch die systematische Betrachtung auch sonstiger Regelungen, ermittelt werden.[5] Die Methodenlehre ist bemüht, entsprechende **Techniken für die Arbeit am und mit dem Normtext** bereitzustellen, dh dem Rechtsanwender eine theoretische Anleitung der Konkretisierung des Inhaltes von Normtexten, der Rechtsgewinnung, an die Hand zu geben. Sie zielt damit zugleich auf eine Objektivierung und Rationalisierung der Rechtsanwendung sowie letztlich auf eine Vereinheitlichung der Gesetzesbindung.

7 Von den Regeln zur Ermittlung des Norminhalts und zur zulässigen Schließung etwaiger Regelungslücken ist die **Sachverhaltsermittlung und Sachverhaltsbeurteilung** zu unterscheiden. Beide bilden einen erheblichen Teil der Tätigkeit des Rechtsanwenders, insbesondere des Richters, aber auch des Rechtsanwalts. Insoweit mangelt es der universitären Ausbildung durchaus weiterhin an der Vermittlung hinreichenden theoretischen Wissens.[6]

8 Der **Erkenntnisgegenstand der juristischen Methoden** ist das Recht einer *konkreten* Rechtsordnung.[7] Ihr **Erkenntnisziel** ist die Ermittlung des Inhaltes des geltenden

---

[1] Vgl. nur *Kramer* Methodenlehre S. 35 f.

[2] AllgM, vgl. *Kramer* Methodenlehre S. 36; *Pawlowski* Einführung Methodenlehre Rn. 243; *Bydlinski/Bydlinski* Grundzüge Methodenlehre S. 17.

[3] Die Rechtsgewinnung wird im Folgenden als Oberbegriff für die Auslegung (dazu → Rn. 119 ff.) und die Rechtsfortbildung (dazu → Rn. 168 ff.) verwendet.

[4] Vgl. → Rn. 1 ff.

[5] Zu den Kriterien der Auslegung vgl. → Rn. 148 ff. (historische Auslegung) und → Rn. 144 ff. (systematische Auslegung).

[6] Vgl. nur *Strauch* RTh 2001, 197 ff., zum „Theorie-Praxis-Bruch"; s. a. *Reimer* Methodenlehre Rn. 67 ff.; *Zippelius* Methodenlehre S. 91 ff. („Tatfrage").

[7] Zum Bezug der Methoden auf eine konkrete Rechtsordnung vgl. → Rn. 27 (Methodenfragen als Verfassungsfragen).

Rechts dieser konkreten Rechtsordnung. Hierzu systematisieren und qualifizieren die Methoden das Rechtsmaterial. Zudem sind die Methoden der Rechtsgewinnung auf die Rechtsdogmatik ausgerichtet, enthalten die Methoden doch die Regeln und Techniken zur Bestimmung des Norminhalts einer konkreten Regelung.[8] Die Methodenlehre ist insofern eine **juristische Metadisziplin,** als sie nicht auf die Auskunft über den Inhalt einer *konkreten* Norm zielt, sondern der Frage nachgeht, wie der Inhalt von Normen *lege artis* ermittelt wird bzw. wie eine Antwort auf eine konkrete Fragestellung der Rechtsgewinnung in einer bestimmten Rechtsordnung gefunden wird, unabhängig davon, ob diese Antwort vom Wortlaut einer Regelung erfasst wird oder nicht.

Die **maßgeblichen Fragen,** auf welche die Methodenlehre eine Antwort zu geben 9
versucht, sind ua das Ziel der (judikativen) Norminterpretation, dh ob sich der Rechtsanwender, insbesondere das Gericht, von seinen eigenen Gerechtigkeitsvorstellungen leiten lassen kann oder ob ihm ein externes Interpretationsziel vorgegeben ist, zB das Normverständnis des historischen Gesetzgebers oder ein objektives Normverständnis. Auch die Frage nach dem richtigen Vorgehen des Rechtsanwenders bei Unklarheiten des Normtextes will die Methodenlehre beantworten, zB ob die Auslegung der Norm auch die Grenze des möglichen Wortsinns überschreiten darf. Zudem nimmt die Methodenlehre ua dazu Stellung, welche Bedeutung dem Willen des historischen Gesetzgebers bei der Auslegung und Rechtsfortbildung zukommt. Auch zur Möglichkeit, mit dem Normtext vollständig neue Fragestellungen jenseits des (eng verstandenen) Wortlauts zu bewältigen, muss sich die Methodenlehre verhalten. Gleiches gilt für die Grenze der Rechtsfortbildung durch ein Gericht, mithin ua für die Frage, ob und wieweit das Gericht an das Gesetz gebunden ist.

Die Methodenlehre trifft **normative Aussagen.**[9] Diese Normativität der Methoden 10
der Rechtsgewinnung folgt daraus, dass diese den Erkenntnisprozess der Rechtsgewinnung in einer bestimmten Rechtsordnung nicht nur beschreiben, sondern auch bewerten. Die möglichen Methoden der Rechtsgewinnung werden nämlich von der Methodenlehre in Bezug auf ihre Eignung zur Ermittlung einer konkreten Antwort auf eine konkrete Rechtsgewinnungsfrage in ihren damit einhergehenden Erkenntniswert bewertet.

III. Einwände gegen eine primäre Methodenanalyse

Steter Ansporn der Methodenlehre, gleichsam ihr „Stachel im Fleisch", ist die Frage, 11
ob die in der Methodenlehre als vorzugswürdig identifizierten **Rechtsgewinnungsverfahren in der Rechtswirklichkeit** von den Rechtsanwendern, namentlich dem

---

[8] Hierauf begrenzt ein tendenziell *restriktives* Verständnis die Methoden, vgl. *Kramer* Methodenlehre S. 35 (Lehre von den Regeln, die der Interpret bei der Ermittlung des Sinnes von Rechtsnormen zu beachten hat); ähnlich *Langenbucher* JbJZivRWiss 2000, 65 (Entwicklung der Regeln, nach denen die Auslegung vonstatten geht); s. a. *Rüthers/Fischer/Birk* Rechtstheorie Rn. 640 ff. (Zuordnung der Methodenlehre zur Rechtsanwendung); *Röhl/Röhl* Rechtslehre S. 604 (Anleitung zur Rechtsgewinnung für die Gerichte).

[9] Vgl. *Kramer* Methodenlehre S. 39; *Bydlinski* Methodenlehre und Rechtsbegriff S. 80; *ders.* RTh 15 (1985), 1 ff.; *Larenz/Canaris* Methodenlehre S. 64 f.; *Larenz* Methodenlehre S. 244; *Pawlowski* Methodenlehre Rn. 6 ff. Methodenkritische Stimmen gehen hingegen oft von deskriptiv, insbesondere psychologisch und soziologisch angelegten Untersuchungen aus, die auch als deskriptive Methodenlehre bezeichnet werden, vgl. dazu *Haverkate,* Gewißheitsverluste im juristischen Denken, S. 14 ff. sowie *Röhl/Röhl* Rechtslehre S. 607 f.

Richter, überhaupt **beachtet** werden oder ob in dieser nicht andere Aspekte für das Ergebnis der Rechtsanwendung letztlich entscheidend sind. Insofern kann auf die Vielzahl von Untersuchungen über das tatsächliche Verhalten von Richtern, insbesondere im sog. *legal realism* im anglo-amerikanischen Rechtskreis, verwiesen werden.[10] Seine Vertreter bezweifelten im Kern, dass streitige Fälle auf der Grundlage von Rechtsregeln entschieden werden. Vielmehr kann eine Lösung rechtlicher Streitfragen nach ihnen gerade nicht aus abstrakten rechtlichen Konzepten abgeleitet werden. Danach reagieren Richter vor allem auf die Fakten des konkreten Falles und auch auf nach dem Recht irrelevante Fakten bei ihrer Entscheidung und nicht auf Normen und rechtliche Konzepte.

Aber auch im deutschen Rechtskreis findet sich eine umfangreiche Diskussion zur Bedeutung des Vorverständnisses des Richters bei der Rechtsgewinnung,[11] von der Subjektivität der Methodenwahl durch den Rechtsanwender[12] bis hin zur Methodenbeliebigkeit[13]. Dabei sollte unstreitig sein, dass der Richter kein **„Subsumtionsautomat"** ist[14] und auch in Zeiten des Legal Tech[15] (bislang) noch keine Form der künstlichen Intelligenz (KI) absehbar ist, die komplexe Wertungen der Rechtsgewinnung durch einen Menschen umfassend ersetzen kann. Unabhängig davon, ob die Gegenüberstellung von mechanischer Rechtsgewinnung durch einen Richter als Subsumtionsautomaten einerseits und der von subjektiver Willkür des Richters geprägten Rechtsanwendung andererseits überhaupt in dieser Schärfe die Rechtswissenschaft prägt,[16] fließen zweifelsohne eigene Wertungen und Gerechtigkeitsvorstellungen des Rechtsanwenders in die Rechtsgewinnung ein. Allerdings muss die Methodenlehre die Rechtsgewinnung auf eine Orientierung an der gesetzgeberischen Entscheidung bei der Normsetzung verpflichten und die Widerspruchsfreiheit der Rechtsordnung (soweit im Zuge der europäischen Integration noch möglich) als Ideal dem Rechtsanwender vorgeben. Darüber hinaus hat sie den Rechtsanwender an den Methodenkanon und dessen zweckkonformen Einsatz zu binden und ihn zum Aufdecken der bei der Rechtsgewinnung herangezogenen Wertungen sowie zur Begründung der gefundenen Entscheidung anzuhalten.[17] Freilich gerät auch dieser

---

[10] Ausf. dazu *Green,* Legal Realism as Theory of Law, 46 Wm. & Mary L. Rev. 2005, 1915; *Kalman,* Legal Realism at Yale 1927–1960, 1986; *Alexander,* Comparing the Two Legal Realisms – American and Scandinavian, 50 AM. J. COMP. L. 131 (2002); *Leiter,* Rethinking Legal Realism: Toward a Naturalized Jurisprudence, 76 TEX. L. REV. 267, (1997); *Singer,* Legal Realism Now, 76 CAL. L. REV. 465 (1988).

[11] *Esser,* Vorverständnis und Methodenwahl, 1970, wonach die Methodenlehre für den Richter weder Hilfe sei noch zur Kontrolle verwendet werde, vielmehr nutze er diese nur, um die nach seinem Rechts- und Sachverständnis (sog. Vorverständnis) gefundene und als vorzugswürdig erachtete Entscheidung *lege artis* zu begründen, sowie die durch ihn ausgelöste Diskussion.

[12] *Hassemer* ZRP 2007, 213 (215 f.); Hassemer/Neumann/Saliger Rechtsphilosophie/*Hassemer* S. 237, wonach der Richter methodisch in der Wahl seiner Interpretationsregeln frei sei; krit. dazu *Rüthers* ZRP 2008, 148.

[13] Vgl. darstellend und krit. *Voßkuhle* FS R. Schmidt, 2001, 171 (173 ff.) sowie *Blankenagel* AöR 124 (2000), 70 (103 ff.).

[14] Das Bild vom Richter als Subsumtionsautomaten zeichnete die Freirechtsschule (ua *E. Ehrlich; H. Kantorowicz*), um den Richter sodann von den „Fesseln des Gesetzes" zu lösen, damit dieser dem sozialen Wandel Rechnung tragen kann; ausf. dazu *Ogorek,* Richterkönig oder Subsumtionsautomat?, 2. Aufl. 2008.

[15] Dazu → Rn. 109 ff.

[16] Ausf. dazu und gegen diesen Gegensatz *Ogorek,* Richterkönig oder Subsumtionsautomat?, 2. Aufl. 2008.

[17] *Pawlowski* Einführung Methodenlehre Rn. 4, wonach die mangelnde Erkennbarkeit von Kriterien für die Richtigkeit und Rechtlichkeit von juristischen Entscheidungen, für die

Anspruch der Methodenlehre an seine Grenzen, wenn schon die Möglichkeit hierzu dem Grundsatz nach verneint wird.[18]

12 Um sich mit den Methoden der Rechtsgewinnung und einer Methodenlehre im Sinne einer Identifikation und Konkretisierung der vorzugswürdigen Methode der Rechtsgewinnung ernsthaft befassen zu können, müssen zunächst jene Ansichten widerlegt werden, die eine **primäre Selbstreflexion einer Wissenschaft,**[19] hier der Rechtswissenschaft, grundsätzlich ablehnen. Insofern wird vielfach die plakative Aussage *Radbruchs* bemüht, nach der „Wissenschaften, die sich mit ihrer eigenen Methodenlehre zu beschäftigen, Anlaß haben, **kranke Wissenschaften**"[20] seien. Dem ist entgegenzuhalten, dass eine selbstreflexive Überprüfung der Jurisprudenz in Zeiten, die durch einen weitreichenden Wandelungs- und Anpassungsprozess, ausgelöst durch die gravierenden technischen, aber auch ökonomischen und sozialen Entwicklungen, geprägt sind, nachgerade geboten ist. Vielmehr ist umgekehrt eine verstärkte Selbstreflexion zur Vergewisserung erforderlich, ob die bislang herangezogenen Methoden der Rechtsgewinnung angesichts neuer Strukturelemente der Rechtsgewinnung – zu nennen sind insofern insbesondere die Modifikation der früher allein nationalen Rechtsordnung durch die Integration in die europäische Rechtsordnung und der Rückgang von direkten Einflüssen sonstiger Maßstäbe[21] – weiterhin alle wesentlichen Aspekte aufgreifen oder ihre Modifikation angezeigt ist. Gerade in Zeiten des Umbruchs sind die „Richtigkeit" der tradierten Methoden und die normativen Aussagen der tradierten Methodenlehre, eine konkrete Methode der Rechtsgewinnung sei am Maßstab des aufgezeigten[22] Erkenntniszieles vorzugswürdig, in Frage zu stellen. Der genannten kritischen Aussage *Radbruchs* gegen eine Methodenlehre kann daher eine treffendere, weitere Aussage *Radbruchs* entgegengesetzt werden: „jedes Zeitalter muss seine Rechtswissenschaft neu schreiben"[23].

13 Eine primäre Auseinandersetzung mit den Methoden wird bisweilen mit dem Hinweis abgelehnt: **„Methode hat man, über Methode spricht man nicht".**[24] Indes wird erst durch die Aufdeckung der herangezogenen Methoden der Rechtsgewinnung möglich, diese Methoden selbst zum Gegenstand der Auseinandersetzung zu machen und der Kritik auszusetzen. Erst durch Methodentransparenz und Methodenehrlichkeit wird auf der Metaebene der Diskurs über die vorzugswürdige Methode der Rechtsgewinnung möglich. Legt man zugrunde, dass ein zeitadäquater und –

Unterscheidung von „falsch" und „vertretbar" nahelegt, sich mit der Methodenlehre zu befassen; s. a. *Bydlinski/Bydlinski* Grundzüge Methodenlehre S. 24 ff.

18 Paradigmatisch ist die Ablehnung der Willensfreiheit des Menschen, mit der dann auch die Möglichkeit zur methodengelenkten Rechtsgewinnung entfällt, vgl. dazu *Reinelt* NJW 2004, 2792; *Seidel* NJOZ 2009, 2106; *Cording/Roth* NJW 2015, 26; *Merkel,* Willensfreiheit und rechtliche Schuld, 2008.

19 Zum Verständnis der Rechtswissenschaft als Wissenschaft vgl. *Larenz/Canaris* Methodenlehre S. 17 ff.; *Bydlinski* Methodenlehre und Rechtsbegriff S. 76 ff.; ausf. dazu Hassemer/Neumann/Saliger Rechtsphilosophie/*Neumann* S. 351 ff; *Kaufmann* ARSP 72 (1986), 425 (428 ff.); *Damas* ARSP 89 (2003), 186.

20 *Radbruch,* Einführung in die Rechtswissenschaft, 7. und 8. Aufl. 1929, S. 199.

21 Zutreffend *Pawlowski* Einführung Methodenlehre Rn. 9b f., mit dem Hinweis auf das Entfallen gemeinsamer wertprägender Wertanschauungen, Glaubensrichtungen oder Philosophien.

22 Vgl. → Rn. 8.

23 *Radbruch,* Rechtsphilosophie, 2. Aufl. 2003, S. 218.

24 Vgl. zu diesem – häufig unausgesprochenen – Einwand als Grundlage einer Methodenverdrängung mit Bezug auf die Methode des Öffentlichen Rechts *Voßkuhle* in Bauer/Kahl/Voßkuhle/Czybulka (Hrsg.), Umwelt, Wirtschaft und Recht, 2002, S. 171 (175).

mit Blick auf die Struktur der Rechtsordnung – strukturadäquater Methodenkanon jene Instrumente bereitstellen muss, damit die Dogmatik die Anforderung einer zeitadäquaten und strukturadäquaten Rechtsgewinnung bewältigen kann, ist gerade auch ein Diskurs über die adäquaten Methoden der Rechtsgewinnung erforderlich.

14 Schließlich verbindet sich mit der Verortung des Diskurses über die Methoden der Rechtsgewinnung auf einer Metaebene zur Dogmatik die **Gefahr der Inhaltsleere durch Abstraktion.** Denn mit steigender Abstraktion der Aussagen ist stets ein wachsender Verlust an materiellem Gehalt dieser Aussagen sowie an inhaltlicher Prägnanz verbunden.[25] In der Folge besteht die Gefahr, dass die im abstrakten Methodendiskurs formulierten Methoden nicht hinreichend an die Sachstrukturen und Wertungszusammenhänge des Anwendungsgegenstands, dh des konkreten Rechts, rückgebunden sind. In der Folge würde die Rechtsordnung unter einer dogmatisch nicht hinreichend untermauerten Theorie der Rechtsgewinnungsmethoden und einer (methoden-)theoretisch unzureichend verankerten Dogmatik leiden.[26] Dieser Gefahr kann aber ua dadurch begegnet werden, dass die Diskussion über die vorzugswürdigen Methoden der Rechtsgewinnung gerade mit Blick auf ihren dogmatischen Lackmus-Test erfolgt, mithin die Methoden der Rechtsgewinnung an und mit ihrem Gegenstand ermittelt werden.[27]

IV. Die Abgrenzung der Methodenlehre von verwandten Themenstellungen

15 Die Methodenlehre ist zu verwandten Themenstellungen, namentlich zur Dogmatik, Rechtstheorie, allgemeinen Rechtslehre und zur Rechtsphilosophie abzugrenzen. Mit Blick auf eine **Abgrenzung zur Dogmatik**[28] ist festzuhalten, dass die Dogmatik auf die Ordnung des Rechtsstoffes und die hieraus resultierende Möglichkeit zur Lösung neuer Problemstellungen zielt. Sie will die für das geltende Recht maßgeblichen Begründungen und Lösungen erläutern, ua in dem sie Grundregeln und Prinzipien ebenso formuliert wie Lehrsätze. Dabei soll die Erklärung des geltenden Rechts durchaus Überzeugungskraft aufweisen. Vielfach streiten verschiedene Ansichten über das richtige Verständnis einer Norm oder das Verhältnis verschiedener Normen oder Regelungskomplexe. Die Dogmatik widmet sich den Normen eines Staates, wobei sie in der Regel jeweils ein begrenztes Rechtsgebiet in Blick nimmt, im Privatrecht zB den Allgemeinen Teil des BGB, das allgemeine Schuldrecht, das Schadensrecht oder das Deliktsrecht. Insofern bilden die geltenden Normen den Gegenstand der Betrachtung. Die Dogmatik bemüht sich um die Formulierung des äußeren und des inneren Systems der Regelungen. Das äußere System meint dabei

---

25 So mit Bezug auf die Bildung des abstrakt-begrifflichen Systems *Larenz/Canaris* Methodenlehre S. 282 ff., 285.

26 Vgl. zu dieser Gefahr *C. Möllers* VerwArch 93 (2002), 22 (30); *Voßkuhle* in Bauer/Kahl/Voßkuhle/Czybulka (Hrsg.), Umwelt, Wirtschaft und Recht, 2002, S. 171 (175).

27 Vgl. die Fälle 1–9, → Rn. 279 ff.

28 Vgl. dazu *Alexy,* Theorie der juristischen Argumentation, 1983, S. 326 ff.; ihm weitgehend folgend *Basedow* in Zimmermann/Knütel/Meincke (Hrsg.), Rechtsgeschichte und Rechtsdogmatik, 2000, S. 79, 88 ff.; s. a. *Raisch* Methoden S. 202 f. mwN; *K. Schmidt* in ders. (Hrsg.), Rechtsdogmatik und Rechtspolitik, 1990, S. 9–32; *Pawlowski* Methodenlehre Rn. 783 f.; *Schroeder,* Das Gemeinschaftsrechtssystem, 2002, S. 54 ff.; *Canaris* JZ 1993, 377; *ders.* FS Kitagawa, 1992, 59; *Alexy,* Juristische Begründung, System und Kohärenz, in Behrends/Diesselhorst (Hrsg.), Rechtsdogmatik und praktische Vernunft, 1990, S. 95; *Wieacker* FS Gadamer, II, 1970, 311; *C. Bumke,* Rechtsdogmatik: Eine Disziplin und ihre Arbeitsweise, 2017.

die Ordnungsstruktur der Normen. Bei der Analyse des inneren Systems der Rechtsordnung zielt die Dogmatik auf die systematische Darstellung, Konkretisierung und auch Fortentwicklung des geltenden Rechts. Sie will Begriffsinhalte aufzeigen, die erfassten Regelungsgegenstände benennen und etwaige Regelungsdefizite aufzeigen.

Die **Rechtstheorie** befasst sich mit der Herleitung nachprüfbarer Aussagen über Rechtsnormen als solche, dh nicht beschränkt auf Rechtsnormen eines Staates, sowie über ihre Wirkungsweise in Gesellschaft und Wirtschaft.[29] Sie befasst sich mit den strukturellen und formellen Elementen des Rechts. Letztlich formuliert die Rechtstheorie Metaregeln des Rechtsdiskurses, indem sie allgemeingültige Aussagen über Rechtsnormen und deren empirische, analytische und normative Wirkungsweise trifft. Die Rechtstheorie unternimmt den Versuch, das Recht als solches und das jeweilige Rechtssystem in seinen realen Funktionsabläufen zu erkennen und zu beschreiben. Hierdurch soll ein besseres Verständnis der Grundbegriffe und Grundstrukturen des Rechts, der Kausalfaktoren und der Wirkung rechtlicher Normen in der Gesellschaft erreicht werden. Damit analysiert und beschreibt die Rechtstheorie die bei der dogmatischen Arbeit auftretenden Erscheinungen und Probleme auf einer Metaebene. Paradigmatisch sind Themenkreise wie die Logik, die Normentheorie sowie die Theorie der Rechtssprache. Die allgemeine Rechtslehre ist eine ältere, konkretere Bezeichnung der Rechtstheorie und war insbesondere mit den Rechtsformen und der Lehre der Rechtsinhalte befasst. Die analytische Rechtstheorie weist eine große Nähe zur Sprachphilosophie im angelsächsischen Raum auf. Sie beschreibt die juristische Sprachformen und prüft die verwendeten Sätze einerseits auf ihre Unabhängigkeit von nicht deklarierten Voraussetzungen und andererseits auf Konsistenz. Im Sinne einer Neutralitätsthese stellt sie nur Verstöße fest, ohne einen Vorschlag zur Vermeidung oder gar Behebung zu formulieren. 16

Die **Rechtsphilosophie** hat sich das normative Nachdenken über Recht zum Gegenstand gemacht. Sie fragt, was Recht ist[30] und wie das Recht sein soll. Im Vordergrund steht die Richtigkeit des Rechts, seine materielle Geltung und Legitimität. Darüber hinaus zielt die Erkenntnis auf die Funktionsweisen des Rechts.[31] Die Rechtsphilosophie fragt mithin danach, was richtiges Recht ist, welche Bedeutung die Akzeptanz des Rechts durch die Rechtsunterworfenen hat und welche Bedeutung dem Bezug zwischen Recht und Gerechtigkeit zukommt.[32] Auch die Strafzwecke sind typische Erkenntnisgegenstände der Rechtsphilosophie. Bereits diese Fragestellungen zeigen, dass die Betrachtungen der Rechtsphilosophie vielfach von den Regeln eines konkreten Staates losgelöst sind. Insofern ist auch die Suche nach einem Naturrecht bzw. Vernunftrecht oder zumindest naturrechtlich bzw. vernunftrechtlich begründeten Rechtsregeln von der Rechtsphilosophie umfasst. 17

Aus dem Vorstehenden wird deutlich, dass ein eng verstandener Methodenbegriff auch um Bezüge zur Rechtstheorie und Rechtsphilosophie zu erweitern ist.[33] Denn 18

---

29 Vgl. dazu *Röhl/Röhl* Rechtslehre S. 2 ff.; *Rüthers/Fischer/Birk* Rechtstheorie Rn. 20.

30 Vgl. nur *Kant,* Kritik der reinen Vernunft, in Weischedel (Hrsg.), Immanuel Kant, 1963, II, S. 625: „Noch suchen die Juristen eine Definition zu ihrem Begriffe vom Recht".

31 Ausf. ua *Pawlowski* Einführung Methodenlehre Rn. 32 ff. und § 9; *Mahlmann* Rechtsphilosophie; s. a. *Coing* Rechtsphilosophie; *Engisch,* Auf der Suche nach der Gerechtigkeit – Hauptthemen der Rechtsphilosophie, 1971; *Zippelius* Rechtsphilosophie.

32 *Roellecke,* Wende der deutschen Rechtsphilosophie?, ARSP Beih 44 (1991), 287 ff., 297; s. aber abweichend *Luhmann,* Ausdifferenzierung des Rechts, 1981, S. 374, 388 ff., 479; gegen eine Abgrenzung von der Rechtstheorie letztlich *Mahlmann* Rechtsphilosophie § 1 Rn. 7.

33 Deutlich zB die Differenz zwischen *Pawlowski* Einführung Methodenlehre Rn. 243 ff., der die Bestimmung des Rechts und seiner Quelle aus der Methodenlehre ausscheidet und in die

die Rechtsgewinnung, die mittlerweile im europäischen Rechtsrahmen erfolgt, zeigt ua mit der Qualifikation nicht-gesetzlicher Normenkataloge, der Präzisierung des Verhältnisses der nationalen und europäischen Rechtsordnung sowie der Brücke des Verfassungsrechts zur Rechtstheorie rechtstheoretische Elemente auf. Rechtsphilosophische Bezüge werden bei der Bedeutung des Demokratieprinzips und der Gewaltenteilung ua bei der Frage nach der Reichweite der Gesetzesbindung sowie der Reichweite des Gleichheitsgrundsatzes bei der Formulierung der Methoden der Rechtsgewinnung in einem in den europäischen Bezugsrahmen gestellten nationalen Recht deutlich.

V. Die Entwicklung von der Begriffsjurisprudenz zur Wertungsjurisprudenz

19 Im 19. Jahrhunderts war in der Rechtswissenschaft die sog. **Begriffsjurisprudenz**[34] vorherrschend.[35] Sie geht davon aus, dass die Rechtsordnung aus einem geschlossenen Begriffssystem besteht. Jeder Begriff lässt eine gewisse Aussage zu, die zwangsläufig auch für alle von ihm abgeleiteten, niedrigeren Begriffe gilt. So sollte ein lückenloses System von miteinander verbundenen Begriffen in Form einer **Begriffspyramide** in der Rechtsordnung entstehen. Die Rechtsfindung durch den Richter zur Lösung des konkreten Einzelfalls stellt sich daher nach der Begriffsjurisprudenz als ein **rein logisches Vorgehen** innerhalb dieses Systems dar. Dabei werden Begriffe aus höherrangigen Begriffen abgeleitet. Als Recht wurde dabei von *von Savigny* der Zusammenhang jener Regeln und normativen Vorstellungen verstanden, die das Zusammenleben der Menschen einer konkreten Rechtsgemeinschaft tatsächlich bestimmen, mithin nicht die staatlich gesetzten, juristischen Normen. *Von Savigny* knüpfte dabei an das gelebte (vorhandene) Recht an, das sich in dem im „Volksgeist" lebenden „Rechtsinstituten" verkörpert habe.[36] Recht waren die sozial rezipierten Normen, wobei zu berücksichtigen ist, dass zur damaligen Zeit der *corpus juris civilis* in den Gebieten des Gemeinen Rechts als Gewohnheitsrecht galt, dh soweit „gelebt" wurde („wirksam war"). Ein willkürliches Verfügen des Staates über das Recht wurde grundsätzlich abgelehnt, sodass die Geltung staatlich gesetzter Normen ebenfalls aus der „Rezeption" dieser Regeln resultierte. Die Normen des so verstandenen Rechts sollten zu einer widerspruchsfreien Einheit, einem Rechtssystem, zusammengefügt werden. Mittels logischer Operationen (Deduktionen) sollte es dann möglich sein, neue Rechtssätze abzuleiten. Die Ermittlung des Inhalts der im Rechtssystem vereinigten Rechtssätze war das Ziel dieser Methode, wobei das Rechtssystem dabei den Hintergrund dieser Ermittlung bildete. Der Terminus „Begriffsjurisprudenz" knüpfte dabei ursprünglich daran an, dass die Rechtswissenschaft aus den in der „Volksüberzeugung" verankerten Rechtsinstituten im Zuge der Erarbeitung des Rechtssystems rechtsdogmatische Begriffe entwickelte. Aus diesen Begriffen wurden dann neue Entscheidungsnormen und Entscheidungen abgeleitet (deduziert). Nur eine

---

Rechtsphilosophie und -soziologie verschiebt, während *Bydlinski* Methodenlehre und Rechtsbegriff S. 299, die Explikation eines wertbezogenen Rechtsbegriffs durchaus in die Nähe der Methodenlehre rückt; s. a. *ders.* RTh 15 (1985), 1 (5 f.) mit Fn. 9; *Schroeder*, Das Gemeinschaftsrechtssystem, 2002, S. 61 ff., 70 ff.

[34] Ausführlich dazu *Larenz* Methodenlehre S. 19 ff.; *Pawlowski* Einführung Methodenlehre Rn. 149 ff.; *Ebel* JURA 1988, 519.

[35] Ausf. zur Theoriegeschichte auch *Kramer* Methodenlehre S. 169 ff.

[36] Vgl. *F. C. von Savigny,* Vom Beruf unserer Zeit für Gesetzgebung und Rechtswissenschaft, 1814 (Nachdruck der Ausgabe von 1840, 1967), S. 11 ff.

solche begriffliche Systematik konnte die Gleichbehandlung nach dieser Ansicht gewährleisten. Ursprünglich knüpfte die Kennzeichnung als Begriffsjurisprudenz somit nicht an den Worten des Gesetzes („Begriffe") an. Allerdings hat sich der BGB-Gesetzgeber mit der Urfassung des BGB sehr weit an dem zu jener Zeit durch die Rechtswissenschaft formulierten Rechtssystem orientiert, sodass nach dem Inkrafttreten des BGB die Begriffe dieses Gesetzes mit den zuvor maßgebenden „rechtsdogmatischen Begriffen" der Rechtswissenschaft im Grundsatz gleichgesetzt werden konnte. In der Folge verschob sich die Bedeutung der Begriffsjurisprudenz dahingehend, dass mit dieser die Ableitung (Deduktion) neuer rechtlicher Entscheidungen aus Begriffen des Gesetzes bzw. deren Verallgemeinerungen bezeichnet wird.

Gegen diese Ansicht setzte sich seit dem Beginn des 20. Jahrhunderts zunehmend 20
die sog. **Interessenjurisprudenz**[37] durch. Grund hierfür war die Erkenntnis, dass sich die (insbesondere judikative) Rechtsgewinnung im konkreten Einzelfall aufgrund der Lückenhaftigkeit der gesetzlichen Regelungen nicht als rein logischer Vorgang darstellen kann. Zum einen bildete die Anerkennung der Verbindlichkeit von Normen als Folge eines gesetzgeberischen Aktes (Normerlass), zum anderen die Erkenntnis den Hintergrund, dass aus abstrakten Begriffen nicht mehr extrahiert werden kann, als zuvor in diese hineingelegt wurde. Sofern abstrakte Systembegriffe aus bestehenden Normen (nun des Gesetzgerbers) abgeleitet werden, könne man aus ihnen keine neuen Entscheidungen oder Inhalte im Sinne einer Deduktion logisch ableiten. Letztlich handele es sich dabei nur um Scheinbegründungen. Als Ziel der richterlichen Fallentscheidung wird von den Vertretern der Interessenjurisprudenz die Befriedigung materieller wie auch ideeller Interessen identifiziert. Die richterliche Entscheidung sei daher keine logische Operation, sondern eine **Wertung**, die sich an den Zwecken zu orientieren habe, die der Gesetzgeber beim Normerlass verfolgt hat. Seiner Entscheidung muss der Richter hiernach zunächst die Gesetze zugrunde legen. Diese seien aber vom Gesetzgeber zum Schutz gewisser Interessen und zur Regelung von Interessenkonflikten erlassen worden. Jede Rechtsfrage ist danach als Interessenkonflikt zu betrachten, sodass sich der Rechtsanwender zunächst „der Lebensbedürfnisse, der in der Rechtsgemeinschaft vorhandenen Begehrungen und Begehrungstendenzen, der materiellen wie der idealen" zu vergewissern hat.[38] Sofern es an einer hinreichend konkreten gesetzlichen Regelung fehlt, sind für die Auslegung nach dieser Ansicht jene Interessen maßgeblich, die für den Erlass der gesetzlichen Regelung durch den Gesetzgeber kausal waren. Gesetze sind folglich teleologisch auszulegen. Sofern eine abstrakte Konfliktlösung durch den Gesetzgeber in Form eines materiellen Gesetzes fehlt, hat der Richter selbst den Konflikt im Einzelfall unter Abwägung jener widerstreitenden Interessen zu lösen, die der Gesetzgeber generell in die Interessenabwägung eingestellt hat. Er hat ihn im Sinne des (historischen) Gesetzgebers zu entscheiden. Aus der Funktion des Gesetzes, Interessen zu ordnen und Interessenkonflikte zu regeln, sind dazu die vom Gesetzgeber mit den konkreten Normen verfolgten Zwecke zu identifizieren. Im Wege der Analogie sind hierzu die Zwecke des Gesetzgebers, die den Regelungen zugrunde liegen, im Sinne des Gesetzgebers auf gesetzlich nicht erfasste Konstellationen zu übertragen. Hierzu hat der Richter die gesetzliche Regelung vergleichbarer Interessenkonflikte zu identifizieren und die dort vom Gesetzgeber getroffene Entscheidung des Interessenkonflikts auf den in Blick genommenen Konflikt zu übertragen. Mangels bewusster gesetzgeberischer Wertung sollte der Richter sich die Gesetze als

---

[37] Ausf. dazu *Larenz* Methodenlehre S. 49 ff.; *Heck* AcP 112 (1914), 1; *Schröder* ZfPW 2016, 307; *Auer* ZEuP 2008, 517.

[38] *Heck*, Das Problem der Rechtsgewinnung, 2. Aufl. 1932, S. 27; *ders.* AcP 112 (1914), 1 (11).

Ausgleich der in der Gesellschaft sich gegenübertretenden Interessen „materieller, nationaler, religiöser und ethischer Richtung“ vorstellen und in diese Richtung fortschreiben.

21 Aus der Interessenjurisprudenz ging ab der Mitte des 20. Jahrhunderts die bis heute vorherrschende sog. **Wertungsjurisprudenz**[39] hervor. Hierzu wurde deutlicher zwischen den subjektiven Interessen der Beteiligten im Sinne einer Begehrensvorstellung und den Bewertungen durch den Gesetzgeber unterschieden. Bei Letzteren handelt es sich um Entscheidungen des Gesetzgebers, wie ein Interessenskonflikt aufzulösen ist, indem ein bestimmtes Interesse – regelmäßig nur in begrenztem Umfang – hinter ein anderes Interesse zurückzutreten hat. Die Wertung des Gesetzgebers schlägt sich in der von ihm erlassenen Norm nieder und kann aus dieser selbst sowie aus den Äußerungen im Gesetzgebungsverfahren entnommen werden. Diese Wertung ist sodann für den Richter bei der Rechtsgewinnung im Einzelfall von entscheidender Bedeutung. Zwar waren weiterhin die Wertungen des Gesetzgebers beim Ausgleich der konfligierenden Interessen heranzuziehen, allerdings wurden die gesetzlichen Wertungen durch allgemeinere Zielsetzungen und objektive Werte ergänzt. Hierdurch wurden jene Elemente ausgeweitet, die im Rahmen der Abwägung zur Verfügung stehen. Insbesondere bei Regelungslücken, die durch einen Wertewandel nachträglich entstehen, vermag die Wertungsjurisprudenz aus diesem Grund – im Gegensatz zur Interessenjurisprudenz – ebenfalls Lösungen anzubieten. Entsprechende Regelungslücken sind ua die Folge, wenn der aktuelle Gesetzgeber bei „neuen“ Normen Interessenbewertungen vornimmt, die von der Bewertung durch den früheren Gesetzgeber abweichen, die „alten“ Normen aber fortgelten. Entsprechende nachträgliche Regelungslücken können auch aus Änderungen des normativen Umfelds in Bezug auf höherrangige Regelungen folgen. Paradigmatisch ist das Inkrafttreten des Grundgesetzes bei Fortgeltung des BGB und dessen Regelungen. Sofern keine einschlägigen Wertungen des Gesetzgebers erkennbar sind, hat der Richter eigene Wertungen anzustellen. Der entscheidende **Unterschied zur Interessenjurisprudenz** folgt somit daraus, dass die Vertreter der Wertungsjurisprudenz neben einer Berücksichtigung der gesetzlichen Wertungen zumeist auch eine Orientierung an übergesetzlichen und unveränderlichen Wertungen zulassen. Der Richter hat also neben dem Gesetz und den darin verkörperten Wertungen des Gesetzgebers auch übergesetzliche Wertungen als Ausfluss einer objektiven Gerechtigkeit zu berücksichtigen. Entsprechende übergesetzliche Wertungen können die herrschenden Gerechtigkeitsvorstellungen, wie sie vor allem in den Grundrechten zum Ausdruck kommen, und, wenn diese keine Antwort für den zu entscheidenden Fall liefern, die persönlichen Gerechtigkeitsvorstellungen des Richters sein. Zudem wird das Gesetz nicht mehr nur als Entscheidung eines konkreten Interessenkonflikts verstanden, sondern auch als gesetzgeberische Konkretisierung eines Wertes bzw. als Ausdruck einer gesetzgeberischen allgemeinen Bewertung.

22 Allerdings ist eine nur **„formale“ Wertungsjurisprudenz**, die den Begriff der Wertung *allein* auf den entsprechenden logischen Begriff bezieht, von einer materiell verstandenen Wertungsjurisprudenz zu unterscheiden.[40] Die nur formale Wertungsjurisprudenz beschreibt allerdings ein in der praktischen Rechtsanwendung oft zu

---

[39] Ausf. *Larenz* Methodenlehre S. 119 ff.; *Haferkamp* ZfPW 2016, 319; die Rechtsanwendung als wertenden Vorgang beschreiben ua *Fikentscher* Methoden S. 437 ff.; *Bydlinski* Methodenlehre und Rechtsbegriff S. 135 ff.; *Larenz/Canaris* Methodenlehre S. 6 ff., 109 ff.; *Zippelius* Methodenlehre S. 18.

[40] Vgl. dazu *Larenz* Methodenlehre S. 120; ausf. auch *Pawlowski* Einführung Methodenlehre Rn. 176 ff.

erkennendes Vorgehen. Bei diesem wird allein das Vorziehen oder Ablehnen einer Lösung ohne Rücksicht auf die konkreten Gründe als „Wertung“ bezeichnet und damit der logische Begriff bzw. das logische Verfahren der „Wertung/Bewertung“ in Bezug genommen. Insofern erfolgt aber nur eine terminologische Anknüpfung an die mittlerweile vorherrschende Wertungsjurisprudenz, während die Entscheidung über die konkrete Rechtsanwendung gleichwohl materiell entweder weiterhin im Sinne der Interessenjurisprudenz nur an der gesetzgeberischen Entscheidung von Interessenkonflikten oder aber auf andere Entscheidungskonzepte aufbauend (zB Topik; politische Entscheidungskonzepte) gefunden wird.

Eine **materiell verstandene Wertungsjurisprudenz** knüpft hingegen an jenen 23
Maßstäben an, die der Gesetzgeber bei der Entscheidung von Interessenkonflikten durch Regeln zugrunde gelegt hat bzw. an denen er sich orientiert hat. Die gesetzlichen Regelungen stellen sich somit als Konkretisierung allgemeiner „Werte“ bzw. „Wertungen“ dar, deren Bedeutung nicht auf die einzelne gesetzliche Regelung beschränkt ist, sondern die auch darüber hinaus weiteren gesetzlichen Regelungen zugrunde liegen. Entsprechende Werte oder Wertungen können vom Rechtsanwender identifiziert und extrahiert werden. Sie können zu einem Wertesystem der Rechtsordnung zusammengestellt werden und können vom Rechtsanwender bei der Auslegung des Gesetzes maßstabsleitend berücksichtigt werden. In gesetzlich nicht geregelten Konstellationen kann der Rechtsanwender nach Maßgabe dieser gesetzlichen Maßstäbe rechtsfortbildend tätig werden. Hierdurch kann die materiell verstandene Wertungsjurisprudenz auch den für die Interessenjurisprudenz problematischen Wertewandel erfassen. Denn sie kann sich von den Werten bzw. Wertungen des historischen Gesetzgebers lösen und die vom aktuellen Gesetzgeber zugrunde gelegten Wertmaßstäbe identifizieren. Der aktuelle Gesetzgeber wird insoweit als Urheber der geltenden Normen verstanden und die von ihm aktuell zugrunde gelegten Werte bzw. Wertungen werden bei der Auslegung und Rechtsfortbildung herangezogen. Nachdem der Gesetzgeber auf die Gleichbehandlung des Gleichen (Art. 3 GG) und damit zur Folgerichtigkeit der Wertungen in der Rechtsordnung verpflichtet ist,[41] kann ihm ein Streben nach Bewertungseinheit unterstellt und den geltenden Normen zugrunde gelegt werden. Dies eröffnet die Möglichkeit, bei älteren Gesetzen, denen nicht die aktuellen Wertungen/Werte des aktuellen Gesetzgebers zugrunde liegen, diese gleichwohl bei der Auslegung sowie ggf. Rechtsfortbildung zu berücksichtigen. Paradigmatisch ist insoweit der Schmerzensgeldanspruch bei einer Verletzung des Allgemeinen Persönlichkeitsrechts.[42] Während sich der historische Gesetzgeber des 19. Jahrhunderts noch ausdrücklich gegen eine Erweiterung des Ersatzes von Nichtvermögensschäden über die ausdrücklich geregelten Fälle hinaus aussprach,[43] hat der Gesetzgeber der Schuldrechtsreform 2002 in der Begründung zur Schuldrechtsmodernisierung ausdrücklich einen solchen Schmerzensgeldanspruch anerkannt,[44] obwohl er die Norm in § 253 Abs. 1 BGB, die einem solchen Anspruch ihrem Wortlaut nach entgegenstehen würde, unverändert übernommen hat. Insofern hat sich daher die Diskussion, ob es sich insoweit um eine Rechtsfortbildung contra legem handelt,[45] erledigt.

---

41 Vgl. zu letzterem BVerfGE 60, 40; s. a. BVerfGE 59, 49, wonach der Gesetzgeber jene Grundsätze, die er bislang bei der Lösung von Rechtsfragen zugrunde gelegt hat, nicht ohne triftigen Grund verlassen darf.

42 Vgl. dazu → Rn. 314 ff.

43 Mot. II, S. 3, 22 f. = Mugdan II, S. 2, 12.

44 Begr. RegE. BT-Drs. 14/75752, 25 f.

45 Dazu → Rn. 319 f.

24 Entscheidend für die **Rechtsgewinnung der Wertungsjurisprudenz** sind somit die Wertungen/Werte, die vom Gesetzgeber einzelnen Regeln zugrunde gelegt und auf diese Weise von ihm konkretisiert wurden. Eine entsprechende Anerkennung von (Grund-)Werten findet sich im Grundgesetz wie auch im einfachen Gesetz. Indem die Rechtsordnung als Einheit der gesetzlichen Wertungen verstanden wird, ist bei der Rechtsgewinnung, dh Normkonkretisierung oder Rechtsfortbildung, die resultierende Wertordnung heranzuziehen. Hinzutritt jene Wertordnung, die unabhängig von einer gesetzlichen Konkretisierung als Teil eines sog. objektiven Geistes besteht.[46] Insoweit werden Gesetze auch als Konkretisierung einer allgemeinen Wertordnung verstanden. Insofern handelt es sich um Erwägungen der Gerechtigkeit und Zweckmäßigkeit[47] sowie jener Werte und Wertungen, die einen bestimmten Lebensbereich prägen. Letztere werden ua als rechtsethische Prinzipien[48] oder anerkannte Standards bezeichnet. Sie können vom Gesetzgeber aufgegriffen werden und auch der Rechtsanwender kann diese Werte bei der Rechtsgewinnung (ergänzend) heranziehen. Freilich steht insofern die Frage im Raum, inwieweit eine auf diese Werte gestützte Auslegung noch der Ermittlung des „Sinns des Gesetzes", dh des Normverständnisses durch die Normverfasser, verpflichtet ist und ob so nicht vielmehr das Verständnis des Normanwenders dem Gesetz untergelegt wird. Allerdings ist zu bedenken, dass sich in einer ausdifferenzierten Rechtsordnung nur wenige Werte finden, wenn überhaupt, die vom Gesetzgeber bei der Normsetzung nicht berücksichtigt wurden. Regelmäßig ist daher „nur" zu ermitteln, in welcher angemessenen Gewichtung die verschiedenen Werte bei der konkreten Regelung stehen bzw. zu begründen, warum die Gewichtung der Werte in der aktuellen Rechtsordnung abweichend vorzunehmen ist. Da die Rechtsordnung als Ausprägung einer konsistenten Wertordnung, als kohärentes System gesetzgeberischer Wertungen, verstanden wird, droht wie bei der Interessenjurisprudenz der Einwand, dass aus der Verallgemeinerung nur das abgeleitet werden kann, was zuvor in die Verallgemeinerung eingegangen ist. Denn auch bei der Wertungsjurisprudenz wird die Wertordnung durch eine Verallgemeinerung jener Werte erreicht, die aus den Normen extrahiert wurden. Allerdings ist der insofern entscheidende Unterschied, dass diese gesetzgeberischen Zwecke und Werte von mehr oder minder großer Abstraktionshöhe und damit für eine (abweichende) Konkretisierung offen sind. Hinzu tritt zudem, dass diese Zwecke die Dimension eines Mehr oder Weniger aufweisen, dh ein konkreter Regelungszweck kann mehr oder weniger durch eine gesetzliche Regelung verwirklicht werden. Hierdurch kann eine konkrete Regelung mehrere Zwecke verwirklichen bzw. zum Ausgleich bringen. In den gesetzlich nicht unmittelbar erfassten Konstellationen kann daher ein abweichender Ausgleich der Werte erfolgen, wodurch deutlich wird, dass ein System von Werten gerade nicht nur jene Zuordnung der Werte als Konkretisierungsergebnis erlaubt, aus denen diese Werte abstrahiert wurden. Die Kritik an der Wertungsjurisprudenz setzt hieran insbesondere mit Blick auf unzulänglich oder gar nicht gesetzlich geregelte Bereiche an und weist darauf hin, dass bei der judikativen Rechtsgewinnung insofern ein erhebliches volitives Element, dh eine wertende Entscheidung der Judikative, vorliegt.[49] Dies bestreitet die zutreffend verstandene Wertungsjurisprudenz nicht, sie ist nur der Ansicht,

[46] Vgl. ua *Zippelius* Methodenlehre S. 14 ff.; *Fikentscher* Methoden; *Larenz,* Richtiges Recht, 1979, S. 23 ff., 174 ff.; *Larenz/Canaris* Methodenlehre S. 240 ff.

[47] Vgl. *Bydlinski* Methodenlehre und Rechtsbegriff S. 319, der zunächst nur auf die Rechtsidee, dh die von dieser verkörperten Gerechtigkeit, Rechtssicherheit und Zweckmäßigkeit, abstellt.

[48] *Larenz/Canaris* Methodenlehre S. 240 ff.

[49] *Pawlowski* Einführung Methodenlehre Rn. 215a f.

dass diese Wertung soweit als möglich auf die in der Rechtsordnung anerkannten Wertungen und Prinzipien gestützt werden muss und kann und die – im Übrigen bei der judikativen Rechtsgewinnung stets umfasste – Wertung hier zwar ausgeweitet, aber durch die steuernden Wirkung der übrigen Aspekte, namentlich den Gleichbehandlungsgrundsatz und das Rechtsverweigerungsverbot, gerechtfertigt und soweit als möglich beschränkt werden kann.[50]

VI. Die axiomatische Grundannahme für die Rechtsgewinnung

Die Methodendiskussion, verstanden als inhaltliche Auseinandersetzung über die zutreffende Methode der Rechtsgewinnung, setzt als axiomatische Grundannahme voraus, dass die Rechtsgewinnung aus dem positiven Recht ein **rational kontrollierbarer und intersubjektiv überprüfbarer Vorgang** ist.[51] Das Bemühen um die Formulierung von struktur- und wertungsadäquaten Methoden der Rechtsgewinnung rechtfertigt sich dann aus dem Erkenntnisfortschritt, der sich mit der Kritikfähigkeit einer Lösung für ein Rechtsgewinnungsproblem verbindet und der die Bewertung eines Rechtsgewinnungsergebnisses ermöglicht.[52] Zugleich können dann mit den Methoden die Einfallstore für etwaige Eigenwertungen des Rechtsanwenders identifiziert, diese Eigenwertungen begrenzt und der Rechtsanwender darauf verpflichtet werden, soweit als möglich die Erkenntnismöglichkeiten auszuschöpfen und die Eigenwertungen zu begrenzen.[53] Auch ist das Bemühen um funktionale und intersubjektiv überprüfbare Maßstäbe der Rechtsgewinnung in einer konkreten Rechtsordnung auf der Grundlage dieser Grundannahme sinnvoll und gerechtfertigt. Diese Grundannahme wurde insbesondere von den Vertretern des Regelskeptizismus und der fundamentalen Methodenkritik in den 70er- und 80er-Jahren des letzten Jahrhunderts nicht geteilt und ihr wurde der Vorwurf der Methodenbeliebigkeit entgegengesetzt. Die Objektivität der Rechtsgewinnung bzw. das Bemühen um diese wurden – ebenso wie auch die Gesetzesbindung – als illusorisch kritisiert. Die Methodendiskussion dient nach dieser – zu Recht überwundenen – Ansicht einer Scheinrationalität, der durch das Aufdecken des Fehlens einer Methode („Unmethode") zu begegnen sei. 25

[50] Deutlich zur möglichst weitrechenden Beschränkung der Eigenwertungen auch *Bydlinski* Methodenlehre und Rechtsbegriff S. 133, 175.

[51] Als Axiom werden überwiegend allgemeine Sätze bezeichnet, die ohne weitere Begründung vorausgesetzt werden.

[52] Vgl. *Bydlinski* Methodenlehre und Rechtsbegriff S. 175, der in dem Aufstellen der Maßstäbe die eigentliche Aufgabe der Methodenlehre sieht.

[53] So auch deutlich *Zippelius* Methodenlehre S. 63.

§ 2 Rechtsordnungsübergreifende Elemente des Methodenkanons

26 Bei der Identifikation der Elemente des Methodenkanons, mithin jener Elemente, die bei der Auslegung und Fortbildung des Rechts heranzuziehen sind, sind rechtsordnungsübergreifende Elemente anzuerkennen.[1] Denn die Auslegung einer Norm zur Bestimmung des zutreffenden Norminhalts wird stets den Wortlaut zum Ausgangspunkt nehmen, das Regelungsziel der Normverfasser bzw. des Normgebers zu diesem Wortlaut ins Verhältnis setzen und nicht ohne Berücksichtigung der übrigen Regelungen des Rechtsaktes oder sogar der (Teil-)Rechtsordnung sowie des Zwecks der konkreten Norm einen Vorschlag zur Auslegung der Regelung formulieren. Auch wird es im Rahmen einer soweit als möglich objektiven, dh von den subjektiven Präferenzen des Rechtsanwenders losgelösten Rechtsgewinnung erforderlich sein, das – auf welche Weise auch immer – objektivierte Textverständnis von den subjektiven Präferenzen des Rechtsanwenders zu unterscheiden. Darüber hinaus wird man sich bei der Beseitigung von Regelungsdefiziten in der Rechtsordnung mit der Bedeutung des Willens der Normverfasser bzw. des Normgebers für die Legitimität der Beseitigung des Regelungsdefizits durch die Judikative befassen müssen. Auch wird grundsätzlich der Schutz der Rechtsunterworfenen vor einer umfassenden rückwirkenden Änderung der Rechtsordnung in Blick zu nehmen sein.

27 Entsprechende Übereinstimmungen der Methodenelemente verschiedener Rechtsordnungen auf höchster Abstraktionsebene bilden den gemeinsamen (hermeneutischen und funktionalen) Kern der Methoden der Rechtsgewinnung. Ausgehend von diesen rechtsordnungsübergreifenden Elementen des Methodenkanons weisen die verschiedenen Rechtsordnungen sodann **spezifische Konkretisierungsbedingungen für die Methodenelemente** auf. In der Folge ergibt sich die Legitimität *konkreter* methodischer Instrumente in einer spezifischen Rechtsordnung erst aus der Ausdifferenzierung und Konkretisierung jener Elemente des (hermeneutischen und funktionalen) Kerns der Methoden der Rechtsgewinnung nach Maßgabe der Konkretisierungsbedingungen der konkreten Rechtsordnung. Entscheidend sind insofern die (Verfassungs-)Struktur der Rechtsordnung und ihre höchstrangigen Regeln;[2] insbesondere den Verfassungsvorgaben kommt hierbei eine herausragende Stellung zu.[3]

---

[1] Wie hier, freilich mit Unterschieden im Detail, iErg *Looschelders/Roth* Methodik S. 2; *Kramer* Methodenlehre S. 37 f. mit Fn. 25; *Larenz/Canaris* Methodenlehre S. 65, mit der Betonung des gemeinsamen Erkenntniszieles; *Larenz* Methodenlehre S. 245; weitergehend hingegen *Bydlinski* Methodenlehre und Rechtsbegriff S. 3, nach dem eine Methodenlehre von Staat zu Staat aller juristischen Erfahrung widerspräche, einschränkend aber S. 9 mit Fn. 9.

[2] So iErg auch *Larenz/Canaris* Methodenlehre S. 65, nach denen die Rechtswissenschaft eines jeden positiven Rechts ihre eigene Methodenlehre entwickeln wird; *Looschelders/Roth* Methodik S. 2 f.; *Kramer* Methodenlehre S. 37 („Methodenlehre ist somit eine jeweils ´nationale´ Rechtsdisziplin"); *Coing* Rechtsphilosophie S. 289, 298, nach dem Rechtswissenschaft der praktischen Verwirklichung der Rechtsordnung dient; *Rüthers/Fischer/Birk* Rechtstheorie Rn. 649, 674, die die Methoden an die verfassungsrechtlich vorgegebenen Aufgaben der Rechtsanwendung im jeweiligen Rechtsgebiet binden; *Wank* Rechtsfortbildung S. 214; *Schmidt* RabelsZ 59 (1995), 569 (590); vgl. auch *Ebke* in Meier-Schatz (Hrsg.), Die Zukunft des Rechts, 1999, S. 106, 113; *Hirsch* in Horn/Baur/Stern (Hrsg.), 40 Jahre Römische Verträge, 1998, S. 79 (80, 93); *Dänzer-Vanotti* StVj 1991, 1 (5).

[3] Zur Bedeutung der Verfassungsvorgaben für die Methoden der Rechtsgewinnung vgl. auch *Engisch* Einführung S. 120 f.; *Göldner* FS Larenz, 1983, 199 (208 ff.); *Wank* Rechtsfort-

Die Methodeninstrumente sind nach Maßgabe dieser spezifischen Konkretisierungsbedingungen der konkreten Rechtsordnung auszudifferenzieren. Nur die so konkretisierten Methoden können in der konkreten Rechtsordnung legitime Ergebnisse der Rechtsgewinnung hervorbringen; nur ihre Verwendung ist in der konkreten Rechtsordnung daher zweckmäßig. Entscheidend für die Konkretisierung der Methoden ist insbesondere die Kompetenzzuweisung zu den einzelnen Gewalten. Sie erfolgt im Regelfall unmittelbar durch die Verfassung, welche die Staatsgewalten zueinander in ein Verhältnis setzt und ihre Kompetenzbereiche von den übrigen Gewalten abgegrenzt. Die Methoden der Rechtsgewinnung in einer konkreten Rechtsordnung sind an die konkrete Staatsordnung und damit an die jeweiligen Verfassungsvorgaben rückzubinden. Dies entspricht auch dem Demokratieprinzip, denn auf diese Weise wird den Vorgaben des Verfassungsgebers zur Gewaltenteilung in der konkreten Rechtsordnung entsprochen.

Insofern kann formuliert werden, dass dem Methodenkanon eine **Kompetenzrelevanz** in Bezug auf die rechtsordnungsinterne Kompetenzzuweisung zu den einzelnen Gewalten zukommt. Die Konkretisierung der Methoden für eine bestimmte Rechtsordnung muss daher auf der Gewaltenzuordnung in der konkreten Verfassungsordnung aufbauen.[4] In der Folge kann die judikative Rechtsgewinnung nur im Rahmen ihrer verfassungsrechtlichen Kompetenzen in der konkreten Rechtsordnung den Inhalt des geltenden Rechts bestimmen oder etwaige Regelungsdefizite im einfachen Recht ausgleichen.[5] Methoden, die diesen Konkretisierungsbedingungen der konkreten Rechtsordnung nicht genügen, dh nicht nach Maßgabe der Gewaltenzuordnung innerhalb der konkreten Rechtsordnung ausdifferenziert wurden, können die Funktionen der Methoden[6] nicht erfüllen. Denn diesen Methoden kann keine normative Aussage über das vorzugswürdige Ergebnis der Rechtsgewinnung in der konkreten Rechtsordnung entnommen werden, steht das Rechtsgewinnungsergebnis, dass unter Anwendung entsprechender Methoden ermittelt wird, doch unter dem Vorbehalt, dass dieses Ergebnis von der Judikative in der konkreten Rechtsordnung nicht erreicht werden kann, da sie mit einer entsprechenden Rechtsgewinnung ihre dortigen Kompetenzen überschreitet. 28

Zugleich folgt aus dem Vorstehenden, dass eine etwaige **Änderung der Verfassungsstruktur,** die sich auch auf die Gewaltenzuordnung in dieser auswirkt, vom Methodenkanon umgesetzt werden muss, dh dass eine Anpassung der methodischen Instrumente in der konkreten Rechtsordnung durch diese Verfassungsänderung geboten sein kann. Paradigmatisch hierfür ist die Einfügung des Art. 23 Abs. 1 S. 1 29

---

bildung S. 82 ff.; *Koch/Rüßmann* Begründungslehre S. 179, 182; *Starck* VVDStRL 34 (1976), 43 (64); *Starck,* Der Gesetzesbegriff des Grundgesetzes, 1970, S. 260 ff.; zur Wechselwirkung von Verfassungsrecht und Methodenlehre auch *Kriele,* Theorie der Rechtsgewinnung, 2. Aufl. 1976, S. 33 f.; plakativ *Rüthers/Fischer/Birk* Rechtstheorie Rn. 543, 706: Methodenfragen sind Verfassungsfragen.

4 Deutlich, wenn auch mit einer Überbetonung dieses Aspekts *Rüthers/Fischer/Birk* Rechtstheorie Rn. 649; eine Kompetenzanknüpfung der Methoden anerkennen auch *Schulze* in ders. (Hrsg.), Auslegung europäischen Privatrechts und angeglichenen Rechts, 1999, S. 9, 16 mit Fn. 19; *Roellecke* VVDStRL 34 (1976), 7 (39); *Roellecke* FS Müller, 1970, 323 (336–338); vgl. auch *Coing* Rechtsphilosophie S. 298, zur praktischen Verwirklichung der Rechtsordnung durch die Methoden.

5 Zutreffend *Wank* Rechtsfortbildung S. 214, nach dem das Rangverhältnis zwischen Legislative und Judikative nicht allgemein, sondern nur in Bezug auf das jeweilige Verfassungsrecht bestimmt werden kann; für eine zentrale Bedeutung verfassungsrechtlicher Determinanten auch *Kramer* Methodenlehre S. 36 ff.

6 Vgl. dazu → Rn. 30 ff.

GG (europäische Integration) durch den verfassungsändernden Gesetzgeber mit der Folge einer Modifikation der nationalen Methoden in der deutschen Rechtsordnung. Dieser Modifikation ist ua die richtlinienkonforme Auslegung sowie die richtlinienkonforme Rechtsfortbildung geschuldet.[7]

---

[7] Ausf. dazu *Herresthal* Rechtsfortbildung S. 115 ff.

§ 3 Die Funktionen der Methoden: Funktionale Grundlagen methodischer Instrumente

Die Frage nach den Funktionen des Methodenkanons ist weiterhin noch wenig untersucht. Dies erwies sich aufgrund der Konkordanz zwischen Rechts- und Verfassungsordnung einerseits und dem Anwendungsbereich des Methodenkanons andererseits früher als weniger gravierend. In der Folge wurden die Aufgaben und Funktionen der Methoden nur selten in Blick genommen.[1] Eine gewisse Ausnahme hiervon bildet die Diskussion über den Paradigmenwechsel in der Rechtswissenschaft, der aus der Abkehr von einer Rechtsanwendungswissenschaft zu einer Rechtssetzungswissenschaft folgen soll, womit sich zugleich neue Funktionen der Methoden verbinden.[2] Als Folge des erreichten Standes der europäischen Integration ist diese Frage allerdings drängender geworden, da das Unionsrecht insbesondere mit Verordnungen und Richtlinien in einem mittlerweile ganz erheblichen Umfang in das nationale Recht einwirkt und die nationalen Methoden mit diesen Einwirkungen umgehen müssen.[3] 30

I. Die Objektivierung der Rechtsgewinnung

Eine Aufgabe der Methoden ist sicherlich die Objektivierung der Rechtsgewinnung. 31
Diese Aufgabe wird durch die Ausdifferenzierung eines **Kanons intersubjektiv anerkennungsfähiger Instrumente** für den Prozess der Rechtsgewinnung erfüllt. Denn durch die Methoden wird die Rechtsgewinnung intersubjektiv nachvollziehbar, wenn intersubjektiv anerkannte bzw. anerkennungsfähige Instrumente für die Rechtsgewinnung durch die Methoden bereitgestellt werden. Auf diese Weise wird der Einfluss subjektiver Präferenzen des Rechtsanwenders im Verfahren der Rechtsgewinnung – soweit möglich – begrenzt. Die Eigenwertung des Rechtsanwenders wird identifiziert und begrenzt, der Prozess der Rechtsgewinnung wird hierdurch objektiviert.[4] Auf diese Weise wird eine Auseinandersetzung über das „richtige Recht“[5] erst sinnvoll ermöglicht. Die Methoden müssen daher die äußersten Grenzen möglicher Objektivität im Verfahren der Rechtsgewinnung bestimmen[6] und, soweit möglich, ausweiten. Wesentliche Mittel hierzu sind die Anbindung der

---

1 Eine nähere Analyse findet sich bei *Rüthers/Fischer/Birk* Rechtstheorie Rn. 649–654; *Zimmermann* (1996) 112 Law Quarterly Review 576, 585; eine funktionale Annäherung auch bei *Roellecke* VVDStRL 34 (1976), 7 (38 f.); s. a. *Müller/Christensen* Methodik I S. 29, 31.

2 So *Eidenmüller* JZ 1999, 53 (59 f.); ähnlich *Voßkuhle* in Bauer/Kahl/Voßkuhle/Czybulka (Hrsg.), Umwelt, Wirtschaft und Recht, 2002, S. 171 (180) (anwendungsbezogene Interpretationswissenschaft und rechtssetzungsbezogene Entscheidungswissenschaft).

3 Ausf. hierzu *Herresthal* Rechtsfortbildung S. 44 ff.

4 Zu dieser Aufgabe der Methoden auch *Bydlinski* RTh 16 (1985), 1 (17); *Picker* JZ 1988, 62 (72); *Kramer* Methodenlehre S. 41 f.; *Rüthers/Fischer/Birk* Rechtstheorie Rn. 815; s. a. *Larenz/Canaris* Methodenlehre S. 67; krit. *Roellecke* VVDStRL 34 (1976), 7 (38 f.).

5 *Larenz,* Richtiges Recht, 1979, S. 12 ff.

6 IErg auch *Bydlinski* Methodenlehre und Rechtsbegriff S. 57; *Müller/Christensen* Methodik I Vorwort S. 15; ähnlich *Rüthers/Fischer/Birk* Rechtstheorie Rn. 652, 815 (Kontrollierbarkeit und Kritisierbarkeit gerichtlicher Entscheidungen); s. a. *Roellecke* VVDStRL 34 (1976), 7 (38 f.) (Begrenzung legitimer Argumente); *ders.* FS Müller, 1970, 323 (336 f.).

Rechtsgewinnung an das positive Recht,[7] die Identifikation legitimer Rechtsquellen[8] sowie legitimer Instrumente der Auslegung und Rechtsfortbildung.[9]

32 Mit der Objektivierung des Rechtsgewinnungsprozesses ist auch dessen Rationalisierung verbunden. Sie ist das Ergebnis des **Begründungsgebots.** Richtigerweise folgt aus der Bindung der Judikative an Recht und Gesetz (Art. 20 Abs. 3 GG, Art. 79 Abs. 1 GG)[10] sowie aus der Rechtsstaatlichkeit das Gebot, das Ergebnis der (judikativen) Rechtsgewinnung intersubjektiv nachvollziehbar zu begründen.[11] Die Methoden der Rechtsgewinnung sind das einzige geeignete Mittel zur Erfüllung dieses Begründungsgebots.[12] Gesetzesbindung der Judikative sowie Rechtsstaatsgebot führen daher mittelbar zu dem Gebot, einen Methodenkanon bei der Rechtsgewinnung heranzuziehen[13] und das Ergebnis der Rechtsgewinnung im konkreten Fall durch den zweckkonformen Einsatz der Methoden zu formulieren. Darüber hinaus unterliegt jeder Rechtsanwender, der die Zustimmung Dritter zu einer von ihm präferierten Lösung einer Rechtsgewinnungsfrage erhalten will, einem *faktischen* Begründungszwang, denn nur die grundsätzlich intersubjektiv nachvollziehbare (methodische) Herleitung eines Ergebnisses der Rechtsgewinnung, zB durch einen Rechtsanwalt vor Gericht, entfaltet (jenseits der Evidenz) nach dem Vorstehenden eine hinreichende Überzeugungskraft. Schließlich führt die Rationalisierung der Rechtsgewinnung durch die Methoden auch zu einem *Effizienzgewinn.* Denn die methodischen Instrumente vereinfachen die Rechtsgewinnung, indem die Rechtsgewinnung im zahlenmäßig überwiegenden Standardfall auf dem zweckkonformen Einsatz der methodischen Instrumente ohne besondere Rechtsanwendungsprobleme aufbauen kann.

33 Nicht verschwiegen werden soll, dass diese Objektivierung der Rechtsgewinnung durch die Methoden teilweise grundlegend zurückgewiesen wird. Insbesondere *Esser* hat mit seinen Untersuchungen zum **Vorverständnis und zur Methodenwahl**[14] diesem ein Gegenkonzept gegenüber gestellt. Danach tritt der Richter mit einer bestimmten Richtigkeitsüberzeugung, die gerade auch auf außerdogmatischen Quellen fußt, an den Normtext heran. Er denkt bei der Rechtsgewinnung vom Ergebnis und bedient sich dann der Kriterien der Auslegung (und Fortbildung), um das vorgefasste Ergebnis der Rechtsgewinnung zu erreichen. Hinzu treten vielfach allgemeine rechtspolitische Erwägungen, wie die praktische Brauchbarkeit des Ergebnisses sowie die Vernünftigkeit der konkreten Rechtsgewinnung. Dabei werden von *Esser* verschiedene Elemente des Vorverständnisses kategorisiert und dementsprechend individualpsychologische Elemente (zB subjektive Wertungen und Ansichten), schichtenspezifische Elemente (zB eine bürgerlich-konservativ Einstellung so-

---

7 Vgl. zur Gesetzesbindung → Rn. 42.

8 Vgl. → Rn. 58 ff.

9 Vgl. zur Auslegung → Rn. 119 ff. und zur Rechtsfortbildung → Rn. 168 ff.

10 Ausf. dazu → Rn. 39 ff.

11 Zutreffend Dreier/*Schulze-Fielitz* GG Art. 20 (Rechtsstaat) Rn. 176; *Rennert* NJW 1991, 12 (16); *Brink,* Über die richterliche Entscheidungsbegründung, 1999, S. 69 ff.; ausf. auch *Christensen/Kudlich,* Theorie richterlichen Begründens, 2001, S. 307 ff.; iErg auch *Müller/Christensen* Methodik I S. 212 f.; s. a. BVerfGE 34, 269 (297); 73, 339 (380 f.) (unter Hinweis auf die Rechtsprechung des EuGH); 40, 276 (286); 49, 24 (66); *Lücke,* Begründungszwang und Verfassung, 1987, S. 37 ff.; ähnlich *Rüthers/Fischer/Birk* Rechtstheorie Rn. 650; nur iErg auch *Raisch* Methoden S. 135 (Demokratieprinzip).

12 Deutlich *Gottwald* ZZP 98 (1985), 111 (129) (nur methodengerechte Entscheidung ist rational begründet).

13 Zutr. *Larenz/Canaris* Methodenlehre S. 55.

14 *Esser,* Vorverständnis und Methodenwahl, 1970; *ders.* ARSP 64 (1978), 327 ff.

wie die politische und religiöse Sozialisation des Rechtsanwenders) sowie dem Zeitgeist geschuldete Elemente (zB die moralische und politische Überzeugung) identifiziert. Auch die Professionalisierung des Vorverständnisses (beim Juristen) wird berücksichtigt, namentlich das professionelle „Rechtsgefühl", das allgemeine dogmatische Verständnis sowie die Verinnerlichung von Grundgedanken der Rechtsordnung, die bewusst oder unbewusst bei der Formulierung des Ergebnisses und seiner Begründung herangezogen werden. Der entscheidende Unterschied zum nachfolgend zugrunde gelegten Methodenverständnis folgt daraus, dass die von *Esser* identifizierten Elemente gewiss eine Rolle bei der (judikativen) Rechtsgewinnung spielen, indes hierbei nicht stehen geblieben werden darf, sondern der Rechtsanwender stets aufgefordert bleibt, sich des Einflusses dieser Elemente bewusst zu sein und die Methoden der Rechtsgewinnung materiell entscheidend (nicht nur zur formalen Begründung) heranzuziehen. Sofern die entscheidende Bedeutung der (nachfolgend näher beschriebenen) methodischen Instrumente anerkannt und berücksichtigt wird, ist es letztlich nicht ausschlaggebend, ob der Rechtsanwender mit einer – auch subjektiv begründeten – Rechtsgewinnungshypothese startet und diese dann mit den Methoden nachzuvollziehen versucht, wobei er ggf. das Ergebnis an das methodisch Begründbare anpasst, oder ob er ohne Ausgangshypothese hinsichtlich des Ergebnisses zunächst die Methoden anwendet, um ein Ergebnis zu ermitteln und sich dabei des Einflusses auch subjektiver Elemente bewusst ist. In der Praxis finden sich beide Wege; ihre Wahl wird ua davon abhängen, ob der Rechtsanwender hinsichtlich der konkreten Rechtsgewinnungsfrage zB aufgrund seiner Kenntnisse in dem Rechtsgebiet unschwer eine Ausgangshypothese formulieren kann. Maßgeblich sind daher die entscheidende Rolle der methodischen Instrumente für die Bestimmung des Rechtsanwendungsergebnisses und das Bewusstsein des Rechtsanwenders hinsichtlich der Einflüsse der übrigen Elemente auf sein subjektives Rechtsverständnis.

II. Die Systematisierung des Rechtsstoffs

Die weitere Funktion der Methoden, den Rechtsstoff zu systematisieren, weist mehrere Elemente auf. So wird durch die Anwendung der Methoden das für die Rechtsgewinnung potentiell relevante Rechtsmaterial nach verschiedenen Kriterien geordnet. Dies reduziert die Komplexität und das umfangreiche Rechtsmaterial wird für den Rechtsanwender beherrschbar. Zugleich wird das Rechtsmaterial qualifiziert. Hierzu zählt die Zuordnung zu den Rechtsquellen. Hinzu tritt die Aufgabe der Methoden, die (vermutete) innere Einheit des Rechtsmaterials abzubilden. Die Systematisierungsfunktion ist damit unmittelbar auf die Grundannahme einer wertungswiderspruchsfreien Grundstruktur der Rechtsordnung bezogen.[15] 34

III. Die Erkenntnisfunktion

Des Weiteren dienen die Methoden auch der Rechtserkenntnis. Erst die Eingrenzung legitimer Methoden und die wechselseitige Zuordnung der Methodeninstrumente, zB das Verhältnis von Auslegung und Rechtsfortbildung,[16] ermöglichen, eine konkrete Rechtsgewinnung und ihr Ergebnis zu bewerten, zB die Auslegung einer 35

[15] Vgl. dazu → Rn. 115.
[16] Vgl. dazu → Rn. 171 ff.

bestimmten Norm. So folgt aus den Methoden die Aussage, dass das konkrete Ergebnis der Rechtsgewinnung mit den Methoden der konkreten Rechtsordnung erreichbar ist und in der Folge das Rechtsgewinnungsergebnis in dieser Rechtsordnung grundsätzlich ein legitimes Ergebnis der Rechtsgewinnung darstellt. Freilich kann ein anderes, ebenfalls methodisch begründbares Ergebnis vorzugswürdig sein. Den legitimen Ergebnissen ist aber gemeinsam, dass sie methodisch begründbar sind. Zur Ableitung von Präferenzkriterien, um die Methoden und die mit ihnen erzielten Rechtsgewinnungsergebnisse zu beurteilen, bedarf diese Funktion aber noch einer weiteren Präzisierung hinsichtlich des Ziels der Methodenanwendung (zB die Abbildung des historischen Gesetzgeberwillens[17]) und des hierbei angewendeten Verfahrens. Für letzteres können zB die Komplexität der methodischen Instrumente sowie der mit diesen erzielte Erkenntnisgewinn gegenübergestellt und dem auf einfachere, weniger komplexe Weise ermittelten Ergebnis der Rechtsgewinnung der Vorzug eingeräumt werden.

IV. Die Stabilisierungsfunktion

36 Die Stabilisierungsfunktion der Methoden folgt aus dem **argumentativen Gewicht einer Herleitung des Rechtsgewinnungsergebnisses *lege artis*.** Denn eine *lege artis* mit den Methoden der Rechtsgewinnung hergeleitete dogmatische Lösung kann methodisch jederzeit von Dritten nachvollzogen werden. Dies erlaubt dem Rechtsanwender, vorgefundene dogmatische Lösungen zumindest als Arbeitshypothese bei der Bewältigung einer neuen Fragestellung in der Rechtsanwendung zugrunde zu legen. Diese Hypothese rechtfertigt sich daraus, dass die Rechtsgewinnung *lege artis* (bis zur Widerlegung dieser Vermutung) wertungs- und sachstrukturell adäquat ist. Hinzu tritt der Gleichheitsgrundsatz als Bestandteil der Gerechtigkeit, der die Gleichbehandlung wertungsidentischer Sachverhalte fordert und in der Folge die Annahme stützt, bei der Rechtsgewinnung die Ergebnisse der bisherigen methodenkonformen Rechtsgewinnung zugrunde zu legen.[18]

V. Die Kontrollfunktion

37 Die Kontrollfunktion folgt aus der Möglichkeit, etwaige Lösungen einer Rechtsgewinnungsfrage auszuscheiden, die nicht auf „methodisch korrektem" Weg hergeleitet werden können, also mit den anerkannten Methoden der Rechtsgewinnung in der Rechtsordnung methodisch nicht begründbar sind. Insofern ermöglichen die Methoden, die Gewinnung dogmatischer Rechtssätze zu kontrollieren. Als legitime Ergebnisse der Rechtsgewinnung scheiden mithin solche aus, die nicht mit dem **zweckkonformen Einsatz der Methoden** der Rechtsgewinnung hergeleitet werden können, sondern zB auf die Methoden anderer Wissenschaften (zB Ökonomie) gestützt werden. Nur die juristischen Methoden, nicht aber sonstige, wenn auch rational nachvollziehbare Methoden, sind legitime Instrumente zur Gewinnung einer konkreten Normaussage in der Rechtsordnung. Dies schließt nicht aus, die juristischen Methoden der Rechtsgewinnung in einer konkreten Rechtsordnung unter Heranziehung der Erkenntnisse anderer Wissenschaften und deren Methoden

---

17 Dazu → Rn. 126.
18 Vgl. dazu → Rn. 115; s.a. *Reimer* Methodenlehre Rn. 54 (Hilfs- und Entlastungsfunktion).

weiterzuentwickeln. Gleichwohl können bei der Rechtsgewinnung sodann wiederum nur die (ggf. interdisziplinär weiterentwickelten) juristischen Methoden der Rechtsgewinnung zur Auslegung und Fortbildung des Rechts herangezogen werden.[19]

VI. Die Koordinierung und Harmonisierung als neue Funktion

Schließlich erweist sich die Harmonisierung und Koordinierung als neue Funktion **38**
der Methoden in der europäisch-integrierten Staatlichkeit.[20] Die Methoden haben normative **Einwirkungen des EU-Rechts** in den nationalen Rechtsgewinnungsprozess zu erfassen und in den Prozess der Rechtsgewinnung zu integrieren, denn das EU-Recht wirkt ua durch Richtlinien, Verordnungen und Entscheidungen in weitem Umfang unmittelbar und höchstrangig in die nationale Rechtsordnung ein. Hierzu zählt, dass die Methoden ua neue Rechtsgewinnungsquellen im Methodenkanon zu verorten haben und zB nicht-gesetzliche Normenkataloge methodisch erfassen müssen. Die Regelungsziele und Regelungskonzepte des nationalen Gesetzgebers und des EU-Gesetzgebers müssen, soweit als möglich, von den Methoden kompetenzschonend und die praktische Wirksamkeit des EU-Rechts weitestmöglich gewährleistend zum Ausgleich gebracht werden. Auch kann den Methoden die Aufgabe gestellt sein, neue Wertungskriterien in der (teleologischen) Rechtsgewinnung zu verorten, zB die Bedeutung des Vorhandenseins entsprechender Lösungen in anderen EU-Mitgliedstaaten.

---

19 Vgl. aber krit. zur Weiterentwicklung juristischer Methoden durch den Zugriff auf die Methoden anderer Rechtswissenschaften unlängst *Martinek* JM 2018, 447 ff.

20 Ausf. dazu *Herresthal* Rechtsfortbildung S. 171 ff.

§ 4 Die Bindung der Rechtsprechung an Gesetz und Recht (Art. 20 Abs. 3 GG)

I. Die Qualifikation von Methodenfragen als Verfassungsfragen

39 In der Praxis der judikativen Rechtsgewinnung sowie im rechtswissenschaftlichen Diskurs ließ sich nach der Phase der radikalen Methodenkritik durchaus zumindest ein **Grundkonsens über einen Methodenkanon** identifizieren, die einzelnen Instrumente und deren inhaltliche Ausgestaltung im Detail bleiben freilich umstritten. Eine vollständige Methodenindifferenz bzw. -beliebigkeit konnte sich zu Recht nicht durchsetzen.[1] Auch besteht weiterhin ein Konsens darüber, dass Methodenfragen mehr als eine bloße Tradition oder allgemeine Standards der Rechtsgewinnung durch die beteiligten Verkehrskreise sind.[2] Gleichwohl ist in der jüngeren Vergangenheit die Vielzahl methodischer Konzepte sowie das Fehlen konsentierter Strukturen der Rechtsgewinnung verstärkt kritisiert worden. Diese jüngere **Methodenkritik** setzt daran an, dass bei genauerem Hinsehen sowohl der Inhalt der methodischen Instrumente wie auch ihr Verhältnis zueinander weitgehend umstritten sind, wodurch die adäquate Beschränkung der Eigenwertung des Rechtsanwenders letztlich nicht hinreichend begrenzt, sondern allenfalls verbrämt werde.[3]

40 Indes dürfte mittlerweile darüber Konsens bestehen, dass Methodenfragen Verfassungsfragen sind (**„Methodenfragen sind Verfassungsfragen“**[4]).[5] Dies bedeutet, dass die Methoden der Rechtsgewinnung in der (nationalen) Verfassungsordnung, insbesondere in der dort vorgesehenen Struktur der Gewaltenteilung und der demokratischen Repräsentation bei der Normsetzung, verankert sind. Die Grenzen der judikativen Rechtsgewinnung, vor allem der richterlichen Rechtsfortbildung, aber auch der Auslegung, sind daher mit Blick auf die wechselseitige Zuordnung der Gewalten in der konkreten Verfassungsordnung zu formulieren.[6] Diese Anknüpfung der Methoden der Rechtsgewinnung an der konkreten Verfassungsstruktur gebietet den Rückgriff auf die tradierten nationalen Methoden der Rechtsgewinnung. Bei den resultierenden Unterschieden der nationalen Methoden in den verschiedenen Rechtsordnungen handelt es sich somit nicht nur um unterschiedliche nationale Traditionen, sondern strukturimmanente unterschiedliche Ausformungen der Methoden nach Maßgabe der konkreten Verfassungsordnung.

---

1 Vgl. dazu die eingehende bei *Bydlinski* Methodenlehre und Rechtsbegriff S. 162 ff.; *Ott,* Juristische Methode in der Sackgasse?, 2006.

2 Abweichend *Habermas,* Faktizität und Geltung, 1992, S. 272 ff., der diese als „in der Profession bewährte Standards“ qualifiziert.

3 Vgl. *Koziol* AcP 212 (2012), 55, mit dem drastischen Sprachbild, wonach sich die juristische Methodenlehre „zu einem lockeren, ungebundenen juristischen Callgirl“ gewandelt habe, „das alle Wünsche erfüllt“; *Peters,* German Yearbook of International Law 44 (2001), 36 f., mit der Kritik des „shopping-mall approach to ´method´“.

4 Besonders deutlich *Rüthers/Fischer/Birk* Rechtstheorie Rn. 543, 706.

5 Vgl. dazu *Müller/Christensen* Methodik I S. 259 f., 267 ff.; *Rüthers/Fischer/Birk* Rechtstheorie Rn. 704 ff.; *Kramer* Methodenlehre S. 44 ff.; ausf. auch *Herresthal* Rechtsfortbildung S. 115–169.

6 Zu den unterschiedlichen Stil- und Auslegungstraditionen in Europa vgl. *Ranieri* Ius Commune 17 (1990), 11 (15 ff.); *Streinz* ZEuS 2004, 387 ff.

Neben der bereits genannten Gewaltenteilung und der demokratischen Repräsentation ist für die Grenzen der judikativen Rechtsgewinnung, namentlich der richterlichen Rechtsfortbildung, vor allem die Reichweite der Bindung der Judikative an „Recht und Gesetz" (vgl. Art. 20 Abs. 3 GG, Art. 97 Abs. 1 GG) in der Verfassungsordnung entscheidend.[7] Darüber hinaus können der Verfassung teilweise unmittelbar methodische Regelungen entnommen werden; paradigmatisch ist das ausdrückliche Analogieverbot im Strafrecht (Art. 103 Abs. 2 GG). 41

II. Die Reichweite der Bindung des Richters an Gesetz und Recht (Art. 20 Abs. 3 GG)

1. Die Bindung an das Gesetz

Nach Art. 20 Abs. 3 GG sind die vollziehende Gewalt und die Rechtsprechung an „Gesetz und Recht" gebunden. Der Begriff des Gesetzes im Sinne von Art. 20 Abs. 3 Hs. 2 GG erfasst in jedem Fall die formellen Gesetze, also die vom Parlament in dem Gesetzgebungsverfahren verabschiedeten Normen. Die Bindung nach Art. 20 Abs. 3 Hs. 2 GG erfasst mithin – unabhängig von der Auflösung dieser Gegenüberstellung[8] – die gesamte positive Rechtsordnung als **Gesamtheit der positivierten Rechtsvorschriften.** Das BVerfG nennt ua das Verfassungsrecht, förmliche Gesetze, Rechtsverordnungen sowie autonome Satzungen und das Gewohnheitsrecht.[9] Zudem umfasst die Bindung jedenfalls auch Normen des Unionsrechts, die in der nationalen Rechtsordnung unmittelbar anwendbar sind.[10] Auch unionsrechtliche, nicht unmittelbar anwendbare Normen sind Bestandteil der integrierten nationalen Rechtsordnung mit Verbindlichkeitsanspruch. Zudem wird auch die EMRK in Verbindung mit dem nationalen Zustimmungsgesetz nach Art. 59 Abs. 2 GG erfasst. Darüber hinaus ist festzuhalten, dass (nur) der Kern dieser Bindung der Judikative durch Art. 79 III GG der Disposition des verfassungsändernden Gesetzgebers entzogen ist. 42

2. Die Bindung an das Recht

Mit Blick auf die Bindung an das „Recht" werden verschiedene Ansichten vertreten. Zum einen kann es sich hierbei um die (bloße) **Übernahme einer tradierten Formulierung** in das Grundgesetz handeln. Der Inhalt des Vorbehalts ist daher vor dem Hintergrund verfassungsrechtlicher, ebenfalls tradierter Garantien wie Freiheit und Eigentum zu sehen. 43

---

[7] Vgl. auch den Befund von *Sinemus,* Der Grundsatz der Gewaltenteilung in der Rechtsprechung des Bundesverfassungsgerichts, 1982, S. 300, 302, wonach der Grundsatz der Gewaltenteilung vom BVerfG vor allem bei der positiven Zuordnung von Legislative und Judikative verwendet wird. Die Aussage im Text gilt unabhängig davon, ob *sedes materiae* für Umfang und Grenzen richterlicher Rechtsfindung Art. 20 Abs. 2 GG (so *Wank* Rechtsfortbildung S. 89) oder Art. 20 Abs. 3 GG ist (so *Neuner,* Die Rechtsfindung contra legem, 1992, S. 5).

[8] Vgl. dazu sogleich → Rn. 49 ff.

[9] Vgl. BVerfGE 78, 214 (227); Maunz/Dürig/*Grzezick* GG Art. 20 Rn. 60 ff.; Dreier/*Schulze-Fielitz* GG Art. 20 (Rechtsstaat) Rn. 93; Jarass/Pieroth/*Jarass* GG Art. 20 Rn. 53.

[10] Dreier/*Schulze-Fielitz* GG Art. 20 (Rechtsstaat) Rn. 93; Sachs/*Sachs* GG Art. 20 Rn. 107; Jarass/Pieroth/*Jarass* GG Art. 20 Rn. 53; so auch BFHE 143, 383 (387); BVerwGE 74, 241 (248 f.).

44 Alternativ hierzu kann die Formulierung vor dem Hintergrund der Erfahrungen der NS-Zeit gesehen werden, die zum Zeitpunkt der Formulierung des Grundgesetzes prägend waren. In Parallele zur Renaissance des Naturrechts der frühen Nachkriegszeit könnte daher von den Normverfassern des Grundgesetzes mit der Aufnahme dieser Formulierung betont werden, dass „Gesetz" und „Recht" auseinanderfallen können. So können Inhalte des positiven Rechts prinzipielle, grundlegende Gerechtigkeitsansprüche verfehlen. In diesem Fall tritt die Bindung (auch) an das Recht als Korrektiv hinzu. Hieran knüpft allerdings unmittelbar die Frage nach dem Bindungs- und Geltungsanspruch des dann überpositiven Rechts gegenüber dem positiven Gesetz an. Eine solche **Bindung auch an überpositives Recht** bereitet unter der Verfassungsordnung des Grundgesetzes nicht zuletzt vor dem Hintergrund des Rechtsstaatsgebotes und des Demokratieprinzips Schwierigkeiten. Denn der Rückgriff von Judikative oder Exekutive auf überpositive Gerechtigkeitsvorstellungen, die Bindungs- und Geltungswirkung beanspruchen, kann das im Grundgesetz vorgesehene Verfahren zur Erzeugung geltenden Rechts (Gesetzgebungsverfahren) und die mit diesem Verfahren verbundene demokratische Legitimation aushebeln. Dies führt unmittelbar zum Kernproblem der Bindung von Judikative und Exekutive an „Gesetz und Recht", der Frage, ob eine solche Bindung tatsächlich Rechtssätze bzw. Gerechtigkeitsvorstellungen umfasst, die vom positiven Recht zu unterscheiden sind und außerhalb des Rechtserzeugungssystem des Grundgesetzes stehen.

Hierzu werden ebenfalls **verschiedene Ansichten** vertreten:

a) Die Konkretisierung des überpositiven Rechts

45 Zum einen wird der Verweis auf das „Recht" als Verweis auf das neben dem geschriebenen Recht bestehende **ungeschriebene Recht** verstanden werden. Er umfasst mithin insbesondere das Gewohnheitsrecht, das Richterrecht und die allgemeinen Rechtsgrundsätze. Als problematisch erweist sich hierbei allerdings, dass mit einer solchen Bindung der Judikative auch an das Richterrecht dieses zu einer Rechtsquelle erhoben wird.[11]

46 Alternativ hierzu soll die Verweisung die **verfassungsgemäße Ordnung als solche** und damit vor allem die Bindung an das Grundgesetz sowie an das untergesetzliche Recht in Bezug nehmen.[12] Eine Bindung an das Gewohnheitsrecht sei möglich, diesem komme allerdings nur ein geringer Anwendungsbereich zu.

47 Schließlich wird ein Verweis auf **grundlegende Gerechtigkeitsprinzipien** angenommen, die aus dem nicht-positiven Vernunftrecht entspringen.[13] Die explizite Erwähnung in Art. 20 GG bewirkt nach dieser Ansicht eine Inkorporierung moralischer Normen in der Art der *Radbruchschen*-Formel, die die Bindung an das Gesetz unter den Vorbehalt der Übereinstimmung des Gesetzesrechts mit grundlegenden Gerechtigkeitsprinzipien stellt und damit der Gesetzesbindung Prinzipiencharakter verleiht. Die (strenge) Bindung von Judikative und Exekutive an das positive Recht wird dabei durch die Bindung an einen konkretisierungsbedürftigen Gerechtigkeitsmaßstab partiell relativiert. Die Konkretisierung dieses Gerechtigkeitsmaßstabs erfolgt vor allem durch einen Rekurs auf anerkannte Menschenrechte, wie diese in der Allgemeinen Erklärung der Menschenrechte der UN und der EMRK niedergelegt sind. Folgt man dieser Ansicht, so bleibt zu entscheiden, ob diesem Verweis auf fundamentale Gerechtigkeitsvorstellungen im Rahmen der Rechtsordnung, die unter

---

[11] Vgl. dazu näher → Rn. 71 ff.
[12] Maunz/Dürig/*Grzeszick* GG Art. 20 Rn. 65.
[13] Maunz/Dürig/*Grzeszick* GG Art. 20 Rn. 66.

dem Grundgesetz konstituiert wird, überhaupt eine eigenständige rechtliche Bindungswirkung zukommen kann. Mit anderen Worten ist zu entscheiden, ob die vom Grundgesetz konstituierte Rechtsordnung inhaltlich und verfahrensmäßig so ausgestaltet ist, dass eine Verletzung fundamentaler Gerechtigkeitsvorstellungen durch das positive Recht in dieser Rechtsordnung überhaupt möglich ist. Dies wird überwiegend verneint. Denn die Frage nach der Gerechtigkeit der Rechtsordnung wird im Rahmen der vom Grundgesetz verfassten liberalen Demokratie dem Zusammenwirken der entsprechenden parlamentarischen Mehrheiten und der grundrechtlichen Freiheit der Rechtssubjektive zugeordnet. Danach vermag alleine das parlamentarische Gesetz, das nach den vom Grundgesetz hierfür vorgesehenen Gesetzgebungsverfahren zustande gekommen ist, den staatlichen Organen die für ihr Handeln erforderliche demokratische Legitimation zu verschaffen. Unter Berücksichtigung des Demokratieprinzips steht dahinter die Grundidee, dass in einem liberal-demokratischen Rechtsstaat konkrete Fragen der Gerechtigkeit grundsätzlich vom Parlament in den hierzu vorgesehenen Verfahren zu beantworten sind. Das Regelungssystem des Grundgesetzes einschließlich des Verfahrens der Gesetzgebung beruht auf der Überlegung, dass das verfassungsgemäß gesetzte Recht in der Rechtsordnung des Grundgesetzes umfassend legitimiert ist. Im Rahmen der Ordnung des Grundgesetzes sind in der Folge weder die einzelnen Bürger noch die staatlichen Organe einschließlich der Judikative und Exekutive dazu berechtigt, sich unter Verweis auf individuelle oder übergeordnete Gerechtigkeitsvorstellungen von diesen Gesetzen zu lösen. Die übrigen Lösungen, die mit dem Begriff des „Rechts“ in Art. 20 Abs. 3 Hs. 2 GG überpositive Elemente in Bezug genommen sehen, sind mit der Gefahr verbunden, dass sich das einzelne Rechtssubjekt, Exekutive oder Judikative unter Hinweis auf dieses überpositive Recht dem Geltungsanspruch des positiven Rechts entziehen. Damit würden die Rechtserzeugungs- und Legitimationsgrundlagen des Grundgesetzes einschließlich des unter dem Grundgesetz verankerten staatlichen Gewaltmonopols ausgehebelt. Zur Vermeidung dieser Folge muss die Frage nach der „gerechten Ordnung“ innerhalb der vom Grundgesetz konstituierten Ordnung einschließlich der dort vorgesehenen Verfahren der Rechtserzeugung beantwortet werden. Die Regelungen des Grundgesetzes liefern mithin die Maßstäbe, Institutionen und Verfahren, die heranzuziehen sind, um den offenen Verweis auf das „Recht“ in Art. 20 Abs. 3 Hs. 2 GG zu konkretisieren. Die mit dem Verweis auf das „Recht“ in Bezug genommene Gerechtigkeit ist daher im Rahmen des Grundgesetzes durch dessen Regelungen sowie die von ihm vorgesehenen Institutionen umfassend konstitutionalisiert. Exekutive und Judikative sind an das Gesetz gebunden und zur Anwendung des positiven Rechts verpflichtet. Art. 97 Abs. 1 GG betont diesen Grundsatz für die Judikative erneut.

Für die Auslegung und Anwendung des Gesetzes durch die Judikative bedeutet dies, 48
dass sich diese ebenfalls innerhalb der so verstandenen Grenze von „Gesetz und Recht“ zu bewegen hat. Mithin darf sich der Richter nicht dem Sinn und Zweck des Gesetzes entziehen, wie dieser vom Gesetzgeber festgelegt wurde, sondern er hat diesen vielmehr zur Geltung zu bringen. Dieser Aufgabe wird die Judikative nicht gerecht, wenn sie die Grenzen der richterlichen Rechtsfortbildung überschreitet und insofern *contra legem* handelt. Art. 20 Abs. 3 GG ist verletzt, wenn sich der Richter den Vorgaben des positiven Rechts entzieht und aus der Rolle des „Normanwenders“ in die Rolle einer „normsetzenden Gewalt“ begibt.[14] Allerdings ist hierdurch natürlich nicht ausgeschlossen, dass sich der Richter bei der Rechtsgewinnung *intra legem* ua auch von materiellen Gerechtigkeitsvorstellungen leiten lässt. Vielmehr

---

[14] BVerfG NZA 2018, 774 Rn 73; BVerfG NJW 2014, 46 Rn. 115; NJW 2012, 3081 Rn. 75.

kann aus der Bindung gerade auch an das Recht die Pflicht des Richters zur Berücksichtigung überpositiver Prinzipien und Gerechtigkeitsvorstellungen bei der Auslegung und Rechtsfortbildung in dem ua durch die Gewaltenteilung gesetzten methodologischen Rahmen abgeleitet werden.[15]

b) Die sog. Radbruchsche Formel als Anwendungsfall

49 Ein klassischer Anwendungsfall der Problematik der Reichweite der Bindung an „Gesetz und Recht“ ist die sog. *Radbruchsche* Formel.[16] ***Radbruch***[17] formulierte den Konflikt zwischen der Bindung an das positive Recht und eine mögliche Korrektur dieser Bindung durch überpositive Gerechtigkeitsvorstellungen wie folgt:

50 „Der Konflikt zwischen der Gerechtigkeit und der Rechtssicherheit dürfte dahin zu lösen sein, daß das positive, durch Satzung und Macht gesicherte Recht auch dann den Vorrang hat, wenn es inhaltlich ungerecht und unzweckmäßig ist, es sei denn, daß der Widerspruch des positiven Gesetzes zur Gerechtigkeit ein so unerträgliches Maß erreicht, daß das Gesetz als 'unrichtiges Recht' der Gerechtigkeit zu weichen hat. Es ist unmöglich, eine schärfere Linie zu ziehen zwischen den Fällen des gesetzlichen Unrechts und den trotz unrichtigen Inhalts dennoch geltenden Gesetzen; eine andere Grenzziehung aber kann mit aller Schärfe vorgenommen werden: wo Gerechtigkeit nicht einmal erstrebt wird, wo die Gleichheit, die den Kern der Gerechtigkeit ausmacht, bei der Setzung positiven Rechts bewußt verleugnet wurde, da ist das Gesetz nicht etwa nur „unrichtiges Recht“, vielmehr entbehrt es überhaupt der Rechtsnatur. Denn man kann Recht, auch positives Recht, gar nicht anders definieren denn als eine Ordnung und Satzung, die ihrem Sinne nach bestimmt ist, der Gerechtigkeit zu dienen.“[18]

51 Auch das **BVerfG** war verschiedentlich mit der Frage konfrontiert, inwiefern die Bindung an das „Gesetz“ sich von jener an das „Recht“ in Art. 20 Abs. 3 Hs. 2 GG unterscheidet. Zunächst hat das BVerfG im Jahr 1957 festgehalten, dass nicht alle Vorschriften, die das nationalsozialistische Unrechtsregime erlassen hat, ohne Weiteres unter Verweis auf das „Recht“, mithin auf den von Art. 20 Abs. 3 GG in Bezug genommenen überpositiven Maßstab, als ungültig verworfen werden können:

52 „Es hat auch nicht übersehen, daß unter der nationalsozialistischen Gewaltherrschaft Gesetze mit einem solchen Maße von Ungerechtigkeit und Gemeinschädlichkeit erlassen worden sind, daß ihnen jede Geltung als Recht abgesprochen werden muß (vgl. *Radbruch,* Rechtsphilosophie, 4. Aufl., S. 336). Trotzdem können nicht alle Gesetze, die von der nationalsozialistischen Regierung erlassen worden sind, ohne Prüfung ihres Inhalts und der Frage, ob sie von den Betroffenen noch als geltendes Recht angesehen werden, als rechtsunwirksam behandelt werden. Eine solche Annahme würde übersehen, daß auch eine ungerechte und von geläuterter Auffassung aus abzulehnende Gesetzgebung durch das auch ihr innewohnende Ordnungselement Geltung gewinnen kann; sie schafft wenigstens Rechtssicherheit und ist deshalb, wenn sie sich innerhalb gewisser äußerster Grenzen hält, einem völligen Rechtschaos innerhalb der Rechtsunterworfenen gegenüber das geringere Übel. In diesem Sinne hat das *BVerfG* angenommen, daß die nationalsozialistische Gesetzgebung, soweit sie nicht offenbares Unrecht gesetzt hat und daher jeder Wirkung entbehrt, zwar nicht als ihrem Ursprung nach legitime Rechtsordnung, wohl aber kraft „soziologischer Geltungskraft“ zu beachten ist und nicht etwa als nur tatsächliche Behinderung der Geltung des wirklichen Rechts beiseitegeschoben und nachträglich ungeschehen gemacht werden kann.“[19]

---

[15] Zur Berücksichtigung überpositiver Prinzipien und Gerechtigkeitsvorstellungen bei der teleologischen Auslegung → Rn. 161.

[16] Vgl. zu dieser auch *Bydlinski/Bydlinski* Grundzüge Methodenlehre S. 111 ff.

[17] Vgl. zum Leben und Wirken von G. Radbruch näher *Kaufmann,* Gustav Radbruch: Rechtsdenker, Philosoph, Sozialdemokrat, 1987, ausf. auch *Mahlmann* Rechtsphilosophie § 13 Rn. 5 ff.

[18] *Radbruch,* Gesetzliches Unrecht und übergesetzliches Recht, SJZ 1956, 105 ff.

[19] BVerfGE 6, 132 (199) = NJW 1957, 570 (583).

Im Jahr 1968 hat das BVerfG sodann Rechtsvorschriften des nationalsozialistischen Unrechtsregimes an diesem Maßstab verworfen. Es hat festgehalten, dass nationalsozialistischen „Rechtsvorschriften" die Geltung als Recht abgesprochen werden kann, „wenn sie fundamentalen Prinzipien der Gerechtigkeit so evident widersprechen, daß der Richter, der sie anwenden oder ihre Rechtsfolgen anerkennen wollte, Unrecht statt Recht sprechen würde."[20] Dabei habe in der 11. DVO zum Reichsbürgergesetz vom 25.11.1941[21] „der Widerspruch zur Gerechtigkeit ein so unerträgliches Maß erreicht, daß sie von Anfang an als nichtig erachtet werden muß."[22] Im Jahr 1980 wurde eine weitere Vorschrift aus der Zeit des Nationalsozialismus an diesem Maßstab gemessen und verworfen: „Auch die aufgrund des § 2 des Gesetzes über Widerruf von Einbürgerungen und die Aberkennung der deutschen Staatsangehörigkeit vom 14.7.1933 (RGBl I, 480) aus rassenideologischen Gründen ausgesprochene Einzelausbürgerung in Fällen, wie dem des Beschwerdeführers, ist unter dem Grundgesetz als nichtig, das heißt als von Anfang an unheilbar unwirksam, anzusehen."[23] 53

Im Jahr 1997 hat das BVerfG seine Rechtsprechung ausführlich zusammengefasst:[24] 54

„Das BVerfG war bisher mit dem Problem des `gesetzlichen Unrechts` nur im außerstrafrechtlichen Bereich befaßt. Es hat in Betracht gezogen, daß in Fällen eines unerträglichen Widerspruchs des positiven Rechts zur Gerechtigkeit der Grundsatz der Rechtssicherheit geringer zu bewerten sein kann als der der materiellen Gerechtigkeit. Es hat dazu auf die Ausführungen von Gustav Radbruch (SJZ 1946, 105 ff. (= Gustav Radbruch Gesamtausgabe III, 1990, bearb. von Hassemer, S. 83 ff.)), insbesondere die sog. Radbruchsche Formel, Bezug genommen (vgl. BVerfGE 3, 225, 232 f.; BVerfGE 6, 132, 198 f. = NJW 1957, 570; BVerfGE 6, 389, 414 f. = NJW 1957, 865). Dabei hat es mehrfach betont, daß eine Unwirksamkeit des positiven Rechts auf extreme Ausnahmefälle beschränkt bleiben muß und eine bloß ungerechte, nach geläuterter Auffassung abzulehnende Gesetzgebung durch das auch ihr innewohnende Ordnungselement noch Rechtsgeltung gewinnen und so Rechtssicherheit schaffen kann (vgl. BVerfGE 6, 132, 199 = NJW 1957, 570; BVerfGE 6, 389, 414 f. = NJW 1957, 865). Indessen habe gerade die Zeit nationalsozialistischer Herrschaft gezeigt, daß der Gesetzgeber schweres „Unrecht" setzen könne (vgl. BVerfGE 3, 225, 232 = NJW 1954, 65; BVerfGE 23, 98, 106 = NJW 1968, 1036) und deshalb einer Norm wegen unerträglichen Widerspruchs zur Gerechtigkeit von Anfang an der Gehorsam zu versagen sei (vgl. BVerfGE 23, 98, 106 = NJW 1968, 1036; BVerfGE 54, 53, 67 f. = NJW 1980, 2797)."

Bereits im Jahr 1953 war das BVerfG mit dem Verhältnis von Recht und Gesetz befasst, damals hinsichtlich der Frage der Gleichberechtigung von Mann und Frau. Das BVerfG hat in einem Leitsatz dabei festgehalten, dass „die Norm einer Verfassung […] dann nichtig sein [kann], wenn sie grundlegende Gerechtigkeitspostulate, zu den Grundentscheidungen dieser Verfassung selbst gehören, in schlechthin unerträglichem Maße missachtet." Weiter führt das Gericht aus:[25] 55

„Die ausnahmslose Geltung des darin zum Ausdruck kommenden Grundsatzes, daß der ursprüngliche Verfassungsgeber alles nach seinem Willen ordnen kann, würde aber einen Rückfall in die Geisteshaltung eines wertungsfreien Gesetzespositivismus bedeuten, wie sie in der juristischen Wissenschaft und Praxis seit längerem überwunden ist. Gerade die Zeit des nationalsozialistischen Regimes in Deutschland hat gelehrt, daß auch der Gesetzgeber Unrecht setzen kann, daß also, soll die praktische Rechtsübung solchen geschichtlich denkbaren Ent-

---

[20] BVerfGE 23, 98 (106) = NJW 1968, 1036.

[21] RGBl. I 722.

[22] BVerfGE 23, 98 (106) = NJW 1968, 1036.

[23] BVerfGE 54 (53, 67 f.) = NJW 1980, 2797

[24] BVerfG NJW 1997, 929 (931) – Strafbarkeit der sog. Regierungskriminalität während des SED-Regimes.

[25] BVerfGE 3, 225 (232 ff.).

wicklungen nicht ungewappnet gegenüberstehen, in äußersten Fällen die Möglichkeit gegeben sein muß, den Grundsatz der materialen Gerechtigkeit höher zu werten als den der Rechtssicherheit, wie er in der Geltung des positiven Gesetzes für die Regel der Fälle zum Ausdruck kommt. Auch ein ursprünglicher Verfassungsgeber ist der Gefahr, jene äußersten Grenzen der Gerechtigkeit zu überschreiten, nicht denknotwendig entrückt. Das *BVerfG* sieht für die Entscheidung des vorliegenden Falles keinen Anlaß, im Einzelnen zu entwickeln, wann solche extreme Fälle gegeben sein können. Ihr Ausnahmecharakter steht außer Zweifel und kommt zum Beispiel in der vorsichtigen Formulierung zum Ausdruck, die *Radbruch* in seinem Aufsatz „Gesetzliches Unrecht und übergesetzliches Recht" (abgedr. in *Radbruch,* „Rechtsphilosophie", 4. Aufl., 1950, S. 347 ff.) wählt, wenn es dort (S. 353) heißt: `Der Konflikt zwischen der Gerechtigkeit und der Rechtssicherheit dürfte dahin zu lösen sein, daß das positive, durch Satzung und Macht gesicherte Recht auch dann den Vorrang hat, wenn es inhaltlich ungerecht und unzweckmäßig ist, es sei denn, daß der Widerspruch des positiven Gesetzes zur Gerechtigkeit ein so unerträgliches Maß erreicht, daß das Gesetz als ‚unrichtiges Recht' der Gerechtigkeit zu weichen hat.´ Auch dadurch, daß der Gesetzgeber des GG in seine Grundentscheidung Normen einbezogen und damit im GG positiviert hat, die vielfach als übergesetzlich bezeichnet werden (etwa in Art. 1, aber auch in Art. 20 GG), haben sie ihren besonderen Charakter nicht verloren. In ihrer Einzelausgestaltung, namentlich in der Frage, inwieweit Ausnahmen von ihnen zuzulassen sind, stehen sie also zur freien Disposition des Verfassungsgebers nur insoweit, als jene letzten Grenzen der Gerechtigkeit selbst nicht überschritten werden. Als der Parlamentarische Rat an die Abfassung des GG ging, stand seine Arbeit noch unter der frischen Erfahrung der geschichtlichen Katastrophe, die durch den nationalsozialistischen Unrechtsstaat herbeigeführt worden war. In entschiedener Abkehr von einer Haltung, die in Recht und Gerechtigkeit keine Werte zu sehen vermochte, war er bemüht, im GG die Idee der Gerechtigkeit zu verwirklichen. Ob und inwieweit das gelungen ist, kann zwar nur aus dem objektiven Ergebnis der Gesetzgebung, nicht aus der Absicht des Gesetzgebers abgelesen werden. Doch ist eine Verletzung äußerster Gerechtigkeitsgrenzen in einem Gremium wie dem Parlamentarischen Rat, in welchem Vertreter der verschiedensten Geistesrichtungen und Weltanschauungen mit dem einmütigen Willen zusammenarbeiteten, bei der Schaffung einer neuen Staatsgrundordnung der Gerechtigkeit zu dienen, zwar im Hinblick auf das Spannungsverhältnis zwischen dem Ideal der Gerechtigkeit und der Notwendigkeit, einer geschichtlich gegebenen politischen Situation gestaltend Herr zu werden, nicht schlechthin unmöglich, aber doch schwer vorstellbar."

56 Festzuhalten ist, dass das BVerfG an dem vorstehend beschriebenen Maßstab bislang **nur Normen des NS-Unrechtsstaates und der DDR-Unrechtsstaates** verworfen hat, nicht aber Normen, die im Geltungsrahmen des Grundgesetzes unter Anwendung der vom Grundgesetz vorgeschriebenen Normsetzungsverfahren zustande gekommen sind. Allerdings war das BVerfG auch außerhalb der Bewertung von Normen dieser beiden Staaten mit der Konkretisierung des Verweises auf „Gesetz und Recht" in Art. 20 Abs. 3 GG befasst. So hat das BVerfG bei der Beurteilung der Rechtsprechung der Zivilgerichte, nach der bei schweren Verletzungen des allgemeinen Persönlichkeitsrechts ein Ersatz in Geld auch für immaterielle Schulden beansprucht werden kann,[26] mit Blick auf die Vereinbarkeit dieser Rechtsprechung mit dem Grundgesetz im Jahr 1973 entschieden:[27]

„Die traditionelle Bindung des Richters an das Gesetz, ein tragender Bestandteil des Gewaltentrennungsgrundsatzes und damit der Rechtsstaatlichkeit, ist im Grundgesetz jedenfalls der Formulierung nach dahin abgewandelt, dass die Rechtsprechung an „Gesetz und Recht" gebunden ist (Art. 20 Abs. 3). Damit wird nach allgemeiner Meinung ein enger Gesetzespositivismus abgelehnt. Die Formel hält das Bewusstsein aufrecht, dass sich Gesetz und Recht zwar faktisch im Allgemeinen, aber nicht notwendig und immer decken. Das Recht ist nicht mit der Gesamtheit der geschriebenen Gesetze identisch. Gegenüber den positiven Setzungen der Staatsgewalt kann unter Umständen ein Mehr an Recht bestehen, das seine Quelle in der *verfassungsmäßigen* Rechtsordnung als einem Sinnganzen besitzt und dem geschriebenen

---

[26] Vgl. nur BGHZ 128, 1 (Caroline von Monaco I).

[27] BVerfGE 34, 269 (286 f.) = NJW 1973, 1221 (Soraya).

Gesetz gegenüber als Korrektiv zu wirken vermag; es zu finden und in Entscheidungen zu verwirklichen, ist Aufgabe der Rechtsprechung. […]“

Auch insofern bleibt das BVerfG der vorstehend aufgezeigten Wertung verbunden, nach der die Frage nach der „gerechten Ordnung“ **innerhalb der vom Grundgesetz konstituierten Ordnung** einschließlich der dort vorgesehenen Verfahren der Rechtserzeugung beantwortet werden kann und muss. Allerdings verdeutlicht die Entscheidung, dass ggf. die Gerechtigkeitswertungen des Grundgesetzes heranzuziehen sind, um im Wege zB der verfassungskonformen Auslegung der Gerechtigkeit („Recht“) zur Geltung zu verhelfen. Besonders wichtige Gerechtigkeitswertungen, die vom BVerfG hiermit angesprochen werden, finden sich in den Art. 1–14, 20, 23, 24 GG. **57**

§ 5 Grundzüge der Rechtsquellenlehre

I. Der Begriff der Rechtsquelle

1. Der juristische Begriff der Rechtsquelle

58 Dem Begriff der Rechtsquelle kann man sich mit einem soziologischen Verständnis sowie einem juristischen Verständnis nähern. Aus der Perspektive der Soziologie **(soziologische Rechtsquellenlehre)** sind Rechtsquellen alle Umstände, die sich auf das Verhalten der Rechtsgenossen auswirken, insbesondere aber die Richter bei ihrer Entscheidungsfindung beeinflussen. Zu diesen Umständen zählen ua die Herkunft und eine etwaige Parteizugehörigkeit des Richters, Einflüsse der Medien, des sozialen Umfelds etc. Insoweit wird ua die faktische Entstehung des Rechts, der historische Prozess der Rechtsbildung und die hierbei festzustellenden Einwirkungen in Blick genommen.[1]

59 Mit Blick auf eine **juristische Rechtsquellenlehre** kann als Ziel formuliert werden, dass diese jene Regeln identifiziert, aus denen der Richter seine Entscheidung ableiten soll. Die juristische Rechtsquellenlehre muss demnach die in Betracht kommenden Regelungen nach ihrer Herkunft systematisieren und jene Arten von Regelungen bestimmen, die der Richter in der konkreten Rechtsordnung legitimerweise bei der Entscheidungsfindung heranziehen kann. Die Rechtsquellenlehre zielt somit auf die Bestimmung jener erkenntnisleitenden Kriterien, mittels derer (insbesondere der Richter) ermittelt, was Recht ist, dh die geltende Rechtslage in der konkreten Rechtsordnung ermittelt. *Mögliche* Elemente sind neben jenen im förmlichen Gesetzgebungsverfahren zustande gekommenen Gesetzen naturrechtliche Inhalte, Präjudizien, Satzungen, das Gewohnheitsrecht, die Verkehrssitte, Handelsbräuche und Lehrmeinungen („hM"). Aus diesem Kreis gilt es jene Elemente zu identifizieren, auf die der Richter seine Entscheidung in der konkreten Rechtsordnung stützen darf.

2. Die Konkretisierung des Rechtsquellenbegriffs

60 Richtigerweise ist eine Rechtsquelle[2] nach einer allgemeinen **Definition** ein normativer Rechtssatz mit dem verbindlichen Anspruch auf Befolgung, weil er von einem in der konkreten Rechtsordnung mit Legitimation ausgestatteten Normgeber in einem Normsetzungsverfahren erlassen wurde. Hieraus wird deutlich, dass die Bestimmung der Rechtsquellen in einer Rechtsordnung auch eine Verfassungsfrage ist; die Verfassung wird auch als „Ausgangspunkt der Rechtsquellenlehre"[3] bezeichnet. Grund hierfür ist die Bindung der Exekutive und Judikative an „Gesetz und Recht" in Art. 20 Abs. 3 Hs. 2 GG, Art. 97 Abs. 1 GG.[4] Denn die Rechtsquellen-

---

[1] Vgl. zur juristischen Rechtsquellenlehre aus soziologischer Sicht und zur Qualifikation der Aussage im Text als juristisches (Un-)Verständnis der soziologischen Rechtsquellenlehre *Luhmann* in Albrecht/Daheim/Sack, Soziologie – FG René König, 1973, S. 387 ff.

[2] Zum Begriff der Rechtsquelle näher *Canaris* in Basedow (Hrsg.), Europäische Vertragsrechtsvereinheitlichung und deutsches Recht, 2000, S. 5 (8 ff.); der nachfolgend zugrunde gelegte Begriff der Rechtsquelle entspricht dem dort verwendeten Begriff der Rechts*geltungs*quelle; ausf. Darstellung auch bei *Möllers* Methodenlehre § 2 Rn. 2 ff.

[3] *Röhl/Röhl* Rechtslehre S. 520.

[4] Ausf. dazu → Rn. 39 ff.

lehre legt fest, welchen Regelungen der Rechtsanwender das in der Rechtsordnung geltende Recht zu entnehmen hat; an dieses sind der Richter und die Exekutive sodann nach Art. 20 Abs. 3 GG gebunden. Die Rechtsquellenlehre identifiziert jene Normen, die der Richter im Rahmen seiner Bindung an Art. 20 Abs. 3 GG, Art. 97 Abs. 1 GG zu beachten hat. Damit entscheidet die Rechtsquellenlehre auch über die konkrete Gewaltenteilung in der Rechtsordnung, dh über die Kompetenzbereiche von Judikative und Exekutive einerseits und Legislative andererseits. Die Bestimmung der genauen Rechtsquellen in einer Rechtsordnung, zB jener unter dem Grundgesetz, folgt mangels ausdrücklicher Regelung der verbindlichen Normen aus einer Gesamtschau der Rechtsordnung, insbesondere der Rechtsetzungsverfahren im Grundgesetz. Die von der Verfassung vorgesehenen Rechtsetzungsverfahren sind bei der Auslegung des Begriffes „Gesetz" in Art. 20 Abs. 3 GG heranzuziehen.

Ein Grundmerkmal von Rechtsquellen ist die **Allgemeinheit der Normen.** Nach 61
diesem Allgemeinheitsgrundsatz müssen Rechtsnormen abstrakt-generelle Regelungen enthalten, mithin Vorschriften, die für eine Vielzahl von Fällen und für eine unbestimmte Zahl an Personen gelten. Im Gegensatz hierzu stehen konkret-individuelle Entscheidungen. Der Allgemeinheitsgrundsatz ist für Gesetze in Art. 19 Abs. 1 GG normiert.[5] Seine vorrangige Funktion ist die Gewährleistung der Gleichbehandlung der Rechtsunterworfenen, indem gleich gelagerte Fälle gleich entschieden werden. Insoweit wohnt dem Allgemeinheitsgrundsatz ein Gerechtigkeitselement inne. Zugleich dient er dem Vertrauensschutz der Rechtsunterworfenen, können diese doch auf diese Weise die judikative Entscheidung gleichgelagerter Fälle voraussehen. Kritisch sind vor dem Hintergrund des Allgemeinheitsgrundsatzes sog. Einzelfall- bzw. Maßnahmegesetze zu bewerten.[6] Der Allgemeinheitsgrundsatz wird zudem durch Bestrebungen nach einer möglichst großen Einzelfallgerechtigkeit gefährdet. Generalklauseln und unbestimmte Rechtsbegriffe öffnen bekanntlich die Rechtsanwendung für die Einzelfallbetrachtung, indem sie eine Berücksichtigung der konkreten Umstände des Einzelfalles bei der Rechtsanwendung in einem recht weiten Maße ermöglichen. Das resultierende Spannungsverhältnis zwischen der Allgemeinheit der Regelungen verbunden mit dem Anspruch, gleichgelagerte Fälle gleich zu behandeln, einerseits und andererseits der Einzelfallgerechtigkeit, die besondere Umstände des konkreten Sachverhalts in Blick nimmt, gehört zu den grundlegenden Antinomien der Rechtsgewinnung. In der jüngeren Tendenz wird dabei der Gerechtigkeitskern des Allgemeinheitsgrundsatzes zu sehr ausgeblendet bzw. umgekehrt der Gerechtigkeitskern der Einzelfallgerechtigkeit zu sehr betont.[7] Das BVerfG hat indes bereits mehrfach betont, dass der Gesetzgeber gerade in Massenverfahren (zB der Hochschulzulassung) über einen Spielraum zu Generalisierungen, Pauschalierungen oder Standardisierungen verfügt, auch wenn dies zulasten der Einzelfallgerechtigkeit geht.[8]

3. Die Unterscheidung zwischen Rechtsgeltungs- und Rechtserkenntnisquelle

Nach der überwiegenden Ansicht ist von der Rechtsquelle die sog. Rechtserkennt- 62
nisquelle zu unterscheiden. Als solche werden überwiegend alle für die Rechtsgewinnung bedeutsamen Gesichtspunkte bezeichnet, mithin zulässige Argumente in

---

[5] Näher zu diesem Maunz/Dürig/*Remmert* GG Art. 19; *Manssen* StaatsR II Rn. 193 ff.
[6] Vgl. dazu nur Maunz/Dürig/*Remmert* GG Art. 19 Rn. 37 ff.
[7] Monographisch dazu *Britz*, Einzelfallgerechtigkeit versus Generalisierung, 2008.
[8] BVerfGE 126, 268 (279); BVerfG NJW 2018, 361 Rn. 187.

der Rechtsgewinnung.[9] Vorzugswürdig ist eine weitergehende **Differenzierung.**[10] Denn die Materialien, die das geltende Recht nur abbilden und seine Erkenntnis ermöglichen, ohne aber eine normative Aussage darüber zu enthalten, was gelten soll, lassen sich von jenen Materialien unterscheiden, die zur Gewinnung eines Regelinhalts, zB bei der Auslegung einer Norm, herangezogen werden und so Inhalt der spezifisch rechtlichen Argumentation über den zutreffenden Norminhalt werden können. Sie können mithin zur Begründung dessen verwendet werden, was gelten soll. **Rechtserkenntnisquellen** sind mithin nach dieser Unterscheidung Materialien zur Abbildung des geltenden Rechts. Beispiele hierfür sind rechtsvergleichende Zusammenstellungen nationaler Rechte, zB die Gegenüberstellung der Umsetzung der Verbraucherrechterichtlinie in Deutschland und Frankreich.

63 Als **Rechtsgewinnungsquellen** können die für die Rechtsgewinnung, insbesondere Auslegung und Fortbildung des einfachen Rechts, bedeutsamen Gesichtspunkte bezeichnet werden, mithin zulässige Argumente in dem Prozess der Rechtsgewinnung. Die überwiegende Ansicht bezeichnet diese jedoch ebenfalls als Rechtserkenntnisquelle.

II. Die Arten der Rechtsquellen

1. Das Gesetz im materiellen Sinn, seine Erscheinungsformen und Charakteristika

64 Rechtsquellen sind zunächst Gesetze im formellen und im materiellen Sinn. Diese Unterscheidung knüpft an der Einhaltung des verfassungsmäßigen Gesetzgebungsverfahrens an. **Formelle Gesetze** sind dabei Rechtssätze, die im verfassungsmäßigen Verfahren der Gesetzgebung zustande gekommen sind (sog. Parlamentsgesetze). **Materielle Gesetze** sind darüber hinaus alle vollständigen und unvollständigen Rechtsnormen, also jeder Rechtssatz, der für sich allein oder in Kombination mit anderen Rechtssätzen einem bestimmten Tatbestand eine konkrete Rechtsfolge im Sinne von subjektiven Rechten und Pflichten zuordnet. Dabei ist diese Zuordnung unabhängig davon, ob der Rechtssatz Teil eines Parlamentsgesetzes, einer gemeindlichen Satzung oder des Gewohnheitsrechts ist. Beispiele für Gesetze im materiellen Sinn sind das Grundgesetz, einfache Bundesgesetze, Rechtsverordnungen des Bundes und der Länder, autonome Satzungen von Gemeinden sowie das Gewohnheitsrecht. Materielle Gesetze müssen keine formellen Gesetze sein; formelle Gesetze sind im Regelfall aber materielle Gesetze.

65 **Art. 2 EGBGB** legt den materiellen Gesetzesbegriff zugrunde.[11] Der Norm kann daher die Aussage entnommen werden, dass auch Normen ohne Charakter als formelles Gesetz als Recht verbindlich sein können. Umgekehrt enthalten ua Art. 103 Abs. 2 GG *(nulla poena sine lege)* sowie Art. 104 I GG (Freiheitsbeschränkung nur aufgrund eines förmlichen Gesetzes) ausdrückliche Anforderungen an das Vorliegen eines formellen Gesetzes.

---

[9] Zum Begriff der Rechtserkenntnisquelle vgl. *Müller/Christensen* Methodik I S. 153, 400; *Ossenbühl* in Isensee/Kirchhoff (Hrsg.), Handbuch des Staatsrechts, Bd. V, 3. Aufl. 2007, § 100 Rn. 3.

[10] Insoweit zutreffend *Canaris* in Basedow (Hrsg.), Europäische Vertragsrechtsvereinheitlichung und deutsches Recht, 2000, S. 5 (8 ff.); zust. *Herresthal* Rechtsfortbildung S. 91 f.

[11] Vergleichbare Regelungen enthalten § 12 EGZPO, § 7 EGStGB und § 4 AO.

Hieraus folgt, dass als Rechtsquellen ua supra- und internationales Recht (Völkerrecht und Europarecht), das Grundgesetz, einfache Bundesgesetze, Rechtsverordnungen (§ 80 Abs. 1 GG), Satzungen von Körperschaften des Öffentlichen Rechts mit Satzungsautonomie (zB Gemeinde, Landkreis, Universität), kollektivrechtliche Normenverträge (Tarifverträge; § 4 Abs. 1 TVG) und Betriebsvereinbarungen (§ 77 BetrVG) qualifiziert werden können. **66**

2. Die Rechtsquelleneigenschaft von Gewohnheitsrecht

Das Gewohnheitsrecht ist eine eigenständige Rechtsquelle des objektiven Rechts. **67** Die **Voraussetzungen für das Entstehen** eines gewohnheitsrechtlichen Rechtssatzes sind nach der überwiegenden Ansicht[12] eine lange tatsächliche entsprechende Übung in der Rechtsgemeinschaft *(longa consuetudo)* und die Überzeugung der Notwendigkeit hinsichtlich der Befolgung der Regelung in der Rechtsgemeinschaft *(opinio juris),* dh die Anerkennung des Rechtssatzes als geltende Regelung durch die Mehrheit in der sozialen Gruppe. Eine typische gewohnheitsrechtliche Regelung sind die Grundsätze des Schweigens auf ein kaufmännisches Bestätigungsschreiben.[13]

Im **Privatrecht** hat das Gewohnheitsrecht (mittlerweile) nur noch eine geringe **68** Bedeutung. Die Gründe hierfür sind zum einen die Kodifikation von bis dahin nicht im BGB enthaltenen, aber von der weit überwiegenden Ansicht angewendeten Rechtssätzen durch den Gesetzgeber der Schuldrechtsreform 2002. So wurden in der Schuldrechtsreform 2002 ua § 311 Abs. 2 BGB, § 313 sowie § 280 Abs. 1 BGB kodifiziert.[14] Die von diesen Regelungen adressierten Regelungskomplexe (*culpa in contrahendo,* positive Forderungsverletzung – pFV, Wegfall der Geschäftsgrundlage) wurden zuvor in Wissenschaft und Praxis weit überwiegend anerkannt und jahrzehntelang von der Rechtsprechung ihren Entscheidungen zugrunde gelegt. Im Schrifttum wurden diese Regelungskomplexe teilweise daher auch als gewohnheitsrechtlich verfestigt qualifiziert. Diese Einordnung hat sich allerdings mit der Kodifikation durch die Schuldrechtsreform 2002 erledigt. Ein immer noch aktuelles Beispiel ist die Ablehnung einer Haftung der Mitglieder des nicht rechtsfähigen Idealvereins mit ihrem Privatvermögen für die Verbindlichkeiten des Vereins. Während sich für dieses Ergebnis weiterhin verschiedene dogmatische Begründungen finden,[15] ist doch eine lange entsprechende Übung in Wissenschaft und Praxis zu konstatieren[16] und wird dieses Ergebnis allenfalls nur noch ganz vereinzelt abgelehnt. Daher lässt sich durchaus das Entstehen einer gewohnheitsrechtlichen Verfestigung dieser Regelung und damit eine Derogation der abweichenden Vorschriften des BGB vertreten, gelangen doch letztere bei wortlautorientierter Anwendung mit dem Verweis des § 54 S. 1 BGB auf das Recht der GbR, deren Gesellschafter nach nun hM[17] für Gesellschaftsschulden persönlich und unbeschränkt kraft Gesetzes gegenüber Dritten haften. Dieses Beispiel zeigt zugleich, dass bei einer gewohnheitsrechtlichen Verfestigung von Rechtssätzen im Privatrecht die Entstehung eines Rechtssatzes mit

---

[12] BVerfG NJW 1983, 25 (31); *Larenz/Canaris* Methodenlehre S. 176; *Larenz* Methodenlehre S. 433; *Bydlinski* Methodenlehre und Rechtsbegriff S. 215; *Zippelius* Methodenlehre S. 10 f.

[13] Siehe → Rn 388 ff.

[14] Vgl. dazu nur *Kaiser* ZfBR 2001, 147 (150).

[15] Vgl. BeckOK BGB/*Schöpflin* § 54 Rn. 32 f., mit dem Hinweis auf einen institutionellen Haftungsausschluss sowie Nachweisen zu weiteren Begründungen.

[16] Vgl. nur BGHZ 50, 325 (329) = NJW 1968, 1830; BGH NJW 1979, 2304 (2306); RGZ 143, 212 (216).

[17] Vgl. BGHZ 146, 341 = NJW 2001, 1056 (1061); BGH NJW 1999, 3438.

unstreitigem Inhalt in der Rechtsgemeinschaft durchaus selten ist. Denn die Privatrechtsordnung ist filigran durch den Gesetzgeber ausdifferenziert und darüber hinaus Gegenstand einer intensiven wissenschaftlichen und judikativen Auseinandersetzung. In der Folge wird allenfalls noch die allgemeine Grundregelung, der sehr allgemeine Kern eines Rechtssatzes, als solcher (weit überwiegend) anerkannt, während die konkrete Ausdifferenzierung in Wissenschaft und Praxis regelmäßig detailreich diskutiert und nicht selten umstritten ist. Paradigmatisch ist das Allgemeine Persönlichkeitsrecht, das mittlerweile auch als Rechtssatz im Privatrecht grundsätzlich anerkannt wird, dessen konkreter Gewährsleistungsgehalt in Wissenschaft und Praxis allerdings weiterhin umstritten ist.[18] Mithin kann allenfalls die Anerkennung des Allgemeinen Persönlichkeitsrechts im Privatrecht als solches gewohnheitsrechtlich verfestigt sein, nicht aber die konkreten Gewährleistungsgehalte, zB die Reichweite der Haftung des Schädigers. Mangels hinreichender allgemeiner Anerkennung scheidet eine gewohnheitsrechtliche Verfestigung insofern aus, auch wenn insoweit eine ständige Rechtsprechung zu verzeichnen ist.

69 Mit dem zuletzt genannten Beispiel, aber auch der Haftung der Mitglieder des nicht rechtsfähigen Idealvereins ist ein weiteres Kernproblem des Gewohnheitsrechts angesprochen: seine **Abgrenzung vom Richterrecht.** Das Richterrecht umfasst alle Entscheidungsmaßstäbe, die ohne wertende, gebotsbildende Akte des Richters dem Gesetz nicht entnommen werden können.[19] Insofern kann jedenfalls festgehalten werden, dass die gewohnheitsrechtliche Verfestigung eines Rechtssatzes in einer ausdifferenzierten Rechtsordnung im Grundsatz nicht ohne höchstrichterliche Anerkennung und nicht ohne eine entsprechende ständige Rechtsprechung möglich ist, da es dann an einer hinreichenden Anerkennung des konkreten Rechtssatzes in der Rechtsordnung fehlt.[20] Umgekehrt führt nicht jede höchstrichterliche Anerkennung eines Rechtssatzes, und zwar auch dann nicht, wenn diese schon über einen langen Zeitraum andauert und zu einer ständigen Rechtsprechung geführt hat, zu einer gewohnheitsrechtlichen Verfestigung dieses Rechtssatzes. Regelmäßig handelt es sich weiterhin um richterrechtliche Regelungen.[21] Erst wenn zu dieser richterlichen Übung die allgemeine Überzeugung tritt, dass es sich bei der Regelung um geltendes Recht handelt, sind die Voraussetzungen des Gewohnheitsrechts erfüllt. Insofern wirkt sich allerdings wiederum aus, dass im Privatrecht regelmäßig eine detailreiche und kontroverse Diskussion über einzelne Rechtssätze erfolgt, sodass die Rechtsüberzeugung in Bezug auf nicht kodifizierte Rechtssätze allenfalls den hochabstrakten Kern entsprechender Rechtsinstitute umfasst. So waren die in der Schuldrechtsreform 2002 kodifizierten Rechtsinstitute (*culpa in contrahendo,* positive Forderungsverletzung, Störung der Geschäftsgrundlage) bisweilen viele Jahrzehnte, teilweise über 100 Jahre, Elemente der ständigen Rechtsprechung, ohne dass über den hoch abstrakten Kern dieser Institute hinaus eine weitgehende Einigkeit in der Praxis erzielt werden konnte. Paradigmatisch war der Grundsatz vom Wegfall der Geschäftsgrundlage[22], bei dem letztlich nur Einigkeit darüber bestand, dass ein entsprechender Grundsatz Bestandteil des Privatrechts ist, während die Qualifikation von Umständen als Geschäftsgrundlage ebenso umstritten war wie die ausgelösten

---

[18] Vgl. dazu näher MüKoBGB/*Rixecker* Anh. zu § 12.

[19] Dazu näher → Rn. 71 ff.

[20] Freilich ist die Konstellation denkbar, dass eine Regel über einen sehr langen Zeitraum in der Rechtsgemeinschaft als Recht befolgt wird, ohne dass Streit über ihren Bestand aufkommt und in der Folge auch keine Rechtsprechung zu dieser Frage existiert.

[21] Abweichendes gilt für das Völkergewohnheitsrecht, vgl. dazu näher *Rüthers/Fischer/Birk* Rechtstheorie Rn. 202.

[22] Erman/*Böttcher* BGB § 313 Rn 2 ff.; MüKoBGB/*Finkenauer* § 313 Rn. 20 ff.

Rechtsfolgen. So konnten unschwer ein Dutzend verschiedene Konzeptionen der „Geschäftsgrundlage" identifiziert werden, also der Bestimmung der maßgebenden Umstände, deren Fehlen den Eingriff in die Vertragsbindung rechtfertigt. Als gewohnheitsrechtlich verfestigt konnte daher allenfalls der hochabstrakte Rechtssatz, wonach im Privatrecht das Rechtsinstitut des Wegfalls der Geschäftsgrundlage mit der Folge eine Lösung der Vertragsbindung besteht, nicht aber dessen konkrete Voraussetzungen und Rechtsfolgen angesehen werden. Festzuhalten ist aber, dass in einer ausdifferenzierten Rechtsordnung wie dem allgemeinen Privatrecht mit dem BGB Gewohnheitsrecht im Grundsatz nur aus erstarktem Richterrecht entstehen kann, da es ohne richterrechtliche Anerkennung eines Rechtssatzes grundsätzlich an einer hinreichenden Rechtsüberzeugung in der Rechtsordnung fehlt, ohne die Gewohnheitsrecht ausscheidet.

Kein Gewohnheitsrecht sind **Sitten und Gebräuche des Handelsverkehrs** (vgl. 70 § 346 HGB).[23] Bei einer Anknüpfung an diese greift das Gesetz nur faktische Verhaltensweisen auf, also Übungen bzw. Usancen in der Rechtswirklichkeit, und knüpft an diese eine begrenzte normative Bedeutung.

3. Die Problematik des Richterrechts

Die Qualifikation von Richterrecht als Rechtsquelle ist weiterhin eine der umstrit- 71 tensten Fragen der Rechtsquellenlehre.[24] Als Richterrecht können **alle Entscheidungsmaßstäbe** bezeichnet werden, die **ohne wertende, gebotsbildende Akte des Richters dem Gesetz nicht entnommen** werden können.[25] Paradigmatisch für richterrechtliche Institute im Privatrecht sind das bereits genannte allgemeine Persönlichkeitsrecht, die Sicherungsübereignung sowie das Arbeitskampfrecht. Nach der weiterhin vorzugswürdigen Ansicht kommt dem Richterrecht kein Rechtsquellencharakter zu.[26] Erst nachdem der richterrechtlich anerkannte Rechtssatz zu Gewohnheitsrecht erstarkt ist, weist er einen Rechtsquellencharakter auf. Die Entwicklungsstufen eines Rechtssatzes im Privatrecht lassen sich daher wie folgt beschreiben: Zunächst wird dieser Rechtssatz in einzelnen Entscheidungen von Gerichten anerkannt und verfestigt sich dann zu einem Gerichtsgebrauch. Sodann wird der Rechtssatz zu einer ständigen Rechtsprechung und damit zu Richterrecht. Zum Gewohnheitsrecht erstarkt er erst, wenn in Bezug auf den konkreten Rechtssatz die genannten Voraussetzungen des Gewohnheitsrechts[27] erfüllt sind. Die Ablehnung der Einordnung von Richterrecht als Rechtsquelle lässt freilich die Kompetenz der Judikative zur Fortbildung lückenhaften Gesetzesrechts[28], dem im Wege der Auslegung keine Lösung entnommen werden kann, unberührt.

Für die **Ablehnung des Rechtsquellencharakters von Richterrecht** streitet bereits 72 der verfassungsrechtlich verankerte Grundsatz der Gewaltenteilung. Nach diesem ist die Rechtsetzung im Sinne der Aufstellung von abstrakt-generellen Regelungen mit

---

[23] Zur Abgrenzung zwischen Handelsbrauch und Gewohnheitsrecht → Rn. 397 f.

[24] Ausf. dazu auch *Bydlinski/Bydlinski* Grundzüge Methodenlehre S. 124 ff.

[25] *Rüthers* Auslegung S. 458 ff.

[26] Maunz/Dürig/*Uhle* GG Art 70 Rn. 48; Maunz/Dürig/*Jachmann-Michel* GG Art. 95 Rn 15; *Larenz* Methodenlehre S. 429 ff.; *Larenz/Canaris* Methodenlehre S. 252 ff.; *Klappstein,* Die Rechtsprechungsänderung mit Wirkung für die Zukunft, 2009, S. 218 ff.; *Esser* FS v. Hippel, 1967, 95 (113 f.); MHdB ArbR/*Fischinger* § 6 Rn. 34 ff.; das Richterrecht nicht auf eine Ebene mit dem Gesetzesrecht, aber dennoch als *subsidiäre Rechtsquelle* einordnend *Kramer* Methodenlehre S. 253 ff.

[27] *Larenz* Methodenlehre S. 433; *Kramer* Methodenlehre S 254.

[28] Dazu → Rn. 168 ff.

dem Anspruch der Verbindlichkeit der Legislative überantwortet. Die Judikative hat hingegen die Aufgabe, das geltende Recht im Rahmen der Rechtsanwendung zu konkretisieren, zu präzisieren sowie unter begrenzten Voraussetzungen (Lückenhaftigkeit) fortzubilden. Hingegen hat die Judikative nicht den Gesetzgeber bei der abstrakt-generellen Normgebung zu ersetzen.

73 Die **Gegenauffassung**, die Richterrecht als Rechtsquelle qualifiziert,[29] knüpft an der unbestrittenen Anerkennung des Richterrechts und seiner Funktion in der Methodenlehre an. Ergänzend wird auf die – ebenfalls anerkannte – Notwendigkeit der richterlichen Schließung von Regelungslücken im Gesetz verwiesen, womit dem Richterrecht iErg zumindest insoweit eine norm(er)ersetzende Funktion zugesprochen werde. Auch der rechtstatsächliche Befund, wonach für den Rechtsverkehr das Richterrecht gesetzesgleiche Wirkung habe, soll nach dieser Ansicht für den Rechtsquellencharakter streiten.[30] So wird ua auf die Beratungspflichten des Anwalts (§ 675 BGB) sowie die Pflicht der Staatsanwaltschaft zur Anklageerhebung (§ 170 StPO) verwiesen. Beide unterscheiden nicht zwischen Gesetzesrecht und Richterrecht, dh auch richterrechtliche Regelungen lösen eine entsprechende Beratungspflicht des Anwaltes sowie die Pflicht des Staatsanwalts zur Anklageerhebung aus.[31] Ergänzend wird auch die Richtlinienfunktion des Richterrechts im Verfahrensrecht (§ 132 Abs. 4 GVG) genannt, wonach eine Frage von grundsätzlicher Bedeutung dem Großen Senat des BGH zur Entscheidung vorgelegt werden kann, wenn das nach Auffassung eines Senats zur Fortbildung des Rechts oder zur Sicherung einer einheitlichen Rechtsprechung erforderlich ist. Gleiches gilt für die Zulassung der Berufung wegen einer Abweichung von der obergerichtlichen Rechtsprechung (§ 511 Abs. 4 S. 1 Nr. 1 ZPO). Auch ist nach dieser Ansicht der Schutz des Vertrauens der Rechtsunterworfenen auf die zukünftige Gleichbehandlung entsprechender Fälle bei richterrechtlichen Rechtssätzen ebenso einschlägig wie beim Gesetzesrecht.

74 Zu Recht wird allerdings überwiegend betont, dass dieser **Streitfrage vor allem theoretische Bedeutung** zukommt, ihre praktische Bedeutung hingegen sehr begrenzt ist. Dies folgt aus der bereits angeführten faktischen Bedeutung des Richterrechts für die Rechtspraxis. Diese faktische Bedeutung ist unabhängig von der Qualifikation als Rechtsquelle und dem Umstand geschuldet, dass dem Richterrecht in der Rechtspraxis eine besondere Bedeutung zukommt. Aus dieser Bedeutung folgen **formale und inhaltliche Anforderungen an richterliche Rechtssätze;** diese Anforderungen können als berechtigter Kern der Gegenansicht verstanden werden, die das Richterrecht sogar als Rechtsquelle einordnet. So ist aus der festgestellten praktischen Bedeutung des Richterrechts das Gebot der Allgemeinheit von richterrechtlich aufgestellten Leitsätzen abzuleiten. Zudem sind richterrechtliche Rechtssätze nur einer erschwerten Änderung zugänglich. Dies folgt aus dem Vertrauen des

---

[29] *Rüthers/Fischer/Birk* Rechtstheorie Rn. 243 ff.

[30] Hiervon ist zu unterscheiden, ob dasselbe Gericht oder Untergerichte an den richterrechtlichen Rechtssatz, dh den aus der Entscheidung zu abstrahierenden Rechtssatz, gebunden sind. Eine solche Bindung an Präjudizien ist als Folge der Ablehnung des Rechtsquellencharakters von Richterrecht ebenfalls grundsätzlich zurückzuweisen, näher zur Wirkung von Präjudizien → Rn. 75.

[31] Beiden liegt jedoch eine Prognoseentscheidung, wie ein zukünftiges Gerichtsverfahren ausgehen wird, zugrunde, sodass das Richterrecht, an dem sich der zur Entscheidung berufene Richter höchstwahrscheinlich orientieren wird, denklogisch zu berücksichtigen ist. Innerhalb dieses Verfahrens kann der Rechtsanwalt oder Staatsanwalt jedoch eine vom Richterrecht abweichende Auffassung vertreten und entsprechend antragen. Vgl. etwa für das Recht des Staatsanwalts entgegen der höchstrichterlichen Rechtsprechung einen Freispruch zu beantragen: MüKoStPO/*Brocke* GVG § 150 Rn. 9.

Rechtsverkehrs auf eine grundsätzliche Fortführung der richterrechtlichen Regelungen aufgrund des Gebots der Gleichbehandlung gleicher Sachverhalte. Schließlich folgen aus dem verfassungsrechtlichen Wesentlichkeitsgrundsatz[32] nicht nur für die richterliche Rechtsfortbildung, sondern auch für das Richterrecht Grenzen.[33]

Sofern eine ständige Rechtsprechung noch nicht gewohnheitsrechtlich verfestigt ist, 75
ist die Frage der **Reichweite einer Bindung an Präjudizien** zu beantworten, dh ob die Judikative an frühere Entscheidungen, ggf. sogar eine ständige Rechtsprechung, insofern gebunden ist, als die dort zugrunde gelegte Auslegung oder Rechtsfortbildung, dh die in der Urteilsbegründung vom Gericht gegebene Antwort auf eine Rechtsfrage,[34] in nachfolgenden Entscheidungen ebenfalls anzunehmen ist.[35] Für eine solche Orientierung der aktuellen Entscheidung an der zeitlich vorausgehenden Rechtsprechung sprechen insbesondere die Rechtssicherheit und der Grundsatz der Gleichbehandlung. Auch wird die Effizienz der Justiz gesteigert und werden die Kosten gesenkt, wenn nicht alle Streitfragen in jedem Verfahren umfassend neu analysiert werden müssen. Schließlich kann das Gericht grundsätzlich auf die Fachkompetenz jener Richter vertrauen, die sich mit der Streitfrage vertieft auseinandergesetzt haben. Allerdings ist richtigerweise weiter zu unterscheiden: Sofern der Inhalt der früheren Entscheidung(en) schon nicht auf methodisch vertretbaren Weg erreichbar war, ist eine Anknüpfung des Gleichbehandlungsgrundsatzes und der Rechtssicherheit an diesem Entscheidungsinhalt abzulehnen. Mit anderen Worten scheidet eine judikative Orientierung an methodisch nicht vertretbaren Entscheidungsinhalten früherer Entscheidungen aus. Im Übrigen ist eine Abwägung insofern geboten, ob hinreichend gewichtige Gründe für ein Abgehen von den früheren Entscheidungsinhalten sprechen. Diese Gründe für eine Abweichung sind mit den für eine Orientierung an den früheren Entscheidungen streitenden Prinzipien der Rechtssicherheit und Gleichbehandlung abzuwägen. Sofern sich die grundlegenden Gerechtigkeitsauffassungen oder tragende Wertmaßstäbe in der Rechtsordnung seit der früheren Entscheidung verändert haben, wird dies regelmäßig ein hinreichend gewichtiger Grund für eine Rechtsprechungsänderung sein und sich mithin im Rahmen der Abwägung durchsetzen. Darüber hinaus ist eine „bessere Erkenntnis" des nunmehr entscheidenden Gerichts möglich, indem dieses aufgrund eigener Anschauung oder der zwischenzeitlich erfolgten Diskussion in Wissenschaft und Praxis dazu gelangt, dass eine abweichende Lösung der Rechtsgewinnungsfrage vorzugswürdig ist. In diesem Fall ist die Beeinträchtigung von Rechtssicherheit und Gleichbehandlungsgebot durch die geplante Rechtsprechungsänderung mit dem hierdurch erzielbaren Fortschritt für den Ausgleich der betroffenen Interessen und die bessere Konkordanz mit den Wertungen der Rechtsordnung durch die neue Lösung ab-

---

32 Vgl. nur Maunz/Dürig/*Grzeszick* GG Art. 20 Rn 105 f.; *Rüthers/Fischer/Birk* Rechtstheorie Rn. 254.

33 Vgl. zur unlängst erfolgten Diskussion über die Reichweite der Bindung des Richters an das Gesetz und vor allem die Grenzen von Richterrecht *Rüthers* JZ 2008, 446; *ders.* JZ 2006, 53; *ders.* NJW 2009, 1461; *ders.* NJW 2011, 1856, *Hirsch* JZ 2007, 863; *ders.* JZ 2008, 188; *ders.* ZRP 2012, 205; *Adomeit* JZ 2008, 299; *Hassemer* ZRP 2007, 213; unlängst auch *Säcker* NJW 2018, 2375 zum Kern der Gewaltenteilung.

34 So treffend schon *Larenz* Methodenlehre S. 429.

35 Dazu statt aller *Lundmark* JuS 2000, 546; *Krebs* AcP 195 (1995), 181; *Schlüchter,* Mittlerfunktion von Präjudizien, 1986; *Blaurock* (Hrsg.), Die Bindung an Präjudizien, 1985; *Diedrich,* Präjudizien im Zivilrecht, 2004; *Klöckner,* Grenzüberschreitende Bindung an zivilgerichtliche Präjudizien, 2006; unlängst auch *Payandeh,* Judikative Rechtserzeugung. Theorie, Dogmatik und Methodik der Wirkung von Präjudizien, 2017; zur Diskussion auch *Bydlinski/Bydlinski* Grundzüge Methodenlehre S. 133.

zuwägen. Dabei ist der Umfang der Beeinträchtigung der Rechtssicherheit ua davon abhängig, inwieweit der Rechtsverkehr auf den Fortbestand der früheren Rechtsprechung vertrauen durfte. Hierfür ist ua von Bedeutung, in welcher Instanz die frühere Rechtsprechung erfolgte (Untergerichte, Obergerichte, Bundesgericht), ob es sich mittlerweile um eine gefestigte, ggf. sogar ständige Rechtsprechung handelt, ob für den Rechtsverkehr diese frühere Rechtsprechung sich als judikative Entscheidung einer Streitfrage in Wissenschaft und Praxis präsentierte oder umgekehrt als judikatives Ausgreifen in bis dahin ungeklärte Regelungsfragen sowie ob frühere Entscheidungen bereits angedeutet haben, dass die Rechtsprechung selbst Zweifel an der bisherigen Lösung erkennt und ein mögliches Abgehen in Zukunft „angedeutet" hat. Angesichts der Möglichkeit, dass die Abwägung zum Ergebnis gelangen kann, von dem Präjudiz abzuweichen, besteht keine Bindung im engeren Sinn an Präjudizien. Allerdings streitet nach dem Vorstehenden aufgrund der genannten Prinzipien im Ausgangspunkt eine Vermutung für die Orientierung der Entscheidungsinhalte an den Präjudizien; diese Vermutung führt zur Begründungslast bei einer judikativen Abweichung von diesen Präjudizien. Diese **Vermutung zugunsten einer Fortsetzung der Entscheidungsinhalte der Präjudizien** wird auch als *präsumtive Verbindlichkeit* von Präjudizien bezeichnet.

76 Besonderes gilt aber für **bestimmte Arten von Gerichtsentscheidungen.** Gesetze und untergesetzliche Normen wie Satzungen und Verordnungen, die als Rechtsquelle einzuordnen sind, müssen durch Aufhebungsgesetz, Aufhebungssatzung etc. – also ebenfalls Rechtsquellen – wieder aufgehoben werden. Eine Aufhebung von Normen kann jedoch auch mit Wirkung *erga omnes* ausnahmsweise durch eine Gerichtsentscheidung erfolgen. So haben Entscheidungen der OVG bei Normenkontrollverfahren iSd § 47 VwGO gem. § 47 Abs. 5 S. 2 Hs. 2 VwGO allgemeinverbindliche Wirkung, sofern eine Rechtsnorm aufgehoben wird. Die Entscheidung tritt damit an die Stelle einer aufhebenden Verordnung bzw. Satzung, sodass der Gerichtsentscheidung hier eine besondere Funktion zukommt. Für Entscheidungen des BVerfG ist deren besondere Bindungswirkung in § 31 BVerfGG geregelt. Nach § 31 Abs. 1 BVerfGG ist die öffentliche Hand durch die Entscheidungen des Verfassungsgerichts grundsätzlich gebunden. Für einige Verfahrensarten, wie die konkrete oder abstrakte Normenkontrolle, ordnet § 31 Abs. 2 S. 1 BVerfGG sogar ausdrücklich die Gesetzeskraft der Entscheidung an. Diese Gesetzeskraft gilt nach § 31 Abs. 2 S. 2 BVerfGG auch, wenn im Rahmen einer Verfassungsbeschwerde über die Vereinbarkeit eines Gesetzes mit dem Grundgesetz und einer aus der Unvereinbarkeit folgenden Nichtigkeit des Gesetzes entschieden wird. Insoweit ist es gerechtfertigt, solchen Entscheidungen, die entweder an die Stelle eines Aufhebungsrechtsetzungsaktes treten oder für die eine derart weitreichende Bindung wie in § 31 BVerfGG angeordnet ist, mit Blick auf die Qualifikation von Richterrecht eine besondere Rolle zuzusprechen und sie **als Rechtsquellen einzuordnen.**

77 In Bezug auf die **Bindung an Entscheidungen des EuGH** ist zu unterscheiden. Nach Art. 267 AEUV hat der EuGH die abschließende Befugnis, über die Auslegung des AEUV sowie über die Gültigkeit und die Auslegung der dort genannten abgeleiteten unionsrechtlichen Akte zu entscheiden. Für die mit demselben Ausgangsverfahren befassten mitgliedstaatlichen Gerichte sind die nach Maßgabe von Art. 267 AEUV ergangenen Urteile des EuGH daher bindend. Die Vervollständigung der europäischen Integration, die Rechtssicherheit und die Rechtsanwendungsgleichheit in Bezug auf das Unionsrecht streiten für diese Lösung.[36] Hinsichtlich der

[36] BVerfG JZ 1988, 191 (192) mwN.

Bedeutung der Entscheidung des EuGH für Dritte, dh nicht am Ausgangsverfahren beteiligte Parteien (teilweise auch sog. *erga-omnes*-Wirkung), ist weiter zu unterscheiden. Sofern der EuGH über die Gültigkeit eines unionsrechtlichen (sekundärrechtlichen) Aktes, zB einer Richtlinie, entschieden hat, entfaltet diese Entscheidung richtigerweise Bindungswirkung für die Mitgliedstaaten und damit auch die mitgliedstaatlichen Gerichte unabhängig davon, ob die konkreten Parteien am Ausgangsverfahren beteiligt waren. Hinsichtlich der Auslegung des Vertrages sowie der abgeleiteten unionsrechtlichen (sekundärrechtlichen) Akte gilt für Dritte, nicht am Ausgangsverfahren Beteiligte richtigerweise ebenfalls nur eine „präsumtive" Verbindlichkeit der EuGH-Entscheidung. Sofern das mitgliedstaatliche Gericht der Auffassung ist, dass die vom EuGH unternommene Auslegung oder Fortbildung des Unionsrechts aufgrund geänderter Rahmenbedingungen im Unionsrecht bzw. besserer Erkenntnis durch eine abweichende Auslegung/Fortbildung zu ersetzen ist, kann es mit einer entsprechenden Begründung die Auslegung/Fortbildung durch den EuGH überwinden. Allerdings ist zur Einheitlichkeit der Rechtsanwendung des Unionsrechts in diesem Fall eine Vorlage zum EuGH nach Art. 267 AEUV erforderlich und zwar auch durch jene Gerichte, die im unmittelbaren Anwendungsbereich der Norm nicht zu einer Vorlage verpflichtet sind. Hierfür spricht, dass der EuGH abschließend über die Auslegung des Unionsrechts entscheidet und eine bereits bestehende EuGH-Rechtsprechung Anknüpfungspunkt entsprechenden Vertrauens der Rechtsunterworfenen ist.

4. Die Bedeutung der herrschenden Lehre für die Rechtsgewinnung

Die herrschende Lehre (hL) umfasst die veröffentlichten wissenschaftlichen Lehrsätze und Ansichten (früher sog. *communis opinio doctorum*). Diese Lehrsätze haben keine Rechtsnormqualität; die von der herrschenden Lehre formulierten Rechtssätze sind **keine Rechtsquelle.** Dies folgt in der Rechtsordnung unter dem Grundgesetz daraus, dass die Rechtsetzung der demokratisch legitimierten Gesetzgebung überantwortet ist und in den hierfür vorgesehenen Verfahren ausgeübt werden muss. Beides fehlt entsprechenden Lehrsätzen und Ansichten. Mithin handelt es sich bei Rechtssätzen, die von der herrschenden Lehre formuliert werden, um bloße Vorschläge und Empfehlungen für den Gesetzgeber, wenn und soweit er das geltende Gesetz ändern möchte. Auch für die Judikative handelt es sich um Vorschläge, wenn und soweit die Rechtssätze der herrschenden Lehre eine bestimmte Konkretisierung des Gesetzesrechts oder dessen Fortbildung zum Inhalt haben.[37] 78

Ungeachtet dieser fehlenden Bindung der Rechtsprechung kommt den wissenschaftlichen Lehrsätzen und Ansichten eine **große Bedeutung für Gesetzgebung und Rechtsprechung** zu. Beide orientieren sich bei der Gesetzgebung bzw. Rechtsprechung vielfach an der überwiegenden Ansicht („hL"). Die materielle Rechtfertigung hierfür trotz fehlender Bindungswirkung folgt aus der besonderen impliziten Überzeugungskraft der überwiegenden Ansicht. Denn die überwiegend konzedierten Lösungsansätze bilden sich idealiter durch einen freien und offenen Diskurs der verschiedenen Ansichten unter Beteiligung einer Vielzahl von fachkundigen Teilnehmern. Im Verlauf der Diskussion werden regelmäßig eine große Zahl von Konstellationen beleuchtet und zahlreiche Argumente ausgetauscht. Auch wenn die sich auf diese Weise herausgebildete überwiegende Ansicht für die Judikative nicht verbind- 79

[37] Dies war nach der früheren, sog. historischen Rechtsschule abweichend, da die Juristen damals als Repräsentanten des Rechtes im Volke verstanden wurden, vgl. nur *Säcker* NJW 2018, 2375 (2377 f.).

lich ist, so resultiert doch aus ihr richtigerweise eine gewisse Argumentationslast, wenn die Judikative im konkreten Einzelfall von ihr „abweichen" will, dh den von der herrschenden Ansicht formulierten und begründeten Rechtssatz nicht als abstrakt-generellen Maßstab der konkreten Entscheidung zugrunde legen will. Denn die Rechtspraxis vertraut – vor dem Hintergrund der genannten Genese der überwiegenden Ansicht – vollkommen berechtigt darauf, dass sich auch die Judikative der Überzeugungskraft der ausgetauschten Argumente nicht entziehen kann, während zugleich die in Betracht zu ziehenden Konstellationen bereits im Diskurs berücksichtigt wurden. Für den Regelfall ist daher die genannte Argumentationslast, die sich mit einer Abweichung von der überwiegenden Ansicht verbindet, anzuerkennen. Freilich ist nicht ausgeschlossen, dass die Rechtsprechung ein bislang übersehenes, letztlich stichhaltiges Argument für eine solche Abweichung aufzeigen kann, der konkret zu entscheidende Fall besonders gelagert ist oder die identifizierten tragenden Überlegungen von der Rechtsprechung abweichend gewichtet werden. In diesem Fall aktualisiert sich aber gerade die Argumentationslast, dh die Rechtsprechung muss sich unter Aufzeigen dieser Konstellationen mit der herrschenden Ansicht auseinandersetzen und die „Abweichung" von dieser entsprechend begründen.

5. Die Bedeutung von Normtext ohne Rechtssatzcharakter

80 Probleme bereitet bisweilen die Einordnung von Normtext, der keine Rechtssätze, sondern nur Aussagesätze enthält, in die Rechtsquellenlehre.[38] Paradigmatisch sind etwa die Präambel des Grundgesetzes oder die Erwägungsgründe von Unionsrechtsakten, namentlich von EU-Richtlinien. Da die Präambel des Grundgesetzes oder auch die Präambeln von Landesverfassungen in der Rechtspraxis nur geringe Bedeutung entfalten, wurde die Frage nach der Einordnung von Normtext ohne Rechtssatzcharakter erst mit den für Unionsrechtsakte typischen Erwägungsgründen in der Methodenlehre virulent. Unstreitig handelt es sich insoweit **nicht um Rechtsquellen,** da eine Rechtsquelle einen Rechtssatz im Sinne eines Sollensgebotes (oder eines Teiles davon) voraussetzt. Hieran fehlt es ua den Erwägungsgründen einer Richtlinie. Denn diese enthalten nur Aussagen über die Erwägungen bzw. Motive und Regelungsabsichten, die den Unionsgesetzgeber zum Erlass der jeweiligen Vorschrift bewegt haben. Insbesondere fehlt es den Erwägungsgründen an der für Rechtssätze typischen Verknüpfung von Tatbestand und Rechtsfolge.[39] Andererseits können die Inhalte solcher Erwägungsgründe nicht ohne weiteres den Gesetzgebungsmaterialien gleichgestellt werden, denn anders als diese wird durch den Normtext ohne Rechtssatzcharakter nicht nur das Gesetzgebungsverfahren dokumentiert oder kommentiert, sondern der Gesetzgeber fixiert mit diesen gerade das Ergebnis des Gesetzgebungsverfahrens, dh die schlussendlich durchgreifenden Motive, tragenden Erwägungen, verfolgten Regelungsziele etc. Durch die Stellung als **Ergebnis des Gesetzgebungsverfahrens** nimmt der Normtext ohne Rechtssatzcharakter genauso wie der Normtext mit Rechtssatzcharakter an der durch das Rechtssetzungsverfahren vermittelten Dignität teil. Daher ist ein solcher Normtext im Rahmen der Auslegung **mit besonders hohem argumentativem Gewicht zu berücksichtigen.** In der Regel wird daher die Auslegung einer Norm gegen die dem Rechtsakt vorangestellten Erwägungsgründe methodisch unzulässig sein. In die Kategorie des Normtexts ohne Rechtssatzcharakter dürften auch Zweck- oder Ziel-

---

[38] Zur Abgrenzungen → Rn. 92 f.

[39] Riesenhuber/*Köndgen* § 6 Rn. 49; vgl. dazu → Rn. 94 ff.

setzungsnormen wie etwa § 1 TzBfG, § 1 UWG, § 1 ArbZG fallen, denn eigentlich beinhalten solche Normen ebenfalls keinen Rechtssatz im eigentlichen Sinn, sondern sind zum Gesetzestext „geronnene" Zwecke und Ziele des Gesetzgebers.

6. Unverbindliche Regelkataloge (soft law)

Mit etwas anderem Akzent stellt sich die Frage nach der Rechtsquelleneigenschaft in 81
Bezug auf unverbindliche, oft **international formulierte Regelkataloge,** die keinem demokratisch legitimierten Gesetzgeber, sondern Fachkommissionen entspringen. Paradigmatisch sind jene internationalen Regelkataloge aus dem Bereich der *Corporate Social Responsibility (CSR).*[40] Diese Kataloge werden von Fachgremien ohne demokratische Legitimation formuliert und sind zweifelsohne unverbindliche Instrumente *(soft law).* Im nationalen Recht kann insofern auf den *Deutschen Corporate Governance Kodex (DCGK)* verwiesen werden. Letzterer verdeutlicht auch das „moderne" Regelungskonzept, das an diesen im Ausgangspunkt unverbindlichen Instrumenten anknüpft. Denn nach § 161 AktG muss die AG sich über ihre Befolgung der Kodexvorgaben bzw. die Gründe für Abweichungen erklären. Eine unterbliebene oder fehlerhafte Veröffentlichung ist gesetzlich sanktioniert.[41] Aufgrund dieses sog. *comply or explain* wird teilweise mit Blick auf die Regelkataloge ein weniger strenger Verbindlichkeitsbegriff herangezogen und die Regelungen im DCGK auf diese Weise als „normativ steuernd" bezeichnet.[42] Im Schrifttum werden darüber hinaus angesichts dieser „normativen Verdichtung" bzw. „normativen Gerinnung" in zunehmendem Maße Stimmen laut, die für eine Erweiterung des tradierten Rechtsbegriffs und dem Entweder-oder von Verbindlichkeit/Unverbindlichkeit streiten und in der Folge auch die nichtstaatlich gesetzten Regelungen bzw. Regelkataloge – im Gegensatz zur weiterhin herrschenden Meinung – als Rechtsquelle anerkennen wollen.[43]

---

[40] Ua der *UNGC – UN Global Compact,* die *UN-Leitprinzipien für Wirtschaft und Menschenrechte* (*Ruggie-Principles*) sowie die *OECD-Leitlinien für Multinationale Unternehmen.*

[41] Parallel dazu müssen große börsennotierte Unternehmen in CSR-Belangen „Konzepte" präsentieren (§ 289c Abs. 3 Nr. 1 HGB) und deren Fehlen ggf. begründen (§ 289c Abs. 4 HGB). Außerdem müssen Sie über die „Ergebnisse" zu den Konzepten berichten (§ 289c Abs. 3 Nr. 2 HGB).

[42] *Spießhofer* NZG 2018, 441 (443); s. a. *Hoffmann-Becking* ZIP 2011, 1173, wonach mit der Regelungstechnik des DCGK und § 161 AktG eine beinahe gesetzesgleiche Bindungswirkung auch jener unverbindlichen Regelungen mit Prinzipienstruktur im DCGK erreicht werde.

[43] So in der Tat *Spießhofer,* Unternehmerische Verantwortung, 2017, S. 574 ff.

§ 6 Die Rechtsgeltung

I. Die Arten der Rechtsgeltung

82 Die Diskussion der Rechtsgeltung in der Methodenlehre befasst sich mit der Frage, wann gilt Recht. Insofern kann grundsätzlich zwischen der normativen Geltung, der faktischen (soziologischen) Geltung und der ethischen bzw. moralischen Geltung von Regelungen unterschieden werden.[1] Eine **normative Geltung** einer Regel wird bejaht, wenn die Norm in einem verfassungsmäßigen Verfahren in Kraft gesetzt wurde und seit diesem Zeitpunkt durch jüngere, ebenfalls verfahrenskonforme Regelungen weder ausdrücklich noch stillschweigend wieder aufgehoben wurde. Diese Norm ist dann von der Judikative, der Exekutive sowie den Rechtsunterworfenen als geltendes Recht zu beachten. Bei der normativen Geltung einer Regelung kann nur zwischen Geltung oder Nicht-Geltung unterschieden werden; eine dritte Alternative besteht insofern nicht. Darüber hinaus ist hinsichtlich der normativen Geltung festzuhalten, dass die verfahrenskonform erlassene Norm generell Gültigkeit beansprucht, unabhängig davon, ob sie (mit Zwang) durchgesetzt wird. Die Normadressaten sind ohne Ausnahme an diese geltende Norm gebunden. Von einer solchen normativen Geltung der Norm ist die tatsächliche Normbefolgung zu unterscheiden. Sofern die Rechtsunterworfenen, die Judikative oder die Exekutive die normativ geltende Norm nicht befolgen, entfaltet sie in der Rechtsordnung keine oder nur geringe Wirkung. Ihre normative Geltung wird durch die fehlende praktische Befolgung der Norm indes nicht berührt.

83 Von einer **faktischen (soziologischen) Geltung** kann mit Blick auf die Wirksamkeit rechtlicher Regeln gesprochen werden. Diese Geltung betrachtet die Effizienz und Durchsetzbarkeit der konkreten rechtlichen Regelungen. Bei einer **moralischen bzw. ethischen Geltung** wird die Frage in Blick genommen, ob das Recht bzw. die konkrete Regelung sittlich geboten, sittlich neutral oder sittlich verwerflich ist.

II. Das Verhältnis von Geltung und Zwang

84 Insoweit kann mit einem restriktiven Verständnis eine Rechtsgeltung nur dann angenommen werden, wenn das **Recht mit Zwang durchgesetzt** wird. Weitergehende Auffassungen knüpfen daran an, dass es schon dann gelte, wenn es dem Einzelnen bekannt gemacht sei, jedenfalls aber dann, wenn die Rechtsfolge von dem Einzelnen anerkannt wurde. Im Kern der Diskussion steht die Frage einer selbstständigen Existenz des Rechts, die nicht zwingend mit der staatlichen Durchsetzung des Regelinhalts verbunden ist, mithin die Frage, ob Recht als geistige Macht anzuerkennen ist. Diese Frage nach dem Grund und der Grenze des Geltungsanspruchs und der Autorität des staatlichen Rechts stellt sich nur bei positivem Recht. In ihrem Kern steht die Unterscheidung danach, ob die Rechtsqualität nur von formalen Voraussetzungen abhängt, namentlich dem Durchlaufen eines bestimmten Normsetzungsverfahrens, oder ob weitere materielle Voraussetzungen hinzutreten. Schließ-

---

[1] Vgl. dazu jüngst aus interdisziplinärer Perspektive die Beiträge in *Hilbert/Rauber* (Hrsg.), Warum befolgen wir Recht?, 2019; s. a. *Mahlmann* Rechtsphilosophie § 22 Rn. 8 ff.

lich ist festzuhalten, dass Rechtsgeltung und Zwang (zwangsweise Durchsetzung der Normen) nicht deckungsgleich sind. Die Rechtsgeltung ist ohne Rechtszwang möglich, dh die geltende Norm wird rechtstatsächlich vom Staat nicht effektiv durchgesetzt. Umgekehrt ist auch Rechtszwang ohne Rechtsgeltung möglich, wie die Möglichkeit einer Durchsetzung einer nichtigen Norm zeigt. Der Idealfall ist freilich, dass Rechtszwang nur auf der Basis geltenden Rechts erfolgt.

Diese Diskussion wird insbesondere in den Rechtsordnungen des *common law* 85
geführt, da dort die Rechtserzeugung von positivem Recht gerade nicht an ein staatliches Normsetzungsverfahren geknüpft ist und sich die Frage, wann Richterrecht Rechtsquellencharakter hat und mit Geltungsanspruch den Rechtsunterworfenen gegenübertritt, in besonderer Weise stellt.[2]

Umgekehrt stellt sich diese Problematik für jene Ansichten nicht, nach denen das 86
Recht durch göttliche Setzung begründet wird oder die naturrechtlichen Regeln anerkennen. In beiden Fällen gelten die Regelungen bereits aufgrund ihrer Existenz aufgrund der göttlichen Setzung oder ihrer Qualifikation als Bestandteil der naturrechtlichen Regeln. Eine darüber hinaus gehende Anknüpfung der Rechtsgeltung an weitere Voraussetzungen steht im Widerspruch zu den Grundannahmen dieser Ansichten.

III. Der Grund der Rechtsgeltung in der Verfassungsordnung

In unserer aktuellen Rechts- und Verfassungsordnung ist das positive Recht zu- 87
nächst dadurch definiert, dass der Text ein bestimmtes (Normsetzungs-)Verfahren durchlaufen hat. Die Normativität des Rechtsakts folgt beim einfachen Gesetzesrecht aus normativen Metasätzen. Sofern der Normtext das Gesetzgebungsverfahren des Grundgesetzes durchlaufen hat, gilt er als einfaches Gesetzesrecht und damit positives Recht. Die verfassungsrechtliche Regelung auf der Metaebene, wonach Texte, die dieses Verfahren durchlaufen haben, Sollensnormen sind, führt zu einer Verbindlichkeit des Textinhaltes für die Rechtsunterworfenen im Geltungsbereich des Grundgesetzes. Mithin lässt sich die Rechtsgeltung im Stufenbau der Rechtsordnung bis zum Inhalt der Verfassungsvorgaben ableiten. Als Folgeproblem besteht dann allerdings die Frage, woraus die Verfassung selbst ihre Geltung ableitet. Der Rekurs über frühere Verfassungen bis hin zur ersten Verfassung führt die Frage der Geltung des positiven Rechts nur begrenzt einer Lösung zu. Denn diese Frage verbindet sich auch mit der Geltung der ersten Verfassung.

Mit Blick auf deren Geltung bestehen letztlich drei Alternativen. So führen die sog. 88
Macht- und Anerkennungstheorien letztlich zu einem Schluss vom Sein auf das Sollen. Danach ist Macht gleich Recht und derjenige, der Recht durchsetzen kann, beweist, dass er berufen ist, Recht zu setzen. Die **Machttheorien**[3] qualifizieren Recht als jene Norm, die im verfassungsgemäßen Verfahren zustande gekommen ist. Es handelt sich bei Recht um die vom Machthaber im korrekten Verfahren gesetzten Normen. Außerhalb des staatlichen Rechts wird kein Recht anerkannt. Hinzutritt bisweilen das Dogma der Lückenlosigkeit der positiven Rechtsordnung. Im Gegen-

[2] Vgl. ausf. *F. Schauer,* The Force of Law, 2015; grundlegend *J. Raz,* The Authority of Law, 1979, S. 28 ff.; dazu *Kuch,* Die Autorität des Rechts. Zur Rechtsphilosophie von Joseph Raz, 2016, S. 41 ff., 73 ff.

[3] Vgl. RGZ 118, 325 (327); *Ihering,* Der Zweck im Recht I, 3. Aufl. 1893, S. 320 ff.; *Weber,* Rechtssoziologie, 2. Aufl. 1967, S. 107 ff.

satz dazu sehen die **Anerkennungstheorien**[4] die Volksüberzeugung als eigentliche Quelle der Rechtsgeltung an. Die Verbindlichkeit des Rechts folgt nach ihnen aus der Anerkennung des Norminhalts durch die Unterworfenen. Diese Anerkennung kann individuell-konkret oder aber auch generell-abstrakt sein. Die verpflichtende Kraft des Rechts resultiert mithin aus der Selbstverpflichtung. Insofern wird ein Basiskonsens mit der Verfassung betont, aus der sodann unter Anwendung der Rechtserzeugungsregeln das unter der Verfassung stehende Recht gesetzt werden kann.

89 Alternativ hierzu kann die **hypothetische Geltung einer obersten Norm** postuliert werden, um sodann im darunter bestehenden Stufenbau des positiven Rechts geschlossen logisch operieren zu können. So hat *Kelsen* (Reine Rechtslehre) die Geltung einer von ihm sog. Grundnorm postuliert (axiomatischer Rechtspositivismus).[5] Eine solche oberste Norm als Grundlage der Regelungspyramide kann folgende sein: „Man soll sich so verhalten, wie die Verfassung vorschreibt!".[6] Die Geltung des Rechtes ist dann erklärbar, allerdings nur dann, wenn und soweit die Grundnorm vorausgesetzt wird.[7] Bei dieser im Ansatz prozeduralen Theorie wird ein Gesellschaftsvertrag zugrunde gelegt, in dem das Verfahren bezeichnet wird, mit dem wirksame Regelungen in der Rechtsordnung aufgestellt werden können. Ein solcher Gesellschaftsvertrag ist freilich keine reale Abrede, sondern letztlich eine regulative Idee.[8] Freilich kann auch insofern die Geltungsbegründung hinterfragt werden, denn auch die Verbindlichkeit eines solchen angenommenen Gesellschaftsvertrags ist begründungsbedürftig.[9]

IV. Die normative Geltung als Proprium des Rechts

90 Die Geltung ist ein Spezifikum des Rechts;[10] sie prägt sein Wesen. Das Recht entspringt einem konkreten historischen Rechtssetzungsakt, womit verknüpft ist, dass die hierbei geschaffenen Regeln mit diesem historischen Akt verbunden bleiben. Hiervon zu unterscheiden ist, dass die so geschaffenen Regeln über einen längeren, auch sehr langen Zeitraum gelten können, wie das zum 1.1.1900 in Kraft getretene BGB mit seiner Vielzahl bis heute unveränderter Regeln verdeutlicht. Das Recht hat daher den Charakter der Geschichtlichkeit.[11] Hinzutritt, dass das Recht durch die rechtssetzende Instanz wieder aufgehoben oder inhaltlich geändert werden kann; insofern entsteht das Recht (durch den Rechtssetzungsakt oder die gewohnheitsrechtliche Verfestigung) und kann auch durch einen weiteren Rechtssetzungsakt des

---

[4] Vgl. *Bierling,* Juristische Prinzipienlehre I, 1961, S. 40 ff.; *Nawiasky,* Allgemeine Rechtslehre, 2. Aufl. 1948, S. 19 ff.

[5] Vgl. zur sog. Reinen Rechtslehre, dh einer Rechtstheorie ohne moralische und naturwissenschaftliche Einflüsse sowie ohne politische Ideologie *Rüthers/Fischer/Birk* Rechtstheorie Rn. 475 ff.; *Mahlmann* Rechtsphilosophie § 12 Rn. 9 ff.

[6] *H. Kelsen,* Reine Rechtslehre, 2. Aufl. 1960, S. 204 (verkürzte Fassung).

[7] Vgl. die defensive Formulierung in *H. Kelsen,* Allgemeine Theorie der Normen, 1979, S. 206: „fingierte Norm".

[8] Vgl. hierzu *Kant,* Berlinische Monatszeitschrift 1793 (2), 201 (249 f.).

[9] Vgl. näher zur Kritik *Mahlmann* Rechtsphilosophie § 12 Rn. 16 ff.; krit. auch *Pawlowski* Einführung Methodenlehre Rn. 246 (Gefahr der Verfehlung der Wirklichkeit).

[10] Ausf. dazu *G. Husserl,* Rechtskraft und Rechtsgeltung, 1925, S. 6 ff.

[11] Vgl. *G. Husserl,* Rechtskraft und Rechtsgeltung, 1925, S. 9, wonach die Geltung des Rechts „raumzeitlich gebunden" und das „Erzeugnis historisch einmaliger Willensvorgänge" sei; das Recht bliebe der „Zeitwirklichkeit, der sie entstammt, verwurzelt".

Normgebers oder derogierendes Gewohnheitsrecht wieder aufgehoben werden (vergehen).

Die Rechtsgeltung als Spezifikum des Rechts äußert sich in der Verbindlichkeit 91 seiner Regeln für jene Rechtssubjekte, die räumlich und zeitlich dem Geltungsbereich der konkreten Norm unterworfen sind. Sie hat zur Folge, dass der Regelungsinhalt dem Willen der vom Geltungsbereich der Norm umfassten Rechtssubjekte, mithin ihrer Willkür, ua einen normativen Rahmen setzt. Element der Verbindlichkeit ist auch, dass der Verstoß gegen die Regelungen sanktioniert wird, mithin das geltende Recht sich gegen Verletzungen durch gebundene Rechtssubjekte behaupten kann. Erst diese Rechtsgeltung macht das Spezifische des Rechts aus, das für seinen Geltungsbereich die Rechtswirklichkeit durch seine Geltung und mit seinem Inhalt beeinflussen soll. Zugleich ist diese Geltung vom Willen des gebundenen Rechtssubjekts abstrahiert und objektiviert, dh die Rechtsgeltung folgt aus der Einhaltung der in der konkreten Rechtsordnung geltenden Rechtserzeugungsregeln, nicht aus Anerkennung der konkreten Regel durch jeden Rechtsunterworfenen.

§ 7 Struktur und Aufbau des Rechtssatzes

I. Der Rechtssatz als Sollenssatz

92 In der Regel sind Rechtsnormen Verhaltensnormen für den Bürger.[1] Zugleich sind sie Entscheidungsnormen für den Rechtsanwender. Rechtsnormen haben als Rechtssätze zwei grundlegende Eigenschaften. Zum einen verbindet sich mit ihnen ein Geltungsanspruch in der Weise, dass sie ein bestimmtes Verhalten der Rechtsunterworfenen verbindlich fordern bzw. einen Beurteilungsmaßstab verbindlich vorgeben. Dies ist ihr normativer Charakter (Sollensnorm). Hinzutritt ihr abstrakt-genereller Charakter, nach dem sie für alle Konstellationen Geltung beanspruchen, die in den räumlichen und zeitlichen Geltungsbereich der Norm fallen. Rechtssätze finden sich im Gesetz und im Gewohnheitsrecht. Sie können darüber hinaus aus dem geltenden Recht abgeleitet werden oder sich in Konkretisierung allgemeiner Rechtsprinzipien einer bestimmten Rechtsordnung ergeben.

93 Hinsichtlich der sprachlichen Form sind Rechtssätze (§ 117 Abs. 1 BGB: „Wird eine Willenserklärung, die einem anderen gegenüber abzugeben ist, mit dessen Einverständnis nur zum Schein abgegeben, so ist sie nichtig.") wie Aussagesätze („Das Buch ist schwer"), also Tatsachenbehauptungen und Feststellungen, sprachliche Gefüge, die – allgemein umschrieben – bestimmte Objekte, Umstände und/oder Verhaltensweisen miteinander verknüpfen. Von Aussagesätzen unterscheiden sich Rechtssätze allerdings durch ihren normativen Gehalt. Sie schreiben bei der Verknüpfung dieser genannten Elemente ein bestimmtes Verhalten vor. In der Folge ist die maßgebliche Kategorie die der Geltung oder Nichtgeltung der konkreten Norm. Die konkrete Sollensregel gilt oder gilt nicht, weil die in der jeweiligen Rechtsordnung maßgebenden Rechtserzeugungsregeln (nicht) eingehalten wurden oder die Regelung unter Einhaltung der insofern geltenden Regeln (nicht) wieder außer Kraft getreten ist. Aussagesätze verknüpfen hingegen die genannten Elemente und präsentieren diesen Zusammenhang als Geschehen der Gegenwart oder ergänzt um die Behauptung, dieser Zusammenhang habe sich in der Vergangenheit so abgespielt. Die für Aussagesätze zutreffende Kategorie ist jene der Wahrheit, ein bestimmter Aussagesatz ist wahr oder falsch. Freilich lassen sich auch Rechtsnormen als Element eines Aussagesatzes fassen, so zB mit der Aussage, dass eine konkrete Regel in einer Rechtsordnung gilt bzw. nicht gilt („§ 117 Abs. 1 BGB ist nichtig"). Insofern ist wiederum die Kategorie des Aussagesatzes einschlägig, dh diese Aussage ist wahr oder falsch. Um einen Rechtssatz handelt es sich in diesem Fall aber nicht.

II. Die Zweiteilung des Rechtssatzes in Tatbestand und Rechtsfolge

1. Die allgemeine Struktur von Rechtssätzen

94 Rechtssätze sind in Tatbestand und Rechtsfolge unterteilt. Der **Tatbestand** ist ein generell umschriebener Sachverhalt, mithin ein tatsächlicher Vorgang, der in der Regel

---

[1] Zum Aufbau und zur Struktur von Rechtssätzen vgl. statt aller *Zippelius* Methodenlehre § 5; *Larenz* Methodenlehre S. 250 ff.

auf hoher Abstraktionsebene umschrieben wird („Wer zur Abgabe einer Willenserklärung durch arglistige Täuschung oder widerrechtlich durch Drohung bestimmt worden ist, …“, vgl. § 123 Abs. 1 Hs. 1 BGB). Die **Rechtsfolge** ist eine ebenfalls generell umschriebene Verhaltensweise („…, kann die Erklärung anfechten.“, vgl. § 123 Abs. 1 Hs. 2 BGB). Sofern die Norm gilt, also die Rechtsfolgenanordnung Bestandteil eines gültigen Rechtssatzes ist, wird die Rechtsfolge durch den Eintritt des Sachverhalts ausgelöst. Die Entstehung der Verpflichtung ist die Folge.

Die **Verknüpfung von Tatbestand und Rechtsfolge** erfolgt im Rechtssatz in der 95
Weise, dass die Rechtsfolge ausgelöst wird, wenn der Tatbestand in der Realität verwirklicht wird. Es handelt sich bei dem Rechtssatz mithin um eine Geltungsanordnung, also ein Mittel des Normgebers, um einen Erfolg in der Rechtswirklichkeit zu erreichen. Mit anderen Worten dient der Rechtssatz dem Normgeber zur intentionalen Steuerung der Rechtswirklichkeit. Durch die Verknüpfung von Tatbestand und Rechtsfolge in einem Rechtssatz und die Ingeltungsetzung dieses Rechtssatzes steuert er zielgerichtet das Verhalten der rechtsunterworfenen Rechtssubjekte. Sinn und Zweck der Verknüpfung liegen mithin im Normativen; der Normgeber will mit seiner Geltungsanordnung einen bestimmten Erfolg in der Rechtswirklichkeit erreichen (zB zum Schutz der Privatautonomie keine Bindung des Erklärenden an Willenserklärungen, die auf eine arglistige Täuschung oder widerrechtliche Drohung zurückgehen).

Eine ausführliche Diskussion in der Rechtstheorie befasst sich mit der Frage, ob die 96
Kombination von Tatbestand und Rechtsfolge die **allgemeine Struktur von Rechtssätzen** beschreibt. Infrage steht mithin, ob alle Rechtssätze ein Gebot oder Verbot enthalten und auf diese Weise eine bestimmte Person zu einem Tun oder Unterlassen verpflichten. Nach der sog. Imperativentheorie lassen sich alle Rechtssätze auf diese Struktur zurückführen. Die wohl überwiegende Gegenansicht anerkennt auch sog. Bestimmungssätze, die zB die Begründung oder den Verlust einer Rechtsmacht (zB Vertretungsmacht) oder den Erwerb oder Verlust eines Rechts (zB Eigentumsrecht) regeln. Entsprechendes gilt für Regelungen über den Erwerb der Rechtsfähigkeit, der Geschäftsfähigkeit usw. Mit entsprechenden Rechtssätzen ändert der Normgeber rechtlich Geltendes. Diese Rechtssätze enthalten eine Geltungsanordnung und sollen ebenfalls Rechtsfolgen auslösen und sind damit normative Sätze („Geschäftsunfähig ist: 1. wer nicht das siebente Lebensjahr vollendet hat,…“, vgl. § 104 BGB). Der Gesetzgeber ordnet an, dass das in der Norm Bestimmte nach Inkrafttreten der Norm bzw. dem dort genannten Zeitpunkt maßgeblich sein soll (gelten soll). Freilich ist der Imperativentheorie zuzugeben, dass es regelmäßig möglich ist, entsprechende Rechtssätze ebenfalls als Gebotsätze umzuformulieren bzw. diese in die Gebotssätze einzugliedern. So kann das angeführte Beispiel aus § 104 BGB umformuliert („Wer nicht das siebente Lebensjahr vollendet hat, kann Rechtsgeschäfte nicht wirksam vornehmen.“) oder (sehr komplex) in den Tatbestand der Vorschriften über wirksame Willenserklärungen als weitere Voraussetzung integriert werden.

2. Unvollständige Rechtssätze

Schließlich sind auch unvollständige Rechtssätze möglich und nicht selten.[2] Bei 97
ihnen wird nur das Tatbestandselement oder die Rechtsfolge einer anderen Norm näher bestimmt oder in Bezug auf bestimmte Fallgruppen beschränkt. Beispiele sind

---

[2] Mit abweichender Terminologie *Zippelius* Methodenlehre § 6, der auf Grundtatbestände und ergänzende Bestimmungen abstellt; ähnlich wie hier *Reimer* Methodenlehre Rn. 203 ff.

§ 276 Abs. 2 BGB („Fahrlässig handelt, wer die im Verkehr erforderliche Sorgfalt außer Acht lässt.") sowie § 827 S. 1 BGB („Wer im Zustand der Bewusstlosigkeit oder in einem die freie Willensbestimmung ausschließenden Zustand krankhafter Störung der Geistestätigkeit einem anderen Schaden zufügt, ist für den Schaden nicht verantwortlich."). Möglich ist auch, dass die Norm in ihrem Tatbestand oder in ihren Rechtsfolgen auf Tatbestandselemente oder Rechtsfolgen einer anderen Norm verweist (vgl. § 823 Abs. 2 S. 1 BGB: „Die gleiche Verpflichtung trifft denjenigen, welcher gegen ein den Schutz eines anderen bezweckendes Gesetz verstößt."). Eine konstitutive Wirkung können diese Rechtssätze nur zusammen mit jenen Rechtssätzen entfalten, auf die sie sich beziehen. Freilich können auch diese unvollständigen Rechtssätze in die anderen Rechtssätze bisweilen integriert werden, namentlich, wenn sie Konkretisierungen oder Ausnahmen zu deren Tatbestand oder Rechtsfolge enthalten, hierdurch würde aber die Verständlichkeit der Rechtsnormen insgesamt erheblich zurückgehen. Daher ist auch solchen unvollständigen Rechtssätzen als Teil einer Tatbestands-Rechtsfolgen-Verknüpfung eine eigene Funktion zuzuschreiben. Jedoch ist die Verknüpfung zwischen Tatbestand und Rechtsfolge nur in **Verbindung mit anderen Rechtssätzen** vollständig und kann somit nur mit diesen zusammen Rechtsfolgen auslösen und die Rechtswirklichkeit verändern.

98 Mit Blick auf unvollständige Rechtssätze ist eine **weitere Unterscheidung** möglich; insofern können erläuternde, einschränkende und verweisende Rechtssätze unterschieden werden. **Erläuternde Rechtssätze** umschreiben einen Begriff oder auch Typus, der in einzelnen oder mehreren anderen Rechtssätzen enthalten ist. Sie können auch einen allgemeinen Ausdruck in bestimmten Fallgestaltungen konkretisieren. Als Beispiele können die §§ 276, 278, 932 Abs. 2, 249 BGB genannt werden. **Einschränkende Rechtssätze** enthalten eine negative Geltungsanordnung, eine Beschränkung („gilt nicht"). Sie sind nur verständlich mit einem anderen positiven Rechtssatz, zudem sie die Beschränkung enthalten. Paradigmatisch sind Ausnahmetatbestände (vgl. §§ 399, 400, 935 BGB). Schließlich können **verweisende Rechtssätze** identifiziert werden. Bei diesen wird die Rechtsfolge einer Norm durch die Verweisung auf die Anordnung einer anderen Norm bestimmt („das gleiche gilt..."). Zu diesen Rechtssätzen zählen auch Normen, die eine entsprechende Anwendung einer anderen Regelung oder Teilregelung anordnen. Beispiele für verweisende Rechtssätze sind die §§ 823 Abs. 2, 515, 581 Abs. 2 BGB. Zu Verweisungen lassen sich auch sog. Fiktionen zählen, die die Anwendung des Tatbestands auf einen anderen Sachverhalt zur Folge haben (vgl. §§ 119 Abs. 2, 92 BGB).

III. Die Subsumtion und ihre Grenzen

1. Der Syllogismus

99 **Beispiel:** Autofahrer und Kfz-Halter *A* wehrt auf einer Landstraße fahrend eine Biene ab, die sich auf seinen Arm gesetzt hat. Dabei verreißt er das Lenkrad und sein Wagen überschlägt sich. *A* steigt unverletzt aus, sein Wagen liegt allerdings zerstört auf der Fahrbahn. Wenig später nähert sich Autofahrer *B*. Er kann aufgrund des zerstörten Kfz bis zur Räumung der Straße ca. 1 Stunde nicht weiterfahren; zudem wird ihm angesichts des Kfz-Wracks „mulmig", stellt er sich doch vor, was dem Fahrer oder ihm selbst als nachfolgendem Verkehrsteilnehmer hätte passieren können.

Die Anwendung des Rechtssatzes erfolgt durch die sog. **Subsumtion,** dh durch die Unterordnung eines konkreten Lebenssachverhaltes unter eine abstrakt-generelle Regelung, um zu beurteilen, ob diese Regelung für den konkreten Lebenssachverhalt eine Rechtsfolgenanordnung trifft.[3] Die hierbei verwendete Technik ist der sog. Syllogismus. In der Logik bezeichnet die Subsumtion die Unterordnung von Begriffen engeren Umfangs unter Begriffe weiteren Umfangs.[4] Die Begriffe engeren Umfangs werden mithin unter die weiteren subsumiert. Insofern erweist sich Subsumtion in der Logik als logischer Schluss. Er erfordert die Definition der beiden Begriffe und die Feststellung, dass alle Merkmale des Oberbegriffs im Unterbegriff wiederkehren, allerdings zumindest ein weiteres Kriterium hinzutritt, denn der engere Begriff weist einen engeren Umfang auf.

Dabei werden Aussagen über einen Sachverhalt als Geschehen in der Realität unter 100
den im Gesetz abstrakt beschriebenen Tatbestand subsumiert, dh darüber entschieden, ob der Sachverhalt zu den im Gesetz beschriebenen Tatbeständen zählt, weil **alle erforderlichen Tatbestandsmerkmale** vorliegen. Denn für diesen Fall ordnet das Gesetz die Auslösung der in der Norm genannten Rechtsfolge an. Dabei wird allerdings nicht nur unter den einzelnen Rechtssatz subsumiert, sondern unter die Regelung insgesamt mit etwaigen Einschränkungen oder Erweiterungen.

Die Technik des Syllogismus zur Rechtsfolgenbestimmung ist in ihrer Grundstruk- 101
tur wenig komplex. Als Obersatz wird ein vollständiger Rechtssatz gewählt: Wenn T in einem Sachverhalt verwirklicht ist, dann gilt für diesen Sachverhalt Rechtsfolge R. Der Untersatz bestimmt: Der bestimmte Sachverhalt S verwirklicht T, dh er ist ein Fall von T. Hieraus ergibt sich die Schlussfolgerung: Für Sachverhalt S gilt Rechtsfolge R.

2. Die Besonderheiten der Subsumtion

Die besondere Schwierigkeit der Subsumtion als Anwendung eines Rechtssatzes 102
folgt aus verschiedenen spezifischen Umständen, die bei der Anwendung des Syllogismus als Rechtsfolgenbestimmung hierbei hinzutreten und die zutreffende Bildung der Prämissen, die in den Syllogismus eingestellt werden, zum Gegenstand haben. Zum einen ist dies die Möglichkeit einer **Pluralität von Rechtsfolgen.** So kann ein konkreter Sachverhalt regelmäßig nicht nur unter einen Rechtssatz subsumiert werden, sondern vielfach unter mehrere Rechtssätze. Die Lösung des Rechtsfalles – sowohl beim gerichtlichen Urteil als auch in der Kautelarpraxis sowie in einer Klausur – erfordert, dass alle in Betracht kommenden Tatbestände geprüft und begründet bejaht oder abgelehnt werden. Paradigmatisch ist die Qualifikation eines Verhaltens als Vertragsverletzung (§§ 280 Abs. 1, 249 ff. BGB) und als Delikt (§§ 823 Abs. 1, 249 ff. BGB) sowie ggf. die Heranziehung von weiteren Tatbeständen in Sondergesetzen (§§ 7 ff. StVG). Zudem ist dazu Stellung zu nehmen, ob die Bejahung eines Tatbestands einen anderen Tatbestand ausschließt (zB aufgrund einer Spezialität). Im Beispiel ist mithin eine Vertragshaftung ebenso anzudenken wie eine deliktische Haftung und eine Haftung nach dem StVG. Zudem ist sodann darüber zu entscheiden, in welchem Verhältnis letztere zB zur Deliktshaftung steht.

Darüber hinaus ist der Obersatz zu gewinnen, dh der Rechtssatz kann nicht unver- 103
ändert in den Syllogismus übernommen werden, sondern die **Tatbestandsmerkmale**

---

[3] Vgl. *Larenz/Canaris* Methodenlehre S. 91 ff.; *Engisch* Einführung S. 84 ff.; *Kramer* Methodenlehre S. 36 f. mit Fn. 4; *Honsell/Mayer-Maly* Rechtswissenschaft S. 83 ff; ausf. *Gröschner,* Subsumtion – Technik oder Theorie?, 2014.

[4] Ausf. dazu *Schnapp* Logik S. 143 ff.; s. a. *Pawlowski* Einführung Methodenlehre Rn. 104 ff.

der Norm sind **durch Auslegung und Rechtsfortbildung zu konkretisieren.** Hierzu sind insbesondere die in Wissenschaft und Praxis entwickelten Konkretisierungen durch Definitionen heranzuziehen. Definitionen vermitteln dabei zwischen dem Rechtssatz, der zumeist auf großer Abstraktionshöhe angesiedelt ist, und dem Sachverhalt durch eine Konkretisierung der Tatbestandsmerkmale auf mittlerer Abstraktionshöhe. So werden zB hierbei die Tatbestandsmerkmale von § 823 Abs. 1 BGB (zB Gesundheit, Freiheit, Eigentum, sonstiges Recht) durch Definitionen weiter konkretisiert. So wird mit Blick auf das Beispiel das Tatbestandsmerkmal der „Freiheit“ in § 823 Abs. 1 BGB eine Beeinträchtigung und der Entzug der körperlichen Fortbewegungsfreiheit gefordert,[5] das Tatbestandsmerkmal der „Gesundheit“ in dieser Norm verlangt eine aus medizinischer Sicht behandlungsbedürftige Störung der körperlichen, geistigen oder seelischen Lebensvorgänge.[6]

3. Die Gewinnung des Untersatzes

104 Auch die Gewinnung des Untersatzes, wonach der in Blick genommene Sachverhalt S alle Tatbestandsmerkmale des Rechtssatzes T verwirklicht, erfordert sodann eine weitere Auseinandersetzung mit der Norm und dem Sachverhalt. Zunächst ist mit Blick auf den Tatbestand des Rechtssatzes zu ermitteln, durch welche Merkmale (zB M1–M5) dieser vollständig gekennzeichnet wird. Bei dem hier herangezogenen Beispiel des § 823 Abs. 1 BGB sind dies: vorsätzlich oder fahrlässig, Gesundheit, Freiheit, eines anderen, widerrechtlich, verletzt. Sodann ist zu ermitteln, ob der Sachverhalt S diese Merkmale umfassend aufweist, mithin ein Fall von T ist. Der Sachverhalt ist insofern nicht der konkrete Lebensvorgang mit seiner Vielzahl von Tatsachen, sondern eine mit Blick auf die für die Anwendung des Rechtssatzes relevanten Tatsachen konkretisierte Aussage über ein Geschehen. Hierzu ist der Lebensvorgang in der Wirklichkeit mit Blick auf die Merkmale des Tatbestands zu sichten und sind die hiernach **relevanten Umstände/Tatsachen** aus der allgemeinen Beschreibung des Lebensvorgangs zu extrahieren. So ist im vorgenannten Beispiel mit Blick auf den Tatbestand des § 823 Abs. 1 BGB nicht von Bedeutung, welche Farbe das Kfz des *A* hat, ob die Landschaft neben der Straße reizvoll ist oder welche Kleidung *B* getragen hat. Hingegen kann der Zustand der Fahrbahn (kurvige, nasse Fahrbahn oder trockene, gerade Strecke) mit Blick auf das Vertretenmüssen von *A*, die Intensität des Unwohlseins von *B* mit Blick auf die Bejahung einer Gesundheitsverletzung sowie die Möglichkeit für *B*, sich im eigenen Kfz über die Straße zB zur nächsten Ortschaft zu begeben, für die Frage nach einer etwaigen Freiheitsverletzung von Bedeutung sein.

4. Die elementare Bewertung

105 Die sodann folgende Aussage, der Untersatz, dass die im Tatbestand der Norm genannten Merkmale im konkreten Lebensvorgang, auf den sich die Aussage bezieht, verwirklicht sind, ist das Ergebnis einer **Bewertung durch den Rechtsanwender.** Er muss insofern bewerten, ob die im Tatbestand genannten Merkmale in dem konkreten Lebensvorgang verwirklicht sind. Es handelt sich hierbei gerade nicht um eine automatisierte Gleichsetzung, sondern um eine argumentative Zuschreibung durch den Rechtsanwender. Das Schwergewicht der Rechtsanwendung durch Subsumtion liegt in dieser Bewertung des Sachverhaltes hinsichtlich des Vorliegens der in der Norm bezeichneten Sachverhaltselemente. Mit anderen Worten muss der

[5] OLG München OLGZ 1985, 466 (467); Staudinger/*Hager*, 2009, BGB § 823 Rn. 53 mwN.
[6] BGHZ 124, 52 (54) = NJW 1994, 127.

Brückenschlag zwischen dem konkretisierten (definierten) **Tatbestandsmerkmal** der Norm **und dem Sachverhalt** in der Wirklichkeit durch die argumentativ gestützte Bewertung des Rechtsanwenders erfolgen. Freilich bemüht sich der Rechtsanwender im Idealfall, einerseits die Tatbestandsmerkmale des Rechtssatzes immer weiter zu konkretisieren, zB durch Fallgruppen und Definitionen sowie Unterdefinitionen, sowie andererseits die von ihm als maßgeblich erachteten Merkmale des Lebenssachverhalts mit Blick auf die jeweiligen Tatbestandsmerkmale möglichst präzise zu identifizieren. Die finale Gleichsetzung, wonach der Sachverhalt S die Merkmale M1–M5 der Norm aufweist, ist in ihrem entscheidenden Schritt allerdings eine Bewertung durch den Rechtsanwender, bei der dieser – richtigerweise argumentativ untermauert – darlegt, dass ein bestimmtes Merkmal des Lebensvorgangs in der Wirklichkeit dem Tatbestandsmerkmal des konkretisierten Rechtssatzes entspricht. So ist im genannten Beispiel die argumentativ abgestützte Wertung erforderlich, ob die reflexartige Abwehr einer Biene zB auf einer kurvigen, nassen Straße die im Verkehr erforderliche Sorgfalt verletzt (§ 276 BGB). Hierbei kann dieser gesetzliche Verschuldensmaßstab noch weiter dadurch konkretisiert werden, dass der Fahrlässigkeit eine intellektuelle (Erkennbarkeit) und eine voluntative Komponente (Vermeidbarkeit) zugesprochen werden und im Rahmen der intellektuellen Komponente unterschiedliche Arten sowie Grade der Fahrlässigkeit differenziert werden.[7] Den endgültigen Brückenschlag der Gleichsetzung von Tatbestandsmerkmal und Sachverhaltselementen im Wege einer Bewertung durch den Rechtsanwender kann diese wechselseitige Annäherung von Tatbestandsmerkmal und Sachverhaltselementen zwar verkleinern, nicht allerdings ersetzen. Besonders deutlich wird das notwendige Werturteil des Rechtsanwenders mithin, wenn der Rechtssatz Typen[8] oder wertausfüllungsbedürftige Begriffe in seinem Tatbestand enthält. In diesem Fall ist der Rechtsanwender aufgefordert, den konkreten Lebenssachverhalt einem Typus bzw. einem unbestimmten Rechtsbegriff wertend zuzuordnen.

Gleiches gilt für die vom Rechtsanwender im vorstehenden Beispielsfall geforderte **106** Bewertung, ob das „mulmige Gefühl" des *B* ausreicht, um eine aus medizinischer Sicht behandlungsbedürftige Störung zu bejahen. Dabei zeigt sich zugleich eine weitere Problematik bei der Konkretisierung von Sachverhalt und Tatbestandsmerkmalen aufeinander zu. Der Lebenssachverhalt wird vielfach durch die **Umgangssprache** der Rechtssubjekte geprägt. Diese fühlen sich „mulmig", sie wollen „vom Vertragspartner nichts mehr wissen" (Anfechtung?) oder beklagen, dass sie „nicht weiterfahren konnten" (Freiheitsverletzung?). Der Rechtsanwender muss daher zunächst den materiellen Kern dieser umgangssprachlichen Beschreibung der Wirklichkeit bei der Konkretisierung des Sachverhaltes/Lebensvorgangs identifizieren und dann entscheiden, ob der Tatbestand der Norm diesem entspricht.

Sofern der Untersatz auf diese Weise durch die Bewertung des Rechtsanwenders **107** bestimmt wurde, sodass feststeht, dass der Sachverhalt S den Tatbestand T verwirklicht, ist die Schlussfolgerung, wonach für S die Rechtsfolge des Rechtssatzes R gilt, eine **logische Schlussfolgerung.** Sie macht allerdings, wie vorstehend deutlich geworden ist, nur einen geringen Teil der Rechtsanwendung in der Praxis aus.

Nicht verschwiegen werden soll, dass ein **Syllogismus** nicht allzu selten **auch bei** **108** **der Rechtsfolgenbestimmung** erforderlich wird. Denn die vom Rechtssatz angeordnete Rechtsfolge kann selbst konkretisierungsbedürftig sein. Als Beispiel braucht nur auf §§ 280 Abs. 1, 823 Abs. 1 BGB („Ersatz des daraus entstehenden

---

[7] Ausf. BeckOGK/*Schaub* BGB § 276 Rn. 57 ff.
[8] Dazu → 265 ff.

Schadens"), § 285 Abs. 1 BGB („Herausgabe des als Ersatz empfangenen") sowie auf §§ 651i Abs. 3 Nr. 3, 651k Abs. 3 BGB („Abhilfe durch andere Reiseleistungen [Ersatzleistungen] verlangen") verwiesen werden. Eine solche Konkretisierung der Norm kann zunächst durch weitere Normen erfolgen, zB §§ 249 ff. BGB mit einer Konkretisierung des Begriffes des Schadens. Im Übrigen ist die Norm auch hinsichtlich der angeordneten Rechtsfolge durch Auslegung zu konkretisieren, so zB der Begriff des „Ersatzes" in § 285 Abs. 1 BGB als jenes, was gerade durch den Untergang des geschuldeten Gegenstandes und gerade für den untergegangenen Gegenstand erlangt wurde.[9] Sodann ist vom Rechtsanwender zu entscheiden (zu bewerten), ob diese Anforderungen in der Lebenswirklichkeit, also zB bei einer Versicherungsleistung für den untergegangenen Gegenstand oder beim Versteigerungserlös bei dessen Versteigerung, erfüllt sind.[10] Bei mildtätigen Zuwendungen Dritter zugunsten des Schuldners anlässlich des Untergangs des geschuldeten Gegenstands wird die Notwendigkeit einer Wertungsentscheidung im Zuge der Subsumtion auch auf der Rechtsfolgenseite, die hier umstritten ist,[11] besonders deutlich.

5. Der Einsatz von Legal Tech

a) Die Bedeutung der Wertungsentscheidung bei der Subsumtion

109 Der „Computer" kann dem Rechtsanwender diese Bewertung nicht vollständig abnehmen; vielmehr bleibt der genannte Brückenschlag zwischen dem konkretisierten Tatbestandsmerkmal und jenem hinsichtlich der relevanten Elemente präzisierten Sachverhalt durch die Bewertung des Rechtsanwenders ein Elementarurteil, das letzten Endes dem Menschen als Rechtsanwender vorbehalten ist. Hierdurch wird freilich nicht ausgeschlossen, dass ein Algorithmus mit großer Rechenleistung dem Menschen bei dieser Bewertung (sehr) hilfreich ist. So kann er unter Bezugnahme auf bereits entschiedene Fälle in der Rechtsprechung zB einen Vorschlag für oder gegen diesen Brückenschlag unterbreiten. Auf diese Weise kann die **Rechenleistung und Selektionsfunktion des Algorithmus** den Rechtsanwender bei der Suche einschlägiger Entscheidungen, zB der Obergerichte, unterstützen. Im Idealfall kann sich der Rechtsanwender in der Folge auf die Wertungsaspekte beschränken und diese zB in Vergleichsfällen identifizieren, eine relevante Abweichung von jenen Sachverhalten erkennen und (besonders) argumentativ untermauern. Mit Blick auf das Eingangsbeispiel ist zB denkbar, dass der Algorithmus eine Vielzahl entsprechender Unfälle (Abwehr von Insekten im fahrenden Fahrzeug) unter Berücksichtigung der jeweiligen Sachverhaltselemente (Witterung, Straßenzustand, Geschwindigkeit, Verkehrslage usw.) heranzieht, um einen Vorschlag für den konkret zu bewertenden Sachverhalt zu unterbreiten. Gleichwohl ist das elementare Werturteil über das Vorliegen eines Verschuldens im konkreten Fall und seine argumentative Abstützung zB im Zweck der Norm, mit dem historischen Gesetzgeberwillen, mit Parallelen oder Abgrenzungen zur Auslegung anderer Haftungsnormen, mit den Folgen der konkreten Rechtsanwendung im Sinne der Einzelfallgerechtigkeit, mit den Besonderheiten des konkreten Sachverhalts usw. bislang dem menschlichen Rechtsanwender vorbehalten.

---

9 Vgl. nur MüKoBGB/*Emmerich* § 285 Rn. 17 f.; BGH ZIP 2006, 1134 (1138).

10 Bejahend zu ersterem BGH BB 1955, 398; RGZ 89, 34 (38); bejahend zu letzterem BGH WM 1988, 986 (988).

11 Vgl. dazu ausf. Staudinger/*Caspers*, 2019, BGB § 285 Rn. 36 (ablehnend); MüKoBGB/*Emmerich* § 285 Rn. 21.

b) Die Übertragung der Subsumtion auf weitere Anspruchsteller

Hiervon ist zu unterscheiden, das Legal Tech eine erhebliche Entlastung bedeuten kann, wenn die Schlussfolgerung, nach der die Rechtsfolge R für den Sachverhalt S gilt, auf andere Sachverhalte (weiterer Anspruchsteller) übertragen werden soll, bei denen die für die Subsumtion unter den Rechtssatz maßgeblichen Sachverhaltselemente unverändert sind. Paradigmatisch sind Ansprüche wegen einer Verspätung eines Fluges nach Art. 6 Fluggastrechte-VO.[12] Sofern für einen bestimmten Flug feststeht, dass eine nach Art. 6 Fluggastrechte-VO relevante Verspätung zB aufgrund eines Organisationsfehlers der Fluggesellschaft vorliegt und diese nicht auf außergewöhnliche Umstände zurückgeht, steht für die Fluggäste mit eigenem Ticket fest, dass ein Anspruch auf Entschädigung nach diesem Rechtssatz besteht. Die Subsumtion des bei den übrigen Passagieren dieses Fluges vorliegenden Sachverhalts unter den Rechtssatz beschränkt sich dabei auf die Feststellung, dass dieser ein Passagier des konkreten Fluges war. Im Übrigen sind die für die Subsumtion relevanten Sachverhaltselemente bei allen Passagieren mit eigenem Ticket identisch. Die unterschiedlichen Sitzplätze, Ticketkosten, Anzahl der Gepäckstücke usw. sind für die Subsumtion der Sachverhalte unter den Rechtssatz nicht von Relevanz. Mit anderen Worten unterscheiden sich die Sachverhalte insofern nur durch den jeweiligen Anspruchsteller, während sie im Hinblick auf die Tatbestandsmerkmale des Rechtssatzes im Übrigen identisch sind. Dementsprechend vermag der Einsatz von Legal Tech insbesondere bei **Massenschäden** bzw. Ansprüchen zahlreicher Berechtigter als Folge „eines“ Sachverhalts die Rechtsanwendung zu erleichtern. In diesen Fällen reicht es aus, die Subsumtion des Rechtssatzes durch den aufgezeigten Syllogismus bei einem Geschädigten zu bejahen. Die Übertragung auf weitere Anspruchsteller kann sodann im Grundsatz automatisiert erfolgen. Auch hierbei darf aber nicht unberücksichtigt bleiben, dass diese „Automatisierung der Rechtsanwendung“ nur dann unproblematisch ist, wenn nicht sonstige relevante Besonderheiten bei einem konkreten Sachverhalt hinzutreten. So kann der konkrete Ticketkauf unwirksam (§ 107 BGB) oder angefochten sein (§§ 119 ff. BGB), der resultierende Anspruch kann bereits an einen Dritten gem. § 398 BGB abgetreten worden oder bereits durch Zahlung des Anspruchsgegners erloschen sein (§ 362 BGB). Da es sich hierbei vielfach um Einwendungen des Anspruchsverpflichteten handelt, die von diesem zu erheben sind, kann die Anspruchserhebung gleichwohl automatisiert erfolgen. Sofern die Einwendung erhoben wird, ist dann allerdings eine Bewertung des insofern ggf. einschlägigen Rechtssatzes durch den Rechtsanwender erforderlich. 110

c) Der Einsatz bei der sachverhaltsanalogen Rechtsgewinnung

Eine wesentlich komplexere Rechtsgewinnung durch Subsumtion weiterer Sachverhalte unter den Rechtssatz ist erforderlich, wenn über das Sachverhaltsmerkmal des Anspruchstellers hinausgehend weitere Sachverhaltselemente von der als Muster genommenen Subsumtion abweichen. Insofern ist unschwer eine **graduelle Abstufung der Komplexität** erkennbar. So können die Sachverhalte mit Ausnahme des Anspruchstellers sowie eines weiteren relevanten Sachverhaltselements, zB konkreter Flug, übereinstimmen. Dies ist zB der Fall, wenn ein weiterer Flug aufgrund *desselben* Organisationsmangels der Fluggesellschaft (zB Einplanung von zu wenig Personal an einem bestimmten Tag an einem konkreten Standort) ebenfalls verspätet war, zB der Folgeflug auf gleicher Strecke eine Stunde später. Insofern muss nur ein für die Subsumtion nicht entscheidendes Tatbestandsmerkmal (Flug mit bestimmter 111

[12] VO (EG) 261/2004.

Flugnummer) neben dem Anspruchsinhaber ausgetauscht werden. Die Subsumtion in Bezug auf die übrigen Tatbestandsmerkmale des Rechtssatzes kann entsprechend – auch durch einen Algorithmus – übertragen werden. Freilich gilt auch hier das oben[13] aufgezeigte caveat, dass sonstige relevante Besonderheiten im Sachverhalt hinzutreten können, wodurch sich zwar die Subsumtion unter die Tatbestandsmerkmale des konkreten Rechtssatzes nicht ändert, allerdings darüber hinaus anspruchshindernde Rechtssätze einschlägig sein können.

112 Eine Ausweitung der erforderlichen Bewertung durch den Rechtsanwender und damit die „Zurückdrängung" der Unterstützung durch den Algorithmus ist dann die Folge, wenn weitere für die Subsumtion unter den Rechtssatz relevante Elemente des Sachverhalts von dem Ausgangssachverhalt abweichen. In diesen Fällen ist dic Bewertung erforderlich, ob das weitere Tatbestandsmerkmal aufgrund des abweichenden Sachverhaltselements gleichwohl bejaht werden kann oder ob insofern relevante Unterschiede bei dem neuen Sachverhalt zu konstatieren sind, die eine Subsumtion hier ausschließen. Dabei kann das Bewertungselement größer oder kleiner sein, je nachdem, wie weit der Sachverhalt von dem Bezugsfall abweicht. Um im Beispiel zu bleiben, kann ein *identischer* Organisationsmangel (zu wenig Personal) bei derselben oder einer anderen Fluggesellschaft am Folgetag (erneut) auftreten und zur Flugverspätung führen. Insofern ist schon die Bewertung erforderlich, dass es sich um einen identischen Organisationsmangel handelt. Möglich ist aber auch, dass es sich um einen anderen Organisationsmangel (zB unzureichende Wartungskapazitäten am Standort) handelt, wodurch der Bewertungsanteil wesentlich größer wird.

113 Eine erhebliche Ausweitung erfährt die erforderliche Bewertung, wenn die Subsumtion des konkreten Sachverhaltes unter den Rechtssatz im Sinne der analogen Rechtsanwendung auf einem Vergleich mit mehr oder weniger vergleichbaren Konstellationen beruht. Hiermit sind Rechtsgebiete angesprochen, in denen die Rechtspraxis bereits vor dem Einsatz von Algorithmen mit Entscheidungssammlungen bzw. einer Systematisierung der von der Rechtsprechung entschiedenen Fälle arbeitet. Paradigmatisch sind Entscheidungen über Mietmängel, Reisemängel, Kfz-Schäden, Schmerzensgeldzahlungen. Hierbei handelt es sich um eine **sachverhaltsanaloge Rechtsgewinnung** in Bereichen der massenhaft getätigten Rechtsgeschäfte in der Rechtsordnung mit vergleichsweise ähnlichen Konstellationen, dh die Sachverhalte variieren in Bezug auf die für die Subsumtion unter den Rechtssatz maßgeblichen Merkmale nur sehr begrenzt. Diese Sachverhaltsvariationen können von einem Algorithmus unter Heranziehung bestimmter Kriterien (Belastung, Bedeutung für die Vertragsdurchführung etc.) systematisiert werden und vor dem Hintergrund der sich ergebenden Bewertungsmatrix ein Entscheidungsvorschlag für neue Sachverhalte ermittelt werden. Hierbei wird allerdings deutlich, dass dem Bewertungsaspekt insofern wiederum eine größere Bedeutung zukommt als bei jenen Konstellationen, bei denen die Subsumtion nur auf identische Sachverhalte mit einem anderen Anspruchsinhaber übertragen werden mussten. Zudem ändert sich nichts an dem Umfang der erforderlichen Bewertung, wenn diese bereits in den Algorithmus eingeht und zB die Störung der Vertragsdurchführung als maßgebliches materielles Kriterium auf der Grundlage einer Bewertung durch den Rechtsanwender in die Kategorisierung der Sachverhalte durch den Algorithmus eingeht.

114 Freilich kann und soll an dieser Stelle keine umfassende und abschließende Bewertung des Einsatzes von Legal Tech erfolgen. Allerdings ist bei der Bewertung des

[13] Vgl. → Rn. 110.

Einsatzes von Algorithmen bei der Subsumtion zu bedenken, dass die rechtliche Gleichbehandlung ähnlicher Sachverhaltskonstellationen bei der Subsumtion unter einen Rechtssatz dem **Gebot der Rechtsanwendungsgleichheit** entspricht. Auch kann der Rechtsanwender – wie aufgezeigt – von der bloßen Übertragung der Subsumtion auf mit Blick auf die maßgebenden Sachverhaltsmerkmale identische Sachverhalte entlastet werden und sich zB der bei allen entsprechenden Sachverhalten identischen Bewertungsfrage zuwenden, zB der Bewertung, ob ein relevanter Organisationsmangel vorliegt. Auch kann ihm der Einsatz des Algorithmus eventuell sachverhaltsanaloge Entscheidungen aufzeigen und auf diese Weise seine Bewertung durch den Zugriff auf die dort jeweils als maßgeblich erachteten Wertungskriterien verbessern. Darüber hinaus wird vielfach angeführt, dass der Einsatz von Legal Tech erst die Durchsetzung vergleichsweise geringer Ansprüche ermöglicht, da erst durch den Einsatz von Legal Tech entsprechende Fälle in der Praxis kostendeckend bewältigt werden können. Dabei ist allerdings zu berücksichtigen, dass gerade der Zugriff auf Legal Tech-Angebote bei kleinen Beträgen mit durchaus substantiellen Kosten von 20–30 % des geltend gemachten Betrags verbunden ist. Schließlich haben die vorstehenden Beispiele gezeigt, dass auch dann, wenn letztlich nur eine Übertragung des im Übrigen unveränderten Sachverhalts auf einen anderen Anspruchsteller erforderlich ist, das Hinzutreten sonstiger anspruchshindernder Rechtssätze gleichwohl durch eine Bewertung des Rechtsanwenders zu entscheiden ist. Freilich können auch diese zusätzlichen Rechtssätze „einfach" zu subsumieren sein und in den Algorithmus eingebunden werden. Der Umfang der letztlich möglicherweise einschlägigen Rechtssätze beim konkreten Fall wird aber dazu führen, dass weit überwiegend auch solche Rechtssätze zu subsumieren sind, bei denen eine substantielle Bewertungsentscheidung durch einen menschlichen Rechtsanwender erforderlich ist. Der Einsatz von Algorithmen kann diese erleichtern, nicht aber ersetzen, dies gilt insbesondere, wenn man der Wertungsjurisprudenz folgt und bei der Bewertung materielle Gerechtigkeitsvorstellungen berücksichtigt werden.

IV. Normwidersprüche und ihre Beseitigung

Das Ziel der Rechtsgewinnung muss nicht zuletzt aufgrund von Art. 3 Abs. 1 GG und dem dort enthaltenen Gleichheitsgrundsatz die Auslegung der Rechtsnormen in der Weise sein, dass die Rechtsordnung als widerspruchslose Einheit erscheint und Normwidersprüche soweit als möglich vermieden werden. Für dieses Ziel spricht auch die Qualifikation des Gesetzes als intentionale Steuerung der Rechtswirklichkeit durch den Gesetzgeber, der regelmäßig nicht Ziele anstrebt, die sich widersprechen. Widersprüchliche Normen steuern allerdings auf divergierende Ziele zu. Auch wird das Vertrauen der Rechtsunterworfenen in die Gleichbehandlung aller durch das Gesetz und damit die Gerechtigkeit erschüttert, wenn widersprüchliche Regelungen in einer Rechtsordnung enthalten sind mit der Folge, dass sich die Rechtsfolgen widersprechen. 115

Der Großteil der Normwidersprüche lässt sich durch Kollisionsnormen aufheben bzw. vermeiden. Vorrangig sind insofern ausdrückliche Kollisionsregeln, die der Gesetzgeber insbesondere mit Blick auf die zeitliche Geltung von Regeln zB bei Änderungsgesetzen erlässt.[14] Hinzu treten sog. allgemeine Kollisionsnormen, die

[14] Vgl. etwa Art. 50 ff. EGBGB.

abstrakt-generell das Verhältnis von Regelungen erfassen. Sie sind allgemein anerkannt und gelten auch ohne ausdrückliche Nennung.

1. Der Vorrang der lex superior

116 Nach der Regel des Vorrangs der *lex superior* (ausf.: *lex superior derogat legi inferiori*) geht das ranghöhere Recht jenem Recht vor, dass im Range niedriger ist. Grundsätzlich geht das Unionsrecht dem nationalen Recht vor (allerdings nur Anwendungs- und kein Geltungsvorrang).[15] Für das Verhältnis zwischen Bundes- und Landesrecht ist der Vorrang des Bundesrechts in Art. 31 GG ausdrücklich geregelt. Eine Ausnahme hiervon besteht nur in den Fällen des Art. 72 Abs. 3 GG. An der Spitze der einzelnen Normhierarchieebenen stehen jeweils die Verfassungen bzw. im Unionsrecht das Primärrecht. Darauf folgen die formellen Gesetze bzw. im Unionsrecht die Rechtsakte, die im Gesetzgebungsverfahren erlassen wurden und sodann die untergesetzlichen Rechtsnormen.

2. Der Vorrang der lex specialis gegenüber der lex generalis

117 Nach dem Vorrang der *lex specialis* (ausf.: *lex specialis derogat legi generali*) wird die allgemeinere Regelung durch die speziellere verdrängt, wenn und soweit letztere anwendbar ist. Theoretisch ist dabei unschwer festzulegen, welche Anforderungen an eine speziellere Norm zu stellen sind. Diese muss alle Voraussetzungen (Tatbestandsmerkmale) der generellen Norm enthalten und zumindest eine weitere Voraussetzung (ein weiteres Tatbestandsmerkmal). Allerdings ist keine schematische Anwendung dieses Satzes möglich. Vielmehr sind die in Blick genommenen Normen auszulegen und es erfordert eine Bewertung durch den Rechtsanwender, welche Norm spezieller ist. Darüber hinaus kennt die Rechtsordnung eine verdrängende Spezialität bzw. exklusive Spezialität, wonach die speziellere Norm – entsprechend der genannten Grundregel – die generelle Regelung verdrängt, sodass letztere nicht anwendbar ist. Möglich ist allerdings auch eine Spezialität, bei der der Rückgriff auf die allgemeinere Regelung neben einer Anwendbarkeit der spezielleren Regelung weiterhin möglich bleibt. Paradigmatisch für diese Vorrangregel sind etwa die besonderen Verjährungsregeln einiger Gewährleistungsrechte (zB §§ 438, 634a BGB), die der Regelverjährung in den §§ 195, 199 BGB vorgehen.

3. Der Vorrang der lex posterior gegenüber der lex prior

118 Schließlich ist nach der *lex posterior*-Regel (ausf: *lex posterior derogat legi priori*) die zeitlich jüngere Regelung vorrangig vor der zeitlich älteren Regelung. Diese Regelung rechtfertigt sich – nicht zuletzt in einer modernen ausdifferenzierten Rechtsordnung – daraus, dass der Gesetzgeber vielfach nicht alle Normenkonflikte erkennt, die mit seiner Neuregelung in der ausdifferenzierten Rechtsordnung verbunden sind. Die zeitlich jüngere Regelung als aktuelle intentionale Steuerung der Rechtswirklichkeit beruht aber auf seinem aktuellen, jüngeren Rechtsetzungswillen, sodass die Vermutung gerechtfertigt ist, dass er entsprechende Normkonflikte der neuen Regelung mit bereits bestehenden, älteren Regelungen zugunsten der zeitlich jüngeren Regelung auflösen möchte. Auch dieser Rechtssatz ist nicht schematisch anwendbar. Vielmehr erfordert er ebenfalls eine Bewertung, zum einen dahingehend, ob ein Normkonflikt zwischen der jüngeren und älteren Regelung vorliegt und wie weit

[15] Vgl. Calliess/Ruffert/*Ruffert* AEUV Art. 1 Rn. 18; *Langenbucher*, Europäisches Privat- und Wirtschaftsrecht, 4. Aufl. 2017, § 1 Rn. 3.

dieser reicht, zum anderen dahingehend, ob der Gesetzgeber in der Tat den Vorrang der jüngeren Regelung auch mit Blick auf den konkreten, nicht bedachten Normkonflikt intendierte.[16]

---

[16] Hinzuweisen ist darauf, dass diese Regel nicht zwingend ist und dem modernen Rechtsverständnis und der Rechtssetzungsprärogative des Gesetzgebers entspricht. Eine umgekehrte Regelung galt im Mittelalter, in dem die traditionelle Legitimation des Rechts betont wurde, mithin das Recht damals seine Geltung daraus bezog, dass es altes Recht war.

§ 8 Die Auslegung des Gesetzes

I. Die Auslegung als Sinnermittlung bei Normtexten

119 Die Auslegung[1] meint das Verfahren der Ermittlung des Sinns von Texten, die Auslegung von Gesetzen in der Folge die Sinnermittlung der dort enthaltenen Normen. Die Notwendigkeit einer solchen Auslegung hat eine **Vielzahl von Gründen.** So kann das Gesetz Begriffe der Allgemeinsprache aufgreifen, die regelmäßig mit verschiedenen Bedeutungsvariationen einhergehen, andererseits kann das Gesetz bewusst einen eigenständigen Begriff verwenden, dessen Inhalt zunächst noch ausgeprägt werden muss. Darüber hinaus geht mit sprachlichen Ausdrücken regelmäßig einher, dass deren Verständnis durch sichere Kandidaten (Begriffskern) und mögliche Kandidaten (Begriffshof) geprägt werden, sodass zu ermitteln bleibt, welches konkrete Verständnis das Gesetz verwendet. Hinzutritt die Möglichkeit von Bedeutungschwankungen eines Begriffs je nach Kontext und Sachbezug. Auch die Satzstellung selbst sowie der Regelungszusammenhang des Normtextes können dessen Verständnis beeinflussen. Schließlich stellt sich die Frage der Auslegung auch mit Blick auf andere Rechtsnormen, wenn diese abweichende/entgegengesetzte Regelungsanordnungen enthalten, sodass die Auslegung der Beseitigung von Normwidersprüchen dient. Auch wird sich die Auslegung mit der Frage befassen müssen, ob zwei konkurrierende Normen nebeneinander mit ihren Regelungsanordnungen Bestand haben oder ob eine der beiden die andere verdrängt. Schließlich sind auch Fehler des Gesetzgebers möglich, der eine lückenhafte oder unklare Regelungsanordnung getroffen hat.

120 **Beispiele** für entsprechende auslegungsbedürftige Normen sind unschwer zu finden. So spricht § 434 Abs. 1 BGB von der vereinbarten „Beschaffenheit" und § 438 Abs. 1 Nr. 2a BGB stellt auf ein „Bauwerk" ab. In beiden Fällen ist ein spezifisch juristischer Terminus im Wege der Auslegung zu konkretisieren. Das Gleiche gilt bei § 439 Abs. 2 BGB, wonach „Aufwendungen" zu ersetzen sind. An einen allgemeinsprachlichen Begriff knüpft zB § 675d Abs. 4 S. 2 BGB an, wonach das Entgelt „angemessen" sein muss. Mit großer Vagheit verbunden ist auch § 823 Abs. 1 BGB, wonach die Verletzung eines „sonstigen Rechts" zum Schadensersatz verpflichtet. § 830 Abs. 1 S. 2 BGB bestimmt: „Das Gleiche gilt, wenn sich nicht ermitteln lässt, wer von mehreren Beteiligten den Schaden durch seine Handlung verursacht hat.", ohne dass das Verhältnis dieser Norm zur ebenfalls geregelten Haftung wegen Mittäterschaft und Teilnahme ohne weiteres zu erkennen wäre. Unlängst ist der Begriff der Unterlassung in § 1 UKlaG bzw. § 8 Abs. 1 S. 1 UWG in das Blickfeld getreten.

121 Die Gesetzesauslegung widmet sich also dem Normtext, der als Sinnträger verstanden wird und dessen Bedeutung im Wege der Auslegung erschlossen werden soll. Aufbauend auf den Erkenntnissen der Hermeneutik dürfte heute nicht mehr ernsthaft bestritten werden, dass die Ermittlung des Sinns eines Textes, so auch bei Normtexten, kein passiver, vielleicht sogar technisch-objektiver Vorgang ist, der ohne Beteiligung

[1] Vgl. dazu ua *Honsell/Mayer-Maly* Rechtswissenschaft S. 87 ff; zur hiervon zu unterscheidenden Auslegung von Rechtsprechung vgl. *Langenbucher,* Die Entwicklung und Auslegung von Richterrecht, 1996; *Lundmark/Hermann* NJW 2020, 28.

des Auslegenden erfolgt. Vielmehr muss der Auslegende die richtigen Fragen an den Text stellen, die einzelnen möglichen Auslegungsergebnisse hinterfragen und auf diese Weise den Inhalt des Textes, also den Inhalt der Norm, ausbreiten. Dabei ist zu betonen, dass es letztlich keine eindeutigen Normen gibt, sondern bereits das behauptete „eindeutige Auslegungsergebnis" selbst das Ergebnis einer zuvor unternommenen, allerdings nicht hinreichend aufgedeckten Auslegung der Norm – richtigerweise unter Heranziehung der verschiedenen Auslegungskriterien – ist.

Während das Ideal der Gesetzesauslegung unschwer formuliert werden kann, ist die **122** Frage, ob dieses auch der Rechtswirklichkeit entspricht. Als **Ideal der Gesetzesauslegung** ist in der Tat das Ziel zu formulieren, den Sinn des Normtextes zu ermitteln, ohne diesem als Auslegender im Prozess der Auslegung einen bestimmten Inhalt oder Sinn ein- oder unterzulegen. Der Auslegende ermittelt mithin idealerweise den Inhalt des Normtextes, er ergänzt nicht dessen Sinn und verkürzt ihn auch nicht. Mithin ist das Ziel zu erkennen, was die Norm in ihrem recht verstandenen Sinn „eigentlich besagt".[2] Von diesem Ziel ausgehend wird von *Dworkin* formuliert, dass es zur Auslegung einer Norm zu einem bestimmten Zeitpunkt in der Rechtsordnung im Grundsatz nur eine richtige Antwort gebe (***one right answer*-thesis**). Dies gelte gerade auch in schwierigen Fällen *(hard cases)*, sodass dem Richter auch in diesen Fällen kein weiter(er) Ermessensspielraum zukomme.[3] Dabei gesteht *Dworkin* durchaus zu, dass es dem normalen Richter (in der US-amerikanischen Rechtsordnung) angesichts der Vielzahl der Fälle, Regeln und Besonderheiten des *common law* schwerfalle, die richtige Lösung zu finden. Allerdings wehrt sich *Dworkin* gegen die Schlussfolgerung, dass es diese eine richtige Lösung nicht gebe. Daher stellt er auf einen übermenschlichen Richter ab, den er zudem *Herkules* nennt, und spricht diesem die Fähigkeit zu, alle Fragen der Rechtsgewinnung mit allen Facetten und in ihrer Komplexität zu erfassen. Dieser Herkules-Richter könne die *one right answer*, die es zu jeder Frage der Rechtsgewinnung gebe, dh auch bei schwierigsten Fällen *(hard cases)* ermitteln.[4] Auch die Offenheit und Komplexität der Sprache stehen nach seiner Ansicht diesem nicht entgegen. *Herkules* könne die zutreffende Auslegung des geltenden Rechts unter Berücksichtigung aller Aspekte mit ihrem jeweils angemessenen Gewicht bewältigen.

Diese Überlegung hat nachhaltige **Kritik** erfahren. Dabei wird zum einen ein immanenter Widerspruch innerhalb der Theorie *Dworkins*, insbesondere zu seiner Theorie der Rechtsprinzipien, behauptet,[5] zum anderen wird die Anwendung der These jedenfalls in den sog. *hard cases*[6] kritisiert. Richtigerweise handelt es sich dabei um ein (unerreichbares) Ideal der Rechtsgewinnung,[7] ist die Auslegung einer Norm doch immer auch auf die Gesamtrechtsordnung und ihre Wertmaßstäbe bezogen. Man

---

2 *Larenz/Canaris* Methodenlehre S. 134 f.

3 *Dworkin*, Taking Rights Seriously, 1977, Kap. 4; *ders.*, Law's Empire, 1986, S. 239, 264 f.; seine Reaktion auf Kritiker findet sich ua in *ders.*, 1 Intl. J. of Con. Law (I.CON) 651, 660–662 (2003).

4 *Dworkin*, Law's Empire, 1986, S. 239, 264 f.

5 Einen Widerspruch innerhalb der Theorie Dworkins kritisieren *Shapiro* in Ripstein (ed.), Ronald Dworkin, 2007, S. 22 ff.; *Kress/Anderson*, 37 The American Journal of Comparative Law 337 (1989); krit. auch *Schlink*, Hercules in Germany!, 1 Intl. J. of Con Law (I.CON) 610 (2003).

6 *Raz* 81 Yale Law Journal 823 (1972); *ders.* 74 California Law Review 1103 (1986); *Soper* 75 Michigan Law Review 473 (1977).

7 Vgl. schon *Kelsen*, Reine Rechtslehre, 2. Aufl. 1960, S. 349 f., wonach „alle bisher entwickelten Interpretationsmethoden (…) stets nur zu einem möglichen, niemals zu einem einzig richtigen Resultat (führen)"; zustimmend *Adomeit/Hähnchen* Rechtstheorie Rn. 72.

kann insofern auch von einem Ziel oder einer Zielvorgabe für den Rechtsanwender sprechen, dessen Bemühen darauf gerichtet sein sollte, diese eine richtige Antwort zu finden (und nicht seinen subjektiven Einschätzungen oder Wertungen maßgeblich Raum zu geben). Auch das BVerfG anerkennt dieses Wertungselement.[8] Entsprechendes ist wohl auch gemeint, wenn insofern das Bild einer „regulativen Idee" von *Kant* herangezogen wird.[9] Gleichwohl darf nicht übersehen werden, dass die Rechtsanwendung zweifelsohne Bewertungselemente enthält. Diese führen nicht als solche zu einer Abweichung von dem Ideal, wenn und soweit die Wertungen unter Anwendung des Methodenkanons um eine möglichst adäquate Rechtsanwendung bemüht sind.

123 Schließlich ist festzuhalten, dass es keine dauerhaft gültige Auslegung einer Norm gibt, da der Wandel der Lebensverhältnisse einschließlich der ökonomischen, technischen und sozialen Umstände kontinuierlich neue Elemente der Rechtswirklichkeit hervorbringt, wodurch sich stets neue Rechtsanwendungsfragen ergeben und die Lösungen auf bereits beantwortete Rechtsanwendungsfragen sich abweichend präsentieren können. Diese **Zeitgebundenheit der Rechtsgewinnung** führt zu einem Spannungsverhältnis, das die Rechtsordnung aushalten muss. Der Rechtsanwender muss zeitgleich die Kontinuität der Rechtsprechung mit dem Vertrauen der Bürger auf diese einerseits und die Anpassung der Rechtsgewinnung an die jeweils aktuellen Geltungsbedingungen der Norm andererseits bedenken. Der Gleichheitsgrundsatz streitet für beides: Auf der einen Seite gilt es gleiche Fälle wie die anderen (bereits früher entschiedenen) Konstellationen zu entscheiden, andererseits ist danach Ungleiches ungleich zu behandeln, sodass bei einer wertungserheblichen Änderung der Geltungsbedingungen der Norm der Gleichheitsgrundsatz für eine abweichende Entscheidung streiten kann.

124 Jedenfalls in der deutschen Rechtsordnung findet sich eine **Aufgabenteilung bei der Auslegung** von Rechtswissenschaft und Judikative. Die Rechtswissenschaft ist in verschiedenen Publikationsformaten, namentlich Kommentaren, Lehrbüchern und monographischen Ausarbeitungen bemüht, die Auslegungsalternativen zu ermitteln und methodengeleitet Auslegungsvorschläge zu unterbreiten. Dabei wird der Regelungsbereich dogmatisch durchdrungen, die tragenden Prinzipien werden identifiziert und einzelne Anwendungsfälle ebenso diskutiert wie sich abzeichnende Problemkreise der Rechtsanwendung. Der Judikative kommt sodann die Aufgabe zu, die verschiedenen Auslegungsalternativen am konkreten Fall zu überprüfen, etwaige Rechtsgewinnungsprobleme wie Widersprüche, Unklarheiten oder im Einzelfall „ungerechte" Ergebnisse zu identifizieren und diese anwendungsbezogenen Erkenntnisse in die Rechtsgewinnung/Auslegung einfließen zu lassen. Dabei ist vollkommen zu Recht bereits vielfach betont worden, dass die Rechtswirklichkeit mit ihrer Vielzahl an Fällen die Fantasie der Rechtswissenschaft bei weitem übersteigt, sodass nachgerade von einer Bewährungsprobe der Rechtsgewinnungsvorschläge in der Praxis gesprochen werden kann, da die Zahl und Eigenart der Rechtsanwendungsfälle nur in sehr begrenztem Umfang bei der wissenschaftlichen Durchdringung und Formulierung von Rechtsgewinnungslösungen vorausgedacht werden kann. Umgekehrt ist diese rechtswissenschaftliche Durchdringung auch für die Praxis, namentlich die (obergerichtliche bzw. höchstrichterliche) Rechtsprechung

---

[8] Vgl. BVerfGE 82, 38f., wonach auch bei methodisch einwandfreier Arbeit „nicht absolut richtige, unter Fachleuten nicht bezweifelbare Aussagen dargeboten werden", sondern die „besseren Gründe den Ausschlag geben sollen".

[9] Vgl. *Larenz/Canaris* Methodenlehre S. 166; zu dem etwas abweichenden Verständnis dieses Begriffs in der Philosophie aber *Karasek* in Willaschek ua (Hrsg.), Kant-Lexikon, 2015, Stichwort: Regulative Idee.

erforderlich, denn auch diese ist dem Gleichbehandlungsgrundsatz und der Rechtssicherheit verpflichtet. Mithin darf die Norm bei der Anwendung auf den konkreten Sachverhalt nicht nur mit Blick auf diesen erfolgen, sondern es muss auch die Anwendung in gleichartigen Fällen bedacht werden. Hierzu ist die wissenschaftliche Durchdringung des Regelungsbereichs und sind die Auslegungsvorschläge durch die Rechtswissenschaft heranzuziehen.

II. Das Ziel der Auslegung

Im Kern der Auslegung steht die Frage, welches Ziel die Gesetzesauslegung verfolgt. 125
Diese Frage wurde schon vielfach formuliert.[10] Als Pole können zum einen der historisch einmalige Wille des historischen Gesetzgebers und zum anderen der „Wille des Gesetzes", dh dessen objektiver, ggf. geltungszeitlich aktualisierter Sinn formuliert werden. Nach der zuerst genannten entstehungszeitlichen Auslegung („subjektive Auslegung") hat die Rechtsgewinnung gleichsam rechtshistorisch das damalige Verständnis des Normgebers vom konkreten Norminhalt zu ermitteln, während nach der zuletzt genannten Ansicht („objektive Auslegung") gerade dieses subjektive Verständnis und der historische Wille des historischen Gesetzgebers allenfalls Ausgangspunkte sind, um den objektiven Willen des Gesetzes, also sein heutiges zutreffendes Verständnis zu ermitteln.

1. Die subjektive Theorie der Auslegung

Die entstehungszeitliche Auslegung hat den historisch-psychologischen **Willen des** 126
konkreten historischen Gesetzgebers zu erforschen. Für sie streitet, dass das Gesetz eine intentionale Steuerung der Rechtswirklichkeit durch den konkreten, demokratisch legitimierten Gesetzgeber ist. Damit liegt dem Gesetz eine konkrete historische Regelungsabsicht des damaligen Gesetzgebers zugrunde. In der Folge lassen sich die Ansichten und Bestrebungen jener Beteiligten, die an der Gesetzgebung mitgewirkt haben, sowie die von ihnen der konkreten Norm zugrunde gelegten Wertungen ua durch Heranziehung der Gesetzesmaterialien ermitteln. Indem das Gesetz auf die gerechte und den konkreten Bedürfnissen der Gesellschaft und Wertungen der Rechtsordnung im Übrigen entsprechende Ordnung des konkreten Regelungsbereichs zielt, liegt der konkreten Regelung ein dahingehender Wille des historischen Gesetzgebers zugrunde. Mit der „Bindung an das Gesetz" (Art. 20 Abs. 3 GG) soll in der Folge nicht nur die Bindung an den konkreten Normtext der verbindlichen Norm, sondern auch an die Wertungen, Absichten und Regelungsziele des historischen Gesetzgebers gemeint sein.

2. Die objektive Theorie der Auslegung

Ziel der objektiven Auslegung ist, den **„Willen des Gesetzes"**, nicht den Willen des 127
Gesetzgebers zu ermitteln. Als Ziel der Auslegung gilt die Erschließung des dem Gesetz selbst innewohnenden Sinns. Grundlage ist die Vorstellung, dass das Gesetz mit Inkrafttreten seine eigene Wirksamkeit entfaltet und – nicht zuletzt aufgrund der sich wandelnden Rechtsrealität – über das hinausgeht, was der Gesetzgeber im Gesetzgebungsverfahren konkret bedacht hat. Denn das Gesetz erfasst auch eine Vielzahl

---

[10] Vgl. nur *Engisch* Einführung S. 160; *Zippelius* Methodenlehre § 4 II.; *Kramer* Methodenlehre S. 125 f.; *Rüthers/Fischer/Birk* Rechtstheorie Rn. 731 ff.; *Honsell/Mayer-Maly* Rechtswissenschaft S. 95 ff.; *Würdinger* JuS 2016, 1 ff.

von Lebenssachverhalten, die der Gesetzgeber weder alle bei der Gesetzgebung übersehen noch mit Blick auf die nachfolgende Entwicklung voraussehen konnte. Überspitzt formuliert gibt das Gesetz auch Antwort auf Fragen, die der Gesetzgeber (noch) nicht stellen konnte. Indem nicht auf die Vorstellungen der am Gesetzgebungsverfahren Beteiligten zurückgegriffen wird, ist auf andere Zielvorstellungen abzustellen, namentlich rechtspolitische Zielvorstellungen oder Gerechtigkeitsauffassungen, die insofern „objektiv" sind. Der Wille des historischen Gesetzgebers wird somit durch normative, hypothetische oder auch objektivierte Willensinhalte ersetzt.

128 Mit dieser Betrachtung geht die abschmelzende Bedeutung der konkreten („subjektiven") Vorstellungen der Gesetzesverfasser mit fortschreitendem Zeitablauf nach Inkrafttreten des Gesetzes einher. So werden die Materialien zum BGB in seiner Urfassung (Protokolle; Motive) zumeist nur noch bei grundlegenden Fragestellungen herangezogen, da die Regelungen zB zu spezifischen Verträgen, auch wenn sie nicht modifiziert wurden, doch mittlerweile eine grundlegend gewandelte Rechtsrealität erfassen. Paralleles zeigt sich bei der Schuldrechtsreform 2002, nach der zunächst die Gesetzesmaterialien eine überaus gewichtige Bedeutung bei der Auslegung der neuen schuldrechtlichen Vorschriften aufwiesen. Mit zunehmendem zeitlichem Abstand zum Inkrafttreten der reformierten Vorschriften ist deren Bedeutung zwischenzeitlich deutlich geringer geworden. Allerdings ist bei einer solchen objektiven Auslegung zu bestimmen, ob jene rechtspolitischen Zielvorstellungen und Gerechtigkeitsauffassungen zum Zeitpunkt des Normerlasses oder zum Zeitpunkt der Normanwendung bestimmt werden sollen und in welchem Kreis der Rechtsunterworfenen entsprechende Vorstellungen zu ermitteln sind.

3. Die kombinatorischen Theorien

129 Die kombinatorischen Theorien verbinden Elemente der „subjektiven" und „objektiven" Auslegung. Sie sehen das **Gesetz als objektivierten Ausdruck des Regelungswillens** zur Schaffung einer konkreten Regelung mit einem bestimmten Inhalt durch die Normverfasser. Insofern sind zum einen die subjektiven Vorstellungen der Normverfasser anzuerkennen, zum anderen ist die geltende Norm in objektiv-rechtliche Verhältnisse und ein rechtstatsächliches Umfeld gestellt, das von jenem zur Zeit der Normsetzung abweichen kann und vielfach abweichen wird. Darüber hinaus ist anzuerkennen, dass der Gesetzgeber in seiner historischen Zeit verhaftet ist, mithin die Rechtsvorstellungen jener Zeit bei der Normsetzung zugrunde legt und die rechtlichen Fragestellungen entsprechend der sozialen, ökonomischen und technischen Verhältnisse zum Zeitpunkt der Gesetzgebung adressiert. Der Normgeber will auf diese eine Antwort geben. Auch wenn er sich bewusst ist, dass das Gesetz (ggf. weit) in die Zukunft wirkt, so bestehen doch insoweit nur begrenzte Erkenntnismöglichkeiten und entsprechend auch nur ein begrenzter Regelungswille, die zukünftigen Entwicklungen vorherzusehen bzw. (ebenfalls) vorausschauend zu gestalten. Die Auslegung der Norm durch den Rechtsanwender soll hingegen Antworten auf rechtliche Fragestellungen zum Zeitpunkt der Rechtsanwendung liefern, der lange Zeit nach dem Inkrafttreten der Norm liegen kann, wie zahlreiche seit der Urfassung des BGB fortgeltende Regelungen zeigen.

130 In Anerkennung des **„subjektiven" Fundaments** der Auslegung ist und bleibt das Gesetz richtigerweise mit der erkennbaren Regelungsabsicht des historischen Gesetzgebers und den von ihm bewusst getroffenen Wertentscheidungen verknüpft. Diese Wertentscheidungen sind für den Auslegenden im Rahmen der verfassungsrechtlichen Grenzen weiterhin bindend. Hierfür spricht, dass der Normanwender das vom demokratisch legitimierten Gesetzgeber entspringende Gesetz auslegen soll.

Im Kern dieser Bindung an das Gesetz bei der Auslegung steht somit der Vorrang der historischen gesetzgeberischen Wertungsentscheidung. Dies entspricht zugleich der demokratischen Legitimation des Gesetzgebers und der gewaltenteiligen repräsentativen Demokratie.

Allerdings folgt aus der Zeitstruktur des Rechts, das – wie aufgezeigt – die rechtliche Regelung mit Fragestellungen (Anwendungsfällen) konfrontiert ist, die der Gesetzgeber nicht vorhergesehen hat und regelmäßig auch nicht vorhersehen konnte. Indem die Auslegung (auch) eine Antwort auf diese aktuellen Fragestellungen leisten muss, ist das zutreffend verstandene Ziel der Auslegung mithin, den heute maßgebenden (normativen) Sinn des Gesetzes bzw. seiner Regelungen zu ermitteln. Dies erfolgt nach den kombinatorischen Theorien durch einen Einbezug von „subjektiven" und „objektiven" Elementen. Indem der (aktuelle) „Wille des Gesetzes" bzw. der (heutige) „normative Sinn des Gesetzes" bei der Auslegung ermittelt wird, trägt diese Lösung zum einen dieser Zeitstruktur des Rechts Rechnung, zum anderen werden die Regelungsabsichten und konkreten Normvorstellungen des historischen Gesetzgebers nicht vollständig ausgeblendet, sondern vielmehr ebenfalls umfasst. Ziel der Auslegung ist danach die Ermittlung des **geltungszeitlich aktualisierten Regelungswillens** des historischen Gesetzgebers. Die vom Wortlaut der Regelung umfasste konkrete Normvorstellung des historischen Gesetzgebers bildet die Grenze der Auslegung. 131

Zur Ermittlung dieses normativen Sinns des Gesetzes hat der Auslegende bestimmte Auslegungskriterien heranzuziehen (Mittel der Auslegung). Diese binden die Auslegung der Norm zum einen an den Wortlaut (grammatikalische und systematische Auslegung), zum anderen – vor allem über die historische Auslegung – an den (geltungszeitlich aktualisierten) Willen des historischen Normgebers. Demnach sind die Auslegungskanones methodische Aspekte, die der Auslegende zu berücksichtigen hat, wenn das Auslegungsergebnis nach den Maßstäben der Rechtswissenschaft einen Anspruch auf Richtigkeit haben soll. 132

III. Die Mittel der Auslegung

Die Auslegung erfolgt unter **Anwendung verschiedener Kanones,** die teilweise auch als Auslegungsmethoden bezeichnet werden. Es handelt sich um spezifische rechtliche Fassungen von Methoden zur Ermittlung des Textverständnisses, die zur Gewinnung des Inhalts eines Rechtssatzes herangezogen werden. Unterschieden werden im Wesentlichen die grammatikalische, systematische, historische und die teleologische Auslegung.[11] Ob die rechtsvergleichende Auslegung als ein weiterer („fünfter") Kanon anzuerkennen ist, ist umstritten, wird aber überwiegend abgelehnt. Diese Kanones sind entsprechend den Bedingungen der Rechtsgewinnung in der konkreten Rechts- und Verfassungsordnung ausdifferenziert, dh. sie stimmen nur in ihrem Kern in den verschiedenen Rechtsordnungen überein,[12] während sie in Bezug auf die konkreten Bedingungen der Rechtsgewinnung in den verschiedenen Rechtsordnungen unterschiedlich ausdifferenziert sind.[13] 133

---

[11] Vgl. zur Genese dieser Kanones in der klassischen Lehre durch von Savigny näher *Adomeit/Hähnchen* Rechtstheorie Rn. 66 ff.; s. a. *U. Huber* JZ 2003, 1 ff., zu *von Savignys* Lehre von der Auslegung der Gesetze aus aktueller Sicht; für ein Beispiel dementsprechend „schulmäßiger" Auslegung vgl. jüngst BGH WM 2018, 436 Rn. 29 ff. (zu § 1 UKlaG); ausf. auch *Reimer* Methodenlehre Rn. 269 ff.

[12] Vgl. zu dem hermeneutischen Kern → Rn. 26 f.

[13] Vgl. zu den Methodenfragen als Verfassungsfragen → Rn. 39 ff.

1. Die grammatische (grammatikalische) Auslegung

a) Der umgangssprachliche und der spezifisch juristische Wortsinn

134 Die Auslegung eines Textes, mithin auch eines Rechtssatzes wird richtigerweise immer mit der **Ermittlung des möglichen Wortsinns und des Bedeutungsspektrums** beginnen. Insofern kann die Bedeutung eines Ausdrucks (§ 119 Abs. 1 BGB: „Irrtum „; § 123 Abs. 1 BGB: „Täuschung", „Drohung") oder einer Wortverbindung (§ 138 Abs. 1: „die guten Sitten"; § 107 BGB: „lediglich einen rechtlichen Vorteil") im allgemeinen Sprachgebrauch oder in dem besonderen Sprachgebrauch des konkreten Gesetzes ermittelt werden.

135 Die Verwendung des **allgemeinen Sprachgebrauchs** geht darauf zurück, dass derjenige, der etwas sagt, dh auch derjenige, der einen Rechtssatz mit Anspruch auf Verbindlichkeit formuliert, vom Adressaten bzw. von den Rechtsunterworfenen verstanden werden will. Rechtsetzung als intentionale Steuerung der Rechtswirklichkeit wird damit im Ausgangspunkt auf allgemeinverständliche Texte setzen. Der Gesetzgeber wendet sich an den Bürger als Rechtsunterworfenen, will für dessen Verhalten einen normativ verbindlichen Rahmen setzen und daher von diesem verstanden werden.

136 Hinzutritt die **juristische Kunstsprache.** Bei dieser werden allgemeinsprachliche Begriffe („Täuschung") oder auch spezifisch juristische Begriffe („versteckter Einigungsmangel") verwendet, bei denen der Gesetzgeber eine eigenständige Bedeutungsprägung vornimmt, um das Regelungsziel zu erreichen.

137 Eine Besonderheit der Rechtswissenschaft im Vergleich zu anderen Wissenschaften ist, dass sie mit dem Gesetz und seiner Sprache befasst ist und sich die Sprache des Gesetzes grundsätzlich nicht zu weit von der Alltagssprache entfernen wird. Die Rechtssprache ist zwar ein Sonderfall der allgemeinen Sprache; da sich das Gesetz an den Rechtsunterworfenen wendet und von ihm Befolgung einfordert, muss das Gesetz im Kernbereich für den Rechtsunterworfenen verständlich sein.

138 Die Auslegungsbedürftigkeit besteht aber gleichwohl; sie folgt aus der **Flexibilität, dem Nuancen- und Detailreichtum** und der Anpassungsfähigkeit der Sprache. Insofern ergibt die Auslegung eines Textes einschließlich eines Rechtssatzes unter Heranziehung des allgemeinen Sprachgebrauchs grundsätzlich keinen eindeutigen Wortsinn des Textes. Der allgemeine Sprachgebrauch bildet insofern den Rahmen der Gesetzesauslegung. Dabei ist zu berücksichtigen, dass der Gesetzgeber auf den allgemeinen Sprachgebrauch und dessen Begriffsprägung zum Zeitpunkt der Entstehung des Gesetzes zurückgreift. Der Wortlaut des Gesetzes bildet den Ausgangspunkt für die Sinnermittlung und nach der weiterhin überwiegenden Ansicht die Grenze der Auslegung. Sofern der Rechtssatz spezifische Begriffe der Rechtssprache verwendet, ist deren Bedeutung einzusetzen und sind die möglichen Auslegungsvarianten hierauf reduziert. Ein solcher spezifischer Sprachgebrauch des Gesetzes geht grundsätzlich dem allgemeinen Sprachgebrauch vor. Er wird ermittelt, indem der Bedeutungszusammenhang der Norm in Blick genommen wird. Allerdings verbindet sich mit der Ermittlung des spezifischen Sprachgebrauchs des Gesetzes für den Rechtsanwender die Aufgabe, festzustellen, ob das Gesetz den entsprechenden, bereits anderweitig verwendeten oder definierten Begriff im gesamten Gesetz einheitlich verwendet oder nicht.[14] Die **Grenze der Auslegung** ist sodann der mögliche Wortsinn, mithin alles, was nach dem allgemeinen Sprachgebrauch des Gesetzes sowie dem etwaigen besonderen Sprachgebrauch des Gesetzgebers, jeweils zum

[14] Vgl. auch *Larenz/Canaris* Methodenlehre S. 142, mit dem Hinweis auf § 90 BGB „Sache" und § 119 Abs. 2 BGB „Sache".

Zeitpunkt der Entstehung des Gesetzes, noch als Inhalt des Rechtssatzes gemeint sein kann.[15] Durch Heranziehung des allgemeinen und des besonderen Sprachgebrauchs folgt grundsätzlich kein eindeutiger Inhalt des Rechtssatzes, da der Wortsinn der jeweiligen Auslegung der Begriffe nicht eindeutig ist. Allerdings lassen sich nach der grammatischen Auslegung immerhin die sog. negativen Kandidaten identifizieren, mithin solche, die jedenfalls nicht als Auslegungsergebnis gewählt werden können. Dem liegt ein vereinfachtes sog. Spiegelei-Modell der Hermeneutik zugrunde, wonach den inneren Kreis (Begriffskern) sog. sichere Kandidaten markieren, die in jedem Fall vom Begriff umfasst werden, während die Kandidaten im äußeren Kreis (Begriffshof) sog. mögliche Kandidaten sind. Sie werden noch von der Bedeutung des Begriffs umfasst; um sie als Ergebnis der Auslegung des Begriffs zu qualifizieren, sind allerdings noch weitere Informationen erforderlich. Außerhalb des Begriffshofs liegen die sog. negativen Kandidaten. Sie sind sicher nicht von der Bedeutung des Begriffs umfasst.

b) Die enge und die weite Auslegung der Norm

Mit Blick auf die Weite der Auslegung werden regelmäßig verschiedene Gegensatzpaare bemüht. 139 So wird unterschieden zwischen einer engen bzw. weiten Auslegung, einer **restriktiven bzw. einer extensiven Auslegung** oder einer einschränkenden bzw. einer ausdehnenden Auslegung.[16] Über den Inhalt dieser Gegensatzpaare besteht keine grundsätzliche Einigkeit. Richtigerweise wird man davon ausgehen müssen, dass eine enge Auslegung eines Begriffes einer Norm jenes Verständnis wählt, nachdem dieser Begriff nur einen engen Anwendungsbereich hat. Hierbei wird es sich regelmäßig um den Bedeutungskern des Begriffes handeln. Die weite Auslegung des Begriffs wird hingegen ein Begriffsverständnis wählen, bei der der Begriff einen weiten Anwendungsbereich aufweist und dementsprechend viele Bedeutungsvarianten umschließt. In der Regel wird es sich hierbei um den Bedeutungshof handeln. Beispiele im BGB sind unschwer aufzuzeigen. So treten nach § 563 Abs. 2 S. 1 BGB die „Kinder" des Mieters mit dessen Tod in das Mietverhältnis ein, wenn sie im gemeinsamen Haushalt leben. Der Begriff „Kinder" kann leibliche Kinder, Stiefkinder, Adoptivkinder oder auch Pflegekinder umfassen. Ein enges Verständnis der Norm wird sich auf das Normverständnis der leiblichen Kinder beschränken, während eine weite Auslegung auch die übrigen Kinder erfasst. Welches Verständnis des Begriffs in § 563 Abs. 2 S. 1 BGB zutreffend ist, ist durch die weiteren Kanones der Auslegung zu ermitteln. Der Begriff „Beschaffenheit" in § 434 Abs. 1 S. 1 BGB kann ebenfalls weit oder eng verstanden werden, indem er nur auf die Merkmale, die in der Physis der Sache verankert sind, Bezug nimmt oder (wesentlich weiter) auch alle Informationen in Bezug auf die Sache umfasst.[17] Nach § 323 Abs. 1 BGB kann der Gläubiger von dem gegenseitigen Vertrag zurücktreten, wenn die Leistung nicht oder nicht vertragsgemäß erbracht wurde und er dem Schuldner erfolglos eine angemessene Frist „bestimmt hat". Das Bestimmen der Frist kann enger verstanden werden im Sinne der Nennung einer konkreten Frist; möglich ist auch nach der Rechtsprechung des BGH ein weites Verständnis, wonach schon jeder zeitliche Bezug ausreichen soll.[18] Vielfach haben nachgerade klassische Streitfragen im BGB

[15] Vgl. zur Abgrenzung zwischen Auslegung und Rechtsfortbildung anhand des möglichen Wortsinns näher → Rn. 175 f.

[16] Statt aller *Pawlowski* Einführung Methodenlehre Rn. 203 ff.; *Bydlinski/Bydlinski* Grundzüge Methodenlehre S. 30 ff.; vgl. aus der Rspr. unlängst BGH WM 2018, 436 Rn. 29 ff. (zu § 1 UKlaG).

[17] Vgl. zu dieser Streitfrage ausf. MüKoBGB/*Westermann* § 434 Rn. 9 ff.

[18] Vgl. BGH NJW 2009, 3153; BeckOGK/*Looschelders* BGB § 323 Rn. 246 f.

die enge oder weite Auslegung eines Begriffs zum Gegenstand. Insofern kann auf die Auslegung des Begriffs „Dritter“ in § 123 Abs. 2 BGB, den „nicht lediglich rechtlichen Vorteil“ in § 107 BGB sowie das „Bewirken“ der geschuldeten Leistung in § 362 BGB als Beispiel verwiesen werden.

140 Mit der Problematik einer engen oder weiten Auslegung von Begriffen im Normtext verbindet sich die Streitfrage, ob **Ausnahmevorschriften grundsätzlich eng auszulegen** sind. Dies wird von der wohl überwiegenden Ansicht weiterhin bejaht. Freilich wird dem mit guten Gründen entgegengetreten. So ist schon die Qualifikation einer Regelung als Ausnahmevorschrift das Ergebnis der Auslegung der Norm. Zudem ist eine Identifikation von Ausnahmevorschriften weniger eindeutig, als von der überwiegenden Ansicht nahegelegt. Dies folgt schon daraus, dass es sich im BGB vielfach nicht um Ausnahmevorschriften, sondern negativ formulierte, unvollständige (ergänzende) Rechtssätze handelt, die zur besseren Strukturierung und besseren Lesbarkeit des Gesetzestextes in einem gesonderten Absatz oder einer gesonderten Regelung gefasst wurden. Paradigmatisch sind die §§ 281 Abs. 2, 286 Abs. 2, 323 Abs. 2, 935 BGB. Die Qualifikation als Ausnahmeregel setzt daher richtigerweise voraus, dass aus dem weiten Anwendungsbereich einer Norm wenige, eng begrenzte Konstellationen ausgesondert werden, da nach Ansicht des Gesetzgebers die Regelung aus bestimmten Gründen in diesen Konstellationen nicht gelten soll, zB weil das Telos der Norm in diesen einzelnen Konstellationen nicht einschlägig ist. Dem Wesen nach handelt es sich mithin um Konstellationen, in denen ohne eine solche Tatbestandsausnahme die Rechtsgewinnung vielfach eine teleologische Reduktion annehmen müsste. Der berechtigte Kern der weiterhin überwiegenden Ansicht geht dahin, dass die Regelungsabsicht des Gesetzgebers, den dieser mit der weiten Grundregel verfolgt, nicht durch eine Ausweitung der Ausnahmeregelung ausgehöhlt oder sogar weitreichend konterkariert werden darf. Hiervon zu unterscheiden ist aber die Vorgabe, dass die Ausnahmeregel eng auszulegen ist. Maßgeblich ist richtigerweise bei der Auslegung der Ausnahmeregel – wie auch sonst –, der Regelungszweck, den der Gesetzgeber mit dieser Ausnahmeregelung verfolgt hat. Sollte dieser Regelungszweck die entsprechende Anwendung der Ausnahmevorschrift auf eine weitere Konstellation gebieten, so spricht der Gleichheitsgrundsatz (Art. 3 Abs. 1 GG) dafür, die Ausnahmevorschrift weit auszulegen oder sogar eine Analogie zu dieser vorzusehen. Sofern der mit der Ausnahmevorschrift verfolgte Regelungszweck hingegen auf eine bestimmte Konstellation beschränkt ist, scheidet eine weite Auslegung der Ausnahmeregel oder sogar eine Analogie zu dieser hingegen aus.

c) Die Möglichkeit eines Wandels der Auslegung

141 Schließlich ist die Möglichkeit eines Wandels der Auslegung zu bedenken. Auch wenn der Normtext unverändert bestehen bleibt, ist ein **Wandel der Bedeutung** der in diesem verwendeten Begriffe im allgemeinen Sprachgebrauch wie auch im juristischen Sprachgebrauch möglich. Zu entscheiden ist bei der Auslegung der Norm sodann, ob auch die Norm diesen Wandel vollzieht oder ob das zum Zeitpunkt des Erlasses der Norm prägende allgemeine oder spezifisch juristische Begriffsverständnis weiterhin Bestand haben soll. Dieser Problemkreis ist letztlich Ausdruck dessen, dass die Norm mit ihrem Geltungsanspruch nicht nur in das rechtliche (normative) Umfeld, sondern auch in die technische, ökonomische und soziale Wirklichkeit eingebunden ist bzw. sich auf diese bezieht. Indem sich diese Wirklichkeit weiterentwickelt, stellt sich die Frage, ob die Norm diesen Wandel nachvollzieht oder die Auslegung bei dem früheren Begriffsverständnis verharren muss, sodass allenfalls noch eine Rechtsfortbildung in Betracht kommt.

Hinzuweisen ist darauf, dass ein entsprechender Begriffswandel sowohl einfachgesetzliche Normen wie auch Verfassungsnormen betreffen kann. So ist zB bei einfachgesetzlichen Normen, deren Tatbestand am Begriff „Fahrrad“ anknüpft,[19] zu entscheiden, ob diese auch Elektrofahrräder erfassen. Mit Blick auf die Auslegung des Grundgesetzes stellt sich die Frage eines entsprechenden Begriffswandels mit Blick auf den Begriff „Ehe“ (Art. 6 Abs. 1 GG) und die Frage, ob dieser nur die Verbindung von Mann und Frau oder auch gleichgeschlechtliche Verbindungen erfasst.[20] 142

d) Die Ermittlung der Wortbedeutung

Als Anhaltspunkt für die Ermittlung der Bedeutung eines vom Gesetzgeber verwendeten Begriffs ziehen die Gerichte in Grenzfällen oftmals Wörterbücher zurate.[21] Die Tatsache, dass eine gewisse Wortbedeutung nicht in den Wörterbüchern aufgelistet ist, lässt jedoch nicht den zwingenden Schluss zu, dass sich diese Bedeutung außerhalb des möglichen Wortsinns befindet. So stellt der BGH unter Heranziehung mehrerer Vokabularia fest, dass der Begriff „liefern“ nach dem allgemeinen Sprachgebrauch „bringen“ und „übergeben“ einer bestellten Sache bedeute, was jedoch nicht ausschließe, den Begriff „Lieferung“ in § 439 Abs. 1 Alt. 2 BGB weiter zu verstehen und auch den Ein- und Ausbau einer Sache darunter zu fassen.[22] Daneben können auch empirische Methoden wie etwa die Korpuslinguistik herangezogen werden. Mittels dieser soll es möglich sein, große und repräsentativ zusammengestellte Textmengen zu analysieren und die Verwendung eines Wortes in entsprechenden Kontexten zu bestimmen.[23] Freilich darf dies nicht dazu führen, dass regelmäßig linguistische Gutachten zur Ermittlung des möglichen Wortsinns in Auftrag gegeben werden, denn die Bestimmung des möglichen Wortsinns einer Norm ist eine Rechtsfrage und damit originär dem Richter zugewiesen. 143

2. Die systematische Auslegung

Die systematische Auslegung versucht aus dem **Bedeutungszusammenhang der konkreten Regelung** die Bedeutung des in ihr verwendeten Begriffs weiter zu konkretisieren. Dabei kann die systematische Auslegung einzelne Tatbestandsmerkmale/Begriffe, Wortzusammenstellungen, aber auch eine Regelung insgesamt in Blick nehmen und auf ihre Bedeutungsklärung zielen. Hierbei wird der einzelne Begriff, die konkrete Wortzusammenstellung oder auch die Regelung insgesamt als Teil der Regelung, des Rechtsakts, des Rechtsgebiets, der Rechtssäule sowie schließlich der konkreten Rechtsordnung verstanden und zu diesem Ganzen in Bezug gesetzt. Diese Bezugspunkte stellen den Kontext des Begriffs usw. dar und können dessen Verständnis weiter fördern. Der systematischen Auslegung liegt die Vermutung zugrunde, dass die Regelungen sachlich übereinstimmen und keine widersprechenden Regelungsanordnungen treffen. Sofern mithin eine Konkretisierung in 144

---

[19] Vgl. § 67 StVO (Lichttechnische Einrichtungen an Fahrrädern) sowie die mit Wirkung zum 1.6.2017 eingefügte Legaldefinition des Fahrrads in § 63a StVO.

[20] Vgl. dazu BeckOK GG/*Uhle* Art. 6 Rn. 4 ff.; *Schmidt* NJW 2017, 2225; *Ipsen* NVwZ 2017, 1096.

[21] Vgl. etwa BVerfG NJW 1987, 43 (46); BGH NJW 2012, 1073 Rn. 26; NJW 1967, 343 (346).

[22] BGH NJW 2012, 1073 Rn. 26, zu der bis zur Änderung des § 439 BGB durch das Gesetz vom 28.4.2017 (BGBl. I 969) streitigen Frage, ob Ein- und Ausbau vom Umfang der Neulieferung mit umfasst sind; vgl. zu dieser auch unter dem Aspekt der richtlinienkonformen Rechtsgewinnung interessanten Streitfrage auch EuGH NJW 2011, 2269.

[23] Vgl. *Walter* sui generis 2019, 138 Rn. 18 mwN, insbesondere zur Verwendung der Korpuslinguistik durch US-amerikanische Gerichte.

der gleichen Norm enthalten ist, sich aus den Normen im unmittelbaren Umfeld eine verständnisfördernde Erkenntnis ergibt oder sich im gleichen Rechtsakt eine Legaldefinition befindet, ist die Ausgangsvermutung gerechtfertigt, dass der Gesetzgeber keine widersprechenden Regelungsanordnungen getroffen hat, sodass die Erkenntnisse aus diesen weiteren Regelungen zur Konkretisierung der in Blick genommenen Norm herangezogen werden können. Zur systematischen Auslegung zählt auch das Argument aus der systematischen Stellung der Norm zB im BGB. So kann aus einer Verortung der Norm im Schuldrecht im Grundsatz auf ihre Dispositivität, aus ihrer Stellung im Sachenrecht im Grundsatz auf ihren zwingenden Charakter geschlossen werden.[24] Freilich wird das systematische Argument mit steigender Abstraktionshöhe des Bezugspunktes schwächer.

145 Paradigmatisch für die systematische Auslegung eines Begriffes in einem Rechtssatz durch den **Kontext innerhalb des Rechtssatzes** ist das Verständnis des Tatbestandsmerkmals „sonstiges Recht" in § 823 Abs. 1 BGB. Bekanntlich werden als solches nur absolute Rechte verstanden, denen – wie dem Eigentum – eine Ausschluss- und Zuweisungsfunktion zugesprochen werden kann. Während die Wortlautauslegung bei diesem Begriff wenig ergiebig ist, sieht die überwiegende Ansicht ein sehr starkes systematisches Argument, da das „sonstige Recht" mit dem Eigentumsrecht auf eine Stufe gestellt wird. Insofern werden die Charakteristika des Eigentumsrechts auch für sonstige Rechte verlangt. Eine systematische Auslegung durch den Bezug auf die Gesamtregelung liegt vor, wenn sich in dieser weitere erläuternde, einschränkende oder verweisende Regelungen finden. So war vor der Schuldrechtsreform 2002 umstritten, ob die Zuweniglieferung oder die Lieferung einer anderen Sache (*aliud*-Lieferung) einen Sachmangel begründet. Diese Frage lässt sich auf der Grundlage des Wortlauts von § 434 Abs. 1 S. 1 BGB ebenfalls stellen. Allerdings enthält § 434 Abs. 3 BGB eine Klarstellung dahingehend. Der Terminus des Sachmangels wird mithin im Wege der systematischen Auslegung durch **weitere Aussagen des gleichen Rechtssatzes** weiter konkretisiert. Möglich ist zudem, dass der Kontext, der zur weiteren Bedeutungsklärung führt, **Normen im engeren oder weiteren Umfeld** eines Rechtssatzes sind. Paradigmatisch hierfür sind Legaldefinitionen, die in andere Normen, im BGB regelmäßig im Allgemeinen Teil, ausgelagert sind. So definiert § 276 Abs. 2 BGB die Fahrlässigkeit und erlaubt somit eine Konkretisierung des Vertretenmüssens in § 280 Abs. 1 BGB oder auch der „fahrlässigen" Rechtsgutsverletzung in § 823 Abs. 1 BGB im Wege der systematischen Auslegung.

a) Die Auslegung aus dem äußeren System des Gesetzes

146 Mit der systematischen Auslegung ist die Unterscheidung zwischen dem äußeren System[25] des Gesetzes und dem inneren System des Gesetzes verbunden. Das sog. äußere System des Gesetzes besteht als **System aus abstrakten juristischen Begriffen** und folgt der formalen Logik. Dieses System ist im Gesetz von seiner Struktur angelegt und wird von der Rechtsprechung und Rechtswissenschaft ausdifferenziert. Bei der systematischen Auslegung sind der Ort und der Kontext der konkreten Regelung zu berücksichtigen. So folgt aus dem äußeren System ua durch die Aufnahme einer Regelung in das Schuldrecht oder in das Sachenrecht im Wege der systematischen Auslegung deren grundsätzliche Dispositivität bzw. zwingende Ausgestaltung.

---

[24] Vgl. dazu nur MüKoBGB/*Gaier* Einl. SachenR Rn. 11; BeckOGK/*Herresthal* BGB § 311 Rn. 8 ff.

[25] Ausführlich zur Bildung des äußeren Systems → Rn. 260.

Paradigmatisch für das äußere System ist der zweite Abschnitt des Ersten Buches im BGB (§§ 90ff. BGB). Dort werden zunächst Sachen als körperliche Gegenstände definiert (§ 90 BGB). Sodann werden die Sachen in vertretbare Sachen (§ 91 BGB) und verbrauchbare Sachen (§ 92 BGB unterschieden. Tiere werden in § 90a BGB aus dem Sachbegriff ausgegliedert und die entsprechende Anwendung der Normen, die für Sachen gelten, auf Tiere angeordnet. Als weiteres Beispiel für das äußere System kann auf die Regeln zum Kauf (§§ 433ff. BGB) verwiesen werden. Dort finden sich im ersten Untertitel Allgemeine Vorschriften (§§ 433–453 BGB). Sodann werden besondere Arten des Kaufs geregelt, unter anderem der Kauf auf Probe, der Wiederkauf, der Vorkauf und der Verbrauchsgüterkauf.

b) Die Auslegung aus dem inneren System des Gesetzes

Das sog. innere System[26] des Gesetzes bzw. der Rechtsordnung besteht aus den **Prinzipien, den leitenden Rechtsgedanken sowie den allgemeinen Wertmaßstäben,** die den Regelungen zugrunde liegen. Insofern ist es Aufgabe von Wissenschaft und Praxis, diese Elemente des inneren Systems zu identifizieren und ggf. zu einem Ausgleich zu bringen. Den Ausgangspunkt bildet dabei wiederum der Gedanke der Einheit der Rechtsordnung bzw. der Widerspruchsfreiheit der Regelungen. Der Gesetzgeber der Schuldrechtsreform 2002 hat eine entsprechende Prinzipienstruktur für das BGB anerkannt und mit dieser mehrfach in den Gesetzgebungsmaterialien argumentiert.[27] 147

Bei der systematischen Auslegung wird mithin die konkrete Regelung auch zu den Elementen des inneren Systems des BGB sowie der Rechtsordnung insgesamt in Bezug gesetzt. Diese Elemente sind mithin bei der systematischen Auslegung zu berücksichtigen. So ist zB bei der Auslegung von § 107 BGB die Frage des „lediglich rechtlichen Vorteils" durch eine Willenserklärung des Minderjährigen insbesondere mit Blick auf den Minderjährigenschutz als Prinzip des BGB auszulegen.[28]

3. Die historische Auslegung

Die historische Auslegung stellt auf den Erlass der Norm ab und versucht, deren damaliges Verständnis im Normsetzungsverfahren sowie die Regelungsintention des historischen Gesetzgebers zu ermitteln. Bereits hieraus wird deutlich, dass im Rahmen der historischen Auslegung eine entstehungsgeschichtliche Auslegung sowie eine begründungsgeschichtliche Auslegung unterschieden werden können. 148

a) Die entstehungsgeschichtliche Auslegung

Die entstehungsgeschichtliche Auslegung fragt nach der **Regelungsabsicht des historischen Gesetzgebers** und den Wertentscheidungen, die dieser mit der Regelung verfolgte. Freilich ist der historische Gesetzgeber in einem demokratischen Rechtsstaat keine Einzelperson und es besteht keine Möglichkeit, die konkreten Vorstellungen aller am Rechtsetzungsprozess beteiligten Personen zu erforschen.[29] Allerdings haben die eigentlichen Normverfasser konkrete Normvorstellungen, die sie den Normvorschlägen als Erläuterung hinzufügen. In Deutschland sind diese Normverfasser regelmäßig die Ministerialbürokratie, die einen Gesetzesentwurf erarbeitet, und einzelne Abgeordnete, die hierbei mitwirken. Entsprechende Begründungen 149

---

[26] Ausführlich zur Bildung des inneren Systems → Rn. 261f.
[27] Vgl. insbesondere BT-Drs. 14/6040, 86, 95, 97, 129.
[28] MüKoBGB/*Spickhoff* § 107 Rn. 54; Staudinger/*Klumpp*, 2017, BGB § 107 Rn. 76f.
[29] Vgl. nur *Bydlinski/Bydlinski* Grundzüge Methodenlehre S. 40ff.

finden sich sodann im sog. Diskussionsentwurf sowie im sog. Referentenentwurf. Darüber hinaus enthält schließlich der Gesetzesvorschlag eine Gesetzesbegründung. Insofern ist die Annahme gerechtfertigt, dass die Mitglieder des rechtssetzenden Organs, namentlich des Bundestags und des Bundesrats, den Sinn der Regelung in einer Weise verstehen und mit der Annahme als Gesetz billigen, wie er aus der beigefügten Begründung folgt. Dessen ungeachtet bilden sich die Mitglieder des Gesetzgebungsorgans weit überwiegend keine eigene Meinung in Bezug auf den konkreten Inhalt einzelner Normen, sondern stimmen dem Gesetz aufgrund der politischen Entscheidung der jeweiligen Fraktion zu. Allenfalls billigen sie auf der rechtspolitischen Ebene den allgemeinen Zweck des Gesetzes und die hierzu angewendeten Maßnahmen, zB die Förderung des Verbraucherschutzes durch die Einfügung eines Widerrufsrechts.

150 Mit Blick auf die Bedeutung der historischen Auslegung ist somit zu unterscheiden. Zum einen sind die konkreten **Normvorstellungen der Normverfasser** und etwaiger Kommissionsmitglieder usw. hinsichtlich zB der Bedeutung und der Reichweite einer Regelung als Rechtserkenntnisquellen von (besonderer) Bedeutung für die Auslegung der Norm. Die Normverfasser machen sich Gedanken über die gewählten Begriffe, über die Reichweite einer Regelung und ihr Verhältnis zu anderen Regelungen. Zudem wählen sie die Begriffe möglichst in der Weise, dass diese (nur) den gewollten Regelungsinhalt haben. Diese Erkenntnisse können auch im Rahmen der Auslegung der Norm als Rechtserkenntnisquellen herangezogen werden. Die Normverfasser sind allerdings nicht die Gesetzgeber, sodass es sich insofern nicht um Auslegungselemente mit der besonderen Dignität des Willens des historischen Gesetzgebers handelt. Zudem können die Normen im Gesetzgebungsverfahren noch geändert worden sein, sodass auch eine unveränderte Einführung dieser Erkenntnisse in die Auslegung ausscheiden kann.

151 Als Wille des Gesetzgebers, der mit besonderer Dignität bei der Auslegung zu berücksichtigen ist, sind die allgemeinen, **mit dem Gesetz verfolgten Regelungsintentionen** des Gesetzgebers sowie die Ausführungen in der Gesetzesbegründung bei der Auslegung zu berücksichtigen. Hinzutreten hinreichend konkrete Vorstellungen vom Inhalt und vom Zweck der Regelungen, die in den Beratungen, sei es im Plenum, sei es in den Ausschüssen, zum Ausdruck gebracht wurden[30] und in einer Weise unwidersprochen blieben, dass man von deren impliziter Billigung durch den Beschluss des Gesetzes berechtigterweise ausgehen darf.

152 Schließlich ist die **Bedeutung der historischen Auslegung** im Rahmen der Kanones zu problematisieren. Auch wenn es keine Rangfolge der Auslegungskanones gibt,[31] so kommt dem Willen des historischen Gesetzgebers mit Blick auf seine allgemeine Regelungsabsicht, aber auch dem Verständnis einzelner Regelungen, wie es insbesondere in der Begründung des Gesetzes zum Ausdruck gebracht wird, eine besondere Bedeutung zu. Denn das Gesetz als intentionale Steuerung der Rechtswirklichkeit wird vom demokratisch legitimierten Gesetzgeber eingesetzt, um bestimmte Folgen in der Wirklichkeit zu zeitigen. Dieser Zweck von Gesetzen und die demokratische Legitimation rechtfertigen, dass dem Verständnis und Regelungswillen des historischen Gesetzgebers bei der Auslegung eine besondere Bedeutung zukommt.[32] Sofern aus der Gesetzesbegründung mithin ein konkretes Verständnis der Regelung abgeleitet werden kann, ist dieser Inhalt im Ausgangspunkt als Aus-

---

[30] Zu denken ist insofern ua an die Berichte der Bundestagsausschüsse oder etwaige Stellungnahmen des Bundesrates sowie an Gegenäußerungen der BReg.

[31] Vgl. dazu → Rn. 165.

[32] Vgl. zum Gesetzgeberwillen als Grenze der Rechtsfortbildung → Rn. 211 f.

legungsergebnis zu wählen. Die Grenzen dieser besonderen Bedeutung der historischen Auslegung im Rahmen der Gesetzesauslegung folgen ua aus den begrenzten (menschlichen) Erkenntnissen auch der Gesetzgeber. So kann der Gesetzgeber bei der Normgebung sowohl das geltende Recht wie auch rechtstatsächliche Erscheinungsformen nicht bedacht haben, zB den Regelungskonflikt mit einer schon geltenden Norm oder Umstände in der Wirklichkeit, deren Berücksichtigung ihn vielleicht zu einem abweichenden (engeren, weiteren) Normverständnis bewegt hätten. Eine solche Anschauungslücke des Gesetzgebers ist angesichts der Begrenztheit der menschlichen Erkenntnisse und der Vielfältigkeit der Wirklichkeit nicht selten und bildet den Vorbehalt, den man bei der Heranziehung des historischen Gesetzgeber Willens stets mitdenken muss.

Weitere **Grenzen der Bedeutung** der historischen Auslegung folgen aus der **Weiterentwicklung der ökonomischen, technischen und sozialen Wirklichkeit** wie auch 153 der Rechtsordnung nach Erlass der Norm. Unmittelbar nachdem die Norm erlassen wurde, ändert sich die Wirklichkeit, auf die sie bezogen ist, ebenso wie die Rechtsordnung. Diese technischen Erfindungen, sozialen Entwicklungen wie auch ökonomischen Entwicklungen konnte der Gesetzgeber beim Normerlass und bei der Formulierung des von ihm verfolgten Regelungszwecks wie auch bei seinem konkreten Verständnis vom Regelungsinhalt nicht berücksichtigen. Gleiches gilt für die Weiterentwicklung der Rechtsordnung, namentlich wenn es sich nicht um nachfolgende Regelungen desselben Gesetzgebers, sondern zB des europäischen Gesetzgebers handelt.

Schließlich ist im Rahmen der historischen Auslegung die Bedeutung des **Schweigens des Gesetzgebers in den Gesetzesmaterialien** anzusprechen. 154 Nicht selten findet sich als Begründung für die Lösung einer Streitfrage, dass der Gesetzgeber die Norm in einer bestimmten Weise geändert habe, ohne auf eine bestimmte, ggf. breit diskutierte und/oder hochumstrittene Streitfrage zu dieser Norm einzugehen und dieser Streitfrage ebenfalls durch eine Änderung der Norm Rechnung zu tragen. Hieraus wird das Argument abgeleitet, dass der Gesetzgeber die Norm in einer bestimmten Weise (stillschweigend) verstanden wissen wolle, weil er sie nicht entsprechend geändert hat. Parallel gelagert sind Konstellationen, in denen Änderungsvorschläge zu einer Norm aus Wissenschaft und Praxis trotz Änderung der Norm an anderer Stelle vom historischen Gesetzgeber stillschweigend unberücksichtigt geblieben sind. Auch in diesen Fällen wird aus der unterbliebenen Änderung der Norm vielfach ein Argument für ein bestimmtes Normverständnis durch den historischen Gesetzgeber abgeleitet, zB dass dieser keinen Änderungsbedarf sieht und die Norm daher wohl in bestimmter Weise versteht. Eine entsprechende Begründung ist – wenn überhaupt – nur in Ausnahmefällen legitim. In jedem Fall ist erforderlich, dass aus den Gesetzesmaterialien hervorgeht, dass sich der historische Gesetzgeber mit dem konkreten Problemkreis bzw. Änderungsvorschlag befasst hat. Denn dem historischen Gesetzgeber kann nicht unterstellt werden, stillschweigend zu allen Problemkreisen einer Norm bzw. allen Änderungsvorschlägen zu dieser Stellung zu nehmen. Auch insofern wird vielfach eine Anschauungslücke vorliegen, wonach die entsprechende Streitfrage im Gesetzgebungsverfahren unberücksichtigt geblieben ist. Hinzutreten Konstellationen, in denen der Gesetzgeber gerade nur die konkrete Änderung der Norm erreichen wollte, während ihm der Einbezug auch weiterer Streitfragen politisch nicht opportun erschien, zB weil insofern eine politische Einigung nicht absehbar war. Entsprechendes gilt für vom historischen Gesetzgeber unberücksichtigte Änderungsvorschläge.

b) Die begründungsgeschichtliche Auslegung

155 Neben die entstehungsgeschichtliche Auslegung tritt die begründungsgeschichtliche Auslegung als Teil der historischen Auslegung. Sie nimmt die schon vorstehend identifizierten Rechtserkenntnisquellen vorrangig in den Blick und zieht die Gesetzesentwürfe, etwaige Protokolle aus der Gesetzesberatung, die Begründungen der Gesetzesentwürfe sowie die Äußerungen von Personen, die an dem Gesetzgebungsprozess beteiligt waren, heran, um die **Vorstellungen der am Gesetzgebungsverfahren beteiligten Personen sowie des Gesetzgebers** zu ermitteln. Insofern wird dem Vorverständnis und dem Sprachduktus dieser Beteiligten besondere Bedeutung beigemessen. Mit anderen Worten steht also nicht die Ermittlung des konkreten Regelungsinhalts durch die Heranziehung der Gesetzesbegründung im Vordergrund, sondern die Ermittlung des oder vielfach der Normzwecke, die von den am Gesetzgebungsverfahren beteiligten Personen mit dem Gesetz verfolgt wurden.

4. Die teleologische Auslegung

156 Die teleologische Auslegung[33] fragt nach den **erkennbaren Zwecken** (Telos = griech. Ziel, Sinn, Zweck) **bzw. Zielen einer Regelung.** Nach ihr ist die Norm in der Weise zu verstehen, dass den Zwecken und Grundgedanken der Regelung entsprochen wird. Dabei ist zu beachten, dass eine Regelung regelmäßig mehrere Zwecke verfolgt und ggf. diese in eine Rangfolge setzt. Die teleologische Auslegung soll mithin insoweit den Wortlaut der Regelung und etwaige Begriffe im Normtext hinterfragen.[34] In der Folge kann ein unklarer Wortlaut bzw. eine unklare Begrifflichkeit der Norm durch Heranziehung des erkannten Telos eine Bedeutungsschärfung erfahren. Regelmäßig werden zwei Arten der teleologischen Auslegung unterschieden, die sog. subjektiv teleologische Auslegung sowie die sog. objektiv-teleologische Auslegung.

a) Die subjektiv-teleologische Auslegung

157 Die subjektiv-teleologische Auslegung fragt nach jenem Zweck bzw. jenen Zwecken, den/die der historische Gesetzgeber der konkreten Regelung zugrunde gelegt hat.[35] Insbesondere aus den Gesetzesmaterialien folgt, welche Zwecke der Gesetzgeber mit der konkreten Regel verfolgt hat. Insofern beschränkt sich der Interpret darauf, diese Zwecke zu ermitteln und nachzuvollziehen. Damit entspricht die subjektiv-teleologische Auslegung der historisch-teleologischen Interpretation. Ihr Ziel ist die **Ermittlung des historischen Normzwecks,** mithin jener Zwecke, die mit dem Gesetz bei seinem Erlass verfolgt wurden. Die Auslegung hat somit solche Auslegungsergebnisse vorzuziehen, mit denen die Verwirklichung jener konkret vom historischen Normgeber verfolgten Zwecke besser erreicht wird. Bei der Ermittlung dieser historisch verfolgten Zwecke werden aber auch die außerhalb des Normtextes vorfindlichen Gesetzesmaterialien, das damalige Normverständnis sowie Rechtsprinzi-

---

[33] Vgl. zu dieser *Kramer* Methodenlehre S. 159 ff.; *Herzberg* JuS 2005, 1; *Hensche,* Teleologische Begründungen in der juristischen Dogmatik, 1998; *Rüthers/Fischer/Birk* Rechtstheorie Rn. 717 ff. (freilich den Normzweck nur als Ziel der Auslegung adressierend); *Larenz* Methodenlehre S. 333 ff.; *Larenz/Canaris* Methodenlehre S. 153 ff.; *Zippelius* Methodenlehre § 10 II; *Harbarth* FS Winter, 2011, 215 (225).

[34] Grundlegend *Jhering,* Der Zweck im Recht, I, 3. Aufl. 1983, VIII („Der Zweck ist der Schöpfer des Rechts").

[35] Die Terminologie ist insoweit keinesfalls eindeutig, vgl. *Kramer* Methodenlehre S. 129 f.; *Bydlinski* Methode und Rechtsbegriff S. 451 f., 453; *Höpfner/Rüthers* AcP 209 (2009), 7; *Bydlinski/Bydlinski* Grundzüge Methodenlehre S. 35 f.

pien herangezogen. Bisweilen wird auch noch der historische Kontext der Norm zum Normverständnis herangezogen.

b) Die objektiv-teleologische Auslegung

Hiervon abweichend geht eine andere Ansicht davon aus, dass die Auslegung nicht 158 „subjektiv" auf die Vorstellung des historischen Gesetzgebers und das damalige Zweckverständnis abstellen soll, sondern dass die Zwecksetzung des historischen Gesetzgebers nur den Ausgangspunkt bei der Ermittlung der von der Norm verfolgten Zwecke bildet. Das Normverständnis hat sich zwar an der historisch mit der Norm verfolgten Zwecksetzung auszurichten, aber – insbesondere mit wachsendem Zeitabstand – vom konkreten historischen Gesetzgeberwillen zu lösen. Maßgeblich sind hiernach für das aktuelle Verständnis der Norm die **geltungszeitlich aktualisierten Zwecke der Norm,** die sich im Vergleich zum Entstehungszeitpunkt des Gesetzes weiterentwickelt bzw. verändert haben können. Insofern handelt es sich bei diesen Zwecken um objektiv-teleologische Erwägungen.[36]

Für diese Methode der Auslegung spricht zunächst, dass die Alternative, das Ver- 159 harren bei den subjektiv-historisch (zeitlich überholten) Normzwecken mit einer daher weitreichenden Überantwortung der Entscheidung an den Richter bzw. die Verwaltung nach jeweils ihren eigenen Vorstellungen, aus Gründen der Rechtssicherheit und Gleichbehandlung abzulehnen ist.[37] Umgekehrt entspricht es der Erfahrung bei der Normauslegung, nicht zuletzt angesichts des rasanten technischen, aber auch gesellschaftlichen Wandels, dass der historische Gesetzgeberwille durch die technische, soziale und ökonomische Realität regelmäßig alsbald „überholt" wird und unter den **geltungszeitlichen Bedingungen der Rechtsgewinnung** zumindest unvollständig bzw. unzureichend erscheint. Daher ist es gerechtfertigt, ausgehend von jenem Zweck, den der historische Gesetzgeber mit der Regelung verfolgt hat, unter Berücksichtigung der Gerechtigkeit, Rechtssicherheit und Zweckmäßigkeit, die Zwecke der auszulegenden Norm unter den geltungszeitlichen Anwendungsbedingungen zu formulieren. Dabei sind die im Übrigen in der Rechtsordnung verfolgten Zwecke und Wertungen, namentlich in sachlich zusammenhängenden Normen, die Rechtsprinzipien sowie die Vermeidung von Wertungswidersprüchen ergänzend zu berücksichtigen. Dieses Vorgehen ist als objektiv-teleologische Auslegung zu kennzeichnen, weil dem historischen Gesetzgeber der Inhalt dieser geltungszeitlich aktualisierten Zwecke nicht bewusst war und von ihm auch nicht vorhergesehen werden musste.

Hiermit sind auch schon die wesentlichen Elemente der objektiv-teleologischen 160 Auslegung angesprochen. Ausgehend von der Rechtsidee, die Gerechtigkeit, Rechtssicherheit und Zweckmäßigkeit umfasst,[38] sind neben den Prinzipien der konkreten Rechtsordnung insbesondere die **Sachstrukturen des konkreten Regelungsbereichs** zur Ermittlung der so verstandenen Normzwecke heranzuziehen.[39] Diese grenzen nämlich die konkreten (aktuellen) Regelungsmöglichkeiten ein. Zudem legt der Gesetzgeber die konkrete Sachstruktur bei der Normgebung vernünftigerweise

---

36 Dafür ua *Larenz/Canaris* Methodenlehre S. 139; *Canaris,* Die Feststellung von Lücken im Gesetz, 2. Aufl. 1983, S. 39 Fn. 100 und S. 84 Fn. 92; *Zippelius* Methodenlehre S. 17 ff.; s. a. BVerfGE 1, 299 (312); s. a. *Bydlinski/Bydlinski* Grundzüge Methodenlehre S. 43 ff.

37 *Bydlinski* Methodenlehre und Rechtsbegriff S. 454.

38 Vgl. dazu näher *Herresthal* in Domej ua (Hrsg.), Einheit des Privatrechts, 2008, 139 (167 ff.) mwN.

39 Vgl. ua *Bydlinski* Methodenlehre und Rechtsbegriff S. 454 f.; *Larenz/Canaris* Methodenlehre S. 154 f.

zugrunde und will eine für diese angemessene Regel formulieren, die das Funktionieren der Sachstruktur fördern. Daher ist es gerechtfertigt, wenn bei der geltungszeitlichen Aktualisierung der Zwecke einer Norm ebenfalls an diesen Sachstrukturen angeknüpft wird und sie auf der normativen Ebene berücksichtigt werden. Vielfach wird insofern auf den umstrittenen Begriff der „Natur der Sache“ abgestellt.[40] Freilich besteht aus der **Rückbindung an den Gesetzgeberwillen** insofern eine Grenze, als die Ausrichtung an der Sachstruktur dann ausscheidet, wenn sich der Gesetzgeber bewusst und hinreichend deutlich entschieden hat, diese nicht zu berücksichtigen bzw. zu ändern.

161 Darüber hinaus sind die insbesondere in sachlich zusammenhängenden Normen und Normkomplexen **verfolgten Zwecke sowie die Rechtsprinzipien der Rechtsordnung** heranzuziehen. Vor dem Hintergrund des inneren Systems des Rechts, dem Gebot zur Vermeidung von Wertungswidersprüchen sowie den genannten Elementen der Rechtsidee (Gerechtigkeit, Rechtssicherheit, Zweckmäßigkeit) hat sich die geltungszeitlich aktualisierte Auslegung der in Blick genommenen Norm in das Wertungsgefüge und die Prinzipienstruktur der konkreten Rechtsordnung einzufügen. Danach ist ein Verständnis der Norm vorzugswürdig, das die Wertungen und Zwecke sachstrukturell vergleichbarer Regelungen in der konkreten Rechtsordnung berücksichtigt, jedenfalls diesen aber nicht widerspricht. Darüber hinaus hat sich die Norm als Konkretisierung der Prinzipien der Rechtsordnung zu erweisen, dh die in der Rechtsordnung von den Normen zugrunde gelegten Prinzipien zu einem angemessenen Ausgleich zu bringen, der ua der Gewichtigkeit der verschiedenen Prinzipien in der konkreten Rechtsordnung Rechnung trägt. Zu denken ist insofern an den Vertrauensschutz, den Schutz Geschäftsunfähiger bzw. beschränkt Geschäftsfähiger, den Verbraucherschutz sowie das Korrelat von Herrschaft und Haftung.

162 Die **Kritik** an der objektiv-teleologischen Auslegung liegt auf der Hand.[41] Durch die geltungszeitliche Aktualisierung des Normzwecks, dh mit dem Verlassen der vorrangigen Ausrichtung der Auslegung an jenem Normzweck, der vom historischen Gesetzgeber der Norm beigelegt wurde, wird die Auslegung für die Wertungen des Norminterpreten geöffnet. Freilich zielt die objektiv-teleologische Auslegung gerade darauf, dem Norminterpreten *nicht* die Ermittlung des maßgebenden Normverständnisses zu überlassen. Allerdings enthält sie doch zahlreiche Aspekte, die vom Norminterpreten eine Wertungsentscheidung verlangen. Schon die Identifikation sachstrukturell vergleichbarer Regelungen, die Ermittlung der Wertungen und Rechtsprinzipien der Rechtsordnung sowie deren Gewichtung wie auch die Einschlägigkeit der Vermeidung von Wertungswidersprüchen basieren letztlich auf Wertungsentscheidungen des Rechtsanwenders. Allerdings vermag diese Kritik **nicht durchzugreifen,** denn die objektiv-teleologische Auslegung hält zunächst den Rechtsanwender dazu an, diese Wertungsentscheidungen aufzudecken und damit der Kritik auszusetzen. Darüber hinaus überantwortet sie das Verständnis des geltungszeitlich aktualisierten Normzwecks gerade nicht der Willkür des Normanwenders, sondern strukturiert die Normauslegung durch die Identifikation der vorstehend genannten maßgebenden Aspekte und zwingt die (verbleibenden) Wertungsentscheidungen des Normanwenders auf diese Weise in ein durchaus enges Korsett.

---

40 Vgl. *Bydlinski* Methodenlehre und Rechtsbegriff S. 459 f.; *Larenz/Canaris* Methodenlehre S. 154 f.; krit. zu diesem Begriff *Rüthers/Fischer/Birk* Rechtstheorie Rn 919 ff.

41 *Rüthers/Fischer/Birk* Rechtstheorie Rn. 806 ff.

5. Die Ablehnung der rechtsvergleichenden Auslegung als weiterer Kanon

163 Bisweilen wird vertreten, dass die rechtsvergleichende Auslegung als **weiterer Kanon** („fünfter Auslegungskanon") zu den tradierten Kanones hinzutritt.[42] Dies ist nicht überzeugend. Bereits die Anknüpfung der Methoden der Rechtsgewinnung an die konkrete Verfassungsordnung spricht dagegen, möglichen Auslegungsergebnissen einer Norm ein argumentatives Gewicht zuzusprechen, weil entsprechende Lösungen in anderen Rechtsordnungen verankert sind, um mit diesem Gewicht die historische Auslegung, systematische Argumente oder die objektiv-teleologische Auslegung zu relativieren. Vorzugswürdig ist es, die rechtsvergleichende Auslegung als nicht zu überschätzenden **Ideen-Pool zur Ermittlung möglicher Auslegungshypothesen** heranzuziehen. Dies gilt zum einen im Rahmen der objektiv-teleologischen Auslegung zur Ermittlung von möglichen Regelungsinhalten, mithin als Ideengeber um den Kreis der möglichen Auslegungsergebnisse über die vom Rechtsanwender selbst gefundenen möglichen Auslegungsergebnisse hinaus zu erweitern. Zum anderen kann die rechtsvergleichende Umschau Lösungsmöglichkeiten aufzeigen, die insbesondere der Sachstruktur des Regelungsbereichs bzw. dem Regelungsgegenstand entsprechen, da die Vermutung gerechtfertigt ist, dass der ausländische Normgeber ebenfalls um sachstrukturangemessene Regelungen bemüht war.[43] Die auf diese Weise ermittelten möglichen Auslegungsergebnisse können sodann als Hypothesen für die Auslegung der nationalen Regelung herangezogen werden und im Rahmen der systematischen Auslegung, historischen Auslegung sowie objektiv-teleologischen Auslegung erwogen werden. Dem Umstand, dass das konkrete Auslegungsergebnis auch in anderen ausländischen Rechtsordnungen herangezogen wird, kommt grundsätzlich allerdings dabei kein eigenes argumentatives Gewicht zu. **Abweichendes** gilt mit Blick auf die **Europäische Integration** für rechtsvergleichend ermittelte Regeln und Prinzipien sowie die aus spezifischen Regel- und Prinzipienkatalogen, Empfehlungen und Stellungnahmen sowie nicht vertypten Handlungsformen der Unionsorgane entnommenen Sollensnormen. Ihre spezifische Anknüpfung an Gebote der Unionsrechtsordnung und ihre Anknüpfung an fundamentale Prinzipien der integrierten Staatlichkeit rechtfertigt, diesen ein besonderes argumentatives Gewicht bei der Abwägung im Rahmen der Auslegung der nationalen Norm zuzusprechen.[44]

6. Die begrenzte Bedeutung ökonomischer Folgen bei der Auslegung

164 Mit der Berücksichtigung ökonomischer Folgen bei der Gesetzgebung, aber auch der Normanwendung befasst sich die sog. **ökonomische Analyse des Rechts.**[45] Grundlegend ist insofern zunächst die Forderung, dass der größte Gesamtnutzen für alle Beteiligten zu erzielen ist, sei es beim Erlass von Gesetzen, sei es bei deren Interpretation. Dieser größte Gesamtnutzen ist dann erreicht, wenn durch eine

[42] Weiterhin grundlegend *Zweigert* RabelsZ 15 (1949/1950), 17 („Kontrollfunktion"); s.a. *Bydlinski* Methodenlehre und Rechtsbegriff S. 461 („notwendigerweise subsidiäre Rolle dieser Methode"); allg. *Häberle* JZ 1989, 913.

[43] Vgl. zu dieser Funktion *Bydlinski* Methodenlehre und Rechtsbegriff S. 462; s.a. *Bydlinski/Bydlinski* Grundzüge Methodenlehre S. 58 ff.

[44] Ausf. dazu *Herresthal* Rechtsfortbildung S. 280 ff.

[45] *Kirchner,* Ökonomische Theorie des Rechts, 1997; *Towfigh/Petersen,* Ökonomische Methoden im Recht, 2010; *Van Aaken,* „Rational Choice" in der Rechtswissenschaft, 2003; *Adams,* Ökonomische Analyse des Rechts, 2. Aufl. 2004; *Eidenmüller,* Effizienz als Rechtsprinzip, 4. Aufl. 2015; ders. JZ 2005, 216; *Ladeur* RabelsZ 64 (2000), 60; *Schäfer/Ott,* Lehrbuch der Ökonomischen Analyse des Zivilrechts, 4. Aufl. 2004.

abweichende Güterverteilung die Lage der Beteiligten nicht verbessert werden kann, ohne einzelne von ihnen schlechter zu stellen (*Pareto*-Kriterium). Hierauf aufbauend wurde ein Entscheidungskriterium formuliert, das einen gesellschaftlichen Zustand auch dann als besser kennzeichnet, wenn einzelne Personen dabei schlechter gestellt werden. Dieses sog. *Kaldor-Hicks*-Kriterium als grundlegende Entscheidungsregel geht davon aus, dass ein neuer Zustand vorteilhafter ist als der bestehende, wenn der Vorteil für die Gewinner bei diesem neuen Zustand so groß ist, dass sie die Verlierer entschädigen könnten. Eine tatsächliche Kompensation der Verlierer durch die Gewinner ist allerdings nicht Teil des Kriteriums. Hinzutreten zwei weitere Grundannahmen: Zum einen ist es das Modell des *homo oeconomicus,* dh des Menschen, der seine Handlungen rational in dem Sinne wählt, dass diese mit möglichst geringen Kosten den höchsten Nutzen erzielen. Zum anderen tritt die Annahme hinzu, dass Rechtsnormen die Kosten bestimmter Handlungen erhöhen oder verringern. Die sog. Institutionenökonomik hat sodann die Erklärung sozialer Institutionen zum Gegenstand, welche die Produktion, Verteilung und Konsumtion knapper Güter betreffen. Der sog. *Property-Rights*-Ansatz befasst sich mit den Rechten bzw. Rechtspositionen, über Güter und Ressourcen zu verfügen. Ein weiterer Schwerpunkt der Diskussion bilden die sog. Transaktionskosten, also jene Kosten, die mit der Vorbereitung und Durchführung eines Vertrages verbunden sind. Indem die Kosten der Informationsbeschaffung zu diesen Transaktionskosten zählen, besteht ein unmittelbarer Anschluss an ein Kernthema der Rechtswissenschaft, der Informationsbeschaffung und des Informationsschutzes. Die Grenzen dieser Modellannahmen der ökonomischen Analyse des Rechts folgen ua daraus, dass die persönlichen Bedürfnisse und der persönliche Nutzen des Einzelnen in Entgelteinheiten umgerechnet werden müssen, um sie zu vergleichen und zu messen. Hinzutritt, dass die Annahme des stets rational handelnden Menschen zum einen mit dem Handeln unter unvollständigen Informationen, zum anderen mit der Möglichkeit altruistischen Handelns konfligiert (sog. *bounded rationality*). Darüber hinaus geht mit der ökonomischen Analyse des Rechts regelmäßig ein Ausschließlichkeitsanspruch der Effizienzerwägung insofern einher, als Rechtssetzung und Rechtsgewinnung von dieser ausschließlich auf die ökonomischen Effizienzerwägungen ausgerichtet werden. Dies wird weit überwiegend zu Recht abgelehnt.[46] Umgekehrt sind ökonomische Erwägungen in einer wettbewerbsverfassten marktwirtschaftlichen Wirtschaftsordnung im Rahmen der Normsetzung wie auch der Rechtsgewinnung keineswegs fremd. So kennt das Prozessrecht die Überlegung der Prozessökonomie und auch bei der Auslegung und Fortbildung des (Privat-)Rechts sind im Rahmen der teleologischen Auslegung die ökonomischen Folgen der konkreten Rechtsgewinnung ein legitimes Argument.

7. Die Problematik des Rangverhältnisses der Auslegungskriterien

165 Die Kanones sind als leitende Gesichtspunkte bei der Auslegung zu berücksichtigen. Weiterhin umstritten ist ihr Verhältnis zueinander. Richtigerweise ist ein **festes Rangverhältnis der Kanones abzulehnen.**[47] Es ist bislang nicht gelungen, den

[46] *Kramer* Methodenlehre S. 282 ff.; deutlich *Stürner* AcP 214 (2014), 38; s. a. auch schon *Horn* AcP 176 (1976), 333.

[47] Vgl. *Larenz/Canaris* Methodenlehre S. 163 ff.; *Canaris* FS Medicus, 1999, 60 (prinzipielle Gleichrangigkeit der Argumente); *Esser,* Vorverständnis und Methodenwahl, 1972, S. 124 ff.; *Hassemer* ARSP 1986, 204; mit dem Versuch einer Strukturierung aber *Höhn,* Praktische Methodik der Gesetzesauslegung, 1993, S. 160 ff.; *Looschelders/Roth* Methodik S. 192 ff.; krit. zur Gleichrangigkeit der Kanones auch *Kramer* Methodenlehre S. 187 ff.; *Bydlinski*

absoluten Vorrang eines der Auslegungskriterien gegenüber den anderen allgemein oder zumindest für besondere Konstellationen überzeugend zu begründen. Darüber hinaus ist auch entscheidend, welches Ziel der Auslegung anerkannt wird[48] und, hiermit verbunden, welche Bedeutung der historischen Auslegung beigemessen wird.

Vielmehr zeigt die **Praxis der Auslegung,** dass bei konkreten Auslegungsfragen 166 regelmäßig mehrere Kriterien auf ein Auslegungsergebnis hinweisen, während nach einem anderen Kriterium durchaus ein abweichendes Ergebnis vorzugswürdig sein kann. Konstellationen, in denen die Anwendung der Kanones zum argumentativen Patt führt, in dem jeweils die gleiche Zahl der Auslegungskriterien mit identischem argumentativem Gewicht auf verschiedene Auslegungsergebnisse verweisen, sind doch vergleichsweise sehr selten. Bisweilen sind aber einzelne Kriterien bei der Auslegung unergiebig. Zudem kommt einzelnen Kriterien mitunter ein besonderes argumentatives Gewicht zu, so zB der systematischen Auslegung bei der Frage der Dispositivität einer Norm. Schließlich erweist sich die teleologische Auslegung vielfach als entscheidendes Kriterium, indem sie aus der Vielzahl möglicher Auslegungsergebnisse, die der Wortlaut und die historische Auslegung beschreiben, eines oder einzelne als vorzugswürdig hervorhebt.

Darüber hinaus ist zumindest der **Ablauf des Verfahrens der Gesetzesauslegung** 167 durchaus in Bezug auf die Reihenfolge der Auslegungskanones strukturiert.[49] Dabei bildet bei der Auslegung von Normen als Textauslegung der *Wortsinn* grundsätzlich den Ausgangspunkt und die Grenze der Auslegung.[50] Der natürliche und auch der juristische Sprachgebrauch eröffnen allerdings regelmäßig mehrere Deutungsmöglichkeiten des Normtextes. Diese möglichen Auslegungsergebnisse können durch den *systematischen Bedeutungszusammenhang* der Regel im Regelungskontext der Rechtsordnung vielfach auf jenen Kreis beschränkt werden, der mit den übrigen Normen übereinstimmt, jedenfalls keine Wertungswidersprüche erzeugt, es sei denn, solche resultieren aus dem Wandel der Normsituation. Der verbleibende Kreis der Auslegungsergebnisse ist durch Heranziehung des *Regelungszwecks des historischen Gesetzgebers* und den resultierenden historischen Normzweck weiter einzuengen. Allerdings ist dieser Normzweck unter Berücksichtigung der Wertungsentscheidungen sonstiger Regelungen, der Sachstrukturen des Regelungsbereichs sowie der Rechtsprinzipien in der Rechtsordnung *geltungszeitlich zu aktualisieren,* um auf diese Weise – so im Idealfall, wie aber auch regelmäßig – ein vorzugswürdiges Auslegungsergebnis zu identifizieren. Dieser Prozess der Ermittlung des vorzugswürdigen Verständnisses der Norm erweist sich dabei als eine Abwägung des argumentativen Gewichts der verschiedenen Kriterien. Ihnen kommt bei der konkreten Auslegung jeweils ein unterschiedliches argumentatives Gewicht zu, das zudem nicht objektiv im Sinne zB eines Zahlenwerts bestimmbar ist, sondern auf die intersubjektive Überzeugungskraft im juristischen Diskurs über das vorzugswürdige Verständnis der Norm angewiesen ist.

Methodenlehre und Rechtsbegriff S. 553 ff.; *Bydlinski/Bydlinski* Grundzüge Methodenlehre S. 107 ff.; ausdrücklich für eine Rangfolge *Beaucamp/Treder* Methoden und Technik Rn. 176 ff.

48 Dazu → Rn. 126 ff.

49 Ähnlich *Kramer* Methodenlehre S. 188; s. a. *Hassemer* ZRP 2007, 215 (Abfolge im Verstehensprozess); *Röhl/Röhl* Rechtslehre S. 631 f. (Rang und Reihenfolge der Auslegungskanones).

50 Vgl. zur Abgrenzung der Auslegung von der Rechtsfortbildung durch den möglichen Wortsinn → Rn. 175 f.

§ 9 Die Rechtsfortbildung

168 Das abstrakt-generelle Gesetz ist – auch wenn die erfassten Fallkonstellationen vom Gesetzgeber noch so sorgfältig bedacht werden – unvermeidbar lückenhaft, dh die Regelung erfasst bestimmte Konstellationen nach ihrem Wortlaut nicht, obwohl die Anwendung der Regelung auch auf diese Konstellationen sachgerecht wäre. Umgekehrt kann die Regelung nach ihrem Wortlaut Konstellationen erfassen, in denen ihre Anwendung nicht sachgerecht ist, mit anderen Worten fehlt in diesen zuletzt genannten Konstellationen ein Ausnahmetatbestand im Sachverhalt der Norm. Die **unvermeidbare Lückenhaftigkeit von Gesetzen** (und Verordnungen usw.) resultiert zum einen aus der letztlich unübersehbaren Mannigfaltigkeit der Rechtswirklichkeit, die auch bei überaus sorgfältiger Normgebung nicht vollends durchdacht werden kann. Zum anderen führt die ökonomische, technische und soziale Entwicklung der Rechtswirklichkeit dazu, dass neue Sachverhaltskonstellationen auftreten, die der Gesetzgeber bei der Normgebung nicht bedacht hat und vielfach auch gar nicht bedenken konnte. Als Beispiel sei nur auf die weite Verbreitung von sog. E-Fahrrädern verwiesen, die der Gesetzgeber bei der Regelung des motorisierten Verkehrs und des unmotorisierten (Fahrrad-)Verkehrs nicht vorhersehen konnte, mit der Folge, dass mit der Verbreitung von E-Fahrrädern zu entscheiden ist, ob diese den Regelungen über motorisierte Fahrzeuge oder aber über Fahrräder zu unterwerfen sind. Insofern bestand eine Regelungslücke in der Rechtsordnung.

169 In der deutschen Rechtsordnung haben die **Gerichte** die **Kompetenz zur Ausfüllung entsprechender Regelungslücken.** Dies wird vom Gesetz ausdrücklich mit Blick auf die höchstrichterliche Rechtsprechung genannt (vgl. § 132 Abs. 4 GVG, § 45 Abs. 4 ArbGG, § 11 Abs. 4 VwGO, § 11 Abs. 4 FGO, § 41 Abs. 4 SGG). Hierzu müssen die juristischen Methoden entsprechende Instrumente bereitstellen, damit die Judikative entsprechende Regelungslücken wertungsadäquat und für den Rechtsunterworfenen nachvollziehbar schließen kann.

170 Grundlegend ist dabei die Unterscheidung zwischen der gesetzesimmanenten Rechtsfortbildung und der gesetzesübersteigenden Rechtsfortbildung. Die **gesetzesimmanente Rechtsfortbildung** (sog. Rechtsfortbildung intra legem) hat die Schließung von Regelungslücken des Gesetzes selbst zum Gegenstand. Die von der Judikative rechtsfortbildend gefundene Regel übersteigt zwar die Wortlautgrenze der konkreten Norm, kann also mithin nicht mehr als (auch weite) Auslegung derselben verstanden werden, sie bewegt sich aber weiterhin im Rahmen des Gesetzes und seiner Teleologie. Die **gesetzesübersteigende Rechtsfortbildung** (Rechtsfortbildung extra legem, aber intra ius) geht über den Regelungsplan des konkreten Gesetzes hinaus. Die Judikative wendet hier neue Rechtsgedanken bzw. Regelungen an, die im Gesetz allenfalls angedeutet sind bzw. von der Judikative aus allgemeinen Prinzipien und Wertungen der Rechtsordnung abgeleitet werden. Sie verlässt mithin den Plan des Gesetzes mit der rechtsfortbildend gefundenen Regel, bleibt allerdings im Rahmen der leitenden Rechtsprinzipien und Wertungen der Rechtsordnung. Freilich lässt sich zwischen der gesetzesimmanenten und der gesetzesübersteigenden Rechtsfortbildung keine präzise Grenze ziehen. Materiell besteht allerdings insofern ein Unterschied, als sich das Gericht einer gesetzesimmanenten Rechtsfortbildung nicht verweigern darf, während eine gesetzesübersteigende Rechtsfortbildung nur beim Hinzutreten weiterer Umstände unternommen werden darf.

I. Die Abgrenzung zwischen Rechtsfortbildung und Auslegung des Gesetzes

Mit Blick auf die Abgrenzung zwischen der Auslegung des Gesetzes und der Rechtsfortbildung dürfte weitgehend unstreitig sein, dass eine trennscharfe Abgrenzung auch hier nicht möglich ist. Vielmehr wird vollkommen zurecht betont, dass die Gesetzesauslegung und Rechtsfortbildung **wesensgleiche Verfahren** sind. Insofern wird auch formuliert, dass es sich um verschiedene Stufen eines einheitlichen Verfahrens handelt, denn bei Auslegung und Rechtsfortbildung werden identische Aspekte zur Ermittlung des geltenden Rechts bemüht, namentlich die Regelungsabsicht des Normgebers, teleologische Aspekte, systematische Erwägungen usw. Darüber hinaus enthält auch die Auslegung eines Textes einschließlich eines Normtextes schöpferische Elemente des Interpreten, da die Bedeutungsvariationen der Begriffe ermittelt werden müssen, die Bedeutung des historischen Verständnisses bestimmt werden muss und die teleologischen Aspekte ermittelt werden müssen. Dieser schöpferische Anteil ist bei der Rechtsfortbildung im engeren Sinn sodann deutlich ausgeweitet und – die Aufgabe der Methoden – sollte dem Rechtsanwender dort jedenfalls bewusst sein. 171

1. Rechtsfortbildung im Rahmen der Auslegung

Die Einheitlichkeit des Verfahrens bei Auslegung und Rechtsfortbildung zeigt sich bereits daran, dass die „einfache“ Auslegung des Gesetzes innerhalb des möglichen Wortsinns[1] durch die Judikative bereits als Rechtsfortbildung in einem weiten Verständnis qualifiziert werden kann. So kann die **erstmalige Auslegung und Anwendung einer Norm** durch ein Gericht als Rechtsfortbildung bezeichnet werden, wenn das Gericht aus den möglichen Auslegungsalternativen unter Heranziehung der Auslegungskanones eine Alternative begründet auswählt mit der Folge, dass die Norm mit Wirkung für die Parteien des Prozesses (erstmalig) zur Anwendung gelangt und die bestehende Unsicherheit über das zutreffende Verständnis der Norm in der Rechtspraxis hierdurch partiell beseitigt wird. Denn die zukünftige Rechtspraxis muss sich dann mit dieser Entscheidung auseinandersetzen und die anwaltliche Beratung das vom Gericht gewählte Auslegungsergebnis entsprechend berücksichtigen. 172

Darüber hinaus kann jede **judikative Konkretisierung von Generalklauseln** sowie von konkretisierungsbedürftigen Maßstäben oder Begriffen („angemessen“; „erforderliche Sorgfalt“; „sonstiges Recht“; „widerrechtlich“) bei der Anwendung der Norm auf den konkreten Einzelfall als Rechtsfortbildung im weiteren Sinn verstanden werden. Gleiches gilt bei einer Rechtsprechungsänderung, dh der geänderten Auslegung einer Norm durch die Judikative. Jedenfalls wenn die Rechtsprechungsänderung durch ein Obergericht erfolgt und die veränderte Auslegung sodann beibehalten und demnach auch von der Rechtspraxis zugrunde gelegt wird, kann von einer Rechtsfortbildung im weiteren Sinn gesprochen werden. 173

Gleichgültig ist für die Qualifikation als Rechtsfortbildung im weiteren Sinn, dass der Richter in diesen Konstellationen weit überwiegend keine Absicht hat, das Recht über dessen Wortlaut hinaus „fortzubilden“, sondern sich um die zutreffende Auslegung der Norm durch ihre erstmalige Konkretisierung bzw. die Wahl einer vorzugswürdigen Auslegung bei der Rechtsprechungsänderung bemüht. Freilich unterscheidet sich die Intention des Richters bei der Auslegung insofern von der typi- 174

---

[1] Zu dieser Grenze → Rn. 175 f.

schen Rechtsfortbildung, bei der sich der Richter bewusst ist, dass das Gesetz unmittelbar keine Regelung enthält und daher eine solche unter Heranziehung der Kriterien der Rechtsfortbildung gewonnen werden muss. Bei der Auslegung überwiegt hingegen das Bemühen, den Inhalt des zutreffend verstandenen Normtextes zu ermitteln.

2. Der „mögliche Wortsinn" des Gesetzes als Grenze der Auslegung im engeren Sinn

175 Ob mit dem **„möglichen Wortsinn"** des Gesetzes noch eine präzisere **Grenze zwischen Auslegung und Rechtsfortbildung** gezogen werden kann, ist umstritten. Für die Anerkennung einer solchen Abgrenzung[2] streitet richtigerweise, dass sich – trotz Identität des Verfahrens – doch mit dem möglichen Wortsinn der Norm insofern eine kategoriale Unterscheidung verbindet, als das Vertrauen der Rechtsunterworfenen typischerweise an diesem anknüpft, sie mithin auf die Anwendung der Norm im Rahmen des möglichen Wortlauts vertrauen und im Ausgangspunkt berechtigt davon ausgehen, dass die Regelungsanordnung nicht auch darüber hinaus vom Gericht angewendet wird. Auch bewegt sich die Anwendung dieser Regelungsanordnung jenseits des möglichen Wortsinns außerhalb jenes Bereichs, den der Gesetzgeber bei der Normgebung im Blick hatte. Insofern bringt der mögliche Wortsinn des Gesetzes als Grenze zwischen Auslegung und Rechtsfortbildung zum Ausdruck, dass jenseits dieser Grenze die Judikative einer besonderen argumentativen Rechtfertigungslast unterliegt, wenn sie den Regelungsinhalt einer Norm auch jenseits dieser Grenze anwenden möchte. Diese besondere Argumentationslast folgt aus dem genannten Vertrauen der Rechtsunterworfenen, die durch den bloßen Blick in das Gesetz gerade nicht erkennen können, dass dessen Regelungsanordnung auch auf den konkreten Fall übertragen wird. Darüber hinaus muss sich das Gericht bewusst sein, dass es bei der Rechtsfortbildung jenseits dieser Grenze in besonderem Maße schöpferisch tätig ist, sodass die fortbildungsleitenden Kriterien in besonderem Maße angewendet und die subjektive Vorstellung von der Richtigkeit der Rechtslage zurücktreten muss. Der mögliche Wortsinn ist vor diesem Hintergrund konsequenterweise jener, der in der konkreten Rechtsgemeinschaft dem Wortlaut der Norm gerade noch beigemessen werden kann. Demnach muss eine ausländische Begriffsprägung bei der Bestimmung dieser Grenze unberücksichtigt bleiben, sodass zB eine Begriffsprägung in *Österreich* nicht zur Bestimmung der Grenze des möglichen Wortsinns in *Deutschland* herangezogen werden kann. Zudem ist aufgrund der Vagheit der Sprache und der Begriffsprägungen eine vollkommen exakte Grenzziehung vielfach nicht möglich.

176 Die **Kritik** an dieser Abgrenzung zwischen Auslegung und Rechtsfortbildung knüpft zum einen daran an, dass es sich insofern um eine Besonderheit der deutschen Methodenlehre handelt, während in anderen europäischen Rechtsordnungen eine dahingehende Abgrenzung nicht erfolge. Darüber hinaus sei diese Grenze überaus vage und damit wenig brauchbar, da die Ermittlung des „möglichen Wortsinns" im konkreten Anwendungsfall nur schwer möglich sei und ein hinreichend sicherer Ausschluss gerade noch erfasster oder schon nicht mehr erfasster Bedeutungen nicht exakt möglich ist. Schließlich verweist die Gegenansicht darauf, dass trotz überwiegender Anerkennung dieser Grenze in der Praxis gleichwohl Einigkeit dahingehend bestehe, dass Auslegung und Rechtsfortbildung verschiedene Elemente eines einheitlichen Verfahrens sind. Hierdurch wird nach dieser Ansicht die Bedeutung

---

[2] So auch *Zippelius* Methodenlehre § 9 II; BVerfGE 71, 115; 87, 224.

der Grenzziehung weiter reduziert. Allerdings muss auch von der Kritik bedacht werden, dass Art. 103 Abs. 2 GG und Art. 7 EMRK eine solche Grenzziehung im Bereich des Strafrechts zwingend erfordern, denn eine Verurteilung unter Überschreitung der Wortlautgrenze stellt nach diesen Regelungen einen Verstoß gegen den dort verbürgten Grundsatz *nulla poena sine lege* dar.[3]

II. Die Feststellung und Ausfüllung von Regelungslücken im Gesetz

1. Der Begriff der Regelungslücke

a) Die planwidrige Unvollständigkeit des Gesetzes

Nach der überwiegenden Ansicht setzt die judikative Rechtsfortbildung eine Rege- 177
lungslücke voraus.[4] In der Folge besteht die **judikative Kompetenz zur Rechtsfortbildung** nur, wenn und soweit eine solche Regelungslücke ermittelt wurde. Mit anderen Worten grenzt die Regelungslücke jenen Bereich ab, innerhalb dessen die Judikative die Kompetenz zur Rechtsfortbildung hat, weil das positive Recht (Gesetz; Gewohnheitsrecht) lückenhaft ist. Mit der Präzisierung des Lückenbegriffs ist somit die Reichweite dieser Kompetenz verbunden; abweichend formuliert führt eine etwaige Ausweitung des Lückenbegriffs dazu, dass die Judikative weitergehende Kompetenzen zur Rechtsfortbildung in Anspruch nimmt. Nicht unerwähnt soll bleiben, dass der Lückenbegriff durchaus substantielle **Kritik** erfahren hat,[5] sich diese aber bislang zu Recht nicht durchsetzen konnte. Denn der Lückenbegriff hat die Funktion, Rechtsgewinnungsaufgaben, die durch eine „bloße" Normauslegung nicht gelöst werden können, so zu erfassen, dass eine möglichst hohe Transparenz und intersubjektive Überprüfbarkeit des Ergebnisses gewährleistet wird. Abzulehnen ist die Kritik, der Ausgangspunkt der Lückenfeststellung sei ein subjektives Mangelempfinden der Rechtsanwenders.[6] Dieser würde sodann unmittelbar andere Normen oder Normkombinationen[7] heranziehen, ohne einen zuvor als Zwischenschritt den Gesamtplan des Gesetzes festzustellen. Der Lückenbegriff bildet gerade das rationalisierende Wertungskürzel für den legitimen Grund dieses „Mangelempfindens" und zeigt intersubjektiv überprüfbar den legitimen Maßstab zu seiner Bewältigung auf, sodass sich bei beiden Elementen ein Rationalitätsvorsprung mit ihm verbindet.[8] Eine weitere Kritik knüpft an der Vorstellung der Gesetzeslücke an,

---

3 BVerfG NJW 1986, 1671 (1672); NJW 2007, 1666 Rn. 13 ff.; Maunz/Dürig/*Remmert* GG Art. 103 Rn. 84; zum Verstoß gegen das Konventionsrecht durch Überschreitung der Wortlautgrenze bei geschriebenen Strafrechtsordnungen vgl. EGMR NJW 2010, 2495 Rn. 118 f.; EGMR NJOZ 2010, 1599 Rn. 140 f.; MüKoStPO/*Gaede* EMRK Art. 7 Rn. 21.

4 Vgl. zu dieser hM nur *Canaris,* Die Feststellung von Lücken im Gesetz, 2. Aufl. 1983, S. 17 f.; *Larenz/Canaris* Methodenlehre S. 191 ff.; *Bydlinski* Methodenlehre und Rechtsbegriff S. 472; BVerfGE 34, 269 (287); 82, 6 (11 f.); BGHZ 90, 145 (153 f.); *Kramer* Juristische Methodenlehre S. 199 ff.; *Engisch* Einführung S. 194 ff.; ähnlich *Looschelders/Roth* Methodik S. 280 ff. (normative Regelungslücke). Grundlegend weiterhin *Canaris,* Die Feststellung von Lücken im Gesetz, 2. Aufl. 1983, S. 39

5 Vgl. nur *Wank* Rechtsfortbildung S. 69 f.; *ders.* ZGR 1988, 314 (319); *Koch/Rüßmann* Begründungslehre S. 254; *F. Müller,* Richterrecht, S. 14 ff.; *Pawlowski* Methodenlehre Rn. 462; *ders.* Einführung Methodenlehre Rn. 208 f.; *Everling* RabelsZ 50 (1986), 193 (200 f.).

6 *Wank* Rechtsfortbildung S. 70; ähnlich *Klug* FS Nipperdey, 1965, 71 (84).

7 *Wank* Rechtsfortbildung S. 72.

8 Zur Funktion des Lückenbegriffs auch *Canaris* FS Bydlinski, 2002, 47 (83).

der eine unter Zugrundelegung der Wertungsjurisprudenz überholte Gleichsetzung von Recht und Gesetz zugrunde liege.[9]

178 Bei der **gesetzesimmanenten Rechtsfortbildung** bildet eine solche Lücke die Grenze, da sich die Rechtsfortbildung an die Regelungsabsicht des Gesetzgebers, dessen Regelungsplan sowie die immanente Teleologie des Gesetzes halten muss. Bei der **gesetzesübersteigenden Rechtsfortbildung** kann die Grenze hingegen nicht mehr aus dem (lückenhaften) Gesetz und dem hierauf bezogenen Regelungsplan des Normgebers entnommen werden, sondern die Rechtsordnung ist insofern als ganze in Blick zu nehmen.

179 Als Lücke kann allgemein eine **Unvollständigkeit des Gesetzes** bezeichnet werden. Dabei setzt der Lückenbegriff das Streben der Rechtsordnung nach einer vollständigen Regelung voraus. Insofern ist richtigerweise die Struktur der konkreten Rechtsordnung entscheidend.[10] So kann bei einer nationalen Rechtsordnung ein solches Streben nach Vollständigkeit grundsätzlich vorausgesetzt werden. Es ist, um auf die deutsche Rechtsordnung abzustellen, vor dem Hintergrund des Art. 3 GG davon auszugehen, dass der deutsche Gesetzgeber grundsätzlich die auftretenden rechtlichen Fragestellungen normativ erfasst wissen will und grundsätzlich keine Frage dem rechtsfreien Raum überantwortet. Das Gesetz und die Gesamtkodifikation sind somit nur dann lückenhaft, wenn sie eine Regelung vermissen lassen, die eine Frage betrifft, die nicht dem rechtsfreien Raum überantwortet ist. Die Bedeutung dieser Vermutung wird deutlich, wenn man mit der nationalen Rechtsordnung die europäische, anerkanntermaßen lückenhafte Rechtsordnung kontrastiert. Diese zeichnet sich gerade durch punktuelle Regelungen des Unionsgesetzgebers aus, dh punktuelle Richtlinien und Verordnungen, die nur bestimmte Themenkreise erfassen und bestimmte Regelungsziele verfolgen. So ist die europäische Rechtsordnung nicht lückenhaft, weil sie zwar Richtlinien zum Verbraucherdarlehen, Timesharing- und Verbrauchsgüterkaufverträgen enthält, nicht aber zum Werk-, Miet- oder Geschäftsbesorgungsvertrag. Die zuletzt genannten Regelungsbereiche werden vom Unionsgesetzgeber nicht normativ erfasst. Abweichendes gilt insofern für die nationale Rechtsordnung, die zB mit den §§ 280 ff. BGB auch jene Vertragstypen erfassen will, die nicht im Besonderen Teil des Schuldrechts gesondert geregelt werden.

180 Zu berücksichtigen ist darüber hinaus, dass eine Lücke im Sinne einer Unvollständigkeit des Gesetzes auch dann vorliegen kann, wenn der Wortlaut des Gesetzes eine bestimmte Konstellation bzw. bestimmte Konstellationen erfasst, allerdings die Regelung nach ihrem Sinn und Zweck in diesen Fällen nicht passt. Der gesetzlichen Regelung fehlt in diesen Konstellationen ein einschränkendes Tatbestandsmerkmal bzw. ein ergänzender Ausnahmetatbestand, sodass ebenfalls eine (in diesen Fällen sog. **verdeckte**) **Lücke** im Sinne einer Unvollständigkeit des Gesetzes gegeben ist.[11] Schließlich ist die Möglichkeit eines sog. **„beredten Schweigens“** des Gesetzes zu bedenken, dh aus der unterbliebenen gesetzlichen Regelung folgt hinreichend deutlich, dass der Gesetzgeber eine entsprechende Regelung gerade nicht treffen wollte. Methodisch wird dabei der Umkehrschluss[12] zur gesetzlichen Regelung begründet und eine abweichende Rechtsfortbildung durch diesen ausgeschlossen. Dabei ist zu bedenken, dass der Gesetzgeber seltenst negative Anordnungen in das Gesetz auf-

---

[9] So *Pawlowski* Einführung Methodenlehre Rn. 208 f.; *ders.* Methodenlehre Rn. 455 ff.; *Fikentscher* Methoden IV S. 161.

[10] Ausf. dazu insbes. in Bezug auf die europäische Rechtsordnung *Herresthal* Rechtsfortbildung S. 58 ff.

[11] Vgl. zur teleologischen Reduktion → Rn. 200 f.

[12] Zum Umkehrschluss als Gegenstück zur Analogie → Rn. 199.

nimmt. So war bis zum Inkrafttreten des WEG im Gesetz gerade nicht ausdrücklich geregelt, das Sondereigentum an Teilen von Immobilien nicht begründet werden kann. Dies folgte vielmehr im Umkehrschluss zu den gesetzlichen Regelungen. Aus dem vorstehenden (verdeckte Lücke und beredtes Schweigen) wird zugleich deutlich, dass eine Regelungslücke nicht mit dem Schweigen des Gesetzes gleichgesetzt werden darf. Weder liegt nur beim Schweigen des Gesetzes eine Regelungslücke vor, wie die verdeckte Regelungslücke zeigt, bei der das Gesetz „redet", dh den aus der Norm auszugliedernden Sachverhalt nach ihrem Wortlaut gerade erfasst. Noch liegt stets beim Schweigen des Gesetzes eine Regelungslücke vor, wie das beredte Schweigen zeigt, wo dem Schweigen des Gesetzes ein Umkehrschluss und damit die Ablehnung einer Regelungslücke zu entnehmen ist. Mithin ist Lücke nicht nur ein Schweigen des Gesetzgebers, sondern das Fehlen einer konkreten Regelung für die in Blick genommene Fallkonstellation bzw. Fallkonstellationen, die nach der immanenten Teleologie des Gesetzes zu erwarten sind.

b) Die Arten von Lücken

Bei den Lücken der gesetzlichen Regelung lassen sich verschiedene Arten unterscheiden.[13] **181**

aa) Normlücken und Gesetzeslücken

Die **Normlücke**[14] bezeichnet die Unvollständigkeit einer einzelnen Norm. Paradigmatisch ist die Regelung in § 904 S. 2 BGB,[15] die zwar einen Ersatzanspruch des Eigentümers hinsichtlich des ihm entstehenden Schadens bei einem Zugriff auf seine Sache im Rahmen einer Notstandslage anordnet, allerdings keine Regelung hinsichtlich des Passivlegitimierten enthält, mithin ob dieser Anspruch gegen den auf das Eigentum einwirkenden Dritten oder gegen den Verursacher der Notstandslage besteht.[16] **182**

Eine **Gesetzeslücke** (auch Regelungslücke; Wertlücke) liegt vor, wenn das Gesetz eine konkrete Regelungsfrage nicht adressiert, obwohl nach jenem dem Gesetz zugrundeliegenden Regelungsplan eine solche Regelung zu erwarten ist. Der Regelungsplan ist dabei durch die – insbesondere historische und teleologische – Auslegung des Gesetzes zu ermitteln. Maßgebend ist, ob das Gesetz nach seiner immanenten Teleologie auch für die in Blick genommene Konstellation bzw. Regelungsfrage eine entsprechende Regelung erwarten lässt, mithin ob nach dem Plan, der Konzeption des Gesetzes auch insofern eine entsprechende Regelung zu erwarten ist. Dies ist nicht der Fall, wenn die historische oder teleologische Auslegung des **183**

---

13 Grundlegend weiterhin *Canaris,* Die Feststellung von Lücken im Gesetz, 2. Aufl. 1983 und *E. Zitelmann,* Lücken im Recht, 1903; s. a. die Überblicke bei *Rüthers/Fischer/Birk* Rechtstheorie Rn. 841 ff.; *Bydlinski* Methodenlehre und Rechtsbegriff S. 472 ff; *Kramer* Methodenlehre S. 201 ff.; *Röhl/Röhl* Rechtslehre S. 633 ff.; *Zippelius* Methodenlehre S. 52 f.; *Fikentscher* Methoden III S. 719 f.

14 Die Terminologie ist hier, wie oft, nicht einheitlich, wie hier auch *Pawlowski* Einführung Methodenlehre Rn. 210: „Norm- oder Formulierungslücken"; abweichend *Bydlinski* Methodenlehre und Rechtsbegriff S. 473: „logische Lücke"; *Zitelmann,* Lücken im Recht, 1903, S. 27 f.: „echte Lücke"; *Zippelius* Methodenlehre § 11 I = S. 64: „Formulierungslücke".

15 Vgl. schon *Larenz/Canaris* Methodenlehre S. 193.

16 Staudinger/*Althammer*, 2016, BGB § 904 Rn. 34 ff. mwN; *Hogenschutz,* Die Entwicklung des Prinzips der Aufopferungshaftung in den zivilrechtlichen Notstandsfällen, 1997, S. 86; *Kupfer/Weiß* ZfPW 2019, 459 (465); diese Streitfrage wurde bereits kurz nach dem Inkrafttreten des BGB behandelt, vgl. Planck/*Achilles,* Komm. zum BGB, Bd. III., 1. und 2. Aufl. 1902, § 904 Ziff. 3b β; → Rn. 628 f.

Gesetzes hinreichend deutlich ergibt, dass der Gesetzgeber den in Blick genommenen Sachverhalt gerade abweichend behandelt wissen will. In diesem Fall ist ein Umkehrschluss angezeigt. Sofern in diesen Konstellationen eine richterliche Rechtsfortbildung unterbleibt, ist zwar nicht das Verbot der Rechtsverweigerung einschlägig, da sich das Gericht auf die Auslegung der Norm berufen kann, die den konkreten Sachverhalt bzw. die konkrete Regelungsfrage gerade nicht umfasst. Sofern die ungeregelte Frage allerdings hinsichtlich der maßgebenden Wertungskriterien mit den gesetzlich geregelten Tatbeständen übereinstimmt, erweist sich eine unterbliebene Rechtsfortbildung, dh die unterbliebene Übertragung der Regelung auf den nicht geregelten Sachverhalt, als Verstoß gegen den Gleichheitssatz (Art. 3 GG), nach dem Gleiches gleich zu behandeln ist. Mithin folgt in diesen Konstellationen aus Art. 3 GG die Legitimation, aber auch die Pflicht des Gerichts, die erkannte Regelungslücke in den Grenzen der Rechtsfortbildung nach Maßgabe des Regelungsplans des Gesetzgebers, dh insbesondere der Teleologie des Gesetzes, zu schließen.

184 Sowohl die Normlücke als auch die Gesetzeslücke sind **Regelungslücken innerhalb des Regelungszusammenhangs des Gesetzes.** Bei ihnen folgt die Lücke aus der planwidrigen Unvollständigkeit des Gesetzes. Für Ihre Bejahung wie auch ihre Schließung ist der gesetzgeberische Regelungsplan entscheidend, der mithin zur Feststellung wie auch zur Schließung dieser Lücken ermittelt werden muss.

185 Innerhalb der Normlücken und Gesetzeslücken kann weiter unterschieden werden zwischen **offenen und verdeckten Lücken.** Bei einer offenen Gesetzeslücke folgt aus der Auslegung des Gesetzes, dass die konkrete Regelungsfrage von der Norm bzw. dem Gesetz erfasst sein soll, ohne dass eine Regelung enthalten ist. Paradigmatisch ist auch hier § 904 S. 2 BGB, da das Gesetz offenkundig einen Ersatzanspruch gewähren will, allerdings den Passivlegitimierten insofern nicht bestimmt. Bei einer verdeckten Lücke fehlt eine Einschränkung der Regelung, dh der Tatbestand umfasst auch Sachverhalte, in denen die Norm nach ihrem Sinn und Zweck nicht einschlägig ist. Das Standardbeispiel hierfür ist die Regelung in § 181 BGB, die auch Konstellationen erfasst, in denen keine Gefahr eines Interessenkonflikts besteht, sodass insofern eine Tatbestandsausnahme sachgerecht und geboten ist.[17] Eine weitere Unterscheidung stellt auf den Zeitpunkt des Entstehens der Lücke ab und unterscheidet **anfängliche und nachträgliche Lücken.** Bei einer anfänglichen Lücke besteht die Norm- bzw. Gesetzeslücke bereits von Anfang an, während bei einer nachträglichen Lücke die technische, wirtschaftliche Entwicklung oder aber auch nachfolgende Gesetzgebung dazu führt, dass eine ungeregelte Rechtsfrage im Regelungsbereich der Norm bzw. des Gesetzes auftritt. Schließlich ist eine Unterscheidung mit Blick auf die Intention des Gesetzgebers zwischen **bewussten und unbewussten Lücken** möglich.[18] So kann die Legislative eine Regelungsfrage bewusst offenlassen und damit der Rechtsprechung und Rechtswissenschaft zur Klärung überantworten. In diesem Fall liegt eine sog. bewusste Lücke vor. Paradigmatisch hierfür ist die Frage nach dem Ersatz von Drittschäden, die der BGB-Gesetzgeber ausdrücklich der Wissenschaft und der Rechtsprechung überantwortet hat.[19] Unbewusste Lücken zeichnen sich dadurch aus, dass der Gesetzgeber sich des Regelungsdefizits nicht bewusst ist.

186 Insbesondere mit Blick auf Gesetzeslücken ist die **Abgrenzung** dieser Regelungslücken **vom bloßen rechtspolitischen Fehler** bedeutend. Denn die Judikative ist

---

[17] MüKoBGB/*Schubert* § 181 Rn. 31 ff; Staudinger/*Schilken*, 2019, BGB § 181 Rn. 30 ff.

[18] Vgl. dazu *Canaris*, Die Feststellung von Lücken im Gesetz, 2. Aufl. 1983, S. 134 f.; *Kramer* Methodenlehre S. 203, 210; *Rüthers/Fischer/Birk* Rechtstheorie Rn. 851 ff.

[19] Prot II, S. 600 = Mugdan II, S. 518.

nach Art. 3 GG verpflichtet, eine entsprechende Regelungslücke bis zu den Grenzen der Rechtsfortbildung in Umsetzung des Gleichheitssatzes zu schließen. Hingegen ist ein sog. rechtspolitischer Fehler, dh eine fehlerhafte Entscheidung des Gesetzgebers, von diesem selbst zu korrigieren. Es ist – auch hier – nicht Aufgabe der Rechtsprechung, sich zum Ersatzgesetzgeber aufzuschwingen. Freilich ist die Grenzziehung im Einzelfall, dh die Abgrenzung zwischen einem rechtspolitischen Fehler der gesetzlichen Regelung, zu deren Korrektur sich das Gericht aufschwingt, einerseits und einem Regelungsdefizit, nach der immanenten Teleologie des Gesetzes andererseits sehr schwer zu ziehen. In beiden Fällen liegt eine Wertungsentscheidung des Gerichts vor, nicht eine bloße logische Schlussfolgerung. Im Grundsatz erfolgt mit Blick auf den maßgeblichen Wertungsmaßstab bei einer Lückenschließung eine judikative Orientierung an der immanenten Teleologie des Gesetzes, während bei der Beseitigung eines (vermeintlichen) rechtspolitischen Fehlers vom Gericht eigene Wertungsmaßstäbe an die gesetzliche Regelung herangetragen werden. Darüber hinaus ist für die Schließung der Regelungslücke der Gleichheitssatz prägend, dh die identische Behandlung von mit Blick auf den Regelungsplan des Gesetzes wertungsmäßig identischen Fallkonstellationen. In Bezug auf die Bestimmung der immanenten Teleologie des Gesetzes lassen sich wieder die zum Ziel der Auslegung vertretenen Theorien unterscheiden, dh der maßgebliche Regelungsplan kann aus den Absichten und bewussten Entscheidungen des Gesetzgebers, wie sie aus den Materialien hervorgehen, abgeleitet werden (subjektive Betrachtung) oder aber darüber hinausgehend auch unter Berücksichtigung objektiver Zwecke des Rechtes und der Rechtsprinzipien der konkreten Rechtsordnung (objektive Betrachtung) bestimmt werden.

bb) Rechtslücken

Von einer Rechtslücke[20] kann dann gesprochen werden, wenn die **Rechtsordnung insgesamt** nach Wertung des Gerichtes bzw. des Rechtsanwenders **einer bestimmten Regelung bzw. eines bestimmten Rechtsinstituts bedarf.** Grundlage ist hier ein besonderes Bedürfnis des Rechtsverkehrs bzw. sind die allgemeinen Rechtsprinzipien, nach denen eine solche Regelung bzw. ein solches Rechtsinstitut geboten erscheint, zB weil anderenfalls ein Wertungs- oder Prinzipienwiderspruch droht. Möglich ist auch, dass die „Natur der Sache" des konkreten Regelungsbereichs bislang (durch die gesetzliche Regelung) nicht hinreichend erfasst wird. Der Gedanke einer planwidrigen Unvollständigkeit der gesetzlichen Regelung passt hier nicht, da zumindest in einer ausdifferenzierten Rechtsordnung kein umfassender (hypothetischer) Gesamtplan des Gesetzgebers für die Rechtsordnung insgesamt angenommen werden kann. 187

Grundsätzlich ist allerdings der Gesetzgeber zur Schließung entsprechender Rechtslücken vorrangig zuständig. Dies folgt aus dem verfassungsrechtlichen Gewaltenteilungsgrundsatz, der ua das Primat der Normsetzung für den Gesetzgeber enthält. Zudem hat der Gesetzgeber eine breite Einschätzungsprärogative sowohl hinsichtlich des „Ob" als auch des „Wie" einer gesetzlichen Regelung. Sofern aber durch das Unterbleiben einer gesetzlichen Regelung in der Rechtsordnung ein Zustand resultiert, bei dem das **Recht** in dem bestimmten Bereich seine **grundlegenden Funktionen,** namentlich die Gewährleistung von Gerechtigkeit und Rechtssicherheit, **nicht mehr erfüllt,** ist die Judikative ausnahmsweise dazu aufgerufen, die Rechtslücke zu schließen. Paradigmatisch hierfür sind jene Bereiche im Arbeitsrecht, in 188

[20] Vgl. *Engisch* Einführung S. 176 ff.; *Pawlowski* Einführung Methodenlehre Rn. 214 f.; krit. zu dieser Bezeichnung aber *Larenz/Canaris* Methodenlehre S. 196 ff.

denen (weiterhin) eine gesetzliche Regelung fehlt, obwohl sie vor dem Hintergrund der Funktion des Rechts dringend geboten ist. So fehlt ua bislang eine gesetzliche Ausdifferenzierung der Voraussetzungen des rechtmäßigen Streiks mit der Folge einer erheblichen Rechtsunsicherheit in diesem wirtschaftlich bedeutsamen und aufgrund der betroffenen Verfassungsverbürgungen (unternehmerische Handlungsfreiheit; Vereinigungsfreiheit; Tarifautonomie) verfassungsrechtlich relevanten Regelungsbereich.[21] Dieses Beispiel zeigt zugleich, dass die unterbliebene Regelung durch den Gesetzgeber nicht nur intentional, zB aufgrund der Komplexität des Regelungsbereichs, sondern auch einer politischen „Blockade" oder dem Absehen von einer gesetzlichen Regelung durch den Gesetzgeber bzw. der ihn tragenden Fraktionen im Bundestag aus politischen Gründen geschuldet sein kann.

189 In diesen Konstellationen ist ausnahmsweise die Judikative aufgerufen, soweit vor dem Hintergrund der Funktionen des Rechts erforderlich, die Rechtslücke im Wege richterrechtlicher Rechtsfortbildung mit der judikativen Formulierung von Regelungen zu schließen. Mithin besteht keine allgemeine Pflicht oder Kompetenz der Judikative zur Schließung entsprechender Rechtslücken, sondern die kompetenzielle Abgrenzung zwischen Judikative und Legislative führt nur in diesen **Ausnahmekonstellationen** dazu, dass die Judikative berufen ist, die Rechtslücke zu schließen. Dabei muss sie die konkrete Lückenschließung aus den allgemeinen Prinzipien und Wertungen der konkreten Rechtsordnung und insbesondere des Regelungsbereichs entwickeln, um die Rechtsetzungsprärogative der Legislative soweit als möglich zu wahren. Zudem müssen die gefundenen richterrechtlichen Regelungen mit den im Übrigen geltenden gesetzlichen Regeln vereinbar sein.

2. Das Rechtsverweigerungsverbot und der Gleichheitssatz als Grundlagen der Lückenschließung

190 Materielle Grundlage der Kompetenz und Pflicht der Gerichte zur **gesetzesimmanenten Rechtsfortbildung** ist das Rechtsverweigerungsverbot. Sofern das Gesetz eine Regelungslücke enthält, der zu entscheidende Sachverhalt hinsichtlich der Wertungsaspekte allerdings vergleichbar ist, darf sich das Gericht einer rechtsfortbildenden Rechtsanwendung nicht verschließen, denn der allgemeine Gleichheitssatz in Art. 3 GG streitet dafür, Konstellationen, die hinsichtlich der maßgebenden Wertungsaspekte vergleichbar sind, auch gleich zu behandeln.[22] Dies gilt unabhängig davon, ob das Gesetz den zu entscheidenden Sachverhalt mit seinem Wortlaut erfasst. Etwas anderes gilt freilich, wenn die Auslegung des Gesetzes ergibt, dass der Gesetzgeber für den zu entscheidenden Sachverhalt die Übertragung der gesetzlichen Regelung ablehnt, womit die Grenzen der Rechtsfortbildung angesprochen sind. Dieses Erfordernis der judikativen Ausfüllung von Regelungslücken ist im Grundsatz allgemein anerkannt, freilich besteht hinsichtlich der Legitimität der Reichweite sowie hinsichtlich der Grenzen eine umfangreiche Diskussion.

191 Auch mit Blick auf die **gesetzesübersteigende Rechtsfortbildung** ist das Rechtsverweigerungsverbot einschlägig. Sofern entsprechende Umstände hinzutreten, kann die Judikative nicht mit Blick auf eine fehlende gesetzliche Regelung eine Entscheidung verweigern, sondern muss unter Anwendung der allgemeinen Rechtsprinzipien der Rechtsordnung sowie grundlegender Wertungen des betreffenden Regelungsbereichs eine rechtsfortbildende Lösung entwickeln. Paradigmatisch ist insofern das

---

[21] *Junker* GK ArbR Rn. 598; *Dütz/Thüsing* ArbR Rn 14, 686.

[22] Zu einem abweichenden Ergebnis gelangt insofern die Begriffsjurisprudenz, nach der von einer logischen Geschlossenheit der Rechtsordnung auszugehen ist, vgl. dazu → Rn. 19.

– weiterhin – ungeregelte Recht zum Streik. So kann die Judikative mit Blick auf die Frage, ob eine konkrete Arbeitsniederlegung durch Arbeitnehmer einen rechtmäßigen Streik bedeutete, die Entscheidung hierüber nicht verweigern, weil ein allgemeines Streikrecht bislang weiterhin in der deutschen Rechtsordnung nicht gesetzlich geregelt ist. Vielmehr ist die Judikative gehalten, aus den allgemeinen (insbesondere verfassungsrechtlichen) Rechtsprinzipien allgemeine Grundsätze für die Rechtmäßigkeit des Streiks zu entwickeln und diese Grundsätze ihrer Entscheidung zugrunde zu legen.

In der deutschen Rechtsordnung wird zwischen **gesetzesimmanenter und gesetzesübersteigender Rechtsfortbildung** unterschieden, die jeweils eigenen Voraussetzungen unterliegen.[23] Während die gesetzesimmanente Fortbildung die Schließung von Gesetzeslücken anhand der Teleologie des Gesetzes und seiner Wertungen zum Gegenstand hat, wird bei der gesetzesübersteigenden Rechtsfortbildung eine am Maßstab der Gesamtrechtsordnung behebungsbedürftige Unvollständigkeit beseitigt, die mit den Mitteln der gesetzesimmanenten Rechtsfortbildung nicht behoben werden kann; die Lückenschließung wird daher durch spezifisch rechtliche Kriterien gerechtfertigt, nicht aber vom „Plan“ des Gesetzes gefordert, dem sie indes nicht widersprechen darf. Regelmäßig verbindet sich mit der gesetzesübersteigenden Fortbildung eine höhere Argumentationslast für den Rechtsanwender, denn während bei der gesetzesimmanenten Fortbildung mit der immanenten Teleologie des Gesetzes und den gesetzlichen Wertungen sowie den einschlägigen Prinzipien durchaus präzise Bewertungskriterien vorliegen, muss bei der gesetzesübersteigenden Fortbildung die Unvollständigkeit der Rechtsordnung aus deutlich vageren rechtlichen Kriterien positiv begründet werden.[24] Hiermit korrespondiert eine unterschiedliche Funktion der Instrumente zur Lückenschließung. Während sie in der gesetzesimmanenten Fortbildung bei der Lückenfeststellung *und* -schließung entscheidend sind, ermöglichen sie bei der gesetzesübersteigenden nur eine Rückbindung des Ergebnisses an das Gesetz, indem sie die Verankerung der herangezogenen rechtlichen Kriterien in diesem aufzeigen. 192

Besondere Bedeutung kommt den **Rechtsprinzipien** der Rechtsordnung bei der Lückenschließung zu. Denn auch wenn der konkreten gesetzlichen Regelung aufgrund einer Normlücke oder Gesetzeslücke keine konkrete Regelungsanordnung entnommen werden kann, erfolgt die rechtsfortbildende Schließung dieser Lücke im Rahmen der einschlägigen Rechtsprinzipien. Deren Inhalt ist vom Rechtsanwender bei der Rechtsfortbildung wertend einander zuzuordnen. Die Rechtsfortbildung erweist sich dabei auch als Konkretisierung dieser Rechtsprinzipien. Vielfach lässt sich die Lücke gerade durch die Heranziehung eines allgemeinen Rechtsprinzips schließen. 193

3. Die Art und Weise der Schließung von Gesetzeslücken

Die **Lückenfeststellung und die Lückenschließung** fallen bei den sog. Gesetzeslücken, den praktisch häufigsten Konstellationen der judikativen Rechtsfortbildung, grundsätzlich **zusammen.**[25] Die Feststellung der Lücke und ihre Schließung sind insoweit einheitliche Vorgänge, ihnen liegen bei Gesetzeslücken identische Erwägungen zugrunde. Die analoge Rechtsanwendung wie auch die teleologische Reduk- 194

[23] Vgl. mit Unterschieden im Detail und hinsichtlich der Begriffsbildung *Larenz/Canaris* Methodenlehre S. 191 ff., 245 ff.; *Larenz* Methodenlehre S. 370 ff., 413 ff.; *Bydlinski* Methodenlehre und Rechtsbegriff S. 477 ff.; *Kramer* Methodenlehre S. 191 ff., 249 ff.; *Rüthers/Fischer/Birk* Rechtstheorie Rn. 878 ff., 906 ff.

[24] Vgl. → Rn. 204 ff.

[25] *Larenz/Canaris* Methodenlehre S. 192 ff.

tion sind nämlich Vorgänge, die bei der Gesetzeslücke sowohl bei der Feststellung der Lücke wie auch bei ihrer Schließung erfolgen. Denn mit der Feststellung der Wertungsähnlichkeit eines Sachverhalts zu den gesetzlich geregelten Sachverhalten (Analogie) oder der Erkenntnis der mangelnden Einschlägigkeit des Telos der Norm bei einer vom Wortlaut gleichwohl erfassten Konstellation (teleologische Reduktion) steht nicht nur die Lücke (Lückenfeststellung), sondern zugleich auch die Art und Weise ihrer wertungsgerechten Schließung (Lückenschließung) fest, da zur Schließung der Lücke die Regelung auch auf den nicht erfassten Sachverhalt zu übertragen (Analogie) bzw. der vom Wortlaut, aber nicht vom Telos erfasste Sachverhalt aus dem Anwendungsbereich der Norm auszugliedern (teleologische Reduktion) ist. Bei der Normlücke wie auch bei der Rechtslücke gilt insoweit Abweichendes.[26]

a) Die Analogie

195 Bei der Schließung einer Gesetzeslücke im Wege der Analogie[27] wird eine gesetzliche Regelung, die das Gesetz für bestimmte Sachverhalte anordnet, auf einen von dem Gesetz nicht erfassten, aber ähnlichen Sachverhalt übertragen. Wertungsgrundlage dieser Übertragung ist Art. 3 Abs. 1 GG, mithin der Gleichheitssatz. Die Verfassung greift insofern einen fundamentalen Gerechtigkeitsgedanken auf. Erforderlich ist mithin, dass die für die rechtliche Bewertung maßgebenden Wertungsaspekte bei dem gesetzlich geregelten und dem vom Gesetz nicht erfassten Sachverhalt ähnlich sind. Hierzu sind jene Aspekte zu identifizieren, die für die durch das Gesetz zum Ausdruck gebrachte Wertung maßgebend sind. Hinsichtlich dieser Aspekte muss der gesetzlich nicht geregelte Sachverhalt ähnlich sein und es müssen zugleich sachliche Differenzierungsgründe fehlen. Dieser Ähnlichkeitsvergleich zwischen gesetzlich geregeltem und ungeregeltem Sachverhalt erfordert eine Bewertung durch den Rechtsanwender. Es handelt sich nicht um einen Akt der formalen Logik. Vielmehr sind die Regelungszwecke des Gesetzes, die Grundgedanken der gesetzlichen Regelung sowie die übrigen Regelungen einschließlich der Rechtsprinzipien der Rechtsordnung heranzuziehen, um den Ähnlichkeitsvergleich zu bejahen. Diese vorstehend beschriebenen Voraussetzungen der Analogie werden üblicherweise damit umschrieben, dass eine Analogie eine **planwidrige Regelungslücke sowie einen Ähnlichkeitsvergleich** hinsichtlich der maßgebenden Wertungskriterien voraussetzt.

196 Darüber hinaus können verschiedene Formen der Analogie unterschieden werden. Bei der **Gesetzesanalogie (Einzelanalogie)** wird eine gesetzliche Regelung auf einen weiteren, von der Regelung nicht erfassten Sachverhalt übertragen. Eine allgemeine Regel wird hierbei nicht aufgestellt bzw. abgeleitet, sondern vielmehr ein Ähnlichkeitsvergleich hinsichtlich der Sachverhalte unternommen. Bei einer sog. **Gesamtanalogie** wird die Rechtsfortbildung auf verschiedene/mehrere Normen gestützt, denen ein allgemeiner Rechtsgedanke bzw. ein allgemeiner Rechtsgrundsatz entnommen wird.[28] Paradigmatisch war insofern die Kündigung aus wichtigem Grund, die bis zur Regelung in § 314 BGB im Zuge der Schuldrechtsreform 2002 nur bei einzelnen Vertragstypen gesetzlich vorgesehen war. Im Wege der Gesamtanalogie konnte ein allgemeiner Grundsatz der Möglichkeit einer Kündigung aus wichtigem Grund bei Dauerschuldverhältnissen abgeleitet und auf gesetzlich nicht erfasste Dauerschuldverhältnisse übertragen werden. Dabei wird im Wege der Induktion aus

---

[26] Vgl. dazu → Rn. 203 ff.

[27] *A. Kaufmann*, Analogie und Natur der Sache, 2. Aufl. 1982; *Honsell/Mayer-Maly* Rechtswissenschaft S. 103 ff.; historisch *Honsell* FS Kramer, 2004, 193 ff. (zur Analogie im römischen Recht); s.a. *Reimer* Methodenlehre Rn. 555 ff.

[28] Vgl. zu beiden auch *Bydlinski/Bydlinski* Grundzüge Methodenlehre S. 92 ff.

den gesetzlichen Regelungen eine allgemeine Regel bzw. ein allgemeiner Rechtsgedanke abgeleitet, der dann in vergleichbaren Konstellationen Geltung beansprucht. Ihre Legitimation findet die Gesamtanalogie darin, dass das Gesetz diesen allgemeinen Grundsatz (mehrfach) punktuell in der Rechtsordnung umgesetzt hat und der allgemeine Gleichheitsgrundsatz beim Fehlen eines abweichenden Regelungswillens des Gesetzgebers dafür streitet, diese allgemeine Regelung auf entsprechende, vom Gesetz nicht erfasste Konstellationen anzuwenden.

Mit Blick auf das **Verhältnis von Einzelanalogie und Gesamtanalogie** lässt sich ein grundsätzlicher Vorrang der Einzelanalogie vor der Gesamtanalogie festhalten. 197
Hierfür spricht, dass die judikative Rechtsfortbildung in diesem Fall begrenzter ist, insbesondere nicht die Aufstellung eines allgemeinen Rechtsgrundsatzes erfordert. Vielmehr wird bei der Einzelanalogie nur die *ratio legis* einer Norm identifiziert und auf einen ähnlichen, aber von der Norm nicht erfassten Sachverhalt übertragen. Hingegen erfordert die Gesamtanalogie die Formulierung einer allgemeinen Regel bzw. eines allgemeinen Rechtsgrundsatzes, womit sich zum einen die Problematik für den Rechtsanwender verbindet, dessen Reichweite zu überblicken. Zum anderen ist die Unsicherheit darüber, in welchen Konstellationen der Gesetzgeber eine entsprechende allgemeine Regel nicht angewendet wissen will, deutlich größer als bei der Einzelanalogie.

Sofern die Rechtsfolge einer Norm auf einen von ihr nicht erfassten Tatbestand 198
übertragen wird, bei dem die *ratio legis* der Norm sogar in noch höherem Maße zutrifft **(Erst-recht-Schluss)** liegt ein sog. *argumentum a maiore ad minus* vor. Bei diesem streitet der Gleichbehandlungsgrundsatz besonders deutlich dafür, den von der gesetzlichen Regelung nicht erfassten Sachverhalt der Rechtsfolge gleichwohl zu unterwerfen. Es handelt sich damit beim *argumentum a maiore ad minus* um eine verstärkte Form der Analogie.[29]

Das „Gegenstück“ zur Analogie stellt der sog. **Umkehrschluss** *(argumentum e* 199
contratio) dar.[30] Sofern aus der gesetzlichen Regelung ausdrücklich oder implizit folgt, dass diese nicht auf den weiteren, tatbestandlich nicht erfassten Sachverhalt übertragen werden soll, ist ein Umkehrschluss geboten. In diesem Fall ist die Beschränkung der Norm vom Gesetzgeber intendiert oder durch das Telos der Norm geboten. Es fehlt also insoweit schon an einer planwidrigen Regelungslücke des Gesetzes.[31] Ob die gesetzliche Regelung eine solche Beschränkung enthält, mithin die Frage, ob eine planwidrige Regelungslücke abzulehnen ist, ist eine Frage der Auslegung. Somit ist auch die Entscheidung zwischen einer Analogie oder einem Umkerschluss eine Frage der Auslegung der jeweiligen Normen. Ergibt sich im Rahmen dieser Auslegung, dass der Gesetzgeber eine bestimmte Regelung nicht in das Gesetz aufgenommen hat, weil er sich inhaltlich gegen eine solche Regelung entschieden hat, ist von einem Umkehrschluss auszugehen. Ergibt sich im Rahmen der Auslegung keine solche Beschränkung, liegt eine planwidrige Regelungslücke vor und kann eine Analogie angenommen werden. Paradigmatisch hierfür ist die weiterhin umstrittene Frage, ob der Käufer bei der eigenmächtigen Selbstvornahme der Mangelbeseitigung einen Anspruch auf Anrechnung der ersparten Aufwendungen (analog) § 326 II 2 BGB hat.[32] Entnimmt man § 437 BGB eine Beschränkung dahingehend, dass dem Käufer nur die in § 437 BGB aufgelisteten Rechtsbehelfe zustehen sollen, so folgt im Umkehrschluss aus der Tatsache, dass ein solcher

---

29 So *Bydlinski* Methodenlehre und Rechtsbegriff S. 479.
30 *Honsell/Mayer-Maly* Rechtswissenschaft S. 107.
31 Vgl. → Rn. 177 ff.
32 Hierzu ausführlich → Rn. 605 ff.

Anspruch in § 437 BGB nicht erwähnt ist, dass dem Käufer ein solcher nicht zusteht. Nimmt man jedoch an, dass § 437 BGB nicht Ansprüche auf Anrechnung der ersparten Aufwendungen des Verkäufers, sondern nur einen Aufwendungsersatzanspruch des Käufers für seine eigenen Aufwendungen ausschließen will, so kann eine analoge Anwendung befürwortet werden. Gerade dieses Beispiel zeigt plastisch, dass mit der Einordnung der Entscheidung zwischen Umkehrschluss und Analogie zugleich feststeht, dass (auch) diese Entscheidung eine Wertungsfrage und nicht eine Frage der formalen Logik ist.

b) Die teleologische Reduktion

200 Voraussetzung einer teleologischen Reduktion[33] ist eine sog. **verdeckte Lücke,** dh das Fehlen eines Ausnahmetatbestands in der Regelung. Eine solche Reduktion kommt in Betracht, wenn die gesetzliche Regelung nach ihrem Wortlaut zwar eine bestimmte Konstellation bzw. bestimmte Konstellationen tatbestandlich erfasst, nach dem Regelungszusammenhang, insbesondere dem Telos der Norm die Erfassung selbiger indes nicht sachgemäß ist. Mithin ist rechtsfortbildend eine entsprechende Einschränkung dem Tatbestand der Norm hinzuzufügen, um diese Konstellation bzw. diese Konstellationen aus dem Tatbestand auszugliedern. Grundsätzlich streitet auch für die teleologische Reduktion der Gleichbehandlungsgrundsatz, nach dem nicht nur Gleiches gleich, sondern auch **Ungleiches ungleich** zu behandeln ist. Sofern das Telos der Norm bei einer bestimmten Konstellation bzw. bestimmten Konstellationen nicht einschlägig ist, ist es geboten, diese aus dem Anwendungsbereich der Norm auszugliedern. Eine entsprechende Einschränkung kann durch den Sinn und Zweck der konkreten Regelung selbst oder aber durch den Regelungsinhalt anderer Normen geboten sein. Eine wesentliche **Grenze** der teleologischen Reduktion folgt aus dem Gebot der Rechtssicherheit. Insbesondere bei sog. formalen Ordnungsvorschriften kann die Rechtssicherheit gebieten, keine ungeschriebenen Tatbestandseinschränkungen im Wege der teleologischen Reduktion vorzunehmen, sondern an jenem Anwendungsbereich der Norm festzuhalten, der aus dem Wortlaut folgt.

201 Die teleologische Reduktion ist bisweilen von der **einschränkenden Auslegung** abzugrenzen. Dies ist konzeptionell unschwer möglich, da bei der einschränkenden Auslegung eine enge Bedeutung des Wortlauts der Norm gewählt wird, während bei der teleologischen Reduktion ein (ungeschriebener) Ausnahmetatbestand der Norm hinzugefügt wird. Im praktischen Einzelfall kann sich diese Abgrenzung gleichwohl als problematisch erweisen. In der Praxis wählt die Rechtsprechung häufig die einschränkende Auslegung, da diese der Gesetzesbindung der Judikative mehr entspricht als die teleologische Reduktion.

c) Teleologische Extension

202 Eine teleologische Extension[34] liegt vor, wenn der **zu enge Wortsinn der Norm erweitert** wird, sodass einer oder mehrere weitere Sachverhalte mit der Norm erfasst werden, um ein **unvollständiges Erreichen des Telos** bzw. sogar das Leerlaufen des Telos **zu verhindern.**[35] Wertungsgrundlage der teleologischen Extension ist mithin diese Gefahr für das Telos der Norm, nicht aber – wie bei der Analogie – die Ähnlich-

---

[33] Vgl. dazu statt aller *Larenz/Canaris* Methodenlehre S. 210 ff.; *Pawlowski* Einführung Methodenlehre Rn. 198 ff.; *Bydlinski/Bydlinski* Grundzüge Methodenlehre S. 95 f.

[34] *Larenz/Canaris* Methodenlehre S. 216 ff.

[35] Abweichend *Pawlowski* Einführung Methodenlehre Rn. 203, wonach es vom jeweils „gewählten Stil" abhänge, ob man von ausdehnender Auslegung (dazu → Rn. 139 f.) oder teleologischer Extension spreche.

keit dieser weiteren Sachverhalte mit jenen von der Norm ohne weiteres erfassten Sachverhalte. Ohne eine solche Extension droht ein schwerwiegender Wertungswiderspruch. Die Abgrenzung der teleologischen Extension von der Analogie ist im Einzelfall schwierig. Maßgebend ist insofern, ob das Leerlaufen des Telos der gesetzlichen Regelung mit dem damit verbundenen schwerwiegenden Wertungswiderspruch droht (teleologische Extension) oder ob „nur“ ein Sachverhalt vorliegt, der zu den gesetzlich geregelten wertungsmäßig vergleichbar ist. Paradigmatisch für die teleologische Extension ist die Übertragung der Gründungsvorschriften der GmbH auf jene Konstellationen, in denen ein GmbH-Mantel, der nicht mehr werbend am Markt tätig war, vom Inhaber bzw. Erwerber reaktiviert wird (wirtschaftliche Neugründung).[36] Würden die Gründungsvorschriften der GmbH nicht auf jene Konstellationen übertragen werden, so droht das Leerlaufen ihres Telos, da dann Gesellschaften ohne Gewährleistung der Gründungsvorschriften werbend am Markt neu auftreten könnten. Darüber hinaus bestünde die Gefahr, dass die Einschlägigkeit der Gründungsvorschriften zunehmend umgangen würde, indem von der Neugründung von GmbHs abgesehen und stattdessen ein GmbH-Mantel erworben und reaktiviert würde.

4. Die Schließung von Normlücken

Die Ausfüllung von Normlücken stellt sich abweichend dar. In diesem Fall **fehlt der gesetzlichen Regelung ein notwendiges Element,** dh es kann nicht durch Auslegung der Norm ermittelt werden, wie das bereits mehrfach genannte Beispiel von § 904 S. 2 BGB zeigt. Insofern ist unter Heranziehung allgemeiner Rechtsgrundsätze und Prinzipien der Rechtsordnung sowie einschlägiger Wertungsaspekte eine Schließung der Normlücke zu unternehmen. 203

III. Die Rechtsfortbildung über den Plan des Gesetzes hinaus

Bei der gesetzesübersteigenden Rechtsfortbildung wird eine am Maßstab der Gesamtrechtsordnung festgestellte Unvollständigkeit im Wege der Lückenschließung behoben. Wesentliche Grundlagen der gesetzesübersteigenden Rechtsfortbildung sind ein besonderes Verkehrsbedürfnis, die „Natur der Sache“ sowie außergesetzliche allgemeine Rechtsprinzipien. 204

1. Die Rechtsfortbildung in Anerkennung eines dringenden Erfordernisses des Rechtsverkehrs

Bei einer Rechtsfortbildung über den Plan des Gesetzes hinaus, die mit Rücksicht auf ein dringendes Bedürfnis des Rechtsverkehrs erfolgt, werden von der Judikative **spezifische Rechtsinstitute als Teil des allgemeinen Privatrechts** anerkannt, obwohl diese nicht vom Gesetz vorgesehen sind. Beispiele hierfür sind die judikative Anerkennung der Sicherungsübereignung,[37] des Anwartschaftsrechts[38] oder auch der Einziehungsermächtigung[39]. Ihre Zulässigkeit bzw. Anerkennung kann dabei nicht ausdrücklich aus dem Gesetz abgeleitet werden, sei es durch die Auslegung des Gesetzes, sei es 205

---

36 Ausf. dazu *Herresthal/Servatius* ZIP 2012, 197.

37 MüKoBGB/*Oechsler* Anh. §§ 929–936 Rn. 3; Staudinger Eckpfeiler/*Herresthal* Kapitel K Rn. 230.

38 MüKoBGB/*Oechsler* § 929 Rn. 17 f.; Staudinger/*Bork*, 2015, BGB Vorb. z. §§ 158–163 Rn. 60 ff.

39 Staudinger/*Busche*, 2017, BGB § 398 Rn. 119 f.; BeckOGK/*Lieder* BGB § 398 Rn. 293 f.

durch eine (Gesamt-)Analogie zu geltenden Regeln. Allerdings besteht ein **dringendes Bedürfnis des Rechtsverkehrs** dahingehend, dass die entsprechenden Rechtsinstitute judikativ gebilligt werden. Vielfach wurden diese Institute zunächst in der Praxis ausgebildet und die Judikative hat sodann darüber zu befinden, ob diese Institute auf der Grundlage des geltenden allgemeinen Privatrechts anerkannt werden können. **Grenze** ist dabei die Rechtsfortbildung *contra legem,* dh die Anerkennung dieser Rechtsinstitute ist dann nicht möglich, wenn das Gesetz sie ausschließen wollte bzw. sich implizit gegen ihre Anerkennung entschieden hat. Dies war zB mit Blick auf die Sicherungsübereignung überaus umstritten, da das BGB mit der Entscheidung für das Besitzpfandrecht jedenfalls eine deutliche Hürde für die Anerkennung der Sicherungsübereignung aufgestellt hat; nach einer Mindermeinung liegt sogar der Umkehrschluss zu diesen Regelungen und damit die Ablehnung der Sicherungsübereignung näher.[40] Auch insofern handelt es sich um eine Wertungsentscheidung der Judikative, die darüber zu befinden hat, ob die Rechtsordnung insofern lückenhaft ist oder ob ihr die Ablehnung des neuen Rechtsinstituts zumindest implizit entnommen werden kann. Ein **aktuelles Beispiel** ist insofern die Qualifikation des wettbewerbsrechtlichen Beseitigungsanspruchs aus § 8 Abs. 1 S. 1 UWG auch als *Folgenbeseitigungsanspruch* bei der Verletzung von Verbraucherrechten.[41] Das dringende Erfordernis eines solchen Anspruchs wird aus der begrenzten Effektivität der wettbewerbsrechtlichen Verbandsklagen bei der Verwendung unwirksamer AGB, insbesondere unwirksamer Entgeltklauseln, abgeleitet. Richtigerweise handelt es sich bei einem solchen Folgenbeseitigungsanspruch allerdings um eine unzulässige gesetzesübersteigende Rechtsfortbildung *contra legem,* da insoweit das Erfordernis der rechtsfortbildenden Regelung mit rechtlichen Kriterien nicht gerechtfertigt werden kann, insbesondere steht das abweichende Konzept des Gesetzgebers in Bezug auf die wettbewerbsrechtlichen Ansprüche und Verbandsklagen hinreichend deutlich entgegen.[42]

2. Die rechtsfortbildende Konkretisierung allgemeiner Rechtsprinzipien

206 Die in der Rechtsordnung anerkannten allgemeinen Rechtsprinzipien bilden als objektiv-teleologische Kriterien eine Grundlage der Lückenschließung bei Norm- und Gesetzeslücken. Auch bei der Rechtsfortbildung über den Plan des Gesetzes hinaus können diese zur Grundlage werden. Sofern die Lösung eines konkreten Sachverhalts nicht wertungsadäquat mit der Auslegung des Gesetzes bzw. der gesetzesimmanenten Rechtsfortbildung gelingt, bildet dieser Fall vielfach die Grundlage dafür, auf ein allgemeines Rechtsprinzip der Rechtsordnung zurückzugreifen. Im Wege der gesetzesübersteigenden Rechtsfortbildung wird dabei ein allgemeiner Rechtsgrundsatz aus diesem Prinzip konkretisiert und auf den Sachverhalt angewendet oder eine fallgruppenartige Konkretisierung des Prinzips unternommen und der konkrete Sachverhalt einer dieser Fallgruppen zugeordnet. Die grundsätzliche Anerkennung von Prinzipien in der Rechtsordnung rechtfertigt dabei den judikativen Rückgriff auf diese zur sachgerechten Lösung des konkreten Sachverhalts, die mit der Anwendung des Gesetzes nicht erreicht werden konnte.[43] Darüber hinaus ver-

---

[40] Vgl. näher zu dieser Diskussion *Reich* AcP 169 (1969), 247 (251 ff.).

[41] Bejahend OLG Dresden VuR 2018, 266; dazu *Köhler* WRP 2019, 269; *Scherer* VuR 2019, 243; *Gsell/Rübbeck* ZfPW 2018, 409; *Schultheiß* WM 2019, 9; *Ruttmann/Hummel* VuR 2018, 266.

[42] Ausf. dazu *Herresthal*, Bank-Compliance bei Bankentgelten, WM 2020 (i. Ersch).

[43] Weitergehend *Larenz/Canaris* Methodenlehre S. 240, wonach entsprechende Prinzipien als richtungsgebende Maßstäbe rechtlicher Normierung vermöge ihrer eigenen Überzeugungskraft rechtliche Entscheidungen zu „rechtfertigen“ vermögen.

hindert die Anknüpfung der gesetzesübersteigenden Rechtsfortbildung an Prinzipien der Rechtsordnung gerade das Abstellen des Rechtsanwenders auf seine subjektiven Präferenzen („Billigkeit"), sondern zwingt ihn, die Rechtsfortbildung mit den von der Rechtsordnung anerkannten Prinzipien zu begründen. Der Rechtsanwender muss hierzu die gesetzesübersteigende Rechtsfortbildung aufdecken, das bzw. die herangezogene(n) Prinzip(ien) benennen und dieses unter Berücksichtigung der gesetzlichen Regelungen zu einem Rechtsgrundsatz bzw. fallgruppenartig konkretisieren. Auf diese Weise wird der Rechtsanwender nicht nur dazu angehalten, trotz der gesetzesübersteigenden Rechtsfortbildung diese an den Rechtsprinzipien der Rechtsordnung festzumachen, sondern auch die Konkretisierung des Rechtsprinzips bzw. der Rechtsprinzipien der Kritik auszusetzen.

Beispielhaft kann auf eine Vielzahl jener Rechtsinstitute verwiesen werden, die von 207
der Rechtsprechung aus allgemeinen Rechtsprinzipien abgeleitet, regelmäßig aber als „Konkretisierung" von § 242 BGB ausgewiesen werden. Hierzu zählen die Lehre vom Rechtsmissbrauch, die Grundsätze der Verwirkung, die Regeln über die Treuepflicht von Gesellschaftern sowie die Fürsorgepflicht des Arbeitgebers im Arbeitsverhältnis. § 242 BGB kommt dabei die Rolle eines Katalysators zu, in dem die Judikative entsprechende gesetzesübersteigende Rechtsfortbildungen als dessen „Konkretisierung" ausweist. Dabei stellt sich die Anknüpfung an § 242 BGB regelmäßig als Verbrennung der gesetzesübersteigenden Rechtsfortbildung dar, die methodenehrlich vorzugswürdig als solche identifiziert würde. § 242 BGB kommt insofern nur die Bedeutung zu, dass der Gesetzgeber den Bedarf für eine entsprechende Rechtsfortbildung dem Grunde nach anerkannt hat. Auch ohne die Regel in § 242 BGB wären entsprechende rechtsfortbildende gesetzesübersteigende Rechtsinstitute bei einer hinreichenden Rückbindung an die allgemeinen Rechtsprinzipien der Rechtsordnung zulässig. Dem Rechtsunterworfenen ist nicht damit gedient, dass die Rechtsprechung entsprechende rechtsfortbildend begründete Institute auf eine hochabstrakte Norm „stützt". Zugleich verbindet sich mit der Absicherung einer entsprechenden Rechtsfortbildung durch § 242 BGB die Gefahr, dass die Judikative sich die aus der Rechtsfortbildung resultierende Begründungslast in diesem Fall nicht hinreichend verdeutlicht, sondern die Begründung zumindest teilweise unter Verweis auf die gesetzliche Anerkennung des allgemeinen Grundsatzes in § 242 BGB verkürzt.

3. Die Rechtsfortbildung mit Rücksicht auf die „Natur der Sache"

Umstritten ist weiterhin, ob eine Rechtsfortbildung über den Plan des Gesetzes 208
hinaus auf die „Natur der Sache"[44] gestützt werden kann, mithin ob die Judikative vom Gesetz nicht vorgesehene Regelungen oder Rechtsinstitute rechtsfortbildend damit begründen kann, dass die „Natur der Sache" eine entsprechende Regelung bzw. ein entsprechendes Rechtsinstitut fordere. Insofern besteht offenkundig der Einwand, dass hierdurch ein grundsätzlich unzulässiger Schluss vom Sein auf das Sollen erfolge[45] bzw. das unzulässig aus der Rechtsrealität auf einen normativen Wert geschlossen werde. Umgekehrt darf weder der Gesetzgeber noch die Judikative die faktischen Gegebenheiten ausblenden. Wenn das Recht eine intentionale Steuerung der Rechtswirklichkeit ist, so kann diese Steuerung nicht vollständig an der „Natur der Sache", dh den tatsächlichen Gegebenheiten des Regelungsgegenstandes, vorbeigehen, son-

---

[44] Ausf. dazu *Dreier*, Zum Begriff der „Natur der Sache", 1965; *A. Kaufmann*, Analogie und Natur der Sache, 2. Aufl. 1982; *Springer*, Naturrecht und Natur der Sache, 1976.

[45] Näher zum Verhältnis von Sein und Sollen *Röhl/Röhl* Rechtslehre S. 129 ff., sowie mit Blick auf die Argumentation mit der „Natur der Sache" *Honsell/Mayer-Maly* Rechtswissenschaft S. 49 f.

dern muss an diesen anknüpfen, um eine sachgerechte Regelung erzielen zu können.[46] Dies gilt sowohl für die gesetzliche Regelung durch die Legislative wie auch bei einer Auslegung und Rechtsfortbildung durch die Judikative. In der Folge ist die „Natur der Sache" zumindest bei der **Bestimmung des Rahmens** für eine gesetzliche Regelung bzw. die Auslegung und Fortbildung des Rechts zu berücksichtigen. Lösungen, die vor dem Hintergrund der sachlichen Gegebenheiten des Regelungsbereichs völlig sachfremd sind, werden auf diese Weise ausgeschieden. Entsprechende gesetzliche Regelungen werden vielfach unverhältnismäßig, gleichheitswidrig o. ä. sein und aus diesem Grund zumindest teilweise verfassungsrechtlich verworfen werden können. Eine judikative Rechtsfortbildung, die die sachlichen Gegebenheiten unberücksichtigt lässt, wird aus den gleichen Gründen abzulehnen sein. In der Folge geht die Berücksichtigung der sachlichen Gegebenheiten des Regelungsgegenstandes als objektiv-teleologisches Kriterium in die Auslegung und auch in die Rechtsfortbildung ein.[47] Dabei kommt der Sachadäquanz der Regelung bzw. Rechtsfortbildung durchaus ein bedeutendes argumentatives Gewicht zu. Allerdings bestehen unter Berücksichtigung der sachlichen Gegebenheiten, dh der „Natur der Sache", regelmäßig zahlreiche verschiedene Möglichkeiten einer Regelung, sodass sich regelmäßig nicht schon eine bestimmte („richtige") Regelung aus diesen Gegebenheiten ableiten lässt.

209 Mit Blick auf die Bedeutung der „Natur der Sache" für die Rechtsfortbildung ist somit zu unterscheiden. Zum einen kann die *gesetzliche* Regelung die „Natur der Sache", mithin die sachlichen Gegebenheiten des konkreten Regelungsbereichs, verfehlen. In diesem Fall zieht die Judikative unter anderem die „Natur der Sache" heran, um eine gesetzesübersteigende Rechtsfortbildung zu begründen. Dabei kommt den sachlichen Gegebenheiten nur, aber immerhin die Bedeutung zu, den Rahmen für eine sachgerechte rechtsfortbildende Lösung zu ziehen. Paradigmatisch ist das rechtsfortbildend abweichende Verständnis von § 54 S. 1 BGB, der die Anwendung der Vorschriften über die Gesellschaft auf nicht-rechtsfähige Vereine anordnet, und den grundlegenden Strukturunterschied zwischen einer BGB-Gesellschaft und dem (nicht rechtsfähigen) Verein missachtet. Die Regelung wird rechtsfortbildend dahingehend modifiziert, dass auf den nichtrechtsfähigen Idealverein das Vereinsrecht des BGB in den §§ 21 ff. BGB und nicht das Recht der BGB-Gesellschaft angewendet wird mit Ausnahme jener Vorschriften, welche gerade die Rechtsfähigkeit voraussetzen.[48] Dies wird bisweilen auch als verfassungskonforme Auslegung bezeichnet, die sachstrukturelle Unangemessenheit des gesetzlichen Verweises auf das Gesellschaftsrecht mit Blick auf die Struktur des nichtrechtsfähigen Vereins trägt aber offenkundig materiell diese Rechtsfortbildung.[49]

210 In Bezug auf eine judikative Rechtsfortbildung bei Fehlen einer gesetzlichen Regelung kann diese **grundsätzlich nicht allein auf die „Natur der Sache" gestützt** werden. Vielmehr bilden die sachlichen Gegebenheiten auch hier nur, aber immerhin den Rahmen für eine Rechtsfortbildung. Dieser ist sodann durch andere Kriterien, zB die Konkretisierung der Prinzipien der Rechtsordnung, zu füllen. Mit anderen

[46] Vgl. etwa *Noll,* Gesetzgebungslehre, 1973, S. 98 ff.; ausf. auch *Honsell/Mayer-Maly* Rechtswissenschaft S. 49 f.

[47] Vgl. zur Ableitung einer Gesetzgebungskompetenz aus der Natur der Sache BVerfGE 12, 205 (251).

[48] Vgl. nur BGHZ 50, 325.

[49] Besonders deutlich Palandt/*Ellenberger* BGB § 54 Rn. 1, wonach zwar die verfassungskonforme Auslegung der Norm angenommen, inhaltlich aber betont wird, dass die gesetzliche Regelung in § 54 S. 1 BGB eine für die Struktur des nichtrechtsfähigen Vereins „offensichtlich sachwidrige Regelung" bereithält und die Verfassung eine strukturadäquate Ausgestaltung fordert.

Worten lässt sich aus der „Natur der Sache" als solche keine konkrete rechtsfortbildende Regelung ableiten bzw. rechtfertigen. Die „Natur der Sache" vermag nur den Ordnungsrahmen bereitzustellen, innerhalb dessen die judikative Rechtsfortbildung zu verorten ist, für die daher regelmäßig mehrere Möglichkeiten der Ausgestaltung bestehen.

IV. Die Grenze zulässiger Rechtsgewinnung

1. Die contra-legem-Grenze der Rechtsgewinnung

Die Grenzen zulässiger Rechtsgewinnung sind überaus umstritten. Dies ist wenig überraschend, denn die verschiedenen Grenzen sind die unmittelbare Folge der divergierenden Konzeptionen der Auslegung und Rechtsfortbildung, namentlich ihres Zieles und der zulässigen Methoden. Weitgehend Einigkeit besteht immerhin darüber, dass mit dem Kürzel einer Rechtsgewinnung contra legem grundsätzlich die in der Rechtsordnung unzulässige Rechtsgewinnung gekennzeichnet wird.[50] Die wohl überwiegende Ansicht sieht den **im Wortlaut der Norm verkörperten, geltungszeitlich aktualisierten Willen** des nationalen Gesetzgebers als contra-legen-Grenze der Rechtsgewinnung.[51] Denn wenn sich die Judikative über diesen Willen hinwegsetzt, indem sie die Norm abweichend auslegt oder rechtsfortbildend überschreitet, schwingt sie sich zum Ersatzgesetzgeber auf, setzt sie doch ihre Vorstellung vom zutreffenden Regelungsinhalt an die Stelle des Gesetzgebers. Dies ist der Judikative nach der verfassungsrechtlichen Gewaltenteilung hingegen untersagt und zwar auch dann, wenn sie zB einen „rechtspolitischen Fehler" auf diese Weise korrigieren möchte. 211

Sofern man der objektiv-teleologischen Auslegung mit einer entsprechenden geltungszeitlichen Aktualisierung des Willens des historischen Normgebers folgt, ist der Bereich des contra-legem-Judizierens erheblich geringer als bei der subjektiv-teleologischen Auslegung. Denn die Regelungsabsicht des historischen Gesetzgebers nach seinem damaligen Verständnis wird bei einer Anwendung der Norm häufiger mit den geltungszeitlichen Anwendungsbedingungen in Konflikt geraten und ggf. zu überwinden sein. Jene Ansicht, die maßgeblich auf den historischen Gesetzgeberwillen bei der Auslegung abstellt, lässt daher vielfach eine contra legale Rechtsgewinnung in einem deutlich weiteren, bisweilen fallgruppenartig konkretisierten Umfang zu.[52] Nach der überwiegenden Ansicht, die eine objektiv-teleologische Auslegung zugrunde legt, ist eine **Rechtsgewinnung contra legem grundsätzlich unzulässig.** Konstellationen der ausnahmsweisen Zulässigkeit werden dabei zwar mit Blick auf den Rechtsnotstand weiterhin für möglich gehalten. Es ist aber fraglich, ob angesichts der Möglichkeiten der verfassungsrechtlichen Korrektur einfachgesetzlicher Regelungen, sei es die Verfassungswidrigkeit und damit Nichtigkeit des Gesetzes, sei es die verfassungskonforme Rechtsgewinnung, noch tatsächlich ein Anwendungsbereich für eine Rechtsgewinnung contra legem aufgrund einer Notstandslage besteht. 212

---

[50] Vgl. *Canaris* FS Bydlinski, 2002, 47 (91 f.); *Bydlinski* in Koller ua (Hrsg.), Einheit und Folgerichtigkeit im juristischen Denken, 1998, S. 22 (27 ff.); für eine engere contra-legem-Grenze *Neuner,* Die Rechtsfindung contra legem, 1992, S. 132 ff.

[51] Vgl. BVerfGE 18, 97 (111); 98, 17 (45); 110, 226 (267); BGH NJW 2006, 3200 (3201); ausf. *Bydlinski* in Koller ua (Hrsg.), Einheit und Folgerichtigkeit im juristischen Denken, 1998, S. 22 (27 ff.); mit Modifikationen folgend auch *Canaris* FS R. Schmidt, 2006, 41 (58 f.).

[52] *Neuner,* Die Rechtsfindung contra legem, 1992, S. 139 ff.

2. Die Grenzen zulässiger Rechtsfortbildung

213 Die Abgrenzung zwischen der noch zulässigen und einer unzulässigen Rechtsfortbildung ist eine jener Grundfragen der juristischen Methoden, die stets aktuell und weiterhin umstritten sind. Denn mit den verschiedenen Konzeptionen der Rechtsfortbildung und ihrer legitimen Reichweite geht stets auch eine eigenständige Bestimmung der Grenzen legitimer Rechtsfortbildung einher.

214 Nimmt man die verschiedenen Arten der Rechtsfortbildung in Blick, so besteht bei der **gesetzesimmanenten Rechtsfortbildung,** die eine Lücke im Gesetz bzw. der Norm voraussetzt, die Grenze in der Möglichkeit, diese Lücke nach der immanenten Teleologie des Gesetzes zB mittels einer Analogie oder teleologischen Reduktion zu schließen. Sofern dies nicht gelingt, stellt sich die Rechtsfortbildung entweder gegen den vom Gesetzgeber intendierten Gehalt der gesetzlichen Regelung, sodass die vorstehend beschriebene contra-legem-Grenze einschlägig ist, oder die Rechtsfortbildung überschreitet die Grenzen der gesetzesimmanenten Rechtsfortbildung mit der Folge, dass sie den Anforderungen an eine gesetzesübersteigende Rechtsfortbildung genügen muss.

215 Bei der **gesetzesübersteigenden Rechtsfortbildung** muss der Bedarf für eine Regelung bestehen, der nicht durch die Auslegung des Gesetzes und auch nicht mittels der gesetzesimmanenten Rechtsfortbildung hinreichend befriedigt werden kann. Diese Regelungsfrage kann sich aus einem dringenden Verkehrsbedürfnis, der „Natur der Sache“ oder aber den außergesetzlichen allgemeinen Rechtsprinzipien ergeben. Wie bereits oben beschrieben, folgt hier die Lückenhaftigkeit der gesetzlichen Regelung aus der Gesamtrechtsordnung, nicht aus einem Regelungsplan des Gesetzes. Daher ist die von der Judikative erkannte Lückenhaftigkeit der Gesamtrechtsordnung zu begründen, mithin darzulegen, dass die insoweit fehlende gesetzliche Regelung dazu führt, dass das Recht in diesem Bereich seine grundlegenden Funktionen, namentlich die Gewährleistung von Gerechtigkeit und Rechtssicherheit, nicht (mehr) erfüllt. Daher folgt eine unzulässige gesetzesübersteigende Rechtsfortbildung zumeist daraus, dass das Erfordernis einer gesetzesübersteigenden rechtsfortbildenden Regelung mit entsprechenden rechtlichen Kriterien nicht hinreichend gerechtfertigt werden kann und das besondere Legitimationserfordernis für eine solche Rechtsfortbildung nicht erreicht wird. Sofern das Verkehrsbedürfnis nicht hinreichend dringend ist, die außergesetzlichen allgemeinen Rechtsprinzipien und Wertungen der Rechtsordnung eine entsprechende Regel nicht hinreichend deutlich fordern oder der Verstoß bzw. das Bedürfnis aus der „Natur der Sache“ nicht hinreichend deutlich ist, scheitert die positive Begründung der Legitimation einer gesetzesübersteigenden Rechtsfortbildung. So vermag ein rechtspolitischer Fehler oder eine vom Gericht bevorzugte abweichende rechtspolitische Lösung eine gesetzesübersteigende Rechtsfortbildung nicht zu rechtfertigen; gleichwohl unternommen erfolgt sie *contra legem.* Es nimmt daher nicht wunder, dass die Rechtsinstitute und Regelungen, die im Wege der gesetzesübersteigenden Rechtsfortbildung von der Judikative anerkannt werden, regelmäßig – zumindest zu Beginn – Gegenstand einer intensiven Diskussion über die Legitimität der konkreten Rechtsfortbildung sind. Nicht zuletzt ist die Beurteilung der Notwendigkeit einer entsprechenden gesetzesübersteigenden Rechtsfortbildung eine Wertungsfrage, die von den Rechtsanwendern unterschiedlich beantwortet werden kann. Hinzutreten jene Konstellationen, in denen die gesetzesübersteigende Rechtsfortbildung gegen die Wertungen des Gesetzes verstößt.

§ 10 Sonderformen der Rechtsgewinnung

I. Die unionsrechtskonforme Rechtsgewinnung

1. Die Einhaltung der Vorgaben des Unionsrechts

Das Unionsrecht wirkt auf verschiedene Weise in das nationale Recht ein. Sofern das **Unionsrecht unmittelbare Wirkung** entfaltet und entgegenstehendes nationales Recht suspendiert, stellt sich keine Frage der unionsrechtskonformen Auslegung des nationalen Rechts. Vielmehr ist die Suspendierung nationalen Rechts durch das höherrangige Unionsrecht ein Anwendungsfall des *lex superior*-Grundsatzes. Anwendungsfälle sind die Wirkung von EU-Verordnungen sowie von ausnahmsweise unmittelbar anwendbaren Richtlinien. Im Übrigen kann das **nationale Recht unionsrechtskonform auszulegen** sein, ist letzteres aus der Perspektive des nationalen Rechts doch grundsätzlich höherrangiges Recht. Aufgrund der besonderen Struktur des Unionsrechts sowie dem begrenzten Regelungsbereich unionsrechtlicher Normen besteht aber abweichend vom Gebot zur verfassungskonformen Auslegung[1] kein umfassendes Gebot hierzu. So kommt der primärrechtskonformen Auslegung nationalen Rechts bislang eine geringere Bedeutung zu, sei es, weil vor allem das Sekundärrecht primärrechtskonform auszulegen ist, sei es, weil die primärrechtlichen Vorgaben, zB die Grundfreiheiten, keine interpretative Vorrangregel[2] begründen, sondern das nationale Recht im Falle einer dem Unionsrecht widersprechenden Regelungsanordnung suspendieren. Etwas größere Aufmerksamkeit hat zuletzt die grundrechtskonforme Auslegung nationalen Rechts mit Blick auf die Unionsgrundrechte erlangt, da nach den Vorgaben des Unionsrechts der nationale Gesetzgeber an die europäischen Grundrechte gebunden ist, wenn er im Anwendungsbereich des Unionsrechts seine nationalen Normen erlässt.[3] 216

Den **Schwerpunkt** der unionsrechtskonformen Auslegung nationalen Rechts bildet weiterhin die **richtlinienkonforme Rechtsgewinnung** im nationalen Recht. Dies folgt zum einen aus der Vielzahl von Richtlinien, mit denen das Unionsrecht mittlerweile in das nationale Recht einwirkt, zum anderen, weil Richtlinien Regelungsvorgaben für die nationale Rechtsordnung enthalten und die Bindung des Mitgliedstaats an diese Regelungsvorgaben auch das Gebot umfasst, nationales Recht ggf. in Konformität mit den Richtlinienvorgaben auszulegen bzw. fortzubilden. Grundlage ist die Pflicht des Mitgliedstaates nach Art. 288 Abs. 3 AEUV, die Richtlinie in nationales Recht umzusetzen, dh die in der Richtlinie vorgeschriebene Sachverhalt-Ergebnis-Relation im nationalen Recht zu verankern. Die Pflicht zur Umsetzung der Richtlinienvorgabe in das nationale Recht erfasst alle Träger öffentlicher Gewalt im Mitgliedstaat, also auch die Judikative.[4] Ihnen wird aufgegeben, dieser Pflicht soweit als kompetenziell möglich nachzukommen. Für die deutsche Judikative folgt hieraus das Gebot zur richtlinienkonformen Auslegung und Fortbildung des natio- 217

---

1 Dazu näher → Rn. 246 ff.

2 Zu dieser näher → Rn. 224 ff.

3 Ausf. dazu *Herresthal* ZEuP 2014, 238; Jarass/*Jarass* GrCh Art. 51 Rn. 16 ff.; Schwarze/*Hatje* GrCh Art. 51 Rn. 13 ff.

4 Vgl. nur *EuGH* v. 5.10.2004, Rs. C-397/01 bis 403/01 *(Pfeiffer)*, Slg. 2004, I-8835 Rn. 113; Streinz/*Schroeder* AEUV Art. 288 Rn. 58.

nalen (Privat-)Rechts, denn der *unionsrechtliche* Terminus der „richtlinienkonformen Auslegung" umfasst nach den Methodenkategorien des deutschen Rechts die richtlinienkonforme Auslegung *und* die richtlinienkonforme Rechtsfortbildung.[5] Die Grenze zwischen beiden zieht der mögliche Wortsinn der nationalen Norm.[6]

218 Die richtlinienkonforme Rechtsgewinnung als **Obergriff von Auslegung und Fortbildung des nationalen Rechts** konform zu den Richtlinienvorgaben hat mithin die Funktion, die Richtlinienvorgaben in der nationalen Rechtsordnung durchzusetzen.[7] Funktionsidentische Instrumente im Unionsrecht sind das Vertragsverletzungsverfahren (Art. 258 AEUV) und die Staatshaftung des Mitgliedstaates bei unzureichender Richtlinienumsetzung.[8] Vor diesen Instrumenten hat die richtlinienkonforme Rechtsgewinnung indes den Vorzug, dass sie die unzureichende Richtlinienumsetzung nicht nur sanktioniert, sondern zur Richtlinienkonformität des nationalen Rechts führt.

219 Eine darüber hinausgehende **unmittelbar suspendierende Wirkung** privatrechtsangleichender Richtlinien, nach der das nationale Recht suspendiert wird, soweit es einer Richtlinie nach Ablauf ihrer Umsetzungsfrist widerspricht, ist abzulehnen.[9] Eine derart weitreichende Wirkung von (privatrechtsangleichenden) Richtlinien findet in Art. 288 Abs. 3 AEUV keine hinreichende Grundlage. Zudem wären große Regelungslücken im nationalen Recht und die Notwendigkeit weitestreichender nationaler Rechtsfortbildung die Folge.

2. Die Pflicht zur richtlinienkonformen Rechtsgewinnung

a) Die normative Grundlage und der Inhalt dieser Pflicht

220 Die Pflicht zur richtlinienkonformen Auslegung des nationalen (Privat-)Rechts wird nicht mehr grundsätzlich bestritten. Es besteht weithin Einigkeit, dass sie ihre normative Grundlage in der **Rechtssetzungspflicht des Mitgliedstaates** (Art. 288 Abs. 3 AEUV; Art. 4 Abs. 3 EUV) findet. Diese Normen des Unionsrechts binden alle mitgliedstaatlichen Gewalten[10] und konkretisieren sich bei der nationalen Judikative als Pflicht zur richtlinienkonformen Rechtsgewinnung.

Zeitlich beginnt diese Pflicht der Judikative (erst) mit dem **Ablauf der Umsetzungsfrist** der Richtlinie[11] und zwar auch dann, wenn im nationalen Recht *vor* Fristablauf bereits ein Gesetz zur Umsetzung der Richtlinie in Kraft tritt. Der Ablauf der Umsetzungsfrist ist die entscheidende Zäsur. Ab Inkrafttreten der Richtlinie besteht die Pflicht, das richtlinienkonforme Ergebnis mit Ablauf der Umsetzungsfrist im nationalen Recht zu gewährleisten. Während dieser Umsetzungsfrist besteht aber auch das Gebot, alle Maßnahmen zu unterlassen, die dieses Ziel mit *weit überwiegender Wahr-*

---

5 Wie hier *Franzen* JZ 2007, 191 mit Fn. 1; *Canaris* FS Bydlinski, 2002, 47 (81 ff.); *Müller-Graff* in Horn/Baur/Stern (Hrsg.), 40 Jahre Römische Verträge, 1998, S. 107 (132).

6 Dazu näher → Rn. 167 f.

7 Vgl. *Canaris* FS R. Schmidt, 2006, 41 (43 f.).

8 Im Überblick vgl. etwa *Haratsch/Koenig/Pechstein* EuropaR Rn. 503 ff. u. 640 ff.

9 Ablehnend schon *Herresthal* Rechtsfortbildung S. 78 ff.; diesem zustimmend *Canaris* FS R. Schmidt, 2006, 41 (45); wie hier auch *Roth* EWS 2005, 385 (386); Streinz/*Schroeder* AEUV Art. 288 Rn. 116; für eine solche Wirkung aber *Herrmann,* Richtlinienumsetzung durch die Rechtsprechung, 2003, S. 78–84.

10 Vgl. EuGH v. 5.10.2004, Rs. C-397/01 bis 403/01 *(Pfeiffer),* Slg. 2004, I-8835, Rn. 113; allg. dazu Streinz/*Schroeder* AEUV Art. 288 Rn. 73; s. a. BGH NJW 2013, 220 Rn. 18.

11 Wie hier *Canaris* FS Bydlinski, 2002, 47 (74 ff.); *Brechmann,* Die richtlinienkonforme Auslegung, 1994, S. 264 f.; EuGH v. 4.7.2006, Rs. C-212/04 *(Adeneler),* Slg. 2006, I-6057, Rn. 124 (bei fehlender legislativer Richtlinienumsetzung bis Fristablauf).

scheinlichkeit[12] verhindern. Die (höchstrichterliche) Rechtsprechung verstößt ua dann gegen dieses ergänzende Gebot, wenn sie kurz vor dem Ablauf der Umsetzungsfrist einer bestimmten Richtlinie von einer Auslegung des nationalen Rechts Abstand nimmt, die den Vorgaben der Richtlinie entsprach, und der Legislative mit weit überwiegender Wahrscheinlichkeit nicht der erforderliche Zeitraum verbleibt, um auf die neue, ab dem Zeitpunkt des Ablaufs der Umsetzungsfrist dann richtlinienwidrige Auslegung des nationalen Rechts vor diesem Fristablauf zu reagieren.

Inhaltlich ist die deutsche Judikative verpflichtet, **das nach den nationalen Methoden Mögliche im Rahmen des kompetenziell Zulässigen** zur Umsetzung der Richtlinienvorgabe zu unternehmen.[13] Nach der Rechtsprechung des EuGH sind die mitgliedstaatlichen Gerichte verpflichtet, „unter Anwendung ihrer Auslegungsmethoden alles (zu) tun, was in ihrer Zuständigkeit liegt, um die volle Wirksamkeit der fraglichen Richtlinie zu gewährleisten".[14] Zutreffend erachtet der EuGH nicht nur die Auslegung nationalen Rechts, sondern auch die Reduktion einer nationalen Norm sowie ihre analoge Anwendung zur Erreichung eines Richtlinienziels als von dieser Pflicht umfasst,[15] also auch die – nach deutschem Methodenverständnis – Rechtsfortbildung im nationalen Recht. 221

b) Die Reichweite der Pflicht zur richtlinienkonformen Auslegung

Die Pflicht zur richtlinienkonformen Auslegung besteht nur **innerhalb des sachlichen, personellen und gegenständlichen Regelungsbereichs** der Richtlinie. Innerhalb dieses Bereichs muss das *gesamte* nationale Recht richtlinienkonform sein, also nicht nur Regelungen, die der Umsetzung der konkreten Richtlinienvorgaben dienen (Umsetzungsrecht).[16] Außerhalb des Regelungsbereichs der Richtlinie kann die nationale Judikative hingegen das nationale Privatrecht abweichend von den Vorgaben der Richtlinie auslegen. Allerdings dürfen auch jene nationalen Regelungen, die nicht im Anwendungsbereich der Richtlinie liegen, nicht die **praktische Wirksamkeit (effet utile)** der umgesetzten Richtlinienvorgaben im nationalen Recht beeinträchtigen.[17] 222

Die **Grenze** der Pflicht zur richtlinienkonformen Rechtsgewinnung wird durch **das nach den nationalen Methoden Mögliche** gezogen. Das Unionsrecht verpflichtet 223

---

[12] So *Herresthal* Rechtsfortbildung S. 258 ff.; vager EuGH v. 18.12.1997, Rs. C-129/96 *(Inter-Environnement Wallonie)*, Slg. 1997, I-7411, Rn. 45 (Eignung, das Richtlinienziel „ernstlich in Frage zu stellen"); weiter hingegen *Franzen*, Privatrechtsangleichung durch die EG, 1999, S. 302.

[13] Für die Weiterentwicklung nationaler Methoden in der europäischen Integration *Herresthal* Rechtsfortbildung S. 171–214.

[14] EuGH v. 4.7.2006, Rs. C-212/04 *(Adeneler)*, Slg. 2006, I-6057, Rn. 111.

[15] Vgl. EuGH v. 5.10.2004, Rs. C-397/01 bis 403/01 *(Pfeiffer)*, Rn. 118 f. (zur Reduktion); EuGH v. 16.6.2005, Rs. C-105/03 *(Pupino)*, Slg. 2005, I-5285, Rn. 47; EuGH v. 4.7.2006, Rs. C-212/04 *(Adeneler)*, Slg. 2006, I-6057, Rn. 110 f. (jeweils zur Analogie).

[16] EuGH v. 16.7.1998, Rs. C-355/96 *(Silhouette International)*, Slg. 1998, I-4799, Rn. 36; EuGH v. 14.7.1994, Rs. C-91/92 *(Faccini Dori)*, Slg. 1994, I-3325, Rn. 26 (richtlinienkonforme Auslegung „gleich, ob es sich um vor oder nach der Richtlinie ergangene Vorschriften handelt"); s. a. EuGH v. 22.9.1998, Rs. C-185/97 *(Granada Hospitality)*, Slg. 1998, I-5199, Rn. 18 (richtlinienkonforme Auslegung des nationalen Rechts, „insbesondere" der Umsetzungsregelungen); *Streinz* EuropaR Rn. 503 (Pflicht zur richtlinienkonformen Auslegung „allen nationalen Rechts").

[17] Die Anwendung des Unionsrechts darf durch nationales Recht und dessen Anwendung nicht unmöglich gemacht oder übermäßig erschwert werden, vgl. EuGH v. 14.6.2012, Rs. C-618/10 *(Banco Español de Crédito)*, NJW 2012, 225 Rn. 53; s. a. *Streinz* FS Everling, II, 1995, 1491 (1501).

die nationale Judikative nur, den *nationalen* Methodenkanon so weit als möglich einzusetzen, um ein richtlinienkonformes Ergebnis durch Auslegung und Fortbildung des nationalen Rechts zu erzielen. Die *nationalen* Methoden sind demnach entscheidend für die Reichweite der Pflicht zur richtlinienkonformen Rechtsgewinnung. Diese nationalen Methoden sind allerdings nicht unveränderlich, sondern in der konkreten Rechtsordnung ggf. neu auszugestalten, wobei der Verfassung, vor allem der Gewaltenteilung und dem Demokratieprinzip, eine zentrale Bedeutung zukommt.[18] Grundlegende **Änderungen der Verfassungsstruktur** können sich daher auf den Methodenkanon auswirken bzw. müssen von diesem berücksichtigt werden. Eine solche grundlegende Änderung ist die europäische Integration, denn der verfassungsändernde Gesetzgeber hat Art. 23 GG eingefügt, die Ausübung nationaler Kompetenzen zugunsten der Rechtssetzung der EU beschränkt und die nationale Rechtsordnung für das Unionsrecht als höherrangige Normen geöffnet.[19] Die übrigen Staatsstrukturprinzipien, vor allem das Demokratieprinzip und die Gewaltenteilung, sind daher unter Berücksichtigung dieser grundlegenden Änderung neu zu konkretisieren. Hinzutritt, dass auch der Unionsgesetzgeber demokratisch legitimiert ist. Zudem besteht bei der richtlinienkonformen Rechtsgewinnung die Besonderheit, dass sie – anders als die autonom-nationale – nicht durch die Gegenüberstellung von nationaler Legislative und nationaler Judikative geprägt wird. Vielmehr trägt die nationale Judikative zur Umsetzung der höherrangigen Norm des ebenfalls demokratisch legitimierten Unionsgesetzgebers mit der richtlinienkonformen Rechtsgewinnung bei. Die Judikative setzt somit gerade nicht ihre *eigene* Vorstellung vom zutreffenden Inhalt des nationalen Rechts an die Stelle des Regelungswillens der eigentlich zuständigen nationalen Legislative. Die gebotene Neubestimmung der verfassungsrechtlich determinierten Kompetenzen der nationalen Judikative muss richtigerweise bei einer **Neubestimmung des nationalen Methodenkanons** berücksichtigt werden. Als eine solche Modifikation ergibt sich ua eine Vorrangregel zugunsten des richtlinienkonformen Verständnisses der nationalen Norm.

c) Die Umsetzung der Pflicht durch die nationalen Methoden

aa) Die Ergänzung der Normauslegung um eine Vorrangregel

224 Nach allgemeiner Meinung sind der Wortlaut, die systematische Stellung, der historische Gesetzgeberwille und das Telos der Norm[20] bei der autonom-nationalen Auslegung gleichrangig; eine Vorrangregel besteht nicht.[21] Die unionsrechtliche Pflicht zur richtlinienkonformen Rechtsgewinnung führt hingegen zu einer **Vorrangregel innerhalb dieser nationalen Auslegungskriterien** („interpretatorische Vorrangregel“[22]). Nach dieser Vorrangregel geht jenes Auslegungskriterium (Wortlaut, Systematik, Telos, historische Gesetzgeberwille), das zu einem richtlinienkonformen Auslegungsergebnis führt, den übrigen Kriterien bei der Bestimmung des zutreffenden Verständnisses der Norm vor, dh ohne konkrete Abwägung des argumentativen Gewichts der Kriterien.[23] Die richtlinienkonforme Auslegung einer na-

---

[18] Zur Bedeutung verfassungsrechtlicher Vorgaben für die Methoden → Rn. 39 ff.

[19] Zur integrierten Staatlichkeit als resultierendes neues Staatsstrukturprinzip vgl. *Herresthal* Rechtsfortbildung S. 123–138.

[20] Zu diesen Kriterien → Rn. 148 ff.

[21] Dazu näher → Rn. 165 f.

[22] *Canaris* FS Bydlinski, 2002, 47 (49 ff.).

[23] Vgl. *Canaris* FS R. Schmidt, 2006, 41 (45 f.); *ders.* FS Bydlinski, 2002, 47 (64 ff.); Riesenhuber/*Roth/Jopen* § 13 Rn. 42; *Unberath* ZEuP 2005, 5 (7); ausf. dazu *Herresthal* Rechtsfortbildung S. 237 ff.

tionalen Norm erfordert mithin (zumindest gedanklich) einen **Doppelschritt:** Zunächst sind die ***möglichen*** **Auslegungsergebnisse der konkreten Norm** unter Heranziehung aller Auslegungskriterien zu ermitteln. Dabei wird freilich die grammatische Auslegung, dh der mögliche Wortsinn, im Regelfall über den Kreis der möglichen Auslegungsergebnisse entscheiden. In einem zweiten Schritt ist aus diesem Kreis möglicher Auslegungsergebnisse jenes zu wählen, das richtlinienkonform ist. Dies wird erreicht, indem jenes **Auslegungskriterium vorrangig ist, das zu diesem richtlinienkonformen Ergebnis** führt. Dieser Vorrang ergibt sich aus der (interpretatorischen) Vorrangregel, die wiederum aus der Rechtssetzungspflicht des Mitgliedstaates ab Fristablauf folgt. Freilich können auch mehrere Kriterien für das richtlinienkonforme Ergebnis sprechen, dann sind diese insgesamt vorrangig. Der Vorrang ist absolut,[24] dh eine Abwägung mit dem argumentativen Gewicht der übrigen Auslegungskriterien erfolgt nicht. Ob die Argumente für andere Auslegungsergebnisse schwerer wiegen, ist gleichgültig. Eines solchen absoluten Vorrangs bedarf es, da die nationale Judikative den Beurteilungsspielraum soweit als möglich zugunsten eines richtlinienkonformen Auslegungsergebnisses auszuschöpfen hat.

Auf dieser Grundlage kann auch die **Sonderkonstellation** gelöst werden, in der 225
mehrere mögliche Auslegungsergebnisse richtlinienkonform sind. Die Vorrangregel schreibt dann nur vor, dass eines dieser Ergebnisse als Ergebnis der Auslegung der nationalen Norm gewählt werden muss; die Auswahl innerhalb der richtlinienkonformen Auslegungsergebnisse hat sodann unter Abwägung des argumentativen Gewichts aller Auslegungskriterien zu erfolgen.

Aus dem Vorstehenden folgt, dass die **grammatische Auslegung** bei der richtlini- 226
enkonformen Auslegung **vielfach entscheidend** ist, da diese regelmäßig den Kreis möglicher Auslegungsergebnisse zieht. In der praktischen Rechtsanwendung wird daher der (gedankliche) Doppelschritt vielfach zu einem einzigen Schritt verkürzt, indem festgestellt wird, dass der Wortlaut der nationalen Norm ein bestimmtes richtlinienkonformes Ergebnis umfasst. Dieses wird sodann als richtlinienkonformes Auslegungsergebnis gewählt, da aufgrund der Vorrangregel unmaßgeblich ist, ob auch die übrigen Kriterien der Auslegung für dieses Auslegungsergebnis sprechen. Nur wenn der Wortlaut mehrere richtlinienkonforme Auslegungsergebnisse umfasst, werden die übrigen Kriterien herangezogen.

Die **Grenzen der richtlinienkonformen Auslegung** werden somit zum einen durch 227
den möglichen Wortsinn gezogen. Zum anderen scheidet die richtlinienkonforme Auslegung richtigerweise aufgrund des Grundsatzes der Gewaltenteilung aus, wenn der Wille des nationalen Gesetzgebers – ausdrücklich oder implizit – hinreichend deutlich erkennbar ist, dass die nationale Norm vom Inhalt der Richtlinie abweichen soll, sei es, dass der Gesetzgeber sich beim Normerlass bewusst gegen die Richtlinienvorgabe stellt, sei es, dass er die nationale Regelung mit einem bestimmten Regelungsinhalt unabhängig davon will, wie die Richtlinienvorgabe zu verstehen ist. Allerdings muss diese Wertungsentscheidung des nationalen Gesetzgebers, dh seine Abweichung von der Richtlinie bzw. Gleichgültigkeit gegenüber dem Richtlinieninhalt, noch aktuell sein. Dies ist sie nur, wenn er seine Rechtsetzungsprärogative unter Geltungsbedingungen ausgeübt hat, die zum Zeitpunkt der Entscheidung der Judikative über die richtlinienkonforme Auslegung weiterhin bestehen. Hieran mangelt es bereits, wenn der Gesetzgeber die einschlägige Richtlinie in den Gesetzesmateria-

[24] Wie hier *Canaris* FS Bydlinski, 2002, 47 (65 f.); iErg zust. *Leible/Domröse* in Riesenhuber, Europäische Methodenlehre, 3. Aufl. 2014, § 8 Rn. 52.

lien zu der auszulegenden nationalen Norm nicht berücksichtigt hat bzw. eine später erlassene Richtlinie bei dem Erlass der nationalen Norm noch nicht berücksichtigen konnte. Gleiches gilt, wenn seine Wertungsentscheidung auf einem unzutreffenden Verständnis der Richtlinie basiert, da die Richtlinie nach Erlass der nationalen Norm vom EuGH abweichend vom Verständnis des nationalen Gesetzgebers konkretisiert wurde und diese Abweichung für die nationale Norm wesentlich ist. Abweichendes gilt freilich, wenn der Inhalt der nationalen Norm vom nationalen Gesetzgeber auch für diesen Fall gewollt war (Gleichgültigkeit gegenüber dem Richtlinieninhalt, dh der Gesetzgeber will den Inhalt der nationalen Norm unabhängig vom Richtlinieninhalt). Eine richtlinienkonforme Auslegung ist danach möglich, wenn der nationale Gesetzgeber die Richtlinie beim Normerlass nicht berücksichtigen konnte, er von der Vorgabe der Richtlinie *unbewusst abgewichen* ist, vor allem also deren Einschlägigkeit für die *konkrete* Regelungsfrage verkannt hat, oder die Vorgabe der Richtlinie unzutreffend, also abweichend vom EuGH ausgelegt hat, ohne dass deutlich erkennbar ist, dass er auch vom zutreffenden Verständnis der Richtlinie durch den EuGH abweichen will.

228 Jenseits des sachlichen und zeitlichen Anwendungsbereichs der Richtlinie besteht keine Rechtssetzungspflicht des Mitgliedstaates. Bei dieser sog. ***richtlinienorientierten* Auslegung und Rechtsfortbildung** besteht die aufgezeigte Vorrangregel nicht, sondern das aus der Richtlinie abgeleitete systematische Argument geht dort nur mit hohem argumentativem Gewicht in die Abwägung der Auslegungskriterien ein. Es kann daher zB hinter einem im konkreten Fall gewichtigeren teleologischen Argument ohne weiteres zurücktreten.[25]

bb) Der Sonderfall der richtlinienkonformen Rechtsfortbildung

229 Die richtlinienkonforme Auslegung, verstanden als *Auslegung* im Sinne der deutschen Methodenlehre, findet ihre Grenze am möglichen Wortsinn der nationalen Norm. Jenseits der Wortlautgrenze beginnt die richtlinienkonforme *Rechtsfortbildung.*[26] Sie weist eigenständige Grenzen auf, die von der autonom-nationalen Rechtsfortbildung abweichen.

230 Die autonom-nationale Rechtsfortbildung setzt bekanntlich eine Regelungslücke voraus.[27] Bei der richtlinienkonformen Rechtsfortbildung ist nach vorzugswürdiger Ansicht ein **„systemwidriges Regelungsdefizit“**[28] erforderlich. Abzustellen ist dabei auf die Gesamtrechtsordnung,[29] die neben dem nationalen Recht auch die Richtlinien umfasst. Der Bedarf für eine richtlinienkonforme Rechtsfortbildung besteht, wenn eine Richtlinie ein vom nationalen Recht abweichendes Ergebnis vorschreibt, dieses Ergebnis aber nicht durch eine richtlinienkonforme Auslegung des nationalen Rechts, also nicht innerhalb des möglichen Verständnisses des Wortlauts der nationalen Norm erreicht werden kann. Paradigmatisch ist die durch eine Richtlinie gebotene Reduktion einer nationalen Norm, dh die Herausnahme eines bestimmten Sachverhalts aus dem Regelungsbereich der nationalen Norm, da die Richtlinie für diesen Sachverhalt ein abweichendes Ergebnis vorschreibt. Die Richt-

---

25 Vgl. zur richtlinienorientierten Auslegung → Rn. 521 f.

26 Sie wird vom unionsrechtlichen Gebot der richtlinienkonformen Rechtsgewinnung umfasst, vgl. → Rn. 217.

27 Dazu näher → Rn. 177 ff.

28 Zu den verschiedenen systemwidrigen Regelungsdefiziten näher *Herresthal* Rechtsfortbildung S. 231 f.

29 Ähnlich *Canaris* FS Bydlinski, 2002, 47 (84); *Roth* EWS 2005, 385 (394); *Behrens* EuZW 1994, 289; s. a. BGHZ 138, 55 (64): „Einheit der Rechtsordnung“.

linie ist Teil der Gesamtrechtsordnung und wird daher vom systematischen Kriterium erfasst.[30] Entscheidend ist mithin die *Systemwidrigkeit* des Regelungsdefizits im nationalen Recht am Maßstab der unter Einschluss der Richtlinienvorgabe betrachteten *Gesamtrechtsordnung.* Nicht zielführend ist bei der richtlinienkonformen Rechtsfortbildung hingegen das tradierte Bild einer „planwidrigen Regelungslücke", da der Regelungsplan als Maßstab insofern ungeeignet ist. Denn die nationale Gesamtrechtsordnung setzt sich mittlerweile aus Normen des nationalen Gesetzgebers und des Unionsgesetzgebers zusammen, sodass kein (hypothetischer) Gesamtplan der Rechtsordnung angenommen werden kann.

Ausgangspunkt der richtlinienkonformen Rechtsgewinnung ist daher, dass die Gesamtrechtsordnung (konkret: die Richtlinienvorgabe) als systematischer Zusammenhang ein Rechtsgewinnungsergebnis vorschreibt, dieses aber nicht durch Auslegung im Rahmen des möglichen Wortsinns der nationalen Norm erreicht werden kann. Zur Beseitigung dieses systemwidrigen Regelungsdefizits können die **tradierten Instrumente der Rechtsfortbildung** herangezogen werden. Sie sind allerdings bei der Behebung dieses Defizits **teilweise zu modifizieren:**[31] So fordert bei der **richtlinienkonformen Analogie** die Richtlinienvorgabe die Behebung des systemwidrigen Regelungsdefizits, während bei der autonom-nationalen Analogie die Wertungsähnlichkeit des ungeregelten Sachverhalts zu gesetzlich geregelten Sachverhalten entscheidend ist. Bei der **richtlinienkonformen Reduktion** verpflichtet die Richtlinie das nationale Recht, einen vom Wortlaut der nationalen Norm umfassten Sachverhalt aus ihrem Regelungsbereich auszugliedern; autonom-national ist hingegen maßgebend, dass der Sachverhalt zwar vom Wortlaut, nicht aber vom Telos der Norm erfasst wird. 231

Abweichend von der autonom-nationalen Rechtsfortbildung fallen zudem bei der richtlinienkonformen Rechtsfortbildung die Lückenfeststellung und die Lückenschließung nicht grundsätzlich zusammen. Im nationalen Recht steht mit der Wertungsähnlichkeit eines Sachverhalts zu den gesetzlich geregelten (Analogie) oder der mangelnden Einschlägigkeit des Telos der Norm bei einer vom Wortlaut erfassten Konstellation (Reduktion) neben dem Bestehen der Regelungslücke zugleich fest, wie sie geschlossen wird. Bei der richtlinienkonformen Rechtsfortbildung ist hingegen ein **Auseinanderfallen von *Feststellung* des systemwidrigen Regelungsdefizits und seiner *Behebung*** gegeben. Grund hierfür ist, dass das Regelungsdefizit stets aus der Rechtssetzungspflicht des Mitgliedstaates folgt, dh aus der Richtlinienvorgabe, während für die Behebung des Regelungsdefizits die vorstehend genannten Instrumente in Betracht kommen. 232

Der EuGH betont, dass das Unionsrecht die nationale Judikative **nicht** zu einer **Rechtsfortbildung *contra legem*** verpflichtet.[32] Mit diesem Kürzel werden grundsätzlich unzulässige Rechtsfortbildungen gekennzeichnet. Aufgrund der aufgezeigten[33] Modifikation des in der nationalen Rechtsordnung methodisch Möglichen ist der Ansicht entgegenzutreten, die zur nationalen Rechtsfortbildung überwiegend anerkannte *contra-legem*-Grenze – der im Wortlaut der Norm verkörperte Wille des nationalen Gesetzgebers – könne unverändert bei der richtlinienkonformen Rechts- 233

[30] Abweichend *Canaris* FS R. Schmidt, 2006, 41 (53), der die Richtlinienvorgabe im *Telos* verortet.

[31] Vgl. zu diesen und weiteren Instrumenten *Herresthal* Rechtsfortbildung S. 235 ff.; weiterhin mit den tradierten Instrumenten ua *Riesenhuber/Domröse* NZA 2005, 568 (569).

[32] EuGH v. 16.6.2005, Rs. C-105/03 *(Pupino)*, Slg. 2005, I-5285, Rn. 44, 47; EuGH v. 4.7.2006, Rs. C-212/04 *(Adeneler)*, Slg. 2006, I-6057, Rn. 110.

[33] Vgl. → Rn. 223.

fortbildung herangezogen werden. Vielmehr sind deren Grenzen eigenständig zu formulieren.[34] **Strukturelle Grenze** der richtlinienkonformen Rechtsfortbildung ist die Regelungsdivergenz zwischen Richtlinie und nationalem Recht. Die Judikative darf nur dieses Defizit beheben; jenseits sind die autonom-nationalen Methoden einschlägig. Zudem muss sie die zum nationalen System sachnächste Verortung im nationalen Recht wählen. Dabei darf sie fundamentale Strukturprinzipien des nationalen Rechts nicht revidieren. **Funktionale Grenzen** folgen aus dem Verbot, die nationale Norm im Wege der richtlinienkonformen Reduktion in ihr Gegenteil zu verkehren oder sie wesentlich umzugestalten. Im Zentrum steht die **Grenze aus der Gewaltenteilung.** Auch bei der richtlinienkonformen Rechtsfortbildung ist die im Wortlaut der nationalen Norm verankerte, weiterhin aktuelle Wertungsentscheidung des nationalen Gesetzgebers zu respektieren.[35]

d) Spezifische Problemkreise der richtlinienkonformen Rechtsgewinnung im Privatrecht

234 Nachfolgend sollen einzelne Problemkreise der richtlinienkonformen Rechtsgewinnung in Blick genommen werden, die im Privatrecht in ganz besonderem Maße einschlägig sind.

aa) Die Ablehnung des hypothetischen Gesetzgeberwillens als Maßstab

235 Nach der beschriebenen methodischen Umsetzung der Pflicht zur richtlinienkonformen Rechtsgewinnung ist der hypothetische Wille des nationalen Gesetzgebers weder die Grundlage dieser Rechtsgewinnung noch spielt er bei der Feststellung des Regelungsdefizits oder bei dessen Behebung irgendeine Rolle. Eine ältere Ansicht, nach der die richtlinienkonforme Rechtsgewinnung durch den (hypothetischen) Umsetzungswillen des nationalen Gesetzgebers legitimiert wird, ist im Schrifttum überwunden; zutreffend werden die Art. 4 Abs. 3 EU, Art. 288 Abs. 3 AEUV als normative Grundlagen herangezogen.[36]

236 Insbesondere der **BGH** stellt demgegenüber bei der Feststellung des Regelungsdefizits zur Auslösung der richtlinienkonformen Rechtsfortbildung weiterhin (unzutreffend) auf den **hypothetischen Willen des nationalen Gesetzgebers** ab. So bejaht der Gerichtshof eine „verdeckte Regelungslücke“ aufgrund des hypothetischen Willens des nationalen Privatrechtsgesetzgebers, eine richtlinienkonforme Regelung zu schaffen.[37] Dabei werden die vom nationalen Gesetzgeber „stillschweigend vorausgesetzt(e)“ Richtlinienkonformität und die „von der Annahme der Richtlinienkonformität getragene Umsetzungsabsicht des Gesetzgebers“ ausdrücklich als Grund für die Regelungslücke im nationalen Recht bezeichnet.[38] Richtigerweise besteht ein Regelungsdefizit im nationalen Recht schon dann, wenn die Richtlinienvorgabe nicht innerhalb der Wortlautgrenze der nationalen Norm erfüllt werden kann. Auch bei der richtlinienkonformen Rechtsfortbildung ist der hypothetische Gesetzgeberwille, zB zum Erlass einer entsprechenden Umsetzungsnorm, nicht von Bedeutung.[39] Vielmehr sind die Grenzen dieser Rechtsfortbildung eigenständig zu bestimmen;[40]

---

[34] Vgl. zum Folgenden ausf. *Herresthal* Rechtsfortbildung S. 289–355; *ders.* EuZW 2007, 396.
[35] Ausf. → Rn. 211 f.
[36] Ausf. *Canaris* FS Bydlinski, 2002, 47 (55 ff.) mit Nachw. zur früheren Gegenansicht.
[37] Vgl. BGH NJW 2009, 427 Rn. 22 ff.
[38] BGH NJW 2012, 1073 Rn. 34.
[39] Tendenziell aA BGH NJW 2009, 427 Rn. 26; NJW 2012, 1073 Rn. 36.
[40] Vgl. → Rn. 222 f.

von entscheidender Bedeutung ist dabei eine entgegenstehende, weiterhin aktuelle Wertungsentscheidung des nationalen Gesetzgebers.[41]

Das Abstellen auf den hypothetischen Gesetzgeberwillen („stillschweigend vorausgesetzt") ist hingegen eine **bloße Fiktion,** mit der die Voraussetzungen (Regelungsdefizit) und Grenzen einer methodenoffenen, richtlinienkonformen Rechtsgewinnung verbrämt werden. Auch wird die unionsrechtliche Dimension der Problematik von der Rechtsprechung des BGH vollständig ausgeblendet, wenn letztlich nur ein Defizit zwischen hypothetischem Gesetzgeberwillen und geltender nationaler Norm behauptet wird. Auch eine Rückbindung der Rechtsfortbildung an den demokratisch legitimierten nationalen Gesetzgeber rechtfertigt diese Lösung nicht, wird doch gerade auf einen nur vermuteten Gesetzgeberwillen abgestellt. Schließlich versagt die vom BGH gewählte Lösung beim Fehlen eines Umsetzungsgesetzes. Sieht der nationale Gesetzgeber von einem nationalen Umsetzungsgesetz ab, weil er den bisherigen Rechtszustand unzutreffend als richtlinienkonform betrachtet, oder versäumt er den Ablauf der Umsetzungsfrist, fehlt eine Grundlage zur Ermittlung des hypothetischen Gesetzgeberwillens. Auch in diesen Konstellationen besteht aber die Pflicht zur richtlinienkonformen Rechtsgewinnung. **237**

bb) Die richtlinienkonforme Rechtsgewinnung zulasten eines Privatrechtssubjekts

Die richtlinienkonforme Rechtsgewinnung im Privatrecht hat regelmäßig zur Folge, dass ihr Ergebnis ein Privatrechtssubjekt belastet, indem dessen Rechte beschränkt werden. Dies steht in einem Spannungsverhältnis zur zutreffenden Ablehnung der *unmittelbaren* Anwendung auch hinreichend klarer und unbedingter Richtlinienbestimmungen zulasten Privater **(keine unmittelbare Anwendbarkeit zulasten des Unionsbürgers)** und der Ablehnung einer unmittelbaren Anwendung von Richtlinien im Rechtsverhältnis zwischen Privaten (keine sog. horizontale Anwendbarkeit).[42] Richtlinienbestimmungen sind nur ausnahmsweise und nur im Verhältnis zwischen Mitgliedstaat und Privatem zulasten des Mitgliedstaates unmittelbar anwendbar; im Übrigen erfordern sie eine Umsetzung durch den Mitgliedstaat. Die vorstehend skizzierte richtlinienkonforme Rechtsgewinnung einschließlich der richtlinienkonformen Rechtsfortbildung ist **keine unzulässige horizontale Direktwirkung von Richtlinien** und entspricht auch nicht einer solchen.[43] Denn die richtlinienkonforme Rechtsgewinnung muss durch den „Filter" des methodisch Möglichen, dh durch Auslegung oder Fortbildung nationalen Rechts erzielbar sein. Diese Methoden haben die aufgezeigten Grenzen.[44] Hieraus folgt der entscheidende Unterschied. Ein tatsächlicher entgegenstehender Regelungswille des nationalen Gesetzgebers bleibt bei der richtlinienkonformen Rechtsgewinnung gerade maßgeblich. So scheidet die richtlinienkonforme Rechtsgewinnung aus, wenn der nationale Gesetzgeber zB in den Gesetzesmaterialien hinreichend deutlich macht, eine Richtlinienvorgabe nicht oder von der Vorgabe abweichend in das nationale Recht umsetzen zu wollen. Eine horizontale Direktwirkung nimmt hingegen auf diesen Gesetzgeberwillen gerade keine Rücksicht, sondern wendet die Richtlinienvorgabe unmittelbar an. **238**

---

[41] Ähnlich BGH NJW 2009, 427 Rn. 31 im Anschluss an *Herresthal* NJW 2008, 2475 (2477).

[42] EuGH v. 26.2.1986, Rs. C-152/84 *(Marshall),* Slg. 1986, 723 Rn. 48; EuGH v. 5.10.2004, Rs. C-397/01 bis 403/01 *(Pfeiffer),* Slg. 2004, I-8835 Rn. 108 f.; EuGH v. 7.6.2007, Rs. C-80/06 *(Carp),* Slg. 2007, I-4473 Rn. 20; ausf. auch Streinz/*Schroeder* AEUV Art. 288 Rn. 116; *Herresthal* Rechtsfortbildung S. 307 ff.

[43] So aber *Habersack/Mayer* WM 2002, 253 (257); *Schulze* GPR 2008, 128 (131); wie hier BGH NJW 2009, 427 Rn. 34 f.; iErg Pfeiffer NJW 2009, 412 (413).

[44] Dazu → Rn. 233.

239 Der berechtigte Kern der Kritik betrifft den **Schutz der Privatrechtssubjekte** vor einer für sie überraschenden Beschränkung ihrer Rechtsposition als Folge einer richtlinienkonformen Rechtsgewinnung durch die nationale Judikative. Diesem Anliegen kommt das Prinzip des Vertrauensschutzes als Element der Rechtssicherheit nach.[45] Letztere ist ein allgemeiner Rechtsgrundsatz auch im Unionsrecht. Der Vertrauensschutz fordert eine zeitliche oder gegenständliche Begrenzung der Rückwirkung durch die Beschränkung der Rechtssetzungspflicht aus der Richtlinie, wenn der gute Glaube der Rechtsunterworfenen an das bisherige Normverständnis schutzwürdig ist und anderenfalls schwerwiegende Störungen in der nationalen Rechtsordnung zu erwarten sind.[46] Zudem kann der nationale Vertrauensschutz, der am Vertrauen der Privatrechtssubjekte auf das Verständnis der nationalen Norm anknüpft, der richtlinienkonformen Rechtsgewinnung engere Grenzen ziehen.[47] Aktualisiert sich dieser Vertrauensschutz, werden in der Folge die im nationalen Recht bestehenden methodischen Möglichkeiten beschränkt und die Judikative kann ein richtlinienkonformes Ergebnis nicht im Wege der richtlinienkonformen Rechtsgewinnung erreichen. Insoweit bleiben dann nur die Staatshaftung des Mitgliedstaats sowie ein Vertragsverletzungsverfahren gegen den Mitgliedstaat.

cc) Die einheitliche oder gespaltene richtlinienkonforme Rechtsgewinnung

240 Die richtlinienkonforme Rechtsgewinnung hat im Privatrecht regelmäßig Normen zum Gegenstand, die nur *partiell* von einer Richtlinie überformt werden, also auch von der Richtlinienvorgabe nicht erfasste Sachverhalte regeln. In diesem Fall stellt sich stets die Frage, ob das richtlinienkonforme Verständnis der nationalen Norm auch auf den nicht durch die Richtlinie überformten Regelungsbereich erstreckt wird, mithin eine „einheitliche" oder „gespaltene" Auslegung der nationalen Norm erfolgen soll.[48]

241 Methodisch besteht bei den von der Richtlinie nicht erfassten Sachverhalten die aufgezeigte Vorrangregel nicht, sodass das aus der Übereinstimmung mit der Richtlinienvorgabe abgeleitete systematische Argument dort (nur) mit hohem argumentativem Gewicht in die Abwägung der Auslegungskriterien eingeht.[49] Daher ist in diesem Regelungsbereich eine Abwägung der klassischen Rechtsgewinnungskriterien erforderlich. Freilich kann dabei das historische Auslegungskriterium deutlich für oder gegen eine einheitliche Auslegung der nationalen Norm sprechen,[50] wenn der entsprechende Wille des nationalen Gesetzgebers hinreichend deutlich ist. Regelmäßig wird aber das systematische Kriterium entscheidend sein, mithin die Frage, ob das richtlinienkonforme Normverständnis auf einen systematisch geschlossenen, wertungseinheitlichen Regelungsbereich oder auf einen wertungsverschiedenen Bereich erstreckt wird. Paradigmatisch ist eine Erstreckung richtlinienkonform ausgelegter nationaler Regeln zum Schutz des Verbrauchers auf jene Konstellationen, in denen der Verbraucherbegriff des § 13 BGB geringfügig weiter ist als jener einer

[45] Ausf. dazu *Herresthal* Rechtsfortbildung S. 301–306.

[46] Vgl. nur EuGH v. 8.10.1987, Rs. 80/86 *(Kolpinghuis Nijmegen)*, Slg. 1987, 3969 Rn. 13 (Grenze in den allgemeinen Rechtsgrundsätzen, ua Rechtssicherheit).

[47] Vgl. zur zutreffenden Prüfung auch des nationalen Vertrauensschutzes als Grenze der richtlinienkonformen Rechtsgewinnung BGH NJW 2002, 1881 (1883); NJW 2009, 427 Rn. 33; NJW 2012, 1073 Rn. 47.

[48] Vgl. dazu *Drexl* FS Heldrich, 2005, 84; *Schürnbrand* JZ 2004, 551; *Weiss* EuZW 2012, 733; MüKoBGB/*Lorenz* Vor § 474 Rn. 4 mwN.

[49] IErg BGH NJW 2009, 427 Rn. 28.

[50] Für ein Beispiel vgl. *Herresthal* NJW 2008, 2475 (2477), unter Hinweis auf BT-Drs. 14/3195, 32; zustimmend BGH NJW 2009, 427 Rn. 27 f.; s. a. BGH NJW 2013, 220 Rn. 20.

Richtlinie, sodass im nationalen Recht durch eine einheitliche Auslegung ein einheitliches Normverständnis für alle Verbraucherverträge erreicht wird.

Hingegen gebietet die Wertungsverschiedenheit die Begrenzung des richtlinienkonformen Normverständnisses auf den Regelungsbereich der Richtlinie, wenn die richtlinienkonform ausgelegte Norm eine im nationalen Recht systemfremde Regelungsanordnung zur Folge hat. Diese Wertungs- und Systemkonformität der Erstreckung ist richtigerweise bei der Rechtsgewinnung im nationalen Recht methodenoffen zu diskutieren und nicht mit einem (zudem noch vielfach hypothetischen) Einheitlichkeits- oder Divergenzwillen des nationalen Gesetzgebers zu verbrämen. Letzteres überwiegt indes bislang in der nationalen Rechtsprechung.[51] 242

dd) Die Einordnung der Geldschuld als aktueller Anwendungsfall im Privatrecht

Die Frage nach einer einheitlichen oder gespaltenen Auslegung des nationalen Rechts stellt sich zum **Beispiel** nach einer Entscheidung des EuGH zur Auslegung der Zahlungsverzugsrichtlinie.[52] Zugleich verdeutlicht diese Entscheidung, dass vielfach eine extensiv überschießende Umsetzung des Unionsrechts im nationalen Recht erforderlich ist. Nach dem EuGH ist im Anwendungsbereich der Zahlungsverzugsrichtlinie eine Gutschrift auf dem Konto des Gläubigers bei Fälligkeit erforderlich, damit der Gläubiger die Zahlung durch Banküberweisung *rechtzeitig* erhält. Allerdings erfasst der sehr begrenzte Anwendungsbereich der Richtlinienvorgabe nur die Erfüllung einer Geldschuld zur Meidung des Ersatzes von *Verzugszinsen* im *Geschäftsverkehr.* In der Folge steht das nationale Privatrecht vor der Wahl, bei der als Folge gebotenen Qualifikation der Geldschuld als Bringschuld entweder die kleinteilige Segmentierung des allgemeinen Schuldrechts und die substantielle Rechtsunsicherheit als Folge hinzunehmen oder die Richtlinienvorgabe sehr weit extensiv überschießend umzusetzen und die Geldschuld umfassend als Bringschuld zu qualifizieren. Dabei wird die Reichweite und Komplexität der richtlinienorientierten Auslegung deutlich. So ist bei der Auslegung des § 270 Abs. 1 BGB zu prüfen, ob die Norm entsprechend der Richtlinienvorgabe nur bei Verzugszinsen, auch bei den übrigen Verzugsfolgen im Geschäftsverkehr, auch im Verbraucherrecht und dort nur bei Verzugszinsen oder bei allen Verzugsfolgen die Geldschuld als Bringschuld qualifiziert. Entscheidend ist, ob die System- und Wertungskohärenz im nationalen Recht eine dieser Trennlinien erlaubt. Richtigerweise ist die Geldschuld umfassend als (modifizierte) Bringschuld zu verstehen, sodass der Schuldner grundsätzlich die Verzögerungsgefahr trägt. Die Verzugsfolgen können nur bei rechtzeitigem Erhalt des Betrages durch den Gläubiger vermieden werden.[53] Zugleich verdeutlicht dieser Problemkreis die methodische Unzulänglichkeit des alleinigen Abstellens auf den (hypothetischen) Gesetzgeberwillen. Denn § 270 BGB entspringt der Urkodifikation des BGB, weshalb ein tatsächlicher Wille des nationalen Gesetzgebers zur streitgegenständlichen Frage bei der Umsetzung der Verzugsrichtlinie nicht ersichtlich ist. 243

---

[51] Vgl. BGH NJW 2002, 1881 (1884 f.) – Einheitlichkeitswille folgt aus einheitlicher Norm; BGH NJW 2013, 220 Rn. 22 – Ausdehnung des richtlinienkonformen Normverständnisses auf weiteren Regelungsbereich muss – im konkreten Fall nicht erkennbarem – Willen des deutschen Gesetzgebers entsprechen.

[52] EuGH v. 17.7.2008, Rs. C-152/07 bis C-154/07, C-152/07, C-153/07, C-154/07 *(Arcor),* Slg. 2008, I-5959.

[53] Wie hier *Nobbe* WM 2012, Sonderbeil. 2, 1 (21); Palandt/*Grüneberg* BGB § 270 Rn. 5 f.; Staudinger/*Omlor*, 2012, BGB Vorb z §§ 675c–676c Rn. 84; ausf. *Herresthal* ZGS 2008, 259; *Gsell* GPR 2008, 165 (169 f.); aA *M. Schwab* NJW 2011, 2833 ff.; → Rn. 392 ff.

II. Die verfassungskonforme Rechtsgewinnung

244 Die verfassungskonforme Auslegung[54] soll die Einhaltung der Verfassungsvorgaben durch das einfache Gesetzesrecht gewährleisten. Sofern mehrere Auslegungsergebnisse einer privatrechtlichen Norm möglich sind, von denen eines verfassungswidrig, (mindestens) ein weiteres aber verfassungsgemäß ist, muss die Judikative das verfassungswidrige Ergebnis verwerfen und dem anderen Ergebnis bzw. einem der anderen Ergebnisse den Vorzug geben.[55]

245 Dieses *Gebot,* das verfassungskonforme Auslegungsergebnis *zu wählen,* unterscheidet sich grundlegend von der grundsätzlichen Pflicht, bei der Auslegung einer einfachgesetzlichen Norm des Privatrechts auch die Verfassungsinhalte (nur) zu berücksichtigen. Eine solche Berücksichtigung soll den Grundentscheidungen der Verfassung bei der Auslegung einfachgesetzlicher Normen zu angemessener Bedeutung verhelfen, indem die Verfassungsvorgaben mit großem argumentativem Gewicht Teil der systematischen Auslegung[56] sind und in die Abwägung der Auslegungskriterien eingehen.[57] Überwiegend wird diese Pflicht zur Berücksichtigung als „verfassungsorientierte Auslegung" bezeichnet,[58] obwohl dieser Terminus wenig aussagekräftig ist[59] und vom BVerfG selbst – soweit ersichtlich – auch nicht verwendet wird.[60] Paradigmatisch für diese Auslegung ist die Berücksichtigung der Art. 5, 9, 12 GG bei der Auslegung arbeitsrechtlicher Normen.[61] Auch die Konkretisierung der Generalklauseln in den §§ 138, 242 BGB im Lichte des Grundgesetzes bzw. dessen Wertordnung kann als Beispiel angeführt werden.[62]

1. Die Funktion der verfassungskonformen Auslegung

246 Die verfassungskonforme Auslegung dient der **Normerhaltung** *(favor legis).*[63] Sofern sich einzelne Auslegungsergebnisse als verfassungswidrig erweisen, gebietet der Respekt der Judikative vor dem einfachen Gesetzgeber, dessen Willen bei der Auslegung zumindest soweit Rechnung zu tragen, als dies verfassungsrechtlich zulässig

---

[54] Ausf. zu dieser *Voßkuhle* AöR 125 (2000), 177; *Wank* ZGR 1988, 314; *Zippelius* FS BVerfG, 1976, 108; *Lüdemann* JuS 2004, 27; *Schlaich/Korioth* BVerfG Rn. 440–451; MSKB//*Bethge* BVerfGG § 31 Rn. 258 ff.; *Bettermann,* Die verfassungskonforme Auslegung – Grenzen und Gefahren, 1986; *Reimer* Methodenlehre Rn. 630 ff.; krit. *Lembcke,* Einheit durch Erkenntnis?, 2009; allg. zur Auslegung nach vorrangigem Recht auch *Bydlinski/Bydlinski* Grundzüge Methodenlehre S. 55 ff.

[55] Vgl. BVerfGE 69, 1 (55); 112, 164 (182 f.); 118, 212 (234); 119, 247 (274); s. a. BVerfG NJW 2011, 3428 Rn. 86 mwN.

[56] Ausf. zu dieser → Rn. 144 ff.; vgl. zur mittelbaren Drittwirkung von Grundrechten → Rn 547.

[57] Vgl. zur „interpretationsleitenden Berücksichtigung" der Grundrechte BVerfGE 99, 185 (196); 114, 339 (348); 120, 180 (194).

[58] *Schlaich/Korioth* BVerfG 2018, Rn. 448; s. a. *Dreier,* Die Verwaltung 36 (2003), 111 ff. („Ausstrahlungswirkung" der Verfassung).

[59] Für entbehrlich hält ihn daher *Canaris* FS Kramer, 2004, 141 (154).

[60] Für eine Verwendung vgl. BAG NZA 2012, 1291 Rn. 31; NZA 2012, 255 Rn. 29 f.; NZA 2011, 905 Rn. 27 f.; BSG SozR 4–3250 § 14 Nr. 3 = BeckRS 2007, 44146 Rn. 14; s. a. BFHE 207, 376 = DStRE 2005, 215 („verfassungsfreundliche Auslegung").

[61] Vgl. nur die Kommentierung ErfK/*Schmidt* GG Art. 5, Art. 12

[62] BVerfG NVwZ 2018, 813 Rn. 32; MüKoBGB/*Schubert* § 242 Rn 53 ff.; MüKoBGB/*Armbrüster* § 138 Rn 20 ff.

[63] So auch BVerfGE 69, 1 (55); *Lüdemann* JuS 2004, 27 (29); *Canaris* FS Kramer, 2004, 141 (148 ff.); *Voßkuhle* AöR 125 (2000), 177 (183 f.); zur Kritik vgl. nur *Bettermann,* Die verfassungskonforme Auslegung, 1986, S. 46.

ist, mithin also nur solche Auslegungsergebnisse zu wählen, die verfassungskonform sind.[64] Freilich kann der Wille des historischen Gesetzgebers gerade auf jenes Ergebnis bzw. jene Ergebnisse gerichtet gewesen sein, das bzw. die verfassungswidrig sind, insofern ist allerdings die Annahme gerechtfertigt, dass der Gesetzgeber ein typisiertes Interesse an der Aufrechterhaltung seiner Norm hat, soweit dies verfassungskonform möglich ist. Hinzutritt zudem eine **Praktikabilitätserwägung,** wonach die verfassungskonforme Aufrechterhaltung der Normen den Gesetzgeber von einer kontinuierlichen Nachbesserung von Gesetzen (teilweise) entlastet und zudem ein regelungsfreier Zustand verhindert wird. Die verfassungskonforme Auslegung einfachen Gesetzesrechts obliegt nicht nur dem BVerfG, sondern jedem Richter. Sie ist mittlerweile alltägliche Übung der Gerichte.[65]

2. Die methodische Umsetzung durch eine Vorrangregel

247 Vielfach wird die verfassungskonforme Auslegung als Teil der systematischen Auslegung qualifiziert.[66] Hierfür wird auf den Grundsatz verwiesen, nach dem die rangniedere Norm konform zur ranghöheren auszulegen ist.[67] Diese Einordnung vermag aber den **grundlegenden Unterschied** zwischen der Pflicht, die Verfassungsvorgaben in der Abwägung der Auslegungskriterien mit besonderem Gewicht zu berücksichtigen, und jenem die verfassungskonforme Auslegung prägenden ***Gebot,*** stets das bzw. die verfassungskonformen Auslegungsergebnisse zu wählen, nicht zu erklären. Denn bei diesem Gebot können die Verfassungsvorgaben in der Abwägung nicht durch andere Auslegungskriterien relativiert werden. Ihnen kommt somit nicht nur ein besonderes argumentatives Gewicht zu, sondern sie sind insofern der Abwägung entzogen. Die Abwägung der Auslegungskriterien ist daher durch eine Vorrangregel[68] zu ergänzen, nach der den verfassungskonformen Ergebnissen der Vorrang zukommt.

248 Die **verfassungskonforme Auslegung** einer gesetzlichen Regelung erfolgt demnach **zweistufig.** Die Norm ist mit den herkömmlichen Auslegungskriterien auszulegen, um die möglichen Auslegungsergebnisse zu bestimmen. Hierbei sind die Verfassungsinhalte als systematischer Zusammenhang der Norm „normal“ zu berücksichtigen. Sofern von den ermittelten möglichen Auslegungsergebnissen einzelne verfassungswidrig sind, sind diese aus dem Kreis der möglichen Auslegungsergebnisse auszuscheiden. Hierzu ist jenem Kriterium – es können auch mehrere sein –, das zu einem verfassungskonformen Ergebnis führt, der Vorrang bei der Auslegung einzuräumen; dieser Vorrang kann nicht durch ein besonderes argumentatives Gewicht anderer Auslegungskriterien relativiert werden.

3. Die besondere Bedeutung der Grenzen

249 Im Unterschied zur richtlinienkonformen Auslegung[69] steht bei der verfassungskonformen die Konkretisierung ihrer Grenzen im Mittelpunkt.[70] Denn Grundlage der

---

64 BVerfGE 86, 288 (320); 90, 263 (275); 110, 226 (267).
65 Vgl. die Rechtsprechungsanalyse von *Voßkuhle* AöR 125 (2000), 177 (191 ff.).
66 *Engisch* Einführung S. 124; *Kramer* Methodenlehre S. 108 ff.; MüKoBGB/*Säcker* Einl. Rn. 141.
67 Vgl. näher zum lex superior Grundsatz → Rn. 116.
68 So zu Recht *Canaris* FS R. Schmidt, 2006, 41 (47 f., „interpretatorische Vorrangregel“); zust. *Kramer* Methodenlehre S. 109 m. Fn. 262; aA *Müller/Christensen* Methodik I S. 130 ff. (nur höheres Gewicht).
69 Zu dieser → Rn 212 ff.
70 Allg. zu Gemeinsamkeiten und Unterschieden *Canaris* FS R. Schmidt, 2006, 41 ff.; *Schnorbus* AcP 201 (2001), 885.

verfassungskonformen Auslegung ist, dass die konkrete einfachgesetzliche Regelung nicht gegen die Verfassungsvorgaben verstoßen darf. Dieses Ziel kann der Gesetzgeber aber auf verschiedene Weise erreichen; er kann einen der möglichen verfassungskonformen Regelungsinhalte wählen, eine völlig andere Regelung treffen oder von einer solchen Regelung vollständig absehen. Zu Recht wird daher betont, dass bei der verfassungskonformen Auslegungsform die Absicht des einfachen Gesetzgebers soweit aufrechtzuerhalten ist, als dies nach der Verfassung möglich ist.[71] Zudem verstößt bei der verfassungskonformen Auslegung die einfachgesetzliche Regelung gegen Verfassungsvorgaben mit Prinzipienstruktur, insbesondere die Grundrechte. Aufgrund der Weite der Verfassungsvorgaben besteht eine besondere Gefahr, dass die Judikative bei der verfassungskonformen Auslegung ihre eigene Vorstellung vom zutreffenden Norminhalt an die Stelle des einfachen Gesetzgebers setzt. Der Grundsatz der Gewaltenteilung ist daher in besonderem Maße zu beachten.

250 Der verfassungskonformen Auslegung werden von der überwiegenden Ansicht daher **enge Grenzen *innerhalb* des Wortlauts der auszulegenden Norm** gezogen.[72] Danach rechtfertigt die verfassungskonforme Auslegung kein Normverständnis, das „in Widerspruch zu dem klar erkennbar geäußerten Willen des Gesetzgebers treten würde“[73]. Auch darf der normative Gehalt der Norm nicht abweichend von der gesetzgeberischen Grundentscheidung, den gesetzgeberischen Wertungen und den Zwecken der Regelung grundlegend neu bestimmt werden.[74] Schließlich wird eine verfassungskonforme „Auslegung contra legem, durch die einem nach Wortlaut und Sinn eindeutigen Gesetz ein geradezu entgegengesetzter, das gesetzgeberische Ziel in einem wesentlichen Punkt verfehlender oder verfälschender Sinn gegeben würde“[75] abgelehnt.

4. Die Zulässigkeit einer verfassungskonformen Rechtsfortbildung

251 Eine verfassungskonforme Rechtsfortbildung wird **überwiegend abgelehnt.**[76] Dieser soll der Grundsatz der Gewaltenteilung entgegenstehen. Zur Begründung wird darauf verwiesen, dass sich die Judikative bei einer verfassungskonformen Rechtsfortbildung nicht auf eine teil-kassatorische Beschränkung der Norm auf ihre verfassungskonformen Ergebnisse beschränke, sondern sich hierdurch zum Ersatzgesetzgeber aufschwinge.[77] Das BVerfG betont in scheinbarer Übereinstimmung mit dieser Ablehnung einer verfassungskonformen Rechtsfortbildung insbesondere die Wortlautgrenze der verfassungskonformen Rechtsgewinnung.

252 Allerdings wird die Wortlautgrenze der verfassungskonformen Auslegung zwar behauptet, das Ergebnis stellt sich gleichwohl bisweilen als verfassungskonforme Reduktion der Norm dar.[78] **Richtigerweise** ist die verfassungskonforme Rechtsfortbildung **dem Grundsatz nach zulässig.**[79] Denn die Gründe für eine verfassungs-

---

[71] BVerfGE 69, 1 (55); 83, 201 (214); 86, 288 (320).
[72] Vgl. zu diesen *Schlaich/Korioth* BVerfG Rn. 449 ff. mwN; *Voßkuhle* AöR 125 (2000), 177 (193 f.).
[73] Vgl. BVerfGE 98, 17 (45); 101, 54 (85 f.); 112, 164 (182 f.); 118, 212 (234); 119, 247 (274).
[74] Vgl. BVerfGE 8, 71 (78 f.); 34, 165 (200); 45, 393 (400); 54, 277 (299 f.); 119, 247 (274).
[75] BVerfGE 35, 263 (280); iErg auch BVerfG GRUR 2011, 223 Rn. 16.
[76] *Voßkuhle* AöR 125 (2000), 177 (197 f., „strikt verwehrt“); *Geis* NJW 1992, 2938 (2939).
[77] Vgl. *Voßkuhle* AöR 125 (2000), 177 (198).
[78] Vgl. nur BVerfGE 86, 288 (320); 88, 145 (166 ff.); 97, 186 (196).
[79] *Larenz/Canaris* Methodenlehre S. 161; Jarass/Pieroth/*Jarass* GG Art. 20 Rn. 34 f.; zur verfassungskonformen Analogie auch BSG Urt. v. 28.1.1999 – B 10 LW 1/98 R; Urt. v. 11.5.1999 – B 11 AL 71/98 R.

konforme Rechtsgewinnung, namentlich das typisierte Interesse des Gesetzgebers an der Aufrechterhaltung seiner Norm *(favor legis)* sowie die Praktikabilitätserwägungen sind auch jenseits der Wortlautgrenze einschlägig. Zudem wird die gesetzgeberische Wertung durch die aufgezeigten engen Grenzen der verfassungskonformen Auslegung geachtet, die erst recht bei der verfassungskonformen Rechtsfortbildung einzuhalten sind. Freilich ist der Gegenansicht zuzugeben, dass die Gefahr eines Verstoßes gegen den Grundsatz der Gewaltenteilung bei der verfassungskonformen Rechtsfortbildung in ganz besonderem Maße besteht. Daher ist zu unterscheiden. Die verfassungskonforme Reduktion ist in den aufgezeigten Grenzen grundsätzlich zulässig.[80] Der zu weite Wortlaut einer Norm, der einen bestimmten Sachverhalt im Widerspruch zu den Vorgaben der Verfassung umfasst, kann durch eine verfassungskonforme Reduktion um eine Tatbestandsausnahme ergänzt werden. Werden zudem die genannten Grenzen beachtet, dann wird die Gestaltungsprärogative des Gesetzgebers nicht verletzt. Zugleich ist das Interesse des Gesetzgebers an der prinzipiellen Aufrechterhaltung der Norm und ihrer Ergänzung um eine Tatbestandsausnahme hier besonders deutlich, denn die Verwerfung der Norm aufgrund eines fehlenden Ausnahmetatbestands hätte einen regellosen Zustand zur Folge. Insoweit steht zudem das Übermaßverbot im Raum.

Materiell identisch mit der verfassungskonformen Reduktion ist die vom BVerfG **253** angewendete sog. **„Teilnichtigerklärung ohne Normtextreduzierung“**[81]. Bei dieser erklärt das BVerfG eine Norm für bestimmte, im Normtext nicht gesondert ausgewiesene *Fallkonstellationen* für nichtig („… nichtig, soweit…“). Hierbei werden bestimmte Anwendungsfälle aus dem Anwendungsbereich der Norm aus verfassungsrechtlichen Gründen herausgenommen.[82] Damit wird aber nur der Bezugspunkt verschoben, mit dem die Verfassungskonformität der Norm erreicht wird. Während die verfassungskonforme Reduktion die Norm um einen abstrakt-generellen Ausnahmetatbestand ergänzt, um einen Sachverhalt aus dem Regelungsbereich auszuscheiden und die Norm auf diesen nicht mehr anzuwenden, nimmt die Teilnichtigerklärung gerade jenen Sachverhalt in Blick und erklärt die (unmodifizierte) Norm für „nichtig, soweit“ sie diesen konkreten Sachverhalt erfasst. Mit dem Instrument der Teilnichtigerklärung ohne Normtextreduzierung verbindet sich mithin kein zusätzlicher Erkenntnisgewinn, vielmehr kann das Ergebnis mit der tradierten Kategorie der verfassungskonformen Reduktion ebenfalls erreicht werden. Im Gegenteil verschleiert diese diffuse Rechtsfigur gerade die für die verfassungskonforme Auslegung und Rechtsfortbildung aufgezeigten Grenzen.[83] Diese Rechtsfigur ist daher aufzugeben.[84]

Die **verfassungskonforme Analogie,** dh die Erstreckung der Norm auf einen **254** gesetzlich nicht erfassten Sachverhalt zur Herstellung von Verfassungskonformität, ist hingegen auch nach der hier vertretenen Ansicht nur ausnahmsweise zulässig. Mit ihr verbindet sich ein besonders weitreichender Eingriff in Prärogative des Gesetzgebers. Dies gilt insbesondere bei einem Verstoß der einfachgesetzlichen Regelung gegen den Gleichbehandlungsgrundsatz, denn in diesem Fall kommt selten nur eine

---

80 IErg die verfassungskonforme Reduktion anerkennend auch *Larenz/Canaris* Methodenlehre S. 211; *Looschelders/Roth* Methodik S. 242; s. a. BVerfGE 110, 226 (262) („verfassungskonform einengende Auslegung“; „einschränkend ausgelegt“).

81 Vgl. dazu *Schlaich/Korioth* BVerfG Rn. 386–389.

82 *Schlaich/Korioth* BVerfG Rn. 387.

83 Zu dieser Kritik vgl. *Schlaich/Korioth* BVerfG Rn. 388.

84 Hierfür auch *Canaris* FS Kramer, 2004, 141 (157 f.); krit. auch *Schlaich/Korioth* BVerfG Rn. 389 (Instrument mit erheblichen Verständnis- und Abgrenzungsschwierigkeiten); BK/*Stern* GG Art. 93 Rn. 305.

bestimmte verfassungskonforme Ausgestaltungsmöglichkeit in Betracht. Vielmehr kann der bislang von der einfachgesetzlichen Regelung gleichheitswidrig nicht erfasste Sachverhalt identisch oder alle Konstellationen können abweichend geregelt werden. Zudem ist der Gedanke der *favor legis* nur begrenzt einschlägig. Die vorzugswürdige Entscheidung des BVerfG in diesen Konstellationen ist daher ein bloßes Regelungsgebot an den Gesetzgeber.

§ 11 Zentrale Elemente juristischer Begründung

I. Juristische Theorien und ihre Bedeutung

(Juristische) Theorien[1] sind in der Rechtswissenschaft und damit auch beim methodischen Arbeiten allgegenwärtig (vgl. nur die jeweils sog. Erklärungstheorie, Theorie des letzten Wortes, Äquivalenztheorie, Theorie der finalen Leistungsbewirkung etc.). Vielfach werden die Theorien zudem mit Gegenbegriffen (Antonyme) ergänzt und anhand dieser eine objektive und subjektive Theorie, eine abstrakte und konkrete Theorie, eine materielle und formelle Theorie oder auch eine absolute und eine relative Theorie unterschieden. Insbesondere *Canaris*[2] stellt aber als **inhaltliche Mindestanforderungen an juristische Theorien** auf, dass diese ein System von allgemeinen Aussagen über das geltende Recht darstellen, mithin allgemeine Sätze enthalten, die systematisch miteinander verbunden sind, also nach den Kriterien von Ordnung und Einheit. Sie umfassen daher Regelungen, Grundwertungen und paradigmatische Anwendungsfälle. Bloße singuläre Lösungsvorschläge für umstrittene Rechtsfragen verdienen damit regelmäßig nicht die Bezeichnung als „juristische Theorie“. Darüber hinaus wird eine Parallele zwischen den juristischen und empirischen Theorien gezogen,[3] um auch ersteren mit der Falsifikationsmethode *(Popper)* begegnen zu können. Diese Parallele wird darauf gestützt, dass juristische Theorien vielfach aus allgemeinen Sätzen bestehen, sich in ein System einfügen und zudem „falsifiziert“ werden, wenn sie einer geltenden Regel widersprechen oder anderweitig widerlegt werden können. Bedenken werden gegen diese Einordnung juristischer Theorien insofern erhoben, als eine objektive Falsifikation juristischer Theorien nicht möglich sein soll, sondern diese nur mit juristischen Argumenten widerlegt werden könnten. Die „Beweiskraft“ entsprechender juristischer Argumente könne mit den objektiven Beobachtungen der Naturwissenschaften, die bei empirischen Theorien herangezogen werden, gerade nicht verglichen werden. 255

Auch wenn diese inhaltlichen Anforderungen an eine juristische Theorie den Idealfall darstellen, so werden in der Praxis und auch in der Rechtswissenschaft doch regelmäßig auch einzelne Lösungsvorschläge als „Theorie“ bezeichnet bzw. überhöht. Mit Blick auf die **tatsächliche Verwendung des Theoriebegriffs** in der Rechtswissenschaft und der Rechtspraxis ist daher eine Einteilung der juristischen Theorien in Theorien mit unterschiedlicher Reichweite vorzugswürdig.[4] Danach sind jedenfalls **Theorien mit großer Reichweite** solche, die sich auf einer hochabstrakten Ebene mit Grundbegriffen des Rechts befassen, im Privatrecht ua subjektiven Rechten, Rechtssubjekten und Rechtshandlungen. Auch Theorien, die von der Rechtstheorie formuliert werden, lassen sich hierunter fassen, zB die Diskussion über Rechtsquellen oder die Geltung des Rechts. Zu den **Theorien mittlerer Reichweite** bzw. Abstraktionshöhe lassen sich sodann Theorien über Prinzipien und 256

---

1 Vgl. dazu näher *Canaris* JZ 1993, 377; *Damas* ARSP 89 (2003), 186; *Dreier* FS Schelsky, 1978, 103; *Jansen* ARSPO Beih. 104 (2004), 29; *Röhl/Röhl* Rechtslehre § 19 (S. 163 ff.); *Bydlinski/Bydlinski* Grundzüge Methodenlehre S. 71 ff.

2 *Canaris* JZ 1993, 377 (377 f.).

3 *Canaris* JZ 1193, 377 (386); *Damas* ARSP 89 (2003), 186 (189); krit. *Röhl/Röhl* Rechtslehre S. 163 f.

4 Vgl. *Dreier* FS Schelsky, 1978, 103 (120 ff.).

Rechtsinstitute zählen. Mit Blick auf die Prinzipientheorien werden die Diskussionen über Inhalt, Charakter und Funktion von Regelungen großer Abstraktionshöhe genannt.[5] Hierzu zählt ua der Vertrauensgrundsatz, das Verhältnismäßigkeitsprinzip sowie die Bedeutung von Treu und Glauben (§ 242 BGB). Auch die mittlerweile anerkannte Treuepflicht von Gesellschaftern kann hierunter gefasst werden. Mit Blick auf die theoretische Erfassung von Rechtsinstituten werden sachlich zusammenhängende Normkomplexe genannt, zB die kaufrechtlichen oder mietrechtlichen Regelungen, aber auch die Erfassung von Instituten des allgemeinen Schuldrechts, zB Störung der Geschäftsgrundlage, lassen sich hierunter fassen. Hierzu sind auch Theorien zu zählen, die eine rechtsfortbildende Schließung einer Regelungslücke zum Gegenstand haben, zB die Haftung aus c.i.c. bis zu ihrer Regelung in § 311 Abs. 2 BGB im Jahr 2002. Allerdings ist zu Recht fraglich, ob entsprechende dogmatische Durchdringungen ganzer Normkomplexe als Theorie bezeichnet werden sollten, da insofern der Systembegriff treffender wäre. Als nächste Konkretisierungsstufe werden **Theorien geringer Reichweite** beschrieben. Zu diesen dürfte eine Vielzahl der in Wissenschaft und Praxis als solche bezeichneten juristischen Theorien zählen. Diese befassen sich zum einen mit der Konstruktion von Rechtsbegriffen oder Normen, aber auch einzelner Rechtsinstitute. So wird die Rechtsnatur des Pfändungspfandrechts bzw. der Anwartschaft im Privatrecht diskutiert und werden verschiedene Lösungsvorschläge („Theorien") hierzu unterschieden. Die Qualifikation von Verträgen zB gesetzlich nicht vertypten Verträgen wie dem Leasing zählt auch hierzu. Diese Theorien befassen sich auch mit der Qualifikation einzelner Institute und Rechtsverhältnisse, zB die Zuordnung zum Gegensatzpaar dinglich bzw. obligatorisch. Auf der niedrigsten Abstraktionsstufe finden sich interpretative Theorien **(Kleintheorien/Kleinsttheorien).** Diese haben vielfach nur die Erläuterung eines Begriffs zum Gegenstand, wie zB die Interpretation des „sonstigen Rechts" in § 823 Abs. 1 BGB.

257 Unabhängig davon, ob man dem Ideal der Bezeichnung juristischer Theorien folgt *(Canaris)* oder ob man sich um eine Kategorisierung der tatsächlichen Verwendung des Begriffs in der Rechtswissenschaft und -praxis bemüht, gilt es, die **Funktionen von juristischen Theorien** im Blick zu halten. Diese haben die Funktion, konkrete Lösungsvorschläge zu einer Rechtsfrage dogmatisch einzuordnen. Darüber hinaus ermöglichen sie die Lösung weiterer paralleler Probleme. Schließlich haben sie die Vereinbarkeit des Lösungsvorschlags mit dem im Übrigen geltenden Recht aufzuzeigen.

258 Darüber hinaus erfolgt die Diskussion über juristische Theorien und ihre Funktion in der Rechtswissenschaft und Rechtspraxis in der Tat bislang allenfalls punktuell. Die vorstehende Kategorisierung anhand der tatsächlich verwendeten Theorien und die Reichweite der Zuschreibung dieses Begriffes zeigen, dass die inhaltlichen Anforderungen an juristische Theorien und ihre Elemente weiterhin einer näheren Analyse harren. Gleiches gilt für die Anforderungen an die **Leistungsfähigkeit einer juristischen Theorie.**[6] Juristische Theorien sollten, um ganz allgemeine Anforderungen zu formulieren, jedenfalls in sich konsistent sein, dh keine nicht begründeten Annahmen enthalten. Sie müssen nachprüfbar sein, dh die Argumente müssen von weiteren Rechtsanwendern nachvollzogen, kritisiert und ggf. widerlegt werden können. Darüber hinaus muss die Theorie anwendungsbezogen sein, dh sie muss die Rechtsanwendung verbessern oder erleichtern. Dabei sind Theorien leistungsfähiger,

---

5 *Dreier* FS Schelsky, 1978, 103 (128).
6 Vgl. *Canaris* JZ 1993, 377 (384).

die bereits herangezogene Lösungen von Regelungsfragen einfacher oder wertungsgerechter mit dem geltenden Recht in Einklang bringen.

II. Die Systembildung: inneres System und äußeres System

Ein System schafft allgemein eine Ordnung, die aus den sachlichen Beziehungen der Einzelteile zueinander beruht. Auch das Recht wird zu seiner Strukturierung, Qualifizierung und Inbezugsetzung systematisiert. Dabei werden in der Rechtswissenschaft üblicherweise das äußere System und das innere System unterschieden.[7] Hinzu treten die Frage nach dem Verhältnis der Elemente eines Systems zueinander und der diesbezüglich unterbreitete Vorschlag eines beweglichen Systems. 259

1. Das äußere System

Das äußere System ist ein System des Gesetzes, das aus abstrakten juristischen Begriffen besteht und der formalen Logik folgt. Die Bezeichnung als „äußeres" System knüpft daran an, dass insofern überwiegend äußere, rechtstechnische Aspekte leitend sind. Dieses System ist in der Rechtsordnung seiner Struktur nach angelegt und wird von der Rechtsprechung und der Rechtswissenschaft ausdifferenziert. Hierzu zählt, dass das Recht in verschiedene Gebiete (Privatrecht, Öffentliches Recht, Strafrecht) eingeteilt ist. Im Privatrecht folgt des Weiteren die Unterscheidung von Schuldrecht, Sachenrecht, Familienrecht usw. Innerhalb dieser Regelungsbereiche werden sodann zB das allgemeine Schuldrecht und das besondere Schuldrecht unterschieden. Bereits diese Untergliederung nach Sachgebieten ist das Ergebnis einer vielfach längeren Tradition, die von der Gesetzgebung und der Rechtswissenschaft wie auch der Rechtspraxis aufgegriffen wird. Darüber hinaus ist diese Struktur nicht statisch, wie der Verbraucherschutz zeigt, der als „neues" Sachgebiet hinzugetreten ist. Dabei folgten auf erste verbraucherschützende Regelungen systematische Durchdringungen des Regelungsbereichs in der Rechtswissenschaft und die nachfolgende Herausarbeitung von Grundsätzen und Prinzipien dieses Regelungsbereichs. Zum äußeren System zählt neben der Zuweisung zu verschiedenen Sachgebieten auch die Abstraktion allgemeiner Regelungselemente. Beispielhaft hierfür ist die Unterscheidung zwischen Willenserklärungen, rechtsgeschäftsähnlichen Handlungen und Realakten. Gleiches gilt für die Wirksamkeitsvoraussetzungen von Rechtsgeschäften, Nichtigkeitsgründen usw. Auch der Schadensersatz kann systematisiert werden durch die Kategorien des materiellen und immateriellen Schadens, durch die Naturalrestitution und den bloßen Wertersatz usw. Eine entsprechende Systematisierung vereinfacht durch die erreichte Übersichtlichkeit die Lehr- und Lernbarkeit sowie die Anwendung des Rechts. Der BGB-Gesetzgeber hat diese Abstraktionstechnik, bei der allgemeine Fragen „vor die Klammer gezogen werden" aufgegriffen und der Normgebung zugrunde gelegt.[8] 260

---

[7] Diese Unterscheidung geht zurück auf *Heck,* Begriffsbildung und Interessenjurisprudenz, 1932, S. 139 ff., 163 ff.; *Engisch* Studium Generale 1957, 173 (177 ff.); näher zum System und zur Systembildung auch *Bydlinski,* System und Prinzipien des Privatrechts, 1996; *Canaris,* Systemdenken und Systembegriff in der Jurisprudenz, 2. Aufl. 1983; *Diederichsen* NJW 1966, 697; *Engisch* Studium Generale 1957, 173; *Peine,* Das Recht als System, 1983; *Wolff* Studium Generale 1952, 196; ausf. auch *Möllers* Methodenlehre § 4 Rn. 101 ff.

[8] Mit abweichender Technik zB der Entwurf für ein Gemeinsames Europäisches Kaufrecht, der dem zeitlichen Ablauf eines Vertrages folgt, KOM(2011) 635 endgültig.

2. Das innere System

261 Das sog. innere System des Gesetzes bzw. der Rechtsordnung betrachtet hingegen die innere Einheit des Gesetzes bzw. der Rechtsordnung, dh die jeweilige logische und wertungsmäßige Folgerichtigkeit. Es besteht aus den Prinzipien, den leitenden Rechtsgedanken sowie den allgemeinen Wertmaßstäben, die den Regelungen zugrunde liegen. Insofern ist es Aufgabe von Wissenschaft und Praxis, diese Elemente des inneren Systems zu identifizieren und ggf. im Konfliktfall zu einem Ausgleich zu bringen. Dem liegt wiederum der Gedanke der Einheit der Rechtsordnung bzw. der Widerspruchsfreiheit der Regelungen in dieser zugrunde; das Recht stellt sich als ein Gefüge verschiedener Zwecke und Werte dar. Mit Blick auf das Privatrecht sind als entsprechende Wertungen insofern die Privatautonomie, der Verkehrsschutz, der Vertrauensgrundsatz, Treu und Glauben, Minderjährigenschutz, Verbraucherschutz, Eigentumsschutz usw. zu nennen.

262 Allgemein betrachtet handelt es sich um ein sog. axiologisches System mit einem obersten Wert an der Spitze. Dieser wird mit Rechtsidee oder Gerechtigkeit oder auch der Menschenwürde als objektiver Wertgehalt der Grundrechte bezeichnet. Möglich ist auch ein teleologisches System, bei dem ein oberster Zweck an der Spitze steht. Bei der Ausdifferenzierung entsprechender Systeme ist zwischen einem deduktiven und einem induktiven Vorgehen zu unterscheiden. Bei einem deduktiven Vorgehen wird „von oben nach unten" das konkrete aus dem allgemeineren abgeleitet. Hierzu wäre der systemtragende oberste Wert jeweils folgerichtig auf der nächsten Konkretisierungsstufe durchzuführen. Dies ist bei axiologischen und teleologischen Systemen letztlich allerdings nicht möglich. Bei einem induktiven Vorgehen wird „von unten nach oben" vorgegangen, dh aus den zahlreichen Einzelregelungen im positiven Recht wird das Telos bzw. der jeweilige verfolgte Wert ermittelt und auf der nächsten Abstraktionsstufe verallgemeinert und auf diese Weise ein System generiert. Die Bildung des sog. inneren Systems baut auf der Grundannahme auf, dass das Rechtssystem nicht nur die Gesamtheit der durch Auslegung konkretisierten Normen darstellt, sondern diese darüber hinaus in den **Zusammenhang allgemeiner Rechtsprinzipien, Wertentscheidungen und Typen** stellt, sodass sich der eigentliche Sinngehalt erst aus dem Zusammenspiel der wechselseitigen Ergänzung und Beschränkung sowie Berücksichtigung bei der Konkretisierung der gesetzlichen Regelungen ergibt.[9] In diesem Verständnis handelt es sich um einen offenen Zusammenhang der Elemente des Rechtssystems. Diese Grundannahme wird von der **Kritik** dahingehend angegriffen, als die wechselseitige Zuordnung der Prinzipien, Werte und Wertentscheidungen usw. nicht der freien Abwägung überlassen bleiben dürfe, da andernfalls das volutative Element überwiege. Denn die vom Rechtsanwender gewünschte Entscheidung könne dann ohne weiteres als das Ergebnis der aktuellen wechselseitigen Zuordnung der Prinzipien der Rechtsordnung dargestellt werden. Mit anderen Worten fehlt nach dieser Kritik eine die Willkür des Rechtsanwenders zumindest begrenzende normative Rangordnung der Prinzipien, Werte und Wertentscheidungen usw. Aus diesem Grund finden sich Stimmen im Schrifttum, die zwar nicht die konkrete Rangordnung und Reihenfolge dieser Elemente bestimmen wollen, aber den Blick auf die Zuständigkeitsordnung im Rechtssystem richten, mithin auf die Frage, wer für die letztverbindliche konkrete Zuordnung dieser Elemente verantwortlich ist.[10] Diese Ansicht bezieht die Rechtsgewin-

---

9 Vgl. zur Abwägung mit Prinzipien auch *Bydlinski/Bydlinski* Grundzüge Methodenlehre S. 76 f.

10 *Pawlowski* Einführung Methodenlehre Rn. 231 f.; *ders.* Methodenlehre Rn. 53 ff., 385 ff.; grundlegend ua *Fikentscher* Methoden IV S. 467 ff. („Theorie der Fallnorm").

nungsverfahren im konkreten Rechtssystem mit ein und weist insofern über die Wertungsjurisprudenz hinaus. Erst unter Einbezug der Organisation des Rechtsgewinnungsverfahrens durch eine sog. systematisierende Methodenlehre sei eine systematisierende Rechtswissenschaft möglich.

3. Das sog. bewegliche System

263 Unmittelbar verbunden mit dem Verständnis des Rechtes bzw. der Rechtsordnung als Gefüge aus Wertungen und wertgeladenen Prinzipien ist die Frage, ob die Elemente eines Systems streng hierarchisch in ein Verhältnis zu bringen sind. Als Antwort auf diese Frage findet sich der Vorschlag des sog. beweglichen Systems von *Wilburg*[11], dh eines Systems, bei dem die einzelnen Elemente beweglich sind. *Wilburg* hat das bewegliche System am Beispiel des Schadensersatzrechts verdeutlicht, wonach die jeweils in unterschiedlicher Stärke und Verbindung auftretenden Elemente bei der Haftungsbegründung zusammenspielen, ohne dass sie notwendige Elemente sind, dh das Vorliegen einzelner Elemente in besonderer Stärke kann das Fehlen anderer Elemente kompensieren.[12] Mit Blick auf das Schadensersatzrecht nennt *Wilburg* ua den Schaden, die Kausalität, das Verschulden usw. Der Rechtsanwender muss dabei den Grad der Erfüllung der einzelnen Elemente jeweils im konkreten Einzelfall bewerten. Vielfach lassen sich normative Leitgedanken aufzeigen, auf die das Instrument des beweglichen Systems entsprechend angewendet werden kann.

264 Mit Blick auf das System der Gesamtrechtsordnung bzw. auf Teilbereiche der Rechtsordnung, ua das Privatrecht, sind die Prinzipientheorie und die wertende Zuordnung bzw. der wertende Ausgleich von Prinzipien und Werten sicherlich vorzugswürdig. Weiterführend ist der Ansatz des beweglichen Systems jedoch vielfach bei der Ausfüllung von Generalklauseln, abstrakten Rechtsbegriffen sowie Tatbeständen größerer Abstraktionshöhe, die auf mehreren Sachverhaltselementen aufbauen, wie das Beispiel der Schadensersatzhaftung zeigt. Bei diesen kann, sofern keine Konkretisierung der einzelnen Elemente und ihres Gewichts durch den Gesetzgeber erfolgt, das bewegliche System ein Mittel sein, um die Mannigfaltigkeit der Tatbestände und unterschiedliche Ausprägung der einzelnen Elemente bei diesen sachgerecht zu erfassen.

III. Typen und Typenreihen

265 Bei der Subsumtion unter die Tatbestandsmerkmale einer Norm kann grundsätzlich deren Vorliegen bejaht oder verneint werden (Entweder-oder-Konstellation). Vielfach entspricht dies allerdings nicht der Rechtswirklichkeit, in der die vom Tatbestand aufgegriffenen Merkmale in der Rechtswirklichkeit im Sinne eines Mehr-oder-weniger vorkommen. Dieser Unterscheidung entspricht die Gegenüberstellung von **Begriff** (Entweder-oder) **und Typus** (Mehr-oder-weniger). Mit **Begriffen** werden die Erscheinungen der Rechtswirklichkeit in Klassen geordnet, wobei vergleichsweise präzise Grenzen zwischen diesen einzelnen Klassen gezogen werden. Entsprechendes erfolgt durch Tatbestände im Gesetz, die an solchen Begriffen

---

[11] Vgl. dazu *Wilburg*, Die Elemente des Schadensrechts, 1941, S. 26 ff.; *ders.* AcP 163 (1964), 346 ff.; s. a. krit. *Honsell/Mayer-Maly* Rechtswissenschaft S. 141 f.; *Röhl/Röhl* Rechtslehre S. 441 (wonach wohl nicht vielmehr als eine Trivialität beschrieben werde).

[12] Vgl. *Larenz/Canaris* Methodenlehre S. 306 f.

anknüpfen. Der Handelnde ist entweder volljährig oder minderjährig, geschäftsfähig oder nur beschränkt geschäftsfähig, die Willenserklärung ist zugegangen oder nicht, der Irrtum war kausal oder nicht, die Anfechtung wurde erklärt oder nicht.

266 **Typen**[13] haben dagegen im Ausgangspunkt nur einen eindeutigen Schwerpunkt, an den Rändern sind sie allerdings weniger präzise. Dementsprechend lassen sich gesetzliche Tatbestände aufzeigen, die nicht an umfassend definierten Begriffen hängen, sondern zugrunde legen, dass die möglichen Merkmale sich zu einem entsprechenden Gesamtbild verbinden müssen, ohne dass stets alle Merkmale vorliegen müssen. Ausschlaggebend ist insoweit, dass die im konkreten Sachverhalt erfüllten Merkmale sich zu dem gesetzlich zugrunde gelegten Gesamtbild vervollständigen, sodass die gesetzlich angeordnete Rechtsfolge angemessen ist. Entsprechend wird die Subsumtion unter Tatbestandsmerkmale, die im Sinne eines Mehr-oder-weniger erfüllt sein können, als Anwendung juristischer Typen verstanden. Bei diesen wird aus verschiedenen positiven oder negativen Merkmalen ein normativer Typus bestimmt, dessen Vorliegen vielfach die Anwendung eines bestimmten Normenkomplexes eröffnet. Die einzelnen Merkmale können dabei in unterschiedlicher Intensität erfüllt sein, zudem müssen grundsätzlich nicht alle Merkmale sowie nicht ein Mindestkreis an Merkmalen erfüllt sein. Entscheidend ist vielmehr der vom Gesetzgeber mit der Anknüpfung an den Typus verfolgte maßgebende Wertungsgesichtspunkt.[14] Paradigmatisch ist die Frage nach dem Vorliegen eines Arbeitsverhältnisses mit der Folge, dass das Arbeitsrecht mit den vor allem arbeitnehmerschützenden Normen anwendbar ist. Für die Beurteilung, ob ein Arbeitsverhältnis vorliegt oder nicht, sind nach der typologischen Methode die Gestaltungsfreiheit hinsichtlich Tätigkeit und Arbeitszeit, die Eingliederung in einen Betrieb, die Möglichkeit zur Zeitbestimmung, die Weisungsgebundenheit der Tätigkeit, die Abhängigkeit von nur einem Auftraggeber sowie der eigene Kapitaleinsatz in den Blick zu nehmen. Im Wege einer Gesamtbewertung der Tätigkeit werden diese abgewogen, ohne dass eines dieser Merkmale allein ausschlaggebend oder unverzichtbar ist. Mit der Flexibilität entspricht der Typus der Mannigfaltigkeit und Unschärfe sozialer Erscheinungen. Die Kritik an der Typenlehre zweifelt die Gegenüberstellung von Begriff und Typus an und verweist auf quantitative und komparative Begriffe, die ebenfalls eine Dimension des Mehr-oder-weniger zulassen. Darüber hinaus ist auch die Qualifikation einzelner Tatbestände als Anknüpfung an einen Typus nicht eindeutig.[15]

267 Dabei betrifft die typologische Methode im Ausgangspunkt **nur einzelne Tatbestandsmerkmale.** Der Tatbestand umfasst verschiedene positive und negative Merkmale und bildet in der Folge einen normativen Typus. Unterschieden werden[16] der sog. *empirische Realtypus,* bei dem die Rechtsnormen auf eine Erscheinung in der Rechtswirklichkeit wie zB eine Verkehrssitte oder einen Handelsbrauch verweisen. Bei einem *normativen Realtypus* identifiziert und grenzt das Gesetz die maßgeblichen Aspekte ein, die zur Erfüllung des Tatbestands erforderlich sind. Dem liegt allerdings das Wissen zugrunde, dass die rechtstatsächliche Ausgestaltung divergieren

---

13 *Engisch,* Die Idee der Konkretisierung in Recht und Rechtswissenschaft unserer Zeit, 2. Aufl. 1968; *Hassemer,* Tatbestand und Typus, 1968; *Leenen,* Typus und Rechtsfindung, 1971; *Wolff,* Typen im Recht und in der Rechtswissenschaft, Studium Generale 1952, 196; *Larenz* FS Wilburg, 1975, 217 ff.; für eine Ausweitung der Typenlehre zur Lehre von der Fallnorm vgl. *Fikentscher* Methoden IV S. 129 ff.; krit. *Kuhlen,* Typuskonzeptionen in der Rechtstheorie, 1977.

14 *Larenz/Canaris* Methodenlehre S. 43 ff.

15 Vgl. zB *Bydlinski* Methodenlehre S. 545 (zur Einordnung des Tatbestandsmerkmals „Tierhalter").

16 *Pawlowski* Einführung Methodenlehre Rn. 226a f.; *Larenz/Canaris* Methodenlehre S. 43 ff.

kann. Dies trifft ua auf die Anknüpfung des Gesetzes am Verrichtungsgehilfen, Besitzdiener und Handelsvertreter zu. Bei einem sog. *normativen Idealtypus* verweist das Gesetz auf eine Idealvorstellung einer normativen Ausgestaltung, zB Demokratie und Rechtsstaat, wobei auch hier einzelne Kriterien unterschiedlicher Ausprägung vorliegen können. *Rechtliche Strukturtypen* kennzeichnen bestimmte Rechtsverhältnisse durch die Identifikation des maßgeblichen Kerns ihrer Gemeinsamkeiten. Dies erfasst zB die Qualifikation von Verträgen als Gesellschaftsvertrag oder Franchisevertrag. Bei der Heranziehung des Typus ist das tradierte Subsumtionsmodell[17] zu modifizieren. Denn bei diesem tradierten Modell werden die Tatbestandsmerkmale zunächst im Wege der Rechtsgewinnung konkretisiert, bevor unter den konkretisierten Tatbestand der Norm subsumiert wird. Sofern die Norm hingegen an einem Typus anknüpft, sind bereits bei der Konkretisierung des Tatbestands die Sachverhalte, die von dem Typus als Ausschnitt aus der Realität in Bezug genommen werden, zu berücksichtigen. Denn der normative Realtypus wie auch der rechtliche Strukturtypus erweisen sich als Verbindung normativer Elemente und faktischer Elemente.[18] Bereits bei der Typenbildung sind die entsprechenden Sachverhalte bzw. Fallgruppen zu berücksichtigen, die in der Rechtspraxis, insbesondere der Rechtsprechung, bzw. der Forschung beschrieben wurden bzw. in der Rechtswirklichkeit erkannt wurden. Damit erfolgt eine Rückkopplung insofern, als die Sachverhalte in der Rechtswirklichkeit bereits auf die Rechtslage reagieren. Der Inhalt des Gesetzes wird mithin nicht nur durch dessen Auslegung, sondern auch mithilfe der in der Rechtswirklichkeit vorhandenen Sachverhalte ermittelt. Insbesondere die maßgebenden Wertungsgesichtspunkte können mit der Heranziehung von Typenreihen deutlicher herausgestellt werden. Dabei wird zu Recht betont, dass sich die maßgebenden Wertungsgesichtspunkte nicht nur aus dem Gesetz und den Vorstellungen des Gesetzgebers ergeben.[19] Vielmehr erlaubt eine Bildung von Typenreihen, die entsprechenden Wertungsgesichtspunkte unter Berücksichtigung des Rechtssystems im Übrigen zu formulieren.

Um bei dem Beispiel des Arbeitsverhältnisses zu bleiben, wird zur Konkretisierung des Typus „Arbeitsverhältnis" gerade nicht nur ein entsprechendes gesetzliches Tatbestandsmerkmal ausgelegt (tradiertes Subsumtionsmodell), sondern erfolgt die Konkretisierung dieses Typus im Tatbestand einer Norm unter Heranziehung der aktuellen Erscheinungsformen der mehr oder minder abhängigen Beschäftigung in der Rechtswirklichkeit unter Berücksichtigung des normativen Leitgedankens der Norm, dh der weisungsabhängigen Tätigkeit. Vor diesem Hintergrund können dann die konkreten Erscheinungsformen wie zB Kurzzeitarbeitsverhältnisse, „selbstständige Tätigkeit" für nur einen Dienstherrn etc. eingeordnet werden.[20]

In Konsequenz der typologischen Methode stellt sich die Frage, ob die einzelnen **268**
Tatbestandsmerkmale nicht nur in der Form des Mehr-oder-weniger erfüllt sein können, sondern ob das Mehr-oder-weniger auch **auf den Tatbestand der Norm insgesamt bezogen** werden kann, ob also die besondere Erfüllung eines Tatbestandsmerkmals die fehlende Erfüllung eines anderen Tatbestandsmerkmals ausgleichen kann. Diese Frage wurde mit Blick auf § 138 Abs. 1 BGB virulent. So hat das OLG Stuttgart[21] bei einem Verbraucherkredit, der mit einem Zinssatz von 31,08 % den

---

[17] Zu diesem → Rn. 99 ff.

[18] *Larenz/Canaris* Methodenlehre S. 42 ff.

[19] *Larenz/Canaris* Methodenlehre S. 317 f.; zur Kritik vgl. *Pawlowski* Einführung Methodenlehre Rn. 230a f.

[20] Vgl. etwa die Einordnung als Arbeitsverhältnis bei → Rn. 281.

[21] OLG Stuttgart NJW 1979, 2409; aufgehoben durch BGHZ 80, 153 (156).

Marktzins um mehr als 100% überstieg, eine Sittenwidrigkeit nach § 138 Abs. 1 BGB bejaht, obwohl keine Ausnutzung einer Zwangslage durch den Darlehensgeber festgestellt werden konnte. Bei einem besonders groben Missverhältnis zwischen Leistung und Gegenleistung soll ein Vertrag nach dem OLG danach schon allein deshalb nach § 138 Abs. 1 BGB nichtig sein; eine besonders verwerfliche Gesinnung müsse nicht noch hinzutreten. Somit hat das Gericht festgehalten, dass, sofern mehrere notwendige Bedingungen zur Anwendung einer einzelnen Norm teils unter-, teils übererfüllt sind, ein Ausgleich stattfinden könne, wenn dies dem Normzweck entspreche. Mit diesem sog. **„Sandhaufen-Theorem"** bejaht das Gericht mithin den Tatbestand des § 138 Abs. 1 BGB, obwohl nicht alle Tatbestandsmerkmale des Wuchers vorliegen, denn die Übererfüllung des Tatbestandsmerkmals Missverhältnis soll das Fehlen anderer Tatbestandsmerkmale kompensieren. Diese Lösung wurde zu Recht kritisiert, da im Ausgangspunkt davon auszugehen ist, dass der Gesetzgeber die Erfüllung aller normierten Tatbestandsmerkmale zur Auslösung der Rechtsfolge voraussetzt. Sofern sich aus der Norm nicht hinreichend deutlich Abweichendes ergibt, ist die judikative Ausblendung einzelner Tatbestandsmerkmale aufgrund einer „Übererfüllung" anderer Tatbestandsmerkmale nicht zulässig. Die Judikative schwingt sich hiermit zum Ersatzgesetzgeber auf, indem sie dessen Norm mit Blick auf die zur Auslösung der Rechtsfolge erforderlichen Tatbestandsmerkmale korrigiert.

IV. Abwägungsentscheidungen

269 Abwägungsentscheidungen sind in der Rechtsordnung an einer Vielzahl von Stellen anzutreffen. So muss der Gesetzgeber die Verfassungsvorgaben bei der Gesetzgebung beachten und dabei ggf. konfligierende Grundrechte abwägen. Verwaltungsbehörden haben im Rahmen von Ermessensentscheidungen ebenfalls Abwägungen vorzunehmen. Auch im Privatrecht finden sich zahlreiche Normen, die ausdrücklich eine Interessenabwägung durch den Rechtsanwender, namentlich das entscheidende Gericht, vorschreiben. So finden sich im BGB ua in den Normen der §§ 286 Abs. 2 Nr. 4, 314 Abs. 1, 2, 323 Abs. 2 Nr. 3, 543 Abs. 1, 543 Abs. 3 Nr. 2, 559 Abs. 4, 569 Abs. 2, 626 Abs. 1, 648a Abs. 1 BGB zB Anordnungen, wonach die jeweils angeordnete Rechtsfolge unter Abwägung der beiderseitigen Interessen zu bestimmen ist. Paradigmatisch sind ua die §§ 314 Abs. 1 S. 2, 626 Abs. 1 BGB, wonach die Kündigung eines Dauerschuldverhältnisses aus wichtigem Grund eine Abwägung der beiderseitigen Interessen voraussetzt.

1. Das Grundmodell der Abwägung

270 Bei der hier in Blick genommenen Abwägungsentscheidung durch den Rechtsanwender insbesondere im Privatrecht sind jeweils die Interessen der Beteiligten eines konkreten Rechtsverhältnisses zu berücksichtigen. Mithin ist eine generalisierte Folgenbetrachtung im Zuge der Rechtsgewinnung anzustrengen. Dabei steht im Regelfall ein Konflikt der Interessen zweier Parteien im Vordergrund. Auch bei dieser Abwägung ist fraglich, ob es die eine richtige Antwort gibt.[22]

271 Bei dem Verfahren der Abwägung ist zunächst eine Vorauswahl der hierbei zu berücksichtigenden Rechte, Rechtsgüter und Interessen der Parteien des Rechtsverhältnisses vorzunehmen. Zudem ist eine etwaige Rangfolge dieser Rechte, Rechts-

---

[22] Vgl. zur sog. *one right answer-thesis* → Rn. 122f.

güter und Interessen zu identifizieren und zu berücksichtigen. Nach einer solchen Rangfolge haben insbesondere Rechtsgüter, namentlich das Leben und die Gesundheit, in der Rechtsordnung höchste Priorität. Sodann ist die jeweils quantitativ verschiedene Beeinträchtigung der betroffenen Rechte, Rechtsgüter und Interessen im konkreten Einzelfall zu identifizieren. Von Bedeutung ist insofern, ob nur geringfügige Beeinträchtigungen, weitergehende oder sogar gravierende Einschränkungen des jeweiligen Rechts, Rechtsguts oder Interesses vorliegen oder zu erwarten sind. Dabei kommt dem Leben als Rechtsgut insofern eine besondere Stellung zu, als es aus einer quantitativen Abwägung aufgrund der Verbürgung der Menschenwürde ausgeschlossen wird. Das Ergebnis der Abwägung selbst ist ein Werturteil; es lässt sich nicht rechnerisch oder quantifizierend präzise bestimmen.

Die möglichen Fehler der Abwägung können parallel zur Lehre vom Ermessensfehler bestimmt werden. So kann ein Abwägungsdefizit vorliegen, wenn nicht alle relevanten Interessen, Rechte oder Rechtsgüter ermittelt und in die Abwägung eingestellt werden. Zudem kann ein Abwägungsverbot missachtet werden, indem ein Belang der Abwägung unterworfen wird, obwohl er dieser entzogen ist. Eine Abwägungsdisproportionalität liegt vor, wenn die Bedeutung der jeweiligen Belange nicht entsprechend ihrer Gewichtigkeit bei der konkreten Abwägung berücksichtigt wird. Möglich ist auch ein Abwägungsfehlgebrauch, wenn die Abwägung zu unzulässigen Zwecken herangezogen bzw. instrumentalisiert wird. 272

2. Der Grundsatz der Verhältnismäßigkeit

Hinsichtlich des Grundsatzes der Verhältnismäßigkeit[23] ist zu unterscheiden: Der Grundsatz mit seinen Elementen ist ein allgemeiner Grundsatz des zweckgesteuerten Handelns. Als solcher ist er ein zentrales **Verfahren zur Vorbereitung von Wertentscheidungen,** denn der Handelnde muss sich fragen, welche Handlungen geeignet sind, einen bestimmten Zweck zu erreichen. Dabei hat er zugleich in Blick zu nehmen, inwiefern das konkrete Mittel geeignet ist, den Zweck zu erreichen und ob es weitere Mittel gibt, die den Zweck ebenso oder vielleicht sogar besser erreichen und welche Folgen mit dem konkreten Mittel verbunden sind. Als Methode zur Vorbereitung von Wertentscheidungen ist der Verhältnismäßigkeitsgrundsatz eine wissenschaftliche Methode, die nicht auf eine bestimmte Rechtsordnung oder ein Rechtsgebiet beschränkt ist. 273

Hiervon ist zu unterscheiden, dass das BVerfG den Verhältnismäßigkeitsgrundsatz zum **Rechtsprinzip** der deutschen Rechtsordnung erhoben hat.[24] In der Folge besteht ein Kontrollmaßstab für hoheitliche Akte, die Grundrechte beschränken. Dabei ist der Verhältnismäßigkeitsgrundsatz als Rechtsprinzip auf die Verteidigung der Freiheitssphäre des Individuums gegenüber dem Staat beschränkt.[25] Zugleich ist der Verhältnismäßigkeitsgrundsatz nicht auf das Öffentliche Recht beschränkt, sondern wird auch im Privatrecht auf verschiedene Weise aktiviert.[26] Auch der EuGH 274

---

[23] Von *Arnauld* JZ 2000, 276; *Hanau,* Der Grundsatz der Verhältnismäßigkeit als Schranke privater Gestaltungsmacht, 2004; *Hirschberg,* Der Grundsatz der Verhältnismäßigkeit, 1981; *Klein* JuS 2006, 960; *Lerche,* Übermaß und Verfassungsrecht, 1961; *Medicus* AcP 192 (1992), 35; *Voßkuhle* JuS 2007, 429.

[24] BVerfGE 19, 342 (347ff.); 29, 312 (316).

[25] Maunz/Dürig/*Grzeszick* GG Art. 20 VII. Rn. 108; MSKB/*Bethge* BVerfGG § 90 Rn. 313.

[26] Zum Beispiel der Kündigung eines Arbeitsverhältnisses, vgl. BAG NZA 2016, 1527 Rn. 30f.; 2017, 1121 Rn 27ff.; HdB ArbR/*Schaub* § 132 Rn. 16; vgl. ausführlich zur Verhältnismäßigkeit im Privatrecht *Hanau,* Der Grundsatz der Verhältnismäßigkeit als Schranke privater Gestaltungsmacht, 2004.

anerkennt – mit leicht verschobenem Schwerpunkt – eine entsprechende Verhältnismäßigkeitsprüfung als Rechtsprinzip des europäischen Primärrechts.[27]

275 Die verschiedenen Elemente des Verhältnismäßigkeitsgrundsatzes unterscheiden regelmäßig zunächst das Verfolgen eines legitimen Zwecks. Hinzutreten muss, dass das gewählte Mittel geeignet ist. Insofern wird dem Gesetzgeber ein weiter Prognosespielraum eingeräumt. Auf einer weiteren Stufe ist die Erforderlichkeit der Maßnahme zur Zweckverfolgung in Blick zu nehmen. Danach ist das gewählte Mittel nicht erforderlich, wenn ein anderes, gleichwirksames aber milderes Mittel verfügbar ist. Auch insofern ist eine Prognoseentscheidung erforderlich, für die ein Prognosespielraum zugebilligt wird. Schließlich wird die Verhältnismäßigkeit im engeren Sinn geprüft. Danach dürfen die Folgen des Mittels nicht außer Verhältnis zu dem erstrebten Erfolg stehen, sodass hier eine Abwägung zwischen Mittel und Zweck erforderlich ist.

3. Das Effektivitätsgebot

276 Der frühere Grundsatz *„jus ad finem dat jus ad media"* („Ein Recht auf das Ergebnis gibt ein Recht auf die Mittel" oder „das **Notwendige ist erlaubt**") beinhaltete die Vorstellung, dass das Recht die notwendigen Mittel bereitstellen muss, wenn es ein Ziel festlegt. Dieser Grundsatz klingt sowohl in den §§ 228, 904 BGB wie auch in den Regelungen zum Aufwendungs- und Verwendungsersatz (§§ 683, 670 bzw. 994 BGB) an. Auch mit Blick auf die Rechte von Gesellschaftern und Miterben wird dieser Grundsatz – mehr oder weniger ausdrücklich – herangezogen. Paradigmatisch ist auch die Anerkennung der Rechtsfähigkeit der (Außen-)GbR durch die Rechtsprechung. Der BGH hat in seiner Entscheidung vom 29.1.2001 ausdrücklich auch darauf abgestellt, dass ohne die Anerkennung der Rechtsfähigkeit der GbR rechtspraktische Probleme, insbesondere aufgrund einer möglichen unüberschaubaren Vielzahl von Gesellschaftern oder aufgrund von Gesellschafterwechsel während des Prozesses, kaum oder überhaupt nicht in den Griff zu bekommen sind.[28] Die Anerkennung der Rechtsfähigkeit war insoweit also auch Effektivitätserwägungen geschuldet. Abweichendes gilt im Öffentlichen Recht, wo der Schluss von der Aufgabe des Staates bzw. staatlicher Teileinheiten auf ihre Kompetenz nicht zulässig ist, wenn und soweit es um Maßnahmen geht, die in private (Grundrechts-)Positionen eingreifen.

277 Der EuGH[29] hat diesen Grundsatz in zweifacher Hinsicht (zumindest mittelbar) ebenfalls herangezogen. Zum einen enthält das Unionsrecht neben den ausdrücklichen Kompetenzzuweisungen nach Ansicht des EuGH und der überwiegenden Ansicht sog. ***implied powers.*** Von besonderer Bedeutung sind insofern die Annexkompetenz der EU als Zuständigkeit zur Regulierung von Vorbereitungs- und Durchführungsmaßnahmen sowie die Kompetenz der EU zur Regelung einer benachbarten Materie aufgrund eines Sachzusammenhangs. Damit wird die *implied powers-Lehre* aufgegriffen, die eine Zuständigkeit – hier der EU – dann bejaht, wenn eine Materie, für die eine ausdrücklich zugewiesene Kompetenz besteht, nicht sinnvoll geregelt werden kann, ohne dass gleichzeitig eine andere, nicht ausdrücklich

---

[27] EuGH, Rs C-110/05, Kommission/Italien, Slg. 2009, I–519; Rn. 64 ff.; EuGH, Rs. C-333/14, The Scotch Whisky Association, ECLI:EU:C:2015:845; EuGH, Vilniaus energija, ECLI:EU:C:2014:2186, Rn. 49 ff.

[28] BGHZ 146, 341 (350 ff.).

[29] Vgl. nur EuGH, Rs. C-176/03, Kommission/Rat, Slg. 2005, I-7879 Rn. 48; EuGH, Rs. 165/87, Kommission/Rat, Slg. 1988, 5545 Rn. 7 ff.; verb. Rs. 281/85, 283/85–285/85 und 287/85, Deutschland u. a./Kommission, Slg. 1987, 3203 Rn. 28.

zugewiesene Materie mitgeregelt wird. Der EuGH setzt somit den Handlungsauftrag im Verhältnis zu den Mitgliedstaaten und die Kompetenz hierzu in ein entsprechendes Verhältnis. Im Unionsrecht tritt diese Ansicht allerdings durchaus in ein Spannungsverhältnis zum Grundsatz der begrenzten Einzelzuständigkeit. Darüber hinaus weist die Kompetenzzuweisung zur EU regelmäßig eine sog. Zielstruktur auf, womit sich eine gewisse Offenheit der Kompetenznormen und in der Folge eine gewisse Weite bei der Heranziehung von *implied powers* ergibt.

Zum anderen hat der EuGH das Effektivitätsgebot ausdifferenziert und als Aus- **278**
legungsgrundsatz formuliert **(effet utile).**[30] Im Rahmen der teleologischen Argumentation umfasst dieses Argument zunächst das Gebot der Mindesteffektivität der unionsrechtlichen Vorgaben, mithin ein Verbot ihrer funktionalen Negation durch die Mitgliedstaaten. Hierdurch soll sichergestellt werden, dass ein Mindestmaß an Zweckverwirklichung hinsichtlich des Ziels der unionsrechtlichen Regelung und der Einsatz der hierfür vorgeschlagenen Mittel zu erfolgen hat. Insofern ist stets die Abwägung der Zwecksetzung mit abweichenden Prinzipien der Rechtsordnung erforderlich. Darüber hinaus enthält der Grundsatz des *effet utile* richtigerweise das Gebot der praktischen Wirksamkeit. Es fordert hiermit auch eine praktisch wirksame Verwirklichung der Zwecksetzung der Unionsvorgabe durch die Mitgliedstaaten. Auch insofern ist eine Abwägung mit gegenläufigen Prinzipien im Rahmen der teleologischen Auslegung erforderlich. Hingegen findet sich in der Rechtsprechung des EuGH keine allgemeine Vorgabe dahingehend, dass dem *effet utile*-Grundsatz ein Maximierungsgebot zu entnehmen ist.[31] Das nationale Recht muss mithin nicht soweit als möglich die Vorgaben des Unionsrechts umsetzen; eine entsprechende Vorgabe ist nicht Teil der telelogischen Auslegung.

---

[30] Dazu ausf. *Tomasic,* Effet utile, 2013.

[31] So aber das Fehlverständnis in BVerfGE 89, 155, 192, 210; die Entscheidung EuGH Rs C-438/89, Slg. I-3277 Rn. 44, stellt insofern einen Ausnahmefall dar.

2. Teil. Übungsfälle

Fall 1. Selania im Unglück

Schwerpunkte:

Gesetzesbindung; Grenzen der Rechtsfortbildung

Sachverhalt

Teil 1: *Selania (S)* studierte zwischen 2008 und 2010 in Mailand (Italien) Modedesign. Im April 2010 wurde sie von der *Most Wanted Modelagentur GmbH (M-GmbH)* mit Sitz in München für drei Wochen neben ihrem Studium angestellt, um auf einer Modemesse in München an einem Stand der *M-GmbH* zu arbeiten. Nach Ende ihres Studiums nahm die Modelkarriere der *S* richtig Fahrt auf; sie wurde kontinuierlich von mehreren Modelagenturen beschäftigt. Im Oktober 2017 erhielt sie von der *M-GmbH* ein finanziell sehr attraktives Angebot. Die *M-GmbH* bot ihr ein monatliches Gehalt von 7.800 EUR. Dafür sollte *S* an Fotoshootings der *M-GmbH* rund um den Globus teilnehmen. Die Organisation sowie die Bestimmung von Ort und Zeit der Fotoshootings sowie deren künstlerische Gestaltung wurden von der *M-GmbH* übernommen. Weil man aber zunächst einmal sehen wollte, ob *S* den Anforderungen gewachsen ist, sollte der Vertrag zunächst bis zum 31.10.2019 befristet sein. Am 2.11.2017 unterschrieb *S* daher einen schriftlichen Vertrag mit dieser Befristung auf knapp zwei Jahre und begann am gleichen Tag für die *M-GmbH* zu arbeiten. Als die *M-GmbH* ablehnte, den Vertrag über den 31.10.2019 zu verlängern, war *S* derart verärgert, dass sie zur Beruhigung zunächst bis zum 14.11.2019 in den Urlaub fuhr. Am 20.11.2019 erklärte ihr ein befreundeter Rechtsanwalt, dass die Befristung des Vertrages wohl unwirksam sei und sie deswegen klagen müsse. Am 21.11.2019 ging beim *Arbeitsgericht München* eine Klageschrift der *S* gegen die *M-GmbH* ein, in der die *S* beantragte, festzustellen, dass das Arbeitsverhältnis nicht aufgrund der Befristungsvereinbarung im Arbeitsvertrag vom 2.11.2017 zum 31.10.2019 endet, sondern auf unbestimmte Zeit fortbesteht. Die Klage wurde der *M-GmbH* am 4.12.2019 zugestellt.

Hat die Klage Aussicht auf Erfolg?

Teil 2: *S* lernte auf einem Shooting in Monaco im Februar 2016 den sehr reichen und im öffentlichen Interesse stehenden Geschäftsmann *Trumpf* kennen und heiratete diesen im November 2016. Als die Ehe Mitte 2019 immer mehr in eine Krise rutschte, nahm das öffentliche Interesse an *S* zu. In der Maiausgabe veröffentlichte daher die Modezeitung *Stile & More* der *Anton-Sprinter-Verlags GmbH (A-GmbH)* ein Interview mit *S*, in dem ua sehr intime Details des Privatlebens der *S* als Grund für die Ehekrise berichtet wurden, was ihrem öffentlichen Ansehen sehr schadete. Dieses Interview war vom Geschäftsführer *Grundler (G)* der *A-GmbH*, der auch die Veröffentlichung veranlasste, frei erfunden worden. Ihm war dabei bewusst, dass dieses Interview dem Ruf der *S* schaden wird. Die in dem Interview behaupteten Tatsachen sind nicht erweislich wahr. *S* klagt daher beim zuständigen Landgericht München I auf Zahlung eines angemessenen Schmerzensgeldes, mindestens jedoch iHv 15.000 EUR.

Hat die Klage Aussicht auf Erfolg? Dabei ist davon auszugehen, dass ein Schmerzensgeld iHv 15.000 EUR angemessen ist.

Hinweise:

Auf folgende Gesetzesmaterialien wird hingewiesen:

Entwurf eines Gesetzes über Teilzeitarbeit und befristete Arbeitsverträge und zur Änderung und Aufhebung arbeitsrechtlicher Bestimmungen, BT-Drs. 14/4374 v. 24.10.2000, 19 f.: Zu [§ 14] Absatz 2 Gesetz über Teilzeitarbeit und befristete Arbeitsverträge

„Als Ausnahme von dem in Absatz 1 festgelegten Grundsatz, dass die Befristung des Arbeitsvertrages eines sachlich rechtfertigenden Grundes bedarf, regeln dieser Absatz sowie der folgende Absatz 3 die Voraussetzungen, unter denen ein befristeter Arbeitsvertrag ohne sachlichen Grund abgeschlossen werden darf (sog. erleichterte Befristung). Nach Satz 1 kann ein befristeter Arbeitsvertrag ohne sachlichen Grund bis zur Dauer von zwei Jahren geschlossen werden. Das entspricht § 1 Abs. 1 des Gesetzes über arbeitsrechtliche Vorschriften zur Beschäftigungsförderung. Wie bisher ist es zulässig, einen auf dieser Grundlage geschlossenen zunächst kürzer befristeten Arbeitsvertrag bis zur Gesamtdauer von zwei Jahren dreimal zu verlängern.

Nach Satz 2 ist es unzulässig, einen unter den erleichterten Voraussetzungen des Satzes 1 abgeschlossenen befristeten Arbeitsvertrag abzuschließen, wenn mit demselben Arbeitgeber bereits zuvor ein unbefristetes oder ein befristetes Arbeitsverhältnis bestanden hat. Der Arbeitgeber hat ein Fragerecht ob der Arbeitnehmer bereits früher bei ihm beschäftigt war; der Arbeitnehmer muss wahrheitsgemäß antworten (§§ 123, 242 BGB). Im Unterschied zum bisherigen Recht ist der Anschluss einer erleichterten Befristung an eine Befristung mit sachlichem Grund bei demselben Arbeitgeber ausgeschlossen. Ebenso ist eine erneute erleichterte Befristung auch nach mindestens viermonatiger Unterbrechung unzulässig. Befristungsketten, die durch einen mehrfachen Wechsel zwischen Befristungen mit und ohne Sachgrund entstehen, werden damit verhindert. Wie bisher ist es zulässig, einen befristeten Arbeitsvertrag ohne sachlichen Grund mit einem Arbeitnehmer im Anschluss an die Berufsausbildung abzuschließen. Ein Berufsausbildungsverhältnis ist kein Arbeitsverhältnis im Sinne des Absatzes 2 Satz 2. Zulässig bleibt es, an eine erleichterte Befristung einen befristeten Arbeitsvertrag mit sachlichem Grund anzuschließen.

Satz 3 bestimmt, dass tarifvertraglich eine andere (höhere oder niedrigere) Anzahl von zulässigen Verlängerungen sowie eine andere (kürzere oder längere) Höchstbefristungsdauer eines befristeten Arbeitsvertrages ohne sachlichen Grund festgelegt werden kann.

Nach Satz 4 können nicht tarifgebundene Arbeitgeber und Arbeitnehmer im Geltungsbereich eines solchen Tarifvertrages die Anwendung der abweichenden Tarifregelung einzelvertraglich vereinbaren."

Entwurf eines Gesetzes über Teilzeitarbeit und befristete Arbeitsverträge und zur Änderung und Aufhebung arbeitsrechtlicher Bestimmungen, BT-Drs. 14/4374 v. 24.10.2000, 14: „Einschränkung von Kettenverträgen

Die erleichterte Befristung eines Arbeitsvertrages ist künftig nur bei einer Neueinstellung zulässig, d. h. bei der erstmaligen Beschäftigung eines Arbeitnehmers durch einen Arbeitgeber. Durch diese Einschränkung wird im Unterschied zum bisherigen Recht die theoretisch unbegrenzte Aufeinanderfolge befristeter Arbeitsverträge (Kettenverträge) ausgeschlossen. Solche Befristungsketten sind bisher möglich, weil ein Arbeitsvertrag ohne Sachgrund auch nach einer Befristung mit Sachgrund zulässig ist und nach einer mindestens viermonatigen Unterbrechung wiederholt abgeschlossen werden kann. Ebenso kann sich ein Vertrag mit Sachgrund unmittelbar an einen Vertrag ohne Sachgrund anschließen. Bei der nach neuem

Recht nur einmaligen Möglichkeit der Befristung ohne Sachgrund wird der Arbeitgeber veranlasst, den Arbeitnehmer entweder unbefristet weiter zu beschäftigen oder bei weiterbestehendem nur vorübergehendem Arbeitskräftebedarf einen anderen Arbeitnehmer befristet einzustellen. Die Sachgrundbefristung im Anschluss an eine erleichterte Befristung bleibt zulässig."

Entwurf eines Zweiten Gesetzes zur Änderung schadensersatzrechtlicher Vorschriften, BT-Drs. 14/7752 v. 7.12.2001, 24 f.: „Dass Verletzungen des allgemeinen Persönlichkeitsrechts nicht ausdrücklich in die Aufzählung der Schmerzensgeldansprüche auslösenden Rechtsgutsverletzungen aufgenommen sind, steht auch künftig einer Geldentschädigung bei nach § 823 BGB erheblichen Persönlichkeitsrechtsverletzungen nicht entgegen. Nachdem zunächst die Entschädigung in Geld als Rechtsfolge haftungsrechtlich relevanter Persönlichkeitsrechtverletzungen aus einer Rechtsanalogie zu § 847 BGB abgeleitet worden war, geht die Rechtsprechung inzwischen davon aus, dass es sich bei dem Anspruch auf Geldentschädigung wegen Verletzung des allgemeinen Persönlichkeitsrechts um ein vom Schmerzensgeld nach § 847 BGB zu unterscheidendes Recht handele, das auf den Schutzauftrag aus Artikel 1 und 2 Abs. 1 GG zurückgehe (BGHZ 35, 363, 367 f.; 39, 124, 130 ff.; 128, 1, 15). Ist dieser Anspruch damit von den §§ 847, 253 BGB geltenden Rechts unabhängig, können Änderungen dieser Vorschriften ihn auch nicht tangieren. Ob anknüpfend an entsprechende frühere Initiativen eine einfachgesetzliche Klarstellung sinnvoll ist, kann hier dahinstehen. Jedenfalls könnte sie sich nicht auf die Anordnung einer Geldentschädigung als Rechtsfolge einer Persönlichkeitsrechtsverletzung beschränken, sondern müsste mit einer ausdrücklichen und umfassenden Regelung des zivilrechtlichen Schutzes des allgemeinen Persönlichkeitsrechts einhergehen. Dies kann im Zusammenhang mit diesem Gesetz nicht geleistet werden."

Lösungsvorschlag

Gliederung

Teil 1:

Teil 2:

I. Zulässigkeit
II. Begründetheit
   1. Anspruch aus §§ 823 Abs. 1, 253 BGB iVm Art. 1 Abs. 1, Art. 2 Abs. 1 GG
      a) Rechtsgutsverletzung
      b) Kausalität
      c) Rechtswidrigkeit
      d) Verschulden
      e) Rechtsfolge Schmerzensgeld
         aa) Analogie zu § 253 Abs. 2 BGB oder Herleitung aus Art. 1 Abs. 1, Art. 2 Abs. 1 GG
         bb) Keine Rechtsfortbildung contra legem
         cc) Höhe des Schmerzensgelds
      f) Zwischenergebnis
   2. Anspruch aus § 823 Abs. 2 BGB iVm § 186 StGB iVm § 253 BGB iVm Art. 1 Abs. 1, 2 Abs. 1 GG
      a) Verstoß gegen ein Schutzgesetz
         aa) Vorliegen eines Schutzgesetzes
         bb) Verstoß gegen § 186 StGB
      b) Rechtswidrigkeit und Verschulden
      c) Rechtsfolge
      d) Zwischenergebnis
   3. Anspruch aus §§ 826, 253 BGB iVm Art. 1 Abs. 1, Art. 2 Abs. 1 GG
   4. Ergebnis zur Begründetheit
III. Ergebnis zu Teil 2

Teil 1:

279 Die Klage hat Aussicht auf Erfolg, wenn die Sachentscheidungsvoraussetzungen vorliegen und die Klage begründet ist.

I. Sachentscheidungsvoraussetzungen

280 Die Sachentscheidungsvoraussetzungen liegen vor, wenn der Rechtsweg zu den Arbeitsgerichten eröffnet ist, das angerufene Gericht zuständig ist und auch die sonstigen Voraussetzungen gegeben sind.

1. Rechtsweg zu den Arbeitsgerichten

281 Der Rechtsweg zu den Arbeitsgerichten könnte gem. § 2 Abs. 1 Nr. 3 lit. b ArbGG eröffnet sein. Hierzu müsste der Streitgegenstand das **Bestehen eines Arbeitsverhältnisses** sein. Gem. § 611a Abs. 1 S. 1 BGB liegt ein Arbeitsverhältnis vor, wenn *S* durch den mit der *M-GmbH* geschlossenen Vertrag im Dienste eines anderen zur Leistung weisungsgebundener, fremdbestimmter Arbeit in persönlicher Abhängigkeit verpflichtet ist.[1] Da *S* nach der vertraglichen Abrede keinen Einfluss auf Ort und Zeit der Shootings hat, die Organisation vollständig in den Händen der *M-*

[1] Zur typologischen Argumentation bei der Feststellung, ob ein Arbeitsverhältnis vorliegt → Rn. 266 f.

GmbH liegt und auch die künstlerische Gestaltung vollständig der *M-GmbH* obliegt, ist die *S* weisungsgebunden iSd § 611a Abs. 1 S. 3 BGB. Sie erbringt zudem ihre Tätigkeit in persönlicher Abhängigkeit. Im Rahmen der gem. § 611a Abs. 1 S. 5 BGB vorzunehmenden Gesamtabwägung aller Umstände spricht darüber hinaus die Vereinbarung eines monatlichen Festgehalts für das Vorliegen eines Arbeitsverhältnisses, denn in der Folge trägt die *S* auch kein betriebliches Risiko. Mithin liegt ein Arbeitsverhältnis vor, dessen Bestehen oder Nichtbestehen streitig ist. Der Rechtsweg zu den Arbeitsgerichten ist daher gem. § 2 Abs. 1 Nr. 3 lit. b ArbGG eröffnet. Dahinstehen kann hier, ob im Rahmen der Prüfung der Rechtswegeröffnung die **Arbeitnehmereigenschaft** nachzuweisen ist oder wegen des Vorrangs der Sachentscheidung hier nur behauptet zu werden braucht.[2]

2. Zuständigkeit

Die **sachliche Zuständigkeit** des angerufenen Gerichts ergibt sich aus § 8 Abs. 1 ArbGG. Die **örtliche Zuständigkeit** des ArbG München könnte sich aus § 48 Abs. 1a ArbGG ergeben. Problematisch ist insoweit jedoch, ob sich ein gewöhnlicher Arbeitsort identifizieren lässt, da *S* an Shootings rund um den Globus teilnehmen soll. Dies kann aber letztlich dahinstehen, da sich die örtliche Zuständigkeit zumindest aus den § 46 Abs. 2 ArbGG, §§ 12, 17 Abs. 1 S. 1 ZPO iVm Art. 1 ArbGOrgG, Art. 5 Abs. 2 Nr. 47 GerOrgG ergibt, da die *M-GmbH* ihren Sitz in München hat. 282

3. Sonstige Sachentscheidungsvoraussetzungen

Die *S* ist gem. § 46 Abs. 2 S. 1 ArbGG, § 50 Abs. 1 ZPO **parteifähig** und gem. § 46 Abs. 2 S. 1 ArbGG, § 51 Abs. 1 ZPO **prozessfähig.** Die *M-GmbH* ist gem. § 46 Abs. 2 S. 1 ArbGG, § 50 Abs. 1 ZPO, § 13 Abs. 1 GmbHG parteifähig und wird gem. § 46 Abs. 2 S. 1 ArbGG, § 51 Abs. 1 ZPO, § 35 Abs. 1 GmbHG vom Geschäftsführer vertreten. *S* ist gem. § 11 Abs. 1 S. 1 ArbGG postulationsfähig und die Klage ist gem. § 17 S. 1 TzBfG statthaft. 283

4. Zwischenergebnis zu den Sachentscheidungsvoraussetzungen

Die Sachentscheidungsvoraussetzungen liegen vor. 284

II. Begründetheit der Klage

Die Klage ist begründet, wenn die Befristung im Arbeitsvertrag vom 2.11.2017 unwirksam ist und das Arbeitsverhältnis über den 31.10.2019 hinaus als unbefristetes Arbeitsverhältnis fortbesteht. 285

1. Keine materielle Präklusion

Das Vorbringen der *S*, die Befristung sei unwirksam, könnte jedoch gem. § 17 S. 2 TzBfG, § 7 KSchG materiell präkludiert sein, wenn sie die **Klagefrist des § 17 S. 1 TzBfG** von drei Wochen nach vereinbartem Ablauf des Arbeitsverhältnisses nicht eingehalten hat. In diesem Fall würde die Befristung von Anfang an als wirksam gelten (vgl. die Fiktion gem. § 17 S. 2 TzBfG, § 7 KSchG). Da es sich bei der Frist des § 17 S. 1 TzBfG nach überwiegender Ansicht um eine prozessuale Frist 286

---

[2] Näher zur Prüfung der Arbeitnehmereigenschaft im Rahmen der Sachentscheidungsvoraussetzungen und den sog. *aut-aut-*, *sic-non-* und *et-et-*Fällen vgl. *Herresthal/Thume* ArbR S. 49 ff.; *Dütz/Thüsing* ArbR Rn. 1033–1035.

mit materiell-rechtlicher Wirkung handelt, richtet sich die Fristberechnung nach § 46 Abs. 2 S. 1 ArbGG, § 222 Abs. 1 ZPO, §§ 187, 188 BGB.[3] Vorliegend handelt es sich um eine kalendermäßige Befristung, sodass die Frist des § 17 S. 1 TzBfG eine Ablauffrist ist. Die Frist beginnt somit gem. § 46 Abs. 2 S. 1 ArbGG, § 222 Abs. 1 ZPO, § 187 Abs. 2 S. 1 BGB am 1.11.2019 um 0.00 Uhr und endet gem. § 46 Abs. 2 S. 1 ArbGG, § 222 Abs. 1 ZPO, § 188 Abs. 2 Alt. 2 BGB am 21.11.2019 um 24.00 Uhr. Die **Zustellung der Klageschrift** an den Beklagten, durch welche die Klage gem. § 46 Abs. 2 S. 1 ArbGG, §§ 495, 253 Abs. 1 ZPO erhoben wird, erfolgte hier erst am 4.12.2019, sodass das Vorbringen der *S* eigentlich materiell präkludiert und die Klage in der Folge unbegründet ist.

287 Allerdings könnte gem. § 46 Abs. 2 ArbGG, § 167 ZPO die **Zustellung Rückwirkung** entfalten, sodass eine Präklusion ausscheidet. § 167 ZPO ordnet eine Rückwirkung der Zustellung auf den Zeitpunkt der Anhängigkeit der Klage an (hier: 21.11.2019), wenn die Zustellung „demnächst" erfolgt. Eine Zustellung ist jedenfalls dann „demnächst", wenn sie binnen 14 Tagen seit Anhängigkeit der Klage erfolgt.[4] Hier wurde die Klage am 21.11.2019 anhängig und am 4.12.2019, also innerhalb von 14 Tagen zugestellt. Somit ist die Klage „demnächst" iSv § 167 ZPO zugestellt und es kommt gem. § 46 Abs. 2 ArbGG, § 167 ZPO zur Rückwirkung auf den 21.11.2019. Dieser Termin liegt indes noch innerhalb der Frist.

Somit wurde die Klagefrist des § 17 S. 1 TzBfG eingehalten und eine Präklusion gem. § 17 S. 2 TzBfG, § 7 KSchG scheidet aus.

2. Unwirksamkeit der Befristung

288 Der Arbeitsvertrag vom 2.11.2017 könnte gem. § 16 S. 1 TzBfG als auf unbestimmte Zeit geschlossen gelten, wenn die von den Parteien vereinbarte Befristung unwirksam ist. Die Wirksamkeit der Befristung bestimmt sich nach § 14 TzBfG. Hiernach muss insbesondere ein sachlicher Grund vorliegen und die Schriftform gewahrt sein.

a) Schriftform

289 Die Schriftform gem. § 14 Abs. 4 TzBfG, § 126 BGB wurde eingehalten.

b) Befristungsgrund

290 Fraglich ist, ob ein sachlicher Grund iSv § 14 Abs. 1 TzBfG (Befristungsgrund) vorliegt. Hier kommt eine **Befristung zur Erprobung gem. § 14 Abs. 1 S. 2 Nr. 5 TzBfG** in Betracht. Dieser Befristungsgrund setzt aber voraus, dass der Arbeitgeber tatsächlich die Erprobung des Arbeitnehmers beabsichtigt und er von Anfang an dem Arbeitnehmer für den Fall, dass dieser sich bewährt, ein unbefristetes Arbeitsverhältnis anbieten möchte.[5] Eine Befristung zur Erprobung setzt zudem voraus, dass die Befristung tatsächlich zur Erprobung notwendig ist, der Arbeitgeber mithin noch nicht ausreichende Erkenntnisse hat, um die Fähigkeiten bzw. die Eignung des Arbeitnehmers hinreichend einzuschätzen.[6] Aus dem Zweck der Erprobung wird auch eine zeitliche Grenze der Befristung abgeleitet. So darf die Befristung zur Erprobung nicht länger sein, als es zur tatsächlichen Erprobung des Arbeitnehmers

---

3 BAG NJW 1986, 3224 (3225); *Herresthal/Thume* ArbR S. 78; BeckOK ArbR/*Kerwer* KSchG § 4 Rn. 49.

4 BGH NJW 2008, 1672 Rn. 11; NJW 2002, 2794 (2794) (st. Rspr.).

5 MüKoBGB/*Hesse* TzBfG § 14 Rn. 52; NK-ArbR/*Studt* TzBfG § 14 Rn. 49.

6 *Böhm* RdA 2005, 360 (366); s. a. zur Probezeit allg. BAG NJW 1978, 2319.

erforderlich ist. Im Hinblick auf § 1 Abs. 1 KSchG, § 622 Abs. 2 S. 3 BGB sind jedenfalls Probezeiten bis zu sechs Monaten regelmäßig zulässig.[7] Im Einzelfall können aber auch längere Probezeiten erforderlich sein, wenn dies die Art der Tätigkeit gebietet.[8]

Vorliegend wurde der Vertrag zwischen der *M-GmbH* und *S* auf knapp 24 Monate befristet. Diese Befristungszeit weicht erheblich von den üblichen sechs Monaten ab, die dem Regelbild der Probezeit entsprechen. Im Übrigen sind auch keine Umstände erkennbar, die eine derart lange Probezeit rechtfertigen. Ein sachlich rechtfertigender Grund gem. § 14 Abs. 1 S. 2 Nr. 5 TzBfG scheidet mithin aus.

Auch **weitere sachliche Gründe iSv § 14 Abs. 1 S. 2 TzBfG** kommen nicht in Betracht. Mithin liegt kein sachlicher Grund für die konkrete Befristung vor.

c) Sachgrundlose Befristung

Die Befristung könnte jedoch als sachgrundlose Befristung gem. § 14 Abs. 2 TzBfG 291
zulässig sein. Die insoweit maßgebliche **Befristungshöchstdauer von 2 Jahren** (§ 14 Abs. 2 S. 1 Hs. 2 TzBfG) wird durch die vertragliche Abrede gewahrt.

Fraglich ist jedoch, ob eine sachgrundlose Befristung vorliegend nicht ausgeschlossen ist, weil bereits zuvor ein Arbeitsverhältnis zwischen den Vertragsparteien bestand (**Ausschluss bei Vorbeschäftigung,** § 14 Abs. 2 S. 2 TzBfG).

aa) Wortlautgetreue Auslegung des § 14 Abs. 2 S. 2 TzBfG

Hier bestand zwischen der *S* und der *M-GmbH* bereits im April 2010 ein dreiwöchi- 292
ges Arbeitsverhältnis, sodass die Befristung bei wortlautgetreuer Auslegung des § 14 Abs. 2 S. 2 TzBfG ausgeschlossen sein könnte.[9] Denn nach dem Wortlaut der Norm kommt es weder auf die Dauer noch auf den konkreten Inhalt des früheren Arbeitsverhältnisses an. Auch enthält die Norm keine zeitliche Beschränkung des maßgebenden Zeitraums in der Vergangenheit. § 14 Abs. 2 S. 2 TzBfG stellt nur auf ein „Arbeitsverhältnis" „mit demselben Arbeitgeber" ab, das „zuvor" bestanden hat. Nach dem Wortlaut ist mithin gleichgültig, dass zwischen den Parteien nur ein Kurzzeitarbeitsverhältnis[10] von drei Wochen bestand, dass dieses bei Abschluss des streitgegenständlichen Arbeitsverhältnisses bereits über sechs Jahre zurück lag und dass auch keine inhaltliche Kongruenz der Arbeitsverhältnisse bestand. Insbesondere bedeutet „zuvor" zeitlich vorhergehend;[11] eine Beschränkung auf eine bestimmte Zeitspanne ist dem Wortlaut nicht zu entnehmen. Nach einer wortlautgetreuen Auslegung des § 14 Abs. 2 S. 2 TzBfG ist somit eine sachgrundlose Befristung des Arbeitsvertrags zwischen *S* und der *M-GmbH* vom 2.11.2017 ausgeschlossen.

bb) Teleologische Reduktion des § 14 Abs. 2 S. 2 TzBfG

§ 14 Abs. 2 S. 2 TzBfG könnte aber in der Weise teleologisch zu reduzieren sein, 293
dass eine **Vorbeschäftigung** unschädlich ist, wenn diese **mehr als drei Jahre** zurückliegt. In der Folge wäre die sachgrundlose Befristung eines Arbeitsvertrags dann

---

[7] Vgl. *Böhm* RdA 2005, 360 (366); s. a. zur Probezeit allg. BAG NJW 1978, 2319.

[8] Für ein Beispiel vgl. BAG NZA 1997, 841 (Befristung eines Konzertmeisters zur Erprobung für 18 Monate).

[9] Vgl. zum Wortlaut der Norm als Ausgangspunkt der Auslegung *Larenz* Methodenlehre S. 320 ff.; *Larenz/Canaris* Methodenlehre S. 141 ff.; *Kramer* Methodenlehre S. 61 ff.; → Rn. 134.

[10] NK-ArbR/*Studt* TzBfG § 14 Rn 89; *Straub* NZA 2001, 919 (926).

[11] https://www.duden.de/rechtschreibung/zuvor (zuletzt abgerufen am 24.1.2020).

möglich, wenn zwischen dem erneuten Arbeitsvertrag der Parteien und dem zuvor zwischen ihnen geschlossenen Vertrag mehr als drei Jahre liegen. Die Vorbeschäftigung der *S* bei der *M-GmbH* liegt deutlich mehr als drei Jahre zurück, sodass hiernach eine sachgrundlose Befristung zulässig wäre.

294 Eine **teleologische Reduktion**[12] setzt eine (planwidrige) verdeckte Regelungslücke voraus. Eine solche liegt vor, wenn die Regelung nach ihrem Sinn und Zweck einer Einschränkung bedarf, die im Normtext so nicht vorgesehen ist.[13] Mit anderen Worten erfasst die Norm ihrem *Wortlaut* nach eine (oder mehrere) Fallkonstellation (en), in denen das *Telos* der Norm nicht einschlägig ist. Diese Fallkonstellation(en) wird (werden) durch die rechtsfortbildende Ergänzung des Wortlauts um ein geeignetes Tatbestandsmerkmal aus dem Anwendungsbereich der Regelung herausgenommen. Im vorliegenden Fall müsste der Tatbestand des § 14 Abs. 2 S. 2 TzBfG um das Ausschlusskriterium „und dieses nicht länger als drei Jahre zurückliegt" ergänzt werden,[14] wenn man davon ausgeht, dass der Zweck der Norm nicht (mehr) einschlägig ist, wenn mindestens ein solcher Zeitraum zwischen den beiden Arbeitsverhältnissen liegt. Die teleologische Reduktion ist von der sog. **einschränkenden Auslegung** zu unterscheiden. Bei letzterer wird im Rahmen der Auslegung anstelle einer weiten Wortbedeutung eine andere, (deutlich) engere Wortbedeutung angenommen. Hiervon abweichend wird bei der teleologischen Reduktion – wie ausgeführt – eine im Wortlaut so nicht vorhandene, nach dem Telos der Norm aber gebotene Einschränkung des Tatbestands ergänzt.[15] Ihre Rechtfertigung erfährt die teleologische Reduktion aus dem **Grundsatz der Gleichbehandlung,** der ebenfalls umfasst, dass Ungleiches auch ungleich behandelt werden muss.[16] Mithin müssen Fälle, in denen das Telos der Norm nicht einschlägig ist, abweichend behandelt werden. Ob jene Sachverhalte, die im Rahmen der teleologischen Reduktion aus dem Anwendungsbereich der Norm herausgenommen werden, sich hinreichend deutlich in Bezug auf die maßgebenden Wertungskriterien von jenen Konstellationen unterscheiden, in denen das Telos der Norm in jedem Fall einschlägig ist, sodass anderenfalls eine Gleichbehandlung ungleicher Sachverhalte vorläge, ist eine **Wertungsfrage.** Diese ist unter Heranziehung aller Elemente der Auslegung zu entscheiden.[17]

295 Nach dem BAG verfolgt § 14 Abs. 2 S. 2 TzBfG den **Zweck,** Kettenbefristungen zu verhindern. Dieses Telos vermag nach der früheren Rspr. des BAG ein zeitlich unbegrenztes Verbot der Vorbeschäftigung nicht zu rechtfertigen.[18] Legt man dieses Telos der Norm zugrunde, fehlt im Wortlaut des § 14 Abs. 2 S. 2 TzBfG eine angemessene zeitliche Beschränkung der relevanten Vorbeschäftigungen.[19] Mithin läge eine verdeckte Regelungslücke vor. Zudem könnten auch **verfassungsrechtliche**

---

[12] Hierzu → Rn. 200 f.

[13] *Larenz/Canaris* Methodenlehre S. 210 f.; *Larenz* Methodenlehre S. 391; *Kramer* Methodenlehre S. 207 ff.

[14] Formulierungsbeispiel „Eine Befristung nach Satz 1 ist nicht zulässig, wenn mit demselben Arbeitgeber bereits zuvor ein befristetes oder unbefristetes Arbeitsverhältnis bestanden hat *und dieses nicht länger als drei Jahre zurückliegt.*"

[15] Mithin verbleibt die einschränkende Auslegung im Rahmen der möglichen Bedeutung des Wortlauts der Norm, während die teleologische Reduktion diesen durch Hinzufügung eines weiteren, im Normtext nicht enthaltenen Tatbestandsmerkmals überschreitet, vgl. *Larenz/Canaris* Methodenlehre S. 211; *Larenz* Methodenlehre S. 391.

[16] *Larenz/Canaris* Methodenlehre S. 211.

[17] *Bydlinski* Methodenlehre und Rechtsbegriff S. 480.

[18] BAG NZA 2011, 905 Rn. 23 ff.

[19] Vgl. dazu bei und in → Fn. 13.

Überlegungen für eine solche Lücke sprechen. Denn § 14 Abs. 2 S. 2 TzBfG stellt einen Eingriff in die Berufsfreiheit (Art. 12 Abs. 1 GG) dar. Dieser Eingriff kann zwar durch das legitime Ziel der Verhinderung von Kettenbefristungen und den damit bezweckten Schutz der Arbeitnehmer grundsätzlich gerechtfertigt werden, doch sprechen gute Gründe dafür, dass die Verfolgung dieses legitimen Zwecks kein umfassendes („lebenslanges") Verbot der Vorbeschäftigung rechtfertigt. Eine zeitliche Begrenzung des Vorbeschäftigungsverbots ist demnach angezeigt.[20] Im Wege einer teleologischen Reduktion kann mit dieser Überlegung eine Beschränkung des Tatbestands des § 14 Abs. 2 S. 2 TzBfG in Anlehnung an § 195 BGB vorgenommen werden. In der Folge würde der Tatbestand um ein Tatbestandselement ergänzt, wonach eine Vorbeschäftigung dann unschädlich ist, wenn sie mehr als drei Jahre zurückliegt.[21]

Die Vorbeschäftigung der *S* im April 2010 lag zum Zeitpunkt des Abschlusses des weiteren Arbeitsverhältnisses zwischen den Parteien am 2.11.2017 über 7 Jahre zurück. Im Fall einer entsprechenden teleologischen Reduktion des § 14 Abs. 2 S. 2 TzBfG durch Ergänzung eines entsprechenden Tatbestandsmerkmals wäre die Norm daher nicht einschlägig. **296**

cc) Gesetzgeberwille als Grenze der Rechtsfortbildung: Rechtsfortbildung contra legem

Fraglich ist jedoch, ob eine solche teleologische Reduktion des § 14 Abs. 2 S. 2 TzBfG eine (grundsätzlich unzulässige) **Rechtsfortbildung *contra legem*** und damit zugleich einen Verstoß gegen Art. 20 Abs. 3 GG (Bindung der Judikative an das Gesetz) darstellt. Zunächst ist insofern zu konstatieren, dass die judikative Rechtsfortbildung nicht als solche gegen die Bindung der Judikative an das Gesetz und damit gegen das Rechtsstaatsprinzip verstößt. Es ist vielmehr allgemein anerkannt, dass die **Rechtsfortbildung** auch eine **legitime Aufgabe der Gerichte** ist.[22] Für das BAG ist dies ua in § 45 Abs. 4 ArbGG ausdrücklich normiert. **297**

Allerdings müssen die Gerichte bei der Rechtsfortbildung deren anerkannte Grenzen einhalten. Die **Grenze der Rechtsfortbildung** ist jedenfalls dann erreicht, wenn das Gericht seine eigenen materiellen Gerechtigkeitsvorstellungen an die Stelle derer des Gesetzgebers setzt oder mit anderen Worten, wenn das Gericht den ausdrücklichen Willen des Gesetzgebers missachtet.[23] Die grundsätzliche Pflicht der Judikative zur Beachtung des ausdrücklichen Willens des Gesetzgebers trägt zum einen dem Grundsatz der Gewaltenteilung (Art. 20 Abs. 2 S. 2 GG) Rechnung, denn das Gesetz bezieht seine Geltungskraft aus der demokratischen Legitimation des Gesetzgebers.[24] Zum anderen ist die Pflicht der Judikative zur **Beachtung des ausdrücklichen Willens des Gesetzgebers** auch Ausfluss der Gesetzesbindung gem. Art. 20 Abs. 3 GG, denn diese bedeutet gerade die Bindung an die demokratisch legitimierte Entscheidung des Gesetzgebers. Dessen Erwägungen sind aber – zumindest teilweise – in den Gesetzesmaterialien niedergelegt, sodass diesen Materialien **298**

---

20 BAG NZA 2011, 905 Rn. 29 ff.; *Kuhnke* NJW 2011, 3131 (3132); *Wank* RdA 2012, 361 (363).

21 BAG NZA 2011, 905 Rn. 39; *Wiedemann* NJW 2014, 2407 (2409); → Rn. 169.

22 Vgl. BVerfG NZA 2018, 774 Rn. 73; NJW 1973, 1221 (1225); *Larenz/Canaris* Methodenlehre S. 187.

23 BVerfG NZA 2018, 774 Rn. 73; *Larenz/Canaris* Methodenlehre S. 250 f.; *Herresthal* JuS 2014, 289 (296 f.); *Wiedemann* NJW 2014, 2407 (2408); *Möllers* ZfPW 2019, 94 (110); → Rn. 213 ff.

24 BVerfG NZA 2018, 774 Rn. 75; *Herresthal* JuS 2014, 289 (297).

bei der Frage nach dem Willen des Gesetzgebers beim Erlass der konkreten Regelung eine nicht unerhebliche Indizwirkung zukommt.[25] Bei der teleologischen Reduktion wird diese Grenze der Rechtsfortbildung dadurch erfasst, dass es sich bei dem fehlenden Tatbestandsmerkmal um eine ***planwidrige* Regelungslücke** handeln muss, dh unter Zugrundelegung des aus der Norm und ihrem Regelungszusammenhang erkennbaren Regelungsplans des Gesetzgebers[26] ist eine entsprechende Einschränkung des Tatbestands zu erwarten. Sofern der ausdrückliche Wille des Gesetzgebers indes gegen diese Tatbestandseinschränkung spricht, ist diese Lücke nicht planwidrig (sondern vom Gesetzgeberwillen umfasst). Es handelt sich dann ggf. um einen rechtspolitischen Fehler und eine Änderung der Norm kann *de lege ferenda* erstrebt werden; eine judikative Rechtsfortbildung scheidet indes aus.

299 Zu § 14 Abs. 2 S. 2 TzBfG haben die Normverfasser in den **Materialien** ausgeführt:

„Die erleichterte Befristung eines Arbeitsvertrages ist künftig nur bei einer Neueinstellung zulässig, dh bei der erstmaligen Beschäftigung eines Arbeitnehmers durch einen Arbeitgeber. Solche Befristungsketten sind bisher möglich, weil ein Arbeitsvertrag ohne Sachgrund auch nach einer Befristung mit Sachgrund zulässig ist und nach einer mindestens viermonatigen Unterbrechung wiederholt abgeschlossen werden kann. Ebenso kann sich ein Vertrag mit Sachgrund unmittelbar an einen Vertrag ohne Sachgrund anschließen. Bei der nach neuem Recht nur einmaligen Möglichkeit der Befristung ohne Sachgrund wird der Arbeitgeber veranlasst, den Arbeitnehmer entweder unbefristet weiter zu beschäftigen oder bei weiter bestehendem nur vorübergehendem Arbeitskräftebedarf einen anderen Arbeitnehmer befristet einzustellen.“[27]

„Im Unterschied zum bisherigen Recht ist der Anschluss einer erleichterten Befristung an eine Befristung mit sachlichem Grund bei demselben Arbeitgeber ausgeschlossen. Ebenso ist eine erneute erleichterte Befristung auch nach mindestens viermonatiger Unterbrechung unzulässig.“[28]

Der Gesetzgeber hat damit in Abgrenzung zur vorhergehenden Rechtslage **ausdrücklich auf ein zeitliches Element** in § 14 Abs. 2 S. 2 TzBfG **verzichtet.** Er wollte ausdrücklich die Möglichkeit einer sachgrundlosen Befristung auf die erstmalige Anstellung des Arbeitnehmers durch den Arbeitgeber beschränken.[29] Dieser Wille des Gesetzgebers zeigt sich auch daran, dass er an dieser im Jahr 2000 eingeführten Regelung festgehalten hat und ihren Wortlaut trotz der vielfach geäußerten Kritik am umfassenden Vorbeschäftigungsverbot[30] nicht geändert hat. Hierzu hätte bei der zwischenzeitlichen mehrfachen Überarbeitung der Norm ausreichend Gelegenheit bestanden. Entsprechende Regelungsentwürfe zur Änderung des umfassenden Vorbeschäftigungsverbots wurden indes nie Gesetz.[31]

300 Mithin stellt das Fehlen eines einschränkenden Tatbestandsmerkmals in § 14 Abs. 2 S. 2 TzBfG **keine planwidrige Regelungslücke** dar; eine teleologische Reduktion scheidet aus. Indem das BAG gleichwohl an die Stelle der vom Gesetzgeberwillen umfassten nur einmaligen Möglichkeit einer sachgrundlosen Befristung eine mehrfach mögliche sachgrundlose Befristung nach Einhaltung einer gewissen Karenzzeit

---

[25] BVerfG NZA 2018, 774 Rn. 74 f.; NJW 2013, 1058 Rn. 66; NVwZ 2014, 108 Rn. 83.

[26] Vgl. zu diesem näher *Kramer* Methodenlehre S. 208 f.; *Larenz/Canaris* Methodenlehre S. 194 ff.

[27] Begr RegE BT-Drs. 14/4374, 14.

[28] Begr RegE BT-Drs. 14/4374, 19.

[29] BVerfG NZA 2018, 774 Rn. 76 ff.

[30] *Anmerkung:* Erst im Jahr 2011 hat das BAG seine Rechtsprechung dahingehend geändert, dass eine Vorbeschäftigung unschädlich ist, wenn sie mehr als 3 Jahre zurückliegt.

[31] Vgl. MüKoBGB/*Hesse* TzBfG § 14 Rn. 88; *Kliemt* NZA 2001, 296 (300); *Höpfner* NZA 2011, 893 (897 f.).

setzt, ist die teleologische Reduktion durch das BAG[32] eine Rechtsfortbildung *contra legem*. Dies verstößt gegen Art. 20 Abs. 3 GG.[33]

dd) Verfassungskonforme Auslegung des § 14 Abs. 2 S. 2 TzBfG

Allerdings könnte hier eine Einschränkung des Anwendungsbereichs des § 14 Abs. 2 S. 2 TzBfG im Wege der verfassungskonformen Auslegung geboten sein.[34] Die **verfassungskonforme Auslegung**[35] zielt auf die Einhaltung der Verfassungsvorgaben durch das einfache Gesetzesrecht. Sofern eine privatrechtliche Norm mehrere Auslegungsergebnisse zulässt, von denen eines verfassungswidrig, (mindestens) ein weiteres aber verfassungsgemäß ist, ist das verfassungswidrige Ergebnis von der Judikative zu verwerfen und dem anderen Ergebnis bzw. einem der anderen Ergebnisse der Vorzug zu geben.[36] 301

Eine **verfassungskonforme Rechtsfortbildung** wird wohl überwiegend abgelehnt.[37] Ihr soll der Grundsatz der Gewaltenteilung entgegenstehen. Denn anstelle einer nur teil-kassatorischen Beschränkung der Norm auf verfassungskonforme Auslegungsergebnisse schwinge sich die Judikative bei dieser zum Ersatzgesetzgeber auf.[38] Das BVerfG betont in Übereinstimmung hiermit die Wortlautgrenze der verfassungskonformen Rechtsgewinnung. Allerdings kennt das BVerfG eine sog. **„Teilnichtigerklärung ohne Normtextreduzierung“**[39]. Bei dieser erklärt das BVerfG eine Norm für bestimmte, im Normtext nicht gesondert ausgewiesene *Fallkonstellationen* für nichtig („... nichtig, soweit...“). Dogmatisch werden also bestimmte Anwendungsfälle aus dem Anwendungsbereich der Norm aus verfassungsrechtlichen Gründen herausgenommen.[40] Vorzugswürdig ist indes die Anerkennung auch einer verfassungskonformen Rechtsfortbildung.[41] Die Gründe, die für eine verfassungskonforme Rechtsgewinnung sprechen, insbesondere das typisierte Interesse des Gesetzgebers an der Aufrechterhaltung seiner Norm *(favor legis)* sowie Praktikabilitätserwägungen sind auch jenseits der Wortlautgrenze der Norm einschlägig. Eine verfassungskonforme Reduktion ist daher richtigerweise in den Grenzen der verfassungskonformen Rechtsgewinnung grundsätzlich zulässig.[42] Die vom BVerfG unternommene Teilnichtigerklärung ohne Normtextreduzierung ist mit dieser materiell identisch. Eine verfassungskonforme Analogie ist hingegen nur ausnahmsweise zulässig.

---

[32] Mittlerweile hat das BAG seine Rspr. angepasst, vgl. BAG NZA 2019, 700.

[33] Vgl. ausf. BVerfG NZA 2018, 774 Rn. 87.

[34] Zur verfassungskonformen Auslegung und Rechtsfortbildung ausf. *Herresthal* JuS 2014, 289 (295 ff.).

[35] Ausf. zu dieser *Vosskuhle* AöR 125 (2000), 177; *Wank* ZGR 1988, 314; *Zippelius* FS BVerfG, 1976, 108; *Schlaich/Korioth* BVerfG Rn. 440–451; ausf. → Rn. 246 ff.

[36] Vgl. BVerfGE 69, 1 (55); 98, 17 (45); 101, 54 (86); 112, 164 (182 f.); 118, 212 (234); 119, 247 (274).

[37] *Voßkuhle* AöR 125 (2000), 177 (197 f., „strikt verwehrt“); *Geis* NJW 1992, 2938 (2939); *Stern* NJW 1958, 1435.

[38] *Voßkuhle* AöR 125 (2000), 177 (198).

[39] Vgl. dazu *Schlaich/Korioth* BVerfG Rn. 386–389.

[40] *Schlaich/Korioth* BVerfG Rn. 387.

[41] *Larenz/Canaris* Methodenlehre S. 161; Jarass/Pieroth/*Jarass* GG Art. 20 Rn. 34 f.; ausf. *Herresthal* JuS 2014, 289 (295 ff.).

[42] IErg die verfassungskonforme Reduktion anerkennend auch *Larenz/Canaris* Methodenlehre S. 211; *Looschelders/Roth* Methodik S. 242; s. a. BVerfGE 110, 226 (262 – „verfassungskonform einengende Auslegung“; „einschränkend ausgelegt“).

302 Nach dem BVerfG ist § 14 Abs. 2 S. 2 TzBfG **im Grundsatz verfassungskonform,** da der Gesetzgeber mit dieser Regelung die Unsicherheit durch Kettenbefristungen vermeiden will, und diesem Zweck verfassungsrechtlich besonderes Gewicht zukommen soll, denn Art. 12 Abs. 1 GG gewähre zwar keinen Anspruch auf einen Arbeitsplatz, gebiete aber den Schutz der strukturell unterlegenen Arbeitnehmer.[43] Zur Förderung dieses Schutzes vor Kettenbefristungen als legitimem Ziel sei unter Achtung der Einschätzungsprärogative des Gesetzgebers § 14 Abs. 2 S. 2 TzBfG auch geeignet und erforderlich.[44] Zwar wiege der Eingriff in die Berufsfreiheit der Arbeitnehmer schwer, doch erweist sich nach dem BVerfG dieser Eingriff in den Schutzbereich des Grundrechts in Abwägung mit dem Schutz der Beschäftigten in einem Arbeitsverhältnis und dem in Art. 20 Abs. 1, 28 Abs. 1 GG verankertem Sozialstaatsprinzip grundsätzlich als zumutbar.[45] Die Grenze der Zumutbarkeit wird nach dem BVerfG aber überschritten, wenn die Gefahr einer Kettenbefristung ausgeschlossen ist. Dies sei insbesondere der Fall, wenn die Vorbeschäftigung des Arbeitnehmers sehr lange zurückliege, ganz anders geartet oder nur von kurzer Dauer war. Dies sei insbesondere bei geringfügigen Nebenbeschäftigungen während der Schul-, Studien- oder Familienzeit sowie bei Werkstudierenden und studentischen Mitarbeitern im Rahmen ihrer Berufsqualifizierung der Fall.[46] Nach dem BVerfG muss der Anwendungsbereich des § 14 Abs. 2 S. 2 TzBfG in diesen Fällen daher **„durch verfassungskonforme Auslegung“**[47] eingeschränkt werden.

303 Dies vermag nicht völlig zu überzeugen, denn nach der Rechtsprechung des BVerfG rechtfertigt die verfassungskonforme Auslegung kein Normverständnis, das „in Widerspruch zu dem klar erkennbar geäußerten Willen des Gesetzgebers treten würde“[48]. Da das BVerfG aber selbst zu dem Schluss gelangt, dass aus den Materialien und der Gesetzgebungsgeschichte die gesetzgeberische Grundentscheidung erkennbar sei, dass grundsätzlich jede Vorbeschäftigung bei demselben Arbeitgeber das Verbot einer sachgrundlos befristeten Wiedereinstellung auslöst,[49] müsste nach den vom BVerfG selbst formulierten Grenzen der verfassungskonformen Auslegung diese hier ausscheiden. Gleiches gilt für die verfassungskonforme Rechtsfortbildung, wenn man diese zwar anerkennt, aber grundsätzlich die allgemeinen Grenzen der verfassungskonformen Rechtsgewinnung auf sie ebenfalls anwendet.[50] Ein anderes Ergebnis könnte aus der (richtigerweise allerdings abzulehnenden) Teilnichtigerklärung ohne Normtextreduzierung folgen, da das BVerfG insofern insbesondere das Interesse des Gesetzgebers an der (teilweisen) Aufrechterhaltung der Norm betont und die Grenzen der verfassungskonformen Rechtsgewinnung bislang nicht explizit auf dieses Institut überträgt. Ergänzend kann für diese Lösung vorliegend angeführt werden, dass die Verwerfung der Norm aufgrund des fehlenden Ausnahmetatbestands ggf. einen regellosen Zustand zur Folge hätte, in welchem der Zweck der Norm überhaupt nicht erreicht wird.

---

[43] BVerfG NZA 2018, 774 Rn. 47.
[44] BVerfG NZA 2018, 774 Rn. 49 ff.
[45] BVerfG NZA 2018, 774 Rn. 53.
[46] BVerfG NZA 2018, 774 Rn. 63; BAG NZA 2019, 700 Rn. 21; NZA 2020, 40 Rn. 23 ff.; NZA 2020, 92 Rn. 17 ff.; *Bauer* NZA 2011, 241 (243).
[47] BVerfG NZA 2018, 774 Rn. 63 (Hervorh. v. Verf.).
[48] Vgl. BVerfGE 98, 17 (45); 101, 54 (85 f.); 112, 164 (182 f.); 118, 212 (234); 119, 247 (274).
[49] So ausdrücklich BVerfG NZA 2018, 774 Rn. 86; auch BeckOK ArbR/*Bayreuther*, 50. Ed. 1.1.2019, TzBfG § 14 Rn. 84 sieht hier einen gewissen Widerspruch.
[50] Vgl. dazu *Herresthal* JuS 2014, 289 (297).

Legt man die „verfassungskonforme Auslegung“ des § 14 Abs. 2 S. 2 TzBfG durch das BVerfG ua bei geringfügigen Nebenbeschäftigungen während der Schul-, Studien- oder Familienzeit zugrunde,[51] ist die Norm, da die *S* im April 2010 nur für drei Wochen neben ihrem Studium bei der *M-GmbH* beschäftigt war, hier nicht einschlägig.

ee) Zwischenergebnis

Eine sachgrundlose Befristung des erneuten Arbeitsverhältnisses zwischen der *S* und der *M-GmbH* war damit gem. § 14 Abs. 2 S. 1 TzBfG möglich; der Ausschlusstatbestand des § 14 Abs. 2 S. 2 TzBfG ist mit seinem „verfassungskonform ausgelegten“ Inhalt nicht einschlägig. 304

3. Ergebnis zu Begründetheit

Da die Befristung des Arbeitsvertrags mithin wirksam ist, ist die Klage der *S* unbegründet. 305

III. Ergebnis zu Teil 1

Die Klage der *S* hat keine Aussicht auf Erfolg. 306

Teil 2:

Die Klage hat Aussicht auf Erfolg, wenn sie zulässig und begründet ist.[52] 307

I. Zulässigkeit der Klage

Das LG München I ist laut Sachverhalt **sachlich und örtlich zuständig.** Der Klageantrag ist auch **hinreichend bestimmt** iSd § 253 Abs. 2 Nr. 2 ZPO; ein Schmerzensgeldantrag muss grundsätzlich nicht beziffert werden muss.[53] Die *A-GmbH* ist gem. § 50 Abs. 1 ZPO, § 13 I GmbHG parteifähig und wird gem. § 51 Abs. 1 ZPO, § 35 I GmbHG durch den Geschäftsführer *G* vertreten. *S* ist als volljährige natürliche Person gem. § 50 Abs. 1 ZPO partei- und gem. § 51 Abs. 1 ZPO prozessfähig. Die Klage ist daher zulässig.

II. Begründetheit der Klage

Die Klage ist begründet, wenn der *S* ein Anspruch auf Schmerzensgeld gegen die *A-GmbH* zusteht. 308

---

[51] Es ist durchaus auch vertretbar, für das BVerfG ins Feld zu führen, dass der Gesetzgeber sich ausdrücklich nur gegen eine starre zeitliche Frist gewandt hat und daher der Gesetzgeberwille einer solchen „verfassungskonformen Auslegung“ des § 14 Abs. 2 S. 2 TzBfG ohne starre zeitliche Grenze nicht im Wege steht.

[52] Grundsätzlich wird im allgemeinen Zivilrecht im Rahmen der Zulässigkeit der Klage nur die Zuständigkeit des angerufenen Gerichts geprüft, wenn alle übrigen Aspekte nicht problematisch sind. Die Zuständigkeit ist hier – anders als im Arbeitsrecht wegen § 48 Abs. 1 ArbGG, § 17a Abs. 2 GVG – eine echte Zulässigkeitsvoraussetzung und führt im Falle ihres Fehlens zur Klageabweisung. Auch § 281 ZPO ändert daran nichts, denn eine Verweisung erfolgt nicht von Amts wegen, sondern nur auf Antrag. Wird der Antrag nicht gestellt, so ist die Klage als unzulässig abzuweisen, MüKoZPO/*Prütting* § 281 Rn. 32.

[53] BGH NJW 1966, 780; BeckOK BGB/*Spindler* § 253 Rn. 73 mwN.

1. Anspruch aus §§ 823 Abs. 1, 253 BGB iVm Art. 1 Abs. 1, 2 Abs. 1 GG

309 Ein solcher Anspruch könnte sich aus §§ 823 Abs. 1, 253 BGB iVm Art. 1 Abs. 1, 2 Abs. 1 GG ergeben.

a) Rechtsverletzung

310 Zunächst müsste ein **Recht oder Rechtsgut** der *S* iSd § 823 Abs. 1 BGB verletzt sein. Das allgemeine Persönlichkeitsrecht wird aufgrund der tragenden Wertungen der Verfassung (Art. 1 Abs. 1, 2 Abs. 1 GG) mittlerweile als Rahmenrecht als **sonstiges Recht** iSd § 823 Abs. 1 BGB anerkannt.[54] Die Veröffentlichung des gefälschten Interviews enthielt intimste Details als Grund für die Krise in der Ehe der *S* mit Trumpf. Entsprechende Informationen, gleich ob wahr oder gefälscht, gehören zur engsten Persönlichkeitssphäre.[55] Ihre Veröffentlichung verletzt mithin das allgemeine Persönlichkeitsrecht der *S*. Eine Rechtsgutsverletzung ist somit gegeben.

b) Kausalität zwischen Handlung und Rechtsverletzung

311 Die Veröffentlichung des (gefälschten) Interviews in der von der *A-GmbH* herausgegebenen Modezeitung ist kausal für die Verletzung des Persönlichkeitsrechts.

c) Rechtswidrigkeit

312 Fraglich ist jedoch die Rechtswidrigkeit. Bei dem allgemeinen Persönlichkeitsrecht handelt es sich um ein **Rahmenrecht,** bei dem die Rechtswidrigkeit nicht durch die Verletzung als solche indiziert wird. Daher ist im Wege einer **Abwägung** festzustellen, ob die Verletzung des Persönlichkeitsrechts der *S* durch die *A-GmbH* hier rechtswidrig war.[56]

Auf Seiten der *A-GmbH* ist vorliegend zum einen zu berücksichtigen, dass an einer Berichterstattung über die Ehe der *S* mit dem in der Öffentlichkeit stehenden Geschäftsmann Trumpf einem öffentlichen Interesse entspricht. Zudem streitet für die *A-GmbH* die Pressefreiheit, Art. 5 Abs. 1 S. 2 Var. 1 GG. Andererseits ist der Intimbereich der *S* betroffen und damit der Menschenwürdekern des allgemeinen Persönlichkeitsrechts. Entscheidend spricht für die Rechtswidrigkeit aber, dass das Interview frei erfunden war. An der Veröffentlichung frei erfundener höchstpersönlicher Informationen über eine andere Person kann grundsätzlich kein berechtigtes Interesse bestehen. Mithin liegt ein schwerwiegender und damit rechtswidriger Eingriff in das allgemeine Persönlichkeitsrecht der *S* vor.

d) Verschulden

313 Der *A-GmbH* wird der Vorsatz ihres Geschäftsführers *G* gem. § 31 BGB zugerechnet, sodass ein Verschulden gegeben ist.

e) Rechtsfolge Schmerzensgeld

314 Fraglich ist allerdings, ob *S* gem. § 253 BGB ein Schmerzensgeld als Schadensersatz verlangen kann. Hiergegen spricht, dass § 253 Abs. 1 BGB ein Schmerzensgeld

---

54 BGH NJW 1954, 1404; NJW 1958, 827 (829); NJW 2007, 684 Rn. 13 f.; MüKoBGB/*Wagner* § 823 Rn. 364.

55 BVerfG NJW 1978, 807 (808); 2000, 1021 (1022); BGH NJW 1988, 1984 (1988); Spindler/Schuster/*Mann* BGB § 823 Rn. 37.

56 Vgl. nur BGH NJW 2007, 684 Rn. 13 f; 2005, 2766 (2770); 2004, 762 (764).

ausdrücklich nur für die gesetzlich angeordneten Fälle zulässt und der Katalog des § 253 Abs. 2 BGB ein Schmerzensgeld für die Verletzung des allgemeinen Persönlichkeitsrechts nicht vorsieht. Etwas Anderes folgt aber, wenn ein Schmerzensgeldanspruch als Rechtsfolge der Verletzung des allgemeinen Persönlichkeitsrechts durch **Rechtsfortbildung** hergeleitet werden kann.

aa) Analogie zu § 253 Abs. 2 BGB oder Herleitung aus Art. 1 Abs. 1, 2 Abs. 1 GG

Insoweit kommt eine Analogie zu § 253 Abs. 2 BGB in Betracht.[57] Als **Analogie** wird die Schließung einer Gesetzeslücke durch Übertragung einer positivrechtlichen Regelung, die für einen Tatbestand oder eine Gruppe ähnlicher Tatbestände gilt, auf einen vom Gesetz nicht geregelten, aber vergleichbaren Tatbestand bezeichnet.[58] Mit ihr wird eine **planwidrige Regelungslücke** geschlossen, dh nach dem immanenten Plan des Gesetzes wäre eine Regelung zu erwarten, eine solche fehlt aber. Dabei darf indes nicht ohne weiteres aus dem Schweigen des Gesetzes auf eine Lücke geschlossen werden, vielmehr kann auch ein „beredtes Schweigen" des Gesetzes vorliegen.[59] Die Analogie rechtfertigt sich materiell aus dem Grundsatz, Gleiches gleich zu behandeln. Mithin muss eine **Vergleichbarkeit** zwischen dem geregelten und dem ungeregelten Sachverhalt hinsichtlich der maßgebenden Wertungsgesichtspunkte bestehen.[60] Entscheidend ist, dass der geregelte und der ungeregelte Sachverhalt gerade in den für die rechtliche Beurteilung entscheidenden Aspekten übereinstimmen.[61] Diese Voraussetzungen können abgekürzt mit dem Erfordernis einer planwidrigen Regelungslücke sowie einem Ähnlichkeitsvergleich (hinsichtlich der maßgebenden Wertungsgrundlagen) umschrieben werden. 315

Für eine **Analogie zu § 253 Abs. 2 BGB** spricht, dass nahezu alle Persönlichkeitsrechtsgüter des § 823 Abs. 1 BGB in § 253 Abs. 2 BGB genannt werden. Auch die sexuelle Selbstbestimmung, die gerade einen Teil des allgemeinen Persönlichkeitsrechts darstellt, wird ebenfalls in § 253 Abs. 2 BGB aufgeführt. Insofern entspräche es dem erkennbaren Regelungsplan des Gesetzes, auch den Persönlichkeitsschutz insgesamt zu erfassen. Der Ähnlichkeitsvergleich in Bezug auf die maßgebenden Wertungskriterien ist ebenfalls zu bejahen, sind doch gerade Persönlichkeitsrechtsgüter geregelt. Zudem sprechen Art. 1 Abs. 1, Art. 2 Abs. 1 GG für eine solche Analogie, denn ein Schmerzensgeld bietet eine effiziente Möglichkeit des angemessenen Persönlichkeitsrechtsschutzes.[62] 316

Alternativ könnte der Anspruch auf Ersatz der immateriellen Schäden nicht als Schmerzensgeldanspruch iSd § 253 BGB, sondern als Recht anzusehen sein, das unmittelbar auf den **Schutzauftrag der Art. 1 Abs. 1, Art. 2 Abs. 1 GG** zurückgeht.[63] In Bezug auf diese verfassungsunmittelbare Herleitung des Anspruchs wird aber kritisiert, dass die Grundrechte nur den Rahmen der Rechtsfortbildung formulieren. Zudem sei ein Schmerzensgeldanspruch sicher verfassungskonform; hieraus folgt aber nicht umgekehrt, dass Art. 1 Abs. 1, Art. 2 Abs. 1 GG einen Schmerzensgeldanspruch geradezu gebieten. Denn auch wenn ohne einen solchen ggf. Schutz- 317

---

57 So noch BGH GRUR 1958, 408; *Larenz/Canaris* Methodenlehre S. 249 f.

58 *Larenz* Methodenlehre S. 381; *Bydlinski* Methodenlehre und Rechtsbegriff S. 477; *Larenz/Canaris* Methodenlehre S. 202; zur Analogie → Rn. 195 ff.

59 *Larenz/Canaris* Methodenlehre S. 191; *Mann* Arbeitstechnik Rn. 273.

60 *Larenz/Canaris* Methodenlehre S. 193, 202; *Köhler* BGB AT JurKLB § 4 Rn. 23.

61 *Larenz* Methodenlehre S. 381; *Larenz/Canaris* Methodenlehre S. 202.

62 *Larenz/Canaris* Methodenlehre S 249.

63 BGH NJW 1995, 861; NJW 1996, 985 (987).

lücken verbleiben, lassen sich doch auch vor der Verfassung bestehende Gründe, zB die Gefahr einer Gefühlsjurisprudenz, aufzeigen, die gegen einen Schmerzensgeldanspruch sprechen.[64]

318 Auch wenn die dogmatische Herleitung des Schmerzensgeldanspruchs in diesen Fällen weiterhin umstritten ist, bejaht doch die ganz hM vor dem Hintergrund der Art. 1 Abs. 1, Art. 2 Abs. 1 GG die rechtsfortbildende Herleitung eines solchen Anspruchs.[65] Der Streit um die dogmatische Verankerung kann daher insoweit dahinstehen.

bb) Keine Rechtsfortbildung contra legem

319 Fraglich ist aber, ob diese Rechtsfortbildung *contra legem* erfolgt und damit gegen die Gesetzesbindung des Richters (Art. 20 Abs. 3 GG) verstößt. Insofern könnte die Analogie dem im Wortlaut des § 253 Abs. 1 BGB („nur in den durch das Gesetz bestimmten Fällen") zum Ausdruck kommenden Willen des Gesetzgebers widersprechen, insbesondere wenn die Norm ein **Analogieverbot** enthält. Allerdings ist zu berücksichtigen, dass mit zunehmendem zeitlichem Abstand zwischen Kodifikation und judikativer Einzelfallentscheidung der **Rechtsgewinnungsspielraum** für den Richter größer wird. Denn Normen stehen im sozialen, technischen und wirtschaftlichen Kontext. Die Judikative kann sich daher nicht mit dem Verweis auf einen seit der Einführung der Norm unveränderten Wortlaut dem Konflikt zwischen Normtext und materiellen Gerechtigkeitsvorstellungen entziehen.[66] Freilich wird der Wille des Gesetzgebers als Grenze der Rechtsfortbildung[67] nicht unbeachtlich. Vielmehr konnten die mit zunehmendem Zeitablauf eintretenden gesellschaftlichen und technischen Entwicklungen, zB die Aufzeichnung und Verbreitung von Videos über Smartphones, nicht vom gesetzgeberischen Regelungswillen berücksichtigt werden. Daher kann nicht (mehr) ohne weiteres ein entgegenstehender Willen des Gesetzgebers bejaht werden. Der Rechtsgewinnungsspielraum des Richters wird somit größer, ohne dass die Grenze der Rechtsfortbildung aus dem Gesetzgeberwillen ganz verschwindet.

320 Richtigerweise enthält § 253 Abs. 1 BGB nach dem Willen des Gesetzgebers **kein Analogieverbot.** Vielmehr steht § 253 Abs. 1 BGB lediglich der generellen Ersatzfähigkeit aller immateriellen Schäden (zB dem Affektionsinteresse) entgegen. Nach ihrem vorzugswürdigen Regelungsgehalt sperrt die Norm jedoch nicht die Anerkennung eines Schmerzensgeldanspruchs bei der Verletzung einzelner Rechtsgüter.[68] Hinzu tritt, dass die dogmatisch vertretbare Herleitung dieses Anspruchs verfassungsrechtlich nicht zu beanstanden ist, dient er doch dem wirksamen Schutz eines Rechtsgutes, das die Verfassung selbst in den Mittelpunkt ihres Wertesystems stellt.[69] Zudem ist ein Schmerzensgeldanspruch ein zivilrechtlich äußerst effektives Mittel, um Verletzungen des allgemeinen Persönlichkeitsrechts zu ahnden, während ohne einen solchen kaum zivilrechtliche Sanktionen für eine Verletzung drohen.[70]

---

64 *Larenz/Canaris* Methodenlehre S. 249.

65 Vgl. nur BeckOK BGB/*Spindler* § 253 Rn. 25 mwN; Palandt/*Grüneberg* BGB § 253 Rn. 10; Staudinger/*Schiemann,* 2017, BGB § 253 Rn. 22; Erman/*Klass* BGB Anh. § 12 Rn. 313; MüKoBGB/*Rixecker* BGB Anh. § 12 Rn. 294 f; *Larenz* Methodenlehre S. 426, spricht sogar schon damals insoweit von Gewohnheitsrecht.

66 BVerfG NJW 1973, 1221 (1225).

67 Vgl. → Rn. 175 f.

68 *Larenz/Canaris* Methodenlehre S. 250.

69 BVerfG NJW 1973, 1221 (1226).

70 Vgl. hierzu BVerfG NJW 1973, 1221 (1225).

Darüber hinaus hat der Gesetzgeber bei der **Modernisierung schadensrechtlicher Vorschriften 2002,** bei dem das allgemeine Persönlichkeitsrecht nicht in den Katalog des § 253 Abs. 2 BGB aufgenommen wurde, ausdrücklich klargestellt, dass dies einer Gewährung von Schmerzensgeld bei Verletzung des allgemeinen Persönlichkeitsrechts nicht entgegensteht.[71] Mit dieser ausdrücklichen Anerkennung des Schmerzensgeldanspruchs durch den Gesetzgeber kann ein entgegenstehender Willen des Gesetzgebers nunmehr nicht mehr angenommen werden. Mithin handelt es sich bei der Gewährung eines Schmerzensgeldanspruchs bei der Verletzung des allgemeinen Persönlichkeitsrechts um eine zulässige Rechtsfortbildung.

cc) Höhe des Schmerzensgelds

Analog § 253 Abs. 2 BGB ist eine billige Entschädigung zu leisten. Laut Sachverhalt sind 15.000 EUR angemessen. 321

f) Zwischenergebnis

S hat gegen die *A-GmbH* einen Anspruch auf Schmerzensgeld iHv 15.000 EUR aus §§ 823 Abs. 1, 253 BGB iVm Art. 1 Abs. 1, Art. 2 Abs. 1 GG. 322

2. Anspruch aus § 823 Abs. 2 BGB iVm § 186 StGB iVm § 253 BGB iVm Art. 1 Abs. 1, Art. 2 Abs. 1 GG

Diesen Anspruch auf Schmerzensgeld gegen die *A-GmbH* könnte *S* auch auf § 823 Abs. 2 BGB iVm § 186 StGB stützen, wenn die *A-GmbH* ein Schutzgesetz verletzt hat. 323

a) Verstoß gegen ein Schutzgesetz

Zwar kann die *A-GmbH* nicht selbst gegen Schutzgesetze verstoßen, jedoch könnte *G* durch die Veröffentlichung des von ihm frei erfundenen Interviews gegen Schutzgesetze verstoßen haben. Ein etwaiger Verstoß durch den Geschäftsführer *G* wäre der *A-GmbH* gem. § 31 BGB zuzurechnen. In Betracht kommt hier ein Verstoß gegen § 186 StGB. 324

aa) Vorliegen eines Schutzgesetzes

Zunächst müsste § 186 StGB Schutzgesetz iSd § 823 Abs. 2 BGB darstellen. Nach Art. 2 EGBGB ist unter Gesetz iSd BGB jede Rechtsnorm zu verstehen, sodass § 186 StGB unstreitig als Gesetz einzuordnen ist. Ein Gesetz stellt dann ein Schutzgesetz dar, wenn es ein Ge- oder Verbot enthält und zudem nicht nur dem Schutz der Allgemeinheit, sondern auch dem Schutz des Einzelnen oder eines abgrenzbaren Personenkreises zu dienen bestimmt ist.[72] § 186 StGB enthält das Verbot der üblen Nachrede und schützt die persönliche Ehre des Einzelnen,[73] sodass zweifellos von einem Schutzgesetz iSd § 823 Abs. 2 BGB auszugehen ist.[74] 325

---

[71] Begr RegE BT-Drs. 14/7752, 24.

[72] BGHZ 12, 146 (148); 40, 306 (306); 100, 13 (14); 105, 121 (124); 122, 1 (3 f.); 125, 366 (374); 150, 343 (352 f.); Staudinger/*Hager*, 2009, BGB § 823 Rn. G19; MüKoBGB/*Wagner* § 823, Rn. 498; BeckOGK/*Spindler* BGB § 823 Rn. 263.

[73] MüKoStGB/*Regge/Pegel* § 186 Rn 1; Schönke/Schröder/*Eisele/Schittenhelm* StGB Vor §§ 185 ff. Rn 1; Lackner/Kühl/*Kühl* StGB Vor § 185 Rn. 1.

[74] So auch: BGH NJW 1998, 3047; Staudinger/*Hager*, 2009, BGB § 823 Rn. G42.

bb) Verstoß gegen § 186 StGB

326 *G* müsste gegen § 186 StGB verstoßen haben. Hierfür muss *G* den Tatbestand des § 186 StGB rechtswidrig und schuldhaft erfüllt haben.[75]

Zunächst könnte der Tatbestand erfüllt sein. *G* hat in dem frei erfundenen Interview Tatsachen verbreitet, die laut Sachverhalt nicht erweislich wahr sind.[76] Diese haben den Ruf der *S* in der Öffentlichkeit gemindert und sind damit iSd § 186 StGB geeignet, die *S* in der Öffentlichkeit herabzuwürdigen. *G* handelte auch vorsätzlich, insbesondere war ihm bewusst, dass sich die Veröffentlichung negativ auf den Ruf der *S* auswirken wird. Mithin ist der Tatbestand des § 186 StGB erfüllt.

G handelte auch rechtswidrig, insbesondere lag aus den oben dargestellten Gründen[77] in der Veröffentlichung keine Wahrnehmung berechtigter Interessen iSd § 193 StGB. Auch Exkulpationsgründe sind nicht ersichtlich, sodass ein schuldhaftes Handeln des *G* gegeben ist.

G hat gegen § 186 StGB verstoßen.

cc) Zwischenergebnis

327 *G* hat gegen das Schutzgesetz des § 186 StGB verstoßen. Dieser Verstoß wird der *A-GmbH* gem. § 31 BGB zugerechnet.

b) Rechtswidrigkeit und Verschulden

328 Rechtswidrigkeit und Verschulden sind gegeben.

c) Rechtsfolge

329 *S* kann von der *A-GmbH* daher ein angemessenes Schmerzensgeld analog § 253 Abs. 1 BGB iHv 15.000 EUR verlangen.

d) Zwischenergebnis

330 *S* kann ihren Anspruch gegen *A-GmbH* auf ein Schmerzensgeld iHv 10.000 EUR auch auf § 812 Abs. 2 BGB iVm § 186 StGB iVm § 253 BGB iVm Art. 1 Abs. 1, Art. 2 Abs. 1 GG stützen.

3. Anspruch aus §§ 826, 253 BGB iVm Art. 1 Abs. 1, 2 Abs. 1 GG

331 *S* könnte ihren Anspruch auch auf § 826 BGB stützen. Voraussetzung wäre, dass *G*, dessen Handeln der *A-GmbH* gem. § 31 BGB zugerechnet wird, der *S* vorsätzlich und sittenwidrig einen Schaden zugefügt hat. Schaden umfasst hier nicht nur den Vermögens-, sondern auch den Nichtvermögensschaden.[78] Insoweit ist die Rufschädigung der *S* daher als Schaden iSd § 826 BGB anzusehen. *G* war auch bewusst, dass die Veröffentlichung zu einer solchen Rufschädigung führen würde, sodass auch der erforderliche Schädigungsvorsatz gegeben ist.

Zudem müsste die vorsätzliche Schädigung auch sittenwidrig sein. Als sittenwidrig ist die Veröffentlichung des frei erfundenen Interviews dann einzustufen, wenn es

---

[75] Vgl. *Wandt* Gesetzl. Schuldverhältnisse § 17 Rn. 9; *Brox/Walker* SchuldR BT § 46 Rn. 7.

[76] Zum Streit um die Einordnung der nicht erwiesenen Wahrheit vgl. nur: MüKoStGB/*Regge/Pegel* § 186 Rn 24 ff. mwN.

[77] → Rn. 312.

[78] BeckOGK/*Spindler* BGB § 826 Rn. 19; Jauernig/*Teichmann* BGB § 826 Rn. 6; Palandt/*Sprau* BGB § 826 Rn. 3.

gegen das Anstandsgefühl aller billig und gerecht Denkenden verstößt.[79] Die Sittenwidrigkeit kann sich dabei aus dem Mittel, dem Zweck oder aus der Mittel-Zweck-Relation ergeben.[80] Für die Bewertung ist maßgeblich auf die in Betracht kommenden Kreise abzustellen, wobei aber ein Durchschnittsmaß an Redlichkeit und Anstand zugrunde zu legen ist.[81] Hier spricht zum einen die Tatsache, dass *G* mit der Veröffentlichung einen Straftatbestand erfüllt hat, für eine Sittenwidrigkeit. Zum anderen muss bedacht werden, dass es in dem erfundenen Interview um intime Details geht und somit die Intimsphäre der *S* betroffen ist. Somit ist von einer sittenwidrigen Schädigung und einem diesbezüglichen Vorsatz auszugehen.

Der *A-GmbH* wird die vorsätzliche sittenwidrige Schädigung des *G* gem. § 31 BGB zugerechnet, sodass *S* ihren Anspruch auf ein Schmerzensgeld iHv 15.000 EUR gegen die *A-GmbH* auch auf §§ 826, 253 BGB iVm Art. 1 Abs. 1, Art. 2 Abs. 1 GG stützen kann.

4. Ergebnis zur Begründetheit

Die Klage ist begründet. **332**

III. Ergebnis zu Teil 2

Die Klage ist zulässig und begründet und hat somit Aussicht auf Erfolg. **333**

Vertiefungshinweise

Rechtsprechung:

- BVerfG NZA 2018, 774 – Teleologische Reduktion des § 14 Abs. 2 TzBfG.
- BVerfG NJW 1973, 1121 – Soraya.
- BAG NZA 2011, 905 – Teleologische Reduktion des § 14 Abs. 2 TzBfG.
- BGH NJW 1958, 827 – Herrenreiter m. Anm. *Larenz.*

Aufsätze:

- *Herresthal,* Die richtlinienkonforme und die verfassungskonforme Auslegung im Privatrecht, JuS 2015, 289.
- *Wiedemann,* Richterliche Rechtsfortbildung, NJW 2014, 2407.

[79] BGH NJW 2014, 1099 Rn 23; NJW 2014, 1380 Rn 8; NJW 2004, 2668 (2670); ausführlich zur Bestimmung der Sittenwidrigkeit: MüKoBGB/*Wagner* § 826 Rn 9 ff; BeckOGK/*Spindler* BGB § 826 Rn 4 ff;

[80] BeckOGK/*Spindler* BGB § 826 Rn. 9f; *Wandt* Gesetzl. Schuldverhältnisse § 17 Rn. 24.

[81] Staudinger/*Oechsler,* 2018, BGB § 826 Rn 37; HKK/*Schiemann* BGB §§ 823–830, 840, 842 –853 Rn. 145; *Wandt* Gesetzl. Schuldverhältnisse § 17 Rn. 24

Fall 2. Raubkunst

Schwerpunkte:

Gesetzliches Unrecht; Rechtsfortbildung

Sachverhalt

Engelbert Edhof (E) war ab 1929 Kunsthändler in München und unterhielt eine große Galerie mit den Werken bedeutender Künstler. Unter anderem befand sich in seiner Sammlung das Gemälde „Justitia" von *Carl Spitzweg.* Ab 1933 litt *E* als Angehöriger des jüdischen Glaubens zunehmend unter Repressalien durch das nationalsozialistische Regime. Da die Zustände in Deutschland spätestens seit der Reichspogromnacht 1938 für ihn untragbar wurden, flüchtete er noch im Dezember 1938 mit seiner Familie über Frankreich in die USA. Seine Kunstsammlung musste er in Deutschland zurücklassen, da er sie aufgrund der durch die Flucht gebotenen Eile nicht in die USA mitnehmen konnte. Nach § 2 der 11. Durchführungsverordnung zum Reichsbürgergesetz (11. DVO z. RBürgG) verlor *E* als Jude mit der Verlegung seines gewöhnlichen Aufenthalts ins Ausland die deutsche Staatsbürgerschaft. Infolgedessen ordnete § 3 Abs. 1 der 11. DVO z. RBürgerG an, dass das Vermögen dem Reich zufiel. Anfang 1939 wurde daher die Galerie des *E* von den nach den damaligen Gesetzen zuständigen Behörden geöffnet und die Sammlung, darunter auch das Gemälde „Justitia" von *Carl Spitzweg,* versteigert. Das Bild wurde von *Hermann Höchwirz (H),* einem im Nachbarhaus des *E* wohnenden SS-Mitglied, erworben. Dieser hatte schon länger Interesse an der „Justitia" und wartete dementsprechend darauf, dass sich aufgrund der Maßnahmen des NS-Staates gegen die jüdische Bevölkerung eine Möglichkeit für ihn ergab, das Gemälde günstig zu erwerben. Seit dem Krieg sind die meisten Kunstwerke aus der Sammlung verschollen.

Das Bild „Justitia" verblieb indes bei *H.* Dieser versteckte es, nachdem er 1948 von einem befreundeten Anwalt erfahren hat, dass er wohl nicht Eigentümer sei und das Bild herausgeben müsse. Im Jahr 1970 zeigte er seinem Sohn *Siegfried (S)* das Bild und berichtete ihm, woher das Bild stammt und wie er an das Bild gelangte. Als *H* 1975 stirbt, nimmt *S* das Bild in Besitz und hält es weiterhin versteckt.

Auf einer USA-Reise im Jahr 2017 lernt *S Winnie Wallace (W)* kennen und berichtet ihr von dem Bild. *S* hat keine Kenntnis, dass *W* die Enkelin und Alleinerbin des 1985 verstorbenen *E* ist. Diese kennt das Gemälde von Fotos ihres Großvaters und hat im Juli 2018 Gewissheit über die Zugehörigkeit zur Sammlung des Großvaters. Eine Herausgabe lehnt *S* ab, da sein Vater das Bild legal erworben habe. Vertrag sei Vertrag. Am 9.4.2019 wird *S* an seinem Wohnort in München vom LG München I eine Klage der *W* zugestellt. In der mündlichen Verhandlung am 11.6.2019 trägt der Rechtsanwalt des *S* vor, die Klage sei abzuweisen. Der Vater des *S* habe nach damaligen Gesetzen rechtmäßig Eigentum an dem Gemälde erworben. Zudem seien etwaige Herausgabeansprüche mittlerweile verjährt. Der Rechtsanwalt der *W* entgegnet, dass die 11. DVO z. RBürgerG mit elementaren Gerechtigkeitsvorstellungen nicht in Einklang stehe und deswegen keine Wirkung entfalte. Außerdem könne ein Herausgabeanspruch gestützt auf das Eigentum nicht verjähren, da anderenfalls Eigentum und Besitz dauerhaft auseinanderfallen würden. Zudem sei die faktische Enteignung durch den NS-Unrechtsstaat quasi höhere Gewalt. Jedenfalls könne sich *S* nach § 242 BGB nicht auf die Verjährung berufen, weil er wie auch *H* durch das Verbergen des Bildes die Geltendmachung des Herausgabeanspruchs vor Verjährungseintritt verhindert haben. Der Rechtsanwalt des *S* verweist auf den Regelungswillen des Gesetzgebers in Bezug auf die Verjährung. Das Gericht bestimmt als Termin zur Verkündung einer Entscheidung den 21.6.2019. Am 18.6.2019 teilt der Prozessbevollmächtigte des *S* dem Gericht mit, dass *S* verstorben sei. Alleinerbin sei dessen Tochter *T*.

Wie wird das Gericht entscheiden?

Bearbeitervermerk: Der Bearbeitung ist die aktuelle Fassung des BGB zugrunde zu legen. Die alliierten Wiedergutmachungs- und Entschädigungsgesetze sind außer Betracht zu lassen. Das Gemälde „Justitia" hat derzeit einen Wert von 50.000 EUR. Auf die nachfolgenden Gesetzesmaterialien wird hingewiesen.

Beschlussempfehlung und Bericht des Rechtsausschusses zum Entwurf eines Gesetzes zur Modernisierung des Schuldrechts, BT-Drs. 14/7052, 179: Zu § 194 BGB-E (Gegenstand der Verjährung)

„Der Ausschuss ist der Frage nachgegangen, ob Herausgabeansprüche (auch) bei beweglichen Sachen unverjährbar sein sollen, wie dies im Schrifttum teilweise gefordert wird (z. B. Siehr, ZRP 2001, 346). Er hat sich mit der Bundesregierung dagegen entschieden. Die auch im bisherigen Recht schon neben der Ersitzung bestehende Verjährung des Herausgabeanspruchs erscheint im Interesse des Rechtsverkehrs und des Rechtsfriedens notwendig. Nach einer bestimmten Zeit soll die Ungewissheit über das Bestehen und die Durchsetzbarkeit eines Anspruchs beendet sein. Wegen des hohen Stellenwerts des Eigentums ist im Entwurf für den Herausgabeanspruch aus Eigentum die außerordentlich lange Verjährungsfrist von 30 Jahren gewählt worden. Gegen diese Entscheidung lässt sich auch nicht mit Siehr (ZRP 2001, 346) einwenden, es bestehe kein Bedürfnis für eine Verjährung des Herausgabeanspruchs. Siehr meint, die Verjährung schütze nur den Dieb und andere bösgläubige Besitzer, während die Gutgläubigen bereits durch Ersitzung (§ 937 BGB) oder Ersteigerung (§ 935 Abs. 2 BGB) Eigentum erworben hätten. Tatsächlich schützt die Verjährung des Herausgabeanspruchs auch den gutgläubigen Erwerber. Dieser erwirbt zwar rein rechtlich gesehen wirksam das Eigentum durch Ersitzung oder durch Ersteigerung. Dies enthebt ihn aber nicht der Sorge, dass ihm böser Glaube entgegengehalten wird. Erst nach Ablauf der Verjährung kann auch der gutgläubige Erwerber sicher sein, dass ihm niemand mehr seine Rechte streitig macht. Dies gilt auch und gerade bei Kunstwerken. Gerade bei wertvollen Kunstwerken ist auch der gutgläubige Erwerber der Gefahr ausgesetzt, dass ihm böser Glaube vorgehalten und sein (wirksamer) Erwerb streitig gemacht wird."

Entwurf eines Gesetzes zur Modernisierung des Schuldrechts, BT-Drs. 14/6040, 101 f.: „Die allgemeine Verjährungsfrist von 30 Jahren wird auch für gesetzliche Ansprüche als zu lang angesehen. Eine Frist solcher Länge setzt voraus, dass Gläubiger und vor allem der Schuldner die einschlägigen Unterlagen entsprechend lange aufbewahren. Das ist heute schlechthin nicht zu leisten. Als Mangel des geltenden Rechts gilt ferner auch insoweit die nicht hinreichend begründete Vielfalt unterschiedlicher Fristen und Anknüpfungspunkte für den Verjährungsbeginn. Insbesondere wird bemängelt, dass die Beeinträchtigung der Möglichkeit der Rechtsverfolgung durch Unkenntnis des Gläubigers von den Anspruchsvoraussetzungen bei den verschiedenen Ansprüchen ganz unterschiedliche Bedeutung hat. Im Deliktsrecht gibt es eine auf die Kenntnis des Gläubigers abstellende kurze Verjährung, während sie bei der Geschäftsführung ohne Auftrag und bei der ungerechtfertigten Bereicherung fehlt, obwohl der Gläubiger auch hier über die Anspruchsvoraussetzungen im Unklaren sein kann."

Entwurf eines Gesetzes zur Modernisierung des Schuldrechts, BT-Drs. 16/6040, 105: „Herausgabeansprüche aus dinglichen Rechten, worunter insbesondere das Eigentum fällt, sollen in 30 Jahren verjähren. Derartige Ansprüche zielen auf die Verwirklichung des dinglichen Rechts ab. Die Verjährung dieser Ansprüche in kurzen Fristen würde die Verwirklichung des Stammrechts in Frage stellen. Dem trägt der Entwurf dadurch Rechnung, dass die bisherige Verjährungsfrist von 30 Jahren für diese aus dem dinglichen Recht fließenden Herausgabeansprüche erhalten bleiben soll."

Lösungsvorschlag

Gliederung

I. Auswirkungen des Todes des *S* auf das Verfahren
II. Erfolgsaussichten der Klage der *W*
  1. Zulässigkeit der Klage der *W*
  2. Begründetheit der Klage der *W*
    a) Anspruch aus § 985 BGB
      aa) Anspruch entstanden
        (1) *W* als Eigentümerin
          (a) Verlust durch die Verfallsanordnung des § 3 Abs. 1 der 11. DVO z. RBürgerG
          (b) Übereignung durch das Deutsche Reich an *H*
            (aa) Rechtsgeschäft im Sinne eines Verkehrsgeschäfts
            (bb) Guter Glaube des *H*
            (cc) Kein Abhandenkommen, § 935 BGB
            (dd) Zwischenergebnis
          (c) Ersitzung durch *H*
          (d) Ersitzung durch *S*
          (e) Übergang des Eigentums von *E* an *W*
          (f) Zwischenergebnis
        (2) *S* als Besitzer
        (3) Kein Recht zum Besitz
        (4) Zwischenergebnis
      bb) Anspruch durchsetzbar
        (1) Verjährung des Anspruchs
        (2) Teleologische Reduktion des Anwendungsbereichs der Verjährungsvorschriften
        (3) Ausschluss der Verjährungseinrede nach § 242 BGB
        (4) Zwischenergebnis
      cc) Zwischenergebnis zu § 985 BGB
    b) Anspruch aus § 1007 Abs. 2 BGB
      aa) Anspruch entstanden
      bb) Anspruch durchsetzbar
        (1) Verjährung nach der regelmäßigen Verjährungsfrist
        (2) Verjährung des Anspruchs
        (3) Zwischenergebnis
      cc) Zwischenergebnis zu § 1007 Abs. 2 BGB
    c) Anspruch aus § 1007 Abs. 1 BGB
    d) Anspruch aus § 861 Abs. 1 BGB
    e) Sonstige Ansprüche
    f) Zwischenergebnis zur Begründetheit der Klage
  3. Ergebnis zur Klage der *W*
III. Ergebnis

334 Fraglich ist, wie das Gericht entscheiden wird.

I. Auswirkungen des Todes des *S* auf das Verfahren

Zu prüfen ist zunächst, wie sich der Tod des *S* auf das Verfahren vor dem Landgericht München I auswirkt. Nach § 239 Abs. 1 ZPO tritt im Falle des Todes einer Partei eine **Unterbrechung des Verfahrens** bis zur Aufnahme des Verfahrens durch den Rechtsnachfolger der verstorbenen Partei ein. Die Unterbrechung tritt als stärkste Form des rechtlichen Stillstands eines Verfahrens kraft Gesetzes ein und bedarf keines Antrags. Das Gericht muss sie von Amts wegen beachten.[1] Hiernach wäre das Verfahren mit dem Tod des *S* unterbrochen, bis die *T* als seine Alleinerbin (Rechtsnachfolgerin gem. § 1922 Abs. 1 BGB) das Verfahren aufnimmt. Allerdings ist *S* erst am 18.6.2019 und damit nach der mündlichen Verhandlung (11.6.2019) verstorben. Nach § 249 Abs. 3 ZPO wird durch eine **Unterbrechung nach dem Schluss der mündlichen Verhandlung** die Verkündung der aufgrund dieser mündlichen Verhandlung zu erlassenden Entscheidung nicht gehindert. Somit könnte das Gericht trotz einer eventuellen Unterbrechung am 21.6.2019 seine Entscheidung verkünden. Darüber hinaus wurde *S* im Prozess von einem Prozessbevollmächtigten vertreten. Gem. § 246 Abs. 1 Hs. 1 ZPO tritt daher als Folge seines Todes keine Unterbrechung nach § 239 Abs. 1 ZPO ein, sondern das Prozessgericht hat nach § 246 Abs. 1 Hs. 2 ZPO das Verfahren (nur) auf Antrag auszusetzen. Ein solcher Antrag wurde nicht gestellt. In der Folge kann auch die Frage dahinstehen, ob ein solcher Antrag vor dem Hintergrund des § 249 Abs. 3 ZPO noch möglich ist. Somit hat der Tod des *S* keine Auswirkungen auf den Prozess; das Gericht kann am 21.6.2019 eine Entscheidung verkünden. 335

II. Erfolgsaussichten der Klage der W

Fraglich ist, ob die Klage der *W* Aussicht auf Erfolg hat. Hierzu muss die Klage zulässig und begründet sein. 336

1. Zulässigkeit der Klage

Die Klage der *W* müsste zulässig sein. Da der Streitwert 50.000 EUR beträgt und damit die maßgebliche Grenze von 5.000 EUR übersteigt, ist das Landgericht gem. § 1 ZPO, §§ 23 Nr. 1, 71 Abs. 1 GVG **sachlich zuständig.** Die **örtliche Zuständigkeit** des Landgerichts München I ergibt sich aus §§ 12, 13 ZPO iVm Art. 4 Nr. 14 GerOrgG, da *S* seinen Wohnsitz (§ 7 BGB) in München hat. 337

Auch die **übrigen Zulässigkeitsvoraussetzungen** liegen vor, insbesondere sind *S* und *W* gem. § 78 ZPO ordnungsgemäß vertreten. Die Klage der *W* ist daher zulässig.

2. Begründetheit der Klage

Die Klage der *W* auf Herausgabe des Gemäldes ist begründet, wenn *W* einen **Anspruch auf Herausgabe des konkreten Gemäldes** hat. 338

a) Anspruch aus § 985 BGB

W könnte gegen *S* einen Anspruch auf Herausgabe des Gemäldes aus § 985 BGB haben. 339

---

[1] MüKoZPO/*Stackmann* Vor § 239 Rn. 5.

aa) Anspruch entstanden

340 Der Anspruch ist entstanden, wenn die *W* Eigentümerin des konkreten Gemäldes ist, *S* Besitzer des Gemäldes ist und kein Recht zum Besitz hat.

(1) Eigentümerstellung der *W*

341 Ursprünglich war *E* **Eigentümer** des Gemäldes (§ 1006 Abs. 2 BGB).

(a) Eigentumsverlust durch die Verfallsanordnung des § 3 Abs. 1 der 11. DVO z. RBürgerG

342 Fraglich ist, ob *E* durch die 11. DVO z. RBürgerG aus dem Jahr 1941 sein Eigentum am Gemälde verloren hat. Nach § 2 der 11. DVO z. RBürgerG verlor jeder Jude, der seinen gewöhnlichen Aufenthalt im Ausland hatte oder ihn dorthin verlegte, die deutsche Staatsbürgerschaft. Als weitere Folge ordnete § 3 Abs. 1 der 11. DVO z. RBürgerG an, dass das Vermögen dieser Personen dem damaligen Deutschen Reich zufällt. Da *E* jüdischen Glaubens war und bereits 1938 aus Deutschland in die USA geflohen ist, also seinen gewöhnlichen Aufenthalt dorthin verlegt hatte, verlor er durch die 11. DVO seine deutsche Staatsbürgerschaft und sein Vermögen fiel dem Staat zu. Laut Sachverhalt war die Verfallsanordnung in § 3 Abs. 1 der 11. DVO z. RBürgerG nach damaligem Recht rechtmäßig.[2]

343 Fraglich ist jedoch, ob die Regelungen der §§ 2, 3 der 11. DVO z. RBürgerG **nichtig** sind, mithin keine Rechtswirkung entfalten und die Gerichte nicht binden können. Nach Art. 20 Abs. 3 GG **(Bindung an Gesetz und Recht)**[3] ist das Gericht bei seiner Entscheidung nicht nur an das Gesetz, sondern auch an das „Recht" gebunden. Dabei stellen Recht und Gesetz keine Synonyme dar, sondern nach dem BVerfG soll die Aufnahme des Begriffes „Recht" betonen, dass Gesetz und Recht auseinanderfallen können, wenn das positive Recht prinzipiellen Gerechtigkeitsansprüchen widerspricht.[4] Gerade die Zeit des Nationalsozialismus hat gezeigt, dass der Gesetzgeber auch Unrecht in Gesetzesform setzen kann. In diesen Konstellationen muss der Judikative die Möglichkeit gegeben werden, den Grundsatz der materiellen Gerechtigkeit höher zu werten als die Rechtssicherheit, die in der Geltung des positiven Rechts zum Ausdruck kommt.[5] Allerdings darf sich die Judikative nicht durch den (vermeintlichen) Rückgriff auf elementare Gerechtigkeitsvorstellungen grundsätzlich über das positive Recht hinwegsetzen. Nach der sog. ***Radbruchschen Formel***[6] muss daher grundsätzlich dem positiven Recht der Vorrang gewährt werden, nicht zuletzt aufgrund der erforderlichen Rechtssicherheit. Dies sei auch und insbesondere dann der Fall, wenn das positive Recht unzweckmäßig oder sogar ungerecht sei. Etwas anderes gelte nur dann, wenn der Widerspruch des geschriebenen Gesetzes zur materiellen Gerechtigkeit ein so unerträgliches Maß erreicht habe, dass das Gesetz als „unrichtiges Recht" der Gerechtigkeit weichen müsse.[7] Ein

---

[2] Vgl. aber BGH NJW 1955, 905 (905), wo der Gerichtshof neben einem Verstoß gegen die materielle Gerechtigkeit auch einen Verstoß gegen die Eigentumsgarantie des Art. 155 WRV angenommen hat.

[3] Hierzu ausführlich → Rn. 39 ff.

[4] Vgl. BVerfG NJW 1973, 1221 (1225); Maunz/Dürig/*Grzeszick* GG Art 20 VI. Rn. 63.

[5] BVerfG NJW 1954, 65 (65 f.); BVerfG VerwRspr 1969, 261 (264).

[6] *Radbruch* SJZ 1946, 105 (107); vgl. auch BVerfG NJW 1954, 65 (66); vgl. auch BVerfG NJW 1997, 929 (931) und BGH NJW 1993, 141 (144) zur Strafbarkeit der sog. Regierungskriminalität während des SED-Regimes (Mauerschützen); zur Radbruchschen Formel auch → Rn. 49 ff.

[7] *Radbruch* SJZ 1946, 105 (107); vgl. auch BVerfG NJW 1954, 65 (66).

solcher unerträglicher Widerspruch zur materiellen Gerechtigkeit soll insbesondere in den Fällen vorliegen, in denen mit der Norm Gerechtigkeit nicht einmal erstrebt wird und in denen die Gleichheit, die den Kern der Gerechtigkeit ausmacht, bei der Gesetzgebung bewusst verleugnet wurde.[8] Ist diese Schwelle überschritten, so verliert das Gesetz nach *Radbruch* seinen Rechtscharakter und entfaltet daher keine Bindungswirkung.[9]

Der in der 11. DVO z. RBürgerG angeordnete Entzug der Staatsbürgerschaft und Verfall des Vermögens jener Bürger, die unter Gefahr für Leib und Leben vor staatlichen Repressalien in das Ausland geflohen sind, zielt auf eine Rechtlosstellung der verfolgten Juden auch jenseits der Grenzen des Einflussbereichs des NS-Staates. Die materielle Rechtlosstellung von Bevölkerungsgruppen aus rassischen Gründen entspricht nicht ansatzweise dem Prinzip der materiellen Gerechtigkeit. Insbesondere ist sie nicht mit dem Gleichheitssatz, der den Kern der Gerechtigkeit ausmacht und mittlerweile seinen positivrechtlichen Niederschlag in Art. 3 Abs. 1 GG und vor allem in Art. 3 Abs. 3 GG gefunden hat, vereinbar.[10] Da die 11. DVO z. RbürgerG somit in einem derart unerträglichen Widerspruch zur materiellen Gerechtigkeit steht und einen den Grunderfordernissen einer jeden rechtsstaatlichen Ordnung widersprechenden Unrechtsgehalt aufweist, ist sie nach derzeit gültigen Maßstäben als von vornherein nichtig zu qualifizieren. Sie entfaltet keine Rechtswirkung.[11] Somit hat *E* nicht nach § 3 Abs. 1 der 11. DVO z. RBürgerG das Eigentum am Gemälde „Justitia“ verloren. 344

(b) Übereignung durch das Deutsche Reich an *H*

Allerdings könnte *E* mit der Übereignung des Gemäldes durch das damalige Deutsche Reich an *H* sein Eigentum verloren hat. Die Wirksamkeit dieser **Übereignung** bestimmt sich nach § 929 S. 1 BGB. Einigung, Übergabe und Einigsein im Zeitpunkt der Übergabe des Gemäldes sind gegeben. 345

Problematisch ist jedoch, dass das Deutsche Reich aufgrund der Unwirksamkeit des § 3 Abs. 1 der 11. DVO z. RBürgerG nicht Eigentümer des Bildes geworden ist und ihm somit die erforderliche Verfügungsbefugnis im Hinblick auf das Gemälde fehlt. Allerdings könnte *H* nach §§ 929 S. 1, 932 BGB das Eigentum an dem Gemälde „Justitia“ gutgläubig erworben haben. Hierzu müsste ein Rechtsgeschäft im Sinn eines Verkehrsgeschäfts vorliegen, *H* gutgläubig gewesen sein und das Gemälde darf nicht abhandengekommen sein.

(aa) Rechtsgeschäft im Sinne eines Verkehrsgeschäfts

Die Veräußerung durch das damalige Deutsche Reich an *H* stellt ein Rechtsgeschäft im Sinne eines Verkehrsgeschäfts dar. 346

---

8 *Radbruch* SJZ 1946, 105 (107); *Bydlinski* Methodenlehre und Rechtsbegriff S. 292 f.

9 *Radbruch* SJZ 1946, 105 (107); s. a. *Alexy*, Begriff und Geltung des Rechts, S. 84. Die Radbruchsche Formel wird von der Rspr. ohne weiteres in entsprechenden Ausnahmekonstellationen angewandt, in der Rechtsphilosophie wird sie jedoch von den Vertretern der sog. Trennungsthese, welche die deutliche Trennung von Moral und positivem Recht propagiert, weitreichend abgelehnt, vgl. zur Trennungsthese und der Kritik an dieser ausf. *Bydlinski* Methodenlehre und Rechtsbegriff S. 277 ff. mwN.

10 Vgl. BVerfG VerwRspr 1969, 261 (264 f.); BGH NJW 1955, 905 (905).

11 BVerfG VerwRspr 1969, 261; BGH WM 2013, 237 (241); NJW 1955, 905 (905).

(bb) Guter Glaube des *H*

347 Fraglich ist aber, ob *H* gutgläubig iSd § 932 Abs. 2 BGB war. Dies setzt voraus, dass er vom fehlenden Eigentum des Deutschen Reichs **keine Kenntnis** hatte und diese Unkenntnis **nicht auf grober Fahrlässigkeit** beruhte, was gem. § 923 Abs. 2 BGB widerleglich vermutet wird. *H* war Nachbar des *E* und wusste von der Flucht des *E* in die USA. Er hoffte sogar, dass er im Zuge der Repressalien gegen Juden durch das NS-Regime eine Gelegenheit haben würde, die „Justitia“ günstig zu erwerben. Allerdings bezieht sich der erforderliche gute Glaube gem. § 932 Abs. 1, 2 BGB ausschließlich auf die **Eigentümerstellung des Veräußerers.** Hier ordnete aber § 3 Abs. 1 der 11. DVO z. RBürgerG den Verfall des Vermögens des *E* an das Deutsche Reich an; nach dem Wortlaut des positiven Rechts war somit die Eigentümerstellung des Deutschen Reiches gegeben. Eine Bösgläubigkeit des *H* erfordert mithin, dass er auch hätte erkennen müssen, dass diese Regelung aufgrund eines unerträglichen Widerspruches gegen die materielle Gerechtigkeit unwirksam ist. Ein positives Wissen des *H* insoweit kann nicht angenommen werden. In Betracht kommt allenfalls grob fahrlässige Unkenntnis des *H.* Diese setzt voraus, dass *H* dasjenige außer Acht gelassen hat, was jedem hätte einleuchten müssen.[12] Dies ist hier zweifelhaft. Zwar wusste *H* als SS-Mitglied von der planmäßigen Verfolgung und Vernichtung der Juden und konnte die 11. DVO z. RBürgerG in diesen Kontext einordnen. Allerdings scheitert die Annahme einer groben Fahrlässigkeit schon daran, dass *H,* hätte er damals Rechtsrat eingeholt, mit hoher Wahrscheinlichkeit mitgeteilt worden wäre, dass das Deutsche Reich nach § 3 Abs. 1 der 11. DVO z. RBürgerG Eigentümer geworden ist. Selbst wenn man davon ausgeht, dass *H* bei äußerster Gewissensanspannung den unerträglichen Widerspruch zur Gerechtigkeit und damit den fehlenden Rechtscharakter des § 3 Abs. 1 der 11. DVO z. RBürgerG hätte erkennen müssen, liegt nur eine einfache Fahrlässigkeit vor, die nicht für eine Bösgläubigkeit des *H* iSv § 932 Abs. 2 BGB ausreicht. Die Vermutung des § 932 Abs. 2 BGB ist nicht widerlegt. *H* war gutgläubig.

(cc) Kein Abhandenkommen, § 935 BGB

348 Der gutgläubige Erwerb des Gemäldes durch *H* könnte aber gem. § 935 Abs. 1 S. 1 BGB ausgeschlossen sein. Dies setzt voraus, dass dem Eigentümer *E* das Gemälde abhandengekommen ist. Ein **Abhandenkommen** ist der unfreiwillige Verlust des unmittelbaren Besitzes.[13] Fraglich ist demnach, ob *E* den unmittelbaren Besitz an dem Gemälde in dieser Weise unfreiwillig verloren hat. Dagegen könnte sprechen, dass *E* durch seine Flucht in die USA und das Zurücklassen der Sammlung in München im Jahr 1938 den unmittelbaren Besitz an den Bildern einschließlich des streitgegenständlichen Gemäldes aufgegeben hat. Eine zum Ende des Besitzes führende Aufgabe iSd § 856 Abs. 1 Alt. 1 BGB setzt jedoch voraus, dass *E* einen **Besitzaufgabewillen** hatte und diesen Willen durch eine **Aufgabehandlung nach außen erkennbar** macht.[14] Indes ist vorliegend schon das Vorliegen eines solchen Aufgabewillens des *E* fraglich. Das Zurücklassen der Sammlung mit dem Gemälde „Justitia“ war allein der Tatsache geschuldet, dass eine Versendung der Sammlung in die USA auf die fluchtgebotene Schnelle nicht möglich war. Ein Aufgabewille des *E* besteht dabei nicht. Auch stellt das bloße Wegziehen keine Aufgabehandlung dar, die einen

---

[12] BGH NJW 1988, 1265 (1266); NJW 2007, 2988; NJW 2009, 681 Rn. 35.

[13] MüKoBGB/*Oechsler* § 935 Rn. 2; *Wolff/Raiser,* Sachenrecht, 1957, § 69 I 1 = S. 251.

[14] BeckOK BGB/*Fritzsche* § 856 Rn. 3 f.; MüKoBGB/*Schäfer* § 856 Rn. 2 ff; Jauernig/*Berger* BGB § 856 Rn. 2; Staudinger/*Gutzeit,* 2018, BGB § 856 Rn. 7 ff.

etwaigen Aufgabewillen nach außen erkennbar macht. Darüber hinaus hat *E* die Sammlung in seiner bisherigen Galerie und damit in seinem Herrschaftsbereich belassen. Erst als die Galerie durch die nach dem damaligen Recht zuständigen Behörden geöffnet und die Sammlung veräußert wurde, verlor *E* somit seinen unmittelbaren Besitz. Dieser Verlust war nicht vom Willen des *E* gedeckt. Daher ist die Inbesitznahme der Sammlung durch das damalige Deutsche Reich aufgrund des rechtsunwirksamen § 3 Abs. 1 der 11. DVO z. RBürgerG als Abhandenkommen iSd § 935 Abs. 1 S. 1 BGB zu werten.[15] Ein gutgläubiger Erwerb des Bildes durch *H* war daher gem. § 935 BGB ausgeschlossen.

(dd) Zwischenergebnis

E hat mit der Veräußerung des Gemäldes durch das Deutsche Reich an *H* sein Eigentum nicht verloren. **349**

(c) Ersitzung durch *H*

H könnte jedoch das Eigentum durch Ersitzung gem. § 937 Abs. 1 BGB erworben haben, wenn er das Bild **zehn Jahre im Eigenbesitz** iSd § 872 BGB hatte. Diese Voraussetzungen liegen hier eigentlich vor, denn *H* hatte das Gemälde von Dezember 1941 an bis zu seinem Tod 1975 im Besitz und besaß es auch als ihm gehörig iSd § 872 BGB. Fraglich ist jedoch, ob die Ersitzung nicht gem. § 937 Abs. 2 BGB ausgeschlossen ist. Dies ist der Fall, wenn *H* bei Erwerb des Gemäldes **nicht in gutem Glauben** war oder später erfuhr, dass er nicht Eigentümer ist. **350**

Fraglich ist somit zunächst, ob *H* bei Erwerb des Gemäldes nicht in gutem Glauben war. Der Gutgläubigkeit im Zeitpunkt des Erwerbs schadet dabei gem. § 932 Abs. 2 BGB, dessen Maßstab im Rahmen des § 937 Abs. 2 Alt. 1 BGB entsprechend heranzuziehen ist, nicht nur die **positive Kenntnis,** sondern auch die **grob fahrlässige Unkenntnis** der fehlenden Eigentümerstellung.[16] Teilweise wird im Hinblick auf sog. NS-Raubkunst davon ausgegangen, dass die zur nationalsozialistischen Zeit Handelnden in der Regel bösgläubig waren, da sie typischerweise davon Kenntnis hatten, dass die Gegenstände beschlagnahmt wurden.[17] Hiergegen lässt sich jedoch einwenden, dass aufgrund des hoheitlichen Handelns und § 3 Abs. 1 der 11. DVO z. RBürgerG zumindest im Jahr 1941 nicht zwingend eine positive Kenntnis des *H* anzunehmen ist, dass er nicht Eigentümer wurde. Auch die Annahme von grober Fahrlässigkeit erscheint aufgrund der obigen[18] Wertung zweifelhaft. Hier hat *H* aber nach Kriegsende im Jahr 1948 und damit vor Ablauf der zehn Jahre erfahren, dass er nicht Eigentümer ist und das Bild zurückgeben muss, woraufhin er es sogar versteckt hielt. Daher ist die Ersitzung durch *H* zumindest gem. § 937 Abs. 2 Alt. 2 BGB durch spätere Kenntnis vom fehlenden Eigentum ausgeschlossen. Ob *H* bei Erwerb in bösem Glauben war, kann somit dahinstehen.

H hat nicht durch Ersitzung gem. § 937 Abs. 1 BGB Eigentum erworben.

---

[15] Vgl. auch *Heuer* NJW 1999, 2558 (2563); *Müller-Katzenburg* NJW 1999, 2551 (2552 f.); *Jerger/Graf Wolffskeel v. Reichenberg* GWR 2015, 265 (266); BeckOK BGB/*Kindl* § 935 Rn. 10; MüKoBGB/*Oechsler* § 935 Rn. 7; OLG Frankfurt NJW-RR 2018, 857 Rn. 21.

[16] MüKoBGB/*Baldus* § 937 Rn. 44; *Jerger/Graf Wolffskeel v. Reichenberg* GWR 2015, 265 (266); BeckOK BGB/*Kindl* § 937 Rn. 6.

[17] MüKoBGB/*Baldus* § 937 Rn. 56; *Heuer* NJW 1999, 2558 (2564).

[18] Vgl. → Rn. 347.

(d) Ersitzung durch *S*

351 Fraglich ist, ob *S* als Erbe des *H* das Bild durch Ersitzung gem. § 937 Abs. 1 BGB erworben hat. Sofern der Rechtsvorgänger in gutem Glauben Eigenbesitz hatte, kommt dessen Ersitzungszeit dem Rechtsnachfolger gem. § 943 BGB zugute. Allerdings war *H* hier gerade nicht gutgläubig, sodass keine Anrechnung nach § 943 BGB zugunsten des *S* erfolgt. Dies schließt jedoch eine eigene **Ersitzung durch den Rechtsnachfolger** nicht grundsätzlich aus. Im **Erbfall** und einer Rechtsnachfolge gem. § 1922 BGB kommt es weiterhin auf die Bösgläubigkeit des Erblassers nach § 937 Abs. 2 BGB an, wenn der Erbe den Besitz nach § 857 BGB fortführt. Ab jenem Zeitpunkt, zu dem der Erbe Eigenbesitz iSd § 872 BGB ergreift, kommt es ausschließlich auf die Bösgläubigkeit des Erben an. In der Folge ist trotz Bösgläubigkeit des Erblassers eine Ersitzung durch den Erben möglich.[19] Hier erzählte jedoch der *H* dem *S* im Jahr 1970, woher das Bild stammt und wie er, *H*, an das Bild gelangt war. Somit wusste auch *S*, dass er nicht Eigentümer war; er war somit bösgläubig iSd § 937 Abs. 2 BGB. Eine Ersitzung durch *S* scheidet aus.

Auch *S* hat das Eigentum an der „Justitia" nicht durch Ersitzung gem. § 937 Abs. 1 BGB erworben.

(e) Übergang des Eigentums von *E* an *W*

352 Als Alleinerbin des *E* ist dessen Enkelin *W* mit dem Tod des *E* im Jahr 1985 im Wege der Universalsukzession gem. § 1922 BGB Eigentümerin des Bildes geworden.

(f) Zwischenergebnis

353 *W* ist somit Eigentümerin des Gemäldes „Justitia" von Carl Spitzweg.

(2) *S* als Besitzer

354 Zu dem für das Urteil relevanten Zeitpunkt der letzten mündlichen Verhandlung am 11.6.2019 war *S* noch Besitzer des Gemäldes. Der Übergang des Besitzes infolge des Todes des *S* gem. § 857 BGB auf *T* spielt insoweit keine Rolle. Ein etwaiges Urteil gegen *S* würde zudem gem. § 325 Abs. 1 ZPO auch für und gegen die *T* als seine Rechtsnachfolgerin wirken.

(3) Kein Recht zum Besitz

355 Ein Recht zum Besitz des *S* iSd § 986 BGB ist nicht ersichtlich.

(4) Zwischenergebnis

356 Somit ist der Anspruch der *W* gegen *S* auf Herausgabe des Gemäldes „Justitia" von Carl Spitzweg aus § 985 BGB entstanden.

bb) Anspruch durchsetzbar

357 Fraglich ist allerdings, ob dieser Anspruch durchsetzbar ist. Da der Prozessbevollmächtigte des *S* sich im Prozess auf die Verjährung des Herausgabeanspruchs beruft, könnte dem Anspruch der *W* eine peremptorische Verjährungseinrede gestützt auf § 214 Abs. 1 BGB entgegenstehen.

---

[19] *Jerger/Graf Wolffskeel v. Reichenberg* GWR 2015, 265 (266); MüKoBGB/*Baldus* § 943 Rn. 11 ff.; BeckOK BGB/*Kindl* § 943 Rn. 3.

(1) Verjährung des Anspruchs

Fraglich ist somit, ob der Anspruch der *W* auf Herausgabe des Gemäldes aus § 985 BGB verjährt ist. Da es sich um einen das dingliche Recht Eigentum verwirklichenden Herausgabeanspruch handelt, verjährt der Anspruch **gem. § 197 Abs. 1 Nr. 2 BGB in 30 Jahren.** Gem. § 200 S. 1 BGB **beginnt** die Verjährung bei Verjährungsfristen, die nicht der regelmäßigen Verjährung unterliegen, mit der Entstehung des Anspruchs. Ein Anspruch ist dann entstanden, wenn er das erste Mal klagweise geltend gemacht werden kann. Dies ist üblicherweise mit der Fälligkeit des Anspruchs der Fall.[20] Selbst wenn man diesen Zeitpunkt erst mit dem Ende des zweiten Weltkrieges gleichsetzt, ist die 30-jährige Verjährungsfrist des § 197 Abs. 1 Nr. 2 BGB im Jahr 2019 **abgelaufen.** Auf das Jahr 1975, als *S* in den Besitz des Gemäldes kommt, kann als Verjährungsbeginn nicht abgestellt werden, da gem. § 198 BGB dem Besitznachfolger die zugunsten seines Vorgängers abgelaufene Verjährungsfrist zugutekommt. 358

Fraglich ist jedoch, ob eine **Hemmung der Verjährung nach § 206 BGB** greift. Das Verstecken des Bildes durch *H* und später durch *S* könnte als **„höhere Gewalt"** iSd Norm qualifiziert werden, da *E* und später *W* hierdurch an der Durchsetzung ihres Herausgabeanspruchs gehindert waren. Ein **Teil des Schrifttums** stellt dem Stillstand der Rechtspflege jene Situationen gleich, in denen niemand auf die Idee kommt, die Rechtsprechung mit dem Fall zu befassen, weil – wie hier – kein Anspruchsgegner ersichtlich ist. Der Stillstand der Rechtspflege wird aber allgemein als Unterfall der höheren Gewalt angesehen.[21] Selbst wenn man eine direkte Anwendung ablehne, ist nach dieser Ansicht **§ 206 BGB jedenfalls analog** aufgrund einer planwidrigen Regelungslücke und vergleichbarer Wertungslage anzuwenden. Denn *H* als Profiteur des NS-Unrechtsregimes habe eine Situation objektiver Ungewissheit und überlegenen Sonderwissens dauerhaft gegen den Berechtigten verwendet. Dem stehe nicht entgegen, dass in Konstellationen, in denen ein Dieb seine Beute versteckt, Verjährung eintritt. Die vorliegende Situation unterscheide sich hiervon elementar. In den Fällen von Profiteuren aus Unrechtsregimen sei mit einer Befriedungswirkung durch die Verjährung nicht zu rechnen, sodass eine vergleichbare Wertungslage zu bejahen ist und eine etwaige planwidrige Regelungslücke durch die analoge Anwendung des § 206 BGB ausgefüllt werden müsse.[22] 359

Mit der **Gegenansicht** kann hiergegen jedoch eingewendet werden, dass an das Vorliegen höherer Gewalt aufgrund der Rechtsbefriedungsfunktion der Verjährung sehr strenge Anforderungen zu stellen sind. Anerkannt ist, dass weder die Unkenntnis vom Bestehen eines Anspruchs noch die fehlende Kenntnis vom Verbleib einer Sache höhere Gewalt darstellt.[23] So verjährt nach einhelliger Meinung der Herausgabeanspruch gegen den Dieb, der seine Beute versteckt; diese Verjährung wird **nicht nach § 206 BGB gehemmt.** Ein materieller Unterschied zwischen *E* und einem Dieb, der seine Beute versteckt, ist insoweit nicht ersicht- 360

---

[20] OLG Frankfurt NJW-RR 2018, 857 Rn. 25; MüKoBGB/*Grothe* § 199 Rn. 4.

[21] MüKoBGB/*Baldus* § 985 Rn. 117 ff.; BeckOK BGB/*Henrich* § 206 Rn. 5; Staudinger/*Peters/Jacoby*, 2014, BGB § 206 Rn. 6.

[22] MüKoBGB/*Baldus* § 985 Rn. 118 f.; für eine analoge Anwendung in vergleichbaren Konstellationen auch *Schoen* NJW 2001, 537 (543) im Hinblick auf kriegsbedingt aus Russland nach Deutschland verbrachte Kulturgüter.

[23] *Jerger/Graf Wolffskeel v. Reichenberg* GWR 2015, 265 (268) mwN; Unkenntnis vom Bestehen des Anspruchs: MüKoBGB/*Grothe* § 206 Rn. 7; BeckOGK/*Meller-Hannich* BGB § 206 Rn. 6; BeckOK BGB/*Henrich* § 206 Rn. 6.

lich, als § 206 BGB nur auf objektive Kriterien abhebt und nicht auf ein Unwerturteil über ein etwaiges Verhalten des Schuldners. Dies gilt umso mehr, als eine Pflicht abzulehnen ist, Dritte auf möglicherweise rechtswidrig im eigenen Besitz befindliche Sachen hinzuweisen. Eine solche Pflicht wäre insbesondere vor dem Hintergrund strafrechtlicher Wertung, insbesondere des *nemo-tenetur*-Grundsatzes, überaus problematisch.[24] Folgt man dieser Ansicht ist eine Hemmung gem. oder analog § 206 BGB abzulehnen. Der Anspruch der *W* auf Herausgabe des Bildes gem. § 985 BGB ist daher eigentlich nach §§ 197 Abs. 1 Nr. 2, 200 S. 1 BGB verjährt.

(2) Teleologische Reduktion des Anwendungsbereichs der Verjährungsvorschriften

361 Fraglich ist, ob hier eine teleologische Reduktion des Anwendungsbereichs der Verjährungsvorschriften vorzunehmen ist, da eine Verjährung des Anspruchs aus § 985 BGB bedeutet, dass **Eigentum und Besitz** an dem streitgegenständlichen Gemälde **dauerhaft auseinanderfallen.** Eine **teleologische Reduktion** ist dann geboten, wenn ein Teil der vom Wortlaut umfassten Konstellationen aus dem Regelungsbereich der Norm ausgegliedert werden soll, weil das Telos der Norm insofern eine Einschränkung fordert.[25] Erforderlich ist jedoch eine planwidrige verdeckte Regelungslücke, sodass eine teleologische Reduktion dann nicht in Betracht kommt, wenn der Gesetzgeber die Anwendung der Norm auf diesen Fall/diese Konstellationen gerade bejaht hat. Eine teleologische Reduktion gegen den hinreichend deutlichen Willen des Gesetzgebers ist eine unzulässige Rechtsfortbildung *contra legem.* Das Gericht darf seine eigenen materiellen Gerechtigkeitsvorstellungen nicht an die Stelle jener des Gesetzgebers setzen.[26]

362 In Bezug auf die Verjährung folgt aus den Gesetzgebungsmaterialien, dass diese sich nach dem **Willen der Normverfasser** auch auf die Herausgabeansprüche bei beweglichen Sachen erstrecken soll. Ausdrücklich wird in der Beschlussempfehlung des Rechtsausschusses[27] darauf hingewiesen, dass zur Rechtssicherheit auch die Verjährung von Herausgabeansprüchen erforderlich sei. Nach einem bestimmten Zeitraum soll auch die Ungewissheit über das Bestehen und die Durchsetzbarkeit eines Herausgabeanspruchs beendet sein. Wegen des hohen Stellenwerts des Eigentums habe man sich aber für eine sehr lange, dh 30-jährige Verjährungsfrist entschieden. Außerdem widersprach der Rechtsausschuss ausdrücklich Stimmen in der Literatur, die kein Bedürfnis für eine solche Verjährung des Herausgabeanspruchs sahen. Denn die Verjährung dieses Anspruchs schütze gerade nicht nur den Dieb, vielmehr könne auch der gutgläubige Erwerber sich erst nach Ablauf der Verjährung sicher sein, dass ihm sein Recht niemand mehr streitig macht, indem ihm böser Glaube vorgehalten wird.[28] Somit scheidet eine teleologische Reduktion des Anwendungsbereichs der Verjährungsvorschriften aufgrund des hinreichend deutlichen Gesetzgeberwillens aus.

---

[24] *Jerger/Graf Wolffskeel v. Reichenberg* GWR 2015, 265 (268).

[25] BVerfG NVwZ 2017, 317 Rn. 22; *Larenz/Canaris* Methodenlehre S. 210 ff.; *Zippelius* Methodenlehre S. 56; vgl. ausf. zur teleologischen Reduktion → Rn. 200 f.

[26] BVerfG NZA 2018, 774 Rn. 73; *Larenz/Canaris* Methodenlehre S. 250 f.; *Herresthal* JuS 2014, 289 (296 f.); *Wiedemann* NJW 2014, 2407 (2408); ausführlich zu den Grenzen der gesetzesüberschreitenden Rechtsfortbildung *Larenz* Methodenlehre S. 426 ff.

[27] BT-Drs. 14/7052.

[28] Vgl. zum Vorstehendem BT-Drs. 14/7052, 179; vgl. auch OLG Frankfurt NJW-RR 2018, 857 Rn. 37.

Schließlich ist eine abweichende **verfassungskonforme Auslegung** zu erwägen.[29] 363
Namentlich Art. 14 Abs. 1 GG könnte hierfür sprechen, sieht man als einen Verstoß gegen die Eigentumsgarantie an, dass der Eigentümer mit der Verjährung des Herausgabeanspruchs keine Möglichkeit mehr zur Durchsetzung seines Rechts hat. Das Eigentum wird damit zu einem *ius nudum.* Allerdings lässt sich diese Inhalts- und Schrankenbestimmung des Eigentums durch die erzielte Rechtssicherheit rechtfertigen. Zum einen geht nicht das Eigentumsrecht als solches, sondern nur ein besonderer Schutzmechanismus in Form des Herausgabeanspruchs verloren. Zum anderen resultierte aus einer Unverjährbarkeit des Vindikationsanspruchs eine ganz erhebliche Rechtsunsicherheit im Hinblick auf Eigentumsbehauptungen. Die Rechtssicherheit und der Rechtsfrieden werden jedoch vom Rechtsstaatsprinzip gem. Art. 20 Abs. 3 GG erfasst.[30] Selbst wenn man einen Verstoß gegen Art. 14 Abs. 1 GG bejaht, kommt eine entsprechende verfassungskonforme Auslegung der Verjährungsvorschriften dennoch nicht in Betracht. Denn sie findet ihre Grenzen in der Gewaltenteilung und dem erkennbaren Willen des Gesetzgebers.[31] Da sich aber der Gesetzgeber – wie gezeigt – hinreichend deutlich für eine Verjährung des Vindikationsanspruchs ausgesprochen hat, kommt daher eine entsprechende verfassungskonforme Auslegung der Verjährungsvorschriften nicht in Betracht.

(3) Ausschluss der Verjährungseinrede nach § 242 BGB

Die Verjährungseinrede ist jedoch nach § 242 BGB ausgeschlossen, wenn die Erhe- 364
bung der Einrede im konkreten Fall Treu und Glauben widerspricht. Ein solcher Verstoß gegen Treu und Glauben könnte daran anknüpfen, dass zunächst *H* und dann *S* das Bild versteckt hielten und hierdurch eine **Geltendmachung des Vindikationsanspruchs** vor Ablauf der Verjährungsfrist **bewusst verhindert** haben. Dies entspricht auch dem Rechtsgedanken des § 162 BGB, wonach niemand aus seinem treuwidrigen Verhalten einen Vorteil ziehen darf. Eine Parallele könnte zu Konstellationen bestehen, in denen der Gläubiger die Augen vor einer sich aufdrängenden Kenntnis verschließt und hierdurch den Verjährungsbeginn hinauszögert. In solchen Fällen wird dem Gläubiger nach dem Rechtsgedanken des § 162 BGB die missbräuchliche Verlängerung der Verjährungsfrist untersagt.[32]

Hiergegen kann jedoch eingewandt werden, dass der Zweck der Verjährungseinrede, 365
Rechtssicherheit und Rechtsklarheit zu schaffen, sehr strenge Maßstäbe für den Vorwurf des treuwidrigen Verhaltens gebietet. Der erforderliche **grobe Verstoß gegen Treu und Glauben** setzt danach voraus, dass der Schuldner den Gläubiger durch ein **aktives Verhalten** von der Geltendmachung des Anspruchs abgehalten hat. Das bewusste Verbergen der herauszugebenden Sache durch den Schuldner soll nicht ausreichen, sofern sein Verhalten ausschließlich passiv ist und er nicht aktiv die Vorstellung des Gläubigers unterstützt, die Einrede der Verjährung werde nicht erhoben. Zudem ist zu berücksichtigen, dass die Verjährung grundsätzlich keinen guten Glauben voraussetzt und die Verjährung nach §§ 197, 200 BGB ausschließlich an objektive Kriterien anknüpft. Anders als § 199 BGB erfordert sie gerade keine Kenntnis des Gläubigers von den Anspruch begründenden Umständen und der Person des Schuldners.[33] Daher ist es nur in Fällen, in denen die rechtzeitige

---

[29] Vgl. zu dieser *Herresthal* JuS 2014, 289 (297); BVerfG NZA 2018, 774 Rn. 63; → Rn. 246 ff.
[30] Vgl. MüKoBGB/*Baldus* § 985 Rn. 108.
[31] BVerfG NZA 2018, 774 Rn. 73; *Larenz/Canaris* Methodenlehre S. 250 f.; *Herresthal* JuS 2014, 289 (296 f.); *Wiedemann* NJW 2014, 2407 (2408); *Möllers* ZfPW 2019, 94 (110).
[32] BGH NJW 1996, 2933 (2934); OLG Frankfurt NJW-RR 2018, 857 Rn. 44.
[33] Vgl. OLG Frankfurt NJW-RR 2018, 857 Rn. 42 f.

Geltendmachung gerade durch aktives Einwirken des Schuldners auf den Gläubiger vereitelt wird, ein treuwidriges Verhalten und in der Folge ein Ausschluss der Verjährungseinrede nach § 242 BGB anzunehmen.[34]

366 Sowohl *H* als auch *S* haben das Bild lediglich versteckt. Ein aktives Einwirken auf *E* und später auf *W*, das letztlich die rechtzeitige Geltendmachung des Herausgabeanspruchs vereitelt hat, ist nicht erfolgt. Somit ist es *S* nicht nach § 242 BGB verwehrt, sich auf die Einrede der Verjährung zu berufen.

(4) Zwischenergebnis

367 Der Anspruch auf Herausgabe des Gemäldes „Justitia" von Carl Spitzweg ist aufgrund der Erhebung der Einrede der Verjährung nach § 214 Abs. 1 BGB nicht mehr durchsetzbar.

cc) Zwischenergebnis zum Anspruch aus § 985 BGB

368 *W* hat gegen *S* keinen durchsetzbaren Anspruch auf Herausgabe des Gemäldes nach § 985 BGB.

b) Anspruch aus § 1007 Abs. 2 BGB

369 Der Anspruch auf Herausgabe des Gemäldes könnte auch aus § 1007 Abs. 2 BGB folgen.

aa) Anspruch entstanden

370 Der Anspruch aus § 1007 Abs. 2 BGB muss entstanden sein. Das Gemälde ist dem früheren Besitzer *E* **abhandengekommen.**[35] *S* war im Zeitpunkt der letzten mündlichen Verhandlung der **Besitzer des Gemäldes.** Ein Ausschlussgrund nach § 1007 Abs. 2 S. 1 Hs. 2 BGB ist nicht ersichtlich. Ebenso wenig ist § 1007 Abs. 2 S. 2 BGB einschlägig. *W* tritt als Erbin des *E* an dessen Stelle. Somit ist der Anspruch entstanden.

bb) Anspruch durchsetzbar

371 Fraglich ist jedoch, ob der Anspruch auch durchsetzbar ist. Der Durchsetzbarkeit könnte die peremptorische **Einrede der Verjährung** aus § 214 Abs. 1 BGB entgegenstehen, die der Prozessbevollmächtigte des *S* auch erhoben hat.

(1) Verjährung nach der regelmäßigen Verjährungsfrist

372 Zunächst ist die **maßgebliche Frist** zu bestimmen, nach der der Anspruch aus § 1007 Abs. 2 BGB verjährt. § 1007 Abs. 1 BGB stellt weder einen Herausgabeanspruch aus dem Eigentum noch aus einem anderen dinglichen Recht dar, sodass die unmittelbare Anwendung der 30-jährigen Verjährungsfrist aus § 197 Abs. 1 Nr. 2 BGB ausscheidet. Mangels anderer Sonderverjährungsvorschriften wäre demnach die **regelmäßige Verjährungsfrist gem. §§ 195, 199 BGB** einschlägig. Allerdings könnte **§ 197 Abs. 1 Nr. 2 BGB analog** anzuwenden sein. Eine Analogie setzt eine planwidrige Regelungslücke voraus. Der dem Gesetz zugrundeliegende (nicht ausdrücklich genannte) Regelungsplan muss hierzu durch teleologische und histori-

---

[34] OLG Frankfurt NJW-RR 2018, 857 Rn. 41 ff.; MüKoBGB/*Baldus* § 985 Rn. 111; *Jerger/Graf Wolffskeel v. Reichenberg* GWR 2015, 265 (268).

[35] Vgl. → Rn. 348.

sche Auslegung des Gesetzes ermittelt werden.[36] Zunächst ist zu konstatieren, dass der Charakter des § 197 BGB als Ausnahmevorschrift einer Analogie nicht grundsätzlich im Wege steht, sondern nur den Begründungsaufwand erhöht, denn es besteht eine allgemeine Regel, die den konkreten Fall umfasst.[37] Der Gleichheitssatz, der die Analogie rechtfertigt, erfasst nämlich auch Ausnahmevorschriften. Zudem darf eine Ausnahmevorschrift nicht im Wege der entsprechenden Anwendung zu einer allgemeinen Regelung ausgedehnt werden.[38] Für eine planwidrige Regelungslücke wird ins Feld geführt, dass anderenfalls ein Wertungswiderspruch drohe, wenn nur der Eigentümer, nicht aber auch der Pächter innerhalb der Frist des § 197 BGB gegen den Hehler vorgehen könne.[39] Gegen eine Analogie spricht, dass § 985 BGB der Durchsetzung der sachenrechtlichen Güterzuordnung dient und insoweit nicht mit § 1007 BGB vergleichbar ist.[40] Darüber hinaus hat der Gesetzgeber im Zuge der Schuldrechtsmodernisierung 2002 die als zu lang empfundene regelmäßige Verjährungsfrist von 30 Jahren erheblich verkürzt.[41] Nur für Herausgabeansprüche aus dinglichen Rechten, insbesondere aus dem Eigentum, erachtete der damalige Gesetzgeber eine 30-jährige Verjährung als angemessen. Denn durch eine kürzere Verjährung werde die Verwirklichung des Stammrechts in Frage gestellt.[42] Richtigerweise sind daher eine planwidrige Regelungslücke und damit eine Analogie abzulehnen. Ansprüche aus § 1007 BGB verjähren somit in der regelmäßigen Verjährungsfrist gem. §§ 195, 199 BGB.[43]

(2) Verjährung des Anspruchs

Somit ist zu prüfen, ob der Anspruch aus § 1007 Abs. 2 BGB nach der Regelverjährung der §§ 195, 199 BGB verjährt ist. Nach § 199 Abs. 1 BGB beginnt die Verjährungsfrist mit dem Schluss des Jahres, in dem der Anspruch entstanden ist und der Gläubiger von den Anspruch begründenden Umständen und der Person des Schuldners **Kenntnis** erlangt. Die Person des Schuldners war dem *E* überhaupt nicht bekannt. Erst *W* erhält Mitte 2018 Kenntnis davon. Hiernach beginnt die Frist mit Ablauf des Jahres 2018 und endet gem. §§ 187 Abs. 2 S. 1, 188 Abs. 2 Alt. 2 BGB mit Ablauf des 31.12.2021. Allerdings ist die **Höchstverjährungsfrist des § 199 Abs. 4 BGB** zu beachten, nach der ein Anspruch unabhängig von der Kenntnis oder grob fahrlässigen Unkenntnis des Gläubigers in zehn Jahren ab seiner Entstehung verjährt. Da Ansprüche aus § 1007 BGB bei einem Besitzwechsel jeweils neu entstehen, ist der Anspruch mit dem Tod des *H* und dem Übergang des Besitzes auf *S* im Jahr 1975 (neu) entstanden.[44] Die Verjährung wäre somit schon 1985 eingetreten. **373**

Allerdings könnte **§ 198 BGB** erst recht auf den Anspruch aus § 1007 BGB anwendbar sein. Das *argumentum a maiore ad minus* (Erst-Recht-Schluss) ist mit der

---

[36] *Larenz/Canaris* Methodenlehre S. 194; *Bydlinski* Methodenlehre Rechtsbegriff S. 473.
[37] Vgl. MüKoBGB/*Raff* § 1007 Rn. 43.
[38] *Larenz* Methodenlehre S. 355 f.; *Larenz/Canaris* Methodenlehre S. 175 f.; *Bydlinski* Methodenlehre Rechtbegriff S. 440; *Danwerth* ZfPW 2017, 230 (235 f.).
[39] Staudinger/*Peters/Jacoby,* 2014, BGB § 197 Rn. 9.
[40] MüKoBGB/*Raff* § 1007 Rn. 44; Staudinger/*Gursky,* 2012, BGB § 1007 Rn. 52; BeckOGK/*Spohnheimer* BGB § 1007 Rn. 76.
[41] BT-Drs. 16/6040, 101 f.
[42] BT-Drs. 16/6040, 105.
[43] MüKoBGB/*Raff* § 1007 Rn. 44; Staudinger/*Gursky,* 2012, BGB § 1007 Rn. 52; BeckOK BGB/*Fritzsche* § 1007 Rn. 26; Jauernig/*Berger* BGB § 1007 Rn. 1; *Jerger/Graf Wolffskeel v. Reichenberg* GWR 2015, 265 (267).
[44] MüKoBGB/*Raff* § 1007 Rn. 29; Staudinger/*Gursky,* 2012, BGB § 1007 Rn. 13; *Jerger/Graf Wolffskeel v. Reichenberg* GWR 2015, 265 (267).

Analogie verwandt bzw. kann als verstärkte Art der Analogie bezeichnet werden. Nach ihm muss die Rechtsfolge einer Norm erst recht in solchen Fällen gelten, in denen die *ratio legis* der Norm in noch höherem Maße zutrifft.[45] Danach erfasst § 198 BGB schon den dinglichen Vindikationsanspruch, sodass die Norm erst recht zulasten des „schwächeren" Anspruchs aus § 1007 BGB eingreifen muss.[46] Somit ist der Anspruch aus § 1007 Abs. 2 BGB schon im Zeitpunkt seines Entstehens verjährt.

(3) Zwischenergebnis

374 Dem Anspruch aus § 1007 Abs. 2 BGB steht die peremptorische Einrede der Verjährung aus § 214 Abs. 1 BGB entgegen.

cc) Zwischenergebnis zu § 1007 Abs. 2 BGB

375 *W* hat gegen *S* keinen durchsetzbaren Anspruch auf Herausgabe des Bildes aus § 1007 Abs. 2 BGB.

c) Anspruch aus § 1007 Abs. 1 BGB

376 Zwar war *S* im Zeitpunkt des Erwerbs des Besitzes im Jahr 1975 in bösem Glauben, doch ist der Anspruch aufgrund der mittlerweile eingetretenen Verjährung gem. § 214 Abs. 1 BGB nicht mehr durchsetzbar.[47]

d) Anspruch aus § 861 Abs. 1 BGB

377 Der Anspruch aus § 861 Abs. 1 BGB ist offensichtlich nach § 864 Abs. 1 BGB ausgeschlossen.

e) Sonstige Ansprüche

378 Sonstige Ansprüche sind mittlerweile ebenfalls verjährt.

f) Zwischenergebnis zur Begründetheit der Klage

379 *W* hat gegen *S* im Zeitpunkt der letzten mündlichen Verhandlung keinen durchsetzbaren Anspruch auf Herausgabe des Gemäldes. Die Klage der *W* ist daher unbegründet.

3. Ergebnis zur Klage der *W*

380 Die zulässige Klage der *W* ist unbegründet und daher abzuweisen.

III. Ergebnis

381 Das Gericht wird am 21.6.2019 ein klageabweisendes Urteil verkünden.

---

[45] Näher zum Erst-Recht-Schluss *Larenz/Canaris* Methodenlehre S. 208; *Larenz* Methodenlehre S. 389; *Bydlinski* Methodenlehre Rechtsbegriff S. 479 f.; *Zippelius* Methodenlehre S. 54; *Mann* Arbeitstechnik Rn. 279.

[46] MüKoBGB/*Raff* § 1007 Rn. 45; Staudinger/*Gursky,* 2012, BGB § 1007 Rn. 52; BeckOK BGB/*Fritzsche* § 1007 Rn. 26; Soergel/*Münch* BGB § 1007 Rn. 8; aA BeckOGK/*Spohnheimer* BGB § 1007 Rn. 76.

[47] Vgl. → Rn. 357 ff.

Vertiefungshinweise

Rechtsprechung:

- BVerfG VerwRspr 1969, 261 – zur Rechtsunwirksamkeit der 11. DVO z. RBürgerG.
- BGH NJW 1955, 905 – zur Rechtsunwirksamkeit der 11. DVO z. RBürgerG.
- OLG Frankfurt NJW-RR 2018, 857 – Zur Verjährung des Vindikationsanspruchs.

Aufsätze und Festschriftbeiträge:

- *Radbruch,* Gesetzliches Unrecht und übergesetzliches Recht, SJZ 1946, 105.
- *Jerger/Graf Wolffskeel v. Reichenberg,* Das Auseinanderfallen von Eigentum und Besitz durch Verjährung und seine Konsequenzen am Beispiel der Raubkunst, GWR 2015, 265.
- *Heuer,* Die Kunstraubzüge der Nationalsozialisten und ihre Rückabwicklung, NJW 1999, 2558.

Fall 3. Ausgebaggert!

Schwerpunkte:

Handelsbrauch; Gewohnheitsrecht

Sachverhalt

Ausgangsfall: *Valerius Tertzel (T)* ist Geschäftsführer und Alleininhaber der *Tertzel-Bau-GmbH (T-GmbH).* Mit dieser macht er seit Jahren in der Landeshauptstadt gute Geschäfte. Da die Baubranche boomt, sucht *T* verzweifelt neue, besonders leistungsfähige Baumaschinen, insbesondere Bagger. Von den hohen Preisen und den unzureichenden Leistungen der am Markt erhältlichen Baumaschinen frustriert betritt *T* am Abend des 30.12.2018 den Augustinerkeller, um seinen Frust mit einer Maß Bier zu bekämpfen. Alsbald kommt er mit seinem Tischnachbarn *Ferdinand Fertl (F)* ins Gespräch. Dieser erzählt ihm, er sei Prokurist der *Baumaschinenfabrik Regensburg AG (B-AG),* was zutreffend ist. *F* beschreibt *T* die derzeit von der *B-AG* getesteten Prototypen, insbesondere den TX-2021 Bagger, der 30 % leistungsfähiger sei als alle anderen derzeit am Markt erhältlichen Modelle. *T* bekundet darauf, dass er am Erwerb eines solchen Baggers grundsätzlich Interesse habe. Der weitere Verlauf des Abends ist unklar; *F* und *T* stießen jedenfalls mehrfach auf die Leistung des TX 2021 an. Am 2.1.2019 erhält die *T-GmbH* ein Schreiben folgenden Inhalts:

Sehr geehrter Herr Tertzel,

hiermit bestätigen wir Ihnen den Kaufvertrag zwischen der T-GmbH und der B-AG vom 30.12.2018 über die Lieferung eines TX-2021 Baggers zum Preis vom 450.000 EUR. Sobald das Modell durch die Behörden zugelassen ist, wird er an Sie ausgeliefert. Der TX-2021 ist die beste Wahl, da er 30 % leistungsfähiger ist als alle anderen Bagger auf dem Markt.

p. P. Ferdinand Fertl

Auf unsere dem Vertrag zugrundeliegenden AGB dürfen wir nochmals hinweisen:

…

§ 3 Gerichtsstand

Gerichtsstand für sämtliche Streitigkeiten im Zusammenhang mit dem Vertrag ist Regensburg.

T beachtet das Schreiben nicht weiter, da er es für ein Versehen hält. Am 13.5.2019 wird dem *T* von der *B-AG* ein TX-2021 geliefert und *T* von *F* telefonisch zur Zahlung aufgefordert. *T* lehnt dies ab; er habe nie einen Vertrag mit der *B-AG* abgeschlossen. Am 1.7.2019 wird der *T-GmbH* vom LG Regensburg eine Klageschrift der *B-AG* zustellt, in der diese beantragt, die *T-GmbH* zur Zahlung von 450.000 EUR nebst Zinsen hieraus iHv 9 %-Punkten über dem jeweiligen Basiszinssatz seit dem 31.12.2018 zu verurteilen. Begründet wird dieser Antrag damit, dass die *T-GmbH* und die *B-AG* am 30.12.2018 den Kaufvertrag über einen TX-2021 geschlossen hätten, das Modell ausgeliefert sei und die *T-GmbH* bisher nicht gezahlt habe. In der mündlichen Verhandlung am 9.10.2019 vor dem LG Regensburg erscheint nur *T* und fordert, die Klage abzuweisen, denn zum einen habe die *T-GmbH* ihren Sitz in München und könne daher nur dort verklagt werden. Zum anderen habe er, *T*, nie einen Vertrag unterschrieben. Selbst wenn er einen Vertrag unterschrieben hätte, müsse der Kaufpreis herabgesetzt werden, da der TX-2021 wie auf dem Markt mittlerweile allgemein bekannt, anders als versprochen nicht 30 % mehr als andere Bagger leiste, sondern nur 5 %. Diesen Mangel habe er der *B-AG* aber nicht angezeigt, denn schließlich bestehe kein Vertrag. Der anwaltliche Prozessvertreter der *B-AG* beantragt daraufhin den Erlass eines Versäumnisurteils.

Wie wird das Gericht entscheiden?

Abwandlung: Die *T-GmbH* wird vor dem LG Regensburg durch einen Rechtsanwalt vertreten. Wie wird das Gericht jetzt entscheiden? Das Vorbingen der *T-GmbH* hinsichtlich der Leistung des TX-2021 ist als zutreffend zu unterstellen.

Hinweis: Auf den abgedruckten Ausschnitt aus der Zahlungsverzugsrichtlinie (RL 2011/7/EU) und die abgedruckten Gesetzgebungsmaterialien wird hingewiesen.

Richtlinie 2011/7/EU des Europäischen Parlaments und des Rates vom 16.2.2011 zur Bekämpfung von Zahlungsverzug im Geschäftsverkehr: Artikel 3 Geschäftsverkehr zwischen Unternehmen

„(1) Die Mitgliedstaaten stellen sicher, dass im Geschäftsverkehr zwischen Unternehmen der Gläubiger Anspruch auf Verzugszinsen hat, ohne dass es einer Mahnung bedarf, wenn folgende Bedingungen erfüllt sind:

a) Der Gläubiger hat seine vertraglichen und gesetzlichen Verpflichtungen erfüllt, und
b) der Gläubiger hat den fälligen Betrag nicht rechtzeitig erhalten, es sei denn, dass der Schuldner für den Zahlungsverzug nicht verantwortlich ist.

(2) Die Mitgliedstaaten stellen sicher, dass folgender Bezugszinssatz angewendet wird:

a) für das erste Halbjahr des betreffenden Jahres der am 1. Januar dieses Jahres geltende Zinssatz;
b) für das zweite Halbjahr des betreffenden Jahres der am 1. Juli dieses Jahres geltende Zinssatz.

(3) Für die Fälle, in denen die in Absatz 1 genannten Bedingungen erfüllt sind, stellen die Mitgliedstaaten Folgendes sicher:

a) Der Gläubiger hat Anspruch auf Verzugszinsen ab dem Tag, der auf den vertraglich festgelegten Zahlungstermin oder das vertraglich festgelegte Ende der Zahlungsfrist folgt.
b) Ist der Zahlungstermin oder die Zahlungsfrist nicht vertraglich festgelegt, so hat der Gläubiger Anspruch auf Verzugszinsen nach Ablauf einer der folgenden Fristen:
   i) 30 Kalendertage nach dem Zeitpunkt des Eingangs der Rechnung oder einer gleichwertigen Zahlungsaufforderung beim Schuldner;
   ii) wenn der Zeitpunkt des Eingangs der Rechnung oder einer gleichwertigen Zahlungsaufforderung unsicher ist, 30 Kalendertage nach dem Zeitpunkt des Empfangs der Waren oder Dienstleistungen;
   iii) wenn der Schuldner die Rechnung oder die gleichwertige Zahlungsaufforderung vor dem Empfang der Waren oder Dienstleistungen erhält, 30 Kalendertage nach dem Zeitpunkt des Empfangs der Waren oder Dienstleistungen;
   iv) wenn ein Abnahme- oder Überprüfungsverfahren, durch das die Übereinstimmung der Waren oder Dienstleistungen mit dem Vertrag festgestellt werden soll, gesetzlich oder vertraglich vorgesehen ist und wenn der Schuldner die Rechnung oder eine gleichwertige Zahlungsaufforderung vor oder zu dem Zeitpunkt, zu dem die Abnahme oder Überprüfung erfolgt, erhält, 30 Kalendertage nach letzterem Zeitpunkt.

(4) Ist ein Abnahme- oder Überprüfungsverfahren vorgesehen, durch das die Übereinstimmung der Waren oder Dienstleistungen mit dem Vertrag festgestellt werden soll, so stellen die Mitgliedstaaten sicher, dass die Höchstdauer dieses Verfahrens nicht mehr als 30 Kalendertage ab dem Zeitpunkt des Empfangs der Waren oder Dienstleistungen beträgt, es sei denn im Vertrag wurde ausdrücklich etwas anderes vereinbart und vorausgesetzt, dass dies für den Gläubiger nicht grob nachteilig im Sinne von Artikel 7 ist.

(5) Die Mitgliedstaaten stellen sicher, dass die vertraglich festgelegte Zahlungsfrist 60 Kalendertage nicht überschreitet, es sei denn im Vertrag wurde ausdrücklich etwas anderes vereinbart und vorausgesetzt, dass dies für den Gläubiger nicht grob nachteilig im Sinne von Artikel 7 ist.“

Entwurf eines Gesetzes zur Modernisierung des Schuldrechts, BT-Drs. 14/6040, 212: „Artikel 2 Abs. 2 Buchstabe a der Verbrauchsgüterkaufrichtlinie enthält eine Vermutung der Vertragsmäßigkeit für den Fall, dass das Verbrauchsgut mit der vom Verkäufer gegebenen Beschreibung übereinstimmt und die Eigenschaften des Gutes besitzt, das der Verkäufer dem Verbraucher (Käufer) als Probe oder Muster vorgelegt hat. Dies wird durch § 434 Abs. 1 Satz 1 RE umgesetzt. Beschreibt der Verkäufer bei Vertragsschluss die Eigenschaften der verkauften Sache in einer bestimmten Weise, so werden, wenn der Käufer vor diesem Hintergrund seine Kaufentscheidung trifft, die Erklärungen des Verkäufers ohne weiteres zum Inhalt des Vertrags und damit zum Inhalt einer Beschaffenheitsvereinbarung im Sinne des Satzes 1. Entspricht die später gelieferte Sache dem nicht, so ist sie nicht vertragsgemäß.“

Lösungsvorschlag

Gliederung

Ausgangsfall

I. Formelle Voraussetzungen eines Versäumnisurteils
  1. Antrag
  2. Säumnis, §§ 331, 333 ZPO
  3. Keine Versagungs- und Vertagungsgründe
  4. Zwischenergebnis
II. Zulässigkeit der Klage
  1. Zuständigkeit
    a) Sachliche Zuständigkeit
    b) Örtliche Zuständigkeit
      aa) Gerichtsstand des Erfüllungsortes, § 29 ZPO
      bb) Gerichtsstandsvereinbarung, § 38 Abs. 1 ZPO
        (1) Rechtsgrundlage
        (2) Voraussetzungen der Grundsätze über das Schweigen auf ein kaufmännisches Bestätigungsschreiben
        (3) Wirksame Einbeziehung von § 3 der AGB der *B-AG*
    c) Ergebnis zur Zuständigkeit
  2. Sonstige Zulässigkeitsvoraussetzungen
  3. Ergebnis zur Zulässigkeit
III. Schlüssigkeit der Klage
  1. Anspruch auf Zahlung von 450.000 EUR
  2. Zinsanspruch
  3. Ergebnis zur Schlüssigkeit
IV. Ergebnis zum Ausgangsfall

Abwandlung

I. Kein Säumnis und Zulässigkeit der Klage
II. Begründetheit der Klage
  1. Anspruch auf 450.000 EUR
    a) Kaufvertrag

b) Kaufpreisminderung gem. §§ 437 Nr. 2, 441 Abs. 1, Abs. 3 BGB
aa) Voraussetzungen des § 437 BGB
(1) Kaufvertrag
(2) Mangel bei Gefahrübergang
(3) Ausschluss der Mängelrechte
bb) Zwischenergebnis
c) Zwischenergebnis
2. Zinsanspruch
3. Ergebnis zur Begründetheit
III. Ergebnis zur Abwandlung

Ausgangsfall:

Das LG Regensburg könnte der Klage der *B-AG* durch Versäumnisurteil stattgeben. **382**
Hierfür müssen neben dem Vorliegen der formellen Voraussetzungen für den Erlass eines Versäumnisurteils auch die Zulässigkeit und Schlüssigkeit der Klage gegeben sein.

I. Formelle Voraussetzungen eines Versäumnisurteils

Die formellen Voraussetzungen für den Erlass eines Versäumnisurteils (VU) gegen **383**
den Beklagten gem. § 331 ZPO, Antrag, Säumnis und das Fehlen von Versagungsgründen, müssten vorliegen.

1. Antrag

Der gem. § 331 Abs. 1 S. 1 ZPO erforderliche Antrag auf Erlass eines VU wurde in **384**
der Verhandlung durch den Prozessbevollmächtigten der Klägerin gestellt.

2. Säumnis, §§ 331, 333 ZPO

Fraglich ist jedoch, ob die *T-GmbH* in der mündlichen Verhandlung vom 9.10.2019 **385**
säumig war. Zwar war *T*, der als Geschäftsführer der *T-GmbH* nach § 35 Abs. 1 S. 1 GmbHG ihr organschaftlicher Vertreter ist, in diesem Termin anwesend, allerdings ist eine Partei gem. § 333 ZPO auch dann säumig, wenn sie zwar anwesend ist, **jedoch nicht zur Sache verhandelt.** *T* beantragt in der mündlichen Verhandlung am 9.10.2019, die Klage abzuweisen, was einem Verhandeln iSd § 333 ZPO grundsätzlich entspricht. Jedoch ist er vor dem LG gem. § 78 Abs. 1 S. 1 ZPO nicht postulationsfähig; vielmehr muss die *T-GmbH* durch einen Rechtsanwalt vertreten sein. Da das Vorbingen des *T* im Namen der *T-GmbH* mithin nicht berücksichtigt wird, hat die Beklagte *T-GmbH* nicht zur Sache verhandelt. Gem. § 333 ZPO ist sie daher säumig.[1]

3. Keine Versagungs- und Vertagungsgründe

Versagungs- und Vertagungsgründe, die dem Erlass eines Versäumnisurteils gem. **386**
§§ 335, 337 ZPO entgegenstehen, sind nicht ersichtlich.

---

[1] MüKoZPO/*Prütting* § 333 Rn. 5; BeckOK ZPO/*Toussaint* § 333 Rn. 7.

4. Zwischenergebnis

387 Die formellen Voraussetzungen für den Erlass eines Versäumnisurteils sind somit gegeben.

II. Zulässigkeit der Klage

388 Die Klage müsste zulässig sein.

1. Zuständigkeit

389 Fraglich ist insbesondere die Zuständigkeit des angerufenen Gerichts.

a) Sachliche Zuständigkeit

390 Die sachliche Zuständigkeit des LG Regensburg ergibt sich aus § 1 ZPO, §§ 23 Nr. 1, 71 Abs. 1 GVG, da der Streitwert über 5.000 EUR liegt.

b) Örtliche Zuständigkeit

391 Problematisch ist jedoch die örtliche Zuständigkeit des LG Regensburg. Die *T-GmbH* hat ihren Sitz in München, sodass der allgemeine Gerichtsstand gem. §§ 12, 17 I 1 ZPO ausscheidet.

aa) Gerichtsstand des Erfüllungsortes, § 29 ZPO

392 Die örtliche Zuständigkeit des LG könnte sich jedoch aus dem besonderen Gerichtsstand des Erfüllungsortes (§ 29 ZPO) ergeben. Fraglich ist schon, ob § 29 ZPO hier überhaupt Anwendung findet, was ein Vertragsverhältnis zwischen der *T-GmbH* und der *B-AG* voraussetzt.[2] Da das Bestehen eines Vertrages jedoch auch im Rahmen der Begründetheit eine Rolle spielt, ist der diesbezügliche Vortrag der *B-AG* im Rahmen der Prüfung des § 29 Abs. 1 ZPO als wahr zu unterstellen.[3] Die Bestimmung des Erfüllungsortes richtet sich dabei nach dem materiellen Recht, also insbesondere nach den §§ 269, 270 BGB.

393 Maßgeblich wäre daher der **Erfüllungsort der Geldschuld.** Nach richtiger Ansicht handelt es sich bei einer Geldschuld wie der vorliegenden nach der Konzeption des § 270 BGB um eine **modifizierte Bringschuld.** Der Erfüllungsort liegt daher im Zweifel am Sitz des *Gläubigers,* also der *B-AG,* mithin vorliegend in Regensburg.[4] Dies folgt schon aus dem Wortlaut des § 270 Abs. 1 BGB, nach dem der Schuldner das Übersendungsrisiko trägt. Dies ist gerade für eine Bringschuld kennzeichnend.[5] Zudem führt die abweichende Qualifikation als modifizierte Schickschuld nach § 270 Abs. 1 BGB zu einer Aufteilung zwischen Verzögerungsgefahr, die der Gläubiger zu tragen hat, und Verlustgefahr, die nach dem ausdrücklichen Wortlaut der Schuldner zu tragen hat. Dies ist nicht überzeugend.[6] Zudem ist zu berücksichtigen, dass der EuGH für die Zahlungsverzugsrichtlinie (RL 2011/7/EU) entschieden hat, dass für die Beurteilung der Rechtzeitigkeit einer Banküberweisung im Rahmen

---

2 BeckOK ZPO/*Toussaint* § 29 Rn. 2 ff.; MüKoZPO/*Patzina* § 29 Rn. 9 ff.

3 BGH NJW 1998, 1230; BeckOK ZPO/*Toussaint* § 29 Rn. 27;

4 Staudinger/*Bittner/Kolbe,* 2019, BGB § 270 Rn. 3 mwN; *Musielak/Hau* GK BGB Rn. 181; *Herresthal* NZM 2011, 833 (838); *Herresthal* ZGS 2007, 48 (49); 2008, 259 (260); *Gsell* GPR 2004, 165 (169).

5 Vgl. *Herresthal* ZGS 2007, 48 (49); *ders.,* NZM 2011, 833 (838); *Gsell* GPR 2004, 165 (170); → Rn. 243.

6 Staudinger/*Bittner/Kolbe,* 2019, BGB § 270 Rn. 3.

eines Geschäftsvorgangs der Zeitpunkt der *Gutschrift* auf dem Konto des Gläubigers abzustellen ist.[7] Mithin ist die letzte geschuldete Leistungshandlung das annahmeverzugsbegründende Angebot am Sitz des Gläubigers. Aus Art. 288 Abs. 3 AEUV ergibt sich die Pflicht zur Umsetzung von Richtlinien und die Pflicht auch der nationalen Gerichte im Rahmen des methodisch Möglichen, dem Richtlinieninhalt zur Geltung zu verhelfen.[8] Im (sehr begrenzten) Anwendungsbereich der Richtlinie müssen daher die §§ 270 Abs. 1, Abs. 4, 269 Abs. 1 BGB im Wege der richtlinienkonformen Auslegung dahingehend verstanden werden, dass die Geldschuld eine modifizierte Bringschuld ist.[9] Denn die Pflicht zur Umsetzung der Richtlinie führt methodisch zu einer Vorrangregel, nach der jeweils jenem Auslegungsergebnis der Vorrang einzuräumen ist, das der Richtlinienvorgabe entspricht.[10] Jenseits des Anwendungsbereichs der Richtlinie tritt das aus der Richtlinie abgeleitete systematische Argument, das hier ebenfalls für eine Qualifikation als modifizierte Bringschuld spricht, ergänzend zu den vorstehend genannten Argumenten hinzu, ohne dass dort eine Vorrangregel besteht (sog. richtlinienorientierte Auslegung).[11]

394 Nach der Gegenansicht, der auch der **BGH** folgt, ist die Geldschuld eine **qualifizierte Schickschuld.** Hiernach ist der Erfüllungsort mangels anderweitiger Anhaltspunkte gem. §§ 269 Abs. 1, 270 BGB am Sitz des *Schuldners,* also am Sitz der *T-GmbH* in München. Für diese Lösung werden systematische Gründen angeführt. So soll § 270 Abs. 1 BGB bei der Einordnung der Geldschuld als Bringschuld obsolet sein, da bei einer Bringschuld der Schuldner sowieso das Versendungsrisiko tragen würde.[12] Auch wird angeführt, dass der Verweis in § 270 Abs. 4 BGB, der auch auf § 269 Abs. 1 BGB verweist, wonach der Erfüllungsort im Zweifel am Wohnsitz des Schuldners liegt, bei einer Einordnung einer Geldschuld als modifizierte Bringschuld nicht nachzuvollziehen sei.[13] Zudem zwinge das vorstehend genannte Verständnis der Richtlinienregel durch den EuGH nicht zur Auslegung der §§ 269 Abs. 1, 270 Abs. 1, Abs. 4 BGB dahingehend, dass die Geldschuld eine modifizierte Bringschuld sei. Denn Art. 3 Abs. 1 lit. b RL 2011/7/EU schließe gerade für den Fall, dass die Verzögerung der Zahlung nicht vom Schuldner zu verantworten ist, die von ihr erfassten Verzugsfolgen aus. Es gehe mithin nicht um die Zuweisung eines Verzögerungsrisikos, das mit der Einordnung der Geldschuld als modifizierte Bringschuld einhergeht. Eine richtlinienkonforme Auslegung der §§ 269 Abs. 1, 270 Abs. 1, Abs. 4 BGB dahingehend sei mithin nicht erforderlich.[14] Folgt man dem BGH so ist das LG Regensburg nicht gem. § 29 ZPO örtlich zuständig. Letztlich kann dieser Streit jedoch dahinstehen, wenn sich die örtliche Zuständigkeit des LG Regensburg anderweitig ergibt.

bb) Gerichtsstandsvereinbarung, § 38 Abs. 1 ZPO

395 Die örtliche Zuständigkeit des LG Regensburg könnte sich jedoch aus einer Gerichtsstandsvereinbarung der Parteien gem. § 38 Abs. 1 ZPO ergeben. Da die *T-GmbH*

---

7 EuGH NJW 2008, 1935 (1936); Staudinger/*Bittner/Kolbe,* 2019, BGB § 270 Rn. 4.

8 Calliess/Ruffert/*Ruffert* AEUV Art. 288 Rn. 77; *Herresthal* JuS 2014, 289 f.

9 LG Wuppertal ZM 2011, 855; Staudinger/*Bittner/Kolbe,* 2019, BGB § 270 Rn. 4; *Herresthal* NZM 2011, 833 (838).

10 *Herresthal* JuS 2014, 289 (291 f.); *Canaris* FS Bydlinski, 2002, 47 (64 ff.); *Unberath* ZEuP 2005, 5 (7).

11 Vgl. *Herresthal* JuS 2014, 289 (292).

12 MüKoBGB/*Krüger* § 270 Rn. 2; vgl. aber zur Widerlegung dieses Arguments *Herresthal* ZGS 2007, 48 (49).

13 MüKoBGB/*Krüger* § 270 Rn. 2, dagegen *Herresthal* ZGS 2007, 48; 2008, 259 (260).

14 BGH NZM 2017, 120 Rn. 30; MüKoBGB/*Krüger* § 270 Rn. 17; krit. *Herresthal* ZGS 2008, 259 (263 ff.).

gem. § 6 Abs. 1 HGB, § 13 Abs. 3 GmbHG und die *B-AG* gem. § 6 Abs. 1 HGB, § 3 Abs. 1 AktG Kaufleute sind, können beide gem. § 38 Abs. 1 ZPO den Gerichtsstand grundsätzlich frei vereinbaren. Nach § 3 der AGB der *B-AG* ist der Gerichtsstand für vertragsbezogene Streitigkeiten Regensburg. Fraglich ist allerdings, ob die Parteien diesen Gerichtsstand wirksam vereinbart haben. Dabei ist zu berücksichtigen, dass das Gericht die Zulässigkeitsvoraussetzungen von Amts wegen prüft.[15] Das Gericht muss daher von Amts wegen prüfen, ob eine wirksame Vereinbarung des Gerichtsstands zwischen der *T-GmbH* und der *B-AG* zustande gekommen ist. Die Geständnisfiktion des § 331 Abs. 1 S. 1 ZPO gilt gem. § 331 Abs. 1 S. 2 ZPO ausdrücklich nicht für das Vorliegen einer Gerichtsstandsvereinbarung iSv § 38 ZPO. Hier ist aber nicht mehr aufklärbar, ob die Parteien am 30.12.2018 im Augustinerkeller einen Kaufvertrag über den Bagger TX-2021 geschlossen haben, in den § 3 der AGB der *B-AG* mit einbezogen worden sind. Allerdings könnte der entsprechende Vertrag mit den AGB der *B-AG* nach den Grundsätzen des Schweigens auf ein kaufmännisches Bestätigungsschreiben als mit dem Inhalt des Schreibens vom 2.1.2019 zustande gekommen gelten.[16]

(1) Rechtsgrundlage der Grundsätze

396 Die Grundsätze des Schweigens auf ein kaufmännisches Bestätigungsschreibens weichen vom allgemeinen zivilrechtlichen Grundsatz ab, nach dem Schweigen grundsätzlich keinen Erklärungsgehalt aufweist. Daher stellt sich zunächst die Frage nach der Rechtsgrundlage.[17]

397 *(a)* Bei den Grundsätzen könnte es sich zunächst um einen **Handelsbrauch** handeln, der gem. § 346 HGB zu berücksichtigen ist. Ein Handelsbrauch ist eine Verkehrssitte des Handelsverkehrs,[18] eine berechtigte Verkehrserwartung. Er zeichnet sich durch eine tatsächliche Übung unter Kaufleuten über einen gewissen Zeitraum aus. Handelsbräuche können lokal sowie auf gewisse Branchen beschränkt sein.[19] Bei ihnen handelt es sich aber nicht um Rechtsnormen, da sie, anders als Gewohnheitsrecht, keine entsprechende Rechtsauffassung der relevanten Verkehrskreise voraussetzen.[20] Das Vorliegen und der Inhalt eines Handelsbrauchs sind somit keine Rechts-, sondern revisionsrechtlich grundsätzlich nicht überprüfbare Tatfragen. Die Partei, die sich auf einen Handelsbrauch beruft, muss Bestehen und Inhalt im Prozess behaupten und beweisen.[21] Handelsbräuche sind vor allem bei der Auslegung von Willenserklärungen von Bedeutung; sie können auf diese Weise dispositives, nicht aber zwingendes Recht überwinden.[22] Allgemeine Gültigkeit erlangen Handelsbräuche (nur) über die Transformationsnorm des § 346 HGB. In diesem Fall sind sie – anders als AGB – auch dann gültig, wenn sie nicht ausdrücklich oder

---

[15] MüKoZPO/*Prütting* § 331 Rn. 4; BeckOK ZPO/*Toussaint* § 331 Rn. 3.

[16] Vgl. ausf. zu diesen Grundsätzen MüKoHGB/*K. Schmidt* § 346 Rn. 141; *Brox/Henssler* HandelsR Rn. 294; *Grigoleit/Herresthal* BGB AT Rn. 28, zur Einbeziehung von AGB auf diese Weise Rn. 378.

[17] Ausf. dazu MüKoHGB/*K. Schmidt* § 346 Rn. 130; *Canaris* HandelsR § 23 Rn. 9ff; *Kindler* GK HandelsR § 7 Rn. 13.

[18] MüKoHGB/*K. Schmidt* § 346 Rn. 1.

[19] BGH NJW 1966, 502 (503); Baumbach/Hopt/*Hopt* HGB § 346 Rn. 7; *Canaris* HandelsR § 22 Rn. 5 ff.

[20] *Jung* HandelsR Kap. 9 Rn. 12.

[21] BGH NJW 1966, 502 (503); *Kindler* GK HandelsR § 7 Rn. 70; *Canaris* HandelsR § 22 Rn. 9; zur Abgrenzung zwischen Tat- und Rechtsfrage vgl. ausführlich *Larenz* Methodenlehre S. 307.

[22] *Canaris* HandelsR § 22 Rn. 2; MüKoBGB/*Busche* § 157 Rn. 16; *Jung* HandelsR Kap. 9 Rn. 11.

stillschweigend in den Vertrag einbezogen wurden.[23] Allerdings können Handelsbräuche durch eine Abrede der Parteien ausgeschlossen werden.[24] Hiernach ist zu konstatieren, dass die Grundsätze des Schweigens auf ein kaufmännisches Bestätigungsschreiben einen Handelsbrauch darstellen. Er rechtfertigt sich aus der Schnelligkeit und Leichtigkeit des Handelsverkehrs. Bei diesem besteht ein ganz besonderes Bedürfnis nach Klarheit, sodass von einem Kaufmann als Empfänger eines entsprechenden Bestätigungsschreibens eine hinreichende kaufmännische Sorgfalt im Umgang mit seiner Post erwartet werden kann.[25]

(b) Der Handelsbrauch der Grundsätze über das Schweigen auf ein kaufmännisches 398
Bestätigungsschreiben könnte allerdings mittlerweile zu **Gewohnheitsrecht** erstarkt sein. Gewohnheitsrecht setzt eine über einen längeren Zeitraum befolgte Regel *(longa consuetudo)* voraus, die von einer Mehrheit in der Auffassung befolgt wird, dass es sich dabei um geltendes Recht handelt *(opinio iuris).*[26] Gewohnheitsrecht ist unmittelbar geltendes Recht. Es kann bestehendes positives Recht ergänzen oder auch ersetzen. Die Rechtsfolgen hängen nicht vom Willen des Betroffenen ab.[27] Handelsbräuche können zu Gewohnheitsrecht erstarken, wenn sich zusätzlich zur langen Übung auch eine entsprechende Rechtsauffassung bildet. Die Grundsätze über das Schweigen auf kaufmännische Bestätigungsschreiben werden von der ständigen Rechtsprechung seit langem als Rechtsgrundsatz anerkannt.[28] Sowohl Rechtsprechung als auch Literatur gehen von der Rechtsnormqualität aus und qualifizieren diese Grundsätze überwiegend als Gewohnheitsrecht.[29] Somit sind beide-Voraussetzungen, nämlich die dauernde Übung und die übereinstimmende Rechtsauffassung gegeben, sodass es sich bei den **Grundsätzen über das Schweigen auf ein kaufmännisches Bestätigungsschreiben** um Gewohnheitsrecht handelt.

(2) Voraussetzungen der Grundsätze über das Schweigen auf ein kaufmännisches Bestätigungsschreiben

Die Voraussetzungen dieser gewohnheitsrechtlich anerkannten Grundsätze, nament- 399
lich der persönliche und sachliche Anwendungsbereich, müssten gegeben sein.[30]

(a) Sowohl die *T-GmbH* als auch die *B-AG* sind Kaufleute, sodass der **persönliche** 400
Anwendungsbereich eröffnet ist. Inwieweit die Grundsätze des Schweigens auf ein kaufmännisches Bestätigungsschreiben auch für kaufmannsähnliche Nichtkaufleute, zB Freiberufler, gelten, kann folglich dahinstehen.

(b) Darüber hinaus müsste es vorher zu einem **geschäftlichen Kontakt** zwischen der 401
T-GmbH und der *B-AG* gekommen sein. Vorliegend haben der für die *T-GmbH* gem. § 35 Abs. 1 GmbHG vertretungsberechtigte *T* und der für die *B-AG* als Prokurist gem. §§ 164 ff. BGB, §§ 48 ff. HGB vertretungsberechtigte *F* am 30.12.2018

[23] *Jung* HandelsR Kap. 9 Rn. 12; *Kindler* GK HandelsR § 7 Rn. 68.
[24] BGH NJW 1966, 502 (503); MüKoHGB/*K. Schmidt* § 346 Rn. 40; Baumbach/Hopt/*Hopt* HGB § 346 Rn. 32.
[25] *Brox/Henssler* HandelsR Rn. 295.
[26] BVerfG NJW 1983, 25 (31); *Larenz/Canaris* Methodenlehre S. 176; *Larenz* Methodenlehre S. 433; *Bydlinski* Methodenlehre und Rechtsbegriff S. 215; *Zippelius* Methodenlehre S. 10 f.; zum Gewohnheitsrecht auch → Rn. 67 ff.
[27] MüKoHGB/*K. Schmidt* § 346 Rn. 14.
[28] Vgl. schon BGHZ 7, 187 ff.; BGHZ 11, 1 (3); BGH NJW 2011, 1965 Rn. 22, jeweils mwN.
[29] MüKoBGB/*Busche* § 147 Rn. 11; Baumbach/Hopt/*Hopt* HGB § 346 Rn. 18; *Stadler* BGB AT § 17 Rn. 30; *Brox/Henssler* HandelsR Rn. 295; *Canaris* HandelsR § 23 Rn. 10.
[30] Vgl. zu diesen *Canaris* HandelsR § 23 Rn 16 ff; *Grigoleit/Herresthal* BGB AT Rn. 28; Baumbach/Hopt/*Hopt* HGB § 346 Rn. 18 ff.; MüKoHGB/*K. Schmidt* § 346 Rn. 154 ff.

im Augustinerkeller über Bagger gesprochen und *F* hat dem *T* gegenüber den TX-2021 Monsterbagger beworben und *T* hat Interesse am Erwerb eines solchen Baggers bekundet. Das Bestätigungsschreiben nimmt mithin Bezug auf eine im Rahmen von kürzlich tatsächlich stattgefundenen Vertragsverhandlungen (vermeintlich) getroffene Abrede.

402 *(c)* Es handelt sich bei dem Schreiben vom 2.1.2019 auch um ein **echtes Bestätigungsschreiben,** da die *B-AG,* vertreten durch *F,* ersichtlich von einem Vertragsschluss zwischen beiden Parteien ausgeht.

403 *(d)* Da das Bestätigungsschreiben bereits am 2.1.2019 zuging, wurde es auch zeitnah, dh **unmittelbar im Anschluss** an den angenommenen Vertragsschluss **abgesendet.**[31]

404 *(e)* Die *B-AG* als Verfasserin des Bestätigungsschreibens ist **gutgläubig,** dh sie handelt nicht arglistig, geht mithin nicht davon aus, dass tatsächlich keine Vereinbarung dieses Inhalts getroffen worden ist.

405 *(f)* Die *T-GmbH* hat dem Bestätigungsschreiben auch **nicht unverzüglich** (§ 121 BGB) **widersprochen,** vielmehr hat sie gar nicht widersprochen.[32]

406 *(g)* Das Bestätigungsschreiben weicht **inhaltlich** nicht so weit vom Besprochenen ab, dass die absendende *B-AG* vernünftigerweise nicht mit dem Einverständnis des Empfängers rechnen konnte.

407 *(h)* Als **Rechtsfolge** der Grundsätze des Schweigens auf ein kaufmännisches Bestätigungsschreiben gilt der Vertrag zwischen der *T-GmbH* und der *B-AG* als mit dem Inhalt des Bestätigungsschreibens zustande gekommen.

(3) Wirksame Einbeziehung von § 3 der AGB der *B-AG*

408 Bei der Gerichtsstandsvereinbarung handelt es sich um **eine AGB iSv § 305 Abs. 1 BGB,** sodass diese noch am Maßstab der §§ 305 ff. BGB zu prüfen ist. Der Vertrag ist zwischen zwei Unternehmern zustande gekommen, sodass gem. § 310 Abs. 1 S. 1 BGB die speziellen Einbeziehungsvorschriften des § 305 Abs. 2, Abs. 3 BGB nicht greifen. Anwendbar sind die allgemeinen Regeln über den Vertragsschluss, also neben §§ 145 ff. BGB auch die Grundsätze über das Schweigen auf ein kaufmännisches Bestätigungsschreiben. Nimmt daher der Absender im kaufmännischen Bestätigungsschreiben erstmals Bezug auf seine AGB, werden diese durch das Schweigen zum Vertragsbestandteil.[33] Auch handelt es sich nicht um eine **überraschende Klausel** iSv § 305c Abs. 1 BGB, da Prorogationsvereinbarungen ein Charakteristikum des Handelsverkehrs sind. Dies zeigt nicht zuletzt § 38 Abs. 1 ZPO. Aus diesem Grund sind sie auch nicht gem. § 307 BGB unwirksam, nicht zuletzt ist gem. § 310 Abs. 1 S. 2 Hs. 2 BGB auf die im Handelsverkehr geltenden Gewohnheiten und Bräuche angemessen Rücksicht zu nehmen.[34] Die Gerichtsstandsvereinbarung des § 3 der AGB der *B-AG* wurde mithin wirksam in den Vertrag einbezogen.

---

[31] Als Grenze für die Unmittelbarkeit kann man ca. 2 Wochen ansetzen, vgl. *Stadler* BGB AT § 17 Rn. 30.

[32] Die Grenze für die Unverzüglichkeit ist jedenfalls bei einer Woche überschritten, vgl. Baumbach/Hopt/*Hopt* HGB § 346 Rn. 25.

[33] OLG Karlsruhe DZWiR 1994, 70 (71); MüKoHGB/*K. Schmidt* § 346 Rn. 168; Staudinger/*Mäsch*, 2019, BGB § 305 Rn. 222, 227; Palandt/*Grüneberg* BGB § 305 Rn. 52.

[34] OLG Schleswig NJW 2006, 3361; BeckOK BGB/*H. Schmidt* § 307 Rn 189; ausführlich zur Zulässigkeit: MüKoBGB/*Wurmnest* § 307 Rn. 256 ff. mwN.

cc) Zwischenergebnis

Ausschlussgründe nach § 40 ZPO nicht liegen nicht vor. Das LG Regensburg ist aufgrund der Gerichtsstandsvereinbarung gem. § 38 I ZPO örtlich zuständig. 409

c) Ergebnis zur Zuständigkeit

Das LG Regensburg ist sachlich und örtlich zuständig. 410

2. Sonstige Zulässigkeitsvoraussetzungen

Die *T-GmbH* ist gem. § 50 Abs. 1 ZPO, § 13 Abs. 1 Hs. 1 GmbHG **parteifähig** und wird gem. § 51 Abs. 1 ZPO, § 35 Abs. 1 S. 1 GmbHG durch *T* vertreten. Die *B-AG* ist gem. § 50 Abs. 1 ZPO, § 1 Abs. 1 S. 1 AktG parteifähig und wird gem. § 51 Abs. 1 ZPO, § 78 Abs. 1 S. 1 AktG durch den Vorstand vertreten. Die übrigen Zulässigkeitsvoraussetzungen liegen vor. 411

3. Ergebnis zur Zulässigkeit

Die Klage der *B-AG* ist zulässig. 412

III. Schlüssigkeit der Klage

Die Klage der *B-AG* müsste schlüssig sein. Dass ist dann der Fall, wenn die Klage den Klägervortrag als wahr unterstellt begründet wäre. Auf das Vorbringen der Beklagten kommt es aufgrund der Geständnisfiktion nach § 331 Abs. 1 S. 1 ZPO beim Erlass eines Versäumnisurteils nicht an. 413

1. Anspruch auf Zahlung von 450.000 EUR

Der *B-AG* könnte aufgrund ihres Sachvortrag ein Anspruch auf Zahlung von 450.000 EUR aus § 433 Abs. 2 BGB zustehen. Die *B-AG* trägt vor, dass am 30.12.2018 ein Vertrag mit der *T-GmbH* über einen TX-2021 Bagger um Preis von 450.000 EUR zustande gekommen sei und dass die *T-GmbH* diesen Betrag bisher nicht bezahlt hat. Das Bestreiten des Vertragsabschlusses durch die *T-GmbH* und das Vorbringen betreffend die Leistungsfähigkeit des TX-2021 sind gem. § 331 Abs. 1 S. 1 ZPO unbeachtlich. Da die Kaufpreiszahlungspflicht aus § 433 Abs. 2 BGB gem. § 271 Abs. 1 BGB im Zweifel sofort fällig ist, hat die *B-AG* – ihren Sachvortrag als wahr unterstellt – einen fälligen und durchsetzbaren Anspruch gegen die *T-GmbH* auf Zahlung von 450.000 EUR aus § 433 Abs. 2 BGB. 414

2. Zinsanspruch

Die *B-AG* könnte außerdem einen Anspruch auf Zinsen iHv 9 %-Punkten über dem jeweiligen Basiszinssatz aus 450.000 EUR seit dem 31.12.2018 haben. Ein solcher Zinsanspruch könnte sich aus §§ 288 Abs. 1 S. 1, Abs. 2, 286 BGB ergeben. Problematisch ist jedoch, dass die *B-AG* die *T-GmbH* erst am 13.5.2019 telefonisch zur Zahlung aufgefordert und somit gemahnt hat. Die Mahnung war auch nicht gem. § 286 Abs. 2 BGB entbehrlich. Mithin war die *T-GmbH* erst ab dem 14.5.2019 und nicht schon ab dem 31.12.2018 in **Verzug.** 415

Allerdings könnte die *B-AG* gem. § 353 S. 1 HGB berechtigt sein, bereits **von der Fälligkeit an** die Forderung zu verzinsen. Sowohl die *B-AG* als auch die *T-GmbH* sind Kaufleute und der Kauf des Baggers gehört zu ihrem Handelsgeschäft, sodass es sich für beide Vertragsparteien um ein Handelsgeschäft iSd § 343 Abs. 1 HGB 416 handelt. Die Höhe der Zinsen ergibt sich jedoch hier nicht aus § 288 Abs. 2 BGB, sondern aus § 352 Abs. 2 HGB, sodass die *B-AG* ab dem 31.12.2018 nur 5 % Zinsen verlangen kann.[35] Ab dem 14.5.2019 kann sie jedoch gem. §§ 288 Abs. 1 S. 1, Abs. 2, 286 BGB 9 %–Punkte über dem jeweiligen Basiszinssatz als Zins verlangen.

Vom 31.12.2018 bis zum 13.5.2019 steht der *B-AG* somit ein Zinsanspruch iHv 5 % und ab dem 14.5.2019 ein Zinsanspruch iHv 9 %-Punkten über dem jeweiligen Basiszinssatz aus 450.000 EUR zu.

3. Ergebnis zur Schlüssigkeit

417 Die Klage ist teilweise schlüssig.

IV. Ergebnis zum Ausgangsfall

418 Die formellen Voraussetzungen für den Erlass eines Versäumnisurteils liegen vor, die Klage ist zulässig und teilweise schlüssig. Das Gericht wird im Wege eines Versäumnisurteils die *T-GmbH* zur Zahlung von 450.000 EUR nebst Zinsen hieraus vom 31.12.2018 bis 13.5.2019 iHv 5 % und seit 14.5.2019 iHv 9 %-Punkten über dem jeweiligen Basiszinssatz verurteilen. Darüber hinaus wird es die Klage durch ein sog. unechtes Versäumnisurteil, das ein normales kontradiktorisches Urteil darstellt, abweisen.[36] Es handelt sich somit um ein Teilversäumnis- und Teilendurteil.[37]

Abwandlung:

419 Das Gericht könnte hier durch Endurteil der Klage der *B-AG* gegen die *T-GmbH* stattgeben.

I. Kein Säumnis und Zulässigkeit

420 In der Abwandlung wird die *T-GmbH* in Übereinstimmung mit § 78 Abs. 1 ZPO von einem Rechtsanwalt vertreten. Sie ist mithin nicht säumig.

Die Zulässigkeitsvoraussetzungen liegen vor (s. o.).

II. Begründetheit

421 Die Klage ist begründet, wenn die *B-AG* einen Anspruch auf Zahlung von 450.000 EUR nebst Zinsen hieraus iHv 9 %-Punkten über dem jeweiligen Basiszinssatz hieraus seit 31.12.2018 gegen die *T-GmbH* hat.

1. Anspruch auf Zahlung von 450.000 EUR

422 Der Anspruch auf Zahlung von 450.000 EUR könnte sich aus § 433 Abs. 2 BGB ergeben. Hierzu müsste zwischen den Parteien ein wirksamer Kaufvertrag geschlossen worden sein und dürften die Voraussetzungen der Minderung nicht vorliegen.

---

[35] Vgl. MüKoHGB/*K. Schmidt* § 353 Rn. 15; *Canaris* HandelsR § 26 Rn. 9 ff.

[36] Vgl. MüKoZPO/*Prütting* § 331 Rn. 35; BeckOK ZPO/*Toussaint* § 331 Rn. 12 f.

[37] Der Unterschied äußert sich vor allem bei den Rechtsmitteln. Während der Beklagte gegen das sie belastende Teilversäumnisurteil gem. § 338 ZPO Einspruch einlegen muss, muss der Kläger, will er sich gegen jene klageabweisende (Teil-)Entscheidung wehren, Berufung (§ 511 ZPO) oder Revision (§ 542 ZPO) einlegen.

a) Kaufvertrag

Zwischen den Parteien müsste ein Kaufvertrag iSv § 433 BGB über einen TX-2021 Bagger zu einem Kaufpreis von 450.000 EUR zustande gekommen sein. Zwar hat die *T-GmbH* den Vertragsschluss wirksam bestritten und ist nicht mehr aufklärbar, was am Abend des 30.12.2018 tatsächlich passierte, aber ein solcher Kaufvertrag gilt nach den Grundsätzen über das Schweigen auf ein kaufmännisches Bestätigungsschreiben als mit dem Inhalt des Bestätigungsschreibens vom 2.1.2019 wirksam zustande gekommen.[38] 423

b) Kaufpreisminderung gem. §§ 437 Nr. 2, 441 Abs. 1, Abs. 3 BGB

Der Kaufpreis könnte jedoch gem. §§ 437 Nr. 2, 441 Abs. 1, Abs. 3 BGB gemindert sein. 424

aa) Voraussetzungen des § 437 BGB

Zunächst müssten hierfür die Voraussetzungen des § 437 BGB vorliegen. 425

(1) Zeitlicher Anwendungsbereich der kaufrechtlichen Mängelrechte

Der zeitliche Anwendungsbereich der kaufrechtlichen Mängelrechte müsste eröffnet sein. Dies ist unabhängig von der dahingehend bestehenden Streitfrage[39] jedenfalls ab **Entgegennahme der Kaufsache** als im Wesentlichen vertragsgemäße Leistung der Fall.[40] 426

(2) Mangel bei Gefahrübergang

Weiter müsste die Kaufsache, mithin der gelieferte Bagger, mangelhaft sein. Ein **Mangel** ist die negative Abweichung der Ist- von der vertraglich geschuldeten Sollbeschaffenheit.[41] Die **Sollbeschaffenheit** richtet sich nach § 434 BGB. Vorliegend könnte eine Beschaffenheitsvereinbarung iSv § 434 Abs. 1 S. 1 BGB gegeben sein. Eine solche kann auch konkludent abgeschlossen werden.[42] Zwar ist bei der Annahme von konkludenten Beschaffenheitsvereinbarungen Zurückhaltung geboten, da der Gesetzgeber in § 434 Abs. 1 S. 2 BGB typische konkludente Beschaffenheitsvereinbarungen gesetzlich normiert hat.[43] Jedoch ist der Gesetzgeber selbst davon ausgegangen, dass die Erklärungen des Verkäufers zum Inhalt einer Beschaffenheitsvereinbarung iSd § 434 Abs. 1 S. 1 BGB werden, wenn der Verkäufer bei Vertragsschluss die Eigenschaften der verkauften Sache in einer bestimmten Weise beschreibt und der Käufer vor diesem Hintergrund seine Kaufentscheidung trifft.[44] Der Prokurist *F* der *B-AG* hat dem Geschäftsführer *T* der *T-GmbH* vor allem die gegenüber den anderen am Markt erhältlichen Baggern um 30 % gesteigerte Leistungsfähigkeit des TX-2021 beschrieben. Da *T* ersichtlich Wert auf eine hohe Leistungsfähigkeit des Baggers legte, kann man eine entsprechende Beschaffenheitsvereinbarung annehmen. Dies gilt auch, wenn – wie hier – der Vertrag als mit dem Inhalt des kauf- 427

---

[38] Vgl. → Rn. 399 ff.
[39] Vgl. dazu statt aller MüKoBGB/*Westermann* § 437 Rn. 6; *Canaris,* Karlsruher Forum, 2003, 5, 72 ff.
[40] BeckOGK/*Höpfner* BGB § 437 Rn. 9.
[41] BeckOK BGB/*Faust* § 434 Rn. 12; *Looschelders* SchuldR BT § 3 Rn. 2.
[42] BGH NJW 2013, 1075 Rn. 13.
[43] Ausf. *Grigoleit/Herresthal* JZ 2003, 118 (121).
[44] Vgl. Begr RegE BT-Drs. 14/6040, 212.

männischen Bestätigungsschreibens als geschlossen gilt. Im Bestätigungsschreiben findet sich nämlich ausdrücklich der Hinweis auf eine 30 % höhere Leistungsfähigkeit des TX-2021. Für die Auslegungsfrage, ob es sich hierbei um eine Beschaffenheitsvereinbarung iSd § 434 Abs. 1 S. 1 BGB handelt, sind neben dem bloßen Text des Bestätigungsschreibens zusätzlich die Umstände des möglichen Vertragsschlusses, auf den sich das Schreiben bezieht, mit zu berücksichtigen. Zudem ist es unstreitig möglich, dass sich eine Vertragspartei auf eine nicht im Bestätigungsschreiben erwähnte Abrede beruft, solange diese dem Bestätigungsschreiben nicht entgegensteht.[45] Insoweit ist selbst dann, wenn man dem Bestätigungsschreiben selbst keine entsprechende Beschaffenheitsvereinbarung entnimmt, jedenfalls beim potentiellen Vertragsabschluss am 30.12.2018 eine entsprechende Beschaffenheitsvereinbarung getroffen worden.

Mithin ist der Bagger, der tatsächlich nur 5 % mehr leistet als die auf dem Markt erhältlichen Bagger erbringt, mangelhaft iSd § 434 Abs. 1 S. 1 BGB. Dieser Mangel lag auch schon bei Gefahrübergang (§ 446 S. 1 BGB) vor.

(3) Ausschluss der Mängelrechte

428 Die Mängelrechte des § 437 BGB könnten jedoch gem. § 377 HGB ausgeschlossen sein, wenn die *T-GmbH* gegen die **Rügeobliegenheit** verstoßen hat. Vorliegend handelt es sich um ein beiderseitiges Handelsgeschäft, sodass § 377 HGB Anwendung findet. Sodann ist danach zu unterscheiden, ob ein sog. offener Mangel, dh bei der gebotenen Untersuchung bei Ablieferung offen zutage tretender Mangel (§ 377 Abs. 1 HGB), oder ein sog. verdeckter Mangel vorliegt (§ 377 Abs. 3 HGB). Ersterer ist unverzüglich nach Ablieferung, letzterer unverzüglich nach Entdeckung vom Käufer dem Verkäufer anzuzeigen. Indes kann diese Unterscheidung hier dahin stehen, da die Anzeige unterblieben ist und der Mangel nach *T* von Anfang an vorhanden war. Da *T* vom Mangel Kenntnis hatte, dieses Wissen gem. § 166 Abs. 1 BGB der *T-GmbH* zugerechnet wird und die *T-GmbH* die Mängelanzeige vollständig unterlassen hat, sind die Mängelrechte jedenfalls gem. § 377 Abs. 2 HGB bzw. § 377 Abs. 3 Hs. 2 HGB ausgeschlossen.

bb) Zwischenergebnis

429 Die Mängelrechte sind ausgeschlossen, sodass eine Minderung des Kaufpreises nicht in Betracht kommt. Im Übrigen ist auch keine Fristsetzung gem. §§ 441 Abs. 1 S. 1, 323 Abs. 1 BGB erfolgt bzw. diese nicht gem. §§ 441 Abs. 1 S. 1, 323 Abs. 2 BGB entbehrlich.

c) Zwischenergebnis

430 Die *B-AG* hat mithin einen Anspruch iHv 450.000 EUR gegen die *T-GmbH* aus § 433 Abs. 2 BGB.

2. Zinsanspruch

431 Wie bereits ausgeführt[46] hat die *B-AG* vom 31.12.2018 bis zum 13.5.2019 nur einen Anspruch auf einen Zinssatz iHv 5 % und ab dem 14.5.2019 einen Anspruch auf einen Zinssatz iHv 9 %-Punkten über dem jeweiligen Basiszinssatz.

---

[45] BGH NJW 1977, 384 (385); NJW 1996, 1541 (1542); MüKoHGB/*K. Schmidt* § 346 Rn. 165.

[46] Vgl. → Rn. 415 f.

3. Zwischenergebnis zur Begründetheit

Die Klage ist nur teilweise begründet. 432

III. Ergebnis zur Abwandlung

Das LG Regensburg wird die *T-GmbH* durch Endurteil verurteilen, an die *B-AG* 450.000 EUR nebst Zinsen hieraus vom 31.12.2018 bis 13.5.2019 iHv 5 % und seit dem 14.5.2019 iHv 9 %-Punkten über dem jeweiligen Basiszinssatz zu leisten; im Übrigen wird es die Klage abweisen. 433

Vertiefungshinweise

Rechtsprechung:

- BGH NJW 2013, 1074 – zur konkludenten Beschaffenheitsvereinbarung.
- BGH NZM 2017, 120 – zur Einordnung der Geldschuld als modifizierte Schickschuld.
- BVerfG NJW 1983, 25 – zum Gewohnheitsrecht.
- BGH NZM 2009, 175 – zum Wegegewohnheitsrecht.

Aufsätze:

- *Herresthal,* Die richtlinienkonforme und die verfassungskonforme Auslegung im Privatrecht, JuS 2015, 289.
- *Herresthal,* Fälligkeit der Miete unter dem neuen Recht des Zahlungsverkehrs, NZM 2011, 833.
- *Krebs/Becker,* Entstehung und Abänderbarkeit von Gewohnheitsrecht, JuS 2013, 97.
- *Larenz,* Derogierende Kraft des Gerichtsgebrauchs, NJW 1951, 497.
- *Mertens,* Untersuchungen zur zivilrechtlichen Judikatur des Reichsgerichts vor dem Inkrafttreten des BGB, AcP 174 (1974), 333 (zum Gewohnheitsrecht: 367 ff.).

Fall 4. Halali

Schwerpunkt:

Auslegung von Gesetzen

Sachverhalt

Teil 1: Der Oberpfälzer *Manfred Moser (M)* beschließt im September 2018, den Dachboden seines Hofes „auszumisten". Hierbei findet er auf dem Dachboden ein Bild, auf dem eine Treibjagdszene auf Schwarzwild abgebildet ist. Das Bild hatte er vor über 20 Jahren von seinem Großvater geschenkt bekommen. *M* beschließt, das Bild nunmehr zu verkaufen. Sein Nachbar *Norbert Nissl (N)* ist aufgrund seiner Jagdpassion an entsprechenden Bildern interessiert. *M* und *N* einigen sich über einen Erwerb des Bildes durch *N* zum Preis von 200 EUR. Beide gingen davon aus, dass das Bild von einem unbedeutenden und unbekannten Künstler aus der Zeit des Realismus stammt. *N* nimmt das Bild am nächsten Tag mit und hängt es in seiner Jagdhütte auf. Nach einer erfolgreichen Drückjagd lädt *N* seine Jagdgäste in seine Jagdhütte zum Schüsseltreiben ein. Einem der Jagdgäste, *Waldemar von Willersdorf (W),* fällt das Bild sogleich auf. Er erläutert *N,* dass es sich um ein Bild des berühmten Realisten Albert Lang handele, das Bild ca. 20.000 EUR wert sei und er, *W,* es unbedingt kaufen möchte. *N* und *W* einigen sich über den Verkauf des Bildes an *W* zum Preis von 25.000 EUR. *W* bezahlt noch am gleichen Tag in bar und nimmt das Bild mit.

Als *M* von diesem Geschehen erfährt, ist er außer sich. Er teilt *N* mit, dass er ihm das Bild keinesfalls für 200 EUR verkauft hätte, wenn er um die Herkunft des Bildes von einem berühmten Künstler gewusst hätte. Als *N* dem entgegnet, dass er nicht für Glück bestraft werden könne, äußert *M,* er wolle den Vertrag nicht mehr gelten lassen. *N* solle ihm sofort die 25.000 EUR zahlen. *N* weigert sich. *M* beantragt daher beim AG Coburg einen Mahnbescheid über 25.000 EUR, der dem *N* am 15.11.2018 zugeht. Am 30.11.2018 erlässt das AG Coburg, da zwischenzeitlich kein Widerspruch eingegangen ist, einen Vollstreckungsbescheid, der am 5.12.2018 dem *N* zugestellt wird. Am 6.12.2018 geht am AG Coburg ein Schreiben des *N* mit folgendem Inhalt ein: *„Hiermit lege ich Widerspruch gegen den Mahnbescheid ein, der mir am 15.11.2018 zugegangen ist."* Das AG Coburg gibt daraufhin den Rechtsstreit an das zuständige LG Regensburg ab.

Wie wird das LG entscheiden?

Teil 2: Um besser in sein Jagdrevier zu kommen, hat *N* beim Autohaus *Herbert Haneder (H)* im September 2018 ein Kfz Mercedes G-Klasse mit Allradantrieb erworben. *N* soll den Kaufpreis iHv 50.000 EUR in monatlichen Raten von 500 EUR zahlen. Außerdem sind sich beide einig, dass *N* erst Eigentümer des Kfz werden soll, wenn der Kaufpreis vollständig bezahlt ist. Nachdem bei einer Fahrt ins Jagdrevier Ende Oktober 2018 eine Feder gerissen ist, lässt *N* den Wagen am Freitag, 2.11.2018, von der Reparaturwerkstatt *Billig (B)* reparieren. Da *N* sehr ungeduldig ist und den Wagen am bevorstehenden Wochenende unbedingt auf einer Gesellschaftsjagd präsentieren möchte, entfernt er den Wagen, ohne *B* zu fragen, noch am Abend des 2.11.2018 nach der erfolgten Reparatur vom

Werkstattparkplatz des *B*. Als *B* dies am Montag bemerkt, widerspricht er der Entfernung bis zur Begleichung der Rechnung iHv 5.500 EUR. *N* solle den Wagen sofort zurückbringen. *N* entgegnet, er sehe dies nicht ein, immerhin sei es sein Wagen. Außerdem werde er den verlangten Werklohn nicht entrichten, da *B* keine Markenfeder eingebaut habe. Nach einem kurzen Rechtstreit wird *N* rechtskräftig zur Zahlung des Werklohns iHv 5.500 EUR verurteilt. Am 6.2.2019 lässt *B* den Wagen auf einem Grundstück des *N* in Cham pfänden. *H* fragt sich, ob er, da er noch Eigentümer ist, die Zwangsvollstreckung in den Mercedes noch verhindern kann.

Was kann *H* gegen die Zwangsvollstreckung unternehmen?

Hinweis: Auf die abgedruckten Gesetzesmaterialien wird hingewiesen

§ 740 des Ersten Entwurfes zum Bürgerlichen Gesetzbuch war ein Vorgänger des § 818 I BGB und lautete: § 740. Die Verbindlichkeit zur Herausgabe erstreckt sich auch auf das, was der Empfänger aus dem Geleisteten erlangt hat. […]

Mugdan II, S. 1185 = Prot II, S. 2993 f.: „Der § f des Hauptantrages faßte den § 740 und die auf diesen verweisenden Bestimmungen der §§ 744, 745 Abs. 2, § 747 Abs. 2, § 748 Abs. 3 zusammen. Der Abs. 1 des § f bezweckte keine sachliche Änderung des § 740 Abs. 1 des Entw., sondern suchte nur, im Anschlusse an die in den §§ 1290, 1349, 1414, 1519, 2081 Nr. 2 gewählte Fassung, zu deutlicherem Ausdrucke zu bringen, daß sich die Verbindlichkeit zur Herausgabe oder Werthvergütung nicht auf dasjenige erstrecke, was der Bereicherte durch willkürliche Verfügung über den erlangten Gegenstand erworben habe, daß vielmehr bezüglich dieses Erwerbs lediglich die Verpflichtung zur Werthvergütung gemäß § 739 in Frage komme. Gegen diese Verdeutlichung des Entw. wurde nichts erinnert.“

Mot. II, S. 405: „Einzelne Gesetzgebungen gewähren dem Vermiether auch an den von dem Miether eingebrachten Sachen dritter Personen, vorbehaltlich gewisser Ausnahmen, dann ein Pfandrecht, wenn der Vermiether zur Zeit der Einbringung der Sache in gutem Glauben war (code Art. 2102 Nr. 4, 2279; bayr. Ges. v. 23. Februar 1879 Art. 200; österr. G. B. § 1101; Schweiz. Bs. Ges. Art. 294). Ein Bedürfnis zu dieser Ausdehnung des Grundsatzes „Hand wahre Hand“ ist jedoch nicht anzuerkennen. Nach dem Entwurfe findet derselbe auf gesetzliche Pfandrecht überhaupt keine Anwendung (§§ 1147, 1152).“

Lösungsvorschlag

Gliederung

Teil 1:

c) Ohne Rechtsgrund
aa) Anfechtungserklärung
bb) Anfechtungsgrund
cc) Kein Ausschluss
dd) Zwischenergebnis
d) Rechtsfolge
aa) Herausgabe des Kaufpreises iHv 25.000 EUR
(1) Wortlaut
(2) Systematik
(3) Historie
(4) Telos
bb) Wertersatz iHv 20.000 EUR
e) Zwischenergebnis zu §§ 812 Abs. 1 S. 1 Alt. 1, 818 Abs. 1 BGB
3. Ergebnis zur Begründetheit
IV. Ergebnis zu Teil 1

Teil 2:

I. Zulässigkeit
1. Statthaftigkeit
2. Zuständigkeit
3. Rechtsschutzbedürfnis
4. Zwischenergebnis
II. Begründetheit
1. Die Veräußerung hinderndes Recht
2. Ausschluss der Klage wegen Rechtsmissbrauch
a) Verpflichtungsermächtigung analog § 185 Abs. 1 BGB
b) Gutgläubiger Erwerb nach §§ 1257, 1207, 932 BGB
c) Gutgläubiger Erwerb analog § 1207 BGB
aa) Systematisches Argument
bb) Historisches Argument
cc) Teleologisches Argument
dd) Zwischenergebnis
d) Zwischenergebnis
3. Ergebnis zur Begründetheit
III. Ergebnis zu Teil 2

Teil 1:

434 Das LG wird den Vollstreckungsbescheid aufheben und die Klage abweisen, sofern der Einspruch zulässig und soweit die Klage entweder unzulässig oder unbegründet ist.

I. Zulässigkeit des Einspruchs

435 Der Einspruch ist zulässig, wenn er **statthaft** und **innerhalb der Einspruchsfrist** wirksam erhoben worden ist.

1. Vorliegen eines Einspruchs

Problematisch ist zunächst, ob durch den „Widerspruch“ des *N* gegen den Mahnbescheid überhaupt ein **Einspruch** gegen den Vollstreckungsbescheid vorliegt. Gem. § 692 Abs. 1 Nr. 3 ZPO hat der Antragsgegner im Mahnverfahren mindestens zwei Wochen Zeit, gegen den Mahnbescheid Widerspruch zu erheben. Nach § 694 Abs. 1 ZPO ist ein Widerspruch auch nach Ablauf von zwei Wochen möglich, solange der **Vollstreckungsbescheid noch nicht verfügt** wurde. Der Vollstreckungsbescheid ist verfügt, wenn der unterschriebene Vollstreckungsbescheid von der Geschäftsstelle in den Gerichtsauslauf gegeben wird.[1] Hier wurde der Vollstreckungsbescheid am 5.12.2018 dem *N* zugestellt, sodass der Widerspruch, der beim Gericht am 6.12.2018 einging, verspätet war. Gem. § 694 Abs. 2 S. 1 ZPO ist ein **verspäteter Widerspruch als Einspruch** gegen den Vollstreckungsbescheid zu behandeln, sodass ein Einspruch vorliegt. 436

2. Statthaftigkeit des Einspruchs

Der Einspruch müsste statthaft sein. Gem. § 338 ZPO ist der Einspruch **gegen Versäumnisurteile** statthaft. Da gem. § 700 Abs. 1 ZPO der Vollstreckungsbescheid einem Versäumnisurteil gleichsteht, ist der Einspruch gem. §§ 700 Abs. 1, 338 ZPO statthaft. 437

3. Einspruchsfrist

Die Einspruchsfrist von **zwei Wochen** gem. §§ 700 Abs. 1, 339 Abs. 1 ZPO müsste gewahrt sein. Fristauslösendes Ereignis ist die Zustellung des Vollstreckungsbescheids am 5.12.2018, sodass die Frist gem. § 222 Abs. 1 ZPO, § 187 Abs. 1 BGB am 6.12.2018 um 0.00 Uhr beginnt und gem. § 222 Abs. 1 ZPO, § 188 Abs. 2 Alt. 1 BGB mit Ablauf des 19.12.2018 endet. Der Einspruch vom 6.12.2018 war mithin fristgerecht. 438

4. Zwischenergebnis

Der Einspruch ist zulässig. 439

II. Zulässigkeit

Die Klage ist zulässig, insbesondere ist das LG Regensburg laut Sachverhalt sachlich und örtlich zuständig. 440

III. Begründetheit

Die Klage ist begründet, wenn *M* gegen *N* einen **Anspruch auf Zahlung von 25.000 EUR** hat. 441

1. Anspruch aus § 816 Abs. 1 S. 1 BGB

Dem *N* könnte ein solcher Anspruch aus § 816 Abs. 1 S. 1 BGB zustehen. Voraussetzung hierfür ist, dass *N* das Gemälde als Nichtberechtigter an *W* veräußert hat. Jedoch könnte *N* hier als Berechtigter verfügt haben, wenn er im Zeitpunkt der Übereignung an *W* Eigentümer des Gemäldes war. Ursprünglich war der Großvater des *M* Eigentümer. Dieser hat es an *M* im Rahmen der Durchführung einer Schen- 442

---

[1] BGH NJW 1982, 888; MüKoZPO/*Schüler* § 694 Rn. 7.

kung an *M* gem. § 929 S. 1 BGB übereignet. Gründe, an der Wirksamkeit dieser Übereignung zu zweifeln, sind im Sachverhalt nicht ersichtlich. Problematisch ist jedoch, ob *M* sein Eigentum durch wirksame Übereignung an *N* gem. § 929 S. 1 BGB verloren hat.

a) Einigung

443 Die gem. § 929 S. 1 BGB erforderliche Einigung lag im September 2018, spätestens im Zeitpunkt der Übergabe des Bildes vor. Fraglich ist jedoch, ob diese Einigung nicht gem. § 142 Abs. 1 BGB durch Anfechtung des *M ex tunc* unwirksam ist. Als Anfechtungsgrund kommt hier lediglich ein Irrtum über eine verkehrswesentliche Eigenschaft gem. § 119 Abs. 2 BGB in Betracht. Fraglich ist jedoch, ob die Übereignung als Verfügungsgeschäft überhaupt aufgrund eines Eigenschaftsirrtums anfechtbar ist.

444 Grundsätzlich hat die Anfechtung eines Verpflichtungsgeschäfts keine Auswirkung auf das Verfügungsgeschäft. Allerdings ist es möglich, sowohl das Verpflichtungs- als auch das Verfügungsgeschäft mit demselben Anfechtungsgrund anzufechten, wenn eine sog. **Fehleridentität** gegeben ist. Dies wird regelmäßig in den Fällen angenommen, in denen Verpflichtungs- und Verfügungsgeschäft in einem **einheitlichen Willensakt** zusammenfallen.[2]

Inwieweit eine solche Fehleridentität bei einem Eigenschaftsirrtum iSd § 119 Abs. 2 BGB anzunehmen ist, ist jedoch streitig. Hier ist zunächst zu konstatieren, dass *N* das Gemälde erst am nächsten Tag abholt, also die Übereignung nicht zusammen mit dem Abschluss des Kaufvertrags in einem einheitlichen Willensakt erfolgte. Fraglich ist jedoch, ob auch dann, wenn Verpflichtungs- und Verfügungsgeschäft nicht in einem einheitlichen Willensakt zusammenfallen, eine Fehleridentität anzunehmen ist. Dies wird von Teilen der Literatur bejaht, wenn der Irrtum über eine verkehrswesentliche Eigenschaft sich sowohl auf das Verpflichtungs- als auch auf das Verfügungsgeschäft beziehe, was im Zweifel anzunehmen sei, da die Verfügung ihren Inhalt aus dem zugrundeliegenden Rechtsgeschäft erhalte. Wenn also ein Gegenstand als ein solcher bestimmter Eigenschaft verkauft würde, so würde der Gegenstand auch als ein solcher bestimmter Eigenschaft übereignet und es könne daher bei Fehlen der bestimmten Eigenschaft sowohl das Verpflichtungs- als auch das Verfügungsgeschäft nach § 119 Abs. 2 BGB angefochten werden.[3]

445 Dies wird jedoch im Hinblick auf das **Trennungs- und Abstraktionsprinzip** berechtigterweise kritisiert. Nach diesem sei der Inhalt des Verfügungsgeschäftes primär auf die Erfüllung der im schuldrechtlichen Vertrag eingegangenen Verpflichtung beschränkt. Das Verfügungsgeschäft beruht daher allenfalls mittelbar auf dem Vorliegen der besonderen Eigenschaft. Dies ist jedoch für die Annahme eines Eigenschaftsirrtums nicht ausreichend. Nur ausnahmsweise, nämlich in den Fällen in denen bei der Verfügung der Verfügungsgegenstand ausdrücklich individualisiert wird, kann eine Fehleridentität anzunehmen sein.[4]

446 Folgt man mit den besseren Argumenten der letztgenannten Ansicht, so scheidet eine Anfechtung der sachenrechtlichen Einigung wegen eines Eigenschaftsirrtums

---

[2] BGH NJW 1960, 621; BeckOGK/*Beurskens* BGB § 142 Rn. 36; Staudinger/*Roth,* 2015, BGB § 142 Rn. 22; *Baur/Stürner* SachenR § 5 Rn. 51f; *Wellenhofer* SachenR § 6 Rn. 7.

[3] Staudinger/*Roth,* 2015, BGB § 142 Rn. 22; MüKoBGB/*Armbrüster* § 119 Rn. 155; ausführlich *Flume* BGB AT II S. 479, 489.

[4] *Köhler* BGB AT JurKLB § 7 Rn. 21; *Stadler* BGB AT § 25 Rn. 60; *Grigoleit* AcP 199 (1999), 379 (398f.).

von vornherein aus. Die Einigung zwischen *M* und *N* ist somit nicht gem. § 142 Abs. 1 BGB *ex tunc* nichtig.

b) Sonstige Voraussetzungen der Übereignung

Übergabe, Einigsein im Zeitpunkt der Übergabe sowie die **Berechtigung** des *M* sind unproblematisch gegeben. *M* hat somit durch Übereignung gem. § 929 S. 1 BGB sein Eigentum am Gemälde an *N* verloren. 447

c) Zwischenergebnis zu § 816 Abs. 1 S. 1 BGB

N hat als Eigentümer das Gemälde an *W* übereignet und somit nicht als Unberechtigter. Ein Anspruch aus § 816 Abs. 1 S. 1 BGB gegen *N* auf Zahlung von 25.000 EUR scheidet mithin aus.[5] 448

2. Aus §§ 812 Abs. 1 S. 1 Alt. 1, 818 Abs. 1 BGB

Ein solcher Anspruch könnte sich aber aus §§ 812 Abs. 1 S. 1 Alt. 1, 818 Abs. 1 BGB ergeben. 449

a) Etwas erlangt

N hat **Eigentum und Besitz** an dem Gemälde, mithin Etwas iSd § 812 Abs. 1 S. 1 Alt. 1 BGB erlangt. 450

b) Durch Leistung

M hat das Gemälde an *N* übergeben und übereignet, um den Kaufvertrag über das Bild zu erfüllen. Mithin liegt eine **bewusste, zweckgerichtete Mehrung fremden Vermögens** vor,[6] also eine Leistung. 451

c) Ohne Rechtsgrund

N müsste Eigentum und Besitz an dem Bild ohne Rechtsgrund erlangt haben. Mit dem **Kaufvertrag** über das Bild bestand zunächst ein Rechtsgrund. Der Kaufvertrag könnte aber gem. § 142 Abs. 1 BGB durch Anfechtung des *M* **mit *ex-tunc*-Wirkung weggefallen** sein. 452

aa) Anfechtungserklärung

Zunächst müsste *M* gegenüber *N* die Anfechtung erklärt haben, § 143 Abs. 1 BGB. Zwar hat *M* nicht ausdrücklich das Wort „anfechten" verwendet, doch ist dies nicht notwendig. Ausreichend ist, wenn der Anfechtende zum Ausdruck bringt, dass er an seine **Vertragserklärung** aufgrund eines Willensmangels **nicht mehr gebunden** sein möchte.[7] *M* äußert, dass er den Vertrag nicht mehr gelten lassen wolle, da er Herkunft und Preis des Gemäldes nicht kannte. Aus Sicht eines objektiven Dritten (§§ 133, 157 453

---

[5] Folgt man oben der aA, so ist die Ersatzfähigkeit des rechtsgeschäftlichen Surrogats im Rahmen des § 816 Abs. 1 S. 1 BGB zu prüfen. Dies wird von der hM mit dem Argument bejaht, dass es sich bei § 816 Abs. 1 S. 2 BGB um einen Sonderfall der Eingriffskondiktion handelt und das Recht eine Sache gewinnbringend zu veräußern letztlich dem Eigentümer zugewiesen ist (vgl. dazu auch → Rn. 462, 714).

[6] Zum Leistungsbegriff BGH NJW 2004, 1169 mwN; *Larenz/Canaris* SchuldR BT II S. 132; *Loewenheim* BereicherungsR S. 23.

[7] MüKoBGB/*Busche* § 143 Rn. 2; *Grigoleit/Herresthal* BGB AT Rn. 232.

BGB) ist dies dahingehend zu verstehen, dass *M* aufgrund eines Willensmangels an seine auf den Abschluss des Kaufvertrags gerichtete Willenserklärung nicht mehr gebunden sein will. Eine Anfechtungserklärung liegt mithin vor.

bb) Anfechtungsgrund

454 Außerdem müsste ein Anfechtungsgrund vorliegen. Ein solcher könnte sich hier aus § 119 Abs. 2 BGB aus einem **Irrtum über eine verkehrswesentliche Eigenschaft** des Bildes ergeben. **Eigenschaften** sind alle wertbildenden Faktoren, die einer Sache auf Dauer anhaften, nicht jedoch der Wert der Sache selbst.[8] **Verkehrswesentlich** sind Eigenschaften, soweit sie nach der Verkehrsanschauung für die Wertschätzung und Verwertbarkeit der Sache von Bedeutung sind.[9] Hier irrt sich *M* zum einen über den Wert des Bildes. Dieser Irrtum berechtigt in einer Marktwirtschaft indes grundsätzlich nicht zur Anfechtung.[10] Zudem irrt sich *M* über die Urheberschaft des Gemäldes. Während er davon ausgeht, dass dieses von einem unbedeutenden Künstler aus der Zeit des Realismus stammt, handelt es sich in Wirklichkeit um ein Bild des berühmten Realisten *Albert Lang*. Gerade bei Kunstgegenständen ist die Urheberschaft eine wichtige, wenn nicht sogar die wichtigste Eigenschaft und damit der wichtigste wertbildende Faktor. Dieser haftet dem Bild auch auf Dauer an. Die Urheberschaft ist mithin eine verkehrswesentliche Eigenschaft.[11] *M* hat zudem geäußert, dass er das Bild in Kenntnis der tatsächlichen Urheberschaft nicht für 200 EUR veräußert hätte. Sein Irrtum war daher auch kausal für die Abgabe der Vertragserklärung. Mithin liegt ein Anfechtungsgrund in Form des Eigenschaftsirrtums gem. § 119 Abs. 2 BGB vor.

cc) Kein Ausschluss

455 Ein Ausschluss der Anfechtung ist nicht ersichtlich. *M* hat insbesondere sofort nach Kenntniserlangung von der eigentlichen Urheberschaft des Bildes die Anfechtung erklärt, sodass auch das Erfordernis der **Unverzüglichkeit** (§ 121 Abs. 1 S. 1 BGB) gewahrt ist.

dd) Zwischenergebnis

456 Aufgrund der wirksamen Anfechtung ist der Kaufvertrag gem. § 142 Abs. 1 BGB *ex tunc* unwirksam, sodass kein Rechtsgrund für die Übereignung und Übergabe des Bildes gegeben ist.

d) Rechtsfolge

457 Fraglich ist jedoch, was die Rechtsfolge der sog. *condictio indebiti* ist.[12] Grundsätzlich ist gem. § 812 Abs. 1 S. 1 Alt. 1 BGB das durch Leistung Erlangte herauszugeben. Hier hat *N* das Gemälde aber bereits veräußert und kann folglich weder Besitz noch Eigentum herausgeben, sodass fraglich ist, was *M* herausverlangen kann, insbesondere ob hiervon der **Kaufpreis umfasst** ist.

---

[8] *Köhler* BGB AT JurKLB § 7 Rn. 19; *Grigoleit/Herresthal* BGB AT Rn 156.

[9] BeckOK BGB/*Wendtland* § 119 Rn. 40; *Wolf/Neuner* BGB AT § 41 Rn. 62; *Grigoleit/Herresthal* BGB AT Rn. 157.

[10] *Grigoleit/Herresthal* BGB AT Rn 156.

[11] BGH NJW 1975, 970 (971); MüKoBGB/*Armbrüster* § 119 Rn. 144; *Wolf/Neuner* BGB AT § 41 Rn. 63.

[12] Allg. zu dieser *Larenz/Canaris* SchuldR BT II S. 254 ff.; *Loewenheim* BereicherungsR S. 128 ff.

aa) Herausgabe des Kaufpreises iHv 25.000 EUR

M könnte, da *N* das Bild für 25.000 EUR an *W* verkauft hat, den Kaufpreis als rechtsgeschäftliches Surrogat gem. § 818 Abs. 1 BGB fordern. Umstritten ist jedoch, ob § 818 Abs. 1 BGB auch das **rechtsgeschäftliche Surrogat** umfasst. Dies ist im Wege der Auslegung[13] der Norm zu ermitteln. 458

(1) Wortlaut

Zunächst ist bei Auslegung mit dem Wortsinn eines Textes, hier der Norm, zu beginnen.[14] Da *N* den Kaufpreis weder aufgrund eines erlangten Rechts noch als Ersatz für die Zerstörung, Beschädigung oder Entziehung des Gemäldes erlangt hat, spricht der Wortlaut gegen eine entsprechende Herausgabepflicht.[15] 459

(2) Systematik

Sodann ist die Systematik der Regelung in den Blick zu nehmen. Schon der Vergleich von § 818 Abs. 1 BGB mit § 285 BGB spricht gegen den Einbezug des Kaufpreises. Zwar erfasst § 285 BGB nach hM auch das rechtsgeschäftliche Surrogat,[16] die Norm ist aber ersichtlich weiter gefasst als § 818 Abs. 1 BGB.[17] Dies wird durch weitere Vorschriften bestätigt, die ebenfalls als **Surrogationsvorschriften** qualifiziert werden können. So wird in § 1418 Abs. 2 Nr. 3 BGB dasjenige zum Vorbehaltsgut gezählt, was ein Ehegatte „als Ersatz für die Zerstörung, Beschädigung oder Entziehung eines zum Vorbehaltsgut gehörenden Gegenstands *oder durch ein Rechtsgeschäft erwirbt,* das sich auf das Vorbehaltsgut bezieht“[18]. Auch § 1638 Abs. 2 BGB regelt explizit das rechtsgeschäftliche Surrogat. Nahezu identische Formulierungen enthalten die §§ 1473 Abs. 1, 2111 Abs. 1 S. 1, 2374 BGB. Diese systematische Betrachtung legt nahe, dass der Gesetzgeber die Frage **ausdrücklich normiert,** wenn er mit einer Surrogationsvorschrift auch das rechtsgeschäftliche Surrogat erfassen will. Eine solche ausdrückliche Normierung findet sich indes in § 818 Abs. 1 BGB nicht.[19] Somit spricht auch die Systematik der Regelungen des BGB gegen eine Herausgabe des *commodum ex negotiatione* aus § 818 Abs. 1 BGB. 460

cc) Historie

Auch die Gesetzgebungsgeschichte könnte dies bestätigen. Während der erste Entwurf des § 818 Abs. 1 BGB noch lautete „Die Verbindlichkeit zur Herausgabe erstreckt sich auch auf dasjenige, was der Empfänger aus dem Geleisteten erworben hat“, wurde dieser tendenziell recht weite Wortlaut im Rahmen der Diskussionen auf den heutigen Wortlaut abgeändert.[20] Diese **Beschränkung des Wortlauts** sollte gerade deutlich machen, „daß sich die Verbindlichkeit zur Herausgabe oder Werthvergütung nicht auf dasjenige erstrecke, was der Bereicherte durch willkürliche Verfügung über den erlangten Gegenstand erworben habe, daß vielmehr bezüglich 461

---

13 Zu den einzelnen Auslegungskanones ausführlich → Rn. 134 ff.
14 *Larenz/Canaris* Methodenlehre S. 141; *Kuhn* JURA 2018, 1069 (1069); → Rn. 134.
15 Vgl. auch *Canaris* FS Medicus, 1999, 25 (35).
16 BGH NJW 1958, 1040 (1041); MüKoBGB/*Emmerich* § 285 Rn. 30; BeckOK BGB/*Lorenz* § 285 Rn. 15.
17 *Canaris* FS Medicus, 1999, 25 (35).
18 Hervorh. v. d. Verf.
19 *Canaris* FS Medicus, 1999, 25 (35 f.); *Medicus/Lorenz* SchuldR II § 67 Rn. 10.
20 Vgl. Mugdan II, CXXXIII.

dieses Erwerbs lediglich die Verpflichtung zur Werthvergütung gem. § 739[21] in Frage komme".[22] Hieraus wird deutlich, dass der historische Gesetzgeber nicht die Ersatzfähigkeit rechtgeschäftlicher Surrogate im Rahmen des heutigen § 818 Abs. 1 BGB anordnen wollte.[23] Somit spricht auch die historische Auslegung gegen eine Herausgabepflicht des *commodum ex negotiatione* aus § 818 Abs. 1 BGB.

dd) Telos

462 Da Wortlaut, Systematik und historische Auslegung bereits sehr deutlich auf ein Auslegungsergebnis hinweisen, handelt es sich bei der abschließenden teleologischen Auslegung lediglich um eine **teleologische Plausibilitätskontrolle.**[24] Zu fragen ist mithin danach, ob der von den übrigen Auslegungskanones nahegelegte Ausschluss einer Herausgabepflicht des *commodum ex negotiatione* gem. § 818 Abs. 1 BGB **interessenwidrig** ist **oder** ob hierdurch **untragbare Wertungswidersprüche** entstehen. Gegen eine Interessenwidrigkeit spricht, dass § 818 Abs. 1 BGB nur den gutgläubigen Kondiktionsschuldner erfasst. Der bösgläubige Kondiktionsschuldner haftet schon gem. §§ 818 Abs. 4, 819, 285 BGB auf Gewinnherausgabe.[25] Außerdem kann es als interessengerecht bezeichnet werden, dem Bereicherungsschuldner den Gewinn aus dem Rechtsgeschäft mit dem Dritten zu belassen, weil der Gewinn auf sein rechtgeschäftliches Tätigwerden, ggf. auch auf sein Verhandlungsgeschick zurückzuführen ist.[26] Auch untragbare Wertungswidersprüche sind nicht ersichtlich. Im Verhältnis zu § 285 BGB ergibt sich dies bereits daraus, dass § 818 Abs. 1 BGB nur den gutgläubigen Bereicherungsschuldner umfasst und § 285 BGB zu den allgemeinen Vorschriften des § 818 Abs. 4 BGB zählt, nach denen ein verklagter oder bösgläubiger Kondiktionsschuldner haftet.[27] Auch zur überwiegend bejahten Ersatzfähigkeit des *commodum ex negotiatione* in § 816 Abs. 1 S. 1 BGB[28] besteht kein grundlegender Wertungswiderspruch. Zum einen verliert der Bereicherungsgläubiger in den Fällen des § 816 Abs. 1 S. 1 BGB ein dingliches Recht und in den Fällen des § 818 Abs. 1 BGB nur einen schuldrechtlichen Herausgabeanspruch. Daher besteht bei § 816 Abs. 1 S. 1 BGB ein höheres Schutzbedürfnis.[29] Zum anderen handelt es sich bei § 816 Abs. 1 S. 1 BGB um einen besonderen Fall der Eingriffskondiktion[30] und das Recht, einen Gegenstand gewinnbringend zu veräußern, ist allein dem Eigentümer zugewiesen. Bei der *condictio indebiti* nach § 812 Abs. 1 S. 1 Alt. 1 BGB ist der weiterveräußernde Bereicherungsschuldner dagegen Eigentümer, sodass dieses Recht grundsätzlich ihm zusteht. Auch in teleologischer Hinsicht ist das Ergebnis daher nicht zu beanstanden.

---

[21] § 739 des ersten Entwurfes entspricht dem heutigen § 818 Abs. 2 BGB.
[22] Prot. II, 2993 f. = Mugdan II, 1185.
[23] Vgl. Staudinger/*Lorenz,* 2007, BGB § 818 Rn. 17; *Canaris* FS Medicus, 1999, 25 (36 f.).
[24] *Canaris* FS Medicus, 1999, 25 (37).
[25] Vgl. *Canaris* FS Medicus, 1999, 25, 37.
[26] Staudinger/*Lorenz,* 2007, BGB § 818 Rn. 17; BeckOK BGB/*Wendehorst* § 818 Rn. 9.
[27] BGH NJW 1980, 178 (§ 281 BGB aF entspricht dem heutigen § 285 BGB); Jauernig/*Stadler* BGB § 818 Rn. 46.
[28] Auch bei § 816 Abs. 1 S. BGB ist umstritten, ob das *commodum ex negotiatione* ersatzfähig ist; dies wird von der hM dort bejaht, vgl. BeckOK BGB/*Wendehorst* § 816 Rn. 16; Palandt/*Sprau* BGB § 816 Rn. 10.
[29] *Canaris* FS Medicus, 1999, 25 (38).
[30] Zu dieser Einordnung vgl. *Medicus/Lorenz* SchuldR II § 64 Rn. 1.

(5) Zwischenergebnis

Alle Auslegungskanones kommen zu dem gleichen Ergebnis, sodass das rechtsgeschäftliche Surrogat richtigerweise nicht von der Herausgabepflicht des § 818 Abs. 1 BGB erfasst wird. *M* kann von *N* somit nicht die Herausgabe des Kaufpreises iHv 25.000 EUR verlangen. **463**

bb) Wertersatz iHv 20.000 EUR

Da *N* Eigentum und Besitz am Bild aufgrund der Weiterveräußerung an *W* nicht mehr herausgeben kann, muss er gem. § 818 Abs. 2 BGB hierfür Wertersatz leisten. Hierbei ist der **objektive Wert der Sache** zu ermitteln.[31] Da das Bild laut Sachverhalt einen objektiven Wert von 20.000 EUR hat, muss *N* Wertersatz iHv 20.000 EUR leisten. **464**

Allerdings könnte nach der sog. **Saldotheorie** eine Verrechnung der 20.000 EUR mit dem von *M* zurückzuzahlenden Kaufpreis iHv 200 EUR erfolgen. Nach der Saldotheorie[32] werden zwei gleichartige Bereicherungsansprüche saldiert und es hat nur der Bereicherungsgläubiger einen Anspruch, zu dessen Gunsten sich ein Saldo ergibt. Eine gesonderte Erklärung ist dabei nicht erforderlich, die Verrechnung erfolgt automatisch.[33] Nur in Ausnahmefällen wendet die Rspr. die sog. **Zweikondiktionenlehre** an.[34] Dies ist insbesondere der Fall, wenn einer der Bereicherungsgläubiger nicht vollgeschäftsfähig ist, der Vertrag durch Drohung oder Täuschung erwirkt wurde, ein wucherähnliches Geschäft nach § 138 Abs. 1 BGB vorliegt oder die Verschlechterung der Kaufsache auf einem Sachmangel beruht, den der Verkäufer nach § 439 Abs. 1 BGB im Wege der Nacherfüllung beseitigen müsste. Hier sind der Wertersatzanspruch und der Anspruch auf Rückzahlung des Kaufpreises gleichartig, da sie beide auf eine Geldleistung gerichtet sind. Eine der genannten Ausnahmen von der Saldotheorie ist nicht ersichtlich. Daher sind die beiden Ansprüche zu saldieren. Somit steht dem *M* nur ein Anspruch iHv 19.800 EUR zu.

e) Zwischenergebnis zu §§ 812 Abs. 1 S. 1 Alt. 1, 818 Abs. 1 BGB

M hat einen Anspruch auf Zahlung von 19.800 EUR aus §§ 812 Abs. 1 S. 1 Alt. 1, 818 Abs. 2 BGB gegen *N*. **465**

3. Ergebnis zur Begründetheit

M hat einen Anspruch iHv 19.800 EUR, sodass die Klage teilweise begründet ist. **466**

IV. Ergebnis zu Teil 1

Der Einspruch wurde wirksam erhoben und die Klage ist zulässig und teilweise begründet. Das LG Regensburg wird daher den Vollstreckungsbescheid iHv 19.800 EUR aufrechterhalten und ihn im Übrigen aufheben und die Klage abweisen. **467**

---

31 BGH NJW 1996, 3409 (3411).

32 Vgl. zu dieser und ihren Ausnahmen ausführlich *Wandt* Gesetzl. Schuldverhältnisse § 12 Rn. 32ff. mwN; *Larenz/Canaris* SchuldR BT II S. 321ff.; BGH NJW 2000, 3064; 1992, 1037.

33 Zwar bedarf es – abweichend von der Aufrechnung – keiner ausdrücklichen Erklärung, doch muss der Sachvortrag des *N* im Prozess den zu verrechnenden Anspruch umfassen.

34 Näher zu dieser *Larenz/Canaris* SchuldR BT II S. 321ff.; *Wandt* Gesetzl. Schuldverhältnisse § 12 Rn. 38ff.

Teil 2

468 *H* könnte eine Drittwiderspruchsklage gem. § 771 ZPO gegen *B* erheben. Diese Klage hat Aussicht auf Erfolg, wenn sie zulässig und begründet ist.

I. Zulässigkeit

469 Die Drittwiderspruchsklage gem. § 771 ZPO müsste zulässig sein.

1. Statthaftigkeit

470 Die Drittwiderspruchsklage ist nach § 771 ZPO **statthaft,** wenn der Kläger ein die **Veräußerung hinderndes Recht** an einem Gegenstand der Zwangsvollstreckung behauptet. Hier könnte sich *H* auf sein noch bestehendes Eigentum an dem Kfz berufen. Das Eigentum ist grundsätzlich ein solches die Veräußerung hinderndes Recht iSv § 771 ZPO.[35]

471 Fraglich ist jedoch, ob dies auch für das **Vorbehaltseigentum** gilt, denn *N* soll erst mit vollständiger Kaufpreiszahlung Eigentümer des Kfz werden.[36] Dies könnte mit der Überlegung verneint werden, dass das Vorbehaltseigentum hauptsächlich der Sicherung dient, sodass der Vorbehaltseigentümer auf § 805 ZPO verwiesen wäre. Allerdings muss berücksichtigt werden, dass das Vorbehaltseigentum gerade nicht wie ein Pfandrecht ausschließlich der Verwertung der Sache dient, sondern auch für einen ungestörten Vertragsablauf oder die Rückgabe der Kaufsache sorgen soll. Eine Beschränkung auf § 805 ZPO wäre daher nicht interessengerecht.[37] Außerdem handelt es sich beim Vorbehaltseigentum letztlich auch um vollwertiges Eigentum. Eine mit dem Ausschluss des § 771 ZPO einhergehende gravierende Einschränkung der Abwehrfunktion des Eigentums ist in § 771 ZPO letztlich nicht angelegt und wäre auch vor dem Hintergrund von Art. 14 Abs. 1 GG problematisch. Darüber hinaus berechtigt Vorbehaltseigentum – anders als Sicherungseigentum, das in der Insolvenz gem. § 51 Nr. 1 InsO nur zur Absonderung berechtigt[38] – im Falle einer Insolvenz zur Aussonderung nach § 47 InsO. Auch Vorbehaltseigentum stellt demnach ein die Veräußerung hinderndes Recht dar, auf welches sich *H* hier berufen könnte. Somit ist die Drittwiderspruchsklage gem. § 771 ZPO statthaft.

2. Zuständigkeit

472 Die Zwangsvollstreckung findet im Gerichtsbezirk des LG Regensburg statt, sodass das LG Regensburg gem. §§ 771 Abs. 1, 802 ZPO iVm Art. 4 Nr. 18, 5 Abs. 2 Nr. 11 GerOrgG ausschließlich **örtlich zuständig** ist. Der Streitwert liegt gem. § 6 S. 1 ZPO bei 5.500 EUR und damit über der für die Zuständigkeit des LG maßgeblichen Grenze von 5.000 EUR. Somit ist das LG Regensburg gem. § 1 ZPO, §§ 23 Nr. 1, 71 Abs. 1 GVG auch **sachlich zuständig.**[39]

---

[35] MüKoZPO/*Schmidt*/*Brinkmann* § 771 Rn. 17.

[36] Ausf. zum Vorbehaltseigentum Staudinger Eckpfeiler/*Herresthal* K Rn. 204 ff.

[37] MüKoZPO/*Schmidt*/*Brinkmann* § 771 Rn. 20.

[38] Zum Streitstand bezgl. des Sicherungseigentums vgl. ausführlich *Musielak*/*Voit* GK ZPO § 8 Rn. 1335 ff.

[39] Beachte: § 771 Abs. 1 ZPO regelt nur die örtliche Zuständigkeit, sodass auch nur diese gem. § 802 ZPO ausschließlich ist.

3. Rechtsschutzbedürfnis

Da die Zwangsvollstreckung bereits begonnen hat und das Kfz gepfändet wurde, 473
besteht ein Rechtsschutzbedürfnis des *H*.

4. Zwischenergebnis

Bei Vorliegen der übrigen Zulässigkeitsvoraussetzungen ist die Drittwiderspruchs- 474
klage gegen *B* zulässig.

II. Begründetheit

Die Drittwiderspruchsklage müsste begründet sein. Dies ist der Fall, wenn *H* ein die 475
Veräußerung hinderndes Recht in Form des Vorbehaltseigentums zusteht und die Drittwiderspruchsklage nicht rechtsmissbräuchlich (§ 242 BGB) ist.

1. Die Veräußerung hinderndes Recht

H könnte ein die Veräußerung hinderndes Recht zustehen. Hierfür müsste er 476
Eigentümer des streitgegenständlichen Kfz sein. Ursprünglich war *H* Eigentümer. Allerdings könnte er das Kfz an *N* gem. § 929 S. 1 BGB übereignet haben. Hierfür ist zunächst eine Einigung notwendig. Hier haben sich *N* und *H* darüber geeinigt, dass *N* Eigentümer werden soll. Allerdings soll *H* bis zur vollständigen Zahlung des Kaufpreises weiter Eigentümer bleiben; sie haben mithin einen Eigentumsvorbehalt iSd § 449 Abs. 1 BGB vereinbart. Die dingliche Einigung über den Eigentumsübergang steht somit unter der aufschiebenden Bedingung (§ 158 Abs. 1 BGB) der vollständigen Kaufpreiszahlung.[40] Da die Bedingung der vollständigen Kaufpreiszahlung vorliegend noch nicht eingetreten ist, ist *H* weiterhin Eigentümer des Kfz. Mithin steht *H* ein die Veräußerung hinderndes Recht iSd § 771 ZPO zu.

2. Ausschluss der Klage wegen Rechtsmissbrauch (§ 242 BGB)

Möglicherweise steht der Geltendmachung des (Vorbehalts-)Eigentums als ein die 477
Veräußerung hinderndes Recht durch *H* der Einwand der unzulässigen Rechtsausübung (§ 242 BGB; dolo agit-Einrede) entgegen. Dies wäre der Fall, wenn *B* am Kfz ein **Werkunternehmerpfandrecht gem. § 647 BGB** zusteht, aufgrund dessen er die Herausgabe des Kfz gem. §§ 1257, 1227, 985 BGB[41] von *H* wieder verlangen könnte.[42]

Somit ist zu erörtern, ob *B* ein Werkunternehmerpfandrecht nach § 647 BGB zusteht. Problematisch ist hier jedoch, dass gem. § 647 BGB ein solches nur an den „beweglichen Sachen des Bestellers" entstehen kann. Da aber – wie gezeigt[43] – *H* und nicht der Vertragspartner des Werkvertrags (Besteller) *N* Eigentümer des Kfz ist, handelt es sich bei dem Kfz nicht um eine Sache „des Bestellers".

a) Verpflichtungsermächtigung analog § 185 Abs. 1 BGB

Man könnte jedoch erwägen, dass *H* zumindest konkludent in die Reparatur des in 478
seinem Eigentum stehenden Kfz eingewilligt hat und damit in jene Situation, in der

---

[40] Beachte: § 449 Abs. 1 BGB ist insoweit nur eine Auslegungsregel.

[41] Zur Anwendbarkeit des § 985 BGB im Rahmen des § 1227 BGB: MüKoBGB/*Damrau* § 1227 Rn. 1.

[42] Vgl. zum Rechtsmissbrauchseinwand auch BGHZ 100, 95 (105).

[43] Vgl. → Rn. 476.

ein Werkunternehmerpfandrecht kraft Gesetzes entsteht. Analog § 185 Abs. 1 BGB könnte daher von einer Verpflichtungsermächtigung auszugehen sein. Eine solche Ermächtigung könnte bei gesetzlichen Schuldverhältnissen indes **abzulehnen** sein. Es widerspricht gerade der Eigenart gesetzlicher Pfandrechte, ihre Entstehung, die nicht auf einem Verfügungsakt beruht, in unmittelbarer oder entsprechender Anwendung des § 185 BGB von der Zustimmung eines Verfügungsberechtigten abhängig zu machen. Auch würde eine Verpflichtungsermächtigung, nach welcher der Eigentümer als Mitbesteller iSd § 647 BGB anzusehen wäre, den Willen des Vorbehaltsverkäufers voraussetzen, auch für die Kosten der Reparatur einzustehen. Dies ist indes regelmäßig gerade nicht der Fall.[44] Die Konstruktion einer entsprechenden Verpflichtungsermächtigung ist daher abzulehnen; für einen entsprechenden Willen des *H* bestehen zudem keine Anhaltspunkte.

b) Gutgläubiger Erwerb eines Pfandrechts nach §§ 1257, 1207, 932 BGB

479 *B* könnte gutgläubig ein Pfandrecht an dem Kfz gem. §§ 1257, 1207, 932 BGB erworben haben.[45] Auszugehen ist zunächst vom Wortlaut der Norm. Nach § 1257 BGB finden die Vorschriften über rechtsgeschäftlich bestellte Pfandrechte „auf ein kraft Gesetzes entstandenes Pfandrecht entsprechende Anwendung." Problematisch ist aber, dass § 1257 BGB die entsprechende Anwendung gerade nur auf kraft Gesetzes (bereits) *entstandene* Pfandrechte anordnet (gutgläubiger Zweiterwerb), die Frage nach dem gutgläubigen Ersterwerb jedoch gerade eine Frage nach dem *Entstehen* des Pfandrechts ist. Eine **unmittelbare Anwendung** von § 1207 BGB **überschreitet** somit die als Grenze der Auslegung anerkannte **Wortlautgrenze** und scheidet daher aus.[46]

c) Gutgläubiger Erwerb eines Pfandrechts analog § 1207 BGB

480 Allerdings könnte ein **gutgläubiger (Erst-)Erwerb des Pfandrechts** am Kfz analog § 1207 BGB möglich sein.[47] Dies setzt eine **planwidrige Regelungslücke** und eine **hinreichende Vergleichbarkeit der Interessenlagen** voraus.[48] Zunächst ist zu konstatieren, dass eine planwidrige Regelungslücke nicht durch § 1257 BGB ausgeschlossen ist, da die Norm nur entstandene Pfandrechte betrifft. Die Frage, ob im Rahmen des § 647 BGB, also der Regelung des Entstehens des Pfandrechts, eine Lücke besteht, die durch eine analoge Anwendung des § 1207 BGB geschlossen werden kann, kann nicht unter Hinweis auf den Wortlaut des § 1257 BGB ohne weiteres verneint werden.[49] Die Möglichkeit des gutgläubigen Ersterwerbs des Werkunternehmerpfandrechts ist somit nicht unmittelbar geregelt; es besteht eine entsprechende Lücke im Gesetz. Fraglich ist, ob diese analog § 1207 BGB geschlos-

---

[44] BGHZ 34, 122 (125 f.).

[45] Zum Folgenden auch Staudinger Eckpfeiler/*Herresthal* K Rn. 156; *Canaris* FS Medicus, 1999, 25, (44 ff.).

[46] *Canaris* FS Medicus, 1999, 25 (44); zur Wortlautgrenze *Larenz/Canaris* Methodenlehre S. 143 f.; *Larenz* Methodenlehre S. 322 f.; *Kramer* Methodenlehre S. 57 ff.; *Bydlinski* Methodenlehre und Rechtsbegriff S. 467 ff.; *Zippelius* Methodenlehre S. 11, 82 f.

[47] Ausf. dazu Staudinger Eckpfeiler/*Herresthal* K Rn. 156; *Canaris* FS Medicus, 1999, 25 (44 ff.).

[48] Zu den Voraussetzungen der Analogie ausführlich *Larenz/Canaris* Methodenlehre S. 202 ff.; *Kramer* Methodenlehre S. 214 f.; *Zippelius* Methodenlehre S. 68; *Bydlinski* Methodenlehre und Rechtsbegriff S. 475 f.

[49] *Canaris* FS Medicus, 1999, 25 (44).

sen werden kann, wofür insbesondere erforderlich ist, dass die Lücke auch planwidrig ist. Dies ist wiederum eine Frage der Auslegung.[50]

aa) Systematisches Argument

Für eine entsprechende Planwidrigkeit der Lücke und damit auch für eine Analogie spricht das systematische Argument. Ein solches ergibt sich aus § 366 HGB. § 366 Abs. 1 HGB erweitert im Rahmen des gutgläubigen Erwerbs den Schutz des guten Glaubens an das Eigentum um den Schutz des guten Glaubens an die Verfügungsmacht. § 366 Abs. 3 HGB ordnet an, dass bestimmte handelsrechtliche gesetzliche Pfandrechte im Hinblick auf den gutgläubigen Erwerb den rechtsgeschäftlichen Pfandrechten aus § 366 Abs. 1 HGB gleichstehen. Daraus kann man folgern, dass § 366 Abs. 3 HGB gerade die Möglichkeit des gutgläubigen Erwerbs gesetzlicher Faustpfandrechte voraussetzt.[51] **481**

bb) Historisches Argument

Gegen eine Analogie kann man jedoch historische Argumente anführen. Der Gesetzgeber hat bei der Schaffung des BGB in den Motiven klargestellt, dass der Grundsatz „Hand wahre Hand", also die Möglichkeit des gutgläubigen Erwerbs, auf gesetzliche Pfandrechte grundsätzlich keine Anwendung finden soll.[52] Auch die Entstehungsgeschichte des § 366 Abs. 3 HGB spricht gegen eine solche Analogie, denn „nach Art. 306 Abs. 3 des Handelsgesetzbuches gilt der Grundsatz des Schutzes des guten Glaubens auch in Ansehung solcher gesetzlicher Pfandrechte, und hieran wird im Gegensatze zum bürgerlichen Rechte festgehalten werden müssen".[53] Dies legt nahe, dass es sich bei § 366 Abs. 3 HGB um eine nicht verallgemeinerungsfähige Sonderregelung gerade des Handelsrechts handelt und das Fehlen einer entsprechenden Regel im allgemeinen Zivilrecht mithin nicht planwidrig ist.[54] **482**

cc) Teleologisches Argument

Darüber hinaus kann man als teleologisches Argument anführen, dass § 1207 BGB gerade eine rechtsgeschäftliche Verfügung als Grundlage für den Schutz des guten Glaubens voraussetzt und eine solche Verfügung beim Erwerb des gesetzlichen Pfandrechts gem. § 647 BGB gerade fehlt. Eine Übergabe zur Reparatur ist nicht mit der Übergabe im Rahmen einer rechtsgeschäftlichen Bestellung eines Pfandrechts vergleichbar, da sich die Parteien bei der Übergabe zur Reparatur gerade nicht über eine Pfandrechtsbestellung einig sind. Das Pfandrecht entsteht kraft Gesetzes unabhängig vom Willen und von den konkreten Vorstellungen der Parteien.[55] **483**

---

[50] → Rn. 195; Rechtsfortbildung (Analogie) und die Auslegung der Norm sind letztlich wesensgleiche Vorgänge, vgl. nur *Larenz/Canaris* Methodenlehre S. 187 ff.

[51] *Canaris* FS Medicus, 1999, 25, (44 f.); *K. Schmidt* NJW 2014, 1 (5).

[52] Mot. II S. 405.

[53] Denkschrift zum Entwurf eines Handelsgesetzbuches, 1897, 100; s. a. *Canaris* FS Medicus, 1999, 25 (46), der die These vertritt, dass die Stelle in den Materialien missverstanden wurde.

[54] So ua BGH NJW 1961, 502 (503); MüKoBGB/*Busche* § 647 Rn. 11; *Wellenhofer* SachenR § 16 Rn. 43.

[55] Ähnlich *Wellenhofer* SachenR § 16 Rn. 43.

dd) Zwischenergebnis

484 Folgt man der hM, ist eine analoge Anwendung des § 1207 BGB für gesetzliche Faustpfandrechte wie jenes in § 647 BGB geregelten abzulehnen.[56]

c) Zwischenergebnis

485 Dem *B* steht kein Werkunternehmerpfandrecht zu. Damit steht der Geltendmachung des Eigentums durch *H* als ein die Veräußerung hinderndes Recht nicht der Einwand des Rechtsmissbrauchs (§ 242 BGB) entgegen.

3. Ergebnis zur Begründetheit

486 Die Drittwiderspruchsklage ist somit begründet.

III. Ergebnis zu Teil 2

487 Die Drittwiderspruchsklage ist zulässig und begründet, mithin hat sie Aussicht auf Erfolg. *H* ist daher zur Klageerhebung zu raten. Das LG wird in einem stattgebenden Urteil die Zwangsvollstreckung in das Kfz für unzulässig erklären.

Vertiefungshinweise

Rechtsprechung:

- BGH NJW 1975, 970 – Urheberschaft eines Gemäldes als Eigenschaft.
- BGH NJW 1957, 1026 – zum commodum ex negotiatione.
- BGH NJW 1961, 502 – zum gutgläubigen Erwerb von Werkunternehmerpfandrechten.

Aufsätze und Festschriftbeiträge:

- *Canaris,* Das Rangverhältnis der klassischen Auslegungskriterien, FS Medicus, 1999, 25 ff.
- *K. Schmidt,* Neues über gesetzliche Pfandrechte an Sachen Dritter, NJW 2014, 1 ff.

---

[56] AA gut vertretbar. Als Folge ist vorliegend zu diskutieren, ob das dann gutgläubig erworbene Pfandrecht durch den Besitzverlust des B wieder erloschen ist. Dies ist iErg zu verneinen, da nur die freiwillige Aufgabe des Besitzes zum Erlöschen des Pfandrechtes gem. §§ 1257, 1253 I 1 BGB führt, vgl. MüKoBGB/*Busche* § 647 Rn. 15.

Fall 5. Windstille

Schwerpunkt:

Gesetzesauslegung unter Berücksichtigung des Unionsrechts

Sachverhalt

Anton Vorreiter (A) lebt in Rohrbach, einem kleinen Dorf im Landkreis Regensburg. Angesichts der zahlreichen Berichte über die Folgen der Klimaerwärmung beschließt er, eine Windkraftanlage zu errichten. Da er fürchtet, dass seine Nachbarn sich nicht wie er an der Ästhetik drehender Räder erfreuen können, plant er die Errichtung auf dem Acker seiner Bekannten aus dem ökologischen Buchclub *Beate Bienenfreund (B)*. Dieser Acker liegt weit außerhalb des Dorfes. *B* ist im Grundbuch als Eigentümerin des Ackers eingetragen. Sie bewilligt dem *A* eine beschränkte persönliche Dienstbarkeit mit dem Inhalt, dass *A* berechtigt ist, eine Windkraftanlage auf ihrem Acker zu errichten und zu betreiben. Am 4.10.2019 wird der Antrag auf Eintragung in das Grundbuch gestellt. Am 8.10.2019 meldet sich *Engelbert Eberfeld (E)* und teilt dem *A* mit, dass *A* keine solche Dienstbarkeit erhalten könne, da er, *E*, Eigentümer des Ackers sei, was zutrifft, und der Dienstbarkeit nicht zustimme. Das Grundbuch sei unrichtig, er habe es nur noch nicht „umschreiben lassen". Am 9.10.2019 wird die beschränkte persönliche Dienstbarkeit in das Grundbuch eingetragen. Nach der Eintragung beauftragt *A* die *Windkraft GmbH (W-GmbH)* damit, eine Windkraftanlage auf dem Acker-Grundstück zu errichten. Hierfür wird eine Gegenleistung in Höhe von 1.500.000 EUR vereinbart. Als die *W-GmbH* Ende November 2019 immer noch nicht mit dem Bau der Anlage begonnen hat, fordert *A* sie schriftlich auf, bis zum Ende des Jahres 2019 ihre Leistung zu erbringen, ansonsten werde er vom Vertrag zurücktreten. Die *W-GmbH* entgegnet, sie berufe sich auf ein Leistungsverweigerungsrecht, da *A* die Vertragsleistung nicht verlangen könne, ohne selbst seine Gegenleistung zu errichten. *A* meint er müsse erst zahlen, wenn die Windkraftanlage steht. Als die *W-GmbH* auch bis Ende 2019 die Anlage nicht errichtet hat, tritt *A* vom Vertrag mit der *W-GmbH* zurück. Die *W-GmbH* fordert ihn darauf am 4.1.2020 erneut zur Zahlung auf. Am 8.1.2020 wird dem *A* vom LG Regensburg eine Klage der *W-GmbH* auf Zahlung zugestellt. Als im frühen ersten Termin am 12.2.2020 das LG die Erfolgschancen der Klage als gering einstuft, erklärt der Prozessbevollmächtigte der *W-GmbH* die Sache für erledigt. Der Prozessvertreter des *A* widerspricht der Erledigung. Der Sachverhalt ist zwischen den Parteien unstreitig und die Sache mithin entscheidungsreif. Vom Gericht wird daher ein Termin zur Verkündung einer Entscheidung festgesetzt.

Vermerk für die Bearbeiter: Wie wird das Gericht entscheiden? Dabei ist davon auszugehen, dass die von *A* der *W-GmbH* gesetzte Frist angemessen und dass das Vorhaben baurechtlich nicht zu beanstanden war.

Hinweis: Auf den abgedruckten Auszug der Verbrauchsgüterkaufrichtlinie (RL 1999/44/EG) und die abgedruckten Gesetzgebungsmaterialien wird hingewiesen.

Verbrauchsgüterkaufrichtlinie (RL 1999/44/EG)[1]: Artikel 1 Geltungsbereich und Begriffsbestimmungen

(1) Zweck dieser Richtlinie ist die Angleichung der Rechts- und Verwaltungsvorschriften der Mitgliedstaaten zu bestimmten Aspekten des Verbrauchsgüterkaufs und der Garantien für Verbrauchsgüter zur Gewährleistung eines einheitlichen Verbraucherschutz-Mindestniveaus im Rahmen des Binnenmarkts.
(2) Im Sinne dieser Richtlinie bezeichnet der Ausdruck
  a) „Verbraucher" jede natürliche Person, die im Rahmen der unter diese Richtlinie fallenden Verträge zu einem Zweck handelt, der nicht ihrer beruflichen oder gewerblichen Tätigkeit zugerechnet werden kann;
  b) „Verbrauchsgüter" bewegliche körperliche Gegenstände, mit Ausnahme von
    - Gütern, die aufgrund von Zwangsvollstreckungsmaßnahmen oder anderen gerichtlichen Maßnahmen verkauft werden,
    - Wasser und Gas, wenn sie nicht in einem begrenzten Volumen oder in einer bestimmten Menge abgefüllt sind,
    - Strom;
  c) „Verkäufer" jede natürliche oder juristische Person, die aufgrund eines Vertrags im Rahmen ihrer beruflichen oder gewerblichen Tätigkeit Verbrauchsgüter verkauft;
  d) „Hersteller" den Hersteller von Verbrauchsgütern, deren Importeur für das Gebiet der Gemeinschaft oder jede andere Person, die sich dadurch, daß sie ihren Namen, ihre Marke oder ein anderes Kennzeichen an den Verbrauchsgütern anbringt, als Hersteller bezeichnet;
  e) „Garantie" jede von einem Verkäufer oder Hersteller gegenüber dem Verbraucher ohne Aufpreis eingegangene Verpflichtung, den Kaufpreis zu erstatten, das Verbrauchsgut zu ersetzen oder nachzubessern oder in sonstiger Weise Abhilfe zu schaffen, wenn das Verbrauchsgut nicht den in der Garantieerklärung oder in der einschlägigen Werbung genannten Eigenschaften entspricht;
  f) „Nachbesserung" bei Vertragswidrigkeit die Herstellung des vertragsgemäßen Zustands des Verbrauchsgutes.
(3) Die Mitgliedstaaten können festlegen, daß unter „Verbrauchsgütern" keine gebrauchten Güter zu verstehen sind, die in einer öffentlichen Versteigerung verkauft werden, bei der die Verbraucher die Möglichkeit haben, dem Verkauf persönlich beizuwohnen.
(4) Als Kaufverträge im Sinne dieser Richtlinie gelten auch Verträge über die Lieferung herzustellender oder zu erzeugender Verbrauchsgüter.

Artikel 8 Innerstaatliches Recht und Mindestschutz

(1) Andere Ansprüche, die der Verbraucher aufgrund innerstaatlicher Rechtsvorschriften über die vertragliche oder außervertragliche Haftung geltend machen kann, werden durch die aufgrund dieser Richtlinie gewährten Rechte nicht berührt.
(2) Die Mitgliedstaaten können in dem unter diese Richtlinie fallenden Bereich mit dem Vertrag in Einklang stehende strengere Bestimmungen erlassen oder aufrechterhalten, um ein höheres Schutzniveau für die Verbraucher sicherzustellen

Entwurf eines Gesetzes zur Modernisierung des Schuldrechts, BT-Drs. 14/6040, 268: „§ 651 RE[2] trägt damit auch Artikel 1 Abs. 4 der Verbrauchsgüterkaufrichtlinie Rechnung; danach gelten als Kaufverträge im Sinne der Richtlinie auch Verträge über die Lieferung herzustellender oder zu erzeugender Verbrauchsgüter. So entfällt auch die Notwendigkeit, im Werkvertragsrecht besondere Bestimmungen über den Verbrauchsgüterkauf bzw.-werkvertrag für die unter die Verbrauchsgüterkaufrichtlinie fallenden Werkverträge vorzusehen. § 651 RE entspricht ferner weitgehend Artikel 3 Abs. 1 UN-Kaufrecht; dort sind allerdings ausgenommen die Fälle, in denen der Besteller einen wesentlichen Teil der zur Herstellung oder Erzeugung notwendigen Stoffe selbst zur Verfügung zu stellen hat. Diese Einschränkung hat die Richtlinie, die sich im Übrigen bei dieser Frage an dem UN-Kaufrecht orientiert, nicht mit übernommen.

---

1 Richtlinie 1999/44/EG des Europäischen Parlaments und des Rates vom 25.5.1999 zu bestimmten Aspekten des Verbrauchsgüterkaufs und der Garantien für Verbrauchsgüter, ABl. EG Nr. L 171, S. 12 v. 7.7.1999.

2 § 651 RE (Regierungsentwurf) entspricht dem heutigen § 650 BGB.

§ 651 RE ist im Übrigen – dem Anwendungsbereich der Richtlinie folgend – auf bewegliche Sachen beschränkt. Von dem Anwendungsbereich des Werkvertragsrechts erfasst bleiben damit im Wesentlichen die Herstellung von Bauwerken, reine Reparaturarbeiten und die Herstellung nicht-körperlicher Werke wie zum Beispiel die Planung eines Architekten oder die Erstellung von Gutachten."

Lösungsvorschlag

Gliederung

I. Beendigung des Rechtsstreites durch Erledigungserklärung
  1. Übereinstimmende Erledigungserklärung, § 91a Abs. 1 ZPO
  2. Einseitige Erledigungserklärung
  3. Zwischenergebnis

II. Zulässigkeit
  1. Zulässigkeit der Klageänderung
  2. Besondere Zulässigkeitsvoraussetzungen der Feststellungsklage
    a) Statthaftigkeit
    b) Feststellungsinteresse
    c) Zwischenergebnis
  3. Allgemeine Zulässigkeitsvoraussetzungen
  4. Zwischenergebnis zur Zulässigkeit

III. Begründetheit
  1. Anspruch entstanden
  2. Anspruch erloschen
    a) Rücktrittserklärung
    b) Rücktrittsgrund
      aa) Nichtleistung eines fälligen und durchsetzbaren Anspruchs
        (1) Sachenrechtliche Einordnung
          (a) Einigung
          (b) Eintragung und Einigsein
          (c) Berechtigung
          (d) Zwischenergebnis
        (2) Bewegliche Sache iSd § 650 BGB
          (a) Wortlaut
          (b) Systematik
          (c) Historie
          (d) Telos
          (e) Zwischenergebnis
        (3) Zwischenergebnis
      bb) Fristsetzung
      cc) Zwischenergebnis
    c) Kein Ausschluss
    d) Zwischenergebnis
  3. Zwischenergebnis zur Begründetheit

IV. Ergebnis

Fraglich ist, welche Entscheidung das LG Regensburg verkünden wird. 488

I. Beendigung des Rechtsstreites durch Erledigungserklärung

489 Die *W-GmbH* hat zunächst einen Antrag auf Verurteilung des *A* zur Zahlung von 1.500.000 EUR gestellt und dann im Rahmen der mündlichen Verhandlung die Sache für erledigt erklärt. Daher stellt sich die Frage, ob der Rechtsstreit durch diese Erledigungserklärung beendet wurde, sodass das Gericht nur noch über die Kosten zu entscheiden hat.

1. Übereinstimmende Erledigungserklärung, § 91a Abs. 1 ZPO

490 Die Rechtshängigkeit des Streites könnte entfallen sein und das LG müsste gem. § 91a Abs. 1 S. 1 ZPO nur noch eine **Entscheidung über die Kosten des Rechtsstreits** treffen, wenn es sich um eine übereinstimmende Erledigungserklärung der Parteien handelt.[3] Da aber nur die *W-GmbH* durch ihren Prozessvertreter den Rechtsstreit für erledigt erklärt und der Prozessvertreter des *A* der Erledigung sofort und damit innerhalb der Frist des § 91a Abs. 1 S. 2 ZPO widerspricht, liegt keine übereinstimmende Erledigungserklärung vor. Das Gericht kann daher nicht im Wege eines Kostenbeschlusses nach § 91a Abs. 1 ZPO (nur) über die Kosten des Rechtsstreits entscheiden.

2. Einseitige Erledigungserklärung

491 Fraglich ist, welche Auswirkungen die somit erfolgte nur einseitige Erledigungserklärung hat. Diese Folgen sind gesetzlich nicht normiert. Einigkeit besteht aber, dass derjenige, der eine Klage erhebt, die bis zu einem erledigenden Ereignis zulässig und begründet war, im Hinblick auf die entstandenen Kosten des Rechtsstreits Schutz verdient.[4] Nach überwiegender Ansicht führt eine einseitige Erledigungserklärung zu einer **Veränderung des Streitgegenstandes.**[5] Die einseitige Erledigungserklärung ist nach dieser Ansicht als **Klageänderung in einen Feststellungsantrag** mit dem Feststellungsziel auszulegen, dass die Klage ursprünglich zulässig und begründet war und durch ein nach Rechtshängigkeit eintretendes Ereignis unzulässig oder unbegründet geworden ist.[6] Vorliegend bringt die *W-GmbH* mit ihrer einseitigen Erledigungserklärung somit zum Ausdruck, dass ihr Klagebegehren nunmehr darauf gerichtet ist, festzustellen, dass die Klage zunächst zulässig und begründet war, nunmehr sich die Hauptsache (der Streit über den prozessualen Anspruch) aber nach Rechtshängigkeit tatsächlich erledigt hat. Es liegt eine Klageänderung in eine Feststellungsklage vor.

3. Zwischenergebnis

492 Der Rechtsstreit ist nicht durch die einseitige Erledigungserklärung beendet worden. Vielmehr liegt eine Klageänderung von einer Leistungsklage hin zu einer Feststellungsklage auf Feststellung der Erledigung der zulässigen und begründeten Klage in der Hauptsache vor.

---

[3] Zu den Wirkungen der übereinstimmenden Erledigungserklärung ausf. MüKoZPO/*Schulz* § 91a Rn. 35 ff.

[4] Vgl. nur MüKoZPO/*Schulz* § 91 Rn. 95.

[5] BGH NJW 2008, 2580 Rn. 8; Musielak/Voit/*Flockenhaus* ZPO § 91a Rn 29.

[6] Vgl. für die hM statt aller BGH NJW 2002, 442; WM 2008, 1510; MüKoZPO/*Schulz* § 91a Rn. 78; HK-ZPO/*Gierl* § 91a Rn. 55; aA *Musielak/Voit* GK ZPO Rn. 502 ff.

II. Zulässigkeit

Die Klage müsste zulässig sein. 493

1. Zulässigkeit der Klageänderung

Besondere Zulässigkeitsvoraussetzung der geänderten Klage ist die Zulässigkeit der Klageänderung. Nach § 263 ZPO ist eine Klageänderung zulässig, wenn der Beklagte einwilligt oder das Gericht die **Klageänderung für sachdienlich** hält. Allerdings stellt der Übergang von der ursprünglichen Leistungsklage zur Klage auf Feststellung der Erledigung der Hauptsache eine Beschränkung des Klageantrages dar. Eine solche Beschränkung ist gem. § 264 Nr. 2 ZPO eine stets zulässige Klageänderung,[7] sodass es auf die Voraussetzungen des § 263 ZPO nicht ankommt. Die Klageänderung ist mithin zulässig. 494

2. Besondere Zulässigkeitsvoraussetzungen der Feststellungsklage

Die besonderen Zulässigkeitsvoraussetzungen der Feststellungsklage gem. § 256 Abs. 1 ZPO müssten gegeben sein. 495

a) Statthaftigkeit der Feststellungsklage

Die Feststellungsklage müsste statthaft sein. Dies ist gem. § 256 Abs. 1 ZPO der Fall, wenn die *W-GmbH* die **Feststellung des Bestehens oder Nichtbestehens eines Rechtsverhältnisses** begehrt. Ein Rechtsverhältnis ist eine aus einem konkreten Sachverhalt resultierende Beziehung zwischen mindestens zwei Personen oder einer Person und einer Sache.[8] Bei der Frage nach der Erledigung der Hauptsache geht es nicht vorrangig um die Feststellung der Erledigung selbst, sondern um die Frage, ob das Prozessrechtsverhältnis infolge der Erledigung der Hauptsache nicht mehr besteht. Somit ist die Feststellungsklage statthaft. 496

b) Feststellunginteresse

Die *W-GmbH* müsste ein Feststellungsinteresse haben. Hierfür müsste aufgrund einer Rechtsunsicherheit eine Gefahr von Nachteilen für die *W-GmbH* bestehen, das Feststellungsurteil **geeignet sein, diese Unsicherheit zu beseitigen** und kein effektiverer Weg hierfür zur Verfügung stehen. Vorliegend besteht wegen des Widerspruchs des *A* eine Unsicherheit darüber, ob die Hauptsache tatsächlich erledigt ist, was letztlich für die Kostenentscheidung erheblich ist.[9] Das hierdurch bestehende Kostenrisiko stellt einen drohenden Nachteil dar. Das Feststellungsurteil ist zur Beseitigung der Unsicherheit auch geeignet und ein einfacheres Mittel ist nicht ersichtlich, sodass das Feststellungsinteresse gegeben ist. 497

c) Zwischenergebnis

Somit sind die besonderen Voraussetzungen der Feststellungsklage gem. § 256 Abs. 1 ZPO gegeben. 498

---

7 BGH NJW 1994, 2364; HK-ZPO/*Gierl* § 91a Rn. 55.

8 BGH NJW 1957, 21; NJW 1984, 1556; MüKoZPO/*Becker-Eberhard* § 256 Rn. 10 ff.

9 MüKoZPO/*Schulz* § 91a Rn. 81.

3. Allgemeine Zulässigkeitsvoraussetzungen

499 Das LG Regensburg ist, da der Beklagte *A* seinen Sitz im Gerichtsbezirk im Landkreis Regensburg hat, gem. §§ 12, 13 ZPO, Art. 4 Nr. 18 GerOrgG **örtlich** und, da der Streitwert 5.000 EUR übersteigt, gem. § 1 ZPO, §§ 23 Nr. 1, 71 Abs. 1 GVG **sachlich zuständig.**

Die *W-GmbH* ist gem. § 50 Abs. 1 ZPO, § 13 Abs. 1 Hs. 1 GmbHG **parteifähig** und wird gem. § 51 Abs. 1 ZPO, § 35 Abs. 1 S. 1 GmbHG durch den Vorstand vertreten. *A* ist als natürliche Person gem. § 50 Abs. 1 ZPO partei- und gem. §§ 51 Abs. 1, 52 ZPO, § 2 BGB **prozessfähig.** Die allgemeinen Zulässigkeitsvoraussetzungen liegen mithin vor.

4. Zwischenergebnis zur Zulässigkeit

500 Die geänderte Klage ist somit zulässig.

III. Begründetheit

501 Die Klage der *W-GmbH* auf Feststellung, dass sich die Hauptsache erledigt hat, müsste begründet sein. Eine **Erledigung der Hauptsache** liegt vor, wenn die ursprüngliche Klage zulässig und begründet war und aufgrund eines nach Rechtshängigkeit eintretenden außerprozessualen Ereignisses unzulässig oder unbegründet geworden ist.[10] Da die ursprüngliche Klage **zulässig** war,[11] stellt sich zunächst die Frage nach ihrer ursprünglichen **Begründetheit.** Die ursprüngliche Leistungsklage war begründet, wenn der *W-GmbH* ein Anspruch auf Zahlung von 1.500.000 EUR aus dem Vertrag über die Errichtung der Windkraftanlage zustand.

1. Anspruch entstanden

502 Mit **Abschluss des Vertrags** über die Errichtung der Windkraftanlage zwischen *A* und der *W-GmbH* ist der Anspruch auf Zahlung von 1.500.000 EUR entstanden. An dieser Stelle kann noch dahinstehen, um welchen Vertragstypus es sich handelt, da die in Betracht kommenden Vertragstypen, Werkvertrag in Form eines Bauvertrages (§§ 631, § 650a BGB) oder Werkliefervertrag (§ 650 BGB), jeweils einen Vergütungsanspruch des Werkunternehmers vorsehen.

2. Anspruch erloschen

503 Der Anspruch könnte jedoch gem. §§ 346 Abs. 1, 323 Abs. 1 BGB durch den **Rücktritt des A** erloschen sein.

a) Rücktrittserklärung

504 *A* hat gegenüber der *W-GmbH* den Rücktritt erklärt; eine Rücktrittserklärung iSd § 349 BGB liegt mithin vor.

b) Rücktrittsgrund

505 Der Rücktrittsgrund könnte sich aus § 323 Abs. 1 Alt. 1 BGB ergeben, wenn die *W-GmbH* trotz **fälligen, durchsetzbaren Anspruchs** nicht geleistet hat.

---

[10] BGH NJW 1990, 3147 (3148); NJW-RR 1993, 1319 (1320).
[11] Vgl. → Rn. 499.

aa) Nichtleistung eines fälligen und durchsetzbaren Anspruchs

Hierfür müsste die *W-GmbH* dadurch, dass sie die Windkraftanlage nicht errichtet hat, eine fällige und durchsetzbare Leistung nicht erbracht haben. Nach weit überwiegender Ansicht muss die Leistung im Rahmen des § 323 Abs. 1 BGB nicht nur fällig, sondern auch durchsetzbar sein.[12] Mangels erkennbarer Abreden zur Leistungszeit war die Leistung der *W-GmbH* gem. § 271 Abs. 1 BGB **sofort fällig.** Es stellt sich somit nur die Frage, ob der Anspruch auf Errichtung der Windkraftanalage **durchsetzbar** war. 506

Der *W-GmbH* könnte die **Einrede des nichterfüllten Vertrages aus § 320 Abs. 1 BGB** zustehen. Grundsätzlich reicht im Rahmen des § 323 Abs. 1 BGB das objektive Bestehen der Einrede.[13] Zudem hat sich die *W-GmbH* ausdrücklich auf ein Leistungsverweigerungsrecht berufen mit dem Hinweis, dass *A* nicht eine Leistung fordern könne, ohne selbst seine Leistung zu erbringen. Hierin ist bei Auslegung nach dem objektiven Empfängerhorizont (§§ 133, 157 BGB) die Erhebung der Einrede des nichterfüllten Vertrages aus § 320 Abs. 1 BGB zu sehen. Da sowohl der Anspruch auf Zahlung von 1.500.000 EUR als auch der Anspruch auf Errichtung der Windkraftanlage aus demselben Vertrag stammen, stellt sich nur die Frage, ob die *W-GmbH* vorleistungspflichtig war. Denn dann ist die Einrede gem. § 320 Abs. 1 S. 1 Hs. 2 BGB ausgeschlossen. 507

Eine **Vorleistungspflicht der *W-GmbH*** könnte sich aus § 641 Abs. 1 S. 1 BGB ergeben, wonach bei Werkverträgen die **Vergütung erst mit Abnahme des Werkes** zu entrichten ist. Voraussetzung hierfür ist jedoch, dass der Vertrag zwischen der *W-GmbH* und *A* ein Werkvertrag ggf. in Form eines Bauvertrages (§§ 631, 650a BGB) ist. Hierfür spricht, dass mit der Errichtung der Windkraftanlage auf dem Grundstück der *B* letztlich der für einen Werkvertrag charakteristische Erfolg geschuldet wird und die Windkraftanlage ein Bauwerk darstellt. Allerdings könnte auch ein Werklieferverträg iSv § 650 S. 1 BGB vorliegen, wenn der Vertrag die Lieferung herzustellender oder zu erzeugender beweglicher Sachen zum Gegenstand hat. Sofern die geschuldete Windkraftanlage als bewegliche Sache einzuordnen ist, wäre – vorbehaltlich des Tatbestandsmerkmals „Lieferung" – ein Werkliefervertrag anzunehmen mit der Folge, dass gem. § 650 S. 1 BGB das Kaufrecht auf den Vertrag Anwendung findet. Eine mit § 641 Abs. 1. S. 1 BGB vergleichbare Vorleistungspflicht findet sich jedoch im Kaufrecht nicht. Zu entscheiden ist daher, ob die Windkraftanlage als bewegliche Sache iSd § 650 BGB einzuordnen ist. 508

(1) Sachenrechtliche Einordnung des Vertragsgegenstandes

Sachenrechtlich könnte die Windkraftanlage als **bewegliche Sache** einzuordnen sein. Beweglich sind danach alle Sachen, die weder als Grundstück noch als grundstücksgleich anzusehen sind.[14] Die Windkraftanlage ist kein Grundstück, doch soll die Windkraftanlage auf einem Grundstück errichtet werden. Da solche Anlagen typischerweise fest mit dem Boden verbunden sind, handelt es sich grundsätzlich um **wesentliche Bestandteile eines Grundstückes** gem. §§ 93, 94 Abs. 1 S. 1 BGB. 509

---

[12] MüKoBGB/*Ernst* § 323 Rn. 47; BeckOK BGB/*H. Schmidt* § 323 Rn. 5; BeckOGK/*Looschelders* BGB § 323 Rn. 94; *Brox/Walker* SchuldR AT § 23 Rn. 60; *Medicus/Lorenz* SchuldR I Rn. 489; *Herresthal* JURA 2008, 561.

[13] Vgl. nur *Herresthal* JURA 2008, 561 (563 f.); anders ist dies bei § 273 BGB, da dem Gläubiger sonst die Möglichkeit der Sicherheitsleistung gem. § 273 Abs. 3 BGB genommen würde.

[14] Vgl. MüKoBGB/*Busche* § 650 Rn. 3.

Somit können diese Anlagen nicht Gegenstand eines besonderen Rechts sein, sondern sind als Teil des Grundstücks anzusehen. Durch die Verbindung mit dem Grundstück, infolge derer die verbundene Sache ein wesentlicher Bestandteil iSd §§ 93, 94 Abs. 1 S. 1 BGB wird, erstreckt sich das Eigentum am Grundstück gem. § 946 BGB auch auf diese Sache.

510 Allerdings sind gem. § 95 Abs. 1 S. 2 BGB solche **Gebäude** oder Werke keine Bestandteile des Grundstücks, die **in Ausübung eines Rechts am Grundstück** vom Berechtigten mit dem Grundstück verbunden werden. Auf diese sog. Scheinbestandteile erstreckt sich das Eigentum am Grundstück nicht gem. § 946 BGB. Das „Recht am Grundstück" nach § 95 Abs. 1 S. 2 BGB erfasst nur dingliche Rechte.[15] Der Rechtsinhaber muss die Verbindung des Gebäudes/Werkes auch nicht selbst vornehmen, vielmehr ist ausreichend, dass jene Person, die die Verbindung vornimmt, vom Rechtsinhaber beauftragt wurde.[16] Hier sollte nach dem Vertrag zwischen *A* und der *W-GmbH* die Windkraftanlage auf dem Grundstück der im Grundbuch als Eigentümerin eingetragenen *B* aufgrund der für *A* bestellten beschränkten persönlichen Dienstbarkeit (§ 1090 BGB) errichtet werden. Demnach könnte die Windkraftanlage als sog. Scheinbestandteil iSd § 95 Abs. 1 S. 2 BGB und damit als bewegliche Sache einzuordnen sein.

511 Problematisch ist jedoch, ob die **beschränkte persönliche Dienstbarkeit** am Grundstück der *B,* die nur nach dem Grundbuch Berechtigte ist, **wirksam bestellt** wurde. Die Belastung eines Grundstücks mit einer solchen Dienstbarkeit richtet sich nach § 873 BGB.

(a) Einigung

512 *A* und *B* einigten sich über die Bestellung einer beschränkten persönlichen Dienstbarkeit (§ 1090 BGB) mit dem Inhalt, dass *A* berechtigt sein soll, eine Windkraftanlage auf dem Grundstück zu errichten und zu betreiben. Eine dingliche Einigung liegt somit vor. Fraglich ist jedoch, ob diese gem. §§ 125 S. 1, 126 BGB wegen eines **Formmangels** nichtig ist. Allerdings ist die dingliche Einigung im Rahmen des § 873 Abs. 1 BGB grundsätzlich **formfrei** möglich. Die besondere Formvorschrift des § 925 Abs. 1 BGB gilt nur für die Auflassung, also für die zur Übertragung des Eigentums am Grundstück erforderliche Einigung zwischen Veräußerer und Erwerber. Hier geht es jedoch um die Belastung des Grundstückes mit einer beschränkten persönlichen Dienstbarkeit, sodass § 925 Abs. 1 BGB keine Anwendung findet. Auch nach § 311b Abs. 1 S. 1 BGB, der nach seinem Wortlaut nur für Verpflichtungsgeschäfte und damit nicht für die Einigung nach § 873 Abs. 1 BGB gilt, ist die Einigung nicht formbedürftig. Mithin liegt eine wirksame dingliche Einigung zwischen *A* und *B* vor.

(b) Eintragung und Einigsein

513 Die beschränkte persönliche Dienstbarkeit wurde am 9.10.2019 in das Grundbuch eingetragen. Bis zu diesem Zeitpunkt wurde die Einigung der beiden auch nicht gem. § 873 Abs. 2 BGB widerrufen.

---

[15] OLG Schleswig WM 2005, 1909 (1912); MüKoBGB/*Stresemann* § 95 Rn. 23; *Weiß* JURA 2017, 121 (124).

[16] Staudinger/*Stieper*, 2017, BGB § 95 Rn. 22; MüKoBGB/*Stresemann* § 95 Rn. 35.

(c) Berechtigung

Problematisch ist nur, dass nicht *B*, sondern *E* **Eigentümer des Grundstücks** ist. *B* fehlt es mithin an der Berechtigung für die Belastung des konkreten Grundstücks. *A* könnte die beschränkte persönliche Dienstbarkeit jedoch im Wege des **gutgläubigen Erwerbs gem. § 892 Abs. 1 S. 1 BGB** erworben haben. *B* war im Grundbuch als Eigentümerin eingetragen und ein Widerspruch gegen die Richtigkeit war nicht im Grundbuch eingetragen. Fraglich ist jedoch, ob *A* **Kenntnis von der Unrichtigkeit des Grundbuchs** hatte. Im Zeitpunkt der Eintragung am 9.10.2019 wusste der *A*, dass nicht *B*, sondern *E* Eigentümer des Grundstücks ist, da ihm *E* dies zuvor am 8.10.2019 mitgeteilt hatte. Allerdings kommt es gem. § 892 Abs. 2 BGB nicht auf den Zeitpunkt der Eintragung an. Maßgeblicher Zeitpunkt für die Kenntnis von der Unrichtigkeit des Grundbuches ist der Zeitpunkt der Stellung des Antrags auf Eintragung. Diese Vorschrift rechtfertigt sich aus den zahlreichen Faktoren, von denen der konkrete Zeitpunkt der Eintragung abhängt und auf die der Erwerber keinerlei Einfluss haben kann. Diese Faktoren dürfen daher auch keinen Einfluss auf den Schutz des Erwerbers haben.[17] Da der Antrag am 4.10.2019 gestellt wurde und *A* erst danach am 8.10.2019 Kenntnis von der Unrichtigkeit des Grundbuchs erlangt hat, hatte er zum maßgebenden Zeitpunkt keine Kenntnis von der Unrichtigkeit des Grundbuchs. Die Voraussetzungen des gutgläubigen Erwerbs der beschränkten persönlichen Dienstbarkeit gem. § 892 Abs. 1, Abs. 2 BGB liegen somit vor. 514

(d) Zwischenergebnis

Die beschränkte persönliche Dienstbarkeit wurde von der *B* dem *A* gem. §§ 873 Abs. 1, 892 Abs. 1 S. 1, Abs. 2 BGB wirksam bestellt und die Windkraftanlage wurde in Ausübung dieses Rechts vom Rechteinhaber *A* mit dem Grundstück verbunden. Sachenrechtlich ist die Windkraftanlage somit als bewegliche Sache einzuordnen. 515

(2) Bewegliche Sache iSd § 650 BGB

Jedoch könnte der Begriff der beweglichen Sache in § 650 BGB nicht mit dem sachenrechtlichen Verständnis übereinstimmen. Dies ist eine Frage der Auslegung der Norm. 516

(a) Wortlaut

Aus dem Wortlaut des § 650 BGB ergibt sich insoweit kein eindeutiger Hinweis. Zwar werden Begriffe, die in der Rechtssprache eine spezifische Bedeutung erhalten haben, in der Regel auch in diesem Sinne verwendet. Jedoch kann das Gesetz von der von ihm selbst gesetzten Terminologie in einem Regelungsbereich in einem anderen Bereich abweichen. Klassisches Beispiel hierfür ist § 119 Abs. 2 BGB, der zwar den Begriff „Sache" verwendet, dieser Begriff stimmt aber nicht mit der Definition des Sachbegriffs in § 90 BGB überein.[18] Erforderlich sind somit im Rahmen der Auslegung lediglich gute Gründe, um darzulegen, dass der Gesetzgeber in der in Blick genommenen Regelung dem Begriff eine abweichende Bedeutung zukommen lassen will.[19] Dies vorausgesetzt lässt sich durchaus im Rahmen des § 650 517

[17] Vgl. MüKoBGB/*Kohler* § 892 Rn. 53.

[18] Vgl. MüKoBGB/*Armbrüster* § 119 Rn. 138; Staudinger/*Singer*, 2017, BGB § 119 Rn 95; s. a. schon *Larenz* Methodenlehre S. 321.

[19] *Larenz* Methodenlehre S. 322.

BGB argumentieren, dass eine auf einem Grundstück errichtete und mit dem Boden verbundene Windkraftanlage keine bewegliche Sache mehr ist, zumal der Gesetzgeber auch im Übrigen (vgl. § 119 Abs. 2 BGB) gerade nicht den sachenrechtlichen Sachbegriff im Vertragsrecht zugrunde legt.

(b) Systematik

518 Aus der systematischen Auslegung lassen sich keine entscheidenden Argumente gewinnen. Zwar lässt die sachenrechtliche Einordnung in Mobilien und Immobilien die vielfältigen Interessenlagen der schuldrechtlichen Normen unberücksichtigt, doch folgt hieraus nicht mit hinreichender Deutlichkeit ein Argument gegen die Übernahme der sachenrechtlichen Unterscheidung.

(c) Historische Auslegung[20]

519 Allerdings könnten sich aus der Entstehungsgeschichte Hinweise darauf ergeben, wie der Gesetzgeber den Begriff „bewegliche Sachen" in § 650 BGB verstand. § 650 BGB dient der **Umsetzung einer Richtlinienvorgabe,** namentlich von Art. 1 Abs. 4 VerbrGKRL (Verbrauchsgüterkaufrichtlinie). Der Gesetzgeber bringt in den Materialien zum Ausdruck, dass die Formulierung des § 650 BGB[21] der Regelung in Art. 1 Abs. 4 VerbrGKRL Rechnung trägt. Darüber hinaus entspräche § 650 BGB, mit Ausnahme einer Einschränkung, auch Art. 3 Abs. 1 UN-Kaufrecht, an dem sich letztlich auch die Richtlinie orientiert, ebenfalls mit einer Einschränkung.[22] Daher ist für das zutreffende Verständnis des § 650 BGB nicht ein rein nationales Verständnis entscheidend, sondern letztlich verweisen die Normverfasser auf die Begrifflichkeiten der Verbrauchsgüterkaufrichtlinie.[23]

520 (aa) Für die **Auslegung der Richtlinie** ist entscheidend, dass Art. 1 Abs. 4 VerbrGKRL auch Verträge über die Lieferung herzustellender oder zu erzeugender Verbrauchsgüter unter den Begriff des Kaufvertrags fasst. *Verbrauchsgüter* sind gem. Art. 1 Abs. 2 VerbrGKRL bewegliche körperliche Gegenstände. Die Richtlinie selbst enthält zwar keine Definition für bewegliche körperliche Gegenstände, doch spricht einiges dafür, dass sie insoweit den natürlichen Sprachgebrauch zugrunde legt. Da nämlich die Richtlinie gerade den Erwerb von Massengütern zum Verbrauch und nicht die Abwicklung von Verträgen über Immobilien im Blick hat, liegt es nahe, dass auf eine Beweglichkeit der Güter im tatsächlichen und nicht in einem spezifischen rechtlichen Sinn abzustellen ist.[24] Ebenfalls für eine Beweglichkeit im tatsächlichen Sinn spricht, dass der Zweck der Richtlinie gerade die Harmonisierung innerhalb der EU ist.[25] Soll dieser Zweck aber erreicht werden, so darf auf die sachenrechtlichen Eigenheiten nationaler Rechtsordnungen bei der Sachdefinition keine Rücksicht genommen werden. Da die EU bisher keinen Rechtsakt mit einer Regelung erlassen hat, nach der eine tatsächlich nicht bewegliche Sache gleichwohl

---

[20] Die Ausführungen zur richtlinienkonformen bzw. richtlinienorientierten Auslegung sind nachfolgend als Teil der historischen Auslegung aufgenommen. Dies entspricht der Lösung des BGH. Vorzugswürdig nach *Herresthal* ist eine Verortung dieser Erwägungen im Rahmen der systematischen Auslegung, vgl. dazu *Herresthal* JuS 2016, 289 (292); sowie *Herresthal* Rechtsfortbildung S. 287; → Rn. 228.

[21] Die Regelung entspricht § 651 BGB aF.

[22] Vgl. Begr RegE BT-Drs. 14/6040, 268.

[23] Vgl. auch BGH NJW 2009, 2877 Rn. 11 (*obiter dictum*); BeckOGK/*Molt* BGB § 650 Rn. 27; MüKoBGB/*Busche* § 650 Rn. 3; BeckOK BGB/*Voit* § 650 Rn. 3.

[24] BeckOGK/*Molt* BGB § 650 Rn. 27.

[25] Vgl. Erwägungsgründe 1 und 2 zu RL 1999/44/EG; vgl. auch Art. 118 AEUV.

rechtlich als eine bewegliche Sache eingeordnet wird, kann bei Art. 1 Abs. 2 VerbrGKRL nur eine **tatsächliche Beweglichkeit der körperlichen Gegenstände** gemeint sein. Somit sind nach dem Sprachverständnis der Richtlinie Scheinbestandteile iSd § 95 BGB nicht als bewegliche körperliche Gegenstände iSd Art. 1 Abs. 2 VerbrGKRL einzuordnen.

(bb) Fraglich ist jedoch die **Auswirkung des Verständnisses der Richtlinie auf das nationale Recht,** hier insbesondere auf § 650 BGB. Das Verständnis des Sachbegriffs der Verbrauchsgüterkaufrichtlinie könnte im Wege der sog. **richtlinienkonformen Auslegung** die Auslegung des § 650 BGB entscheidend prägen.[26] Die Pflicht zur richtlinienkonformen Auslegung ergibt sich aus Art. 288 Abs. 3 AEUV, Art. 4 Abs. 3 EUV. Sie verpflichtet die nationalen Gerichte im Rahmen des nach nationalen Methoden Möglichen dem Inhalt der Richtlinie bei der Auslegung und Fortbildung des nationalen Rechts zur Geltung zu verhelfen. Mit Blick auf die nationalen Methoden ist aber zu berücksichtigen, dass grundlegende Änderungen der Verfassungsstruktur, insbesondere die Einführung von Art. 23 GG, den nationalen Methodenkanon ändern können.[27] Die Auslegung nach den klassischen Kriterien ist daher im Rahmen der richtlinien- bzw. europarechtskonformen Auslegung um eine **Vorrangregel** zu ergänzen. Nach dieser ist von mehreren möglichen Auslegungsergebnissen dasjenige zwingend zu wählen, das dem Europarecht bzw. der Richtlinie entspricht.[28] Die richtlinienkonforme Auslegung greift jedoch nur im Regelungsbereich der Richtlinie. Vorliegend steht jedoch die Erstreckung einer nationalen Regelung zur Umsetzung einer Richtlinienvorgabe (§ 650 BGB) auf Sachen (Scheinbestandteile iSv § 95 BGB) im Raum, die von der Richtlinie nicht mehr umfasst wird. Somit geht es um die Frage, ob eine ***extensiv überschießende*** **Umsetzung der Richtlinienvorgabe** vorliegt,[29] dh eine Erstreckung auf von der Richtlinie nicht erfasste Sachverhalte. Außerhalb des Regelungsbereichs der Richtlinie besteht aber die genannte Vorrangregel gerade nicht, dh die Auslegung der nationalen Norm, die eine Richtlinienvorgabe umsetzt, erfolgt außerhalb des Regelungsbereichs der Richtlinienvorgabe nach den autonomen nationalen Auslegungsmethoden ohne unionsrechtlich induzierte Vorrangregel. Hieraus kann ggf. eine sog. gespaltene Auslegung der nationalen Norm folgen.[30] Eine richtlinienkonforme Auslegung des § 650 BGB kommt somit insofern nicht in Betracht. 521

Allerdings kann ein aus der Richtlinie abgeleitetes Argument ohne weiteres auch außerhalb des Regelungsbereichs der Richtlinienvorgabe im Rahmen der Auslegung der nationalen Norm herangezogen werden. Ein solches Argument kann aus dem Begriffsverständnis der Richtlinie oder dem Regelungsziel der Richtlinie folgen. Man spricht insoweit von einer **richtlinienorientierten Auslegung.** Bei dieser besteht die oben genannte Vorrangregel nicht. Die aus der Richtlinie abgeleiteten Aspekte werden im Rahmen der historischen, teleologischen oder systematischen Auslegung der nationalen Norm berücksichtigt. Dabei kann das aus der Richtlinie 522

---

[26] Ausf. zu dieser *Herresthal* JuS 2014, 289 (291 f); *Herresthal* Rechtsfortbildung S. 237 f.; *Canaris* FS Bydlinski, 2002, 47 (64 ff.); s. a. BVerfG NJW 2012, 669; BGH NJW 2017, 1093; NJW 2013, 220 Rn. 15 ff.; BGH GRUR 2019, 165 Rn. 15.

[27] *Herresthal* JuS 2014, 289 (290 f.); *Herresthal* Rechtsfortbildung S. 65 ff.

[28] Ausf. zum Vorgehen bei der richtlinienkonformen Auslegung *Herresthal* JuS 2014, 289 (291).

[29] Zur Unterscheidung zwischen der extensiv überschießenden und der intensiv überschießenden Umsetzung einer Richtlinie näher *Herresthal* JZ 2006, 695 (705 f.).

[30] Vgl. zur gespaltenen Auslegung Riesenhuber/*Habersack/Meyer* § 14 Rn. 37 ff; NK-BGB/*Looschelders* Anh. zu § 133 Rn. 35; Streinz/*W. Schroeder* AEUV Art. 288 Rn. 116; Grabitz/Hilf/Nettesheim/*Nettesheim* EGV Art. 249 Rn. 151.

abgeleitete Argument im Rahmen der Abwägung der Auslegungskriterien hinter einem anderen Kriterium zurücktreten.[31] Bei § 650 BGB hat der Gesetzgeber ausdrücklich zum Ausdruck gebracht, dass er dessen Inhalt gerade an Art. 1 Abs. 4 VerbrGKRL anlehnen will.[32] Der natürliche Sprachgebrauch der Richtlinie soll folglich nach den Erwägungen des historischen nationalen Gesetzgebers auch für § 650 BGB maßgeblich sein. Daher spricht ein gewichtiges Argument dafür, dass Scheinbestandteile iSv § 95 BGB nicht als bewegliche Sachen iSd § 650 BGB anzusehen sind.

(d) Telos

523 Das nach der historischen Auslegung recht deutliche Auslegungsergebnis müsste auch mit dem Telos der Norm in Einklang zu bringen sein. Dies ist der Fall, wenn die Auslegung weder zu Wertungswidersprüchen führt noch das Auslegungsergebnis interessenwidrig ist.[33] Hierfür spricht, dass bei einer Maßgeblichkeit der sachenrechtlichen Einordnung in bewegliche und unbewegliche Sachen die strukturell gleiche Leistung (hier: Errichtung einer Windkraftanlage) in Abhängigkeit von den Rechtsverhältnissen am Grundstück zwei unterschiedlichen Vertragstypen zugeordnet wird.[34] Zudem wird die Anwendung des Kaufrechts der Interessenlage der Beteiligten nicht vollständig gerecht, denn diese Interessenlage ändert sich nicht dadurch, dass der Besteller nicht Eigentümer des Grundstücks, sondern nur Berechtigter ist.[35] Somit ist auch aus teleologischen Gesichtspunkten der Begriff „bewegliche Sachen" in § 650 BGB dem natürlichen und nicht dem spezifisch sachenrechtlichen Sprachgebrauch zuzuordnen.

(e) Zwischenergebnis

524 Somit ist für den Begriff der beweglichen Sache in § 650 BGB der natürliche Sprachgebrauch maßgeblich. Die Windkraftanlage ist daher keine bewegliche Sache iSd § 650 BGB.[36]

(3) Zwischenergebnis

525 Der Vertrag zwischen der *W-GmbH* und *A* ist somit nicht gem. § 650 BGB als Werkliefervertrag, sondern als Werkvertrag in Form eines Bauvertrages (§§ 631, 650a BGB) einzuordnen. Die *W-GmbH* ist damit gem. § 641 Abs. 1 S. 1 BGB vorleistungspflichtig, sodass ihr die Einrede des nichterfüllten Vertrages aus § 320 Abs. 1 BGB nicht zusteht. Damit liegt eine Nichterbringung einer fälligen und durchsetzbaren Leistung iSd § 323 Abs. 1 Alt. 1 BGB vor.

---

[31] BGH NJW 2002, 1881 (1884) – *Heininger;* MüKoBGB/*Lorenz* Vor § 474 Rn. 4; *Herresthal* JuS 2014, 289 (292); *Canaris* FS Bydlinski, 2002, 46 (65 f.).

[32] BT-Drs. 14/6040, 268.

[33] Vgl. *Canaris* FS Medicus, 1999, 25 (37); *Larenz* Methodenlehre S. 333 ff.; *Larenz/Canaris* Methodenlehre S. 153 ff.; *Kramer* Methodenlehre S. 159 ff.

[34] BeckOK BGB/*Voit* § 650 Rn. 3; Staudinger/*Peters/Jacoby,* 2014, BGB § 651 aF Rn. 4; ebenso BeckOGK/*Molt* BGB § 650 Rn. 26 (nicht nachvollziehbare und willkürliche Abgrenzung).

[35] MüKoBGB/*Busche* § 650 Rn. 9; BeckOK BGB/*Voit* § 650 Rn. 3.

[36] Wie hier MüKoBGB/*Busche* § 650 Rn. 3; BeckOGK/*Molt* BGB § 650 Rn. 25; BeckOK BGB/*Voit* § 650 Rn. 3; aA OLG Schleswig WM 2005, 1909; LG Flensburg WM 2000, 2112.

bb) Fristsetzung

Laut Sachverhalt hat *A* die *W-GmbH* schriftlich zur Leistung bis spätestens Ende 2019 aufgefordert und somit eine Frist zur Nacherfüllung gesetzt. Diese Frist ist auch angemessen. 526

cc) Zwischenergebnis

Somit liegt der Rücktrittsgrund der Nichtleistung gem. § 323 Abs. 1 Alt. 1 BGB vor. 527

c) Kein Ausschluss des Rücktritts

Ausschlussgründe sind nicht ersichtlich, insbesondere ist der Rücktritt nicht nach §§ 218 Abs. 1, 195, 199 BGB ausgeschlossen. 528

d) Zwischenergebnis

Aufgrund des wirksamen Rücktritts des *A* vom Vertrag ist der vertragliche Anspruch der *W-GmbH* auf Zahlung von 1.500.000 EUR erloschen. 529

3. Zwischenergebnis zur Begründetheit

Die Hauptsache war schon ursprünglich unbegründet. Demnach liegt keine außerprozessuale Erledigung einer zulässigen und begründeten Klage vor. Auf das außerprozessuale Ereignis nach Rechtshängigkeit kommt es mithin nicht mehr an. Die Klage der *W-GmbH* ist somit unbegründet. 530

IV. Ergebnis

Die Klage der *W-GmbH* auf Feststellung der Erledigung der Hauptsache ist zwar zulässig, aber unbegründet. Daher wird das LG Regensburg die Klage vollumfänglich abweisen und der *W-GmbH* gem. § 90 ZPO die Kosten des Rechtsstreits auferlegen. 531

Vertiefungshinweise

Rechtsprechung:

- BGH NJW 2002, 1881 – Zur richtlinienorientierten Auslegung.
- OLG Schleswig WM 2005, 1909 – Windkraftanlage als Scheinbestandteil.

Aufsätze und Festschriftbeiträge:

- *Canaris,* Das Rangverhältnis der klassischen Auslegungskriterien, FS Medicus, 1999, 25 ff.
- *Canaris,* Die richtlinienkonforme Auslegung und Rechtsfortbildung, FS Bydlinski, 2002, 47 ff.
- *Herresthal,* Die richtlinienkonforme und die verfassungskonforme Auslegung im Privatrecht, JuS 2015, 289.

Fall 6. Stadionverbot mit Konsequenzen

Schwerpunkt:

Einwirkungen der Verfassung auf das Zivilrecht

Sachverhalt

Hugo Haudrauf (H) aus Regensburg ist Fan des in der 1. Bundesliga spielenden *1. FC Bavaria Giesing e. V. (FCB),* der seinen Sitz in München hat. Er ist zudem Mitglied einer Gruppierung von FCB-Fans, den „BumBumBoyz". Diese Gruppierung ist bekannt dafür, dass sie eine Gruppe besonders gewaltbereiter Hooligans umfasst. Als am 14.4.2019 das entscheidende Heimspiel gegen *Borussia Preußen (BP)* ansteht, erwerben *H* und seine Freunde von den „BumBumBoyz" am Ticketschalter des Stadions für jeweils 12 EUR Karten für einen Stehplatz in der Südkurve. Als *BP* in der 13. Spielminute mit 1:0 in Führung geht, beschließt *H,* die gegnerische Mannschaft zu demoralisieren. Er entrollt ein mitgebrachtes Banner mit der Aufschrift „Tod und Hass der Borussia", worunter ein Fadenkreuz abgebildet ist. Die in einem benachbarten Block sitzenden Fans der *BP* sehen das Banner und versuchen, zu *H* zu gelangen, um ihm das Banner zu entreißen. Als Folge kommt es zu gewalttätigen Auseinandersetzungen zwischen den Mitgliedern der „BumBumBoyz" und den Fans des *BP,* die erst durch die Polizei beendet werden. Gegen *H* wird ein Ermittlungsverfahren ua wegen Landfriedensbruchs eingeleitet, das am 19.4.2019 nach § 153a StPO gegen eine Geldauflage iHv 8.000 EUR eingestellt wird.

Am 23.4.2019 erhält *H* vom *FCB* ein Schreiben, in dem ihm – gestützt auf das Hausrecht – ein bundesweites Stadionverbot bis Ende 2019 ausgesprochen wird, da zu befürchten sei, dass er auch in Zukunft vergleichbare Störungen verursachen wird. Die Vereine der 1. Bundesliga haben sich wirksam gegenseitig ermächtigt, bundesweite Hausverbote zu erteilen. Mit dem Stadionverbot wird *H* in eine vom DFB geführte Liste bundesweiter Stadionverbote eingetragen. Diese wird regelmäßig den Fußballvereinen zur Weiterleitung an die Polizei übermittelt. *H* erhebt Klage beim AG München gegen den *FCB* mit dem Antrag, das Stadionverbot aufzuheben. Für ihn als Fußballfan sei der wöchentliche Stadionbesuch Ausdruck einer Teilhabe am gesellschaftlichen Leben. Der Verein hätte ihn zumindest zuvor anhören müssen. Zudem habe er nur das Banner hochgehalten und sich nicht an den gewaltsamen Auseinandersetzungen beteiligt. Mit Schriftsatz vom 4.8.2019 beantragt der *FCB* die Klage abzuweisen. *H* sei in einer Gruppe gewaltbereiter Hooligans im Stadion gewesen und habe durch das Entrollen des Banners die gewalttätigen Auseinandersetzungen hervorgerufen. Zudem sei der Inhalt des Banners gewaltverherrlichend. Eine Anhörung müsse nicht erfolgen, schließlich sei der *FCB* kein Hoheitsträger. Gleichzeitig erhebt der *FCB* eine Widerklage gegen den *H* auf Zahlung von 4.500 EUR. Dies wird damit begründet, dass der DFB dem *FCB* wegen des Banners eine Verbandsstrafe in dieser Höhe auferlegt hat, die nach der DFB-Satzung auch dazu dienen soll, das Fehlverhalten einzelner Stadionbesucher ggf. auch durch einen Regressanspruch des Vereins in Zukunft auszuschließen. Da *H* das Banner mitgebracht und entrollt habe, müsse er diesen Schaden ersetzen. *H* beantragt die Widerklage abzuweisen, da der Betrag das Rechtsverhältnis zwischen dem DFB und dem *FCB* betreffe. In der mündlichen Verhandlung am 10.1.2020 meint *H*, dass zwar das Stadionverbot für die Vergangenheit nicht mehr aufgehoben werden könne, er jedoch die Feststellung verlange, dass es rechtswidrig war. Die Widerklage hält er weiterhin für verfehlt. Das Gericht setzt sodann einen Termin zur Verkündung einer Entscheidung fest.

Bearbeitervermerk: Wie wird das Gericht entscheiden? Der Streitwert der Klage beträgt 2.000 EUR. Der Tatsachenvortrag der Parteien ist als wahr zu unterstellen. Die Rechtmäßigkeit der Liste des DFB über bundesweite Stadionverbote und die Praxis ihrer Weitergabe sind nicht zu problematisieren.

Lösungsvorschlag

Gliederung

- I. Erfolgsaussichten der Klage des *H*
  - 1. Zulässigkeit der Klage
    - a) Zulässigkeit der Klageänderung
    - b) Besondere Zulässigkeitsvoraussetzungen der Feststellungsklage, §§ 495, 256 Abs. 1 ZPO
      - aa) Statthaftigkeit
      - bb) Feststellungsinteresse
    - c) Allgemeine Zulässigkeitsvoraussetzungen
    - d) Zwischenergebnis
  - 2. Begründetheit der Klage
    - a) Rechtsgrundlage des Stadionverbotes
    - b) Ausschluss der Rücknahme des Einverständnisses nach § 242 BGB
      - aa) Mittelbare Drittwirkung der Grundrechte
      - bb) Erfordernis eines sachlichen Grundes
      - cc) Erforderlichkeit der Anhörung
      - dd) Zwischenergebnis
    - c) Erteilung durch den *FCB*
    - d) Zwischenergebnis
  - 3. Ergebnis zur Klage des *H*
- II. Erfolgsaussichten der Widerklage des *FCB*
  - 1. Zulässigkeit der Widerklage
    - a) Besondere Zulässigkeitsvoraussetzungen der Widerklage
      - aa) Rechtshängigkeit der Klage
      - bb) Eigener Streitgegenstand
      - cc) Parteiidentität
      - dd) Konnexität
      - ee) Kein Ausschluss
      - ff) Zwischenergebnis
    - b) Allgemeine Zulässigkeitsvoraussetzungen
    - c) Zwischenergebnis
  - 2. Begründetheit der Widerklage
    - a) Schuldverhältnis

b) Pflichtverletzung
c) Vertretenmüssen
d) Kausaler Schaden
aa) Schaden und äquivalente Kausalität
bb) Adäquate Kausalität
cc) Schutzzweck der Norm
e) Zwischenergebnis
3. Ergebnis zur Widerklage des *FCB*
III. Ergebnis

532 Fraglich ist, wie das AG entscheiden wird. Bei der Prüfung ist zunächst zu bedenken, dass Klage und Widerklage, auch wenn sie in einem Verfahren zusammen behandelt werden, zwei eigenständige Klagen sind.

I. Erfolgsaussichten der Klage des *H*

533 Die Klage des *H* auf Feststellung der Rechtswidrigkeit des Stadionverbots hat Aussicht auf Erfolg, wenn sie zulässig und begründet ist.

1. Zulässigkeit der Klage

534 Die Klage des *H* müsste zulässig sein. Die Äußerung des *H,* er wolle, nachdem das Stadionverbot zum Zeitpunkt der mündlichen Verhandlung bereits abgelaufen war, zumindest festgestellt haben, dass das Stadionverbot rechtswidrig war, ist als **Klageänderung in eine Feststellungsklage** zu verstehen (§§ 133, 157 BGB).

a) Zulässigkeit der Klageänderung

535 Besondere Zulässigkeitsvoraussetzung einer geänderten Klage ist die Zulässigkeit der Klageänderung. *H* verlangte zunächst die Aufhebung des Stadionverbots. Die Klageänderung in eine Feststellung der Rechtswidrigkeit ist gem. §§ 495, 263 ZPO zulässig, wenn der Beklagte **zustimmt** oder die **Klageänderung sachdienlich** ist. Allerdings könnte die Änderung des Klageantrags hier eine nach §§ 495, 264 Nr. 2 ZPO jederzeit zulässige Beschränkung des Klageantrags darstellen. Dies kann aber nach §§ 495, 267 ZPO dahinstehen, wenn eine Einwilligung des Beklagten in die Klageänderung zu vermuten ist, weil sich der Beklagte ohne Widerspruch auf die geänderte Klage einlässt. Der *FCB* hat der Klageänderung nicht widersprochen. Die Klageänderung ist damit jedenfalls gem. §§ 495, 263 Alt. 1, 267 ZPO zulässig.

b) Besondere Zulässigkeitsvoraussetzungen der Feststellungsklage, §§ 495, 256 Abs. 1 ZPO

536 Die besonderen Zulässigkeitsvoraussetzungen der Feststellungsklage gem. §§ 495, 256 Abs. 1 ZPO müssten vorliegen.

aa) Statthaftigkeit

537 Die Feststellungsklage müsste statthaft sein. Dies ist gem. §§ 495, 256 Abs. 1 ZPO der Fall, wenn *H* die **Feststellung des Bestehens oder Nichtbestehens eines Rechtsverhältnisses** begehrt. Ein Rechtsverhältnis ist eine aus einem Sachverhalt resultierende Beziehung zwischen mindestens zwei Personen oder einer Person und

einer Sache.[1] Problematisch ist hier, dass *H* die Feststellung der Rechtswidrigkeit des Stadionverbots beantragt, das Stadionverbot als solches jedoch kein Rechtsverhältnis ist. Bei der Auslegung der Prozesserklärung des *H* ist jedoch nicht am Wortlaut zu haften. Im Zweifel ist dasjenige gewollt, was nach den Maßstäben der Rechtsordnung vernünftig ist und der wohlverstandenen Interessenlage entspricht.[2] Die prozessuale Erklärung des *H* ist mithin dahingehend zu verstehen, dass er die Feststellung des Nichtbestehens eines Rechtsverhältnisses zwischen ihm und dem *FCB* beantragt, kraft dessen der *FCB* ihm bis Ende 2019 bundesweit den Zutritt zu den Stadien untersagen konnte. Das Abstellen auf die „Rechtswidrigkeit" des Stadionverbots ist nur eine abgekürzte Ausdrucksweise.[3] Somit beantragt *H* die Feststellung des Nichtbestehens eines Rechtsverhältnisses, mithin ist die Feststellungklage gem. §§ 495, 256 Abs. 1 ZPO statthaft.

bb) Feststellungsinteresse

H müsste ein rechtliches Interesse an der Feststellung haben. Ein solches Feststellungsinteresse liegt vor, wenn **aufgrund einer Rechtsunsicherheit eine Gefahr von Nachteilen** für *H* bestehen, das Feststellungsurteil geeignet ist, diese Unsicherheit zu beseitigen und kein einfacherer Weg hierfür zur Verfügung steht. Grundsätzlich sind daher nur Rechtsverhältnisse feststellungsfähig, die sich in der Gegenwart auswirken. Dem könnte entgegenstehen, dass das Stadionverbot mittlerweile schon **in der Vergangenheit** liegt und daher die Unsicherheit über ein Rechtsverhältnis, kraft dessen der *FCB* ein solches Verbot hatte erlassen könnten, keine (aktuellen) Nachteile für *H* bewirkt. 538

Allerdings strahlen die Verfassungsinhalte, insbesondere die Grundrechte und die in der Verfassung verankerten Prinzipien auf das einfache Gesetzesrecht aus. Aufgrund dieser **Ausstrahlungswirkung der Verfassung** sind die Wertungen der Verfassung bei der Auslegung des einfachen Rechts zu berücksichtigen.[4] Die aus der Verfassung auf diese Weise gewonnenen Argumente sind mit hohem argumentativem Gewicht Teil der systematischen Auslegung und in die Abwägung der Auslegungskriterien einzustellen.[5] Eine Vorrangregel, nach der sich stets die Wertungen der Verfassung entscheidend durchsetzen, besteht nicht. Diese Art der **verfassungsorientierten Auslegung**[6] unterscheidet sich daher von der verfassungskonformen Auslegung im engeren Sinn.[7] Denn die verfassungskonforme Auslegung zielt auf die Einhaltung der Verfassung durch das einfache Gesetzesrecht und damit auf die Normerhaltung. Methodisch wird dies durch eine Vorrangregel erreicht, nach der von mehreren möglichen Auslegungsergebnissen jenen der Vorrang einzuräumen ist, die der Verfassung entsprechen.[8] Grenzen findet die verfassungskonforme Auslegung in den 539

---

[1] BGH NJW 1957, 21; 1984, 1556; MüKoZPO/*Becker-Eberhard* § 256 Rn. 10 ff.

[2] BGH NJW-RR 2016, 1404 Rn. 10.

[3] Vgl. BGH NJW-RR 2016, 1404 Rn. 10.

[4] BVerfG NJW 1958, 257 – *Lüth; Larenz* Methodenlehre S. 339; *Kramer* Methodenlehre S. 108; *Bydlinski/Bydlinski* Grundzüge Methodenlehre S. 55 (die nicht nur die Ausstrahlungswirkung, sondern auch die Vermeidung echter Normwidersprüche mit höherrangigen Recht betonen); *Herresthal* JuS 2014, 289 (296); → Rn. 21, → Rn. 24, → Rn. 245.

[5] Vgl. *Herresthal* JuS 2016, 289 (296); mit einer Verortung im Bereich der teleologischen Auslegung, vgl. *Larenz/Canaris* Methodenlehre S. 159 ff.; pro systematische Auslegung: Palandt/*Grüneberg* Einl. Rn. 42; MüKoBGB/*Säcker* Einl Rn. 141.; von teleologisch-systematischer Auslegung spricht *Bydlinski/ Bydlinski* Grundzüge Methodenlehre S. 55.

[6] Vgl. zur Begrifflichkeit *Mann* Arbeitstechnik Rn. 291; *Herresthal* JuS 2016, 289 (296).

[7] Ausf. zu dieser → Rn. 245.

[8] Vgl. *Larenz* Methodenlehre S. 339; *Herresthal* JuS 2014, 289 (295 f.).

Grenzen des Wortlauts und den wesentlichen gesetzgeberischen Grundentscheidungen und Wertungen.[9]

540 Der Ablauf eines entsprechenden Stadionverbots aufgrund der üblichen Dauer eines Zivilprozesses wird der Regelfall sein. Nach der Wertung des Art. 19 Abs. 4 GG muss die Rechtsordnung diesem Rechnung tragen, indem sie die Änderung der Leistungs- in die Feststellungsklage zulässt. Anderenfalls wäre *H* darauf beschränkt, sich damit abzufinden, dass das Stadionverbot durch Zeitablauf erledigt ist, ohne dass ihm eine rechtskräftige Feststellung der Rechtswidrigkeit möglich wäre. Dies würde dem Gebot eines effektiven Rechtsschutzes widersprechen.[10] Für die Bejahung eines „rechtlichen Interesses“ iSd §§ 495, 256 Abs. 1 ZPO kann zudem das Rehabilitationsinteresse des *H* angeführt werden. Denn das Stadionverbot kann zu einer erheblichen Verletzung des allgemeinen Persönlichkeitsrechts gem. Art. 2 Abs. 1, Art. 1 Abs. 1 GG geführt haben, zu dessen Ausgleich die Feststellung der Rechtswidrigkeit erforderlich ist.[11] Hiervon kann vorliegend ausgegangen werden, da *H* mit dem bundesweiten Stadionverbot von einer für ihn an der Teilhabe am gesellschaftlichen Leben wesentlichen Betätigung völlig ausgeschlossen ist. Zudem wurde sein Name mit Ausspruch des Stadionverbots in eine Datei des DFB über die bundesweiten Stadionverbote aufgenommen und diese Datei wird an die Vereine ua zur Weitergabe an die Polizei übermittelt. Somit ergibt sich ist auch aus den Wertungen des Art. 2 Abs. 1, Art. 1 Abs. 1 GG ein im Rahmen der §§ 495, 256 Abs. 1 ZPO anzuerkennendes Interesse des *H*. Somit besteht ein „rechtliches Interesse“ iSd §§ 495, 256 Abs. 1 ZPO an der Feststellung.

c) Allgemeine Zulässigkeitsvoraussetzungen

541 Auch die allgemeinen Zulässigkeitsvoraussetzungen müssten gewahrt sein. Das AG München ist gem. § 1 ZPO, §§ 23 Nr. 1, 71 Abs. 1 GVG **sachlich zuständig,** da der Wert der Streitsache unter 5.000 EUR liegt, weil gem. § 5 Hs. 2 ZPO der Streitwert von Klage und Widerklage nicht zu addieren sind. Die **örtliche Zuständigkeit** ergibt sich aus §§ 12, 17 Abs. 1 ZPO, Art. 5 Abs. 2 Nr. 47 GerOrgG, da der *FCB* seinen Sitz in München hat. *H* ist gem. § 50 Abs. 1 ZPO **parteifähig und** gem. § 51 Abs. 1 ZPO **prozessfähig.** Der *FCB* ist gem. § 50 Abs. 1 ZPO, § 21 BGB parteifähig und wird gem. § 51 Abs. 1 ZPO, § 26 Abs. 1 S. 2 BGB vom Vorstand vertreten.

d) Zwischenergebnis

542 Die Klage des *H* ist mithin zulässig.

2. Begründetheit der Klage

543 Die Klage des *H* müsste zudem begründet sein. Dies ist der Fall, wenn kein Rechtsverhältnis bestand, wonach der *FCB* dem *H* ein bundesweites Stadionverbot erteilen konnte.

a) Rechtsgrundlage des Stadionverbots

544 Der *FCB* stützt das Stadionverbot auf sein Hausrecht und das der übrigen Fußballvereine der 1. Bundesliga. Es handelt sich mithin um eine Form des Hausverbotes.

---

9 Maunz/Dürig/*Walter* GG Art. 93 Rn. 113; *Herresthal* JuS 2014, 289 (296); dazu auch → Rn. 249 f.
10 Vgl. BVerfG NJW 2002, 2456; BGH NJW 2010, 534 Rn. 10.
11 BGH NJW 2010, 534 Rn. 9; NJW-RR 2016, 1404 Rn. 18.

Ein **privatrechtliches Hausverbot** hat seine **Grundlage in den §§ 858, 859 BGB.**[12] Sofern der Besitzer zugleich auch Eigentümer ist, kann das Hausverbot auch auf das Eigentum und die dem Eigentümer gem. § 903 S. 1 BGB zugewiesene Befugnis gestützt werden, andere von jeder Einwirkung auszuschließen.[13] Das Betreten eines Gebäudes ist stets eine Besitzstörung gegenüber dem Besitzer, die nach § 858 Abs. 1 BGB verbotene Eigenmacht darstellt, wenn sie ohne den Willen des Besitzers erfolgt. Der Besitzer kann derartige Besitzstörungen grundsätzlich nach freiem Belieben zulassen oder verbieten. Die Erklärung des **Einverständnisses des Besitzers mit der Besitzstörung** nach § 858 Abs. 1 BGB ist nach zutreffender hM kein Rechtsgeschäft, sondern lediglich eine Äußerung des natürlichen (partiellen) Besitzaufgabewillens.[14]

Der *actus contrarius,* dh das **Hausverbot als Rücknahme/Ausschluss des Einverständnisses,** stellt sich besitzrechtlich als individuelle Rücknahme eines – durch die Eröffnung des Verkehrs generell erklärten – Einverständnisses mit der Besitzstörung dar, also ebenfalls um eine rein tatsächliche Äußerung des natürlichen Besitzwillens des Besitzers. Dennoch hat diese Willensäußerung rechtliche Folgen, denn sie begründet das Selbsthilferecht des Besitzers (§ 859 BGB) und die Strafbarkeit des Störers gem. § 123 StGB (Hausfriedensbruch). Zudem kann das Betreten gem. § 862 Abs. 1 S. 2 BGB bzw. im Falle der Eigentümerstellung auch nach § 1004 Abs. 1 S. 2 BGB untersagt werden. Die konkrete Willensäußerung kann daher als „wirksam" oder „unwirksam" bezeichnet werden, je nachdem, ob sie diese Folgen auslösen kann oder nicht. Auch die Regeln über die Stellvertretung sind jedenfalls analog auf diese Willensäußerung anwendbar, sodass der *FCB* für die anderen Vereine, die ihn ermächtigt haben, das Stadionverbot für deren Stadien aussprechen konnte. 545

b) Ausschluss der Rücknahme des Einverständnisses nach § 242 BGB

Die Rücknahme der tatsächlichen Zustimmung zum Betreten des Stadions könnte jedoch gem. § 242 BGB nach Treu und Glauben ausgeschlossen sein. Bei der im Rahmen von § 242 BGB zu treffenden Interessenabwägung sind insbesondere die in den Grundrechten verankerten grundlegenden **objektiven Wertentscheidungen der Verfassung** zu berücksichtigen. Die Generalklauseln, insbesondere §§ 138, 242 BGB, sind daher „Einfallstore" für die Berücksichtigung der grundrechtlichen Wertungen im Privatrecht.[15] 546

aa) Mittelbare Drittwirkung der Grundrechte

Fraglich ist, wie die Wertungen des Grundgesetzes auf das Zivilrecht einwirken. Das Zivilrecht zeichnet sich dadurch aus, dass es – wie hier – zumeist ein Verhältnis zwischen Privaten regelt. Nach der ständigen Rechtsprechung des BVerfG verpflichten die Grundrechte indes nicht Private im Rechtsverhältnis zu anderen Privaten.[16] Jedoch strahlen die **Grundrechte** auch auf das Privatrecht aus und sind von den Gerichten ua über die Generalklauseln und die Auslegung unbestimmter Rechts- 547

---

[12] Vgl. *Löwisch/Rieble* NJW 1994, 2596; *Christensen* JuS 1996, 873.

[13] Vgl. BGH NJW 2012, 1725 Rn. 8; MüKoBGB/*Brückner* § 903 Rn. 53 ff.

[14] MüKoBGB/*Schäfer* § 858 Rn. 7 mwN; Staudinger/*Gutzeit,* 2018, BGB § 858 Rn. 17

[15] BGH NJW 2012, 1725 Rn. 14; MüKoBGB/*Schubert* § 242 Rn. 53 ff.; *Canaris* AcP 184 (1984), 201 (240).

[16] Vgl. ausf. dazu und zum Folgenden BVerfG NJW 2018, 1667 Rn. 32 f.; NZA 2014, 1387 Rn. 109; NJW 2001, 957 (958); NJW 1958, 257; BGH NJW 2010, 534 Rn. 13; MüKoBGB/*Armbrüster* § 134 Rn. 34; NK-BGB/*Looschelders* § 134 Rn. 40 f.; *Michl* JZ 2018, 910 (910 f.).

begriffe in privatrechtlichen Normen zur Geltung zu bringen. Ziel ist hierbei nicht eine Minimierung freiheitsbeschränkender Eingriffe (des Staates), sondern die verfassungsrechtlich verbürgte Freiheit der einen Partei mit der konfligierenden verfassungsrechtlich verbürgten Freiheit der anderen Partei zum Ausgleich zu bringen. Im Wege praktischer Konkordanz sind daher die kollidierenden Grundrechtspositionen derart in Ausgleich zu bringen, dass sie für alle Beteiligten möglichst weitgehend wirksam werden. Dieser Ausgleich ist sodann von den Gerichten bei der **Auslegung der privatrechtlichen Normen,** insbesondere der unbestimmten Rechtsbegriffe, sowie bei der Anwendung der Generalklauseln, vor allem der §§ 138, 242 BGB, zugrunde zu legen.

bb) Sachlicher Grund des Stadionverbots

(1) Erforderlichkeit eines sachlichen Grundes

548 Fraglich ist somit, ob aus dieser mittelbaren Drittwirkung der Grundrechte das Erfordernis eines sachlichen Grundes für ein Stadionverbot folgt und wenn ja, ob ein solcher Grund hier vorliegt. Der *FCB* und andere Vereine können aufgrund der **Vertragsfreiheit (Art. 2 Abs. 1 GG)** und des **Eigentumsrechts (Art. 14 Abs. 1 GG)**[17] nach ihrer Willkür Personen den Zutritt verweigern. Allerdings haben der *FCB* und die übrigen Vereine die Stadien für das allgemeine Publikum geöffnet. Daher sind der **allgemeine Gleichheitssatz aus Art. 3 Abs. 1 GG**[18] und das (verfassungsrechtliche) **allgemeine Persönlichkeitsrecht (Art. 2 Abs. 1, Art. 1 Abs. 1 GG)** zu berücksichtigen.[19] Allerdings enthält Art. 3 Abs. 1 GG kein objektives Verfassungsprinzip dergestalt, dass privatrechtliche Beziehungen grundsätzlich gleichheitsgerecht ausgestaltet sein müssen. Vielmehr ist der Privatautonomie der Privaten überantwortet, wie diese Verträge abschließen und ihr Eigentum nutzen.

549 Nach der Rechtsprechung des BVerfG enthält Art. 3 Abs. 1 GG aber in Konstellationen eines bundesweiten Stadionverbots gleichheitsrechtliche Anforderungen.[20] Maßgeblich sei der Charakter des Stadionverbots als einseitiger Ausschluss einzelner von Veranstaltungen, die einem großen Publikum ohne Ansehen der Person geöffnet werden und die für die Betroffenen in erheblichem Umfang über deren Teilnahme am gesellschaftlichen Leben entscheidet. *H* hat gerade geltend gemacht, dass für ihn als Fußballfan der Stadionbesuch Ausdruck einer Teilhabe am gesellschaftlichen Leben ist. Nach dem BVerfG trifft einen Privaten, der solche Veranstaltungen durchführt, von Verfassungs wegen die Pflicht, sein Hausrecht und die daraus folgende Entscheidungsmacht nicht dazu zu nutzen, einzelne Personen ohne sachlichen Grund von der Veranstaltung auszuschließen.[21] Somit ist nach Ansicht des BVerfG zum Ausgleich der hier gegenläufigen verfassungsrechtlichen Wertungen der Art. 14 Abs. 1 GG und Art. 3 Abs. 1 GG für ein bundesweites Stadionverbot ein sachlicher Grund erforderlich.

Zudem könnte das Erfordernis eines sachlichen Grundes aus Art. 2 Abs. 1, Art. 1 Abs. 1 GG folgen, denn mit dem Ausspruch des Stadionverbots ist eine Eintragung

---

[17] Auch der berechtigte Besitz zählt zu den von Art. 14 Abs. 1 GG geschützten Rechtspositionen, sodass es für die Frage nach dem Hausrecht unerheblich ist, ob die Vereine Eigentümer oder nur berechtigte Besitzer der Stadien sind, vgl. nur Maunz/Dürig/*Papier/Shirvani* GG Art. 14 Rn. 323; *Michl* NJW 2019, 2729 (2731 f.).

[18] Ausführlich zu Art. 3 GG *Mülder/Weitensteiner* JURA 2019, 51.

[19] BVerfG NJW 2018, 1667 Rn. 39; BGH NJW 2010, 534 Rn. 13.

[20] BVerfG NJW 2018, 1667 Rn. 41.

[21] BVerfG NJW 2018, 1667 Rn. 41.

in die Liste des DFB verbunden, die an alle Vereine auch zur Weitergabe an die Polizei weitergeleitet wird. Mit guten Gründen kann daher vertreten werden, dass der *FCB* den *H* nicht ohne sachlichen Grund einer entsprechenden Beeinträchtigung seines allgemeinen Persönlichkeitsrechts bzw. des Rechts auf informationelle Selbstbestimmung aussetzen darf.[22]

Die **Kritik** im Schrifttum sieht in dem Vorstehenden einen stillen Rechtssprechungswandel des BVerfG, da dieses iErg nicht mehr von einer (nur) mittelbaren Drittwirkung ausgehe, sondern eine **situationsspezifische, unmittelbare Grundrechtsbindung Privater** postuliere. Dieser Rechtsprechungswandel sei aufzudecken gewesen.[23] Zudem erscheint ein derartiges Postulat aus Art. 3 Abs. 1 GG vor dem Hintergrund der verfassungsrechtlich verbürgten Privatautonomie durchaus fraglich. Auch bestehen aufgrund des Demokratieprinzips erhebliche Bedenken bei der Bestimmung der Eigentumsgrenze. Inhalt und Schranken des Eigentums werden gem. Art. 14 Abs. 1 S. 2 GG durch die Gesetze bestimmt und auch die Privatautonomie ist auf die Ausgestaltung der Privatrechtsordnung durch den Gesetzgeber angewiesen. Durch die Ableitung des unmittelbar aus Art. 3 Abs. 1 GG folgenden Erfordernisses eines sachlichen Grundes für den Ausspruch eines Stadionverbots wird die Gestaltungsprärogative des einfachen Gesetzgebers erheblich eingeschränkt; zugleich verschiebt sich die Ausgestaltungskompetenz im Privatrecht von Legislative zur Judikative.[24] 550

(2) Vorliegen eines sachlichen Grundes

Dieser Streit kann aber dahinstehen, wenn letztlich ein solcher sachlicher Grund vorliegt. Da die Verhängung eines Stadionverbots ua an § 862 Abs. 1 S. 2 BGB und ggf. § 1004 Abs. 1 S. 2 BGB anknüpft, setzt ein sachlicher Grund voraus, dass künftige Störungen zu besorgen sind. Hieran sind jedoch nicht zu hohe Anforderungen zu stellen.[25] Vorliegend hat *H* durch das Entrollen des Banners die gewaltsamen Ausschreitungen provoziert. Auch wenn er nicht an den konkreten Gewalttätigkeiten beteiligt war, besteht doch ein sehr enger Bezug zu diesen, da er wegen des Banners als **Zweckveranlasser** anzusehen ist. Schon aufgrund dieses Entrollens musste der *FCB* 4.500 EUR Verbandsstrafe an den DFB zahlen. Da *H* Mitglied der für ihre Zusammensetzung aus besonders gewaltbereiten Hooligans bekannten Gruppe „BumBumBoyz" ist, besteht die hinreichende Besorgnis, dass in absehbarer Zukunft vergleichbare Aktionen des *H* erfolgen werden. Auch wenn das **Ermittlungsverfahren wegen Landfriedensbruchs (§ 125 StGB)** gem. § 153a StGB eingestellt wurde, entfällt die Besorgnis weiterer Veranlassungen gewalttätiger Ausschreitungen nicht, denn aus der Einstellung nach § 153a StPO kann nicht geschlossen werden, dass *H* den Tatbestand des Landfriedensbruches nicht verwirklicht hat. Vielmehr erfordert die Einleitung eines solchen Verfahrens gem. § 152 Abs. 2 StPO einen Anfangsverdacht, sodass dies regelmäßig der erforderliche sachliche Grund für ein Stadionverbot ist.[26] Auch ist *H* nicht zufällig in die Gruppe der „BumBumBoyz" geraten. Er bewegt sich vielmehr in einem Umfeld, das bei Fußballveranstaltungen zu Gewalt neigt, wodurch die Besorgnis von Dritte gefährdenden Störungen durch *H* verstärkt wird.[27] Zu berücksichtigen ist dabei, 551

[22] Das BVerfG geht in seiner Entscheidung nicht auf Art. 2 Abs. 1, Art. 1 Abs. 1 GG ein, sondern stützt sie nur auf Art. 3 Abs. 1 GG.

[23] Vgl. *Michl* JZ 2018, 910; *Hellgardt* JZ 2018, 901 (908); *Smets* NVwZ 2019, 34.

[24] *Hellgardt* JZ 2018, 901 (908); *Michl* JZ 2018, 910 (917).

[25] BGH NJW 2010, 534 Rn. 16 f.

[26] BGH NJW 2010, 534 Rn. 21.

[27] BGH NJW 2010, 534 Rn. 23.

dass der *FCB* und die anderen Fußballvereine aus § 241 Abs. 2 BGB **Schutzpflichten gegenüber anderen Besuchern** haben und daher das Zumutbare und Erforderliche unternehmen müssen, um Schädigungen der anderen Besucher zu vermeiden.[28] Diese Schutzpflicht kann geradezu erfordern, Personen, von denen Störungen mit Gefährdung anderer Gästen zu erwarten sind, von den Veranstaltungen auszuschließen. Insgesamt kann daher das Vorliegen eines sachlichen Grundes bejaht werden.

cc) Erforderlichkeit der Anhörung

552 Fraglich ist, ob der *FCB* den *H* vor Verhängung des bundesweiten Stadionverbots hätte anhören müssen. Nach dem **BVerfG** sind an das Erfordernis des sachlichen Grundes **verfahrensrechtliche Anforderungen** gekoppelt. Insbesondere seien die Betroffenen grundsätzlich anzuhören und ihnen auf Verlangen vorprozessual eine Begründung mitzuteilen.[29] Der Anerkennung von Verfahrensrechten stünde der Charakter des Streits als zivilrechtliche Auseinandersetzung nicht entgegen, da das verfassungsrechtliche Gleichbehandlungsgebot in das Privatrecht einstrahle.[30] Daher sei den Betroffenen die Möglichkeit zu geben, sich mit den Vorwürfen auseinanderzusetzen und ihre Rechte unter Darlegung ihrer Sichtweise rechtzeitig geltend zu machen. Darüber hinaus kenne das Zivilrecht solche Verfahrensrechte zB beim Vereinsausschluss[31] und bei der Verdachtskündigung im Arbeitsrecht.[32]

553 Hiergegen kann jedoch als **Kritik** eingewandt werden, dass die Auferlegung verwaltungsrechtsanaloger Verfahrensvorschriften unmittelbar aus Art. 3 Abs. 1 GG den Gestaltungsspielraum des Gesetzgebers ganz erheblich aushöhlt. Wenn einzelne Verfahrensvorschriften unmittelbar aus der Verfassung abzuleiten sind, ist der einfache Gesetzgeber gehindert, hiervon abzuweichen. Ihm wird also durch das BVerfG ein Gestaltungsspielraum in Bezug auf das Anhörungserfordernis entzogen. Außerdem geht der Hinweis auf arbeitsrechtliche Verdachtskündigungen und Vereinsausschlüsse fehl, denn in beiden Fällen wird das gesetzlich verankerte Kriterium des „wichtigen Grundes" (vgl. §§ 314 Abs. 1, 626 Abs. 1 BGB) näher konkretisiert.[33] Hingegen leitet das BVerfG die Verfahrensvorschriften unmittelbar aus Art. 3 Abs. 1 GG und damit am einfachen Gesetzgeber vorbei ab.[34] Schließlich erscheint ein solches Anhörungserfordernis vor dem Hintergrund der Vertragsfreiheit und der Eigentumsfreiheit äußerst zweifelhaft.

554 Demnach sprechen die besseren Argumente gegen eine Anhörungspflicht. Doch das **AG München** ist gem. § 31 Abs. 1 BVerfGG an die Auslegung der Verfassung und damit an die Herleitung der Verfahrensrechte aus Art. 3 Abs. 1 GG durch das BVerfG wie an ein Gesetz **gebunden.**[35]

---

[28] BGH NJW 2010 534 Rn. 14.

[29] BVerfG NJW 2018, 1667 Leitsatz 3 und Rn. 46.

[30] BVerfG NJW 2018, 1667 Rn. 47.

[31] Vgl. dazu NK-BGB/*Heidel/Lochner* § 25 Rn 59 ff.; *Waldner/Wörle-Himmel* in Sauter/Schweyer/Waldner, Der eingetragene Verein, 20. Aufl. 2016, VII. Rn. 350 ff.

[32] Zu dieser *Herresthal/Thume* ArbR G Rn. 127; *Hromadka/Maschmann*, Arbeitsrecht I, 7. Aufl. 2018, S. 438.

[33] Vgl. *Herresthal/Thume* ArbR G Rn. 113 ff.; NK-BGB/*Heidel/Lochner* § 25 Rn. 60.

[34] So zu Recht *Michl* JZ 2018, 910 (917); allg. zur Bedrohung der gesetzgeberischen Gestaltungsfreiheit durch die verfassungskonforme Auslegung vgl. Maunz/Dürig/*Walter* GG Art. 93 Rn. 112 f.

[35] BeckOK BVerfGG/*Ungern-Sternberg* § 31 Rn. 28 f.; MSKB/*Bethge* BVerfGG § 31 Rn. 75 ff.; zur Einordnung von Entscheidungen des BVerfG als Rechtsquellen → Rn. 76.

H wurde nicht angehört. Damit wurde sein entsprechendes Verfahrensrecht verletzt, sodass das bundesweite Stadionverbot rechtswidrig ist. Auch wenn man mit dem BVerfG eine grundsätzliche Anhörungspflicht bejaht, ist jedoch fraglich, ob eine unterlassene Anhörung vor Erlass des Stadionverbots dazu führt, dass der *FCB* sich gem. § 242 BGB nicht auf sein Hausrecht berufen kann. Dies ist abzulehnen, da *H* im Rahmen des Zivilrechtsstreits wenigstens nachträglich die Möglichkeit hat, sich mit den Gründen für das Stadionverbot auseinanderzusetzen und seine Ansicht vorzutragen.[36] Etwas anderes könnte dann folgen, wenn das nachträgliche Gehör erst zu einem Zeitpunkt erfolgt, zudem das Stadionverbot bereits erledigt ist. Dann könnte die Anhörung den Sinn und Zweck des Anhörungserfordernisses, dem Betroffenen die Möglichkeit zu geben, sich mit den Vorwürfen auseinanderzusetzen und ggf. ein Stadionverbot zu verhindern oder eine vorzeitige Aufhebung zu erwirken, nicht mehr erfüllen. Letztlich kann dies aber hier dahinstehen, da die Anhörung in der Klageerhebung bzw. der Zustellung der Klageschrift zu sehen ist. *H* konnte in dieser seine Ansicht darstellen und sich mit den Vorwürfen gegen ihn umfangreich auseinandersetzen. Da die Zustellung der Klageschrift aber vor dem 4.8.2019 und damit vor dem Ablauf des Stadionverbots mit Ende des Jahres 2019 erfolgte, heilt diese nachträgliche Anhörung somit den ursprünglichen Anhörungsfehler. 555

Somit liegt zwar ein Verstoß gegen die aus Art. 3 Abs. 1 GG folgende Pflicht zur Anhörung des *H* vor, doch wurde dieser Verstoß durch die nachträgliche Anhörung im Prozess geheilt.

dd) Zwischenergebnis

Die Rücknahme des Einverständnisses zum Betreten der Stadien ist somit nicht nach § 242 BGB ausgeschlossen. 556

c) Erteilung durch den *FCB*

An einem wirksamen Stadionverbot durch den *FCB* bestehen keine Zweifel, insbesondere war der *FCB* analog §§ 164 ff. BGB ermächtigt, für die anderen Vereine der 1. Bundesliga das Einverständnis zurückzunehmen. 557

d) Zwischenergebnis

Mithin bestand ein Rechtsverhältnis zwischen *H* und *FCB*, kraft dessen der *FCB* dem *H* gegenüber ein bundesweites Stadionverbot aussprechen konnte. Die Klage ist unbegründet. 558

3. Ergebnis zu Klage des *H*

Die zulässige Klage des *H* ist unbegründet und hat daher keine Aussicht auf Erfolg. 559

II. Erfolgsaussichten der Widerklage des *FCB*

Die Widerklage des *FCB* gegen *H* auf Zahlung von 4.500 EUR hat Aussicht auf Erfolg, wenn sie zulässig und begründet ist 560

1. Zulässigkeit der Widerklage

Die Widerklage müsste zulässig sein. 561

---

[36] Vgl. BVerfG NJW 2018, 1667 Rn. 58.

a) Besondere Zulässigkeitsvoraussetzungen der Widerklage

562 Zunächst müssten die besonderen Zulässigkeitsvoraussetzungen der Widerklage vorliegen.

aa) Rechtshängigkeit der Klage

563 Begrifflich setzt die Widerklage voraus, dass die Klage noch rechtshängig ist. Dies ist hier der Fall.

bb) Eigener Streitgegenstand

564 Weiterhin muss die Widerklage einen eigenständigen Streitgegenstand haben, da die Widerklage sonst gem. §§ 495, 261 Abs. 3 Nr. 1 ZPO unzulässig ist. Nach dem zweigliedrigen prozessualen Streitgegenstandsbegriff setzt sich der Streitgegenstand aus dem Antrag und dem zugrundeliegenden Lebenssachverhalt zusammen.[37] Hier unterscheidet sich bereits der Klageantrag des *FCB* von jenem der Widerklage, sodass ein eigener Streitgegenstand gegeben ist. Auch handelt es sich bei der Widerklage nicht um das kontradiktorische Gegenteil zur Klage.[38]

cc) Parteiidentität

565 Grundsätzlich muss die Widerklage gegen den Kläger der Hauptklage gerichtet sein.[39] Da der *FCB* Widerklage gegen *H* erhebt, ist dies hier der Fall.

dd) Konnexität

566 Fraglich ist, ob aus § 33 ZPO die Konnexität von Klage und Widerklage als **besondere Zulässigkeitsvoraussetzung der Widerklage** folgt. Hiergegen spricht zunächst der Wortlaut des § 33 Abs. 1 ZPO. Dieser enthält kein „nur" und die amtliche Überschrift lautet „besonderer Gerichtsstand" und nicht „ausschließlicher Gerichtsstand". Hätte der Gesetzgeber eine abschließende Regelung über die Zulässigkeit der Widerklage treffen wollen, so hätte er entsprechende Formulierungen verwendet. Weiter spricht ein starkes systematisches Argument gegen die Konnexität als besondere Zulässigkeitsvoraussetzung, denn § 33 ZPO befindet sich im Abschnitt über die Gerichtsstände. Auch würde § 145 Abs. 2 ZPO, der für den Fall einer inkonnexen Widerklage eine Verfahrenstrennung vorsieht, ohne Regelungsgehalt sein, wenn die Widerklage dann wegen fehlender Konnexität bereits unzulässig wäre.[40]

Letztlich kann diese Frage aber dahinstehen, wenn die Konnexität gegeben ist.[41] **Konnexität** liegt vor, wenn es prozessökonomisch ist, Klage und Widerklage zusammen zu verhandeln, weil der Prozessstoff der Klage auch für die Widerklage verwertbar ist und somit zB doppelte Beweiserhebungen vermieden werden können.[42] Da das Entrollen des Transparents sowohl für das Stadionverbot als auch für die vom DFB verhängte Verbandsstrafe von Bedeutung ist, beruhen Klage und Widerklage zum Teil auf demselben Lebenssachverhalt und eine doppelte Beweis-

---

37 MüKoZPO/*Becker-Eberhard* Vor § 253 Rn. 32 ff.
38 Zum kontradiktorischen Gegenteil vgl. MüKoZPO/*Gottwald* § 322 Rn. 42 ff.
39 Zur isolierten Drittwiderklage vgl. BeckOK ZPO/*Toussaint* § 33 Rn. 16 f.
40 Vgl. *Pohlmann* ZivilProzR § 4 Rn. 182 ff.; Musielak/Voit/*Heinrich* ZPO § 33 Rn. 3; BeckOK ZPO/*Toussaint* § 33 Rn. 11.3
41 Außerdem müsste das Fehlen gem. § 295 ZPO gerügt werden.
42 MüKoZPO/*Patzina* § 33 Rn. 19 ff.

aufnahme kann verhindert werden. Richtigerweise ist die Konnexität mithin gegeben. Selbst wenn die Konnexität fehlen würde, hätte *H* diesbezüglich eine Prozessrüge nach §§ 495, 295 Abs. 1 ZPO erheben müssen. Da er jedoch eine solche nicht erhoben hat, wäre das Fehlen der Konnexität hier jedenfalls unbeachtlich.

ee) Kein Ausschluss

Die Widerklage ist auch nicht gesetzlich ausgeschlossen.[43] **567**

ff) Zwischenergebnis

Die besonderen Zulässigkeitsvoraussetzungen der Widerklage liegen vor. **568**

b) Allgemeine Zulässigkeitsvoraussetzungen

Auch die allgemeinen Zulässigkeitsvoraussetzungen müssten vorliegen. Das AG München ist gem. § 1 ZPO, §§ 23 Nr. 1, 71 Abs. 1 GVG sachlich zuständig, da der Streitwert unter 5.000 EUR liegt. Streitwert von Klage und Widerklage sind gem. § 5 Hs. 2 ZPO nicht zu addieren. Die örtliche Zuständigkeit ergibt sich hier nicht aus §§ 12, 13 ZPO, da *H* seinen Sitz in Regensburg hat. Allerdings greift hier der besondere Gerichtsstand der Widerklage gem. § 33 ZPO, sodass das AG München örtlich zuständig ist. Die übrigen Zulässigkeitsvoraussetzungen liegen vor, insbesondere wurde die Widerklage ordnungsgemäß erhoben.[44] **569**

c) Zwischenergebnis

Die Widerklage ist zulässig. **570**

2. Begründetheit der Widerklage

Die Widerklage des *FCB* ist begründet, wenn er gegen *H* einen Anspruch auf Zahlung von 4.500 EUR hat. Ein solcher Anspruch könnte sich aus §§ 280 Abs. 1, 241 Abs. 2 BGB ergeben, wenn *H* eine Rücksichtnahmepflicht gegenüber dem *FCB* aus einem Schuldverhältnis verletzt hat. **571**

a) Schuldverhältnis

Zunächst müsste zwischen *H* und dem *FCB* ein Schuldverhältnis bestanden haben. Ein solches kann vorliegend in dem **Zuschauervertrag**[45] zwischen *H* und dem *FCB* vom 14.4.2019 gesehen werden. **572**

b) Pflichtverletzung

H müsste eine Pflicht aus diesem Schuldverhältnis verletzt haben. Da vorrangige Mängelrechte des *FCB* nicht in Betracht kommen, kann *H* eine Rücksichtnahmepflicht aus § 241 Abs. 2 BGB verletzt haben. Nach dieser Norm sind die Vertragsparteien aus dem Schuldverhältnis verpflichtet, auf die Rechte, Rechtsgüter und **573**

---

[43] Dies wäre zB bei Widerklage *gegen* eine Klage in Form des Urkundenprozesses gem. § 595 I ZPO der Fall; vgl. für die Zulässigkeit einer *Widerklage* in Form des Urkundenprozesses gegen eine „ordentliche" Klage BGH NJW 2002, 751.

[44] Besonderheit der Widerklage ist, dass sie nicht nur durch Schriftsatz, sondern gem. § 261 Abs. 2 ZPO auch mündlich erhoben werden kann.

[45] Zur Qualifikation dieser Verträge als Werkverträge iSd § 631 BGB vgl. MüKoBGB/*Busche* § 631 Rn. 65.

Interessen der anderen Seite Rücksicht zu nehmen.[46] Der *FCB* hat ein schützenswertes Interesse an einem störungsfreien Veranstaltungsverlauf. Durch das Entrollen des Banners mit der Aufschrift „Tod und Hass der Borussia“ und der Abbildung eines Fadenkreuzes durch *H* kam es zu einer gewalttätigen Auseinandersetzung zwischen den „BumBumBoyz“ und den Fans von *BP.* Diese Reaktion der anderen Fans war bei einem normalen Verlauf auch zu erwarten und der Schutzzweck des § 241 Abs. 2 BGB erfasst gerade auch den Schutz der Interessen vor einer solchen Verletzung. Außerdem kam es unmittelbar aufgrund des Entrollens des Banners zu einer Verbandsstrafe durch den DFB. Die haftungsbegründende Kausalität des Verhaltens des *H* ist damit gegeben; *H* hat das schützenswerte Interesse des *FCB* verletzt.[47]

c) Vertretenmüssen

574 Das Vertretenmüssen wird gem. § 280 Abs. 1 S. 2 BGB vermutet. Zu möglichen Exkulpationsgründen hat *H* im Prozess nichts vorgetragen. Solche sind aber auch nicht ersichtlich.

d) Kausaler Schaden

575 Weiterhin müsste die Verbandsstrafe des DFB iHv 4.500 EUR einen kausalen Schaden darstellen.

aa) Schaden und äquivalente Kausalität

576 Nach der Differenzhypothese liegt ein (Haftungs-)Schaden vor, da dem *FCB* ohne das Entrollen des Banners keine Verbandsstrafe iHv 4.500 EUR auferlegt worden wäre.

bb) Adäquate Kausalität

577 Zudem ist der Schaden äquivalent kausal. Die Verhängung einer Verbandsstrafe durch den DFB ist bei einer derart gravierenden Störung des Fußballspiels, wie dies durch das Entrollen des Banners durch *H* passierte, nicht ungewöhnlich oder unwahrscheinlich, sodass die adäquate Kausalität zu bejahen ist.[48]

cc) Schutzzweck der Norm

578 Fraglich ist jedoch, ob der Ersatz der Verbandsstrafe iHv 4.500 EUR dem Schutzzweck der verletzten Norm (§ 241 Abs. 2 BGB) entspricht. Der geltend gemachte Schaden muss hierzu in einem inneren Zusammenhang mit der Pflichtverletzung des Schädigers stehen. Ein „äußerlicher“, gleichsam „zufälliger“ Zusammenhang genügt dagegen nicht. Insoweit ist eine wertende Betrachtung geboten.[49] Ein hinreichend enger Zusammenhang zwischen einer Pflichtverletzung und dem Schaden wird nicht schon dadurch ausgeschlossen, dass außer der Pflichtverletzung noch weitere Umstände zum Schadenseintritt geführt haben. Der haftungsrechtliche Zurechnungszusammenhang kann in diesen Fällen nur dann verneint werden, wenn die durch die Pflichtverletzung geschaffenen Gefahren in dem Schaden letztlich nicht mehr fort-

---

[46] Vgl. Vgl. *Herresthal* GS Unberath, 2015, 188 f.; *Grigoleit* FS Canaris II, 2007, 276.
[47] Vgl. BGH NJW 2016, 3715 Rn. 11.
[48] Vgl. BGH NJW 2016, 3715 Rn. 12.
[49] BGH NJW 2016, 3715 Rn. 14; 2014, 2190 Rn. 10; MüKoBGB/*Oetker* § 249 Rn. 120 ff.; *Brox/Walker* SchuldR AT § 30 Rn. 12 ff.

wirken.[50] Die hier in Rede stehende Verbandsstrafe ist eine nicht zu vermeidende Folge der gravierenden Störung des Fußballspiels. Der *FCB* ist zur Durchführung solcher Spiele auf die Mitgliedschaft im übergeordneten Verband angewiesen und daher gezwungen, sich den Statuten des DFB zu unterwerfen.[51] Die Strafe wurde auch nicht zufällig aus Anlass der Störung durch *H* verhängt, um Sorgfaltswidrigkeiten des *FCB* zu sanktionieren. Vielmehr liegt der materielle Grund für die Vertragsstrafe in der von *H* hervorgerufenen Störung des Spielablaufs. Dies gilt umso mehr, als nach den Bestimmungen der Verbandssatzung die Strafe dazu dient, das Fehlverhalten einzelner ggf. auch durch einen Regress des Vereins für die Zukunft auszuschließen.[52]

Fraglich ist aber, ob die verhängte Verbandsstrafe gem. § 138 Abs. 1 BGB sittenwidrig und damit nichtig ist, sodass der Zurechnungszusammenhang entfällt. Sittenwidrig ist, was gegen das Anstandsgefühl aller billig und gerecht Denkenden verstößt.[53] Teilweise wird für eine Sittenwidrigkeit dieser Verbandsstrafen ins Feld geführt, dass durch die Regressmöglichkeit des Fußballvereins beim Fan ein System mittelbarer Verbandsstrafen statuiert werde, eine unzulässige Sportgerichtsbarkeit zulasten Dritter.[54] Der DFB wolle mit der Verbandsstrafe nicht auf die Vereine einwirken, hierfür sei die Höhe zu gering, sondern primär sei eine – über die Vereine vermittelte – Einwirkung auf die störenden Fußballfans das Ziel. Dem kann man entgegnen, dass die Zahlung der Strafe durch das Verhalten des *H* herausgefordert wurde und Strafzahlungen an Verbände im Profifußball nichts Ungewöhnliches sind, zumal die Vereine einer Verurteilung üblicherweise Folge leisten.[55] Eine Abwälzung völlig unverhältnismäßiger Strafen auf Fußballfans lässt sich darüber hinaus auch dadurch vermeiden, dass man unverhältnismäßige Strafen als nicht mehr vom Schutzzweck der Norm umfasst ansieht und den Anspruch der Höhe nach beschränkt. Somit ist auch das Kriterium des Schutzzwecks der Norm erfüllt (aA vertretbar). 579

e) Zwischenergebnis

Der *FCB* hat gegen *H* einen Anspruch auf Zahlung von 4.500 EUR aus §§ 280 Abs. 1, 241 Abs. 2 BGB. Die Widerklage ist daher begründet. 580

3. Ergebnis zur Widerklage des *FCB*

Die zulässige und begründete Widerklage hat Aussicht auf Erfolg. 581

III. Ergebnis

Das Gericht wird die zulässige, aber unbegründete Klage des *H* abweisen und der zulässigen und begründeten Widerklage des *FCB* stattgeben und *H* zur Zahlung von 4.500 EUR verurteilen. 582

---

[50] BGH NJW 2016, 3715 Rn. 15.
[51] BGH NJW 2016, 3715 Rn. 20.
[52] BGH NJW 2016, 3715 Rn. 21.
[53] Vgl. nur MüKoBGB/*Armbrüster* § 138 Rn. 14.
[54] So *Martens* NJW 2016, 3691 (3693 f.); *Prütting/Kniepert* ZfPW 2017, 458 (471 f.).
[55] BGH NJW 2016, 3715 Rn. 23 f.

Vertiefungshinweise

Rechtsprechung:

- BVerfG NJW 2018, 1667 – Zum Stadionverbot.
- BGH NJW 2010, 534 – Zum Stadionverbot.
- BGH NJW 2016, 3691 – Zur Verbandsstrafe für Fußballfans.

Aufsätze und Festschriftbeiträge:

- *Hellgardt,* Wer hat Angst vor der unmittelbaren Drittwirkung?, JZ 2018, 901.
- *Michl,* Situativ staatsgleiche Grundrechtsbindung privater Akteure, JZ 2018, 910.
- *Herresthal,* Die richtlinienkonforme und die verfassungskonforme Auslegung im Privatrecht, JuS 2015, 289.

Fall 7. Freund, Feind, Nachbar

Schwerpunkt:

Rechtsfortbildung, insbesondere Analogie und teleologische Reduktion

Sachverhalt

Teil 1: *Friedrich Friedlieb (F)* und *Paracelsus Pax (P)* waren schon seit über zehn Jahren beste Nachbarn. Sie wohnten auf angrenzenden Grundstücken in der Friedensstraße in Bad Abbach (Landkreis Regensburg). Als *F* im Juli 2019 in Liquiditätsschwierigkeiten kam, bat *P* ihm an, den von *F* erst im Juni 2019 als Neuwagen erworbenen Audi TT abzukaufen. *F* lehnte zunächst ab. Als die Liquiditätsschwierigkeiten im August 2019 gravierender wurden, verkaufte *F* seinen Audi TT Ende August schließlich doch an *P*. Dieser nahm das Kfz auch sogleich mit und bezahlte den Kaufpreis in bar. Als *P* den Audi TT im November 2019 routinemäßig beim örtlichen Kfz-Mechaniker untersuchen ließ, stellte sich heraus, dass das Getriebe an erheblichem Verschleiß leidet. Der Mechaniker meinte zutreffend, der Verschleiß beruhe auf einem fehlerhaften Einbau des Getriebes bei der Herstellung des Fahrzeugs. Auch wenn aktuell keine Beeinträchtigung der Verkehrssicherheit des Fahrzeuges gegeben sei, müsse das Getriebe dennoch ausgetauscht werden, da der Audi TT sonst in ca. 3–4 Monaten nicht mehr verkehrssicher sei. Daher ließ *P* das Getriebe sogleich vor Ort austauschen. Den hierfür erforderlichen Betrag von 5.800 EUR verlangte er sodann von *F*. Dieser war entrüstet und entgegnete, *P* hätte sich doch erst an ihn wenden müssen. Der Bruder des *F* habe einen Kfz-Meisterbetrieb und hätte ihm das Getriebe unentgeltlich eingebaut. Er, *F*, hätte lediglich den Preis des Getriebes iHv 1.500 EUR zahlen müssen. Weil *P* aber so unkollegial gehandelt habe, wolle er nun gar nichts zahlen. *P* war darüber ungehalten und erhob Klage zum LG Regensburg mit dem Antrag, den *F* zur Zahlung von 5.800 EUR zu verurteilen. *F* erwiderte auf die Klage, er müsse nichts zahlen, da sein Recht zur zweiten Andienung vereitelt wurde. Allenfalls müsse er höchstens 1.500 EUR zahlen. Hilfsweise rechne er mit einer Forderung in Höhe von 300 EUR auf. Die Forderung resultiere daraus, dass *P* bei einem Grillfest im August 2019 in seinem Garten von dem ausgewachsenen Schäferhund einer seiner Gäste angegriffen worden sei. Ein anderer Gast des *P* habe dann aus dem Zaun, der im Eigentum des *F* steht, eine Latte herausgerissen, um *P* zu helfen und den Hund mit dieser sicher abzuwehren. Die Reparatur habe 300 EUR gekostet. Hierfür müsse *P*, der den Vorteil habe, Ersatz leisten. Hilfsweise, für den Fall, dass die Klage des *P* ohne die Hilfsaufrechnung unbegründet sei, erhebt *F* Widerklage und beantragt, den *P* zur Zahlung von 300 EUR zu verurteilen.

Bearbeitervermerk: Wie wird das Gericht entscheiden? Dabei ist davon auszugehen, dass das tatsächliche Vorbringen der Parteien zutreffend ist und *F* wie auch *P* ordnungsgemäß vertreten sind.

Teil 2: Im Dezember 2019 befuhr der neunjährige *Siegbert Friedlieb (S)*, der Sohn des *F*, die Friedensstraße mit seinem Kickboard. *S* war im Umgang mit dem Kickboard geübt. Jedoch stürzte er aus Unachtsamkeit, sodass sein Kickboard gegen den jetzt im Eigentum des *P* stehenden, ordnungsgemäß am rechten Fahrbahnrand stehenden Audi TT stieß und dort eine Delle verursachte. Zu diesem Zeitpunkt wurde die Straße von keinem anderen Fahrzeug befahren. Die Beseitigung der Delle würde 950 EUR kosten.

Bearbeitervermerk: Kann *P* von *S* Ersatz des Schadens verlangen?

Hinweis: Auf die abgedruckten Gesetzgebungsmaterialien wird hingewiesen.

Entwurf eines Gesetzes zur Modernisierung des Schuldrechts, BT-Drs. 14/6040, 89: „Dies stimmt nicht mit dem allgemeinen Rechtsbewusstsein überein und widerspricht den Bedürfnissen des heutigen Handels mit industriellen Massengütern. Der Käufer, der eine mangelhafte Sache erhalten hat, hat nicht primär ein Interesse an der Rückgängigmachung des Kaufs oder an der Herabsetzung des Kaufpreises. Ihm geht es vor allem darum, eine mangelfreie Sache zu erhalten. Dieses Interesse kann in den meisten Fällen – auch beim Stückkauf – durch Nachbesserung oder Lieferung einer anderen gleichartigen Sache befriedigt werden. Beim Gattungskauf entspricht auch die Neulieferung häufig nicht den Interessen des Käufers, weil er die Sache behalten will und Reparatur wünscht. Dem Käufer einer bereits fest installierten Maschine ist in der Regel mit Wandelung oder Minderung nicht gedient, sondern nur mit einer Reparatur an Ort und Stelle. Wenn der Käufer sofort zur Wandelung oder Minderung berechtigt ist, ohne dass der Verkäufer dies durch Nachbesserung oder Neulieferung abwenden kann, so entspricht das nicht den berechtigten Verkäuferinteressen und ist auch volkswirtschaftlich nicht sinnvoll.“

Entwurf eines Gesetzes zur Modernisierung des Schuldrechts, BT-Drs. 14/6040, 219 f.: „§ 437 zählt die Rechte und Ansprüche auf, die dem Käufer bei der Lieferung einer mit einem Rechts- oder Sachmangel behafteten Sache durch den Verkäufer zustehen. Die grundlegende Änderung gegenüber dem geltenden Recht besteht darin, dass es ein besonderes Gewährleistungsrecht nicht mehr geben soll. Vielmehr wird die Lieferung einer mangelhaften Sache als Nichterfüllung der Verkäuferpflichten verstanden, wie bereits oben in der Begründung zu § 433 Abs. 1 Satz 2 RE erläutert wurde. Die Folgen für die Verpflichtung des Verkäufers und die Rechte und Ansprüche des Käufers ergeben sich deshalb aus dem allgemeinen Leistungsstörungsrecht, das durch die §§ 439 bis 441 RE lediglich in einzelnen Beziehungen im Hinblick auf die Besonderheiten des Kaufrechts modifiziert wird. Im Einzelnen sieht § 437 RE folgende Möglichkeiten des Käufers vor: […]“

Entwurf eines Gesetzes zur Modernisierung des Schuldrechts, BT-Drs. 14/6040, 232: „Wenn die Unmöglichkeit sich auf eine Art der Nacherfüllung, also auf die Nachlieferung oder Nachbesserung, beschränkt, so ist auch nur insoweit ein Ausschluss des Nacherfüllungsanspruchs anzunehmen (vgl. „Soweit“ in § 275 Abs. 1 RE). Der Anspruch des Käufers beschränkt sich dann auf die noch mögliche Art der Nacherfüllung, wenn der Verkäufer nicht insoweit von einem Leistungsverweigerungsrecht etwa nach § 439 Abs. 3 Satz 1 oder nach § 275 Abs. 2 RE Gebrauch macht. Das gilt zum Beispiel im Regelfall bei dem Kauf einer bestimmten gebrauchten Sache, sodass hier eine Nachlieferung zumeist von vornherein ausscheiden wird, vgl. auch Erwägungsgrund (16) der Verbrauchsgüterkaufrichtlinie.“

Entwurf eines Zweiten Gesetzes zur Änderung schadensersatzrechtlicher Vorschriften, BT-Drs. 14/7752, 16 f.: „Ein wichtiges Ziel des Gesetzgebungsvorhabens ist es, die haftungsrechtliche Situation von Kindern im motorisierten Verkehr nachhaltig zu verbessern. Nach den Erkenntnissen der Entwicklungspsychologie kann es mittlerweile als gesichert gelten, dass Kinder auf Grund ihrer physischen und psychischen Fähigkeiten regelmäßig frühestens ab Vollendung des 10. Lebensjahres imstande sind, die besonderen Gefahren des motorisierten Straßenverkehrs zu erkennen und sich den erkannten Gefahren entsprechend zu verhalten. Dies liegt zum einen an den körperlichen Bedingungen, auf Grund derer es Kindern bis zum 10. Lebensjahr nicht möglich ist, Entfernungen und Geschwindigkeiten richtig einschätzen. Zum anderen stehen kindliche Eigenheiten wie Lauf- und Erprobungsdrang, Impulsivität, Affektreaktionen, mangelnde Konzentrationsfähigkeit und gruppendynamisches Verhalten oft einem „verkehrsgerechten Verhalten“ entgegen.

Aus diesen Erkenntnissen, die auch bereits Anlass für entsprechende Beschlüsse des Verkehrsgerichtstages in den Jahren 1983, 1991, 1998 und 2000 waren, zieht der Entwurf die notwendigen Konsequenzen. Durch eine Ergänzung von § 828 BGB werden Kinder vor Vollendung des zehnten Lebensjahres grundsätzlich von einer Haftung für Schäden bei einem Unfall mit einem Kraftfahrzeug, einer Schienen- oder Schwebebahn freigestellt. [...]

Die besondere Überforderungssituation von Kindern im Verkehr, über die sowohl in der Psychologie als auch in der Rechtswissenschaft weitgehend Einigkeit herrscht, rechtfertigt es auch, mit der vorgesehenen Neuregelung eine gleichsam sektorale Bestimmung der Deliktsfähigkeit für das Verkehrsgeschehen vorzunehmen. Es gibt kaum eine andere Situation des täglichen Lebens, der Kinder bis zum vollendeten 10. Lebensjahr in gleicher Weise ausgesetzt sind und die sie in gleicher Weise überfordert."

Entwurf eines Zweiten Gesetzes zur Änderung schadensersatzrechtlicher Vorschriften, BT-Drs. 14/7752, 26: „Nach den Erkenntnissen der Entwicklungspsychologie kann es mittlerweile als gesichert gelten, dass Kinder auf Grund ihrer physischen und psychischen Fähigkeiten regelmäßig frühestens ab Vollendung des 10. Lebensjahres imstande sind, die besonderen Gefahren des motorisierten Straßenverkehrs zu erkennen, und sich den erkannten Gefahren entsprechend zu verhalten. Dies liegt zum einen an den körperlichen Bedingungen, auf Grund derer es Kindern bis zum 10. Lebensjahr nicht möglich ist, Entfernungen und Geschwindigkeiten richtig einzuschätzen. Zum anderen stehen kindliche Eigenheiten wie Lauf- und Erprobungsdrang, Impulsivität, Affektreaktionen, mangelnde Konzentrationsfähigkeit und gruppendynamisches Verhalten oft einem verkehrsgerechten Verhalten entgegen.

Hieraus zieht der Entwurf mit dem neuen § 828 Abs. 2 Satz 1 BGB die Konsequenz und setzt die Deliktsfähigkeit für Schäden, die einem anderen bei Unfällen im motorisierten Straßen- oder Bahnverkehr zugefügt werden, auf das vollendete 10. Lebensjahr herauf. Kinder bis zum vollendeten 10. Lebensjahr werden damit einerseits von einer Haftung für von ihnen verursachte Unfallschäden befreit. Sie müssen sich andererseits ihren eigenen Ansprüchen, gleichviel ob sie aus allgemeinem Deliktsrecht hergeleitet werden oder aus den Gefährdungshaftungstatbeständen des StVG oder des HPflG, ein Mitverschulden bei der Schadensverursachung nicht entgegenhalten lassen. Denn § 828 BGB ist auch für die Frage des Mitverschuldens nach § 254 BGB maßgeblich (BGH NJW 1962, 1065, Mertens, in Münchener Kommentar, § 828, Rdnr. 2), der über die entsprechenden Verweisungsnormen (§ 9 StVG, § 4 HPflG) auch für die sondergesetzlichen Gefährdungshaftungen gilt. Ergänzt wird diese Neuregelung der Deliktsfähigkeit für den motorisierten Verkehr durch eine Änderung des § 7 Abs. 2 StVG und des § 1 Abs. 2 HPflG (vgl. dazu Begründung zu Artikel 4 Nr. 1b und Artikel 5 Nr. 1): Mit der Ersetzung des Einwands eines „unabwendbaren Ereignisses" durch den Einwand „höherer Gewalt" wird insbesondere bei einer Unfallbeteiligung von Kindern sichergestellt, dass die durch den neuen § 828 Abs. 2 BGB bewirkte Verbesserung der Haftungssituation von unfallbeteiligten Kindern nicht durch den Unabwendbarkeitsnachweis nach § 7 Abs. 2 StVG bzw. § 1 Abs. 2 HPflG i. V. m. § 7 Abs. 2 StVG wieder konterkariert wird. Unberührt bleibt nach wie vor die Gefährdungshaftung des Kindes als Halter eines Kraftfahrzeugs oder als Bahnbetriebsunternehmer. Da es hierfür auf Zurechnungsfähigkeit und Verschulden nicht ankommt, ist § 828 BGB nicht anwendbar (Soergel-Zeuner, vor § 827, Rdnr. 2; Hofmann, NJW 1964, 228)."

Lösungsvorschlag

Gliederung

Teil 1

I. Erfolgsaussichten der Klage des *P*
  1. Zulässigkeit
  2. Begründetheit
    a) Anspruch aus §§ 437 Nr. 3, 280 Abs. 1, Abs. 3, 281 Abs. 1 S. 1 BGB
      aa) Voraussetzungen des § 437 BGB
        (1) Zeitliche Anwendungsbereich
        (2) Kaufvertrag

(3) Mangel bei Gefahrübergang
(4) Kein Ausschluss
(5) Zwischenergebnis
bb) Voraussetzungen des § 281 BGB
cc) Zwischenergebnis
b) Anspruch aus §§ 437 Nr. 3, 280 Abs. 1, Abs. 3, 283 BGB
aa) Unmöglichkeit der Nacherfüllung
bb) Vertretenmüssen
cc) Zwischenergebnis
c) Anspruch aus §§ 437 Nr. 2, 323 Abs. 1, 326 Abs. 5, 441 Abs. 1, Abs. 3, 346 Abs. 1 BGB
d) Anspruch aus § 439 Abs. 2 BGB
e) Anspruch aus § 326 Abs. 2 S. 2 BGB iVm §§ 326 Abs. 4, 346 Abs. 1 BGB
f) Anspruch aus § 326 Abs. 2 S. 2 BGB analog iVm §§ 326 Abs. 4, 346 Abs. 1 BGB
aa) Voraussetzungen und Grenzen einer Analogie zu § 326 Abs. 2 S. 2 BGB
bb) Planwidrige Regelungslücke
cc) Zwischenergebnis
g) Weitere Ansprüche
h) Hilfsweise Aufrechnung
i) Ergebnis zur Begründetheit
3. Ergebnis zur Klage des *P*
II. Erfolgsaussichten der Widerklage des *F*
1. Notwendigkeit einer Entscheidung über die Widerklage
2. Zulässigkeit der Widerklage
a) Besondere Voraussetzungen der Widerklage
b) Allgemeine Zulässigkeitsvoraussetzungen
c) Zwischenergebnis
3. Begründetheit der Widerklage
a) Anspruch aus §§ 280 Abs. 1, 241 Abs. 2 BGB
b) Anspruch aus Deliktsrecht
c) Anspruch aus § 904 S. 2 BGB
d) Zwischenergebnis
4. Ergebnis zur Widerklage des *F*
IV. Ergebnis zu Teil 1

Teil 2

I. Rechtsgutsverletzung, Kausalität und Rechtswidrigkeit
II. Verschulden
III. Haftungsausfüllender Tatbestand
IV. Ergebnis

Teil 1:

583 Fraglich ist, wie das LG Regensburg entscheiden wird. Dies hängt maßgeblich von den Erfolgsaussichten der Klage des *P* und der Frage nach der Erhebung und den Erfolgsaussichten der Widerklage des *F* ab.

I. Erfolgsaussichten der Klage des *P*

Die Klage des *P* hat Aussicht auf Erfolg, wenn sie zulässig und begründet ist. 584

1. Zulässigkeit

Die Klage des *P* müsste zulässig sein. Hierfür muss das LG Regensburg sachlich und örtlich zuständig sein. Die sachliche Zuständigkeit ergibt sich aus § 1 ZPO, §§ 23 Nr. 1, 71 Abs. 1 GVG, da der Streitwert 5.000 EUR übersteigt. Die örtliche Zuständigkeit ergibt sich aus dem allgemeinen Gerichtsstand aus §§ 12, 13 ZPO iVm Art. 4 Nr. 18 GerOrgG, da *F* seinen Sitz im Gerichtsbezirk des LG Regensburg hat. Auch aus § 29 Abs. 1 ZPO iVm Art. 4 Nr. 18 GerOrgG ergibt sich die örtliche Zuständigkeit, da der Leistungsort im Gerichtsbezirk des LG Regensburg liegt. Auf die Frage, ob der Wohnsitz des *P* oder jener des *F* der maßgebende Leistungsort ist, kommt es nicht an, da beide im Gerichtsbezirk des LG Regensburg liegen. Da das Gericht sachlich und örtlich zuständig ist und die übrigen Zulässigkeitsvoraussetzungen vorliegen, insbesondere *F* und *P* gemäß § 78 Abs. 1 ZPO ordnungsgemäß vertreten sind, ist die Klage des *P* zulässig. 585

2. Begründetheit

Die Klage des *P* ist begründet, wenn er einen Anspruch gegen *F* auf Zahlung von 5.800 EUR hat. 586

a) Anspruch aus §§ 437 Nr. 3, 280 Abs. 1, Abs. 3, 281 Abs. 1 S. 1 BGB

Ein solcher Anspruch auf 5.800 EUR könnte sich aus §§ 437 Nr. 3, 280 Abs. 1, Abs. 3, 281 Abs. 1 S. 1 BGB ergeben, wenn zwischen den Parteien ein Kaufvertrag zustande gekommen ist und aufgrund eines Mangels dem *P* ein Schaden entstanden ist. 587

aa) Voraussetzungen des § 437 BGB

Zunächst müssten hierfür die Voraussetzungen des § 437 BGB vorliegen. 588

(1) Zeitlicher Anwendungsbereich

Der zeitliche Anwendungsbereich des § 437 BGB müsste eröffnet sein. Ob hierbei der **Gefahrübergang** hinsichtlich der Kaufsache oder ihre **Annahme als im Wesentlichen erfüllungstaugliche Leistung** (§ 363 BGB) maßgeblich ist,[1] kann hier dahinstehen, da sowohl der Gefahrübergang als auch Annahme als im Wesentlichen erfüllungstaugliche Leistung bei der Mitnahme des Audi TT Ende August vorliegen. Der zeitliche Anwendungsbereich ist eröffnet. 589

(2) Wirksamer Kaufvertrag

F hat den Audi TT im August 2019 an *P* verkauft; ein wirksamer Kaufvertrag (§ 433 BGB) liegt vor. 590

---

[1] Vgl. zu diesem Streit Staudinger/*Matusche-Beckmann*, 2013, BGB § 437 Rn. 20; MüKoBGB/*Westermann* § 437 Rn. 6 f.

(3) Mangel bei Gefahrübergang, § 434 BGB

591 Zudem müsste im Zeitpunkt des Gefahrübergangs ein Mangel gem. § 434 BGB vorgelegen haben. Ein **Mangel** ist die negative Abweichung der Ist- von der vertraglich vereinbarten Sollbeschaffenheit.[2] Die **Istbeschaffenheit** ist vorliegend von dem erheblich verschlissenen Getriebe geprägt, was auf einen fehlerhaften Einbau in den Audi TT zurückzuführen ist. Die **Sollbeschaffenheit** richtet sich nach § 434 BGB. Eine ausdrückliche Beschaffenheitsvereinbarung iSd § 434 Abs. 1 S. 1 BGB ist nicht ersichtlich, ebenso wenig eine Zweckvereinbarung iSd § 434 Abs. 1 S. 2 Nr. 1 BGB. Allerdings entspricht der Audi TT nicht der üblichen Beschaffenheit iSd § 434 Abs. 1 S. 2 Nr. 2 BGB. Denn bei einem wenige Monate alten, mithin nahezu neuen Audi TT ist der Einbau des Getriebes in der Weise nicht üblich, dass bereits nach ein paar Monaten ein derartiger Verschleiß gegeben ist, sodass es ausgetauscht werden muss. Auch wenn der Audi TT aktuell noch nicht in seiner Verkehrssicherheit beeinträchtigt ist, liegt daher ein Sachmangel iSd § 434 Abs. 1 S. 2 Nr. 2 BGB vor.[3] Dieser war auch schon **bei Gefahrübergang** (§ 446 BGB) vorhanden, da der fehlerhafte Einbau schon bei der Herstellung des Audi TT erfolgte. Somit liegt ein Mangel bei Gefahrübergang vor.

(4) Kein Ausschluss der Mängelhaftung

592 Ein genereller Ausschluss der Mängelhaftung ist nicht ersichtlich, insbesondere greift § 377 HGB nicht, da der Kauf für beide Parteien kein Handelsgeschäft iSd § 343 Abs. 1 HGB war. Auch ein Ausschluss wegen einer Kenntnis vom Mangel oder einer grob fahrlässigen Unkenntnis von diesem nach § 442 BGB kommt nicht in Betracht.

(5) Zwischenergebnis

593 Die Voraussetzungen des § 437 BGB sind gegeben; damit stehen dem *P* grundsätzlich die Mängelrechte nach § 437 BGB offen.

bb) Voraussetzungen des § 281 BGB

594 Für einen Schadensersatzanspruch müssten die besonderen Voraussetzungen des § 281 BGB erfüllt sein. Mithin muss von *P* eine **Frist zur Nacherfüllung** gesetzt worden sein, oder eine solche gem. §§ 281 Abs. 2, 440 BGB entbehrlich sein. Da *P* das Getriebe sofort austauschen ließ, ohne dem *F* eine Frist zur Nacherfüllung zu setzen, müsste die Fristsetzung entbehrlich gewesen sein. Eine **Entbehrlichkeit der Fristsetzung** nach § 281 Abs. 2 Alt. 1 BGB scheidet aus, da *F* die Nacherfüllung nicht endgültig verweigert hat. Jedoch kommt § 281 Abs. 2 Alt. 2 BGB in Betracht, wenn besondere Umstände vorliegen, die unter Abwägung der beiderseitigen Interessen die sofortige Geltendmachung des Schadensersatzanspruchs rechtfertigen. Die Arglist des Verkäufers kann ein solcher Umstand sein.[4] Auch kann eine sofortige Reparatur notwendig sein, um eine erhebliche Schadensvertiefung zu verhindern, sodass der Käufer lediglich seiner Schadensminderungsobliegenheit aus § 254 Abs. 2 S. 1 BGB nachkommt.[5]

---

[2] *Medicus/Lorenz* SchuldR II § 6 Rn. 2.
[3] BeckOK BGB/*Faust* § 434 Rn. 66; MüKoBGB/*Westermann* § 434 Rn. 62, 67.
[4] Vgl. MüKoBGB/*Ernst* § 281 Rn. 65.
[5] Vgl. zu dieser Konstellation BeckOK BGB/*Lorenz* § 281 Rn. 29; zur Schadensminderungsobliegenheit ausf. MüKoBGB/*Oetker* § 254 Rn. 68 ff.

Vorliegend spricht allerdings gegen solche besonderen Umstände, dass das Fahrzeug (noch) nicht in seiner Verkehrssicherheit beeinträchtigt war. *P* hätte also ohne erhebliche Beeinträchtigungen dem *F* eine angemessene Frist einräumen können. Auch eine besondere Vertiefung des Schadens bei nicht sofortiger Reparatur ist nicht ersichtlich. Daher kommt eine Entbehrlichkeit der Fristsetzung nach § 281 Abs. 2 Alt. 2 BGB nicht in Betracht. Aus den gleichen Gründen ist dem *P* auch die Nacherfüllung durch *F* nicht unzumutbar iSd § 440 S. 1 Var. 3 BGB. Mangels Fristsetzung bzw. deren Entbehrlichkeit sind die speziellen Voraussetzungen des § 281 BGB nicht gewahrt.

cc) Zwischenergebnis

P hat gegen *F* somit keinen Anspruch auf Zahlung von 5.800 EUR aus §§ 437 Nr. 3, 280 Abs. 2, Abs. 3, 281 Abs. 1 BGB. **595**

b) Anspruch aus §§ 437 Nr. 3, 280 Abs. 1, Abs. 3, 283 BGB

P könnte jedoch aus §§ 437 Nr. 3, 280 Abs. 1, Abs. 3, 283 BGB einen Anspruch gegen *F* auf Zahlung von 5.800 EUR zustehen. Wie gezeigt liegen die Voraussetzungen des § 437 BGB vor, sodass sich nur die Frage stellt, ob die Voraussetzungen der §§ 280 Abs. 1, Abs. 3, 283 BGB gegeben sind. **596**

aa) Unmöglichkeit der Nacherfüllung

Die Pflicht zur Nacherfüllung müsste unmöglich iSd § 275 Abs. 1 BGB sein. Damit der Anspruch aus § 439 Abs. 1 BGB unmöglich wird, müssen sowohl die Neulieferung als auch die Nachbesserung unmöglich sein.[6] Unmöglichkeit setzt ein dauerndes, nicht überwindbares Leistungshindernis voraus. **597**

(1) Hinsichtlich der **Unmöglichkeit der Neulieferung** gem. § 439 Abs. 1 Alt. 2 BGB ist zu berücksichtigen, dass *P* einen wenn auch relativ neuen, aber doch gebrauchten Audi TT des *F* erwirbt. Beim Kauf eines Gebrauchtwagens handelt es sich nicht um einen Gattungs-, sondern einen Stückkauf. Fraglich ist, ob eine Neulieferung bei einem Stückkauf generell unmöglich iSd § 275 Abs. 1 BGB ist, da das konkrete Stück nur ein einziges Mal existiert und somit keine andere Sache geeignet sein könnte, den vertragsgemäßen Zustand herbeizuführen.[7] Allerdings hat der Gesetzgeber Stück- und Gattungskauf einheitlich geregelt und ging zudem davon aus, dass auch beim Stückkauf die Neulieferung einer gleichwertigen Sache möglich sei.[8] Richtigerweise ist auch beim Stückkauf eine Neulieferung dann möglich, wenn eine nach dem Willen der Parteien vergleichbare Sache geliefert werden kann.[9] Bei Gebrauchtwagen ist jedoch aufgrund des unterschiedlichen Erhaltungszustandes und den praktischen Schwierigkeiten, eine tatsächlich vergleichbare Sache zu beschaffen, bei der Annahme eines solchen Parteiwillens Zurückhaltung geboten, um häufigen Streit über die Gleichartigkeit und Gleichwertigkeit der Ersatzsache zu vermeiden.[10] Auch der Gesetzgeber hat in den Materialien zum Ausdruck gebracht, dass beim Kauf gebrauchter Sachen eine Neulieferung in der Regel unmöglich sein **598**

---

[6] Jauernig/*Berger* BGB § 439 Rn. 22; *Lorenz* NJW 2006, 1175 (1177).

[7] So *Huber* NJW 2002, 1004 (1006).

[8] BT-Drs. 14/6040, 89.

[9] BGH NJW 2006, 2839 Rn. 17 ff.; MüKoBGB/*Westermann* § 439 Rn. 15 f.; Jauernig/*Berger* BGB § 439 Rn. 23 f.; *Canaris* JZ 2003, 831 (834 f.).

[10] BGH NJW 2006, 2839 Rn. 24; OLG München BeckRS 2013, 4909; LG München BeckRS 2011, 140488.

wird.[11] Ein entsprechender Wille der Parteien ist hier auch nicht ersichtlich. Denn *P* wollte gerade den bei *F* befindlichen Audi TT erwerben und traf die Kaufentscheidung daher in erster Linie aufgrund des persönlichen Eindrucks von der Kaufsache, weniger anhand objektiver Kriterien.[12] Zudem spricht gegen einen solchen Willen, dass *F* nur dieses eine Kfz hat, sodass *P* nicht davon ausgehen konnte, *F* würde eine vergleichbare Sache liefern. Somit ist die Neulieferung (§ 439 Abs. 1 Alt. 2 BGB) gem. § 275 Abs. 1 BGB unmöglich.

599 (2) Schließlich könnte auch eine **Unmöglichkeit der Nachbesserung** gem. § 439 Abs. 1 Alt. 1 BGB vorliegen. Ursprünglich war die Reparatur des Audi TT noch möglich, sodass keine anfängliche, sondern allenfalls eine nachträgliche Unmöglichkeit der Nacherfüllung vorliegt. Durch die von *P* veranlasste Reparatur des Kfz ist die Nachbesserung durch **Zweckerreichung** unmöglich iSv § 275 Abs. 1 BGB geworden. Denn bei der dann mangelfreien Sache ist eine (weitere) Mangelbeseitigung ausgeschlossen.[13] Nach der Gegenansicht führt die anderweitige Reparatur nur dann zur Unmöglichkeit des ganzen Nacherfüllungsanspruchs und nicht nur der Nachbesserung, wenn der primäre Leistungszweck nicht mehr erreicht werden könne. Solange eine Neulieferung grundsätzlich möglich ist, führe die anderweitige Reparatur des Mangels nicht zur Unmöglichkeit, auch wenn der Käufer kein Interesse an der Lieferung einer weiteren mangelfreien Sache habe.[14] Da hier aber die Neulieferung selbständig unmöglich ist, kommt es auf diesen Streit nicht an. Eine nachträgliche Unmöglichkeit der Nacherfüllung liegt somit vor.

bb) Vertretenmüssen

600 *F* müsste diese Unmöglichkeit auch zu vertreten haben. Dies wird gem. § 280 Abs. 1 S. 2 BGB grundsätzlich vermutet. Jedoch kann *F* hier die Vermutung widerlegen, da die Unmöglichkeit auf der Vornahme der Reparatur beruht und diese alleine von *P* veranlasst wurde. Man könnte daran denken, dass die Selbstvornahme des *P* durch das Verhalten des *F* herausgefordert wurde.[15] Allerdings muss berücksichtigt werden, dass *P* hier nach § 281 BGB seinerseits eine Frist zur Nacherfüllung hätte setzen müssen, dies jedoch nicht getan hat. Somit scheidet auch eine Herausforderung durch *F* aus. *F* hat die Unmöglichkeit der Nacherfüllung mithin nicht zu vertreten.

cc) Zwischenergebnis

601 Somit hat *P* gegen *F* auch aus §§ 437 Nr. 3, 280 Abs. 1, Abs. 3, 283 BGB keinen Anspruch auf Zahlung von 5.800 EUR.

c) Anspruch aus §§ 437 Nr. 2, 323 Abs. 1, 326 Abs. 5, 441 Abs. 1, Abs. 3, 346 Abs. 1 BGB

602 In Betracht kommt noch ein Anspruch aus Minderung gem. §§ 437 Nr. 2, 323 Abs. 1, 326 Abs. 5, 441 Abs. 1, Abs. 3, 346 Abs. 1 BGB auf Rückzahlung des zuviel gezahlten Kaufpreises. Neben der fehlenden Minderungserklärung (§ 441 Abs. 1 S. 1 BGB) könnte der Anspruch zudem am Fehlen eines Minderungsgrundes scheitern.

---

[11] Vgl. BT-Drs. 14/6040, 232.
[12] Vgl. BGH NJW 2006, 2839 Rn. 23.
[13] Vgl. für eine entsprechende Unmöglichkeit wegen Zweckerreichung MüKoBGB/*Ernst* § 275 Rn. 158 ff.; BeckOK BGB/*Lorenz* § 275 Rn. 44; *Herresthal/Riehm* NJW 2005, 1457.
[14] *Lorenz* NJW 2006, 1175 (1177).
[15] Zu den Herausforderungsfällen vgl. Staudinger/*Schiemann*, 2017, § 249 Rn. 48 ff.; BeckOGK/*Riehm* BGB § 280 Rn. 313.

Ein Minderungsgrund aus §§ 441 Abs. 1, 323 Abs. 1 BGB scheidet nämlich aus, da keine Fristsetzung zur Nacherfüllung erfolgt ist und die Fristsetzung nicht entbehrlich ist.[16] Auch ein Minderungsgrund aus §§ 441 Abs. 1, 326 Abs. 5 BGB ist gem. § 323 Abs. 6 Alt. 1 BGB ausgeschlossen, da *P* alleine für den Eintritt der Unmöglichkeit, den Ausschluss der Nachbesserung durch Zweckerreichung, verantwortlich ist.

d) Anspruch aus § 439 Abs. 2 BGB

Ein solcher Anspruch auf Zahlung von 5.800 EUR könnte sich aber aus § 439 Abs. 2 603
BGB ergeben. Teilweise wird § 439 Abs. 2 BGB als Anspruchsgrundlage für Aufwendungen des Käufers im Rahmen einer Nacherfüllung durch den Verkäufer herangezogen.[17] Allerdings stehen hier nicht Aufwendungen im Rahmen einer Nacherfüllung des Verkäufers, sondern im Rahmen einer sog. eigenmächtigen Selbstvornahme der Mängelbeseitigung durch den Käufer im Raum. Ein Anspruch aus § 439 Abs. 2 BGB scheidet mithin aus.

e) Anspruch aus § 326 Abs. 2 S. 2 BGB iVm §§ 326 Abs. 4, 346 Abs. 1 BGB

P könnte jedoch gem. § 326 Abs. 2 S. 2 BGB iVm §§ 326 Abs. 4, 346 Abs. 1 BGB 604
zumindest das verlangen, was *F* sich durch die Unmöglichkeit der Nacherfüllung erspart hat. Dies wären hier die 1.500 EUR Materialkosten für das Getriebe. **§ 326 Abs. 2 BGB** knüpft an den Ausschluss der Gegenleistungspflicht aus § 326 Abs. 1 S. 1 BGB an. Dieser ist bei der Unmöglichkeit des Nacherfüllungsanspruchs richtigerweise einschlägig. § 326 Abs. 1 S. 2 BGB steht nicht entgegen, da diese Regelung nur einschlägig ist, wenn der Schuldner hinsichtlich seiner Verpflichtung, die Leistung in einer bestimmten qualitativen Beschaffenheit zu erbringen, nach § 275 BGB frei wird.[18] Hier liegt aber kein Fall der qualitativen Unmöglichkeit, sondern eine Unmöglichkeit durch Zweckerreichung vor. Da *P* für diese allein verantwortlich ist, bleibt die Gegenleistungspflicht gem. § 326 Abs. 2 S. 1 Alt. 1 BGB bestehen und findet § 326 Abs. 2 S. 2 BGB direkte Anwendung. In der Folge dieser direkten Anwendbarkeit des § 326 Abs. 2 S. 2 BGB[19] ist fraglich, ob eine teleologische Reduktion der Norm geboten ist.[20]

Folgt man der wohl überwiegenden abweichenden Ansicht,[21] so soll hier aufgrund von § 326 Abs. 1 S. 2 BGB kein automatisches Erlöschen der Gegenleistungspflicht erfolgen und damit auch die ausnahmsweise Aufrechterhaltung der Gegenleistungspflicht nach § 326 Abs. 2 S. 1 BGB ausscheiden, an die § 326 Abs. 2. S. 2 BGB systematisch anknüpft. Nach dieser Ansicht ist § 326 Abs. 2 S. 2 BGB nicht direkt anwendbar.

---

[16] Vgl. → Rn. 594.

[17] BGH NJW 2014, 2351 Rn. 15 f.; BeckOGK/*Höpfner* BGB § 439 Rn. 43 ff.

[18] Vgl. nur BeckOGK/*Herresthal* BGB § 326 Rn. 148.

[19] So ua B. *Lorenz* NJW 2003, 1417; *Herresthal/Riehm* NJW 2005, 1457; *Ebert* NJW 2004, 1761 (1763); *Katzenstein* ZGS 2004, 349.

[20] Insofern wäre an dieser Stelle mit den bei → Rn. 607 ff. angeführten Argumenten eine teleologische Reduktion der Norm zu diskutieren.

[21] BeckOK BGB/*H. Schmidt* § 326 Rn. 23; Jauernig/*Stadler* BGB § 326 Rn. 29; NK-BGB/*Dauner-Lieb* § 326 Rn. 23; MüKoBGB/*Westermann* § 439 Rn. 13.

f) Anspruch analog § 326 Abs. 2 S. 2 BGB iVm §§ 326 Abs. 4, 346 Abs. 1 BGB

605 Ein Anspruch des *P* gegen *F* auf Zahlung von 1.500 EUR könnte sich analog § 362 Abs. 2 S. 2 BGB iVm §§ 326 Abs. 4, 346 Abs. 1 BGB ergeben.

aa) Voraussetzungen und Grenzen einer Analogie zu § 326 Abs. 2 S. 2 BGB

606 Zunächst müssen Voraussetzungen und Grenzen einer Analogie zu § 326 Abs. 2 S. 2 BGB bestimmt werden. Unter einer **Analogie**[22] versteht man die Schließung einer offenen Regelungslücke durch Übertragung der für einen Tatbestand oder eine Gruppe ähnlicher Tatbestände geltenden positivrechtlichen Regelung auf den vom Gesetz nicht geregelten, aber wertungsähnlichen Tatbestand.[23] Bei der Ermittlung der **Regelungslücke** kann nicht ohne weiteres aus dem Schweigen des Gesetzes auf eine Lücke geschlossen werden, denn auch ein „beredtes Schweigen“ des Gesetzes ist zu bedenken.[24] Das Fehlen der gesetzlichen Regelung für den konkreten Sachverhalt muss vielmehr eine am Maßstab des dem Gesetz zugrunde liegenden Regelungsplans planwidrige Unvollständigkeit des Gesetzes darstellen. Der (ungeschriebene) Regelungsplan ist durch Auslegung des Gesetzes zu ermitteln.[25] Die Analogie rechtfertigt sich aus dem Grundsatz, Gleiches gleich zu behandeln. Daher muss zudem eine **Vergleichbarkeit** zwischen dem geregelten und dem ungeregelten Sachverhalt hinsichtlich **der maßgebenden Wertungen** bestehen.[26] Entscheidend ist, dass der geregelte und der ungeregelte Sachverhalt in den für die rechtliche Bewertung entscheidenden Aspekten übereinstimmen.[27] Sofern dies zu bejahen ist, sind die Gerichte durch den Gleichheitssatz (Art. 3 Abs. 1 GG) zur Rechtsfortbildung im Wege der Analogie verpflichtet.[28] Ihre Grenze findet die Rechtsfortbildung grundsätzlich – und damit auch die Analogie – im ausdrücklichen Willen des Gesetzgebers.[29] Für eine Analogie zu § 326 Abs. 2 S. 2 BGB bedarf es also einer planwidrigen Unvollständigkeit der gesetzlichen Regelung und einer hinreichenden Vergleichbarkeit zu den geregelten Fällen.

bb) Planwidrige Regelungslücke

607 Mit Blick auf das Vorliegen einer planwidrigen Regelungslücke ist festzuhalten, dass das Gesetz für jene Fälle eine Regelung trifft, in denen der Gläubiger die Unmöglichkeit des Leistungsanspruchs allein oder weit überwiegend zu verantworten hat. Dann bleibt er zwar zur Gegenleistung verpflichtet, jedoch ist gem. § 326 Abs. 2 S. 2 BGB dasjenige anzurechnen, was der Schuldner infolge der Befreiung von der Leistung erspart. Legt man die wohl überwiegende Ansicht zugrunde, nach der § 326 Abs. 1 S. 2 BGB einschlägig ist,[30] wenn die Unmöglichkeit der Nacherfüllung gem. § 275 Abs. 1 BGB vom Käufer aufgrund einer eigenmächtigen Selbstvornahme zu verantworten ist, dann fehlt eine vergleichbare Regelung. Der Käufer ist nach dieser Ansicht

---

[22] Hierzu → Rn. 195 ff.

[23] *Larenz* Methodenlehre S. 381; *Bydlinski* Methodenlehre und Rechtsbegriff S. 477; *Larenz/Canaris* Methodenlehre S. 202; *Kuhn* JuS 2016, 104 (104).

[24] *Larenz/Canaris* Methodenlehre S. 191; *Mann* Arbeitstechnik Rn. 273; → Rn. 180.

[25] *Bydlinski* Methodenlehre und Rechtsbegriff S. 473; *Larenz/Canaris* Methodenlehre S. 194.

[26] *Larenz/Canaris* Methodenlehre S. 193, 202; *Köhler* BGB AT JurKLB § 4 Rn. 23.

[27] *Larenz* Methodenlehre S. 381; *Larenz/Canaris* Methodenlehre S. 202.

[28] Vgl. BVerfG NZA 2018, 774 Rn. 73; NJW 1973, 1221 (1225); *Larenz/Canaris* Methodenlehre S. 187.

[29] BVerfG NZA 2018, 774 Rn. 73; *Herresthal* JuS 2014, 289 (296 f.); *Wiedemann* NJW 2014, 2407 (2408); ausf. zu den Grenzen der Rechtsfortbildung → Rn. 211 ff.

[30] Vgl. → Rn. 604.

zur vollen Gegenleistung verpflichtet, während eine Regelung zur Anrechnung der vom Schuldner ersparten Aufwendungen fehlt. Danach liegt eine Regelungslücke vor.

Diese müsste aber auch planwidrig sein. Dem könnte entgegenstehen, dass der Gesetzgeber einen Aufwendungsersatzanspruch im Mietrecht (§ 536a Abs. 2 BGB) und im Werkvertragsrecht (§§ 634 Nr. 2, 637 Abs. 1 BGB) ausdrücklich geregelt und bei der parallelen Neugestaltung des Kaufrechts einen solchen Anspruch dort nicht vorgesehen hat.[31] Allerdings soll nicht ein mit den §§ 536a Abs. 2, 634 Nr. 2, 637 Abs. 1 BGB vergleichbarer Aufwendungsersatzanspruch begründet werden, sondern nur die Anrechnung vom Schuldner aufgrund der Unmöglichkeit der Nacherfüllung ersparter Aufwendungen.[32] Dem kann entgegenhalten werden, dass beide Ansprüche vielfach identisch sind, mithin nur eine andere Perspektive einnehmen. Denn der Aufwendungsersatzanspruch stellt auf die Aufwendungen des Gläubigers ab, während die Analogie die korrespondierenden ersparten Aufwendungen des Schuldners in Blick nimmt.[33] Der vorliegende Fall zeigt, dass die Aufwendungen von Käufer und Verkäufer insbesondere bei einem Kauf zwischen Privaten durchaus vergleichbar, vielfach sogar deckungsgleich sein können. Denn könnte *F* nicht das Getriebe kostengünstig in der Kfz-Werkstatt seines Bruders austauschen lassen, müsste er ebenfalls einen Betrag von ca. 5.800 EUR wie der Käufer *P* aufwenden. 608

Gegen eine planwidrige Unvollständigkeit kann zudem die Systematik des § 437 BGB und die hieraus abzuleitende Chance zur zweiten Andienung angeführt werden. Diese könnte durch eine analoge Anwendung des § 326 Abs. 2 S. 2 BGB ausgehöhlt werden, wenn der Käufer ein Selbstvornahmerecht auf diese Weise erhält.[34] Indes zielt § 326 Abs. 2 S. 2 BGB gerade nicht auf den Ersatz der Aufwendungen des Gläubigers, sondern die Vermeidung der Bereicherung des Verkäufers/Schuldners, der der ihm obliegenden Nacherfüllungsverpflichtung nicht nachkommt.[35] Auch hier kann die beim Kauf zwischen Privaten oft vorliegende Deckungsgleichheit zwischen den ersparten und den tatsächlich vorgenommenen Aufwendungen angeführt werden, sodass bei analoger Anwendung des § 326 Abs. 2 S. 2 BGB die Gefahr einer Umgehung des Vorrangs der Nacherfüllung gem. § 437 BGB besteht. 609

Weiter könnte gegen eine planwidrige Regelungslücke sprechen, dass der Gesetzgeber in § 437 BGB die Ansprüche des Käufers bei einem Mangel aufgelistet hat.[36] Dieser verweist auf § 326 Abs. 5 BGB, nicht aber auf § 326 Abs. 2 S. 2 BGB. Insofern könnte es sich um eine abschließende Regelung der Käuferrechte handeln. Auch bei der jüngsten Änderung des § 439 BGB mit Wirkung zum 1.1.2018,[37] die in § 439 Abs. 3 S. 1 BGB nun explizit eine Selbstvornahme von Ein- und Ausbauleistungen durch den Käufer vorsieht und ihm hierfür einen Aufwendungsersatzanspruch einräumt, hat der Gesetzgeber die Selbstvornahme durch den Käufer in anderen Fällen trotz Kenntnis des Streitstandes nicht geregelt. Dies mag als Indiz dafür gewertet werden, dass nach dem gesetzgeberischen Regelungsplan in anderen Fällen der Selbstvornahme keine Ansprüche bestehen sollen. 610

---

[31] So BGH NJW 2005, 1348 (1349 f.).
[32] *Herresthal/Riehm* NJW 2005, 1457 (1460); *Lorenz* NJW 2005, 1321 (1323).
[33] BGH NJW 2005, 1348 (1349 f.).
[34] Vgl. BGH NJW 2005, 1348 (1350).
[35] Vgl. BeckOGK/*Herresthal* BGB § 326 Rn. 302.
[36] BT-Drs. 14/6040, 219.
[37] Vgl. zur Reform des Kaufrechts *Nietsch/Osmanovic* NJW 2018, 1 ff.

611 Darüber hinaus können Beweisschwierigkeiten als Argument gegen eine planwidrige Regelungslücke ins Feld geführt werden. Nach dieser Überlegung führt die Behebung des Mangels durch den Käufer dazu, dass die Überprüfung erheblich erschwert ist, ob die Sache tatsächlich mangelhaft war, ob der Mangel schon bei Gefahrübergang vorhanden war und ob Art und Umfang der Mangelbeseitigung erforderlich waren.[38] Schließlich kann angeführt werden, dass der Vorteil, der dem Verkäufer verbleibt, nicht völlig unbillig ist, denn der Käufer nimmt ihm die Chance zur zweiten Andienung, während dem Interesse des Käufers an einer sofortigen Mangelbeseitigung in bestimmten Konstellationen durch §§ 281 Abs. 2, 323 Abs. 2 BGB ausreichend Rechnung getragen ist.

Folg man der hM, so fehlt es an einer planwidrigen Regelungslücke, sodass eine analoge Anwendung des § 326 Abs. 2 S. 2 BGB ausscheidet.[39]

cc) Zwischenergebnis

612 Somit hat *P* gegen *F* keinen Anspruch analog § 326 Abs. 2 S. 2 BGB iVm §§ 326 Abs. 4, 346 Abs. 1 BGB.

g) Weitere Ansprüche

613 Weitere Ansprüche aus GoA und Bereicherungsrecht scheitern nach der vorstehenden Wertung an der enumerativen Aufzählung der Gewährleistungsrechte in § 437 BGB.[40]

h) Hilfsweise Aufrechnung

614 Die Klage ist schon ohne die Aufrechnung unbegründet. Damit ist die Bedingung für die hilfsweise Aufrechnung nicht eingetreten, sodass auf diese nicht mehr einzugehen ist.

i) Ergebnis zur Begründetheit

615 *P* hat gegen *F* keinen Anspruch auf Zahlung weder iHv 5.800 EUR noch iHv 1.500 EUR. Die Klage ist daher unbegründet.

3. Ergebnis zur Klage des *P*

616 Die Klage des *P* ist zulässig, aber unbegründet, sodass sie keine Aussicht auf Erfolg hat.

II. Erfolgsaussichten der Widerklage des *F*

617 Die Widerklage des *F* hat Aussicht auf Erfolg, wenn sie zulässig und begründet ist.

---

[38] BGH NJW 2005, 1348 (1350).

[39] AA sehr gut vertretbar; vgl. dazu *Herresthal/Riehm* NJW 2005, 1457 und BeckOGK/*Herresthal* BGB § 326 Rn. 298 ff. mwN. In diesem Fall muss dann auch auf die Vergleichbarkeit der Wertungslage eingegangen werden. Diese ist dann aber zu bejahen, da die maßgebliche Wertung der Regelung, nach der der Schuldner nicht durch die Unmöglichkeit der der Leistung bereichert sein darf, auch in den Fällen der Unmöglichkeit der Nacherfüllung durch die Selbstvornahme des Gläubigers greift.

[40] Vgl. MüKoBGB/*Westermann* § 437 Rn. 65; *Kupfer/Weiß* JA 2018, 894 (895 f.); s. a. *Herresthal/Riehm* NJW 2005, 1457.

1. Notwendigkeit einer Entscheidung über die Widerklage

Fraglich ist, ob das Gericht über die Widerklage überhaupt entscheiden kann. Gem. § 308 Abs. 1 S. 1 ZPO, der eine Ausprägung der Dispositionsmaxime ist, ist das Gericht an die Anträge der Parteien gebunden.[41] Die *F* hat die Widerklage unter einer Bedingung erhoben. Daher darf das Gericht über diese nur entscheiden, wenn diese Bedingung eingetreten ist. Als Bedingung wurde formuliert, dass die Klage ohne Aufrechnung unbegründet ist. Diese Bedingung ist eingetreten, sodass das Gericht über die Widerklage entscheiden muss. **618**

Hierzu muss eine Klageerhebung aber unter einer solchen Bedingung zulässig sein. Grundsätzlich ist die Klageerhebung als Prozesshandlung bedingungsfeindlich. Jedoch besteht Einigkeit darüber, dass eine Widerklageerhebung eventualiter zulässig ist, wenn es sich um eine innerprozessuale Bedingung handelt.[42] Die Bedingung, dass die Klage unbegründet ist, ist eine solche innerprozessuale Bedingung. Mithin kann das Gericht über die Widerklage entscheiden.

2. Zulässigkeit der Widerklage

Die Widerklage des *F* muss zulässig sein. **619**

a) Besondere Zulässigkeitsvoraussetzungen der Widerklage

Die besonderen Voraussetzungen der Widerklage müssten erfüllt sein. Die vorliegende Widerklage hat einen **eigenen Streitgegenstand,** da sie sich auf einen eigenen Lebenssachverhalt stützt. Außerdem ist die **Klage noch rechtshängig,** die **Parteien sind identisch**[43] und ein **Ausschluss der Widerklage** ist nicht ersichtlich. **620**

Fraglich ist nur, ob **Klage und Widerklage konnex** sind. Ob aus § 33 ZPO eine allgemeine Zulässigkeitsvoraussetzung der Konnexität für die Widerklage hergeleitet werden kann, braucht nicht entschieden zu werden, wenn diese vorliegt. **Konnexität** ist gegeben, wenn es prozessökonomisch ist, Klage und Widerklage zusammen zu verhandeln, weil der Prozessstoff der Klage auch für die Widerklage verwertbar ist und somit zB doppelte Beweiserhebungen vermieden werden.[44] Vorliegend wird die Klage auf einen anderen Lebenssachverhalt gestützt, doch hat *F* eine Eventualaufrechnung erklärt, die auf dem gleichen Lebenssachverhalt beruht, wie die Widerklage. Dieser Lebenssachverhalt kommt daher unabhängig von der Begründetheit der Klage im Prozess zur Sprache, sodass ein gemeinsames Verhandeln prozessökonomisch ist. Konnexität kann somit bejaht werden.[45] Jedenfalls wurde eine fehlende Konnexität mangels Rüge gem. § 295 ZPO geheilt.[46] Die besonderen Zulässigkeitsvoraussetzungen der Widerklage liegen vor.

b) Allgemeine Zulässigkeitsvoraussetzungen

Auch die allgemeinen Zulässigkeitsvoraussetzungen müssen vorliegen. Das LG Regensburg muss für die Widerklage sachlich gem. § 1 ZPO, §§ 23 Nr. 1, 71 Abs. 1 GVG zuständig sein. Allerdings lautet die Widerklage nur auf Zahlung von **621**

---

[41] Zur Dispositionsmaxime näher MüKo ZPO/*Rauscher* Einl. Rn. 312 ff.

[42] BGH NJW 1996, 2306; Musielak/Voit/*Heinrich* ZPO § 33 Rn. 12.

[43] Eine Eventualdrittwiderklage ist nicht zulässig, da es sich bei der Unbegründetheit der Klage für den Dritten nicht um eine innerprozessuale Bedingung handelt.

[44] MüKoZPO/*Patzina* § 33 Rn. 19 ff.

[45] BeckOK ZPO/*Toussaint* § 33 Rn. 13.

[46] Musielak/Voit/*Heinrich* ZPO § 33 Rn. 3.

300 EUR. Zwar werden die Streitwerte von Klage und Widerklage gem. § 5 Hs. 2 ZPO nicht addiert, doch führt dies dazu, dass für beide Klagen der jeweils höchste Streitwert relevant ist. Dies folgt aus dem Gedanken der Prozessökonomie.[47] Somit ist auch hier der Streitwert der Klage von 5.800 EUR relevant, sodass das LG Regensburg sachlich zuständig ist. Die örtliche Zuständigkeit ergibt sich aus §§ 12, 13, 33 ZPO iVm Art. 4 Nr. 18 GerOrgG. Auch die übrigen allgemeinen Zulässigkeitsvoraussetzungen liegen vor.

c) Zwischenergebnis

622 Die Widerklage ist zulässig.

3. Begründetheit der Widerklage

623 Die Klage ist begründet, wenn *F* gegen *P* einen Anspruch auf Zahlung von 300 EUR hat.

a) Anspruch aus §§ 280 Abs. 1, 241 Abs. 2 BGB

624 Ein solcher Anspruch könnte sich aus §§ 280 Abs. 1, 241 Abs. 2 BGB ergeben, wenn *P* eine Pflicht aus einem Schuldverhältnis schuldhaft verletzt hat. Erforderlich ist somit ein **Schuldverhältnis.** Ein solches könnte das nachbarschaftliche Gemeinschaftsverhältnis[48] sein. Hierfür spricht, dass die §§ 905 ff. BGB Regelungen bereithalten, die das nachbarschaftliche Gemeinschaftsverhältnis sonderbindungsähnlich ausgestalten.[49] Allerdings handelt es sich beim nachbarschaftlichen Gemeinschaftsverhältnis nur um eine Ausprägung des in § 242 BGB verankerten Prinzips von Treu und Glauben. Aufgrund der aus ihm folgenden gegenseitigen Rücksichtnahmepflichten der Nachbarn untereinander kommt diesem Gemeinschaftsverhältnis nur einschränkende und ausgleichende Funktion zu. Dies zeigen auch die Regelungen der §§ 905 ff. BGB. Ansprüche werden durch das nachbarschaftliche Gemeinschaftsverhältnis nicht begründet, vielmehr begrenzt es die Rechtsausübung in bestimmten Konstellationen. Die Anwendbarkeit beschränkt sich auf Fälle, die einen billigen Ausgleich der widerstreitenden Interessen als dringend geboten erscheinen lassen. Neben diesen im Gesetz ausdrücklich geregelten Fällen bietet das nachbarschaftliche Gemeinschaftsverhältnis keine Grundlage für Rechte und Pflichten.[50] Grundstücksnachbarn haben mithin nur die allgemeinen Ansprüche aus dem Eigentum und aus einer Verletzung der allgemeinen Verkehrspflichten. Das nachbarschaftliche Gemeinschaftsverhältnis ist somit kein gesetzliches Schuldverhältnis iSv § 241 Abs. 2 BGB.[51] Ein Anspruch aus §§ 280 Abs. 1, 241 Abs. 2 BGB scheidet aus.

b) Anspruch aus Deliktsrecht

625 Ein solcher Anspruch ergibt sich auch weder aus § 823 Abs. 1 BGB noch aus § 823 Abs. 2 BGB, § 303 StGB, da *P* nicht selbst gehandelt hat. Auch aus § 831 Abs. 1 BGB besteht kein Anspruch, da der Gast nicht auf Weisung des *P* handelte und

---

[47] HK-ZPO/*Bendtsen* § 5 Rn. 2; MüKoZPO/*Wöstmann* § 5 Rn. 32.

[48] Vgl. zu diesem BGHZ 28, 110 (114); MüKoBGB/*Schubert* § 242 Rn. 216 ff.; BeckOGK/*Kazele* BGB § 1018 Rn. 92 ff.

[49] Vgl. BGH NJW 1965, 389 (390) mwN.

[50] MüKoBGB/*Brückner* § 903 Rn. 40; Palandt/*Herrler* BGB § 903 Rn. 13; MüKoBGB/*Schubert* § 242 Rn. 217.

[51] Ausführlich dazu BGH NJW 1965, 389 (391); Palandt/*Herrler* BGB § 903 Rn. 13; MüKoBGB/*Schubert* § 242 Rn. 216 f.; Staudinger/*Schwarze*, 2019, BGB § 280 Rn. B4.

somit kein Verrichtungsgehilfe war. Ansprüche aus Deliktsrecht scheiden mithin aus.

c) Anspruch aus § 904 S. 2 BGB

Allerdings könnte *F* gegen *P* einen Anspruch auf Zahlung von 300 EUR aus § 904 S. 2 BGB haben. Hiernach ist dem Eigentümer in Fällen, in denen er nach § 904 S. 1 BGB die Einwirkung auf sein Eigentum nicht abwehren kann, sein Schaden zu ersetzen. **626**

aa) Tatbestand des § 904 S. 1 BGB

Zunächst muss der Tatbestand des § 904 S. 1 BGB erfüllt sein. *P* wurde von einem Hund eines Gastes angegriffen. Dies war eine gegenwärtige Gefahr. Das Herausreißen der Zaunlatte war auch notwendig, um den Angriff durch den ausgewachsenen Schäferhund sicher abzuwehren. Schließlich muss der dem *P* drohende Schaden gegenüber dem dem *F* aus der Einwirkung entstehenden Schaden unverhältnismäßig hoch sein. Hierbei ist eine objektive Güterabwägung vorzunehmen, wobei höchstpersönliche Rechtsgüter im Grundsatz Sachwerte überwiegen.[52] Vorliegend drohte dem *P* ein erheblicher Schaden an Leib und Leben. Denn ausgewachsene Schäferhunde sind in der Lage, erhebliche, sogar lebensgefährliche Verletzungen hervorzurufen. Auf der anderen Seite entsteht lediglich ein Sachschaden iHv 300 EUR. Mithin ist der drohende Schaden gegenüber dem durch die Einwirkung verursachten Schaden unverhältnismäßig hoch. Damit ist der Rechtfertigungstatbestand des § 904 S. 1 BGB erfüllt. **627**

bb) Ersatzpflichtigkeit gem. § 904 S. 2 BGB

Unklar ist allerdings, **wer zum Ersatz des Schadens verpflichtet** ist. Der Tatbestand des § 904 S. 2 BGB weist insoweit eine Regelungslücke auf, als er selbst den Anspruchsgegner nicht benennt. Die Besonderheit dieser Lücke ist, dass die gesetzliche Regelung selbst unvollständig ist, da sie den Anspruchsgegner nicht benennt (sog. Rechtsverweigerungs- oder **Normlücke**[53]). Anders als bei einer Analogie, bei der eine Regelung fehlt (Regelungslücke), ist hier eine Regelung vorhanden, aber unvollständig und ohne Ergänzung nicht anwendbar, denn ohne Bestimmung des Anspruchsgegners ist der vom Gesetzgeber geregelte Ersatzanspruch nicht anwendbar. Die Normlücke wird nicht durch eine Analogie geschlossen, sondern das Gericht ist nach dem Rechtsverweigerungsverbot gehalten, die Lücke in Übereinstimmung mit der Regelungsabsicht und dem Telos der Norm zu schließen.[54] **628**

Somit ist der **Ersatzpflichtige** zu bestimmen. Aus der Gesetzeshistorie folgt insoweit kein entscheidendes Argument. Zwar sah die ursprüngliche Entwurfsfassung vor, dass der Eingreifende passivlegitimiert ist. Jedoch wurde diese Formulierung im Gesetzgebungsverfahren gestrichen, ohne dass der Grund hierfür erkennbar ist.[55] Der **Begünstigte** könnte passivlegitimiert sein, da § 904 S. 1 BGB die Befugnisse des Eigentümers zugunsten eines anderen Rechtsgutes zurücktreten lässt. Hierfür soll **629**

---

[52] MüKoBGB/*Brückner* § 904 Rn. 9.

[53] *Larenz/Canaris* SchuldR BT II S. 655; *Larenz/Canaris* Methodenlehre S. 193, *Larenz* Methodenlehre S. 372.

[54] Vgl. *Larenz* Methodenlehre S. 373; *Säcker* NJW 2018, 2375 (2377); aA *Larenz/Canaris* Methodenlehre S. 193, der zwar keinen Verstoß gegen das Rechtsverweigerungsverbot erkennt, jedoch gegen das allgemeine Prinzip, Gleiches gleich zu behandeln.

[55] Vgl. hierzu Staudinger/*Althammer*, 2016, BGB § 904 Rn. 38.

S. 2 einen Ausgleich bestimmen, sodass es angemessen sein könnte, den geretteten Begünstigten als passivlegitimiert anzusehen. Zudem trägt dieser ohnehin iErg die Last, da der alternativ verpflichtete Handelnde gegen den Begünstigten regelmäßig einen Ersatzanspruch nach §§ 677, 683, 670 BGB hat. Der direkte Anspruch wäre somit praktikabler.[56] Mit der wohl hM kann man den **Eingreifenden,** hier den Gast, als passivlegitimiert ansehen.[57] Hierfür spricht, dass § 904 S. 2 BGB den Ausschluss des Abwehrrechts aus § 904 S. 1 BGB kompensieren soll. Das Abwehrrecht ist jedoch gegenüber dem Eingreifenden ausgeschlossen. Auch ist der unmittelbar Einwirkende für den Schuldner oft leichter identifizierbar als der tatsächlich Begünstigte. Darüber hinaus entsteht dem Einwirkenden kein finanzieller Nachteil, da er einen Anspruch aus §§ 677, 683, 670 BGB gegen den Begünstigten hat und im Rahmen dieses Aufwendungsersatzanspruchs auch gem. § 257 BGB Freistellung von der Verbindlichkeit aus § 904 S. 2 BGB verlangen kann.[58] Mit der hM ist damit der Eingreifende als Anspruchsgegner anzusehen. Da aber nicht *P* selbst die Zaunlatte herausgerissen hat, ist er nicht passivlegitimiert, sodass ein Anspruch auf Ersatz der 300 EUR nicht besteht.[59]

d) Zwischenergebnis

630 Mangels eines Anspruchs des *F* ist die Widerklage unbegründet.

4. Ergebnis zur Widerklage des *F*

631 Die Widerklage des *F* ist zwar zulässig, aber unbegründet und hat somit keine Aussicht auf Erfolg.

III. Ergebnis zu Teil 1

632 Klage und Widerklage sind jeweils zulässig, aber unbegründet, sodass das Gericht beide abweisen wird.

Teil 2:

633 Zu prüfen ist, ob *P* von *S* Ersatz des Schadens iHv 950 EUR verlangen kann. In Betracht kommt allenfalls ein Anspruch aus § 823 Abs. 1 BGB. Dessen Voraussetzungen müssten vorliegen.

I. Rechtsverletzung, Kausalität und Rechtswidrigkeit

634 Zunächst müsste ein Rechtsgut des *P* durch eine Handlung des *S* kausal verletzt worden sein. Hier ist *S* gestürzt und hat dadurch eine Delle am Audi TT des *P* verursacht. Eine Rechtsverletzung und eine kausale Handlung des *S* liegen vor. Die Verursachung der Delle ist auch mangels Rechtsfertigungsgründen rechtswidrig.

II. Verschulden

635 Fraglich ist jedoch, ob *S* schuldhaft gehandelt hat. *S* stürzte aus Unachtsamkeit, sodass grundsätzlich eine Fahrlässigkeit des *S* zu bejahen ist. *S* müsste aber deliktsfähig sein.

---

56 Vgl. *Larenz/Canaris* SchuldR BT II S. 655; *Kupfer/Weiß* ZfPW 2019, 459 (465).
57 BGH NJW 1952, 1211; 1952, 1132 (1133); MüKoBGB/*Brückner* § 904 Rn. 16ff.; BeckOK BGB/*Fritzsche* § 904 Rn. 20f.
58 Vgl. BeckOK BGB/*Fritzsche* § 904 Rn. 20.
59 AA ebenfalls sehr gut vertretbar.

Ihm könnte es hier gem. **§ 828 Abs. 2 S. 1 BGB** an der Deliktsfähigkeit mangeln. Vorliegend hat *S* einen **Unfall mit einem Kraftfahrzeug,** dem Audi TT, verursacht und er hat das **10. Lebensjahr noch nicht vollendet.** Bei wortlautgetreuer Anwendung des § 828 Abs. 2 S. 1 BGB ist *S* demnach nicht als deliktsfähig anzusehen. Allerdings könnte § 828 Abs. 2 S. 1 BGB hier **teleologisch zu reduzieren** sein.

Eine **teleologische Reduktion**[60] setzt eine verdeckte Regelungslücke voraus. Eine solche liegt vor, wenn das Gesetz entgegen seinem Wortlaut, aber gemäß seiner Teleologie einer Einschränkung des Tatbestands bedarf, die im Gesetzestext so nicht vorgesehen ist.[61] Der Tatbestand der Norm umfasst mithin auch einen Sachverhalt/Sachverhalte, bei denen das Telos der Norm nicht einschlägig ist. Es fehlt mithin ein diese Konstellation(en) ausgrenzendes Tatbestandsmerkmal **(verdeckte Regelungslücke).** Diese werden durch Hinzufügung eines ungeschriebenen Tatbestandsmerkmals dann aus dem Tatbestand herausgenommen. Die teleologische Reduktion grenzt sich von der **einschränkenden Auslegung** insoweit ab, als bei der einschränkenden Auslegung anstelle einer weitergehenden Wortbedeutung (nur) eine andere mögliche, jedoch eingeschränkte Wortbedeutung angenommen wird, während bei der teleologischen Reduktion eine im Wortlaut so nicht vorhandene, nach dem Telos der Norm aber gebotene Einschränkung des Tatbestands ergänzt wird.[62] Ihre materielle Rechtfertigung erfährt die teleologische Reduktion aus dem Gleichbehandlungsgrundsatz, nach dem Ungleiches ungleich behandelt werden muss.[63] Ob die Konstellationen, die mit der teleologischen Reduktion aus dem Anwendungsbereich der Norm ausgegliedert werden sollen, sich so deutlich von den übrigen Konstellationen unterscheiden, dass von einer Gleichbehandlung ungleicher Sachverhalte gesprochen werden kann, ist eine Wertungsfrage. Diese ist mit Hilfe der Auslegungskanones zu ermitteln.[64] **636**

Nach den gesicherten Erkenntnissen der Entwicklungspsychologie vermögen Kinder bis zum 10. Lebensjahr nicht, die Gefahren des motorisierten Straßenverkehrs zu erkennen, insbesondere Entfernungen und Geschwindigkeiten richtig einzuschätzen.[65] Außerdem wird ein verkehrsgerechtes Verhalten oft durch für Kinder typische Eigenheiten wie Lauf- und Erprobungsdrang, Impulsivität, Affektreaktionen, mangelnde Konzentrationsfähigkeit und gruppendynamisches Verhalten zunächst noch verhindert.[66] Außerhalb des motorisierten Verkehrs, sind die Anforderungen, denen ein Kind ausgesetzt ist, jedoch geringer.[67] Daher werden Minderjährige als Ausnahme zur generellen Deliktsfähigkeit ab 7 Jahren (§ 828 Abs. 1 BGB) im Straßenverkehr erst ab Vollendung des 10. Lebensjahres deliktsfähig. Der Gesetzgeber wollte also die Heraufsetzung der Deliktsfähigkeit auf den motorisierten Straßenverkehr beschränken, bei dem sich diese altersbedingten Entwicklungsdefizite der Kinder auswirken. Er wollte mithin lediglich den Fällen einer typischen Überforderung von Kindern durch die spezifischen Gefahren des motorisierten Verkehrs Rechnung tragen.[68] Vorliegend ist der Audi TT indes ordnungsgemäß am Straßenrand abge- **637**

---

60 *Larenz/Canaris* Methodenlehre S. 210 f.; *Larenz* Methodenlehre S. 391; *Kramer* Methodenlehre S. 207 ff; *Kuhn* JuS 2016, 104 (104 f.); → Rn. 200 f.

61 *Larenz/Canaris* Methodenlehre S. 210 f.; *Larenz* Methodenlehre S. 391.

62 *Larenz/Canaris* Methodenlehre S. 211; *Larenz* Methodenlehre S. 391.

63 *Larenz/Canaris* Methodenlehre S. 211.

64 *Bydlinski* Methodenlehre Rechtsbegriff S. 480.

65 BT-Drs. 14/7752, 16 (26); vgl. auch BGH NJW 2005, 354 (354 ff.).

66 BT-Drs. 14/7752, 16.

67 BT-Drs. 14/7752, 17.

68 BGH NJW 2005, 354 (355); MüKoBGB/*Wagner* § 828 Rn. 6; BeckOK BGB/*Spindler* § 828 Rn. 9.

stellt. Auch wird die Straße zum Zeitpunkt, an dem *S* stürzt, von keinem anderen Fahrzeug befahren. Die spezifischen Gefahren des motorisierten Verkehrs, die ein Kind unter 10 Jahren noch nicht erkennen und bewältigen kann, realisieren sich vorliegend nicht. Das Schadensereignis beruht also gerade nicht auf einer typischen Überforderungssituation des *S* durch die Gefahren des motorisierten Straßenverkehrs. Aus diesem Grund ist § 828 Abs. 2 S. 1 BGB teleologisch zu reduzieren.[69]

S ist 9 Jahre alt und damit gem. § 828 Abs. 1 BGB deliktsfähig. Für eine fehlende Einsichtsfähigkeit iSd § 828 Abs. 3 BGB sind keine Anhaltspunkte ersichtlich, insbesondere ist *S* im Umgang mit dem Kickboard geübt. Ein Verschulden des *S* liegt vor.

III. Haftungsausfüllender Tatbestand

638 Die haftungsausfüllende Kausalität ist gegeben und im Rahmen der Naturalrestitution kann *P* die zur Reparatur erforderlichen 950 EUR gem. § 249 Abs. 2 BGB verlangen.

IV. Ergebnis zu Teil 2

639 Somit hat *P* gegen *S* einen Anspruch auf Zahlung von 950 EUR aus § 823 Abs. 1 BGB.

Vertiefungshinweise

Rechtsprechung:

- BGH NJW 2005, 1348 – zur eigenmächtigen Selbstvornahme.
- BGH NJW 1965, 389 – zum nachbarschaftlichen Gemeinschaftsverhältnis.
- BGH NJW 1952, 1132 – zu § 904 S. 2 BGB.
- BGH NJW 2005, 354 – zur teleologischen Reduktion des § 828 Abs. 2 BGB.

Aufsätze:

- *Herresthal/Riehm,* Die eigenmächtige Selbstvornahme im allgemeinen und besonderen Leistungsstörungsrecht, NJW 2005, 1457.
- *Lorenz,* Selbstvornahme der Mängelbeseitigung im Kaufrecht, NJW 2003, 1417.
- *Kupfer/Weiß,* Das Prinzip der Begünstigtenhaftung im deutschen Privatrecht, ZfPW 2019, 459.

[69] So BGH NJW 2005, 354; Staudinger/*Oechsler,* 2018, BGB § 828 Rn. 15; MüKoBGB/*Wagner* § 828 Rn. 6; *Brox/Walker* SchuldR AT § 20 Rn. 5; *Wandt* Gesetzl. Schuldverhältnisse § 16 Rn. 172.

Fall 8. Primaner mit Problemen

Schwerpunkte:

Rechtsfortbildung, insbesondere argumentum a maiore ad minus; Bedeutung der lex specialis

Sachverhalt

Matthäus Mülda (M) lebt mit seinen verheirateten Eltern in Regensburg, wo er die 10. Klasse des städtischen Gymnasiums besucht. Zu seinem 17. Geburtstag am 1.4.2019 will ihm sein ein Jahr älterer Klassenkamerad und Nachbar *Vlad Vogel (V)* eine besondere Freude bereiten und überlässt dem *M* für diesen Tag sein neues Mountain-Bike. *M* ist hiervon begeistert und fährt sogleich frohen Mutes mit dem Fahrrad durch die Stadt. Dabei begegnet er dem 24-jährigen *Gerald Geyler (G)*, den er aus seinem Fußballverein kennt. Dieser eröffnet *M*, dass er wirklich ein Spitzenfahrrad habe und er, *G*, schon immer ein solches Fahrrad haben wollte. *G* behauptet bewusst wahrheitswidrig, das Fahrrad sei in einem sehr schlechten Zustand, doch würde er dem *M*, weil er ihn aus dem Fußballverein gut kenne, einen Freundschaftspreis von 550 EUR für das Rad zahlen. *M* glaubt an ein sehr gutes Geschäft und schlägt sofort ein. Er übergibt dem *G* sofort das Mountain-Bike und nimmt die 550 EUR in bar entgegen. Am Abend des 2.4.2019 besucht *G* den wöchentlichen Fußballstammtisch im Ratskeller. Dort prahlt er damit, den *M* „übers Ohr gehauen" zu haben, denn das Fahrrad sei eigentlich noch 650 EUR wert. Von der Minderjährigkeit des *M* erzählt er nicht. Sein guter Bekannter *Willibald Weitstein (W)* ist ebenfalls anwesend und sofort von dem Fahrrad begeistert. Er bietet dem *G* an, es ihm für 700 EUR abzukaufen, da er es unbedingt haben wolle. *G* willigt sogleich ein und *W* zahlt sogleich die 700 EUR.

Als die Eltern des *M* hiervon Kenntnis erlangen, sind sie empört, dass ihr Kind von *G* derart „betrogen wurde". Sie erklären daher gegenüber *G*, dass sie mit alldem nicht einverstanden sind und außerdem das Geschäft für *M* anfechten. Als *V* von den Vorgängen erfährt, ist er entsetzt. Er möchte von *W* sofort sein Fahrrad zurückhaben. Als *W* dies verweigert, erhebt *V* Klage zum AG Regensburg und verlangt das Fahrrad heraus.

Zugleich möchte *V* gegen *W* noch aufgrund eines Vorfalls vom 9.4.2019 vorgehen. Am Morgen dieses Tages hatte *V* einen Besenstiel (Wert: 10 EUR) für ein Kunstprojekt an seiner Schule dabei. Auch *W* war an diesem Tag bereits früh unterwegs. Als *W* am Bahnhofsvorplatz sah, wie ein kräftiger Mann eine Frau bedrängte und diese schließlich laut um Hilfe rief, riss *W* dem *V* den Besenstiel aus der Hand, wobei dieser leichte Abschürfungen erlitt und ging mit dem Stiel sofort gegen den Mann vor. Dabei zerbrach der Besenstiel. Relativ schnell musste *W* jedoch feststellen, dass es sich nicht um eine echte Notsituation, sondern um eine Aufnahme für eine TV-Show handelte. Allerdings wurde diese mit einer Handykamera gefilmt und *W* hielt den Filmenden lediglich für einen Gaffer. *V* möchte nun die Kosten für den Besenstiel und die Behandlungskosten für die Abschürfungen (130 EUR) ersetzt haben.

Das Gericht ordnet das schriftliche Vorverfahren an und fordert den *W* nach § 276 Abs. 1 S. 1 Hs. 1 ZPO zur Verteidigungsanzeige binnen einer Notfrist von zwei Wochen auf. Da *W* eine solche Anzeige innerhalb der Frist unterlässt, wird auf Antrag des *V* am 6.6.2019 ein Versäumnisurteil erlassen, in dem *W* antragsgemäß verurteilt wird. Das Versäumnisurteil wird dem *W* am 7.6.2019 und dem *V* am 11.6.2019 zugestellt. *W* legt hiergegen Einspruch ein, der am 24.6.2019 beim AG Regensburg eingeht. Er beantragt darin, die Klage abzuweisen. Außerdem teilt er mit, er habe das Fahrrad am 20.6.2019, da ihm *V* zwischenzeitlich mit Zwangsvollstreckung gedroht habe, „zur Vermeidung der Zwangsvollstreckung" an *V* herausgegeben.

Wie wird das Gericht entscheiden?

Abwandlung 1: *W* vergisst fahrlässig den Fahrradkeller abzusperren, sodass in der Nacht vom 20.6.2019 auf den 21.6.2019 das Rad von *Hubert Hase (H)* gestohlen wurde. Dieser veräußert das Fahrrad an *Eustachius von Erbendorf (E)* zu einem Preis von 700 EUR. Kann *V* von *E* die Herausgabe des Fahrrads und, falls nicht, von *W* Schadensersatz in Höhe des objektiven Wertes (650 EUR) verlangen?

Abwandlung 2: *W* leistet nun Ersatz iHv 650 EUR für das gestohlene Fahrrad. Kann *V* von *H* zusätzlich 700 EUR verlangen?

Bearbeitervermerk: Auf die aufgeworfenen Fragen ist in einem Gutachten einzugehen. Das tatsächliche Vorbringen der Parteien ist als wahr und unstreitig zu unterstellen. Auf die abgedruckten Materialien wird hingewiesen.

Prot S. 8521 = Mugdan I, S. 804: „Bei der Erörterung der Einzelheiten ergaben sich als die Hauptstreitpunkte die Fragen:

1. gegen welche fremden Rechtsgüter eine Nothstandshandlung rechtmäßigerweise gerichtet sein dürfe,
2. zum Schutze welcher Rechtsgüter des Bedrohten die Nothstandshandlung erlaubt sein solle,
3. unter welchen näheren Umständen zum Schutze eines Gutes der zweiten Art die Hingabe eines Gutes der ersten Art verlangt werden könne.

A. Der Antrag 1 geht von dem Gedanken aus, ein jedes Recht trage schon in sich selbst die Beschränkung, daß es nur insoweit ausgeübt und vertheidigt werden dürfe, als es nicht mit einem anderen höher zu werthenden Rechtsgute in Widerspruch treten würde, hinter dem es nach dem allgemeinen Urtheile zurückstehen müsse. Die Folge würde sein, daß auch die immateriellen Rechtsgüter, Leib, Leben, Gesundheit und Freiheit, unter der bezeichneten Voraussetzung einem fremden Privatrechte Kraft einer Rechtspflicht zum Opfer gebracht werden müßten. Dieser Gedanke erfuhr jedoch allseitigen Widerspruch. Man war der Ansicht, daß der Antrag 1 nicht nur zu unbestimmt, sondern auch sachlich zu weitgehend sei. Was in besonderen Fällen von einem gesteigerten Sittlichkeitsgefühl als moralische Pflicht gefordert werden könne, dürfe darum noch nicht vom Gesetze als eine Rechtspflicht hingestellt werden. Das verlange das allgemeine Rechtsbewußtsein nicht, dem es vielmehr entsprechen werde, daß gegen den Angriff eines Anderen auf Leib, Leben, Gesundheit und Freiheit unter allen Umständen Nothwehr stattfinden müsse. Der Gedanke des Antrages würde in Folge richtiger Ausgestaltung zu dem unmöglichen Ergebnisse führen, daß unter der gedachten Voraussetzung auch ein rechtlich verfolgbarer Anspruch auf Ueberlassung jener Rechtsgüter bestehe, er finde auch darin ein Hinderniß, daß für die Aufopferung jener Güter kein Aequivalent würde gewährt werden können. Man müsse daher, folgerte die Mehrheit, mit den übrigen Anträgen die rechtmäßige Nothstandshandlung auf die Sachgüter beschränken und daher der aufzunehmenden Vorschrift ihren Platz im Sachenrechte anweisen."

Lösungsvorschlag

Gliederung

Ausgangsfall

I. Zulässigkeit des Einspruchs
 1. Statthaftigkeit
 2. Einhaltung der Einspruchsfrist
 3. Zwischenergebnis
II. Zulässigkeit der Klagen
 1. Zuständigkeit des AG Regensburg
 2. Sonstige Voraussetzungen
III. Voraussetzungen für eine objektive Klagehäufung, §§ 495 Abs. 1, 260 ZPO
IV. Begründetheit der Klagen
 1. Klage auf Herausgabe des Fahrrads
  a) Aus § 985 BGB
   aa) *V* als Eigentümerin des Fahrrads
    (1) Veräußerung des Fahrrads an *M*
    (2) Übertragung des Eigentums von *M* an *G*
     (a) Wirksamkeit der Einigung nach §§ 107, 108 BGB
     (b) Unwirksamkeit der Einigung nach § 142 Abs. 1 BGB
     (c) Zwischenergebnis
    (3) Übertragung des Eigentums von *G* an *W*
     (a) Erwerbsgeschäft im Sinne eines Verkehrsgeschäfts
     (b) Guter Glaube des *W*
     (c) Zwischenergebnis
    (4) Zwischenergebnis
   bb) *W* als Besitzer des Fahrrads
   cc) Kein Rechts zum Besitz
   dd) Zwischenergebnis zu § 985 BGB
  b) Aus § 861 BGB
  c) Aus § 1007 BGB
  d) Zwischenergebnis zu Klage auf Herausgabe des Fahrrads
 2. Klage auf Ersatz des Besenstiels und der Behandlungskosten
  a) Aus § 823 Abs. 1 BGB
   aa) Rechtsgutsverletzung
   bb) Haftungsbegründende Kausalität
   cc) Rechtswidrigkeit
   dd) Verschulden
   ee) Zwischenergebnis
  b) Aus § 904 S. 2 BGB
   aa) Anwendung des § 904 S. 2 BGB auf die Verletzung anderer Rechtsgüter
   bb) Anwendung des § 904 S. 2 BGB bei rechtswidrigen Eingriffen
   cc) Zwischenergebnis
 3. Zwischenergebnis zur Begründetheit
V. Ergebnis zum Ausgangsfall

Abwandlung 1

I. Anspruch des *V* gegen *E* auf Herausgabe des Fahrrads
  1. Aus § 985 BGB
    a) *V* als ursprünglicher Eigentümer
      aa) Abhandenkommen des Rads durch das Stehlen bei *W*
      bb) Abhandenkommen durch Weggabe des Rads durch *M* an *G*
    b) Verlust des Eigentums durch Veräußerung von *H* an *E*
    c) Zwischenergebnis
  2. Sonstige Ansprüche
  3. Zwischenergebnis
II. Anspruch des *V* gegen *W* auf Schadensersatz
  1. Aus §§ 989, 990 Abs. 1 BGB
  2. Aus § 823 Abs. 1 BGB
  3. Zwischenergebnis
III. Ergebnis zu Abwandlung 1

Abwandlung 2

I. Anspruch entstanden
  1. Aus §§ 989, 990 BGB
  2. Aus § 823 Abs. 1 BGB
  3. Aus § 823 Abs. 2 BGB iVm § 858 BGB/§ 242 StGB
  4. Aus § 826 BGB
  5. Aus §§ 687 Abs. 2 S. 1, 681 S. 2, 667 BGB
  6. Aus §§ 687 Abs. 2 S. 1, 678 BGB
  7. Aus § 816 Abs. 1 S. 2 BGB
    a) Tatbestand
    b) Rechtsfolge: Herausgabe des durch die Verfügung Erlangten
    c) Zwischenergebnis
  8. Aus § 812 Abs. 1 S. 1 Alt. 2 BGB
    a) Etwas erlangt
    b) In sonstiger Weise auf Kosten des *V*
    c) Wertersatz nach § 818 Abs. 2 BGB
II. Anspruch erloschen
  1. Verhältnis zwischen Gesamtschuldnerausgleich und § 255 BGB
  2. Voraussetzung für das Vorliegen einer Gesamtschuld
    a) Identität des Leistungsinteresses
    b) Gleichstufigkeit der Verpflichtung
  3. Zwischenergebnis
III. Ergebnis zu Abwandlung 2

Ausgangsfall

640 Die Entscheidung des Gerichts ist zu bestimmen. In Betracht kommt zunächst eine Verwerfung des Einspruchs als unzulässig nach §§ 495 Abs. 1, 341 Abs. 1 S. 2 ZPO. Sofern der Einspruch zulässig und die Klagen zulässig und begründet sind, wird das Gericht das Versäumnisurteil nach §§ 495 Abs. 1, 343 S. 1 ZPO aufrechterhalten. Soweit eine Klage unzulässig oder unbegründet ist, muss das Gericht das Versäumnisurteil nach §§ 495 Abs. 1, 343 S. 2 ZPO aufheben und die Klage insoweit abweisen.

I. Zulässigkeit des Einspruchs

Der Einspruch des *W* gegen das Versäumnisurteil vom 6.6.2019 müsste zulässig sein. In diesem Fall wird der Rechtsstreit nach §§ 495 Abs. 1, 342 ZPO in die Lage zurückversetzt, in der er sich vor Eintritt der Säumnis befand. 641

1. Statthaftigkeit

Der Einspruch des *W* richtet sich gegen das Versäumnisurteil des AG Regensburg vom 6.6.2019 und ist somit gem. §§ 495 Abs. 1, 338 ZPO statthaft. 642

2. Einhaltung der Einspruchsfrist

Allerdings müsste *W* den Einspruch auch innerhalb der Einspruchsfrist des §§ 495 Abs. 1, 339 ZPO erhoben haben. Nach §§ 495 Abs. 1, 339 Abs. 1 Hs. 1 ZPO beträgt die **Einspruchsfrist zwei Wochen** und beginnt nach §§ 495 Abs. 1, 339 Abs. 1 Hs. 2 ZPO mit der Zustellung des Versäumnisurteils. Zur Wahrung der Frist ist es erforderlich, dass die Einspruchsschrift rechtzeitig beim Prozessgericht eingereicht wird.[1] Hier ging der Einspruch des *W* am 24.6.2019 beim AG Regensburg ein. Zu prüfen ist somit, ob dies noch innerhalb der Einspruchsfrist war. Nach §§ 495 Abs. 1, 339 Abs. 1 Hs. 2 ZPO ist der **Beginn der Einspruchsfrist** die Zustellung an die unterlegene Partei, hier also die Zustellung an *W* am 7.6.2019. Eine Besonderheit des vorliegenden Falls ist, dass kein „normales“ Versäumnisurteil, sondern ein Versäumnisurteil im schriftlichen Vorverfahren vorliegt. Nach §§ 495 Abs. 1, 331 Abs. 3 S. 1 ZPO wird, wenn der Beklagte entgegen §§ 495 Abs. 1, 276 Abs. 1 S. 1, Abs. 2 ZPO seine Verteidigungsbereitschaft nicht anzeigt, auf Antrag des Klägers ohne mündliche Verhandlung ein Versäumnisurteil erlassen. Nach §§ 495 Abs. 1, 310 Abs. 3 S. 1 ZPO tritt dann die Zustellung an die Parteien an die Stelle der Urteilsverkündung. Da das Urteil erst mit der Zustellung an beide Parteien existent wird, können Rechtsmittelfristen folglich erst dann zu laufen beginnen. In den Fällen des §§ 495 Abs. 1, 310 Abs. 3 S. 1 ZPO ist daher die letzte Zustellung für den Fristbeginn maßgeblich.[2] Die Frist beginnt also mit der Zustellung an *V* am 11.6.2019. 643

Da es sich um eine Ereignisfrist handelt, ist das **Ende der Frist** gem. § 222 Abs. 1 ZPO, §§ 187 Abs. 1, 188 Abs. 2 BGB der Ablauf des 25.6.2019. Der Einspruch war noch fristgerecht.

3. Zwischenergebnis

Vom Vorliegen der sonstigen Voraussetzungen, insbesondere der Anforderungen an die Einspruchsschrift nach §§ 495 Abs. 1, 340 ZPO ist auszugehen. Der Einspruch ist zulässig. Durch den zulässigen Einspruch wird der Rechtsstreit gem. §§ 495 Abs. 1, 342 ZPO in die Lage zurückversetzt, in der er sich vor dem Eintritt der Versäumnis befand. Eine Verwerfung des Einspruchs als unzulässig nach §§ 495 Abs. 1, 341 Abs. 1 S. 2 ZPO scheidet mithin aus. 644

II. Zulässigkeit der Klagen

Die Klagen des *V* müssten auch zulässig sein. 645

---

[1] Stein/Jonas/*Bartels* ZPO § 339 Rn. 3.

[2] BGH NJW 1994, 3389 (3360); NJW 1996, 1969 (1970); MüKoZPO/*Musielak* § 310 Rn. 10; Stein/Jonas/*Bartels* ZPO § 339 Rn. 1.

1. Zuständigkeit des AG Regensburg

646 Das AG Regensburg müsste **sachlich und örtlich zuständig** sein. Die sachliche Zuständigkeit ergibt sich aus §§ 23 Nr. 1, 71 Abs. 1 GVG, da der gem. § 5 Hs. 1 ZPO zu addierende Streitwert 5.000 EUR nicht übersteigt. Für beide Klagen ergibt sich die örtliche Zuständigkeit des AG Regensburg jedenfalls aus §§ 12, 13 ZPO iVm Art. 5 Abs. 2 Nr. 57 GerOrgG, da *W* als Beklagter seinen Wohnsitz im Gerichtsbezirk des AG Regensburg hat.

Hinsichtlich der Klage auf Ersatz des Wertes des Besenstiels und der Behandlungskosten ergibt sich die örtliche Zuständigkeit des Gerichts auch aus § 32 ZPO iVm Art. 5 Abs. 2 Nr. 57 GerOrgG, denn der Tatort liegt in Regensburg und ein Anspruch aus unerlaubter Handlung erscheint zumindest möglich.

2. Sonstige Voraussetzungen

647 Vom Vorliegen der sonstigen allgemeinen Zulässigkeitsvoraussetzungen ist auszugehen. Die Klagen des *V* sind zulässig.

III. Voraussetzungen für eine objektive Klagehäufung, §§ 495 Abs. 1, 260 ZPO

648 Damit sowohl die Klage auf Herausgabe als auch die Klage auf Ersatz des Wertes des Besenstiels und der Behandlungskosten in einem Prozess verhandelt werden können, müssen die Voraussetzungen der §§ 495 Abs. 1, 260 ZPO vorliegen. Vorliegend ist für beide Klagen das AG Regensburg zuständig, die Parteiidentität ist gegeben und für beide Klagen ist dieselbe Prozessart zulässig. Die Voraussetzungen der §§ 495 Abs. 1, 260 ZPO sind daher gegeben. Auch ein Trennungsbeschluss nach § 145 Abs. 1 ZPO liegt nicht auf der Hand, denn sachliche Gründe für eine solche Trennung sind nicht ersichtlich. Insbesondere sind beide Sachverhalte unstreitig, sodass nicht zu erwarten ist, dass eine Klage die andere verzögert.

IV. Begründetheit der Klagen

649 Die Klagen des *V* müssten begründet sein.

1. Klage auf Herausgabe des Fahrrads

Die Klage auf Herausgabe des Fahrrads müsste begründet sein. Dies ist der Fall, wenn *V* gegen *W* einen Anspruch auf Herausgabe des konkret bezeichneten Fahrrads hat.

a) Aus § 985 BGB

650 Ein solcher Anspruch könnte sich aus § 985 BGB ergeben, wenn *V* Eigentümer und *W* nicht zum Besitz berechtigter Besitzer des Fahrrads ist.

aa) *V* als Eigentümer des Fahrrads

651 *V* müsste Eigentümer des streitgegenständlichen Fahrrads sein. Ursprünglich war dies der Fall.

(1) Veräußerung des Fahrrads an *M*

652 *V* könnte das Eigentum an dem Fahrrad bei der Übergabe an seinen minderjährigen Freund *M* verloren haben, als er es diesem am 1.4.2019 übergab. Allerdings wollte *V* das Rad dem *M* nur für diesen Tag und gerade nicht dauerhaft überlassen. Damit

fehlt es in jedem Fall an einer für die Übertragung des Eigentums nach § 929 S. 1 BGB erforderlichen dinglichen Einigung.

(2) Übertragung des Eigentums von *M* an *G*

Jedoch könnte *V* sein Eigentum am Fahrrad durch eine Übereignung von *M* an *G* verloren haben. Insoweit ist die gem. § 929 S. 1 BGB erforderliche wirksame Einigung zwischen *M* und *G* über die Übertragung des Eigentums bereits problematisch. **653**

(a) Wirksamkeit der Einigung nach §§ 107, 108 BGB

Zwar haben sich hier *M* und *G* am 1.4.2019 über den Übergang des Eigentums an dem Fahrrad auf *G* geeinigt. *M* ist jedoch erst 17 Jahre alt und damit nach §§ 2, 106 BGB beschränkt geschäftsfähig. Folglich ist fraglich, ob diese Einigung überhaupt wirksam ist oder ob die auf die dingliche Einigung gerichtete Willenserklärung des *M* nach §§ 107, 108 BGB unwirksam ist. **654**

Ein Minderjähriger bedarf für eine Willenserklärung, durch die er **nicht lediglich einen rechtlichen Vorteil** erlangt gem. § 107 BGB der Einwilligung seines gesetzlichen Vertreters. Lediglich rechtlich vorteilhaft sind nicht solche Rechtsgeschäfte, durch die unmittelbar persönliche Pflichten begründet oder bestehende Rechte gemindert werden.[3] Die Übereignung des Fahrrads müsste daher für *M* lediglich rechtlich vorteilhaft sein. Dies wäre nicht der Fall, wenn *M* selbst Eigentümer des Fahrrads wäre, da er dann durch die Übereignung sein Eigentum an dem Rad verlieren würde. Hier ist aber nicht *M*, sondern *V* Eigentümer. *M* hat somit durch die Herbeiführung des Tatbestands des gutgläubigen Eigentumserwerbs durch *G* keinen unmittelbaren rechtlichen Nachteil. Ein solches **neutrales Geschäft** wäre aber nach dem Wortlaut des § 107 BGB zustimmungsbedürftig, da es gerade nicht lediglich rechtlich „vorteilhaft" ist, sondern eben neutral.

Allerdings kommt eine **teleologische Reduktion des § 107 BGB** in Betracht.[4] Eine teleologische Reduktion setzt eine verdeckte Regelungslücke voraus. Eine solche liegt vor, wenn das Gesetz entgegen seinem Wortlaut, aber gemäß seiner Teleologie einer Einschränkung bedarf, die im Gesetzestext so nicht vorgesehen ist.[5] Telos des § 107 BGB ist der Schutz des Minderjährigen. Zudem soll der Minderjährige aber auch schrittweise an die Eigenverantwortlichkeit herangeführt werden.[6] Vor diesem Hintergrund erscheint eine Anwendung des § 107 BGB auf neutrale Geschäfte aus teleologischer Sicht nicht erforderlich, denn der Schutz des Minderjährigen ist mangels einer Gefährdung seines Vermögens nicht notwendig. Systematisch spricht auch § 165 BGB hierfür, da nach diesem ein beschränkt Geschäftsfähiger als Vertreter für einen anderen eine Willenserklärung abgeben kann, ohne dass er der Zustimmung seines gesetzlichen Vertreters bedarf. Auch dies ist für den Minderjährigen ein „neutrales Geschäft". Daher ist § 107 BGB teleologisch zu reduzieren, sodass es einer Einwilligung des gesetzlichen Vertreters bei neutralen Geschäften nicht bedarf. Dieses Ergebnis wird teilweise im Wege einer **teleologischen Extension des § 107** **655**

---

[3] Staudinger/*Klumpp*, 2017, BGB § 107 Rn. 9; BeckOK BGB/*Wendtland* § 107 Rn. 3; MüKoBGB/*Spickhoff* § 107 Rn. 38.

[4] So BeckOGK/*Duden* BGB § 107 Rn. 81; MüKoBGB/*Spickhoff* § 107 Rn. 54; die methodische Herleitung offenlassend Staudinger/*Klumpp*, 2017, BGB § 107 Rn. 76; zur teleologischen Reduktion → Rn. 202.

[5] *Larenz/Canaris* Methodenlehre S. 210 f.; *Larenz* Methodenlehre S. 391; ausf. → Rn. 185.

[6] BeckOGK/*Duden* BGB § 107 Rn. 6 f.; Staudinger/*Klumpp*, 2017, BGB § 107 Rn. 2.

BGB erreicht.[7] Bei einer teleologischen Extension wird eine Norm über ihren Wortlaut hinaus aufgrund ihres Telos hinsichtlich des Anwendungsbereichs erweitert, weil der Anwendungsbereich zu eng gefasst ist, um den Normzweck zu realisieren.[8] Ohne diese Erweiterung droht mit anderen Worten der Zweck der Norm leerzulaufen. Beide Ansichten kommen zum gleichen Ergebnis, sodass die Streitfrage nicht entschieden werden muss. IErg bedarf der Minderjährige für neutrale Geschäfte keiner Einwilligung des gesetzlichen Vertreters.

656 Problematisch ist aber, dass damit *M* als Nichtberechtigter das Fahrrad – vorbehaltlich der §§ 932 ff. BGB – veräußern kann, während er als Eigentümer nach § 107 BGB hierzu der Einwilligung seines gesetzlichen Vertreters bedarf. Daher könnte man hier trotz Vorliegens eines neutralen Geschäfts eine Einwilligung der gesetzlichen Vertreter für erforderlich halten. Dafür wird ein *argumentum a maiore ad minus* – der sog. **Erst-Recht-Schluss** – vorgebracht. Nach diesem logischen Schluss muss eine gesetzliche Regel, die für einen Tatbestand eine bestimmte Rechtsfolge anordnet, erst recht für einen ähnlichen Tatbestand gelten, bei dem die *ratio legis* der gesetzlichen Regelung in noch höherem Maße zutrifft.[9] Seine Rechtfertigung erhält das *argumentum a maiore ad minus* – wie die Analogie – aus dem Gleichheitsgrundsatz als Element der Gerechtigkeit, wertungsmäßig Gleiches auch rechtlich gleich zu behandeln.[10] Der Erst-Recht-Schluss kann daher auch als verstärkte Art der Analogie bezeichnet werden.[11] Mit Blick auf die vorliegende Konstellation folgt hieraus die Überlegung, dass der gutgläubige Eigentumserwerb vom beschränkt geschäftsfähigen Eigentümer ohne Einwilligung der gesetzlichen Vertreter *nicht* möglich ist, sodass erst recht der Erwerb vom beschränkt geschäftsfähigen Nichteigentümer nicht möglich sein darf.[12] Auch wird das Telos des gutgläubigen Erwerbs dem oben genannten Ergebnis entgegengesetzt. Sinn und Zweck der Gutglaubensvorschriften sei, den Erwerber so zu stellen, wie er stünde, wenn seine Vorstellung (von der Eigentümerstellung des Veräußerers) zutreffend wäre. Da hier aber der Erwerber bei der Richtigkeit seiner Vorstellung, also der Eigentümerstellung des beschränkt Geschäftsfähigen, nach § 107 BGB am Eigentumserwerb gehindert wäre, kann er vom beschränkt geschäftsfähigen Nichteigentümer auch nicht durch gutgläubigen Erwerb das Eigentum erwerben.[13]

657 Die hM lässt hingegen den gutgläubigen Erwerb vom beschränkt Geschäftsfähigen zu.[14] Folge der abweichenden Lösung wäre nämlich, dass der gesetzliche Vertreter des beschränkt Geschäftsfähigen in die Übereignung einer fremden Sache einwilligen müsste. Der Alteigentümer wäre in diesen Fällen gegenüber der unberechtigten Veräußerung der Sache durch einen unberechtigten Vollgeschäftsfähigen unbillig privilegiert und der Erwerber wäre benachteiligt, nur weil er die Sache von einem beschränkt Geschäftsfähigen erwirbt.[15] Den Schutz des Alteigentümers hat der

---

7 Vgl. *Rüthers/Stadler* BGB AT § 23 Rn. 18; *Rüthers/Fischer/Birk* Rechtstheorie Rn. 904 f.

8 Vgl. zur teleologischen Extension *Larenz* Methodenlehre S. 397ff; *Meier/Jocham* JuS 2015, 490 (494 ff.); für einen weiteren Anwendungsfall *Herresthal/Servatius* ZIP 2012, 197 (198).

9 Zum Erst-Recht-Schluss näher *Larenz/Canaris* Methodenlehre S. 208; *Larenz* Methodenlehre S. 389; *Zippelius* Methodenlehre S. 54; *Mann* Arbeitstechnik Rn. 279.

10 *Larenz* Methodenlehre S. 390; *Bydlinski/Bydlinski* Grundzüge Methodenlehre S. 94. MüKoBGB/*Säcker* Einl. Rn. 151; *Bitter/Rauhut* JuS 2009, 289 (297).

11 So *Bydlinski* Methodenlehre Rechtsbegriff S. 479.

12 Vgl. Staudinger/*Klumpp*, 2017, BGB § 107 Rn. 79.

13 Vgl. *Medicus/Petersen* BürgerlR Rn. 540 ff. mwN.

14 Staudinger/*Klumpp*, 2017, BGB § 107 Rn. 79; MüKoBGB/*Spickhoff* § 107 Rn. 55; BeckOGK/*Duden* BGB § 107 Rn. 84 ff.

15 BeckOGK/*Duden* BGB § 107 Rn. 86.

Gesetzgeber jedoch in den §§ 932ff. BGB, nicht in den §§ 107ff. BGB geregelt. Letztere dienen nur dem Schutz des beschränkt Geschäftsfähigen. Nur soweit diesem Nachteile drohen, ist daher ein Abweichen von den allgemeinen Regeln geboten. Bei der Veräußerung einer Sache durch einen unberechtigten beschränkt Geschäftsfähigen ist eine unmittelbare Gefährdung seines Vermögens nicht ersichtlich: Daher ist die Anwendung der allgemeinen Regeln, dh der §§ 932ff. BGB, geboten. Vor kondiktions- und deliktsrechtlichen Folgeansprüchen ist der beschränkt Geschäftsfähige über §§ 818 Abs. 3, 828 Abs. 3 BGB ausreichend geschützt.[16]

(b) Unwirksamkeit der Einigung nach § 142 Abs. 1 BGB

Die Einigung zwischen *M* und *G* könnte aber gem. § 142 Abs. 1 BGB aufgrund einer wirksamen Anfechtung *ex tunc* nichtig sein. Die Eltern des *M* haben in dessen Namen am 2.4.2019 als gesetzliche Vertreter (§§ 164 Abs. 1, 1626, 1629 BGB) die **Anfechtung erklärt.** 658

Allerdings müsste ein **Anfechtungsgrund** vorliegen. Ein solcher könnte sich hier aus § 123 Abs. 1 BGB wegen einer **arglistigen Täuschung** ergeben. *G* äußert hier gegenüber *M*, dass das Fahrrad in einem schlechten Zustand sei. Da dies nicht zutrifft, liegt eine Täuschung über Tatsachen vor. *G* ist bewusst, dass die Behauptung unzutreffend ist, sodass er arglistig täuscht. Die Täuschung müsste aber auch **kausal** für die Übereignung gewesen sein. Genau betrachtet führt die Täuschung zum Abschluss eines Kaufvertrags und erst dessen Durchführung zur Verfügung des *M*. Bei einer Anfechtung nach § 119 BGB ist anerkannt, dass Verpflichtungs- und Verfügungsgeschäfte eigenständig auf einen Anfechtungsgrund zu überprüfen sind, wobei der Irrtum iSv § 119 BGB in der Regel nur für das Verpflichtungsgeschäft kausal sein soll.[17] Anders verhält sich dies jedoch bei der Anfechtung wegen arglistiger Täuschung. Bei dieser wird grundsätzlich davon ausgegangen, dass der Irrtum für beide Geschäfte kausal war.[18] Dies kann damit begründet werden, dass der vom Täuschenden angestrebte Erfolg zumeist erst mit dem Verfügungsgeschäft eintritt und sich der Vorsatz des Täuschenden somit auch auf dieses bezieht.[19] Auch teleologisch ist der Unterschied zu § 119 BGB gerechtfertigt, denn bei letzterem liegt der Irrtum in der Verantwortungssphäre des Anfechtenden, während dies bei § 123 BGB gerade nicht der Fall ist. Dort wurde der Irrtum durch den Anfechtungsgegner durch Täuschung oder Drohung hervorgerufen.[20] Somit ist die Kausalität zu bejahen. Ein Anfechtungsgrund nach § 123 Abs. 1 BGB liegt vor.

Auch **Ausschlussgründe** liegen nicht vor, insbesondere wurde die **Frist des § 124 BGB** eingehalten. Darüber hinaus ist die Anfechtung auch dann nicht ausgeschlossen, wenn die Übereignung – abweichend als vorstehend – als unwirksam gem. § 107 BGB qualifiziert wird. Nach der sog. **Lehre von der Doppelwirkung** können auch nichtige Rechtsgeschäfte angefochten werden. Hierfür besteht aus Gründen der Rechtssicherheit ein Bedürfnis. Auch die Wirkung des § 142 Abs. 2 BGB folgt nur bei einer Anfechtung; sie würde bei einer Unanfechtbarkeit eines nichtigen Rechtsgeschäfts ausgeschlossen sein. Gerade bei einer Nichtigkeit aufgrund der §§ 107ff. 659

---

16 BeckOGK/*Duden* BGB § 107 Rn. 87; MüKoBGB/*Spickhoff* § 107 Rn. 56.

17 Vgl. MüKoBGB/*Armbrüster* § 119 Rn. 155.

18 MüKoBGB/*Armbrüster* § 123 Rn 25; *Wellenhofer* SachenR § 6 Rn. 7; *Grigoleit* AcP 199 (1999), 379 (404).

19 *Grigoleit* AcP 199 (1999), 379 (404).

20 *Grigoleit* AcP 199 (1999), 379 (405).

BGB führte dies dazu, dass sich diese Schutzvorschriften zulasten des Minderjährigen auswirken würden.[21]

Somit ist die Einigung über den Übergang des Eigentums zwischen *M* und *G* nach § 142 Abs. 1 BGB *ex tunc* unwirksam.

(c) Zwischenergebnis

660 Mithin hat *V* das Eigentum nicht durch die Übereignung von *M* an *G* verloren.

(3) Übertragung des Eigentums von *G* an *W*

661 *V* könnte durch die Übereignung des Fahrrads durch *G* an *W* sein Eigentum verloren haben, wenn die Übereignung gem. § 929 S. 1 BGB wirksam ist. Einigung, Übergabe und Einigsein im Zeitpunkt der Übergabe liegen hier vor. Problematisch ist jedoch, dass *G* aufgrund der absoluten Rückwirkung der Anfechtung nach § 142 Abs. 1 BGB ex tunc nicht mehr als Eigentümer gilt.[22] Daher kommt allenfalls ein Erwerb vom Nichtberechtigten nach § 932 BGB in Betracht.

(a) Erwerbsgeschäft im Sinne eines Verkehrsgeschäfts

662 Zunächst muss der Eigentumserwerb im Wege eines Verkehrsgeschäfts erfolgen. Der gutgläubige Erwerb scheidet daher bei gesetzlichen Erwerbstatbeständen aus. Jedoch ist ein Verkehrsgeschäft auch dann zu verneinen, wenn es sich um ein Innengeschäft handelt, also Erwerber und Veräußerer rechtlich oder wirtschaftlich identisch sind.[23] Bei dem Erwerbsgeschäft zwischen *G* und *W* handelt es sich um ein Verkehrsgeschäft.

(b) Guter Glaube des *W*

663 *W* müsste zudem in gutem Glauben sein. Nach § 932 Abs. 2 BGB ist der Erwerber nicht in gutem Glauben, wenn er weiß oder aus grober Fahrlässigkeit nicht weiß, dass der Veräußerer nicht Eigentümer der Sache ist. Der **maßgebliche Zeitpunkt** für die Gutgläubigkeit ist der Zeitpunkt der Übergabe. Zu diesem Zeitpunkt, am Abend des 2.4.2019, weiß *W* nicht, dass *G* nicht Eigentümer ist, zumal zu diesem Zeitpunkt die Eltern des *M* die Anfechtung noch nicht erklärt haben. Mithin war *G* bis zur rückwirkenden (§ 142 Abs. 1 BGB) Anfechtung tatsächlich Eigentümer des Fahrrads. *W* war somit gutgläubig iSv § 932 BGB, da schon das Gutglaubenssubstrat, das Nichteigentum, fehlte.

664 Allerdings hat *G* im Beisein des *W* am Stammtisch damit geprahlt, wie er den *M* „übers Ohr gehauen" habe und damit an das Fahrrad gelangt sei. *W* weiß also von den Vorgängen um den Erwerb des Fahrrads durch *G*. Ihm sind mithin die Gründe bekannt, die zur Anfechtbarkeit des Rechtsgeschäfts führen. Nach § 142 Abs. 2 BGB muss sich jedoch derjenige, der von der Anfechtbarkeit eines Rechtsgeschäfts weiß, sofern die Anfechtung erfolgt, so behandeln lassen, als sei ihm die Nichtigkeit des Rechtsgeschäfts von Anfang an bekannt gewesen. Vorliegend ist die Anfechtung erfolgt, sodass sich *W* demnach so behandeln lassen muss, als habe er im Zeitpunkt der Übergabe des Fahrrads von der Unwirksamkeit der Übereignung von *M* an *W* gewusst. Dabei verschiebt § 142 Abs. 2 BGB allerdings nur das Gutglaubenssubstrat

---

[21] MüKoBGB/*Busche* § 142 Rn. 12; zu den Doppelwirkungen im Recht ausführlich und mwN *Würdinger* JuS 2011, 769.

[22] Vgl. MüKoBGB/*Busche* § 142 Rn. 21; *Köhler* BGB AT JurKLB § 7 Rn. 79.

[23] *Wellenhofer* SachenR § 8 Rn. 2.

und nicht den Maßstab.[24] IErg ist *W* hier bösgläubig gem. §§ 932 Abs. 2, 142 Abs. 2 BGB.

(c) Zwischenergebnis

Aufgrund der Bösgläubigkeit des *W* kommt ein gutgläubiger Erwerb des Eigentums nicht in Betracht. **665**

(3) Zwischenergebnis

Mangels weiterer ersichtlicher Erwerbsgeschäfte ist *V* Eigentümer des Fahrrads geblieben. **666**

bb) *W* als Besitzer des Fahrrads

W müsste noch der Besitzer des Fahrrads sein. *W* war noch im Besitz des Fahrrads, als die Klageschrift zugestellt und die **Klage rechtshängig** wurde (§§ 253 Abs. 1, 261 Abs. 1 ZPO). **667**

Problematisch ist jedoch, dass *W* das Fahrrad nach Erlass des Versäumnisurteils und nachdem ihm *V* mit einer Zwangsvollstreckung gedroht hat, am 20.6.2019 zur „Vermeidung der Zwangsvollstreckung" an *V* herausgegeben hat. Demnach könnte er nicht mehr als Besitzer des Fahrrads anzusehen sein. Durch die **Herausgabe des Fahrrades an einen Dritten,** hier *V,* könnte der damit einhergehende Besitzverlust zum Entfallen der Vindikationslage und damit zum Wegfall des Anspruchs aus § 985 BGB führen.[25] Allerdings ist anerkannt, dass bei einer Vollstreckung aus einem vorläufig vollstreckbaren Urteil[26], einem Arrestbefehl oder einer einstweiligen Verfügung keine Erfüllung iSd § 362 Abs. 1 BGB eintritt. Gleiches muss für Leistungen gelten, die zur Abwendung der Zwangsvollstreckung aus einem solchen vorläufigen Titel erfolgen. In diesen Fällen erfolgt die Leistung unter dem Vorbehalt des Rechtskrafteintritts. Sie hat wie eine Leistung unter Vorbehalt des Bestehens der Forderung keine Erfüllungswirkung.[27] Daher sind zB Ansprüche aus § 546 Abs. 1 BGB bzw. § 604 BGB bei einer Leistung zur Abwendung eines vorläufig vollstreckbaren Urteils nicht durch Erfüllung gem. § 362 Abs. 1 BGB erloschen. Ein sachlich rechtfertigender Grund, den Anspruch aus § 985 BGB abweichend von anderen Ansprüchen zu behandeln, ist nicht ersichtlich. Dies würde zu erheblichen Wertungswidersprüchen mit Anspruchsgrundlagen führen, die nicht am Besitz anknüpfen (zB § 546 Abs. 1 BGB). Denn eine Herausgabe zur Abwehr der Zwangsvollstreckung würde dann bei einem Anspruch, der auf § 546 Abs. 1 BGB wie auch auf § 985 BGB gestützt werden kann, eine der beiden Anspruchsgrundlage entfallen lassen. Zudem wird der Streitgegenstand nicht durch diese Herausgabe beseitigt, sondern die Erfüllungshandlung steht unter dem Vorbehalt des Rechtskrafteintritts und soll auch nur in diesem Fall eine materiell-rechtliche Wirkung entfallen. Daher ist es gerechtfertigt, die Besitzerstellung zu fingieren und die Vindikationslage weiterhin zu bejahen, wenn die Besitzerstellung tatsächlich durch eine Herausgabe zur Abwen-

---

[24] Staudinger/*Roth,* 2015, BGB § 142 Rn 40 f.; Jauernig/*Mansel* BGB § 142 Rn. 4; BeckOK BGB/*Wendtland* § 142 Rn. 9.

[25] Vgl. Staudinger/*Gursky,* 2012, BGB § 985 Rn. 55; BeckOGK/*Spohnheimer* BGB § 985 Rn. 56.

[26] Versäumnisurteile sind nach § 708 Nr. 2 ZPO ohne Sicherheitsleistung vorläufig vollstreckbar.

[27] BGH NJW 2014, 2199 Rn. 8; 2015, 699 Rn. 19; MüKoBGB/*Fetzer* § 362 Rn. 40; *Krüger* NJW 1990, 1208 (1210 f.).

dung der Zwangsvollstreckung entfallen ist.[28] Es wird somit fingiert, dass *W* Besitzer des Fahrrads ist.

cc) Kein Recht zum Besitz, § 986 BGB

668 Ein Recht des *W* zum Besitz iSd § 986 BGB ist nicht ersichtlich.

dd) Zwischenergebnis zu § 985 BGB

669 *V* hat gegen *W* einen Anspruch auf Herausgabe des Fahrrads gem. § 985 BGB.

b) Aus § 861 BGB

670 Ein Anspruch auf Herausgabe des Fahrrads kann dem *V* gegen *W* auch aus § 861 BGB zustehen. Dafür müsste dem *V* aber der Besitz durch verbotene Eigenmacht iSd § 859 Abs. 1 BGB entzogen worden sein. *V* hat aber das Rad selbst an *M* gegeben. Ein Anspruch aus § 861 BGB scheidet somit aus.

c) Aus § 1007 BGB

671 Der Anspruch auf Herausgabe des Fahrrads ergibt sich auch aus § 1007 Abs. 1 BGB, denn *W* wird bei der Erlangung des Besitzes am Fahrrad nach § 142 Abs. 2 BGB als bösgläubig behandelt.[29] Ein Anspruch aus § 1007 Abs. 2 BGB scheitert daran, dass das Fahrrad dem *V* nicht abhandengekommen ist, sondern von diesem freiwillig an *M* gegeben wurde.

d) Zwischenergebnis zur Klage auf Herausgabe des Fahrrads

672 Die Klage des *V* gegen *W* auf Herausgabe des Fahrrads ist somit begründet.

2. Klage auf Ersatz des Besenstiels und der Behandlungskosten

673 Die Klage des *V* gegen *W* auf Ersatz der Kosten für den Besenstiel iHv 10 EUR und der Behandlung iHv 130 EUR müsste begründet sein. Dies ist der Fall, wenn *V* jeweils einen Anspruch gegen *W* hierauf hat. Ansprüche aus einer (vertraglichen) Sonderbindung sind hier nicht ersichtlich.

a) Aus § 823 Abs. 1 BGB

674 Der Anspruch könnte sich aus § 823 Abs. 1 BGB ergeben.

aa) Rechtsgutsverletzung

675 Zunächst ist eine Rechtsgutsverletzung erforderlich. *W* hat durch das Entreißen des Besenstiels Abschürfungen an den Händen des *V* hervorgerufen und damit dessen **Körper** geschädigt. Weiter hat er durch das Zerbrechen des Besenstiels das **Eigentum** des *V* verletzt.

bb) Haftungsbegründend kausale Handlung des *W*

676 Diese Rechtsguts- bzw. Rechtsverletzungen wurden auch durch *W* kausal hervorgerufen.

---

[28] Vgl. zur Argumentation ausf. BGH NJW 2014, 2199 Rn. 9 ff.; diesem zustimmend MüKoBGB/*Baldus* § 985 Rn. 55; BeckOK BGB/*Fritzsche* § 985 Rn. 10.

[29] Vgl. → Rn. 663 f.

cc) Rechtswidrigkeit

Fraglich ist jedoch, ob diese Rechts(guts)verletzung durch *W* rechtswidrig ist. Als 677 **Rechtfertigungsgrund** kommt **§ 904 S. 1 BGB** in Betracht. Hiernach ist der Eigentümer einer Sache nicht berechtigt, die Einwirkung auf die Sache zu verbieten, wenn die Einwirkung zur Abwendung einer gegenwärtigen Gefahr notwendig ist und der drohende Schaden im Verhältnis zu dem durch die Einwirkung verursachten Schaden unverhältnismäßig groß ist. Problematisch ist jedoch, dass § 904 S. 1 BGB nur **Einwirkungen auf das Eigentum** adressiert und hier auch eine Verletzung des *Körpers* des *V* gegeben ist. Allerdings kann hinsichtlich der Verletzung des Körpers eine **Rechtfertigung nach § 34 StGB** greifen.[30] Voraussetzung ist jedoch, dass tatsächlich eine Gefahr, also eine Bedrohung eines Rechtsguts besteht. Dies ist jedoch nicht der Fall. Zwar schrie die Frau hier um Hilfe, als sie anscheinend von einem Mann bedrängt wurde, doch handelte es sich lediglich um eine Aufnahme für eine TV-Show und somit nicht um eine echte Notlage. Der Irrtum des *W* hierüber schließt die Rechtswidrigkeit der Handlung jedoch nicht aus.[31] *W* handelte rechtswidrig.

dd) Verschulden

W müsste zudem schuldhaft gehandelt haben. Dies erscheint fraglich, weil er einem 678 **Erlaubnistatbestandsirrtum** unterlag, nahm er doch eine Notsituation an. Jedoch bezieht sich das Verschulden im Zivilrecht nicht nur auf die Verletzung des Rechtsguts, sondern auch auf die Rechtswidrigkeit der Verletzung.[32] Daher kann bei einem Irrtum des Schädigers über das Vorliegen eines Rechtfertigungsgrundes eine Haftung nach § 823 Abs. 1 BGB mangels Verschulden entfallen. Voraussetzung ist, dass der Irrtum über das Vorliegen des Rechtfertigungstatbestands selbst nicht auf **Fahrlässigkeit** (§ 276 Abs. 2 BGB) beruht.[33]

Entscheidend ist somit, ob *W* eine Fahrlässigkeit hinsichtlich des Irrtums über das 679 Vorliegen einer Notsituation vorzuwerfen ist. Fahrlässig handelt, wer die im Verkehr erforderliche Sorgfalt außer Acht lässt, § 276 Abs. 2 BGB. Maßgeblich ist die Anforderung an einen durchschnittlichen Angehörigen des jeweiligen Verkehrskreises.[34] Vorliegend sah die Situation wie eine echte Notsituation aus. Eine Frau wurde von einem Mann bedrängt und schrie um Hilfe. Zwar sah *W*, dass die Situation von einem Dritten mit dem Handy gefilmt wurde, jedoch hielt er diesen für einen „Gaffer". Diese Einschätzung ist aufgrund der Existenz zahlreicher solcher Videos in den sozialen Netzwerken nachvollziehbar und kann auch von einem durchschnittlich pflichtbewusst Handelnden so getroffen werden. Äußerlich unterscheidet sich der Filmende nicht von einem „Gaffer". Somit handelte *W* bei der Einschätzung der Situation und der Annahme einer Notlage nicht fahrlässig. Mithin liegt ein Verschulden des *W* nicht vor.

ee) Zwischenergebnis

Mangels Verschulden des *W* hat *V* keinen Anspruch aus § 823 Abs. 1 BGB. 680

---

30 MüKoBGB/*Wagner* § 823 Rn. 74; *Wandt* Gesetzl. Schuldverhältnisse § 16 Rn. 164.
31 BGH NJW-RR 2007, 310 Rn. 8; MüKoBGB/*Wagner* § 823 Rn. 73.
32 Vgl. BGH NJW 1977, 1875 (1878); MüKoBGB/*Wagner* § 823 Rn. 48; MüKoBGB/*Grundmann* § 276 Rn. 52.
33 BGH NJW-RR 2007, 310 Rn. 8; NJW 1987, 2509 (2509).
34 BeckOK BGB/*Lorenz* § 276 Rn. 21.

b) Aus § 904 S. 2 BGB

681 *V* könnte gegen *W* aus § 904 S. 2 BGB ein verschuldensunabhängiger Anspruch zustehen. Eine direkte Anwendung des § 904 S. 2 BGB scheidet hier jedoch in zweifacher Hinsicht aus. Zum einen liegt tatsächlich **keine Notsituation** vor, sondern *W* irrt sich über deren Vorliegen. Zum anderen erfasst § 904 BGB **nur Eingriffe in das Eigentum,** sodass er nur bei der Zerstörung des Besenstiels greift. Die Verletzung des Körpers des *V* ist vom Wortlaut nicht umfasst. In Anlehnung an § 904 S. 2 BGB könnte aber rechtsfortbildend ein Anspruch des *V* gegen *W* auf Ersatz der Schäden in Betracht kommen.

aa) Anwendung des § 904 S. 2 BGB auf die Verletzung anderer Rechtsgüter

682 § 904 S. 2 BGB könnte rechtsfortbildend auf andere Rechtsgüter anwendbar sein. Grundlage wäre ein ***argumentum a maiore ad minus,*** das seine Rechtfertigung aus der von der materiellen Gerechtigkeit gebotenen Gleichbehandlung wertungsmäßig gleicher Sachverhalte erfährt.[35] § 904 BGB adressiert Konstellationen, in denen der Eigentümer aufgrund einer Notstandslage gehindert ist, eine Einwirkung auf sein *Eigentum* abzuwehren. In diesen Fällen ist das Handeln des Eingreifenden unter den Voraussetzungen des § 904 S. 1 BGB gerechtfertigt und der Eigentümer erhält einen Anspruch auf Ersatz des dadurch entstandenen Schadens aus § 904 S. 2 BGB.[36] Sofern in einer vergleichbaren Notstandssituation nicht das Eigentum, sondern der Körper oder die Gesundheit eines nicht an der Entstehung der Notstandslage Beteiligten beeinträchtigt wird, ist dieses Verhalten gem. § 34 StGB gerechtfertigt. Ein zu § 904 S. 2 BGB vergleichbarer Schadensersatzanspruch findet sich aber bei der Verletzung dieser Rechtsgüter nicht. Sofern aber derjenige, dessen Eigentum in einer solchen Notstandssituation beeinträchtigt wird, einen Ausgleich verlangen kann, so muss dies *erst recht* für jenen gelten, der Eingriffe in seine persönlichen Rechtsgüter hinnehmen muss.[37]

Selbst wenn persönliche Rechtsgüter (unzutreffend) nicht als höherwertig angesehen werden, gibt es keinen sachlich rechtfertigenden Grund, das Eigentum im Vergleich zu diesen besser zu stellen. Die bestehende Regelungslücke ist daher durch eine **Analogie** zu § 904 S. 2 BGB zu schließen.[38]

683 Die Anwendung des § 904 S. 2 BGB auf andere Rechtsgüter könnte aber eine **Rechtsfortbildung contra legem** sein. Im Gesetzgebungsverfahren wurde nämlich eine Erweiterung des § 904 BGB auf andere Rechtsgüter ausdrücklich abgelehnt.[39] Dies wurde jedoch damit begründet, dass keine Rechtspflicht zur Aufopferung von Leib, Leben, Gesundheit und Freiheit bestehe und bei einem Eingriff in diese stets

---

[35] Vgl. *Larenz/Canaris* Methodenlehre S. 209; vgl. ausf. → Rn. 198.

[36] Zum Anspruchsgegner ausf. → Rn. 629.

[37] MüKoBGB/*Brückner* § 904 Rn. 24; Staudinger/*Althammer,* 2016, BGB § 904 Rn. 48; *Larenz/Canaris* Methodenlehre S. 209; *Larenz* Methodenlehre S. 389; *Larenz/Canaris* SchuldR II/2 § 85 I 2.

[38] Hier zeigt sich, dass das *argumentum a maiore ad minus* und die Analogie verwandt sind, bzw. es sich bei dem *argumentum a maiore ad minus* nur um eine verstärkte Art der Analogie handelt. Während bei der Analogie ausreichend ist, dass die *ratio legis* in gleicher Weise auf einen nicht geregelten Sachverhalt zutrifft, ist für einen Erst-recht-Schluss erforderlich, dass die *ratio legis* auf den nicht geregelten Sachverhalt in noch höherem Maße zutrifft. Die Rechtfertigung beider Methoden der Rechtsfortbildung folgt jedoch gleichermaßen aus dem Grundsatz, Gleiches gleich zu behandeln, *Larenz/Canaris* Methodenlehre S. 202 ff.; *Zippelius* Methodenlehre S. 55 f.

[39] Prot S. 8521 = Mugdan I, S. 804.

eine Notwehrlage vorliege; daher sei eine rechtmäßige Notstandshandlung nur gegen Sachgüter zulässig, weswegen die Norm auch im Sachenrecht zu verorten sei.[40] Diese Begründung betrifft aber nur die Frage nach einer Rechtmäßigkeit eines Eingriffs in die Rechtsgüter nach § 904 S. 1 BGB und die damit verbundene Duldungspflicht; sie schließt nicht zwingend eine weitergehende Ersatzpflicht aus. Insbesondere die Einstufung der persönlichen Rechtsgüter als höherwertig spricht auch aus Sicht des historischen Gesetzgebers dafür, bei einer Rechtfertigung des Eingriffs in andere Rechtsgüter nach § 34 StGB erst recht eine Ersatzpflicht entsprechend § 904 S. 2 BGB anzuerkennen.

Somit ist § 904 S. 2 BGB rechtsfortbildend auch auf andere Rechtsgüter als das Eigentum anwendbar.

bb) Anwendung des § 904 S. 2 BGB bei rechtswidrigen Eingriffen

Zudem müsste § 904 S. 2 BGB auch bei rechtswidrigen Eingriffen im Wege der **684**
Rechtsfortbildung anzuwenden sein. Auch insoweit greift das *argumentum a maiore ad minus.* Denn wenn schon bei einem rechtmäßigen Eingriff eine Schadensersatzpflicht des Eingreifenden nach § 904 S. 2 BGB besteht, so muss erst recht bei einem rechtswidrigen, aber schuldlosen Eingriff eine solche Ersatzpflicht bestehen. Zum Erst-recht-Schluss führt hier die Überlegung, dass die Gründe für die Zubilligung eines Ersatzanspruchs bei einem rechtswidrigen Eingriff in noch deutlicherem Maße einschlägig sind, als bei einem rechtmäßigen Eingriff.[41] Somit ist § 904 S. 2 BGB auch bei einer irrtümlichen Annahme einer Notstandslage anwendbar.

cc) Zwischenergebnis

W nahm irrtümlich eine Notstandssituation an und zerstörte zu deren Abwehr den **685**
Besenstiel des *V.* Auch verletzte er den Körper des *V.* Daher kann *V* von *W* entsprechend § 904 S. 2 BGB Ersatz der Kosten des Besenstiels iHv 10 EUR und der Behandlungskosten iHv 130 EUR verlangen.

c) Zwischenergebnis zur Klage des auf Ersatz des Besenstiels und der Behandlungskosten

Die Klage des *V* gegen *W* auf Ersatz der Kosten des Besenstiels und der Behand- **686**
lungskosten ist begründet.

3. Zwischenergebnis zur Begründetheit

Beide Klagen des *V* gegen *W* sind begründet. **687**

V. Ergebnis zum Ausgangsfall

Die Klagen des *V* gegen *W* sind zulässig und begründet. Das Gericht wird durch ein **688**
Endurteil das Versäumnisurteil vom 6.6.2019 aufrechterhalten.

Abwandlung 1:

Zu prüfen ist, ob *V* von *E* die Herausgabe des Fahrrads oder von *W* Schadensersatz **689**
verlangen kann.

---

[40] Prot. S 8521 f. = Mugdan I, S. 804.
[41] MüKoBGB/*Brückner* § 904 Rn. 26; *Larenz/Canaris* Methodenlehre S. 209.

I. Anspruch des *V* gegen *E* auf Herausgabe des Fahrrads

690 *V* könnte gegen *E* einen Anspruch auf Herausgabe des Fahrrads haben, wenn er Eigentümer und *E* nicht berechtigter Besitzer des Rads ist.

1. Aus § 985 BGB

691 Ein solcher Anspruch könnte sich aus § 985 BGB ergeben. Voraussetzung ist jedoch, dass *V* weiterhin Eigentümer ist.

a) *V* als ursprünglicher Eigentümer

692 Ursprünglich war *V* Eigentümer. Durch die Veräußerung des Fahrrads von *M* an *G* und von *G* an *W* hat *V* sein Eigentum nicht verloren.[42] Auch durch die Entwendung des Rads durch *H* verliert *V* nicht sein Eigentum.

b) Verlust des Eigentums durch Übereignung von *H* an *E*

693 Jedoch könnte *V* das Eigentum durch die Übereignung des Fahrrads von *H* an *E* gem. §§ 929 S. 1, 932 BGB verloren haben. *E* und *H* haben sich über den Übergang des Eigentums **geeinigt** und das Fahrrad wurde dem *E* auch **übergeben.** *H* verfügte jedoch als Nichtberechtigter, sodass die Voraussetzungen des § 932 BGB vorliegen müssen. Ein Rechtsgeschäft im Sinne eines Verkehrsgeschäfts ist gegeben. *E* war auch **gutgläubig,** da er nicht wusste, dass *H* nicht Eigentümer ist und diese Unwissenheit beruhte auch nicht auf grober Fahrlässigkeit, § 932 Abs. 2 BGB. Allerdings könnte der gutgläubige Erwerb gem. § 935 Abs. 1 BGB ausgeschlossen sein, wenn das Fahrrad dem *V* abhandengekommen ist. **Abhandenkommen** ist der unfreiwillige Verlust des unmittelbaren Besitzes.

aa) Abhandenkommen des Fahrrads durch das Stehlen bei *W*

694 Hier könnte ein Abhandenkommen durch den **Diebstahl des Fahrrads bei *W*** vorliegen. *W* hat dadurch unfreiwillig den unmittelbaren Besitz verloren. Allerdings ist *W* nicht Eigentümer des Fahrrads, sondern *V*. Der gutgläubige Erwerb gem. § 935 Abs. 1 S. 2 BGB wäre daher nur dann ausgeschlossen, wenn *W* unmittelbarer und der Eigentümer *V* mittelbarer Besitzer gewesen ist. Hierzu müsste ein Besitzmittlungsverhältnis zwischen *W* und *V* bestanden und *W* Besitzmittlungswillen gehabt haben. Jedoch besteht schon kein Besitzmittlungsverhältnis, kraft dessen *W* gegenüber *V* zum Besitz berechtigt war und *V* die Herausgabe des Fahrrads verlangen kann. *V* hatte nur einen gesetzlichen Herausgabeanspruch.[43] Zwar genügt ein solcher Anspruch, wenn das Besitzmittlungsverhältnis unwirksam ist.[44] Allerdings liegt hier kein unwirksames Besitzmittlungsverhältnis vor. Die Übertragung des Fahrrads war aufgrund der unwirksamen Abrede zwischen *G* und *W* nicht auf einen vorübergehenden Zeitraum ausgerichtet, sondern sollte endgültig erfolgen. Damit steht dem gutgläubigen Erwerb kein Abhandenkommen iSd § 935 Abs. 1 S. 2 BGB entgegen.

bb) Abhandenkommen durch Weggabe des Fahrrads durch *M* an *G*

695 Ein solches Abhandenkommen könnte jedoch aus der Weggabe des Fahrrads von *M* an *G* folgen. *M* ist aufgrund der **Leihe** zwischen *M* und *V* als mittelbarer Besitzer

---

[42] Vgl. → Rn. 653 ff.
[43] Vgl. → Rn. 649 ff.
[44] MüKoBGB/*Schäfer* § 868 Rn. 16; Jauernig/*Berger* BGB § 868 Rn. 3.

anzusehen. Die Unwirksamkeit der Leihe aufgrund der beschränkten Geschäftsfähigkeit des *M* gem. § 107 BGB steht dem nicht entgegen, da die dennoch bestehenden gesetzlichen Ansprüche ausreichen. Sofern das Fahrrad bei *M* abhandengekommen ist, wäre der gutgläubige Erwerb gem. § 935 Abs. 1 S. 2 BGB ausgeschlossen. Fraglich ist jedoch, ob in der Weggabe des Fahrrads durch *M* an *G* ein Abhandenkommen liegt, denn *M* hat das Rad freiwillig und willentlich an *G* übergegeben. Allerdings könnte die **Weggabe durch einen beschränkt Geschäftsfähigen** stets zum Abhandenkommen führen.[45] Somit wäre auch hier das Fahrrad dem *M* abhandengekommen. Hiervon abweichend könnten die §§ 106 ff. BGB analog anzuwenden sein.[46] Danach liegt ein Abhandenkommen vor, wenn der Minderjährige die Sache ohne Zustimmung des gesetzlichen Vertreters weggibt, da die Weggabe für den Minderjährigen nicht lediglich rechtlich vorteilhaft ist. Schließlich könnte § 828 Abs. 3 BGB analog anzuwenden sein.[47] Danach kommt es auf die Urteilsfähigkeit des konkreten Minderjährigen über die Bedeutung der Weggabe im Einzelfall an.[48] Da *M* 17 Jahre alt ist, kann davon ausgegangen werden, dass er bei normaler Entwicklung in der Lage ist, die Bedeutung der Weggabe einer für ihn fremden Sache zu überblicken. Daher ist nach dieser Lösung die Weggabe freiwillig und das Fahrrad wäre nicht abhandengekommen. Dies ist vorzugswürdig. Denn die §§ 106 ff. BGB sollen den Minderjährigen vor den negativen Folgen eines Rechtsgeschäfts schützen. Die Weggabe einer Sache als Realakt und ihre Folgen sind deutlich weniger komplex und einfacher zu überblicken.[49] Daher ist der beschränkt Geschäftsfähige in diesem Fall nicht in gleichem Maße schutzwürdig wie bei Rechtsgeschäften. Eine Anwendung der §§ 106 ff. BGB ist daher abzulehnen. Zugleich darf der beschränkt Geschäftsfähige auch nicht grundsätzlich schutzlos bleiben, da ihm die nachteiligen Folgen eines gutgläubigen Erwerbs zugerechnet werden.[50] Daher liegt es nahe, § 828 Abs. 3 BGB analog heranzuziehen, nach dem maßgeblich ist, ob der beschränkt Geschäftsfähige in der Lage war, die potentiell negativen Folgen der Weggabe zu erkennen.[51]

Mithin ist das Fahrrad dem *M* nicht abhandengekommen.

c) Zwischenergebnis

Der gutgläubige Erwerb ist nicht ausgeschlossen und die sonstigen Voraussetzungen **696** des gutgläubigen Erwerbs nach §§ 929 S. 1, 932 Abs. 1 BGB liegen vor. Somit ist *E* der neue Eigentümer des Fahrrades und *V* hat keinen Anspruch gegen *E* aus § 985 BGB auf Herausgabe des Fahrrads.

2. Sonstige Ansprüche

Ein Anspruch aus § 812 Abs. 1 S. 1 Alt. 2 BGB scheitert am Vorrang der Leistungs- **697** kondiktion, § 823 Abs. 1 BGB daran, dass die Eigentumsbeeinträchtigung wegen § 932 BGB nicht rechtswidrig war. § 1007 Abs. 1 BGB scheitert am guten Glauben des *E* und § 1007 Abs. 2 BGB ist mangels Abhandenkommens ausgeschlossen.

---

45 *Flume* BGB AT II § 13.11d; *Nietschke* JuS 1968, 541 (543).
46 BeckOK BGB/*Kindl* § 935 Rn. 8.
47 MüKoBGB/*Oechsler* § 935 Rn. 7.
48 Palandt/*Herrler* BGB § 935 Rn. 5.
49 BeckOGK/*Klinck* BGB § 935 Rn. 11.
50 BeckOGK/*Klinck* BGB § 935 Rn. 11.
51 BeckOGK/*Klinck* BGB § 935 Rn. 11.

3. Zwischenergebnis

698 *V* hat keinen Anspruch gegen *E* auf Herausgabe des Fahrrads.

II. Anspruch des *V* gegen *W* auf Schadensersatz

699 *V* könnte aber für den Verlust des Fahrrads einen Anspruch gegen *W* auf Schadensersatz iHv 650 EUR haben.

1. Aus §§ 989, 990 Abs. 1 BGB

700 Ein solcher Anspruch könnte sich aus §§ 989, 990 Abs. 1 BGB ergeben. Zwischen *W* und *V* bestand eine Vindikationslage.[52] Nach § 142 Abs. 2 BGB muss sich *W* so behandeln, als habe er von der Nichtigkeit der Übereignung von *M* an *G* von Anfang an gewusst und ist somit bei Erwerb des Besitzes nicht in gutem Glauben iSd § 990 Abs. 1 BGB. Zudem hat *W* fahrlässig vergessen, den Fahrradkeller abzusperren. Infolge dessen wurde das Fahrrad von *H* gestohlen. Hierdurch ist eine Herausgabe aus anderem Grund nicht möglich. Somit besteht ein Anspruch auf Ersatz des objektiven Wertes iHv 650 EUR nach §§ 989, 990 Abs. 1 BGB.

2. Aus § 823 Abs. 1 BGB

701 Ein Anspruch aus § 823 Abs. 1 BGB scheitert an der Sperrwirkung des EBV. Eine ausnahmsweise Anwendbarkeit nach § 992 BGB kommt nicht in Betracht, da *W* den Besitz nicht durch verbotene Eigenmacht oder eine Straftat erlangt hat.

3. Zwischenergebnis

702 *V* hat gegen *W* einen Anspruch auf Schadensersatz für den Verlust des Fahrrads iHv 650 EUR.

III. Ergebnis zur Abwandlung 1

703 *V* kann von *E* nicht Herausgabe des Fahrrads, aber Schadensersatz von *W* iHv 650 EUR verlangen.

Abwandlung 2

704 Zu prüfen ist, ob *V* von *H* zusätzlich 700 EUR verlangen kann.

I. Anspruch entstanden

705 Zunächst müsste der Anspruch des *V* entstanden sein.

1. Aus §§ 989, 990 Abs. 1 BGB

706 *V* könnte gegen *H* einen Anspruch auf Schadensersatz aus §§ 989, 990 Abs. 1 BGB haben. *V* war zum Zeitpunkt der Veräußerung des Fahrrads von *H* an *E* Eigentümer des Rads. *H* war Besitzer ohne Recht zum Besitz. Somit bestand eine Vindikationslage. *H* war als Dieb bei Erwerb des Besitzes nicht in gutem Glauben, da er das Fehlen seines Besitzrechts kannte und durch Veräußerung des Fahrrads wurde die Herausgabe des Rads an *V* unmöglich. *H* trifft auch ein Verschulden, da er vor-

[52] Vgl. → Rn. 650 ff.

sätzlich handelte. *H* hat dem *V* somit als Schaden nach § 249 Abs. 1 BGB den Wert des Fahrrads iHv 650 EUR zu ersetzen.

2. Aus § 823 Abs. 1 BGB

Das Deliktsrecht ist gem. § 992 BGB anwendbar, da *H* den Besitz des Fahrrads durch eine Straftat erlangt hat (§ 242 StGB). Bei der Veräußerung des Fahrrads handelt es sich auch um eine Verletzung des Eigentums des *V*. Diese erfolgte vorsätzlich. Auch nach § 823 Abs. 1 BGB steht dem *V* somit ein Anspruch auf Schadensersatz in Höhe des Wertes des Fahrrads. 707

3. Aus § 823 Abs. 2 BGB iVm § 858 BGB/§ 242 StGB

Ein Anspruch aus § 823 Abs. 2 BGB scheidet mangels Schutzgesetzverletzung aus. Der Tatbestand des § 858 BGB ist nicht erfüllt, da *V* zum Zeitpunkt des Diebstahls nicht mehr Besitzer war. Auch der Verstoß gegen § 242 StGB wirkt nicht zugunsten des *V*, da dieser nicht Gewahrsamsinhaber zum Zeitpunkt des Diebstahls war. 708

4. Aus § 826 BGB

H veräußerte vorsätzlich eine fremde Sache, um dem Eigentümer zu schaden. Er handelte dabei sittenwidrig. Somit besteht auch ein Schadensersatzanspruch gem. § 826 BGB iHv 650 EUR. 709

5. Aus §§ 687 Abs. 2 S. 1, 681 S. 2, 667 BGB

V könnte gegen *H* einen Anspruch aus §§ 687 Abs. 2 S. 1, 681 S. 2 667 BGB auf Herausgabe des Erlöses haben. *H* führte ein fremdes Geschäft, indem er eine fremde Sache veräußerte. Er führte dieses Geschäft als eigenes, obwohl er wusste, dass er dazu nicht berechtigt ist. Er hat somit gemäß §§ 681 S. 2, 667 BGB das aus der Geschäftsführung Erlangte herauszugeben, mithin den Veräußerungserlös in Höhe von 700 EUR. 710

6. Aus §§ 687 Abs. 2 S. 1, 678 BGB

Außerdem haftet *H* wegen angemaßter Eigengeschäftsführung nach §§ 687 Abs. 2 S. 1, 678 BGB auf Schadensersatz in Höhe des Wertes des Fahrrads. 711

7. Aus § 816 Abs. 1 S. 1 BGB

V könnte gegen *H* auch einen Anspruch auf Herausgabe des durch die Verfügung Erlangten aus § 816 Abs. 1 S. 1 BGB haben. 712

a) Tatbestand

H verfügte als Nichtberechtigter, als er das Fahrrad an *E* übereignete. Eine Verfügung ist jede rechtsgeschäftliche Aufhebung, Übertragung, Belastung oder Inhaltsänderung eines Rechts, somit auch die Übereignung. Diese Verfügung war gegenüber *V* wirksam.[53] 713

---

[53] Vgl. → Rn. 691 ff.

b) Rechtsfolge: Herausgabe des durch die Verfügung Erlangten

714 Umstritten ist die Rechtsfolge des § 816 Abs. 1 S. 1 BGB, mithin was vom Schuldner herauszugeben ist.[54] Dies könnte der objektive Wert der Sache sein. Hierfür spricht, dass durch die Verfügung selbst nur die Befreiung von der Verpflichtung aus dem schuldrechtlichen Vertrag mit dem Geschäftspartner erlangt wird. Der Wert dieser Verpflichtung entspricht jedoch dem objektiven Wert der Sache. Richtigerweise ist der Veräußerungserlös herauszugeben.[55] Dies sind hier 700 EUR. Diese Herausgabe des Veräußerungserlöses entspricht dem Willen des historischen Gesetzgebers, wie er sich aus den Gesetzgebungsmaterialien ergibt.[56] Dafür spricht auch der Sinnzusammenhang mit § 816 Abs. 1 S. 2 BGB, der bei einer unentgeltlichen Verfügung einen Anspruch gegen den Verfügungsempfänger gibt. Dieser haftet dann gerade deshalb, weil es keine Gegenleistung gibt, die herausgegeben werden könnte. Zudem führt die Verfügung über die Sache erst zur Einredefreiheit des Anspruchs auf die Gegenleistung, sodass das Erlangen der Gegenleistung auch auf der Verfügung beruht.[57]

c) Zwischenergebnis

715 Somit hat *F* den Veräußerungserlös iHv 700 EUR herauszugeben.

8. Aus § 812 Abs. 1 S. 1 Alt. 2 BGB

716 D könnte gegen *F* einen Anspruch aus § 812 Abs. 1 S. 1 Alt. 2 BGB haben.

a) Etwas erlangt

717 *H* hat den Besitz an der Sache erlangt.

b) In sonstiger Weise auf Kosten des *V*

718 Dies erfolgte in sonstiger Weise auf Kosten des *V*. Denn durch die Erlangung des Besitzes an dem Fahrrad und den Verkauf hat *H* in den Zuweisungsgehalt des Eigentums an dem Fahrrad eingegriffen.

c) Wertersatz nach § 818 Abs. 2 BGB

719 *H* hat somit Wertersatz für das Fahrrad zu leisten (§ 818 Abs. 2 BGB).

II. Anspruch erloschen

720 Der Anspruch könnte jedoch iHv 650 EUR gem. §§ 422 Abs. 1 S. 1, 362 Abs. 1 BGB erloschen sein. Hierzu müssten aber die Regeln über die Gesamtschuld Anwendung finden. Abweichendes gilt, wenn in der vorliegenden Konstellation § 255 BGB einschlägig ist. Danach kann derjenige, der Schadensersatz für den Verlust einer Sache zu leisten hat, die Abtretung anderer Ersatzansprüche verlangen. Hiernach hätte *W* einen Anspruch gegen *V* auf Abtretung der Ersatzansprüche gegen *H*. Solange diese Abtretung aber noch nicht erfolgt ist, stehen die Ansprüche weiter *V* zu.

---

[54] Vgl. dazu ausführlich Staudinger/*Lorenz*, 2007, BGB § 816 Rn. 23.
[55] Vgl. BGH NJW 1997, 190 (191); BeckOK BGB/*Wendehorst* § 816 Rn. 16; NK-BGB/*Prinz von Sachsen Gessaphe* § 816 Rn. 19.
[56] Vgl. Staudinger/*Lorenz*, 2007, BGB § 816 Rn. 1.
[57] *Larenz/Canaris* SchuldR BT II § 72 I 2a).

1. Verhältnis zwischen Gesamtschuldnerausgleich und § 255 BGB

Somit ist zunächst das Verhältnis zwischen dem Gesamtschuldnerausgleich nach §§ 421 ff. BGB und § 255 BGB zu klären. Hierzu könnte der **Grundsatz *„lex specialis derogat legi generali"*** [58] herangezogen werden. Nach diesem verdient von zwei sich widersprechenden Normen diejenige den Vorrang, welche die engeren Voraussetzungen aufweist. Der Grundsatz setzt voraus, dass sich die Anwendungsbereiche der Normen insofern überschneiden, als die speziellere Norm einen Ausschnitt aus jenen von der generelleren Norm erfassten Sachverhalten regelt. Die speziellere Norm weist mithin alle Tatbestandsmerkmale der generellen auf sowie zumindest ein weiteres, wodurch sie nur einen Teil der von der generelleren Norm umfassten Sachverhalte erfasst. Der Grundsatz beruht auf dem Erfahrungssatz, dass die Rechtsfolge der engeren Vorschrift für den Anwendungsbereich der Norm gerade vom Normgeber in Abweichung zur generellen Norm gewollt ist.[59] Der Grundsatz ist der systematischen Auslegung zuzurechnen. 721

Richtigerweise geht der Gesamtschuldnerausgleich dem § 255 BGB vor.[60] Allerdings handelt es sich hierbei, anders als vielfach dargestellt, nicht um einen Fall des *„lex specialis derogat legi generali"*, denn die Anwendungsbereiche überschneiden sich nicht. § 255 BGB beruht vielmehr auf der Vorstellung, dass im Innenverhältnis der Ersatzleistende dem Schaden ferner steht als derjenige, gegen den die abzutretenden Ansprüche bestehen. § 255 BGB ist daher nur bei ungleichstufigen Haftungen anwendbar.[61] Dagegen ist das Vorliegen einer gleichstufigen Haftung für die Annahme einer Gesamtschuld iSd § 421 BGB notwendige Voraussetzung. Zwischen dem Gesamtschuldnerausgleich und § 255 BGB besteht mithin kein Spezialitäts-, sondern ein Alternativverhältnis.[62] Entscheidend für die Abgrenzung ist somit das Kriterium der Gleichstufigkeit. Ist diese gegeben, so finden die Vorschriften über den Gesamtschuldnerausgleich Anwendung, fehlt sie, kommt § 255 BGB zur Anwendung. 722

2. Voraussetzungen für das Vorliegen einer Gesamtschuld

W und *H* müssten Gesamtschuldner sein. Erforderlich ist hierzu, dass der Gläubiger mehrere Schuldner hat. Hier hat *V* sowohl gegen *W* Ansprüche auf Schadensersatz als auch gegen *H* auf Schadensersatz bzw. Herausgabe des Veräußerungserlöses. 723

a) Identität des Leistungsinteresses

Erforderlich ist zudem, dass die Ansprüche auf die Befriedigung desselben Leistungsinteresses gerichtet sind. Dies ist jedenfalls bei inhaltsgleichen Ansprüchen der Fall. Ausreichend ist aber auch eine weitgehende Leistungsidentität.[63] Ein übereinstimmender Leistungsinhalt ist nicht erforderlich.[64] Soweit Schadensersatz bzw. Wertersatz für das Fahrrad sowohl von *W* als auch von *H* geschuldet werden, besteht die erforderliche Identität. Aber auch bzgl. des Anspruchs auf Erlösheraus- 724

---

58 Hierzu → Rn. 117.

59 Vgl. *Bydlinski* Methodenlehre Rechtsbegriff S. 465; *Zippelius* Methodenlehre S. 31 f.; *Mann* Arbeitstechnik Rn. 92 f.

60 BGH NJW 1972, 1802; OLG Celle NJW-RR 2015, 1501 Rn. 22; MüKoBGB/*Oetker* § 255 Rn. 4.

61 Vgl. MüKoBGB/*Oetker* § 255 Rn. 2 mwN.

62 MüKoBGB/*Oetker* § 255 Rn. 4; BeckOGK/*Röver* BGB § 255 Rn. 19.

63 MüKoBGB/*Heinemeyer* § 421 Rn. 5.

64 MüKoBGB/*Heinemeyer* § 421 Rn. 5.

gabe ist von einer solchen auszugehen, da sowohl der Schadensersatzanspruch als auch die Erlösherausgabe den Verlust des Eigentums am Fahrrad kompensieren sollen.[65]

b) Gleichstufigkeit der Verpflichtungen

725 In Abgrenzung zu § 255 BGB müssten diese Ansprüche aber auch gleichstufig sein. § 255 BGB ist anzuwenden, wenn der Dritte die Herausgabe einer Sache schuldet und der Schuldner nur Wert- oder Schadensersatz. Denn in diesem Fall entfallen die Voraussetzungen des Schadens- bzw. Wertersatzanspruchs, sobald der Gläubiger die Sache vom Dritten wiedererlangt hat. Damit ist der Dritte letztverpflichtet. Der Schuldner haftet nur für den Ausfall des Dritten.[66]

Umstritten sind jedoch Konstellationen wie die vorliegende, bei denen sich die Herausgabepflicht des Dritten in eine Schadens- bzw. Wertersatzpflicht umwandelt, da auch der Dritte die Sache nicht mehr herausgeben kann. In diesen Konstellationen könnte § 255 BGB anzuwenden sein. Hierfür spricht, dass der Inhalt der geschuldeten Leistung in Wahrheit ungleich bleibt: Der Dritte haftet auf vollen Ersatz, während der Schuldner weiter nur für den Ausfall des Dritten haftet.[67] Nach der vorzugswürdigen Ansicht liegt, sobald die Herausgabe der Sache durch den Dritten nicht mehr möglich ist, ein Gesamtschuldverhältnis vor.[68] Beide Ansprüche sind dann auf den Ersatz für den Verlust des Eigentums gerichtet.[69] Eine Rangfolge der Ansprüche besteht mithin nicht. Eine Letztverpflichtung des Dritten kann nicht mehr angenommen werden, wenn beide Schuldner auf Schadensersatz bzw. Wertersatz haften. Im vorliegenden Fall scheint es zwar offensichtlich zu sein, dass der Dieb *H* den Schaden letztendlich zu tragen hat. Aber auch bei einer freiwilligen oder kollusiven Weggabe des Fahrrads durch *W* hätte sich dieser, folgt man der erstgenannten Auffassung, nach § 255 BGB den vollen Anspruch gegen *H* abtreten lassen können. Damit würde auch in diesem Fall *H* den Schaden iErg alleine tragen. Dies widerspricht jedoch der Wertung des § 840 Abs. 1 BGB, nach der mehrere Schädiger für einen Schaden als Gesamtschuldner haften. Sachgerechter ist daher die Anwendung der Regeln der Gesamtschuld. Als Folge findet der Ausgleich zwischen *W* und *H* nach § 426 BGB im Innenverhältnis analog § 254 BGB statt. Dies ermöglicht eine Aufteilung des Schadens nach den Verursachungsbeiträgen. Zudem verhindert § 422 BGB, dass *V* den Schaden zweimal ersetzt bekommt und damit eine problematische Rückabwicklung zwischen *V* und *W*.[70] Auch der Zweck des § 255 BGB greift hier nicht. Denn § 255 BGB will dem Gläubiger ein Wahlrecht geben, ob er die Sache herausverlangt oder Schadensersatz fordert.[71] Eine solche Wahlmöglichkeit besteht hier jedoch nicht, da die Ansprüche sowohl gegen *W* als auch gegen *H* auf Ersatz in Geld gerichtet sind.

Daher sind die Regeln der Gesamtschuld anzuwenden.

---

65 Vgl. BGHZ 52, 39.
66 Staudinger/*Bittner/Kolbe,* 2019, BGB § 255 Rn. 19f.
67 Staudinger/*Bittner/Kolbe,* 2019, BGB § 255 Rn. 24ff.
68 BGHZ 52, 39; BGH JZ 1984, 230.
69 BGH JZ 1984, 230.
70 Insofern wäre auf § 812 Abs. 1 S. 2 Alt. 1 BGB bei Annahme des rückwirkenden Wegfalls des Schadensersatzanspruchs wegen Wegfalls des Schadens durch Zahlung des *H* abzustellen bzw. auf die §§ 280 Abs. 1, Abs. 3, 283 BGB wegen Unmöglichkeit der Pflicht zur Abtretung der Ansprüche gegen *H*.
71 Vgl. *Costede* JR 2005, 45.

3. Zwischenergebnis

Somit ist der Anspruch des *V* gegen *H* iHv 650 EUR durch die Zahlung des *W* gem. §§ 422 Abs. 1 S. 1, 362 Abs. 1 BGB in dieser Höhe erloschen. **726**

III. Ergebnis zu Abwandlung 2

V hat gegen *H* noch einen Anspruch auf Zahlung von 50 EUR aus § 816 Abs. 1 S. 1 BGB und §§ 687 Abs. 2 S. 1, 681 S. 2, 667 BGB. **727**

Vertiefungshinweise

Rechtsprechung:

- BGH NJW NJW 2015, 699 – zum Erlöschen des Anspruchs aus § 985 BGB.
- BGH JZ 1984, 230 – zur Abgrenzung von § 426 BGB und § 255 BGB.

Aufsätze:

- *Grigoleit,* Abstraktion und Willensmängel – Die Anfechtbarkeit des Verfügungsgeschäfts, AcP 199 (1999), 379.
- *Würdinger,* Doppelwirkungen im Recht – Eine 100-jährige juristische Entdeckung, JuS 2011, 769.

Fall 9. Manipulierter Diesel

Schwerpunkt:

Richtlinienkonforme Rechtsfortbildung

Sachverhalt

Nepomuk Nitro (N), wohnhaft in Regensburg, betritt am 27.9.2019 die Filiale der *VR Bank Regensburg e. G. (VR-Bank)* in der Kumpfmühler Straße in Regensburg. Er will sich einen Traum verwirklichen und sich einen neuen VW-Passat TDI kaufen. Da er den Kaufpreis iHv 38.000 EUR nicht zur Verfügung hat, will er bei der *VR-Bank* ein Darlehen in dieser Höhe zur Finanzierung des Vertrags aufnehmen. In den Geschäftsräumen der *VR-Bank* stellt sich dem *N* ein *Gert Postel (P)* als Prokurist der *VR-Bank* vor und nimmt *N* mit in einen Besprechungsraum. *N* und *P* einigen sich darauf, dass die *VR-Bank* dem *N* ein Darlehen zur Finanzierung des VW-Passat TDI iHv 38.000 EUR zu einem effektiven Jahreszins von 5 % gewährt. Die Rückzahlung soll in 38 monatlichen Raten von je 1.000 EUR zuzüglich eines monatlichen Zinsanteils ab November 2019 erfolgen. Die Zahlung der Raten solle jeweils zum Ersten eines jeden Monats erfolgen. *P* und *N* unterschreiben sodann den schriftlichen Vertrag. *P* zeichnet mit „p. P.". In das Vertragsdokument ist aufgenommen, dass das Darlehen der Finanzierung des Kaufes eines neuen VW Passat TDI dient. Im Vertragsdokument ist lediglich der Sollzinssatz angegeben, eine Angabe des effektiven Jahreszinses wurde vergessen. *P* gibt dem *N* eine Abschrift des Vertrags mit. Die Darlehensvaluta wird dem Girokonto des *N* am 30.9.2019 durch einen anderen Mitarbeiter der *VR-Bank,* dem der Vertrag vorlag, gutgeschrieben.

Bereits eine Woche später erscheint *N* im Autohaus von *Timo Taugnix (T),* um einen VW Passat TDI zu erwerben. Da *N* aufgrund des Dieselskandals etwas skeptisch ist, fragt er den *T,* ob auch der neue VW Passat TDI von den Manipulationen betroffen sei und ob dort eine unzulässige Abschaltsoftware verwendet wird, die dazu führt, dass die Stickoxidwerte im Vergleich zum Prüfstand wesentlich schlechter sind. Schließlich könnte – was zutrifft – das Kraftfahrtbundesamt (KBA) in solchen Fällen die Betriebserlaubnis entziehen. *T* erwidert darauf hin, *N* müsse sich darüber keine Gedanken machen, VW habe bei den neuen Modellen keine solche Software verwendet. Daraufhin schließen *N* und *T* den Kaufvertrag über den Passat. *N* nimmt den Passat sogleich mit und überweist dem *T* die 38.000 EUR. Im Oktober 2019 muss *N* jedoch aus der Presse erfahren, dass auch sein Passatmodell mit einer solchen Software ausgestattet ist und das KBA alle Halter zur Softwarenachrüstung verpflichtet hat. Ansonsten könnte die Betriebserlaubnis entzogen werden. Wütend wendet sich *N* nun an *T* und verlangt, dass er auf seine Kosten die Nachrüstung vornimmt. Der lehnt ab, denn schließlich habe er extra in § 3 seiner AGB (AGB-T) eine Haftung für Mängel jeder Art ausgeschlossen. Darüber hinaus könnte er gar keine Nachrüstung mehr durchführen, da er den Betrieb des Autohauses im Rahmen des seit 21.10.2019 laufenden Insolvenzverfahrens eingestellt habe. *N* sieht nicht ein, dass er, solange sein Passat nicht nachgerüstet ist, die Darlehensraten zurückzahlt. Er äußert daher gegenüber der *VR-Bank,* dass er bis zur Nachrüstung des Passats sämtliche Zahlungen an die Bank einstellen werde.

Einen Rechtsanwalt hat *N* zuvor nicht konsultiert. Nachdem *N* die November- und Dezemberrate nicht gezahlt hat, sendet ihm die *VR-Bank* am 23.12.2019 ein Schreiben, in dem sie den *N* zur Zahlung der beiden ausstehenden Raten binnen 2 Wochen auffordert. Anderenfalls werde sie das Darlehen kündigen und den gesamten Darlehensvertrag zurückverlangen. Außerdem übersendet sie *N* an diesem Tag eine ordnungsgemäße Abschrift des Vertrages nach § 494 Abs. 7 BGB. *N* erwidert am 31.1.2020, dass er das nicht einsehe, er widerrufe außerdem hiermit den Darlehensvertrag.

Die *VR-Bank* wendet sich nun an Rechtsanwalt *Justus von Wenzenbach* und möchte wissen, ob sie den vollen Betrag von 38.000 EUR einklagen kann. Bedenken hat die *VR-Bank* auch deswegen, weil sie *P* zwar im Januar 2016 Prokura erteilt, diese aber im August 2019 wegen mehrerer äußerst fragwürdiger Kreditvergaben widerrufen hat. Diesen Widerruf habe man zwar zu den Akten genommen und zur Information der übrigen Mitarbeiter in den bankinternen Umlauf gegeben, damit es infolge weiterer durch *P* geschlossener Darlehensverträge nicht zu Gutschriften komme. Dies habe der zuständige Mitarbeiter aber wohl übersehen. Allerdings habe man den Widerruf nicht in das Handelsregister eintragen lassen, weil auch die Erteilung nicht in das Handelsregister eingetragen wurde und das Register nun objektiv richtig sei. Außerdem zweifelt die Bank, ob *N* nicht aufgrund der Verbraucherkreditrichtlinie die Zahlung verweigern konnte. Student *S* absolviert ein Praktikum bei *Justus von Wenzenbach* und wird beauftragt, ein Gutachten zu den Erfolgsaussichten einer etwaigen Klage anzufertigen.

Bearbeitervermerk: Das Gutachten des *S* ist zu fertigen. Soweit sich aus dem Sachverhalt nichts anderes ergibt, wurden die formellen Anforderungen an den Darlehensvertrag beachtet.

Hinweis: Auf die abgedruckten Gesetzgebungsmaterialien sowie Art. 3 und 15 der Verbraucherkreditrichtlinie (VerbrKrRL) wird hingewiesen:

Richtlinie über Verbraucherkreditverträge, 2008/48/EG:

Art. 3 Begriffsbestimmungen.

Für die Zwecke dieser Richtlinie bezeichnet der Ausdruck

a) „Verbraucher" eine natürliche Person, die bei den von dieser Richtlinie erfassten Geschäften zu einem Zweck handelt, der nicht ihrer beruflichen oder gewerblichen Tätigkeit zugerechnet werden kann;
b) „Kreditgeber" eine natürliche oder juristische Person, die in Ausübung ihrer gewerblichen oder beruflichen Tätigkeit einen Kredit gewährt oder zu gewähren verspricht;
c) „Kreditvertrag" einen Vertrag, bei dem ein Kreditgeber einem Verbraucher einen Kredit in Form eines Zahlungsaufschubs, eines Darlehens oder einer sonstigen ähnlichen Finanzierungshilfe gewährt oder zu gewähren verspricht; ausgenommen sind Verträge über die wiederkehrende Erbringung von Dienstleistungen oder über die Lieferung von Waren gleicher Art, bei denen der Verbraucher für die Dauer der Erbringung oder Lieferung Teilzahlungen für diese Dienstleistungen oder Waren leistet;
d) „Überziehungsmöglichkeit" einen ausdrücklichen Kreditvertrag, bei dem der Kreditgeber dem Verbraucher Beträge zur Verfügung stellt, die das aktuelle Guthaben auf dem laufenden Konto des Verbrauchers überschreiten;
e) „Überschreitung" eine stillschweigend akzeptierte Überziehung, bei der der Kreditgeber dem Verbraucher Beträge zur Verfügung stellt, die das aktuelle Guthaben auf dem laufenden Konto des Verbrauchers oder die vereinbarte Überziehungsmöglichkeit überschreiten;
f) „Kreditvermittler" eine natürliche oder juristische Person, die nicht als Kreditgeber handelt und die in Ausübung ihrer gewerblichen oder beruflichen Tätigkeit gegen ein Entgelt, das aus einer Geldzahlung oder einem sonstigen vereinbarten wirtschaftlichen Vorteil bestehen kann,
   i) Verbrauchern Kreditverträge vorstellt oder anbietet,

ii) Verbrauchern bei anderen als den in Ziffer i genannten Vorarbeiten zum Abschluss von Kreditverträgen behilflich ist oder
iii) für den Kreditgeber Kreditverträge mit den Verbrauchern abschließt;

g) „Gesamtkosten des Kredits für den Verbraucher" sämtliche Kosten, einschließlich der Zinsen, Provisionen, Steuern und Kosten jeder Art – ausgenommen Notargebühren –, die der Verbraucher im Zusammenhang mit dem Kreditvertrag zu zahlen hat und die dem Kreditgeber bekannt sind; Kosten für Nebenleistungen im Zusammenhang mit dem Kreditvertrag, insbesondere Versicherungsprämien, sind ebenfalls enthalten, wenn der Abschluss des Vertrags über diese Nebenleistung eine zusätzliche zwingende Voraussetzung dafür ist, dass der Kredit überhaupt oder nach den vorgesehenen Vertragsbedingungen gewährt wird;

h) „vom Verbraucher zu zahlender Gesamtbetrag" die Summe des Gesamtkreditbetrags und der Gesamtkosten des Kredits für den Verbraucher;

i) „effektiver Jahreszins" die Gesamtkosten des Kredits für den Verbraucher, die als jährlicher Prozentsatz des Gesamtkreditbetrags ausgedrückt sind, soweit zutreffend einschließlich der Kosten gemäß Artikel 19 Absatz 2;

j) „Sollzinssatz" den als festen oder variablen periodischen Prozentsatz ausgedrückten Zinssatz, der auf jährlicher Basis auf die in Anspruch genommenen Kredit-Auszahlungsbeträge angewandt wird;

k) „fester Sollzinssatz" wenn der Kreditgeber und der Verbraucher im Kreditvertrag einen einzigen Sollzinssatz für die gesamte Laufzeit des Kreditvertrags oder mehrere Sollzinssätze für verschiedene Teilzeiträume der Gesamtlaufzeit vereinbaren, wobei ausschließlich ein bestimmter fester Prozentsatz zugrunde gelegt wird. Sind in dem Kreditvertrag nicht alle Sollzinssätze festgelegt, so gilt der Sollzinssatz nur für diejenigen Teilzeiträume der Gesamtlaufzeit als vereinbart, für die die Sollzinssätze ausschließlich durch einen bei Abschluss des Kreditvertrags vereinbarten bestimmten festen Prozentsatz festgelegt wurden;

l) „Gesamtkreditbetrag" die Obergrenze oder die Summe aller Beträge, die aufgrund eines Kreditvertrags zur Verfügung gestellt werden;

m) „dauerhafter Datenträger" jedes Medium, das es dem Verbraucher gestattet, an ihn persönlich gerichtete Informationen derart zu speichern, dass er sie in der Folge für eine den Zwecken der Informationen angemessene Dauer einsehen kann, und das die unveränderte Wiedergabe der gespeicherten Informationen ermöglicht;

n) „verbundener Kreditvertrag" einen Kreditvertrag, bei dem
i) der betreffende Kredit ausschließlich der Finanzierung eines Vertrags über Lieferung bestimmter Waren oder die Erbringung einer bestimmten Dienstleistung dient und
ii) diese beiden Verträge objektiv betrachtet eine wirtschaftliche Einheit bilden; von einer wirtschaftlichen Einheit ist auszugehen, wenn der Warenlieferant oder der Dienstleistungserbringer den Kredit zugunsten des Verbrauchers finanziert oder wenn sich der Kreditgeber im Falle der Finanzierung durch einen Dritten bei der Vorbereitung oder dem Abschluss des Kreditvertrags der Mitwirkung des Warenlieferanten oder des Dienstleistungserbringers bedient oder wenn im Kreditvertrag ausdrücklich die spezifischen Waren oder die Erbringung einer spezifischen Dienstleistung angegeben sind.

Art. 15 Verbundene Kreditverträge.

(1) Hat der Verbraucher ein Recht auf Widerruf von einem Vertrag über die Lieferung von Waren oder die Erbringung von Dienstleistungen ausgeübt, das auf Gemeinschaftsrecht beruht, so ist er an einen damit verbundenen Kreditvertrag nicht mehr gebunden.

(2) [1]Werden die unter einen verbundenen Kreditvertrag fallenden Waren oder Dienstleistungen nicht oder nur teilweise geliefert oder entsprechen sie nicht dem Warenlieferungs- oder Dienstleistungsvertrag, so kann der Verbraucher Rechte gegen den Kreditgeber geltend machen, wenn er nach den geltenden Rechtsvorschriften oder den Bestimmungen des Warenlieferungs- oder Dienstleistungsvertrags seine Rechte gegen den Lieferanten oder den Dienstleistungserbringer geltend gemacht hat, diese aber nicht durchsetzen konnte. [2]Die Mitgliedstaaten bestimmen, in welchem Maße und unter welchen Bedingungen diese Rechtsmittel ausgeübt werden können.

(3) Dieser Artikel gilt unbeschadet innerstaatlicher Rechtsvorschriften, nach denen ein Kreditgeber gegenüber jeglichen Ansprüchen, die der Verbraucher gegen den Lieferanten bzw. Dienstleistungserbringer haben könnte, als Gesamtschuldner verpflichtet ist, wenn der Erwerb von Waren oder Dienstleistungen vom Lieferanten über einen Kreditvertrag finanziert wird.

Gesetz zur Umsetzung der Verbraucherrechterichtlinie und zur Änderung des Gesetzes zur Regelung der Wohnungsvermittlung, BT-Drs. 17/12637, 67 f.: „Absatz 2 Satz 2 übernimmt die bisher in § 359a Absatz 1 normierten in einem Verbraucherdarlehensvertrag angegebenen Verträge und setzt Artikel 15 Absatz 1 in Verbindung mit Artikel 3 Buchstabe n Unterabsatz ii der Verbraucherkreditrichtlinie um. Die Ergänzung, dass der Verbraucherdarlehensvertrag der Finanzierung des widerrufenen Vertrags dienen muss, dient zunächst der Klarstellung. Auch bisher war § 359a Absatz 1 in Übereinstimmung mit Artikel 3 Buchstabe n der Verbraucherkreditrichtlinie entsprechend zu verstehen (siehe nur Palandt/Grüneberg, § 359a, Rn. 2). Ein „angegebener Vertrag" im Sinne des Absatzes 2 Satz 2 liegt vor, wenn das Verbraucherdarlehen zwar der Finanzierung der Leistung aus dem widerrufenen Vertrag dient, eine wirtschaftliche Einheit gemäß § 358 Absatz 3 Satz 2 aber nicht gegeben ist. Ergänzend wird der Anwendungsbereich in Übereinstimmung mit Artikel 3 Buchstabe n Ziffer i der Verbraucherkreditrichtlinie auf die Verbraucherdarlehensverträge beschränkt, die ausschließlich der Finanzierung des widerrufenen Geschäfts dienen. Diese enge Umsetzung der Richtlinienvorgaben erscheint beim angegebenen Geschäft sachgerecht, weil hier eine den Widerrufsdurchgriff rechtfertigende wirtschaftliche Einheit gerade nicht gefordert wird. Der Begriff „Leistung" in Absatz 2 Satz 2 ist in dem gleichen Sinne zu verstehen wie in Absatz 2 Satz 1. Der Wegfall der Wörter „die Ware oder" gegenüber der bisherigen Fassung in § 359a Absatz 1 hat also keine materielle Änderung zur Folge, da der Begriff „Ware" unter den Oberbegriff „Leistung" fällt.

In Fällen, in denen zwar der Verwendungszweck im Darlehensvertrag bereits konkret bezeichnet ist, sich der Verbraucher aber beispielsweise erst nach der Auszahlung des Darlehens für einen bestimmten Vertragspartner entscheidet, der den finanzierten Gegenstand liefert, erscheint es nach wie vor nicht sachgerecht, sämtliche Vorschriften über das verbundene Geschäft anzuwenden. Insbesondere würde der Einwendungsdurchgriff nach § 359 für den Darlehensgeber ein unberechenbares Risiko darstellen, wenn er den Lieferanten gar nicht kennt. Deshalb sollen Fälle, bei denen eine wirtschaftliche Einheit fehlt, aber der zu finanzierende Gegenstand konkret im Vertrag bezeichnet ist, nur hinsichtlich des Widerrufsrechts den verbundenen Geschäften gleichgestellt werden. Eine unterschiedliche Behandlung der verbundenen und der angegebenen Geschäfte ist sachlich gerechtfertigt und europarechtlich zulässig. Die in Absatz 2 Satz 2 vorgesehene Regelung genügt der Vorgabe des Artikels 15 Absatz 1 und 2 der Verbraucherkreditrichtlinie. Denn Artikel 15 Absatz 2 Satz 2 der Verbraucherkreditrichtlinie erlaubt den Mitgliedstaaten hinsichtlich des Einwendungsdurchgriffs ausdrücklich festzulegen, in welchem Maße und unter welchen Bedingungen dieser ausgeübt werden kann. Die Nichtanwendung des § 359 auf die Fälle des Absatzes 2 Satz 2 wird in der Literatur zwar teilweise als nicht richtlinienkonform kritisiert (siehe z. B. MüKoBGB/ Habersack, 6. Auflage, § 359a, Rn. 11; Palandt/Grüneberg, § 359a, Rn. 3), andere sehen die (bisher noch in § 359a Abs. 1 normierte) Regelung aber in Übereinstimmung mit der Richtlinie (NK-BGB/Ring, 2. Auflage, § 359a, Rn. 5; Hk-BGB/Schulze, 7. Auflage, § 359a, Rn. 2)."

Lösungsvorschlag

Gliederung

dd) Wahlrecht des *N*
ee) Zwischenergebnis
b) Unwirksamkeit des Darlehensvertrags gem. § 494 Abs. 1 BGB
aa) Anwendbarkeit des § 494 Abs. 1 BGB
bb) Fehlen einer erforderlichen Pflichtangabe
cc) Heilung gem. § 494 Abs. 2 BGB
dd) Zwischenergebnis
c) Widerruf des Vertrages
d) Zwischenergebnis
2. Kündigung des Darlehensvertrags durch die *VR-Bank*
a) Fälliger, durchsetzbarer Anspruch
aa) Mängeleinrede, § 320 Abs. 1 BGB
(1) Kaufvertrag und zeitlicher Anwendungsbereich der Mängelrechte
(2) Sachmangel, § 434 BGB
(3) Bei Gefahrübergang
(4) Kein Ausschluss
(5) Zwischenergebnis
bb) Geltendmachung der Einrede gegenüber der *VR-Bank*
(1) Gem. § 359 Abs. 1 BGB
(2) Vereinbarkeit mit der Verbraucherkreditrichtlinie (VerbrKrRL)
(3) Richtlinienkonforme Rechtsfortbildung
(4) Zwischenergebnis
cc) Zwischenergebnis
b) Mahnung
c) Vertretenmüssen
d) Zwischenergebnis
3. Zwischenergebnis
III. Ergebnis

728 Zu entscheiden ist, ob eine Klage der *VR-Bank* gegen *N* auf Rückzahlung der Darlehensvaluta iHv 38.000 EUR Aussicht auf Erfolg hat. Dies ist der Fall, wenn die Klage zulässig und begründet ist.

I. Zulässigkeit der Klage

729 Die Klage müsste zulässig sein.

1. Zuständigkeit

730 Für die sachliche Zuständigkeit des Gerichts ist maßgeblich, dass der Streitwert 5.000 EUR übersteigt. Daher ist das LG gem. § 1 ZPO, §§ 23 Nr. 1, 71 Abs. 1 GVG sachlich zuständig. Örtlich zuständig ist das LG Regensburg gem. §§ 12, 13 ZPO, Art. 4 Nr. 18 GerOrgG, da *N* seinen Wohnsitz im Gerichtsbezirk des LG Regensburg hat. Die örtliche Zuständigkeit ergibt sich auch aus § 29 Abs. 1 ZPO, da der Erfüllungsort gem. § 269 Abs. 1 BGB am Wohnsitz des *N* und damit in Regensburg ist.[1] Mithin ist das LG Regensburg für die Klage der *VR-Bank* zuständig.

[1] Vgl. zur Einordnung der Geldschuld → Rn. 393 f.

2. Partei-, Prozess- und Postulationsfähigkeit

N ist gem. § 50 Abs. 1 ZPO partei- und gem. §§ 51 Abs. 1, 52 ZPO prozessfähig. Die *VR-Bank* ist gem. § 50 Abs. 1 ZPO, § 17 Abs. 1 GenG parteifähig und wird gem. § 51 Abs. 1 ZPO, § 24 Abs. 1 S. 1 GenG durch den Vorstand vertreten. Beide Parteien müssten sich gem. § 78 Abs. 1 S. 1 ZPO durch einen Rechtsanwalt vertreten lassen. 731

3. Zwischenergebnis

Vorbehaltlich einer ordnungsgemäßen Klageerhebung ist die Klage zulässig. 732

II. Begründetheit

Die Klage ist begründet, wenn die *VR-Bank* gegen *N* einen Anspruch auf Rückzahlung der Darlehensvaluta iHv 38.000 EUR hat. Ein solcher könnte sich aus §§ 488 Abs. 1 S. 2 Hs. 2, Abs. 3 S. 1, 498 BGB ergeben, wenn zwischen den Parteien wirksam ein Darlehensvertrag geschlossen und dieser von der *VR-Bank* gekündigt wurde. 733

1. Darlehensvertrag zwischen der *VR-Bank* und *N*

Zunächst müssten *N* und die *VR-Bank* einen wirksamen Darlehensvertrag geschlossen haben. Zunächst ist zu konstatieren, dass die *VR-Bank* gem. § 17 Abs. 1 GenG tauglicher Vertragspartner ist. 734

a) Einigung zwischen *VR-Bank* und *N*

Für das Vorliegen eines Darlehensvertrags wäre eine entsprechende **Einigung** notwendig. *N* und *P* haben sich über den Abschluss eines Darlehens iHv 38.000 EUR geeinigt. Problematisch ist jedoch, ob die *VR-Bank* gem. §§ 164 ff. BGB wirksam durch *P* **vertreten** wurde. Bei Vertragsabschluss hat *P* eine eigene Willenserklärung im Namen der *VR-Bank* abgegeben, § 164 Abs. 1 BGB. Aber es könnte an der Vertretungsmacht des *P* fehlen. In Betracht kommt eine **Prokura** des *P* (§§ 48 ff. HGB). Da die *VR-Bank* gem. § 17 Abs. 2 GenG Kaufmann ist, kann sie gem. § 48 Abs. 1 HGB Prokura erteilen. Auch hat *P* den Vertrag gem. § 51 HGB mit dem Prokura andeutenden Zusatz „p. P." (= *per procuram*) gezeichnet. Jedoch wurde die Prokura bereits im August 2019 widerrufen, sodass *P* am 27.9.2019 keine Vertretungsmacht mehr hatte. Allerdings könnte es der *VR-Bank* gem. **§ 15 Abs. 1 HGB** verwehrt sein, sich auf den Widerruf der Prokura zu berufen. 735

aa) Einzutragende Tatsache

Zunächst müsste das **Erlöschen der Prokura** eine eintragungspflichtige Tatsache sein. Gem. § 53 Abs. 2 HGB ist das Erlöschen der Prokura zur Eintragung in das Handelsregister anzumelden. Allerdings ist § 53 HGB eine reine Ordnungsvorschrift, sodass sich an der Wirksamkeit der Erteilung bzw. des Widerrufs durch das Fehlen der Eintragung nichts ändert.[2] Die nur deklaratorische Eintragung steht der Anwendbarkeit des § 15 Abs. 1 HGB aber nicht entgegen.[3] Mithin liegt eine eintragungspflichtige Tatsache vor. 736

---

[2] MüKoHGB/*Krebs* § 53 Rn. 20.
[3] Baumbach/Hopt/*Hopt* HGB § 15 Rn. 5; *Canaris* HandelsR § 5 Rn. 8 f.

bb) Nichteintragung und Eintragungspflichtigkeit der *VR-Bank*

737 Laut Sachverhalt wurde der Widerruf der Prokura nicht in das Handelsregister eingetragen und die *VR-Bank* ist gem. § 53 Abs. 1 S. 1, Abs. 2 HGB eintragungspflichtig.

cc) Teleologische Reduktion des § 15 Abs. 1 HGB

738 § 15 Abs. 1 HGB könnte aber teleologisch zu reduzieren sein, denn die *VR-Bank* ließ auch die Erteilung der Prokura nicht in das Handelsregister eintragen. Nach dem Widerruf der Prokura ist das Handelsregister eigentlich richtig. Eine teleologische Reduktion setzt aber voraus, dass das Telos der Norm eine Einschränkung erfordert, die so im Wortlaut nicht enthalten ist.[4] § 15 Abs. 1 HGB soll das **abstrakt-generelle Vertrauen auf die Vollständigkeit der Eintragung** schützen, mithin also die negative Publizität. Die Norm schützt also das Vertrauen auf das Schweigen des Handelsregisters.[5] Der positive Vertrauensschutz hinsichtlich der Richtigkeit der Eintragung in das Handelsregister ist dagegen nicht umfasst. Durch den Schutz des Vertrauens auf das Schweigen des Handelsregisters sind vom Telos des § 15 Abs. 1 HGB auch solche Konstellationen umfasst, in denen es an einer an sich erforderlichen Voreintragung fehlt, das Handelsregister also eigentlich richtig wäre. Denn der Außenstehende kann auch auf andere Art und Weise als durch den Blick in das Handelsregister von dort noch nicht eingetragenen Tatsachen erfahren haben.[6] Eine **teleologische Reduktion** kommt somit **nicht** in Betracht.

dd) Wahlrecht des *N*

739 Nach § 15 Abs. 1 HGB kann sich die *VR-Bank* somit gegenüber *N* nicht auf den Widerruf der Prokura des *P* berufen. Fraglich ist aber, ob sich *N* umgekehrt auf die noch als bestehend anzusehende Prokura berufen muss, oder ob er sich auch auf die tatsächliche Rechtslage berufen kann, nach der *P* als Vertreter ohne Vertretungsmacht anzusehen wäre. Die Qualifikation des § 15 Abs. 1 HGB als **Vertrauensschutztatbestand** zum Schutz hier des *N* spricht dafür, dass dieser sich, sofern für ihn günstiger, nicht auf den Schutz berufen muss, sondern sich stattdessen auf die tatsächliche Rechtslage berufen kann.[7] Der übrige Rechtsverkehr hat insoweit kein entgegenstehendes berechtigtes Interesse an der zwingenden Geltung der von § 15 Abs. 1 HGB fingierten Rechtslage. Dem *N* ist hier somit ein Wahlrecht zuzubilligen.[8] Er kann daher wählen, ob er sich auf das **Schweigen des Handelsregisters oder** auf die **tatsächliche Rechtslage** beruft.

740 Sofern sich *N* auf die fehlende Vertretungsmacht des *P* beruft, ist das Bestehen des Vertrages gem. § 177 Abs. 1 BGB von einer Genehmigung der *VR-Bank* abhängig. Allerdings ist zu berücksichtigen, dass am 30.9.2019 dem Konto des *N* die Darlehensvaluta gutgeschrieben wurde. Aus Sicht eines objektiven Empfängers (§§ 133, 157 BGB) könnte dies als konkludente Genehmigung des Vertrages zu verstehen sein. Fraglich ist jedoch, ob hierfür erforderlich ist, dass sich der Genehmigende der

---

4 *Larenz/Canaris* Methodenlehre S. 210; *Köhler* BGB AT JurKLB § 4 Rn. 24; ausf. → Rn. 200.

5 MüKoHGB/*Krebs* § 15 Rn. 36; BeckOK HGB/*Müther* § 15 Rn. 6; *Canaris* HandelsR § 5 Rn. 4.

6 BGH NJW 1992, 505 (507); Baumbach/Hopt/*Hopt* HGB § 15 Rn. 11.

7 *Jung* HandelsR Kap. 3 Rn. 18; *Canaris* HandelsR § 5 Rn. 24.

8 BGH NJW-RR 1990, 737 (738); MüKoHGB/*Krebs* § 15 Rn. 53; BeckOK HGB/*Müther* § 15 Rn. 15; *Canaris* HandelsR § 5 Rn. 24.

schwebenden Unwirksamkeit bewusst sein muss oder zumindest mit ihr rechnen musste.[9] Ausnahmsweise kann jedoch auch schlüssiges Verhalten ohne Erklärungsbewusstsein als wirksame Erklärung angesehen werden, wenn der Erklärende bei Anwendung der im Verkehr erforderlichen Sorgfalt hätte erkennen können, dass seine Äußerung nach Treu und Glauben und der Verkehrssitte als Willenserklärung aufgefasst werden durfte.[10] Vorliegend lag dem Mitarbeiter der *VR-Bank,* der die Gutschrift veranlasste, der von *P* unterschriebene Vertrag vor. Auch wenn dieser Mitarbeiter selbst nicht wusste, dass die Prokura des *P* widerrufen wurde, kommt es nach § 166 I BGB zu einer Wissenszusammenrechnung. Danach muss sich die *VR-Bank* das Wissen sämtlicher Mitarbeiter zurechnen lassen, auch wenn diese an den Vertragsverhandlungen und der Vertragsdurchführung nicht beteiligt sind, sofern dieses Wissen bei ordnungsgemäßer Organisation aktenmäßig festzuhalten, weiterzugeben und vor Vertragsschluss abzufragen ist.[11] Hier hat die *VR-Bank* die Prokura widerrufen, den Vorgang zu den Akten genommen und zur Information der Mitarbeiter in den Umlauf gegeben, damit keine Gutschriften aufgrund von weiteren, durch *P* abgeschlossene Darlehensverträgen erfolgen. Mithin ist in der Gutschrift eine konkludente Genehmigung des Darlehensvertrags zu sehen.

Somit hat das Wahlrecht des *N* keine Auswirkung auf die Wirksamkeit der Einigung.

ee) Zwischenergebnis

Eine wirksame Einigung zwischen der *VR-Bank* und *N* liegt mithin vor. **741**

b) Unwirksamkeit des Darlehensvertrags gem. § 494 Abs. 1 BGB

Der Darlehensvertrag könnte jedoch gem. § 494 Abs. 1 BGB unwirksam sein. Hier- **742**
nach ist ein Darlehensvertrag nichtig, wenn er nicht die gem. Art. 247 §§ 6, 10–13 EGBGB erforderlichen Pflichtangaben enthält.

aa) Anwendbarkeit des § 494 Abs. 1 BGB

§ 494 Abs. 1 BGB müsste anwendbar sein. Hierzu müsste ein Verbraucherdarle- **743**
hensvertrag iSd § 491 BGB vorliegen. Ein Immobiliar-Verbraucherdarlehensvertrag iSd § 491 Abs. 3 BGB scheidet offensichtlich aus, sodass nur ein Allgemein-Verbraucherdarlehensvertrag iSd § 491 Abs. 2 BGB in Betracht kommt. Gem. § 491 Abs. 2 S. 1 BGB ist hierfür ein entgeltlicher Darlehensvertrag zwischen einem Unternehmer als Darlehensgeber und einem Verbraucher als Darlehensnehmer notwendig. Die *VR-Bank* ist als Unternehmer iSd § 14 BGB zu qualifizieren. Das Darlehen dient der Finanzierung eines privaten Pkw und damit ausschließlich privaten Zwecken. *N* ist daher als Verbraucher iSd § 13 BGB anzusehen. Der Darlehensvertrag ist damit ein Allgemein-Verbraucherkreditvertrag, sodass § 494 Abs. 1 BGB Anwendung findet.

---

[9] So BGH NJW 2005, 1488 (1490); 2004, 2745 (2747); 2002, 2325 (2357); MüKoBGB/*Schubert* § 177 Rn. 35; Palandt/*Ellenberger* BGB § 133 Rn. 11; aA OLG Brandenburg BeckRS 2011, 19771.

[10] BGH NJW 2002, 2325 (2327); MüKoBGB/*Schubert* § 177 Rn. 35, Palandt/*Ellenberger* BGB § 133 Rn. 11.

[11] Zur Wissenszusammenrechnung vgl. BGH NJW 1993, 1066; 1997, 1917 (1918); 2001, 359 (360); NJW-RR 2005, 634; MüKoBGB/*Schubert* § 166 Rn 62 f.; Staudinger/*Schilken,* 2019, BGB § 166 Rn. 6; *Larenz/Wolf* BGB AT § 46 Rn. 104 ff.; *Köhler* BGB AT JurKLB § 11 Rn. 52 ff.

bb) Fehlen einer erforderlichen Pflichtangabe

744 Nach § 494 Abs. 1 BGB müsste eine erforderliche Pflichtangabe fehlen. Hier wurde der effektive Jahreszins nicht in die Vertragsurkunde aufgenommen. Dieser ist jedoch gem. Art. 247 §§ 6 Abs. 1 S. 1 Nr. 1, 3 Abs. 1 Nr. 3 EGBGB eine erforderliche Pflichtangabe. Daher ist der Darlehensvertrag eigentlich gem. § 494 Abs. 1 BGB nichtig.

cc) Heilung gem. § 494 Abs. 2 BGB

745 Mit Gutschrift auf dem Konto des *N* am 30.9.2019 liegt jedoch ein Empfang des Darlehens vor. Nach § 494 Abs. 2 S. 1 BGB ist die Nichtigkeit daher geheilt. Da die Angabe über den effektiven Jahreszins fehlt, reduziert sich der Sollzinssatz gem. § 494 Abs. 2 S. 2 BGB auf den gesetzlichen Zinssatz (§ 246 BGB).

dd) Zwischenergebnis

746 Somit ist der Darlehensvertrag nicht gem. § 494 Abs. 1 BGB nichtig.

c) Widerruf des Vertrags

747 *N* könnte den Vertrag gem. §§ 495 Abs. 1, 355 Abs. 1 S. 1 BGB durch die Erklärung vom 31.1.2020 wirksam widerrufen haben. Da es sich um einen Verbraucherdarlehensvertrag handelt, steht dem *N* grundsätzlich ein Widerrufsrecht zu, §§ 491, 495 Abs. 1 BGB. Ein Ausschluss nach § 495 Abs. 2 BGB liegt nicht vor. Zum Zeitpunkt des Widerrufs könnte jedoch die Widerrufsfrist bereits abgelaufen sein. Gem. § 355 Abs. 2 S. 1 BGB beträgt die Widerrufsfrist 14 Tage. Diese beginnt nach § 355 Abs. 2 S. 2 BGB mit Vertragsschluss, also eigentlich am 27.9.2019. Allerdings fehlt im ursprünglichen Vertrag die Angabe des effektiven Jahreszinses und somit eine Pflichtangabe iSd § 492 Abs. 2 BGB, sodass nach § 356b Abs. 2 S. 1 BGB die Frist erst mit Nachholung dieser Angaben gem. § 492 Abs. 6 BGB beginnt und die Widerrufsfrist gem. § 356b Abs. 2 S. 3 BGB einen Monat beträgt. § 492 Abs. 6 S. 2 BGB schreibt jedoch vor, dass eine Nachholung der Angaben, wenn sich durch das Fehlen einer Pflichtangabe der Vertrag gem. § 494 Abs. 2 S. 2–Abs. 6 BGB modifiziert hat, nur durch eine Übersendung einer Vertragsurkunde nach § 494 Abs. 7 BGB möglich ist. In diesen Fällen beginnt die Widerrufsfrist gem. § 365b Abs. 3 BGB mit Erhalt der Vertragsurkunde nach § 494 Abs. 7 BGB. Da hier der Sollzinssatz gem. § 494 Abs. 2 S. 2 BGB auf den gesetzlichen Zinssatz reduziert ist, ist zur Nachholung der Pflichtangaben gem. § 492 Abs. 6 S. 2 BGB eine Übersendung einer Vertragsabschrift mit Berücksichtigung der Zinsänderung gem. § 494 Abs. 7 BGB notwendig. Eine solche Abschrift erhielt der *N* erst am 23.12.2019. Gem. §§ 187 Abs. 1 Alt. 1, 188 Abs. 2 Alt. 1 BGB endet die nun einmonatige (§ 356b Abs. 2 S. 3 BGB) Frist mit Ablauf des 23.1.2020, sodass die Widerrufsfrist am 31.1.2020 bereits abgelaufen war.

Der Darlehensvertrag wurde daher durch die Erklärung vom 31.1.2020 nicht wirksam widerrufen.

d) Zwischenergebnis

748 Zwischen der *VR-Bank* und *N* besteht mithin ein wirksamer Darlehensvertrag.

2. Kündigung des Darlehensvertrags durch die *VR-Bank*

Fraglich ist, ob die *VR-Bank* Zahlung der gesamten 38.000 EUR verlangen kann. 749
Eigentlich war eine Rückzahlung in monatlichen Raten zu je 1.000 EUR vereinbart worden. Jedoch könnte die *VR-Bank* den Darlehensvertrag gem. § 498 BGB wirksam kündigen und damit den Rückzahlungsanspruch aus § 488 Abs. 1 S. 2 BGB gesamt fällig stellen. Da die *VR-Bank* am 23.12.2019 gem. § 498 Abs. 1 S. 1 Nr. 2 BGB vergeblich eine zweiwöchige Frist gesetzt hat und die gem. § 498 Abs. 1 S. 1 Nr. 1 lit. b BGB wegen der über 3-jährigen Laufzeit erforderliche Mindestsumme von 5 % der Darlehensvaluta überschritten ist, stellt sich nur die Frage, ob *N* gem. § 498 Abs. 1 S. 1 Nr. 1 lit. a BGB mit der November- und Dezemberrate in Verzug ist. Dies bestimmt sich nach § 286 BGB.[12]

a) Fälliger, durchsetzbarer Anspruch

Zunächst müsste die *VR-Bank* nach § 286 Abs. 1 BGB gegen *N* einen fälligen und durchsetzbaren Anspruch auf die beiden monatlichen Raten haben. Nach dem Darlehensvertrag sind die beiden Raten jeweils zum ersten eines jeden Monats zu entrichten. Demnach sind die Novemberrate seit 1.11.2019 und die Dezemberrate seit 1.12.2019 fällig.

N könnte aber hinsichtlich dieser Raten eine Einrede zustehen. Aus dem Darlehensvertrag selbst ist keine Einrede ersichtlich, jedoch könnte *N* aus dem Kaufvertrag mit *T* eine Einrede gestützt auf einen Mangel der Kaufsache zustehen, wenn er diese Einrede nach § 359 Abs. 1 BGB auch gegenüber der *VR-Bank* geltend machen kann.

aa) Mängeleinrede, § 320 Abs. 1 BGB

Dem *N* könnte aus dem Kaufvertrag mit *T* die Mängeleinrede aus § 320 Abs. 1 BGB 751
zustehen. Sofern die Kaufsache mangelhaft ist und der Käufer einen Anspruch auf Nacherfüllung hat, ist er nach § 320 Abs. 1 BGB berechtigt, die Zahlung des Kaufpreises zu verweigern. Da § 359 Abs. 1 BGB eine Gleichstellung mit dem Teilzahlungsgeschäft iSd § 506 Abs. 3 BGB bezweckt, bleibt das Erlöschen des Anspruchs nach § 362 Abs. 1 BGB durch Zahlung des Kaufpreises hier außer Betracht. Diese Notwendigkeit einer hypothetische Prüfung findet auch im Wortlaut des § 359 Abs. 1 BGB („berechtigen würde") Niederschlag.[13] Entscheidend ist also, ob *N* im hypothetischen Fall einer Vereinbarung eines Teilzahlungsgeschäftes iSd § 506 Abs. 3 BGB die Zahlung der Raten aufgrund der Mängeleinrede aus § 320 Abs. 1 BGB hätte verweigern können. Hierfür müsste *N* gegen *T* einen Nacherfüllungsanspruch aus §§ 437 Nr. 1, 439 Abs. 1 BGB zustehen.

(1) Kaufvertrag und zeitlicher Anwendungsbereich der Mängelrechte

Zwischen *T* und *N* liegt ein Kaufvertrag über einen VW-Passat TDI zum Preis von 752
38.000 EUR vor. Auch der zeitliche Anwendungsbereich der Mängelrechte des § 437 BGB ist spätestens mit der Übergabe des Passats am Tag des Vertragsschlusses und der damit einhergehenden Annahme als im Wesentlichen vertragsgerechte Leistung (§ 363 BGB) eröffnet.

---

[12] BGH ZIP 2010, 1635; Staudinger/*Kessal-Wulf*, 2012, BGB § 497 Rn. 19; MüKoBGB/*Schürnbrand/Weber* § 497 Rn. 9.

[13] BGH NJW 2003, 2821 (2822 f.); MüKoBGB/*Habersack* § 359 Rn. 38 f., 44; Staudinger/*Herresthal*, 2016, BGB § 359 Rn. 24; *Bülow* FS *Picker*, 2010, 1, 9; BeckOK BGB/*Müller-Christmann* § 359 Rn. 14; BeckOGK/*Rosenkranz* BGB § 359 Rn. 18.

(2) Sachmangel, § 434 BGB

753 Der VW Passat TDI müsste zudem mangelhaft iSd § 434 BGB sein. Ein Mangel ist die negative Abweichung der Ist- von der Sollbeschaffenheit der Kaufsache.[14] Hier wurde der VW Passat mit einer unzulässigen Abschaltvorrichtung ausgestattet, die dazu führt, dass die Stickoxidwerte im normalen Straßenverkehr wesentlich höher sind als auf dem Prüfstand. Ob dies zu einer negativen Abweichung der Istbeschaffenheit von der Sollbeschaffenheit führt, richtet sich nach § 434 BGB.

(a) Beschaffenheitsvereinbarung gem. § 434 Abs. 1 S. 1 BGB

754 Zunächst könnte eine Beschaffenheitsvereinbarung gem. § 434 Abs. 1 S. 1 BGB dahingehend vorliegen, dass in dem VW Passat TDI keine Abschaltsoftware verwendet wurde. Ausdrücklich wurde zwar keine Beschaffenheitsvereinbarung getroffen, doch hat *N* den *T* gefragt, ob eine derartige Software im Passat vorhanden sei, da das KBA in diesen Fällen die Betriebserlaubnis entziehen könne. *T* antwortete, dass eine solche Software in den neuen Modellen nicht vorhanden sei. Hierin könnte man eine konkludente Beschaffenheitsvereinbarung stehen. Eine konkludente Beschaffenheitsvereinbarung kann (ausnahmsweise) vorliegen, wenn der Verkäufer Eigenschaften der Kaufsache in einer bestimmten Weise beschreibt und der Käufer vor diesem Hintergrund seine Kaufentscheidung trifft.[15] Zu beachten ist jedoch, dass an das Vorliegen einer solchen konkludenten Beschaffenheitsvereinbarung iSv § 434 Abs. 1 S. 1 BGB strenge Anforderungen zu stellen sind, da ansonsten § 434 Abs. 1 S. 2 Nr. 1 und 2 BGB leerlaufen würden. Beschreibt der Verkäufer eine Kaufsache oder äußert er sich auf Nachfrage zur Beschaffenheit der Kaufsache, so ist im Einzelfall zu ermitteln, ob er für das Vorhandensein dieser Beschaffenheit tatsächlich verschuldensunabhängig einstehen will oder ob es sich nur um eine bloße Wissensmitteilung handelt.[16] Hier könnte für eine konkludente Beschaffenheitsvereinbarung sprechen, dass *N* deutlich gemacht hat, dass es ihm vor allem im Hinblick auf mögliche Maßnahmen durch das KBA sehr wichtig ist, dass der VW Passat TDI nicht mit einer unzulässigen Abschalteinrichtung ausgestattet ist. Für *T* war also erkennbar, dass die Frage nach der Software für die Kaufentscheidung des *N* maßgeblich war. Daher sprechen gute Argumente für eine Annahme einer Beschaffenheitsvereinbarung iSd § 434 Abs. 1 S. 1 BGB. Von der so bestimmten Sollbeschaffenheit weicht der VW Passat TDI ab, da eine entsprechende Software im Auto installiert ist.

(b) Eignung für die übliche Verwendung gem. § 434 Abs. 1 S. 2 Nr. 2 BGB

755 Selbst wenn man eine solche Vereinbarung ablehnt, könnte das Vorhandensein einer Manipulationssoftware dazu führen, dass sich der Passat nicht für die übliche Verwendung eignet. Er wäre dann nach § 434 Abs. 1 S. 2 Nr. 2 BGB mangelhaft. Ein Fahrzeug eignet sich dann für die übliche Verwendung, also für die Teilnahme am Straßenverkehr, wenn es eine Beschaffenheit aufweist, die weder seine Zulassung zum Straßenverkehr hindert noch in einer anderen Weise die Gebrauchsfähigkeit aufhebt oder beeinträchtigt.[17] Bei einer unzulässigen Abschaltsoftware, die zu besseren Abgaswerten auf dem Prüfstand führt, kann das KBA den Haltern und

---

[14] *Medicus/Lorenz* SchuldR II § 6 Rn. 2.

[15] Begr RegE BT-Drs. 14/6040, 212.

[16] BGH NJW 2008, 1517 Rn 12 f.; 2018, 146 Rn. 18 f.; BeckOK BGB/*Faust* § 434 Rn. 41; *Grigoleit/Herresthal* JZ 2003, 233 (234).

[17] Vgl. BGH NJW 2019, 1133 Rn. 5; BGH NJW 2017, 153 Rn. 15.

Eigentümern eine Frist zur Beseitigung setzen oder den Betrieb des Kfz im öffentlichen Straßenverkehr untersagen. Ohne Nachrüstung sieht sich der Halter der Gefahr der Stilllegung des Kfz durch das KBA ausgesetzt. Auch wenn noch keine Betriebsuntersagung erfolgt ist, ist die Eignung zur üblichen Verwendung herabgesetzt, denn *N* muss jederzeit mit einer Betriebsuntersagung ggf. auch unter der Anordnung der sofortigen Vollziehbarkeit (§ 80 Abs. 2 S. 1 Nr. 4 VwGO) rechnen.[18] Da das KBA schon alle Halter zur Softwarenachrüstung verpflichtet hat und ein Entzug der Betriebserlaubnis droht, ist die Eignung zur üblichen Verwendung hier herabgesetzt. Mithin liegt ein Mangel nach § 434 Abs. 1 S. 2 Nr. 2 BGB vor.

(c) Übliche Beschaffenheit gem. § 434 Abs. 1 S. 2 Nr. 2 BGB

Zudem könnte es dem Passat an der üblichen Beschaffenheit fehlen.[19] Welche 756
Beschaffenheit üblicherweise bei einem Passat zu erwarten ist, richtet sich nach den Erwartungen eines Durchschnittskäufers.[20] Ein Durchschnittskäufer kann erwarten, dass sich der Hersteller im Rahmen der Produktion gesetzeskonform verhält, insbesondere alle relevanten Zulassungen, Erlaubnisse und Genehmigungen, die für den Betrieb des Fahrzeugs erforderlich sind, auf lauterem Wege erlangt. Täuschungen, vor allem das Verwenden einer Abschaltsoftware, können sich nämlich auf den Betrieb des Fahrzeugs auswirken und die Nutzungsmöglichkeiten erheblich einschränken. So ist zB möglich, dass das KBA die Betriebserlaubnis des Passats entzieht oder dass die Nutzbarkeit aufgrund von Fahrverboten in bestimmten Städten eingeschränkt ist. Daher kann der Durchschnittskäufer erwarten, dass keine nach den Bestimmungen über die Zulassung von Pkw unzulässige Abschaltsoftware installiert ist.[21] Somit weicht der VW Passat TDI hier auch von der üblichen Beschaffenheit iSd § 434 Abs. 1 S. 2 Nr. 2 BGB ab.

(d) Zwischenergebnis zum Sachmangel

Ein Sachmangel liegt mithin vor. 757

(3) Bei Gefahrübergang

Dieser Sachmangel muss auch bei Gefahrübergang vorgelegen haben. Hier wurde 758
eine Gattungsschuld vereinbart. Demnach ist problematisch, ob überhaupt ein Gefahrübergang vorliegt. Denn gem. § 243 Abs. 2 BGB konkretisiert sich die Leistungspflicht des Schuldners nur dann auf eine konkrete Sache, wenn diese Sache mittlerer Art und Güte iSd § 243 Abs. 1 BGB ist. Eine mangelhafte Sache ist aber nicht mittlerer Art und Güte. In der Folge könnte (nur) der Erfüllungsanspruch fortbestehen. Allerdings hat der Gesetzgeber in den §§ 433 ff. BGB Stück- und Gattungskauf gleichbehandelt und geht offenkundig davon aus, dass auch beim Gattungskauf die Mängelrechte eröffnet sind. Daher ist auf den hypothetischen Gefahrübergang abzustellen. Dies ist der Zeitpunkt, zu dem die Gefahr übergegangen wäre, wenn die Sache mangelfrei gewesen wäre. Dies wäre vorliegend im Zeitpunkt der Übergabe des Passats der Fall gewesen. Hier war die Software aber schon vorhanden, sodass der Mangel auch beim (hypothetischen) Gefahrübergang vorlag.[22]

---

[18] Ausführlich: BGH NJW 2019, 1133 Rn. 17 ff.
[19] BGH NJW 2019, 1133 Rn. 23.
[20] BGH NJW 2009, 2807 (2808); OLG Köln NJW-RR 2018, 373 Rn. 33.
[21] Vgl. OLG Köln NJW-RR 2018, 373 Rn. 34 ff.
[22] Vgl. *Stegmaier* NJW 2018, 2665 (2670).

Sofern man einen Mangel nur nach § 434 Abs. 1 S. 2 Nr. 2 BGB bejaht, kann erwogen werden, dass die Nutzungsbeeinträchtigung und damit die Eignung zur üblichen Verwendung nicht durch die Verwendung der Abschaltsoftware, sondern erst durch entsprechende Anordnungen des KBA verursacht werden. Der Mangel würde dann erst nach Gefahrübergang vorliegen. Jedoch beruhen diese Anordnungen auf der installierten unzulässigen Abschaltsoftware, sodass jedenfalls der Grundmangel bereits bei Gefahrübergang vorhanden ist.[23]

Somit liegt der Mangel auch bei Gefahrübergang vor.

(4) Kein Ausschluss der Mängelrechte

759 Die Gewährleistungsrechte dürften nicht ausgeschlossen sein. Ein solcher Ausschluss der Mängelrechte könnte sich jedoch aus § 3 AGB-T ergeben, der die Haftung für Mängel aller Art ausschließt. Fraglich ist aber, ob § 3 AGB-T wirksam ist und ob sich die *VR-Bank* hierauf berufen kann.

Sofern man eine Beschaffenheitsvereinbarung iSv § 434 Abs. 1 S. 1 BGB hinsichtlich des Nichtvorhandenseins einer Manipulationssoftware annimmt, wäre es widersprüchlich, wenn *T* diese Beschaffenheit vereinbart und zugleich die Haftung hierfür ausschließen will. Der Haftungsausschluss ist dann dahingehend auszulegen, dass er das Fehlen der vereinbarten Beschaffenheit nicht umfasst.[24]

Darüber hinaus kommt eine Unwirksamkeit nach § 475 Abs. 1 BGB in Betracht. Hierfür ist erforderlich, dass der Kaufvertrag zwischen *N* und *T* als Verbrauchsgüterkauf iSd § 474 Abs. 1 BGB einzuordnen ist. *N* kauft den Passat zu überwiegend privaten Zwecken und ist daher Verbraucher iSd § 13 BGB. *T* verkauft den Passat im Rahmen des Betriebs seines Autohauses und ist somit Unternehmer iSd § 14 BGB. Bei dem vorliegenden Verbrauchsgüterkauf iSd § 474 Abs. 1 BGB ist der Haftungsausschluss somit gem. § 475 Abs. 1 BGB unwirksam.

Zudem ist § 3 AGB-T eine AGB iSv § 305 Abs. 1 BGB. Der Ausschluss der Haftung für Vorsatz und grobe Fahrlässigkeit und Verletzungen von Leben, Körper und Gesundheit ist daher auch nach § 309 Nr. 7 BGB unwirksam.

Der Haftungsausschluss in § 3 AGB-T ist mithin unwirksam.

(5) Zwischenergebnis

760 Somit hat *N* gegen *T* einen Anspruch aus § 439 Abs. 1 BGB auf Nacherfüllung. Für den hypothetischen Fall eines Teilzahlungsgeschäfts iSd § 506 Abs. 3 BGB könnte *N* diesen Anspruch im Wege der Einrede aus § 320 Abs. 1 BGB dem Anspruch des *T* auf Zahlung der Kaufpreisraten entgegenhalten.

bb) Geltendmachung der Einrede gegenüber der *VR-Bank*

761 Fraglich ist jedoch, ob *N* diese Einrede auch gegenüber der *VR-Bank* geltend machen kann.

(1) Gem. § 359 Abs. 1 BGB

762 *N* könnte diese Einrede gem. § 359 Abs. 1 S. 1 BGB auch gegenüber der *VR-Bank* erheben, wenn der Kaufvertrag und das Darlehen **verbundene Verträge iSv § 358 BGB** sind. Gem. § 358 Abs. 3 S. 1 BGB sind ein Darlehensvertrag und ein Vertrag

[23] Vgl. BGH NJW 2019, 1133 Rn. 20.
[24] Vgl. BGH NJW 2018, 146 Rn. 23 mwN.

auf Lieferung einer Ware verbunden, wenn das Darlehen der Finanzierung der Lieferung dient und die beiden Verträge eine wirtschaftliche Einheit bilden. Hier dient der Vertrag ausweislich des Vertragstextes der Finanzierung des Passats. Es müsste aber auch eine wirtschaftliche Einheit vorliegen. Eine solche ist anzunehmen, wenn „beide Vereinbarungen über ein Zweck-Mittel-Verhältnis hinaus derart miteinander verbunden sind, dass kein Geschäft ohne das andere geschlossen worden wäre oder jeder der Verträge seinen Sinn erst durch den anderen erhält“[25].

Eine solche **wirtschaftliche Einheit** ist nach § 358 Abs. 3 S. 2 BGB insbesondere dann anzunehmen, wenn sich der Darlehensgeber zum Abschluss des Darlehensvertrags des Verkäufers bedient. Dies ist hier allerdings nicht der Fall. Gegen eine wirtschaftliche Einheit spricht auch, dass sich *N* erst nach Auszahlung des Darlehens einen Vertragspartner für den Kaufvertrag sucht. Der konkrete Vertrag zwischen *N* und *T* über den VW Passat TDI ist daher nicht so eng mit dem Darlehensvertrag verbunden, dass sie in einer Zweck-Mittel-Relation zueinanderstehen. Der Darlehensvertrag dient allgemein der Finanzierung (irgend)eines Kaufvertrags über einen VW Passat TDI, gleich von welchem Verkäufer. Zudem geht der Gesetzgeber in den Materialien ausdrücklich davon aus, dass in den Fällen, in denen zwar der zu finanzierende Gegenstand im Darlehensvertrag angegeben ist, jedoch keine wirtschaftliche Einheit nach § 358 Abs. 3 S. 2 BGB gegeben ist, ein zusammenhängender Vertrag iSv § 360 Abs. 2 S. 2 BGB vorliegt.[26] § 359 BGB ist aber bei zusammenhängenden Verträgen iSv § 360 BGB nicht anwendbar. Der Einwendungsdurchgriff nach dieser Norm kommt mithin nicht in Betracht. 763

(2) Vereinbarkeit mit der Verbraucherkreditrichtlinie (VerbrKrRL)

Dieses Ergebnis könnte jedoch in Widerspruch zur VerbrKrRL stehen. Nach Art. 15 VerbrKrRL kann der Verbraucher Rechte gegen den Kreditgeber geltend machen, wenn die Waren nicht oder nur teilweise geliefert werden oder nicht dem Warenlieferungssvertrag entsprechen. Allerdings ist ein zusätzliches subsidiäres Element enthalten, denn der Verbraucher muss die Einwendungen vorher vergeblich gegenüber dem Verkäufer geltend gemacht haben. Gem. Art. 3 lit. n VerbrKrRL liegt ein verbundener Vertrag vor, wenn das Darlehen ausschließlich der Finanzierung einer Ware oder Dienstleistung dient und die Verträge eine wirtschaftliche Einheit bilden. Anders als §§ 358 Abs. 3 S. 2, 360 Abs. 2 S. 2 BGB geht die Richtlinie jedoch in Art. 3 lit. n (ii) VerbrKrRL ausdrücklich davon aus, dass eine wirtschaftliche Einheit auch in den Fällen vorliegt, in denen der Darlehensvertrag die finanzierte Ware ausdrücklich bezeichnet. Somit sind die Fälle des § 360 Abs. 2 S. 2 BGB nach den Bestimmungen der Richtlinie als verbundene Verträge einzuordnen, sodass auch bei diesen nach Art. 15 Abs. 2 S. 1 VerbrKrRL ein Einwendungsdurchgriff existieren muss. *N* hat hier zunächst vergeblich versucht, seinen Nacherfüllungsanspruch gegenüber *T* durchzusetzen. Nach den Bestimmungen der Richtlinie ist er daher berechtigt, seine Einwendungen gegenüber der *VR-Bank* geltend zu machen. Das Fehlen eines Einwendungsdurchgriffs für die Fälle des § 360 Abs. 2 S. 2 BGB ist somit nicht mit der VerbrKrRL vereinbar.[27] 764

---

[25] BGH NJW 2000, 3065 (3066); ausf. Staudinger/*Herresthal* BGB, 2016, § 358 Rn. 109 ff.
[26] Begr RegE BT-Drs. 17/12637, 67; Staudinger/*Herresthal* BGB, 2016, § 360 Rn. 20.
[27] Staudinger/*Herresthal*, 2016, BGB § 360 Rn. 34; MüKoBGB/*Habersack* § 360 Rn. 22.

(3) Richtlinienkonforme Rechtsfortbildung

765 Den Vorgaben der Richtlinie könnte aber im Rahmen einer richtlinienkonformen Rechtsfortbildung Rechnung getragen werden. Das Gebot zur richtlinienkonformen Rechtsfortbildung ergibt sich aus Art. 288 Abs. 3 AEUV iVm Art. 4 Abs. 3 EUV, denn auch die nationalen Gerichte sind verpflichtet, dem Unionsrecht zur effektiven Geltung zu verhelfen und den Bestimmungen der Richtlinie Rechnung zu tragen.[28] Dabei kann nicht auf eine „planwidrige Regelungslücke" als Voraussetzung für eine richtlinienkonforme Rechtsfortbildung abgestellt werden, da sich die Rechtsordnung mittlerweile aus nationalen und europarechtlichen Normen zusammensetzt, ohne dass ein einheitlicher Regelungsplan der pluralen Gesetzgeber erkennbar oder sinnvoll wäre. Vielmehr ist ein systemwidriges Regelungsdefizit im Hinblick auf die Gesamtrechtsordnung maßgeblich, sodass eine richtlinienkonforme Rechtsfortbildung dann in Betracht kommt, wenn ein richtlinienkonformes Ergebnis nicht im Wege der Auslegung erreicht werden kann.[29]

766 Bei der richtlinienkonformen Rechtsfortbildung sind die nationalen Methoden zu modifizieren. So ist bei der richtlinienkonformen Analogie ein systemwidriges Regelungsdefizit zu fordern und bei der richtlinienkonformen Reduktion eine systemwidrige, weil richtlinienwidrige, Einbeziehung eines Sachverhalts in den Anwendungsbereich einer nationalen Norm.[30] Die Pflicht zur richtlinienkonformen Rechtsfortbildung geht jedoch nicht soweit, dass der Richter verpflichtet ist, eine Rechtsfortbildung contra legem vorzunehmen.[31] Allerdings ist auch die contra-legem-Grenze der Rechtsfortbildung bei der richtlinienkonformen Rechtsfortbildung zu modifizieren. So ist insoweit nicht auf den im Wortlaut verkörperten Willen des Gesetzgebers abzustellen, sondern die Grenze wird erst durch die Gewaltenteilung abweichend gezogen. Die Norm darf also nicht in ihr Gegenteil verkehrt werden und die im Normtext verkörperte aktuelle Wertentscheidung des Gesetzgebers muss akzeptiert werden.[32]

767 Eine Auslegung vermag vorliegend keinen richtlinienkonformen Zustand herzustellen, sodass die Voraussetzungen für eine richtlinienkonforme Rechtsfortbildung gegeben sind. Fraglich ist aber, ob die Erstreckung des Einwendungsdurchgriffs auf § 360 Abs. 2 S. 2 BGB die Grenzen der richtlinienkonformen Rechtsfortbildung überschreitet. Der Gesetzgeber hat sich in diesen Fällen bewusst gegen einen Einwendungsdurchgriff entschieden. Aus seiner Sicht besteht keine wirtschaftliche Einheit, die einen Einwendungsdurchgriff parallel zu § 359 BGB rechtfertigt. Der Darlehensgeber sei in Fällen, die nicht § 358 Abs. 3 S. 2 BGB unterfallen, sonst einem unberechenbaren Risiko ausgesetzt, da er den Verkäufer nicht kenne.[33] Nach den nationalen Methoden reichen diese Erwägungen des Gesetzgebers aus, um einen Einwendungsdurchgriff in den Fällen des § 360 Abs. 2 S. 2 BGB als unzulässige Rechtsfortbildung contra legem zu qualifizieren.

768 Bei einer richtlinienkonformen Rechtsfortbildung bildet indes erst die aktuelle Wertungsentscheidung des Gesetzgebers die contra-legem-Grenze. Diese ist zB nicht überschritten, wenn der Gesetzgeber einer Anschauungslücke durch ein Fehlverständnis der Richtlinie unterliegt. Bringt der Gesetzgeber in den Materialien zum

---

[28] *Brenncke* EuR 2015, 440 (441); *Herresthal* EuZW 2007, 396, (397); ausf. → Rn. 220.
[29] *Herresthal* JuS 2014, 289 (292); *Herresthal* EuZW 2007, 396 (398 f.).
[30] *Herresthal* JuS 2014, 289 (292); *Herresthal* EuZW 2007, 396 (399).
[31] EuGH EuZW 2005, 433 Rn. 47; zu den Grenzen der richtlinienkonformen Rechtsfortbildung auch → Rn. 233.
[32] *Herresthal* JuS 2014, 289 (293); ausf. *Herresthal* Rechtsfortbildung S. 325 ff.
[33] Begr RegE BT-Drs. 17/12637, 68.

Ausdruck, dass er eine richtlinienkonforme Regelung erlassen will und erweist sich die Abweichung von der Richtlinie als Fehlverständnis der Richtlinie,[34] so kommt eine richtlinienkonforme Rechtsfortbildung gleichwohl in Betracht. Hier geht der Gesetzgeber ausdrücklich davon aus, dass er seine Umsetzung für richtlinienkonform hält. Der Einwendungsdurchgriff in den Fällen des § 360 Abs. 2 S. 2 BGB ist mithin im Wege der richtlinienkonformen Rechtsfortbildung zu erreichen.[35]

Etwas Anderes folgt, wenn man zu dem Ergebnis gelangt, dass der deutsche Gesetzgeber an seiner Lösung auch für den Fall einer Richtlinienwidrigkeit in jedem Fall festhalten möchte. Freilich war sich der Gesetzgeber bewusst, dass die Frage nach der Richtlinienkonformität dieser Regelung umstritten ist. So werden in den Materialien auch Stimmen aus der Literatur zitiert, die das Fehlen eines Einwendungsdurchgriffs in diesen Fällen für *nicht* mit der VerbrKrRL vereinbar halten.[36] Der Gesetzgeber könnte mithin quasi einen richtlinienwidrigen Zustand billigend in Kauf genommen haben. Allerdings genügt die nationale Regelung nach der ausdrücklichen Formulierung des Gesetzgebers in den Materialien der Richtlinienvorgabe. Gute Gründe sprechen daher für die Möglichkeit zur Rechtsfortbildung.[37] 769

Folgt man dem nicht, ist § 359 BGB in den Fällen des § 360 Abs. 2 S. 2 BGB nicht anwendbar.

(4) Zwischenergebnis

Lehnt man eine Rechtsfortbildung ab, dann kann *N* seine Mängeleinrede aus dem Vertrag mit *T* nicht gegenüber der *VR-Bank* geltend machen. 770

cc) Zwischenergebnis

Dann hat die *VR-Bank* einen fälligen und durchsetzbaren Anspruch gegen *N* auf Zahlung der November- und Dezemberrate. 771

b) Mahnung

Die *VR-Bank* müsste *N* hinsichtlich der Raten gem. § 286 Abs. 1 BGB gemahnt haben. Allerdings ist nach dem Darlehensvertrag bestimmt, dass die Raten immer zum ersten eines Monats zu entrichten sind. Damit ist eine Leistungszeit nach dem Kalender bestimmt und die Mahnung daher gem. § 286 Abs. 2 Nr. 1 BGB entbehrlich. Jedenfalls wurden die Raten am 23.12.2019 angemahnt. 772

c) Vertretenmüssen

Das Vertretenmüssen des *N* wird vermutet, § 286 Abs. 4 BGB. Fraglich ist aber, ob sich *N* mit einem Rechtsirrtum exkulpieren kann. Die Rechtslage ist insbesondere 773

---

[34] Das maßgebende Verständnis der Richtlinie ist jenes des EuGH ggf. nach einer Vorabentscheidungsvorlage.

[35] Staudinger/*Herresthal*, 2016, § 360 Rn. 35; MüKoBGB/*Habersack* § 360 Rn. 22.

[36] Begr RegE BT-Drs. 17/12637, 68.

[37] Bei einer solchen Fortbildung ist auf § 359 Abs. 1 S. 3 BGB einzugehen. Dieser soll dem Vorrang der Nacherfüllung auch bei verbundenen Verträgen Rechnung tragen. Ausreichend sind daher für die Möglichkeit der Durchsetzung der Einwendungen ggü. dem Darlehensgeber alle Umstände, welche die Nacherfüllungspflicht beseitigen, sowie ein erfolgloser Ablauf einer Nachfrist oder die ernsthafte und endgütige Verweigerung der Nacherfüllung (vgl. BeckOGK/*Rosenkranz* BGB § 359 Rn. 26). Hier ließe sich die Unzumutbarkeit iSv § 440 S. 1 Var. 3 BGB gut mit der Insolvenz des T begründen. Außerdem verweigert T hier die Nacherfüllung mit Hinweis auf § 3 AGB-T.

hinsichtlich des Zusammenspiels zwischen Richtlinie und nationalem Recht durchaus komplex. Ohne Hinzuziehung eines Anwalts verfügt *N* nicht über die notwendigen Kenntnisse, um die Rechtslage zutreffend zu bewerten. Allerdings hätte er bei einem Anwalt Rechtsrat einholen müssen. Er kann sich daher nicht mit einem Rechtsirrtum exkulpieren.[38]

d) Zwischenergebnis

774 Die *VR-Bank* ist gem. § 498 Abs. 1 BGB zur Kündigung berechtigt. Vorbehaltlich einer ordnungsgemäßen Erklärung der Kündigung kann sie daher von *N* die vollen 38.000 EUR verlangen.

3. Zwischenergebnis

775 Vorbehaltlich einer ordnungsgemäßen Kündigungserklärung wäre die Klage begründet.

III. Ergebnis

776 Eine Klage der *VR-Bank* gegen *N* auf Zahlung von 38.000 EUR wäre, sofern ordnungsgemäß erhoben, zulässig und begründet und hätte damit Aussicht auf Erfolg.

Vertiefungshinweise

Rechtsprechung:

- OLG Köln NJW-RR 2018, 373 – zum Dieselskandal.
- BGH NJW 2019, 1133 – zum Dieselskandal.
- BGH NJW 2018, 146 – zum Haftungsausschluss.

Aufsätze und Festschriftbeiträge:

- *Herresthal,* Voraussetzungen und Grenzen der gemeinschaftsrechtskonformen Rechtsfortbildung, EuZW 2007, 396.
- *Brenncke,* Europäisierung der Methodik richtlinienkonformer Rechtsfindung, EuR 2015, 440.
- *Herresthal,* Die richtlinienkonforme und die verfassungskonforme Auslegung im Privatrecht, JuS 2015, 289.

[38] AA vertretbar.

Sachverzeichnis

(Die Zahlen verweisen auf die Randnummern.)